桑磊法考

2025 国家统一法律职业资格考试

主观 50 题

采分点+案情结构图

主编 ◎ 桑 磊
编著 ◎ 吴志伟　颜 飞　柯勇敏
　　　郑玉双　闫尔宝　任启明
　　　李冉毅　贾 健

中国政法大学出版社

2025·北京

声　明　　1. 版权所有，侵权必究。

　　　　　　2. 如有缺页、倒装问题，由出版社负责退换。

图书在版编目（CIP）数据

2025 国家统一法律职业资格考试主观 50 题 / 桑磊主编. -- 北京 ：中国政法大学出版社，2025. 4. -- ISBN 978-7-5764-1935-1

Ⅰ. D920.4

中国国家版本馆 CIP 数据核字第 2025AA8248 号

出 版 者	中国政法大学出版社
地　　址	北京市海淀区西土城路 25 号
邮寄地址	北京 100088 信箱 8034 分箱　邮编 100088
网　　址	http://www.cuplpress.com（网络实名：中国政法大学出版社）
电　　话	010-58908285(总编室) 58908433（编辑部）58908334(邮购部)
承　　印	北京鑫海金澳胶印有限公司
开　　本	787mm×1092mm　1/16
印　　张	22.5
字　　数	548 千字
版　　次	2025 年 4 月第 1 版
印　　次	2025 年 4 月第 1 次印刷
定　　价	72.00 元

主编寄语

为满足广大考生的高效备考需求，本书自 2019 年组织编写并出版第一版，之后每年根据主观题考试的命题趋势修订再版。此次 2025 版修订，我们更新了 50 道题中的 20 道题，新题新面貌，希望能给 2025 年的考生们以更大助力。本版图书具有如下特点：

1. 新增评分细则

主观题人工批改的关键在于"采点给分"。本书中的每一道题我们都科学制定了评分细则，给出了所有采分点，供考生们自我评测时参考。通过这 50 道题的评分细则，考生们可以详细了解主观题的得分标准是什么样子，从而在作答时有的放矢：不需要写太多字，不需要写出完整法条内容，也不需要写出法条序号，只要答出采分点就可得到相应的分数。

2. 新增案情结构图

对于案例题而言，画出案情结构图（人物关系图）是有效的解题方式，可以明晰各方面关系，理顺案情发展的逻辑结构。为此，我们为 50 道题中的所有案例题绘制了结构图，希望有助于考生快速分析解答试题。

3. 内含"民事综合大题""刑事综合大题"两大板块

在 50 道模拟题中，除了 7 个学科的单科板块，我们特设了"民事综合大题"和"刑事综合大题"两大板块。民事综合大题已连续七年出现，成为主观题考试的重中之重，我们判断，从命题规律和趋势来看，以后也有可能出现刑事综合大题。为此，在本书中，既有民法、商法和民事诉讼法的融合，也有刑法和刑事诉讼法的碰撞。这些多学科交叉的题目，可以更好地培养考生的主观题思维，为拿下法考主观题做好充足准备。

4. 命题考点的预测性

本书各学科作者依据其多年的试题命制经验，对每一学科的命题重点及本年度新增命题热点有着敏锐的感知力，书中试题所涉考点均在本年度有较高的考查概率，有助于考生们在备考冲刺阶段高效备考，快速提分。

5. 高水准的仿真试题命制标准

各学科作者以其渊博的法学知识、丰富的试题命制经验、精益求精的治学精神，使得本书模拟试题以接近真题水平的质量在同类书中脱颖而出。试题案例材料选材渠道权威，问题设置与命题角度严谨、适当。

6. 超实用的编写体例

考生在使用本书时，可以根据自身的学习情况有针对性地进行自我测试，并且自测结束后，可以通过试题后的"命题和解题思路""答案解析"等来对试题进行整体把握。同时，本书中的模拟题都由真实案例材料改编而成，多数试题注明了案例来源，除特别说明外，案例均来源于中国裁判文书网，考生可以根据"案例来源"查找具体案例来进一步加深对题目的理解。这些内容和体例上的设计都为本书的实用性提供了有力保障。

7. 附赠讲解视频

为便于考生随时随地备考复习，充分利用碎片化学习时间，本书附赠相关试题的同步讲解视频（"习近平法治思想"部分除外），使用手机扫码即可观看。

对于这50道模拟题，建议考生根据自身情况分别做2至3遍。并且严格按照考场上的答题规范完成每一道题目，切忌眼高手低。做完题目，一定按照答案进行批改，找到自己的失分点，同时规范自己的答题步骤。不仅要深入分析每道题的每一问，还要自觉掌握与此相关的考点，做到融会贯通，举一反三。

鉴于时间有限，书中难免存有错误或不妥之处，敬请广大读者不吝斧正。

最后，祝愿大家2025年圆梦法考！

桑 磊

2025年1月于北京

目 录

习近平法治思想 ……………………（ 1 ）
 第一题　/ 1
 第二题　/ 7
 第三题　/ 12
 第四题　/ 18
 第五题　/ 24
 第六题　/ 30

民事综合大题 ………………………（ 37 ）
 第一题　/ 37
 第二题　/ 49
 第三题　/ 60
 第四题　/ 70

刑事综合大题 ………………………（ 80 ）
 第一题　/ 80
 第二题　/ 89
 第三题　/ 98
 第四题　/ 107

民法 …………………………………（116）
 第一题　/ 116
 第二题　/ 122
 第三题　/ 128
 第四题　/ 135
 第五题　/ 143
 第六题　/ 150

民事诉讼法 …………………………（157）
 第一题　/ 157
 第二题　/ 163
 第三题　/ 168
 第四题　/ 173
 第五题　/ 177

 第六题　/ 183

商法 …………………………………（188）
 第一题　/ 188
 第二题　/ 195
 第三题　/ 202
 第四题　/ 210
 第五题　/ 219
 第六题　/ 228

刑法 …………………………………（237）
 第一题　/ 237
 第二题　/ 242
 第三题　/ 249
 第四题　/ 255
 第五题　/ 261
 第六题　/ 269

刑事诉讼法 …………………………（275）
 第一题　/ 275
 第二题　/ 282
 第三题　/ 286
 第四题　/ 292
 第五题　/ 299
 第六题　/ 307

行政法与行政诉讼法 ………………（314）
 第一题　/ 314
 第二题　/ 320
 第三题　/ 327
 第四题　/ 334
 第五题　/ 339
 第六题　/ 346

习近平法治思想

第一题（本题35分）

材料一： 中华法系凝聚了中华民族的精神和智慧，有很多优秀的思想和理念值得我们传承。出礼入刑、隆礼重法的治国策略，民惟邦本、本固邦宁的民本理念，天下无讼、以和为贵的价值追求，德主刑辅、明德慎罚的慎刑思想，援法断罪、罚当其罪的平等观念，保护鳏寡孤独、老幼妇残的恤刑原则，等等，都彰显了中华优秀传统法律文化的智慧。（摘自习近平：《坚定不移走中国特色社会主义法治道路 为全面建设社会主义现代化国家提供有力法治保障》）

材料二： 弘扬社会主义法治精神，传承中华优秀传统法律文化，引导全体人民做社会主义法治的忠实崇尚者、自觉遵守者、坚定捍卫者。建设覆盖城乡的现代公共法律服务体系，深入开展法治宣传教育，增强全民法治观念。推进多层次多领域依法治理，提升社会治理法治化水平。发挥领导干部示范带头作用，努力使尊法学法守法用法在全社会蔚然成风。（摘自习近平：《高举中国特色社会主义伟大旗帜 为全面建设社会主义现代化国家而团结奋斗——在中国共产党第二十次全国代表大会上的报告》）

材料三： 坚持依法治国和以德治国相结合，把法律规范和道德规范结合起来，以道德滋养法治精神。倡导助人为乐、见义勇为、诚实守信、敬业奉献、孝老爱亲等美德善行，完善激励机制，褒奖善行义举，形成好人好报、德者有得的正向效应。推进社会公德、职业道德建设，深入开展家庭美德和个人品德教育，增强法治的道德底蕴。强化道德规范的教育、评价、监督等功能，努力形成良好的社会风尚和社会秩序。（摘自《法治社会建设实施纲要（2020-2025年）》）

问题：

请根据上述材料，结合习近平法治思想对中华传统法律文化的创造性发展，谈谈弘扬社会主义法治精神在全面依法治国中的实践内涵与意义。

答题要求：

1. 无观点或论述、照搬材料原文的不得分；
2. 观点正确，表述完整、准确；
3. 总字数不得少于600字。

> 请根据上述材料，结合习近平法治思想对中华传统法律文化的创造性发展，谈谈弘扬社会主义法治精神在全面依法治国中的实践内涵与意义。

参考答案： 习近平法治思想是把马克思主义法治理论同中国法治建设具体实际相结合、同中华优秀传统法律文化相结合的重大理论创新成果。如材料所示，中华优秀传统文化中包含着关于治国理政、德治与法治的丰富智慧，其中蕴含的民本理念和关于公正司法、严格执法等宝贵思想，由习近平法治思想创造性地转化和发展，形成了关于全面依法治国的基本目标和任务的真理性思想体系，提出了"十一个坚持"，为在制度上保障中国式现代化和高质量发展提供了根本遵循。

习近平法治思想对传统法律文化的创造性转化和发展贯穿在全面依法治国的道路方向和工作布局之中，既体现为将传统法律文化中关于立法和法律实施的深刻洞见转化进中国特色社会主义法治体系之中，同时也将传统法律文化中所包含的精神气质和价值理念融于法治实践的伟大历程之中，形成了社会主义法治精神。法治精神是全面依法治国的精神动力，是法律进入人的内心世界的价值支撑和思想指引。弘扬社会主义法治精神是保障全面依法治国落到实处、更好地发挥法治"固根本、稳预期、利长远"保障作用的必由之路。

在全面依法治国进程中弘扬社会主义法治精神，需要以系统化、体系化的方式推进。具体如下：

1. 把握社会主义法治精神的根基。党的领导是弘扬社会主义法治精神的政治保障，以人民为中心是其精神底色和价值基础。在中国特色社会主义法治道路的前进进程中，通过实施宪法落实社会主义法治精神，树立宪法和法律权威。

2. 将社会主义法治精神融于中国特色社会主义法治体系的组成部分之中，以精神力量引导制度建设。在法治国家、法治政府和法治社会建设中，让法治精神成为推动法治完善的重要动力。

3. 在立法中弘扬社会主义核心价值观，将社会主义法治精神融入到严格执法和公正司法的价值要求之中。通过公正执法彰显法治精神，通过公正司法实现公平正义，获得民众认同，提升司法和执法公信力。

4. 提升领导干部运用法治思维和法治方式的能力。在法治精神引导下形成领导干部带头遵纪守法、依法办事，各级政府严格执法、秉公执法局面的同时，带动全民自觉守法、遇事找法、解决问题靠法的风气，最终形成守法光荣、违法可耻的氛围。

5. 在法治社会建设中促进全民守法，提升全社会的法治认同。通过法治宣传教育将法治理念内化为法治精神，坚持依法治国与以德治国相结合，建立多元化的纠纷解决和化解机制，优化现代公共法律服务体系，营造全社会都讲法治、守法治的文化环境。

弘扬社会主义法治精神是建设法治社会、提升公民法治意识的重要路径。如材料所示，以社会主义法治精神为支点促进法治和德治的融合，有效提升社会治理水平，促进社会和谐，维护社会稳定。将社会主义法治精神融入立法、执法和司法等各个环节，能够提升以法治应对危机、化解风险的能力，提高国家治理和社会治理的制度化和法治化水平，推进国家治理体系和治理能力现代化，为高质量发展保驾护航。

难度：难

考点：习近平法治思想是把马克思主义法治理论同中国法治建设具体实际相结合、同中华优秀传统法律文化相结合的重大理论创新成果；坚持党的领导；坚持以人民为中心；坚持依宪治国、依宪执政；坚持建设中国特色社会主义法治体系；坚持法治国家、法治政府、法治社会一体建设；充分发挥法治对经济社会发展的保障作用

命题和解题思路：党的二十大报告首次单独把法治建设作为专章论述、专门部署，从政治意义上看，这进一步宣示了我们党矢志不渝推进法治建设的坚定决心，彰显了我们党不仅是敢于革命、善于建设、勇于改革的政党，更是信仰法治、坚守法治、建设法治的政

党,是我们党坚持全面依法治国的政治宣言。从理论意义上看,这进一步丰富和发展了习近平法治思想,深化了对中国共产党依法执政规律、社会主义法治建设规律、人类社会法治文明发展规律的认识,是我们党推进法治中国建设的纲领性文献。从实践意义上看,这进一步深化和拓展了新时代党和国家工作布局,表明了将全面推进国家各方面工作法治化,是我们党治国理政的重要治理方式。报告提出要弘扬社会主义法治精神,传承中华优秀传统法律文化,深入开展法治宣传教育,发挥领导干部示范带头作用,推动习近平法治思想深入人心,使尊法学法守法用法在全社会蔚然成风。

"奉法者强则国强,奉法者弱则国弱。"法治强调人们对法律的信仰和对法治体系的尊重和认同,是社会主义核心价值观的重要内容。我国法治建设经验表明,既要加强制度建设,为新时代中国特色社会主义奠定制度基础,也要推动法治精神建设,让法治精神成为当代中国的价值信仰。

中央全面依法治国工作会议确立了习近平法治思想在全面依法治国中的指导地位。习近平法治思想用"十一个坚持"系统阐述了新时代推进全面依法治国的重要思想和战略部署,阐明了社会主义法治精神的内核。社会主义法治精神,是坚持党的领导的法治精神。党的领导不仅是一种制度,更是一种为实现社会主义价值而尊奉的价值坚守。社会主义法治精神,一方面是对法的权威的尊奉,另一方面也是对党的领导和人民当家作主的政治认同。

社会主义法治精神,是坚持以人民为中心的法治精神。坚持以人民为中心,意味着社会主义法治精神追求是为了人民、依靠人民、造福人民、保护人民。只有当法律代表人民的意志、为人民所广泛认同和普遍接受时,法治精神才可能得以树立。坚持以人民为中心,还意味着法治精神蕴含保护人民、伸张人权的坚定信念。社会主义法治精神,也是一种为全体中国人所普遍感知和认同的精神力量。领导干部带头依法办事,自觉认真履行法律赋予的职责,将法治精神内化于心,方能让国家权力在法治框架内良性运作。广大人民群众信法、奉法,以合乎法律精神的方式彰显自我、保护权益,方能让社会服膺于法的权威、受惠于法的福泽。

社会主义法治精神是贯穿于习近平法治思想整体框架的一种价值理念和精神追求。从思想渊源上来看,习近平法治思想对中华优秀传统法律文化进行了创造性转化,建构出体系完整、逻辑严密的思想体系。社会主义法治精神也与传统法律文化一脉相承,是现代全面依法治国实践中的文化升华。中华优秀传统法律文化,为新时代中国特色社会主义法治思想、法治观念、法治原则的生成与发展提供了丰富启迪。比如,"法"须"道"统的"道""法"关系论,为坚持党对全面依法治国的领导这一首要原则,明确全面依法治国的正确方向提供了有益启迪;"民为邦本,本固邦宁"的民本思想,为坚持以人民为中心的法治价值取向提供了历史借鉴;"观俗立法"的法治经验,为坚持中国特色社会主义法治道路,明确法治道路应当建立在自己的国情基础上提供了历史智慧。

近年法治思想的考试大纲新增习近平法治思想是"同中华优秀传统法律文化相结合的最新成果"这一考点,二十大报告中明确提出了"弘扬社会主义法治精神"。因此,本题基于这两个考点之间的理论关联进行命制,考查考生对社会主义法治精神在习近平法治思想之理论框架中的宏观意义的掌握。在命题类型上,这道题属于理论分析阐述题,围绕社会主义法治精神的内涵和实践要求而考查。辅导用书中关于社会主义法治精神的论述内容并不多,考生需要综合所学知识,基于对习近平法治思想的内在逻辑和体系的充分把握,对知识点进行整合转化,难度较高。

考生应当按照"三步四阶法"的答题解题方法，破解题目的逻辑关系，充分展示题目考查的各个要点。在解题阶段，遵循"认真阅读材料，准确解读内容；完整理解问题，把握逻辑关系；列出结构层次，展开逻辑分析"的方式，正确解题，即材料限定了答题方向，问题则指引了答题要点，框定了答题结构和层次。在答题阶段，遵循："一阶开题，开宗明义；二阶升级，主题进阶；三阶立意，画龙点睛；四阶收官，补强升华"。层层推进，步步为营，充分展示答案的格局和层次，形成一份逻辑分明、体系完整的答卷。

第一步，认真阅读材料，准确解读内容。材料一引自习近平《坚定不移走中国特色社会主义法治道路 为全面建设社会主义现代化国家提供有力法治保障》一文。引文强调了中华优秀传统法律文化对全面依法治国的重要意义，也体现出习近平法治思想对传统法律文化的创造性传承和转化。在传统法律文化的基础上，能够更好地理解社会主义法治精神的思想渊源。材料二引自二十大报告，强调了社会主义法治精神的基本内涵以及在法治实践中的要求。材料三引自《法治社会建设实施纲要（2020-2025年）》，展示出弘扬社会主义法治精神在法治社会建设中的实施路径和意义。三段材料从不同方面展示了社会主义法治精神的思想渊源、基本内涵与实践要求。

第二步，完整理解问题，把握逻辑关系。本题的限定是"习近平法治思想对中华传统法律文化的创造性发展"，问题则是谈谈对"弘扬社会主义法治精神在全面依法治国中的实践内涵与意义"的理解。限定和问题之间存在着很密切的联系，考生需要综合所学知识点进行准确把握，特别是理解习近平法治思想、中华传统法律文化与社会主义法治精神的逻辑关联，否则容易偏离主题。习近平法治思想对传统法律文化的传承既体现在将传统法律文化的精华融入全面依法治国之中，也强调了通过法治精神将法治融化于心，实现人的内在观念与外在法治制度的高度统一。因此，考生应当理清这一逻辑关系，以社会主义法治精神为视角，理解"十一个坚持"的核心要义，对弘扬社会主义法治精神的路径和方式做出提炼。

第三步，列出结构层次，展开逻辑分析。在理顺题目考查的要点后，考生可以清晰地展现出答案的结构层次。问题围绕"习近平法治思想对中华传统法律文化的创造性发展"而设定，考生则需要结合习近平法治思想的重大意义进行作答，并充分展现习近平法治思想如何创造性地发展了中华传统法律文化。回答问题结构和层次是：习近平法治思想在哪些方面创造性地发展了中华传统法律文化？对中华传统法律文化的传承如何影响社会主义法治精神？社会主义法治精神的内涵是什么？社会主义法治精神与习近平法治思想的核心要义有什么关联？如何弘扬社会主义法治精神？

在答题阶段，考生应当严格遵循四阶法，破解问题的内在逻辑，充分展示答案的不同逻辑层次，写出一份层次分明、结构清晰、要点丰富的答卷。具体如下：

第一阶：开题，开宗明义。本阶需要围绕题目的限定条件而展开。题目要求考生从习近平法治思想对中华传统法律文化的创造性发展而展开论述。习近平法治思想是在马克思主义法治理论和传统法律文化的基础上进行创造性转化的原创性成果，体现出传统法律文化的精髓，也充分地将传统法律文化的精华转化到具体的法治建设中。

第二阶：升级，主题进阶。本阶需要围绕社会主义法治精神的实践内涵与意义展开。社会主义法治精神是二十大明确提出的原创性概念，其内涵丰富，渊源深厚。本阶需要从习近平法治思想对传统法律文化的传承和发展而提升到对社会主义法治精神的论述之中，这也是考验考生理论功底的一个重要环节。考生应当在上一阶的基础上，阐述社会主义法治精神是习近平法治思想传承传统法律文化的有益成果，并对社会主义法治精神的内涵进行界定，为下一阶做铺垫。

第三阶：立意，画龙点睛。本阶是答题的核心内容，是考生需要重点论述的部分。弘扬社会主义法治精神在二十大被提出来后，成为全面依法治国实践的一项重要工作。但辅导用书对于社会主义法治精神论述不多，考生需要结合二十大报告的内容和材料，对弘扬社会主义法治精神的基本要求进行梳理总结。考生应基于社会主义法治精神的内涵，对"十一个坚持"核心要义中的相关内容进行提炼，形成有层次有体系的论述。

第四阶：收官，补强升华。本题第二问涉及弘扬社会主义法治精神的意义。考生不能泛泛地论述弘扬社会主义法治精神的意义，而是要结合社会主义法治精神在优化社会主义法治体系、促进法治社会建设中的具体价值展开论述。弘扬社会主义法治精神有助于提升立法、执法和司法的法治境界，同时能够营造出全社会尊重法治、认同法治的良好氛围，对于社会治理和解决中国式现代化进程中的矛盾和风险具有特殊意义。考生应当围绕上述几个方面进行作答，从而完美收官。

答案解析：第一部分论述习近平法治思想对中华优秀传统法律文化的创造性发展。从习近平法治思想的重大意义切入，强调其是中华优秀传统法律文化的重大理论创新成果。在此基础上，简要展示中华优秀传统文化的基本定位，即这一思想财富包含着关于治国理政、德治与法治等丰富智慧。其中蕴含的民本理念和关于公正司法、严格执法的宝贵思想，被习近平法治思想所继承和转化，成为关于全面依法治国的思想指南和根本遵循，从而展示出中华优秀传统文化的重要价值。

第二部分重点论述从习近平法治思想对传统法律文化的传承，如何提炼出社会主义法治精神这个核心概念。社会主义法治精神是在法治实践中所形成的精神气质，是关于法治建设的理念。因此，考生可以阐明习近平法治思想对传统法律文化的创造性转化和发展孕育了社会主义法治精神，即既体现为将传统法律文化中关于立法和法律实施的深刻洞见转化为中国特色社会主义法治体系的重要内容，同时也将传统法律文化中所包含的精神气质和价值理念融于法治实践的伟大历程之中。在此基础上，考生转向弘扬社会主义法治精神在全面依法治国中的定位，即保障全面依法治国落到实处、更好发挥法治"固根本、稳预期、利长远"的保障作用的必由之路。

第三部分应重点论述弘扬社会主义法治精神的实践内涵。社会主义法治精神是贯穿于全面依法治国全过程的精神要求，与全面依法治国的道路方向、工作布局和保障机制等紧密相关，考生应从"十一个坚持"的核心要义中提炼出社会主义法治精神的切合点。这一部分论述具有较高的开放性，但考生应当围绕以下几个方面：

1. 把握社会主义法治精神的根基。党的领导是弘扬社会主义法治精神的政治保障，以人民为中心是其精神底色和价值基础。在中国特色社会主义法治道路的前进进程中，通过实施宪法落实社会主义法治精神，树立宪法和法律权威。

2. 将社会主义法治精神融于中国特色社会主义法治体系的组成部分之中，以精神力量引导制度建设。在法治国家、法治政府和法治社会建设中，让法治精神成为推动法治完善的重要动力。

3. 在立法中弘扬社会主义核心价值观，将社会主义法治精神融入严格执法和公正司法的价值要求之中。通过公正执法彰显法治精神，通过公正司法实现公平正义，获得民众认同，提升司法和执法公信力。

4. 提升领导干部运用法治思维和法治方式的能力。在法治精神引导下形成领导干部带头遵纪守法、依法办事，各级政府严格执法、秉公执法局面的同时，带动全民自觉守法、遇事找法、解决问题靠法的风气，最终形成守法光荣、违法可耻的氛围。

5. 在法治社会建设中促进全民守法，提升全社会的法治认同，通过法治宣传教育将法治理念内化为法治精神，坚持依法治国与以德治国相结合，建立多元化的纠纷解决和化解机制，优化现代公共法律服务体系，营造全社会都讲法治、守法治的文化环境。

第四部分论述弘扬社会主义法治精神的意义。由于弘扬社会主义法治精神有益于提升全社会的法治认同与意识。因此，考生可从两方面作答。一方面强调弘扬社会主义法治精神对于法治社会建设的意义，有助于形成全社会忠于法治、践行法治的氛围；另一方面，将社会主义法治精神融入立法、执法和司法等各个环节，能够提升以法治应对危机、化解风险的能力，提高国家治理和社会治理的制度化和法治化水平，推进国家治理体系和治理能力现代化，为高质量发展保驾护航。

评分细则（共35分）

一、内容分：28分（10分、14分、4分）

第一部分：习近平法治思想对中华传统法律文化的创造性发展：中华优秀传统文化中包含着关于治国理政、德治与法治的丰富智慧（2分），蕴含的民本理念和关于公正司法、严格执法等宝贵思想（2分），由习近平法治思想创造性地转化和发展，形成了"十一个坚持"（2分）。将传统法律文化中所包含的精神气质和价值理念融于法治实践的伟大历程之中（2分），形成了社会主义法治精神（2分）。

第二部分：弘扬社会主义法治精神要求：党的领导是弘扬社会主义法治精神的政治保障（2分），以人民为中心是其价值基础（2分）；让法治精神成为推动法治完善的动力（2分）；在立法中弘扬社会主义核心价值观（2分），将社会主义法治精神融入严格执法和公正司法的价值要求之中（2分）；在法治精神引导下提升领导干部运用法治思维和法治方式的能力（2分）；在法治社会建设中促进全民守法，提升全社会的法治认同（2分）。

第二部分：意义：建设法治社会、提升公民法治意识的重要路径（2分）；有助于推进国家治理体系和治理能力现代化（2分）。

二、语言分：2分

能够使用规范语言且简练（2分），能够使用规范语言但语言不简洁（1分），没有使用规范语言，存在大量生活语言（0分）。

三、结构分：3分

三部分全面涉及，结构完整（3分），涉及其中两部分（2分），涉及其中一部分（1分），答案不能清晰看出结构（0分）。

四、材料分：2分

充分结合材料阐述观点（2分），提及材料但未深入结合（1分），未提及材料（0分）。

五、错别字：

每三个错别字扣1分，同一个字不同地方重复错误不累计扣分。

六、字数要求：

每少100字扣2分。本题要求不少于600字，如答题字数为500-599字，应扣2分，答题字数400-499字，应扣4分，以此类推。

第二题（本题35分）

　　材料一： 全面推进依法治国这件大事能不能办好，最关键的是方向是不是正确、政治保证是不是坚强有力，具体讲就是要坚持党的领导，坚持中国特色社会主义制度，贯彻中国特色社会主义法治理论。中国特色社会主义法治体系是中国特色社会主义制度的重要组成部分，必须牢牢把握中国特色社会主义这个定性，坚定不移走中国特色社会主义法治道路，正确处理政治和法治、改革和法治、依法治国和以德治国、依法治国和依规治党的关系，在坚持党的全面领导、保证人民当家作主等重大问题上做到头脑特别清醒、立场特别坚定。（摘自习近平：《坚持走中国特色社会主义法治道路 更好推进中国特色社会主义法治体系建设》）

　　材料二： 党中央强调，法治兴则国家兴，法治衰则国家乱；全面依法治国是中国特色社会主义的本质要求和重要保障，是国家治理的一场深刻革命；坚持依法治国首先要坚持依宪治国，坚持依法执政首先要坚持依宪执政。必须坚持中国特色社会主义法治道路，贯彻中国特色社会主义法治理论，坚持依法治国、依法执政、依法行政共同推进，坚持法治国家、法治政府、法治社会一体建设，全面增强全社会尊法学法守法用法意识和能力。（摘自《中共中央关于党的百年奋斗重大成就和历史经验的决议》）

　　材料三： 党的领导凝聚建设中国式现代化的磅礴力量。我们党深刻认识到中国式现代化是亿万人民自己的事业，人民是中国式现代化的主体，必须紧紧依靠人民，尊重人民创造精神，汇集全体人民的智慧和力量，才能推动中国式现代化不断向前发展。我们坚持党的群众路线，想问题、作决策、办事情注重把准人民脉搏、回应人民关切、体现人民愿望、增进人民福祉，努力使党的理论和路线方针政策得到人民群众衷心拥护。（摘自习近平：《中国式现代化是中国共产党领导的社会主义现代化》）

　　问题：

　　请根据以上材料，结合习近平法治思想的实践性特色，谈谈党对中国式现代化的领导在全面依法治国中的体现。

　　答题要求：

　　1. 无观点或论述、直接照搬材料原文的不得分；
　　2. 观点正确，表达完整、准确；
　　3. 总字数不少于600字。

> 　　请根据以上材料，结合习近平法治思想的实践性特色，谈谈党对中国式现代化的领导在全面依法治国中的体现。

　　参考答案： 习近平法治思想是在百年未有之大变局和当前复杂的国内外局势下，为了应对国家治理中的重大挑战而发展出来的真理性和科学性法治理论。习近平法治思想在马克思主义法治理论和中华优秀传统法律文化的基础上进行创造性转化，结合党领导法治建设的丰富经验，提炼出关于全面依法治国的一套系统完备的思想体系，体现出深刻的实践性。习近平法治思想在对全面依法治国的伟大实践经验进行科学总结后提出了一系列论述深刻、逻辑严密的理论观点，解决了法治建设的根本性理论问题，成为全面依法治国实践的根本性遵循。

党的领导是中国式现代化的本质和根本要求，也是中国特色社会主义法治的灵魂和政治保证。中国式现代化是人口规模巨大的现代化，是全体人民共同富裕的现代化，是物质文明和精神文明相协调的现代化，是人与自然和谐共生的现代化，是走和平发展道路的现代化。如材料三所示，党的领导是中国式现代化的本质要求和根本保障。只有坚持党的领导，才能坚定不移地走中国特色社会主义道路，确保中国式现代化在正确的轨道上顺利推进，为国家治理体系和治理能力现代化确立正确的道路和方向。党对中国式现代化的领导在全面依法治国中体现为党在法治建设中发挥总揽全局、协调各方的作用。

在习近平法治思想的科学指引下，党的领导贯穿于十一个坚持之中，确保全面依法治国行稳致远，为中国式现代化保驾护航。党对中国式现代化的领导在全面依法治国中的体现有以下方面：

1. 党确立中国式现代化的根本保证和道路方向，在全面依法治国中体现为坚持走中国特色社会主义法治道路，完善社会主义法律制度，深化中国特色社会主义法治理论。如材料一所示，只有把握中国特色社会主义这个定性，才能保障中国式现代化的实现。

2. 党领导中国式现代化的宗旨是依靠人民，保障人民利益。坚持以人民为中心是党的根本执政理念，推进全面依法治国的根本目的是依法保障人民权益。中国式现代化要求在全面依法治国中必须充分保障人民权益，让人民当家作主。党的领导和人民当家作主、依法治国是统一的，通过党的领导让人民权益得到保障，全面依法治国得到保证。

3. 党对中国式现代化的领导体现为确立现代化的制度形态，推进国家治理体系和治理能力现代化。全面依法治国是国家治理的一场深刻革命，党通过领导立法、保证执法、支持司法和带头守法，建立健全中国特色社会主义法治体系，推进依宪治国、依宪执政，为国家治理提供法治轨道，实现经济发展、社会和谐和生态文明。

4. 党对中国式现代化的领导体现为党不断自我革命，加强和改善自身的领导。推进依规治党和依法治国有机衔接，通过抓住领导干部这个关键少数，推动改革和法治的良性互动，不断提升领导中国式现代化的能力，为中国式现代化打造坚实的制度保障和政治基础。

只有在党的领导下，从关系党和国家长治久安的战略高度来定位法治、布局法治、厉行法治，把全面依法治国放在党和国家事业发展全局中来谋划、来推进，我国社会主义法治建设才能发生历史性变革、取得历史性成就，在中国式现代化中发挥固根本、稳预期、利长远的保障作用。在中国式现代化的伟大征程中，应当继续深化党的领导，推进法治国家、法治政府和法治社会一体建设，在百年未有之大变局中，实现长治久安和中华民族伟大复兴。

难度：难

考点：习近平法治思想的鲜明特色；坚持党的领导；坚持以人民为中心；更好发挥法治固根本、稳预期、利长远的保障作用；坚持建设中国特色社会主义法治体系；坚持抓住领导干部这个关键少数；依规治党和依法治国相统一

命题和解题思路：党的二十大报告的伟大理论贡献在于提出了中国式现代化这个关键命题，为中国的发展指明了方向。党的领导决定中国式现代化的根本性质。党的性质宗旨、初心使命、信仰信念、政策主张决定了中国式现代化是社会主义现代化，而不是别的什么现代化。党始终高举中国特色社会主义伟大旗帜，既坚持科学社会主义基本原则，又不断赋予其鲜明的中国特色和时代内涵，坚定不移地走中国特色社会主义道路，确保中国

式现代化在正确的轨道上顺利推进。党坚持把马克思主义作为根本指导思想，不断深化对共产党执政规律、社会主义建设规律、人类社会发展规律的认识，不断开辟马克思主义中国化时代化新境界，为中国式现代化提供科学指引。党坚持和完善中国特色社会主义制度，不断推进国家治理体系和治理能力现代化，形成包括中国特色社会主义根本制度、基本制度、重要制度等在内的一整套制度体系，为中国式现代化稳步前行提供坚强制度保证。我们党坚持和发展中国特色社会主义文化，激发全民族文化创新创造活力，为中国式现代化提供强大精神力量。可以说，只有毫不动摇坚持党的领导，中国式现代化才能前景光明、繁荣兴盛；否则，中国式现代化就会偏离航向、丧失灵魂，甚至犯颠覆性错误。

党的领导确保中国式现代化锚定奋斗目标行稳致远。党始终坚守初心使命，矢志为中国人民谋幸福、为中华民族谋复兴，坚持把远大理想和阶段性目标统一起来，一旦确定目标，就咬定青山不放松，接续奋斗、艰苦奋斗、不懈奋斗。改革开放以来，党领导人民建设社会主义现代化国家的奋斗目标都是循序渐进、一以贯之的，并随着实践的发展而不断丰富完善。在总结改革开放和新时代实践成就和经验的基础上，党的二十大更加清晰地擘画了到本世纪中叶我国发展的目标要求，科学描绘了全面建成社会主义现代化强国、全面推进中华民族伟大复兴的宏伟蓝图。从这些历史进程中，我们可以清楚地看到，建设社会主义现代化国家是我们党一以贯之的奋斗目标，一代一代地接力推进，并不断取得举世瞩目、彪炳史册的辉煌业绩。

党对中国式现代化的领导在全面依法治国中有着鲜活的体现。历史与实践充分证明，中国式现代化是中国特色的政治文明发展的过程，是实现中华民族伟大复兴的必经阶段。法律制度作为现代治理要素的重要组成部分，对调整国家治理现代化过程中涉及的国家政治权力与公民主体权利间的关系起到至关重要的作用。开启新征程，满足人民群众对民主、法治、公平、正义、安全、环境等日益增长的要求，提高人民生活品质，促进共同富裕，都对法治建设提出了新的更高要求。改革开放以来，从"中国特色社会主义法律体系"到"中国特色社会主义法治体系"，从"法制现代化"到"法治现代化"，法治在推进国家治理体系和治理能力现代化进程中的作用日益凸显。

法治在深入推进中国式现代化进程中发挥着引领、规范和保障作用，有效促进了制度与治理的有机统一，实现了国家制度和国家治理体系的系统集成。总的来说，法治是全面建设社会主义现代化国家的重要保障，法治化是深入推进中国式现代化的关键路径。必须充分发挥法治在推进国家治理体系和治理能力现代化中的重要作用，以法治现代化筑牢中国式现代化的制度根基。在党的二十大的背景之下，考查中国式现代化与全面依法治国之间的关系，具有重要意义。

本题在此背景下进行命制。但细心的考生会发现，本题并非简单地考查中国式现代化与法治的关系，而是出其不意地重点考查这一关系背后的关键性因素，即党的领导。尽管考生对中国式现代化的法治意义非常熟悉，但党的领导究竟如何在这一关系之中呈现？考生需要从十一个坚持之中凝练出党领导中国式现代化的具体体现和落实。由此可见，本题难度较高，要求考生既要把党的领导和中国式现代化相结合，也要把这一结合在法治中的体现提炼总结出来。只是简单地背诵模板并不能应对这个问题，考生需要灵活运用知识点。

本题采取材料分析题的命题形式，内容上则具体地考查考生对党领导中国式现代化在法治中的体现的理解。考生在作答该题时，应当遵循"三步四阶法"的解题答题方法，按步骤解题，全方位答题。在解题阶段，考生应"认真阅读材料，准确解读内容；完整理解问题，把握逻辑关系；列出结构框架，区分逻辑层次"。在答题过程中，考生应按照四阶法层层推进，步步为营，遵循："一阶开题，开宗明义；二阶升级，主题进阶；三阶立意，画龙点睛；四阶收官，补强升华。"本题材料要点较为明确，但考生不仅需要判断党对中国式现代化的领导的内涵，也要能够与党的领导在全面依法治国中的体现相结合。

具体来说，在解题阶段，分三步走：

第一步：认真阅读材料，准确解读内容。材料一引自习近平总书记发表的《坚持走中国特色社会主义法治道路　更好推进中国特色社会主义法治体系建设》一文。引文强调了全面依法治国的根本保证和道路方向问题，只有坚持党的领导，才能保证中国特色社会主义法治道路不偏离，才能保障法治事业的成功。材料二引自《中共中央关于党的百年奋斗重大成就和历史经验的决议》。引文强调了只有在党的领导之下，全面依法治国的谋篇布局才能有效展开，在中国特色社会主义法治体系建设中取得重大成就。材料三引自《中国式现代化是中国共产党领导的社会主义现代化》。该文为习近平在新进中央委员会的委员、候补委员和省部级主要领导干部学习贯彻习近平新时代中国特色社会主义思想和党的二十大精神研讨班开班式上的讲话，内涵丰富、意义重大，体现出党的领导在中国式现代化中的关键意义。

第二步：完整理解问题，把握逻辑关系。题干中的问题是从习近平法治思想的实践性角度来理解党对中国式现代化的领导在全面依法治国中的体现。问题限定是习近平法治思想的实践性，这一点对考生来说难度较低，只需要呈现出习近平法治思想从实践中总结而来并科学指引实践便可。问题是党对中国式现代化的领导在全面依法治国中的体现。考生应注意，这个问题不是问党对法治的领导，以及中国式现代化的内涵，而是党对中国式现代化的领导如何在法治中得以呈现，即党对于中国式现代化的谋篇布局如何在全面依法治国中反映出来。考生需要理解党对中国式现代化的领导的体现，并从全面依法治国中寻找对应点。

第三步：列出结构框架，区分逻辑层次。从上一步的问题分析来看，本题的逻辑层次比较顺畅，结构清晰，环环相扣。但本题的设问方式有隐藏的陷阱，需要考生尽量避免。本题的设问方式是"结合A，谈B在C中的体现"，问题非常灵活，不可套用套路。考生需要理解B，然后才能正确地在C中展现B。根据结构框架，考生可以追问以下问题，形成思路：习近平法治思想的实践性特色是什么？法治思想的实践性在全面依法治国中如何体现？党如何领导中国式现代化？党对中国式现代化的领导机制如何在法治事业中得以呈现？党对法治的领导如何体现中国式现代化的意义？

在答题阶段，考生应熟练使用四阶法，综合运用所学基础知识点，充分展示答题的逻辑关系和层次，以四段内容全面展示党对中国式现代化的领导在法治中的体现，完成一份结构立体、层次分明、内容充实的出色答卷。

具体而言，四阶法展现为四段内容，以下述方式展开：

第一阶：开题，开宗明义。重点展示题目的限定条件，主要涉及习近平法治思想的实践性内涵。考生需要先从习近平法治思想的时代背景引入法治思想的重大意义，特别是对于建设社会主义现代化国家的意义。在此基础上具体展现实践性的内涵，为下一阶转向党的领导这个实践性要求做好铺垫。

第二阶：升级，主题进阶。本题的考查要点是党对中国式现代化的领导。对此，考生切不可狭隘地用党对法治的领导来套用这个要点，而是要结合党的二十大的精神，论述中国式现代化的内涵，对党的领导进行准确定位。在此基础上升级到党对中国式现代化的领导在全面依法治国中的体现，为下一阶做预备。

第三阶：立意，画龙点睛。本阶是答题的核心内容，围绕党的领导展开，但对考生的知识掌握能力要求较高。考生需要在本阶中充分展示两点，一是党如何领导中国式现代化，涉及党在制度、目标、人才保障上对中国式现代化的领导；二是党领导中国式现代化在全面依法治国中的体现，考生需要从十一个坚持中提炼出党的领导的核心内容，与中国式现代化进行对接。

第四阶：收官，补强升华。本阶内容针对第三阶的论述进行升华。党领导中国式现代化在全面依法治国中得到充分落实，为中国式现代化保驾护航，因此应当更进一步推进党的领导，让中国式现代化走向深入，确保中国式现代化锚定奋斗目标行稳致远。

答案解析：第一阶针对习近平法治思想的实践性进行开题，强调法治思想从实践中来，到实践中去，是关于法治的科学性和真理性思想。首先，习近平法治思想在马克思主义法治理论和中华优秀传统法律文化的基础上进行创造性转化，结合党领导法治建设的丰富经验，提炼出关于全面依法治国的一套系统完备的思想体系，体现出深刻的实践性。其次，习近平法治思想能够系统全面地指引全面依法治国。

第二阶进行升级，展示中国式现代化的内涵与党领导中国式现代化的意蕴。中国式现代化是人口规模巨大的现代化，是全体人民共同富裕的现代化，是物质文明和精神文明相协调的现代化，是人与自然和谐共生的现代化，是走和平发展道路的现代化。党的领导是中国式现代化的本质特征，因为只有党的领导才能保障中国式现代化的行稳致远。

第三阶是答题的核心内容，考生需要充分展示党在制度、原则、道路、保障等方面对中国式现代化的领导在法治中的具体体现。考生不能局限于党对全面依法治国的领导方式，而是结合中国式现代化的内涵，实现三者的有效对接。这部分内容具有一定的开放性，考生应当围绕几个核心要点展开，包括党在道路方向、宗旨追求、制度建设、人才保障等方面对中国式现代化的领导。可以从下面四个方面展开：

1. 党确立中国式现代化的根本保证和道路方向，在全面依法治国中体现为坚持走中国特色社会主义法治道路，完善社会主义法律制度，深化中国特色社会主义法治理论。如材料一所示，只有把握中国特色社会主义这个定性，才能保障中国式现代化的实现。

2. 党领导中国式现代化的宗旨是依靠人民，保障人民利益。在全面依法治国中，坚持以人民为中心是党的根本执政理念，推进全面依法治国的根本目的是依法保障人民权益。中国式现代化要求在全面依法治国中必须充分保障人民权益，让人民当家作主。党的领导和人民当家作主、依法治国是统一的，通过党的领导让人民权益得到保障，全面依法治国得到保证。

3. 党对中国式现代化的领导体现为确立现代化的制度形态，推进国家治理体系和治理能力现代化。全面依法治国是国家治理的一场深刻革命，党通过领导立法、保证执法、支持司法和带头守法，建立健全中国特色社会主义法治体系，推进依宪治国、依宪执政，为国家治理提供法治轨道，实现经济发展、社会和谐和生态文明。

4. 党对中国式现代化的领导体现为党不断自我革命，加强和改善自身的领导。推进依规治党和依法治国有机衔接，通过抓住领导干部这个关键少数，推动改革和法治的良性互动，不断提升领导中国式现代化的能力，为中国式现代化打造坚实的制度保障和政治基础。

第四阶进行收官，强调党的领导对于全面依法治国的关键意义，即只有在党的领导下，从关系党和国家长治久安的战略高度来定位法治、布局法治、厉行法治，把全面依法治国放在党和国家事业发展全局中来谋划、来推进。在此基础上对党领导中国式现代化的伟大事业进行掌握，突出法治是保障和引领，应当推进法治国家、法治政府和法治社会一体建设，在百年未有之大变局中，实现长治久安和中华民族伟大复兴。

评分细则

一、内容分：28分（6分、16分、6分）

第一部分：习近平法治思想的实践性特色：习近平法治思想对全面依法治国的伟大实践经验进行科学总结（2分），体现出深刻的实践性（2分），成为全面依法治国实践的根本性遵循（2分）。

第二部分：党对中国式现代化的领导在全面依法治国中的体现：党的领导是中国式现代化的根本保证（2分），在全面依法治国中体现为党在法治建设中发挥总揽全局、协调各方的作用（2分）；党确立道路方向：坚持走中国特色社会主义法治道路（3分）；落实党的宗旨：坚持以人民为中心是党的根本执政理念，推进全面依法治国的根本目的是依法保障人民权益（3分）；通过领导立法、保证执法、支持司法和带头守法，为国家治理提供法治轨道（3分）；党不断自我革命，通过抓住领导干部这个关键少数，推动改革和法治的良性互动（3分）。

第三部分：意义和展望：坚持党的领导，我国社会主义法治建设才能发生历史性变革、取得历史性成就（2分），在中国式现代化中发挥固根本、稳预期、利长远的保障作用（2分），在中国式现代化的伟大征程中，应当继续深化党的领导（2分）。

二、语言分：2分

能够适用规范语言且简练（2分），能够适用规范语言但语言不简洁（1分），没有使用规范语言，存在大量生活语言（0分）。

三、结构分：3分

三部分全面涉及，结构完整（3分），涉及其中两部分（2分），涉及其中一部分（1分），答案不能清晰看出结构（0分）。

四、材料分：2分

充分结合材料阐述观点（2分），提及材料但未深入结合（1分），未提及材料（0分）。

五、错别字：每三个错别字扣1分，同一个字不同地方重复错误不累计扣分。

六、字数要求：每少100字扣2分。本题要求不少于600字，如答题字数为500-599字，应扣2分，答题字数400-499字，应扣4分，以此类推。

第三题（本题35分）

材料一：古人讲："立善法于天下，则天下治；立善法于一国，则一国治。"要加强国家安全、科技创新、公共卫生、生物安全、生态文明、防范风险等重要领域立法，加快数字经济、互联网金融、人工智能、大数据、云计算等领域的立法步伐，努力健全国家治理急需、满足人民日益增长的美好生活需要必备的法律制度。要发挥依规治党对党和国家事业发展的政治保障作用，形成国家法律和党内法规相辅相成的格局。（摘自习近平：《坚持

走中国特色社会主义法治道路　更好推进中国特色社会主义法治体系建设》）

材料二：建立健全政务数据共享协调机制，进一步明确政务数据提供、使用、管理等各相关方的权利和责任，推动数据共享和业务协同，形成高效运行的工作机制，构建全国一体化政务大数据体系，加强政务信息系统优化整合。加快推进身份认证、电子印章、电子证照等统一认定使用，优化政务服务流程。加强对大数据的分析、挖掘、处理和应用，善于运用大数据辅助行政决策、行政立法、行政执法工作。建立健全运用互联网、大数据、人工智能等技术手段进行行政管理的制度规则。在依法保护国家安全、商业秘密、自然人隐私和个人信息的同时，推进政府和公共服务机构数据开放共享，优先推动民生保障、公共服务、市场监管等领域政府数据向社会有序开放。（摘自《法治政府建设实施纲要（2021-2025年）》）

材料三：到2025年，基本建成较为完备的司法人工智能技术应用体系，为司法为民、公正司法提供全方位智能辅助支持，显著减轻法官事务性工作负担，有效保障廉洁司法，提高司法管理水平，创新服务社会治理。到2030年，建成具有规则引领和应用示范效应的司法人工智能技术应用和理论体系，为司法为民、公正司法提供全流程高水平智能辅助支持，应用规范原则得到社会普遍认可，大幅减轻法官事务性工作负担，高效保障廉洁司法，精准服务社会治理，应用效能充分彰显。（摘自最高人民法院：《关于规范和加强人工智能司法应用的意见》）

问题：

请根据上述材料，结合习近平法治思想的重大意义，谈谈数字法治的基本要义及其对经济发展的保障作用。

答题要求：

1. 无观点或论述、照搬材料原文的不得分；
2. 观点正确，表述完整、准确；
3. 总字数不得少于600字。

> 请根据上述材料，结合习近平法治思想的重大意义，谈谈数字法治的基本要义及其对经济发展的保障作用。

参考答案：习近平法治思想内涵丰富、论述深刻、逻辑严密、系统完备，是马克思主义法治理论同中国法治建设具体实际相结合、同中华优秀传统法律文化相结合的最新成果，是党领导法治建设丰富实践和宝贵经验的科学总结，是全面依法治国的根本遵循和行动指南，具有重大理论意义和现实意义。如材料所述，习近平法治思想针对全面依法治国中的新兴科技问题和挑战不断进行理论创新和科学总结，为解决国家治理中的数字挑战提供了固根本、稳预期、利长远的保障作用，为促进数字经济高质量发展提供了有力的思想武器。

习近平法治思想是数字法治的理论指南和实践依据。数字法治是将数字经济发展和数字社会建设纳入法治轨道的治理模式。如材料所示，数字法治应数字经济和人工智能等新兴技术的社会背景而生，是在党的全面领导下，以维护人民利益、保障公民数字权利为目标追求，通过探索数字治理的中国模式来为数字时代高质量发展保驾护航的治理过程。

数字法治是全面依法治国在数字时代的重大推进，内涵丰富，体系完备，其基本要义体现在以下几个方面：

数字法治是数字治理体系和治理能力的重要依托，为国家在数字经济发展和数字科技创新中的制度安排提供规范化和程序化支持，充分发挥法治在数字经济发展中固根本、稳预期、利长远的保障作用。

数字法治包含着中国特色社会主义的数字法治体系，包括完备的数字法律规范体系、高效的数字法治实施体系、有力的数字法治保障体系等。

数字法治具有系统性和体系性，以数字法治中国建设为目标，以数字法治社会建设为基础，数字政府建设是建设网络强国、数字中国的基础性和先导性工程。

数字法治建设以推进数字领域法律体系不断完善、提高政府数字化治理和执法水平、推进智慧司法转型、提高全民数字法治素养作为重要环节，形成数字驱动和赋能的智能化和信息化法治格局。

数字法治是数字经济发展的根本保障。数字经济发展中的数据资源配置、数字市场秩序维护、数字产权保护、平台经济监管等，都离不开健全的数字法治保障。打造法治化的数字市场环境，完善数据资源配置、数字产权保护的规则体系，提升政府数字化治理能力，有助于建设公平公正的数字市场环境，为数字经济健康、有序、高质量发展保驾护航。

数字经济发展、数字社会治理呼唤加强数字法治。要坚持以习近平法治思想为指导，不断完善数字法治体系；适应数字中国和法治中国建设的新要求，不断推进数字法治理论创新；充分发挥立法、执法和司法的保障作用，探索为数字中国建设保驾护航、维护人民群众数字权利的数字正义机制。

难度：难

考点：建设高效的法治实施体系；法治政府是建设法治国家的主体；科学立法、严格执法、公正司法、全民守法是推进全面依法治国的重要环节；推进严格执法；以法治保障经济发展

命题和解题思路：21世纪是数字经济时代，数字技术驱动的数字经济是继农业经济、工业经济之后的主要经济形态，是以数据资源为关键要素，以现代信息网络为主要载体，以信息通信技术融合应用、全要素数字化转型为重要推动力，促进公平与效率更加统一的新经济形态。数字经济发展速度之快、辐射范围之广、影响程度之深前所未有，正推动生产方式、生活方式和治理方式深刻变革，成为重组全球要素资源、重塑全球经济结构、改变全球竞争格局的关键力量。在数字经济的蓬勃发展之下，其法律挑战也日益严峻。互联网的迅速发展、平台经济的迅速扩张、人工智能技术的广泛应用等，对个人数据信息权益保护和政府监管造成很大冲击。习近平总书记指出，对人民群众反映强烈的电信网络诈骗、新型毒品犯罪和"邪教式"追星、"饭圈"乱象、"阴阳合同"等娱乐圈突出问题，要从完善法律入手进行规制，补齐监管漏洞和短板，决不能放任不管。这些年来，资本无序扩张问题比较突出，一些平台经济、数字经济野蛮生长、缺乏监管，带来了很多问题。要加快推进反垄断法、反不正当竞争法等修订工作，加快完善相关法律制度。

习近平法治思想包含着应对数字挑战的丰富智慧，提炼出关于数字法治的一系列基本命题。党的十八大以来，以习近平同志为核心的党中央高度重视数字化发展，不断加强数字中国建设的顶层设计。党的十九大报告明确提出建设网络强国、数字中国、智慧社会的战略目标。《法治社会建设实施纲要（2020-2025年）》提出推动大数据、人工智能等科

技创新成果同司法工作深度融合，并指出要加强对大数据、云计算和人工智能等新技术研发应用的规范引导。2020年，中共中央、国务院发布的《关于构建更加完善的要素市场化配置体制机制的意见》首次将数据与土地、劳动力、资本、技术等传统要素相并列，指出了五个要素领域的改革方向。2021年9月26日，习近平主席在致世界互联网大会乌镇峰会的贺信中强调，"让数字文明造福各国人民，推动构建人类命运共同体"。我国数字化覆盖程度、经济体量、产业样态均处于全球领先地位，需要具备与综合国力和国际地位相匹配的数字法治软实力。数字中国建设法治化是法治中国建设的题中应有之义。党的二十大报告提出，"深化科技体制改革，深化科技评价改革，加大多元化科技投入，加强知识产权法治保障，形成支持全面创新的基础制度。"

数字法治是全面依法治国伟大工程在数字领域的具体体现，其基本原理、实践逻辑及社会意义与全面依法治国是高度一致的。数字法治是习近平法治思想的具体实践，其特殊性体现在以数字化的方式进行治理，构建起数字化的法治体系，推进数字法律体系的完善，打造数字政府，以智能司法驱动公平正义。数字法治是展现习近平法治思想之根本遵循与思想旗帜意义的新兴领域，也是全面依法治国实践的新试验田。随着习近平法治思想不断进行理论创新，以数字法治为题进行考查符合最新的命题趋势。本题以此背景进行命制，考查考生将习近平法治思想的一般原理运用于数字法治这一具体领域的能力。数字法治体现出习近平法治思想的核心要义，但如何将这些核心要义进行转化，用于对数字法治的基本要义进行提炼，对考生提出了较高的要求。

本题采取材料分析题的命题形式，内容上涉及习近平法治思想的核心要义的很多内容，要点跨度较大，需要考生充分运用所学知识点灵活作答。考生在作答该题时，应当遵循"三步四阶法"的解题答题方法，按步骤解题，全方位答题。在解题阶段，考生应"认真阅读材料，准确解读内容；完整理解问题，把握逻辑关系；列出结构框架，区分逻辑层次"。在答题过程中，考生应按照"四阶法"层层推进，步步为营，遵循"一阶开题，开宗明义；二阶升级，主题进阶；三阶立意，画龙点睛；四阶收官，补强升华"。本题需要考生对材料内容仔细审读，结合数字经济和数字科技的最新发展动态，灵活整合所学知识点，从容作答。

具体来说，在解题阶段，分三步走。

第一步：认真阅读材料，准确解读内容。材料一引自习近平总书记《坚持走中国特色社会主义法治道路 更好推进中国特色社会主义法治体系建设》一文，突出了数字技术对法治保障的迫切需求，反映出"加强重点领域、新兴领域、涉外领域立法"的现实意义。数字经济的迅速发展带来一系列涉及数据和信息、互联网治理、数据出境等的重大难题，成为法治建设的重点领域、新兴领域，需要进行立法上的完善，即打造数字法治体系。材料二引自《法治政府建设实施纲要（2021-2025年）》，体现出进一步完善数字政府建设体系框架、构筑协同高效的政府数字化履职能力体系、提升政府公共服务能力和推进国家治理体系和治理能力现代化的重要意义。材料三引自最高人民法院发布的《关于规范和加强人工智能司法应用的意见》，其前瞻性地提出智慧司法的理念，旨在推动大数据、人工智能等科技创新成果同司法工作深度融合，创新互联网司法模式，推动司法质量、司法效率和司法公信力的不断提升。从这三段材料可以看出，数字法治在立法、执法和司法的各个过程中不断凸显，建设中国特色社会主义的数字法治体系势在必行。

第二步：完整理解问题，把握逻辑关系。本题考查的重心是数字法治。数字法治的内涵需要在习近平法治思想的框架之中展现，因此本题首先从习近平法治思想的重大意义方面作出限定。其次，让考生论述数字法治的基本要义和对经济发展的保障作用。考生基于习近平法治思想的核心要义，可以判断出这个问题实际上是考查对数字法治如何体现习近平法治思想的核心要义的理解。但考生所学知识要点之中并无关于数字法治的直接论述，所以需要把握好这个问题的逻辑关系，即习近平法治思想是对全面依法治国伟大实践的科学总结，反过来又能为全面依法治国提供根本遵循和科学指南。在习近平法治思想的指引下，从数字经济发展中可以总结出数字法治这一治理方式，又可以基于习近平法治思想的核心要义对数字法治的内涵进行论述。

第三步：列出结构框架，区分逻辑层次。数字法治是全面依法治国在新时代面对数字经济发展的具体体现，实际上是习近平法治思想的核心要义在数字问题上的具体化。考生应充分运用所学基础知识，按照以下逻辑层次进行清晰作答：从材料所展示的数字法治的发展状况来看，习近平法治思想的重大意义是什么？数字法治的提出，如何体现习近平法治思想的根本遵循和思想旗帜意义？习近平法治思想的核心要义如何贯彻到数字法治的基本要义之中？全面依法治国对于经济社会发展的保障作用在数字法治上如何体现出来？

在答题阶段，考生应熟练使用"四阶法"，灵活转化所学基础知识点，充分展示答题的逻辑关系和层次。具体而言，"四阶法"展现为四段内容，以下述方式展开。

第一阶：开题，开宗明义。重点展示题目的限定条件，主要涉及习近平法治思想的重大意义。由于这部分内容要点较多，考生可以结合数字法治的实践动态进行转化，强调习近平法治思想如何对数字法治实践的宝贵经验进行总结，以及如何能够对数字法治提供根本遵循等。

第二阶：升级，主题进阶。本阶对考查要点进行升级提炼。本题的主要考点是数字法治，考生需要从习近平法治思想的重大意义转向数字法治的内涵，在这一阶之中进行过渡，论述从习近平法治思想的角度如何清楚地对数字法治进行界定。考生应结合对全面依法治国的理解，对数字法治的基本内涵作出界定，为数字法治的基本要义做好铺垫。

第三阶：立意，画龙点睛。本阶是答题的主要内容，也是考验考生能力的主要板块。数字法治是"新兴事物"，但其内涵完全来自习近平法治思想的核心要义。只要考生掌握了这些核心要义，则数字法治的基本要义就能清晰地呈现出来。基于数字法治的实践特征，限于篇幅，考生可从在法治轨道上推进国家治理体系和治理能力现代化，中国特色社会主义法治体系，法治国家、法治政府和法治社会一体建设，坚持全面推进科学立法、严格执法、公正司法、全民守法等方面出发，对数字法治的基本要义进行界定，展示数字法治之全貌。

第四阶：收官，补强升华。本题有两问，第一问是数字法治的基本要义，对应全面依法治国的核心要义。第二问是数字法治对经济发展的保障作用，显然对应习近平法治思想的实践要求。第二问可以作为补强内容，考生应从数字法治对经济发展特别是数字经济发展的保障作用的角度进行作答，突出数字法治对数字市场经济的重大影响。在补强论证之后，考生可对答题内容进行升华，对数字法治在全面依法治国宏大格局中的前景进行展望，完成一份高质量的答卷。

答案解析：第一阶的内容需要阐明习近平法治思想是理解数字法治的前提，并对习近平法治思想的重大意义进行简要总结，提出习近平法治思想是马克思主义法治理论同中国法治建设具体实际相结合、中华优秀传统法律文化相结合的最新成果，是党领导法治建设丰富实践和宝贵经验的科学总结，是全面依法治国的根本遵循和行动指南。在此基础上，指出习近平法治思想为数字法治提供了科学指引，针对全面依法治国中的新兴科技问题和挑战不断进行理论创新和科学总结，为解决国家治理中的数字挑战提供了固根本、稳预期、利长远的保障作用。

第二阶进行升级，由习近平法治思想的重大意义转向数字法治的基本内涵。习近平法治思想具有旺盛的生命活力和理论创新的充足动力，是数字法治的理论指南和实践依据。基于习近平法治思想的理论格局和实践内涵，可以对数字法治的内涵作出如下界定，即在党的全面领导下，以维护人民利益、保障公民数字权利为目标追求，通过探索数字治理的中国模式来为数字时代高质量发展保驾护航的治理过程。通过这一界定，可以为数字法治的基本要义的展开做好铺垫。

第三阶具体论述数字法治的基本要义，考生应该灵活运用习近平法治思想的核心要义的内容，将数字法治作为全面依法治国的具体体现。但由于"十一个坚持"内容丰富，不能在答题中全部呈现，所以考生可以灵活选取与数字法治实践状况最为密切的几个"坚持"进行作答，这部分内容具有一定的开放性，考生可以从下述几个方面展开：

数字法治是数字治理体系和治理能力的重要依托，为国家在数字经济发展和数字科技创新中的制度安排提供规范化和程序化支持，充分发挥法治在数字经济发展中固根本、稳预期、利长远的保障作用。

数字法治包含着中国特色社会主义的数字法治体系，包括完备的数字法律规范体系、高效的数字法治实施体系、有力的数字法治保障体系等。

数字法治具有系统性和体系性，以数字法治中国建设为目标，以数字法治社会建设为基础，数字政府建设是建设网络强国、数字中国的基础性和先导性工程。

数字法治建设以推进数字领域法律体系不断完善、提高政府数字化治理和执法水平、推进智慧司法转型、提高全民数字法治素养作为重要环节，形成数字驱动和赋能的智能化和信息化法治格局。

第四阶是补强升华的内容，需强调数字经济的发展离不开数字法治的根本保障。考生应从两个方面进行阐述：一是强调数字经济发展中的数据资源配置、数字市场秩序维护、数字产权保护、平台经济监管等，都离不开健全的数字法治保障；二是突出数字法治体系有助于建设公平公正的数字市场环境，为数字经济健康、有序、高质量发展保驾护航。在对数字法治进行补强之后，考生应进一步升华提炼，强调以习近平法治思想为指导，不断完善数字法治体系，不断推进数字法治理论创新。

评分细则（共35分）

一、内容分：28分（6分、4分、12分、6分）

第一段，习近平法治思想的重大意义：习近平法治思想是马克思主义法治理论同中国法治建设具体实际相结合、中华传统法律文化相结合的最新成果，是党领导法治建设丰富实践和宝贵经验的科学总结（2分）；习近平法治思想针对全面依法治国中的新兴科技问题和挑战不断进行理论创新和科学总结（2分）；为解决国家治理中的数字挑战提供了固根本、稳预期、利长远的保障作用（2分）。

第二段，数字法治的基本内涵：数字法治是将数字经济发展和数字社会建设纳入法治轨道的治理模式（2分）；数字法治是通过探索数字治理的中国模式来为数字时代高质量发展保驾护航的治理过程（2分）。

第三段，数字法治的基本要义：数字法治是数字治理体系和治理能力的重要依托（3分）；数字法治包含着中国特色社会主义的数字法治体系（3分）；数字法治具有系统性和体系性（3分）；数字法治建设以推进数字领域法律体系不断完善、提高政府数字化治理和执法水平、推进智慧司法转型、提高全民数字法治素养作为重要环节（3分）。

第四段，数字法治对经济发展的作用：数字经济离不开健全的数字法治保障（2分）；打造法治化的数字市场环境（2分）。要坚持以习近平法治思想为指导，不断完善数字法治体系（2分）。

二、语言分：2分

能够使用规范语言且简练（2分）；能够使用规范语言但语言不简洁（1分）；没有使用规范语言，存在大量生活语言（0分）。

三、结构分：3分

各部分全面涉及，结构完整（3分）；涉及其中两部分（2分）；涉及其中一部分（1分）；答案不能清晰看出结构（0分）。

四、材料分：2分

充分结合材料阐述观点（2分）；提及材料但未深入结合（1分）；未提及材料（0分）。

五、错别字：

每三个错别字扣1分，同一个字在不同地方重复错误不累计扣分。

六、字数要求：

每少100字扣2分。本题要求不少于600字，如答题字数为500-599字，应扣2分；答题字数为400-499字，应扣4分；以此类推。

第四题（本题35分）

材料一：古人讲："立善法于天下，则天下治；立善法于一国，则一国治。"要加强国家安全、科技创新、公共卫生、生物安全、生态文明、防范风险等重要领域立法，加快数字经济、互联网金融、人工智能、大数据、云计算等领域立法步伐，努力健全国家治理急需、满足人民日益增长的美好生活需要必备的法律制度。要发挥依规治党对党和国家事业发展的政治保障作用，形成国家法律和党内法规相辅相成的格局。要聚焦人民群众急盼，加强民生领域立法。（摘自习近平：《坚持走中国特色社会主义法治道路 更好推进中国特色社会主义法治体系建设》）

材料二：加强重点领域、新兴领域、涉外领域立法，统筹推进国内法治和涉外法治，以良法促进发展、保障善治。推进科学立法、民主立法、依法立法，统筹立改废释纂，增强立法系统性、整体性、协同性、时效性。完善和加强备案审查制度。坚持科学决策、民主决策、依法决策，全面落实重大决策程序制度。（摘自习近平：《高举中国特色社会主义伟大旗帜　为全面建设社会主义现代化国家而团结奋斗——在中国共产党第二十次全国代表大会上的报告》）

材料三：全面发挥宪法在立法中的核心地位功能，每一个立法环节都把好宪法关。推进合宪性审查制度化、规范化，健全法律草案的合宪性审查程序机制，提高合宪性审查工作质量，明确在草案说明、统一审议等环节的合宪性审查要求，积极回应涉及宪法有关问题的关切。加强对宪法法律实施情况的监督检查，坚决纠正违宪违法行为，维护宪法权威和国家法治统一。加强宪法实施和监督制度理论研究和宣传。强化宪法意识，弘扬宪法精神，推动宪法观念、宪法知识的普及深入。（摘自《全国人大常委会2023年度立法工作计划》）

问题：

请根据上述材料，结合习近平法治思想关于科学立法的基本原则，谈谈新兴领域立法的实践要求及其在宪法实施中的法治意义。

答题要求：

1. 无观点或论述、照搬材料原文的不得分；
2. 观点正确，表述完整、准确；
3. 总字数不得少于600字。

> 请根据上述材料，结合习近平法治思想关于科学立法的基本原则，谈谈新兴领域立法的实践要求及其在宪法实施中的法治意义。

参考答案：习近平法治思想是新时代推进全面依法治国的根本遵循和行动指南，为全面依法治国这一伟大事业提供了系统性和全方位的路线图。习近平法治思想的核心要义包括"十一个坚持"，其中要求坚持全面推进科学立法、严格执法、公正司法、全民守法。科学立法的核心在于尊重和体现客观规律。应当完善立法规划，突出立法重点，坚持立改废并举，提高立法科学化、民主化水平，提高法律的针对性、及时性和系统性。优化立法工作机制和程序，使立法准确反映经济社会发展要求，以良法促进善治，为中国式现代化建设事业提供充分保障。

科学立法是建设完备的法律规范体系的基本要求。如材料所示，科学立法要求深入分析中国式现代化的立法需求，把立法决策同改革发展决策更好结合起来，加强重点领域、新兴领域、涉外领域立法。在社会主义现代化建设进程中，数字经济、科技发展和社会建设领域出现了大量新兴问题和风险，如材料所示的互联网金融、人工智能、大数据、云计算等。对此，需要提高立法质量和效率，不断通过新兴领域立法防范潜在的新兴风险、破解社会矛盾，充分发挥立法在数字经济发展和科技进步上的"固根本、稳预期、利长远"的作用。

新兴领域立法应当紧密跟进新兴领域的发展动态，遵循客观规律，做到如下要求：

1. 坚持党的领导，充分发挥党在新兴领域立法上的引领作用，健全党在立法工作上的总揽全局、协调各方的作用。明确党在新兴领域中的重大事项立法决定权，包括重大事项的范围、立法决定权的权限、立法决定权的行使程序等。

2. 坚持以人民为中心，聚焦群众所盼，努力健全国家治理急需、满足人民日益增长的美好生活需要必备的法律制度。充分保障人民在新兴领域的权利和利益，提高民众参与立法的水平，健全民众参与立法的程序。

3. 加快推进数字经济、互联网金融、人工智能、大数据、云计算等新兴领域的立法工作，补齐法律短板，以良法善治保障新业态新模式健康发展。

4. 提高立法的针对性、及时性和系统性等，健全立法起草、论证、协调和审议机制，提高新兴领域法律法规的可执行性和可操作性。将包容开放和底线约束相结合，在法治框架内做好新兴领域的风险防范与应对。

新兴领域立法是促进宪法实施、完善社会主义法律体系、保障宪法权威的重要路径。新兴领域立法是应对新兴领域挑战，为数字经济和科技发展保驾护航的制度保障。在立法过程中应当严格遵循宪法和立法程序，严守立法权限，防范部门利益和地方保护主义法律化。推进新兴领域法律法规的合宪性审查，完善新兴领域立法的备案审查制度。通过完善实施机制推动新兴领域立法的不断深化完善，能够更好地发挥法治在促进高质量发展、科技创新和数字繁荣上的保障作用，助力中国式现代化的全面建设。

难度： 难

考点： 习近平法治思想是在法治轨道上全面建设社会主义现代化国家的根本遵循；坚持以人民为中心；坚持依宪治国、依宪执政；坚持建设中国特色社会主义法治体系；推进科学立法

命题和解题思路： 习近平法治思想是新时代新征程推进全面依法治国的根本遵循。伟大时代孕育伟大思想，伟大思想引领伟大征程。新时代全面依法治国之所以能取得历史性成就、发生历史性变革，根本在于有习近平总书记作为党中央的核心、全党的核心领航掌舵，在于有习近平新时代中国特色社会主义思想特别是习近平法治思想的科学指引。党的二十大开启了以中国式现代化全面推进中华民族伟大复兴的新征程。同时，世界百年未有之大变局加速演进，我国发展进入战略机遇和风险挑战并存、不确定难预料因素增多的时期。结合上述背景，必须更好发挥法治"固根本、稳预期、利长远"的保障作用。

习近平总书记在党的二十大报告中强调，要在法治轨道上全面建设社会主义现代化国家，全面推进国家各方面工作法治化。习近平总书记关于全面依法治国的新思想新论断、作出的新部署新要求，深刻回答了全面依法治国的方向性、根本性、战略性重大问题，进一步丰富和发展了习近平法治思想。习近平法治思想不仅针对时代和实践提出的重大任务、重大问题、重大挑战提供了法治解决之道，并且为统筹推进国内法治和涉外法治，维护国家主权、安全、发展利益提供了强有力的思想引领。习近平法治思想是顺应实现中华民族伟大复兴时代要求应运而生的重大战略思想，是新时代全面依法治国必须长期坚持的指导思想，必将引领法治中国建设在新征程实现更大发展。

我国立足新发展阶段、贯彻新发展理念、构建新发展格局，推动经济高质量发展，在法治轨道上推进国家治理体系和治理能力现代化，赋予立法鲜明的时代特色。立法必须紧跟时代步伐，回应实践需要。面对广泛的立法需求，如何加强立法，解决立法需求和立法供给的主要矛盾和矛盾的主要方面，习近平总书记作出了深刻论述，指出了立法的重点方向。

当前在全面依法治国实践中，在中国特色社会主义法治体系建设中，仍然存在一些短板和不足，特别是在立法领域，存在一些立法空白，立法供给跟不上，无法满足社会发展的需求。习近平总书记强调，"要加强重点领域立法，及时反映党和国家事业发展要求、人民群众关切期待，对涉及全面深化改革、推动经济发展、完善社会治理、保障人民生活、维护国家安全的法律抓紧制订、及时修改。"加强重点领域立法，就是要突出重点，区分轻重缓急，在立法资源、立法力量有限的情况下，着力推进重点领域立法，重点突破，并以此带动其他领域的立法。重点领域在不同时期不同阶段会有所不同，与党中央确定的战略目标、中心工作和重大决策部署密切联系。习近平总书记指出，"要积极推进国家安全、科技创新、公共卫生、生物安全、生态文明、防范风险、涉外法治等重要领域立法，健全国家治理急需的法律制度、满足人民日益增长的美好生活需要必备的法律制度，以良法善治保障新业态新模式健康发展。"

在这一实践和思想背景下，本题以"新兴领域立法"为考点，深入细致地考查考生宏观把握习近平法治思想的逻辑能力和微观理解立法在全面依法治国中的重要地位的判断力。立法是全面依法治国的重要环节，立法范围比较宽泛，而新兴领域立法是立法的一个特殊领域，其面对的挑战和实现路径与其他领域存在较大差异。为新兴领域立法提供根本性指引，为中国式现代化保驾护航，是习近平法治思想的魅力所在。通过本题的考查，可以展现考生对习近平法治思想的掌握水平。

在命题类型上，这道题属于理论分析阐述题。围绕新兴领域立法，考查科学立法原则和宪法实施的要求。考点虽然不多，但涉及党的领导、以人民为中心、社会主义法治体系等基础考点，需要考生充分地展示问题的逻辑，全方位进行作答。

考生应当按照"三步四阶法"的解题答题方法，破解题目的逻辑关系，充分展示题目考查的各个要点。在解题阶段，考生应遵循"认真阅读材料，准确解读内容；完整理解问题，把握逻辑关系；列出结构层次，展开逻辑分析"的方式，正确解题，即材料限定了答题方向，问题则指引了答题要点，框定了答题结构和层次。在答题阶段，考生应按照"四阶法"层层推进，步步为营，遵循，"一阶开题，开宗明义；二阶升级，主题进阶；三阶立意，画龙点睛；四阶收官，补强升华"。充分展示答案的格局和层次，交出一份高质量的答卷。

第一步：认真阅读材料，准确解读内容。材料一引自习近平总书记《坚持走中国特色社会主义法治道路 更好推进中国特色社会主义法治体系建设》一文。这篇文章非常重要，已经在客观题和主观题中多次考查。习近平总书记对中国特色社会主义法治体系建设的最新表述鞭辟入里，对科学立法的原则和实践要求的阐释高屋建瓴。本段材料强调科学立法，以及新兴领域立法的重要意义。材料二引自党的二十大报告，材料突出了重点领域、新兴领域、涉外领域立法的具体要求。材料三引自《全国人大常委会2023年度立法工作计划》，该计划针对重点领域、新兴领域、涉外领域立法进行了谋篇布局，本段材料强调了立法过程中的合宪性要求，体现了对宪法权威的维护和尊重。

第二步：完整理解问题，把握逻辑关系。本题的限定是"科学立法的基本原则"，问题则是谈谈对"新兴领域立法的实践要求及其在宪法实施中的法治意义"。限定和问题之间存在着密切的关系，考生不要偏离命题人的考查方向。科学立法是全面依法治国的工作环节，新兴领域立法是受科学立法所指导的实践体现。新兴领域立法与宪法实施的关系则是比较新颖的角度，考生需要准确把握。综观题目要求，问题的逻辑关系是科学立法要求新兴领域立法，在新兴领域立法的过程中应当体现宪法实施的要求。

第三步：列出结构层次，展开逻辑分析。在理顺题目考查的要点后，考生可以清晰地展现出答案的结构层次。问题围绕"科学立法的基本原则"而设定，考生需要结合科学立法的内涵和基本原则进行作答，并充分展现科学立法与新兴领域立法之间的关系。在法考大纲中，新兴领域立法的内容并不多，需要考生结合立法实践进行充实。需要回答的问题结构和层次是：习近平法治思想关于科学立法的基本原则是什么？新兴领域立法包含哪些内容？依据科学立法，新兴领域立法应当如何进行？新兴领域立法与宪法实施之间是什么关系？新兴领域立法如何纳入宪法实施的框架中，并与合宪性审查相衔接？

在答题阶段，考生应当严格遵循"四阶法"，破解问题的内在逻辑，充分展示答案的不同逻辑层次，写出一份层次分明、结构清晰、要点丰富的答卷。具体如下：

第一阶：开题，开宗明义。本阶需要围绕题目的限定条件展开。题目要求考生从习近平法治思想关于科学立法的基本原则出发展开论述。科学立法是全面依法治国的工作环节之一，要求通过立法打造良法善治。考生在作答本部分内容时，应当结合习近平法治思想的重大意义和理论定位，对科学立法原则进行阐释，自然地将论述视角转向立法问题。

第二阶：升级，主题进阶。本阶需要围绕"新兴领域立法"的具体实践要求展开。科学立法是全面依法治国的重要工作环节，而新兴领域立法与重点领域、涉外领域立法同属于当前立法的迫切事务。因此考生应当在此阶段将科学立法转向新兴领域立法，论述新兴领域立法的社会背景、必要性及其法治意义，从而将论述的重点转向新兴领域立法的实践要求。

第三阶：立意，画龙点睛。本阶是答题的核心内容，也是主要考点所在。新兴领域立法虽然是科学立法的重要内容，但法考中涉及内容比较少，考生需要综合习近平法治思想的核心要义，结合最新立法动态，进行综合性论述。本部分内容具有一定的开放性，考生应当注意突出新兴领域立法的核心要求，涉及党的领导、保障人民利益、中国特色社会主义法治体系的完善与新兴领域的行业发展特征等。因此，考生需要在实践要求上体现出新兴领域立法的独特性，而非泛泛而谈。

第四阶：收官，补强升华。本题涉及新兴领域立法与宪法实施之间的关系，较有新意。考生应当将宪法实施的知识点与立法相结合，从两个方面展开：一是宪法实施要求完善法律规范体系，新兴领域立法是重要的实施路径；二是为了维护宪法权威，实现社会主义法律体系之间的协调统一，需要强化合宪性审查，保证新兴领域的立法质量，从而服务于高质量发展的现代化建设大局。考生通过论述新兴领域立法在宪法实施中的法治意义，将答题内容提升到新的高度，从而完成一份高质量的答卷。

答案解析：第一部分首先对习近平法治思想进行整体定位，展示其重大意义和核心内容。在此基础上提出科学立法是"十一个坚持"的重要环节，其核心内涵是尊重和体现客观规律。科学立法的科学性体现为多项原则，具体包括完善立法规划，提高立法科学化、民主化水平，提高法律的针对性、及时性和系统性，优化立法程序等。

第二部分从科学立法出发，论述新兴领域立法的必要性。科学立法是完善中国特色社会主义法治体系的重要路径，也是保障中国式现代化和实现高质量发展的重要环节。贯彻科学立法原则，应当加强重点领域、新兴领域、涉外领域立法。新兴领域立法是当前立法环节中的一项迫切任务，是保障数字经济、人工智能技术、生物安全等各个领域健康发展的防火墙。因此，需要不断通过新兴领域立法防范新兴风险、破解社会矛盾，充分发挥立法在科技发展和社会建设上的"固根本、稳预期、利长远"的作用。

第三部分针对新兴领域立法的实践要求进行作答。考生应当结合完善的法律规范体系、新兴领域立法的特点、新兴领域发展所面对的挑战和风险等进行综合作答。本部分具有一定的开放性，考生应当结合材料从多个方面展开，尤其是要突出新兴领域立法的特殊性，可以从以下几点作答：

1. 坚持党的领导，充分发挥党在新兴领域立法上的引领作用，健全党在立法工作上的总揽全局、协调各方的作用。明确党在新兴领域中的重大事项立法决定权，包括重大事项的范围、立法决定权的权限、立法决定权的行使程序等。

2. 坚持以人民为中心，聚焦群众所盼，努力健全国家治理急需、满足人民日益增长的美好生活需要必备的法律制度，充分保障人民在新兴领域的权利和利益，提高民众参与立法的水平，健全民众参与立法的程序。

3. 在数字经济、互联网金融、人工智能、大数据、云计算等新兴领域加快推进立法，补齐法律短板，以良法善治保障新业态新模式健康发展。

4. 提高立法的针对性、及时性和系统性等，健全立法起草、论证、协调和审议机制，提高新兴领域法律法规的可执行性和可操作性。将包容开放和底线约束相结合，在法治框架内做好新兴领域的风险防范与应对。

第四部分进行补强升华，考生应论述新兴领域立法与宪法实施之间的关系。首先，强调新兴领域法律规范的完善是宪法实施的重要体现。再次，由于新兴领域立法对经济发展、社会进步和科技创新意义重大，因此应该严格遵守宪法，彰显宪法权威。其次，正如材料三所示，立法必须符合合宪性审查的要求，使每个环节都展现出宪法的色彩，完善新兴领域立法的备案审查制度。最后，对全篇内容进行总结，强调新兴领域立法对高质量发展的助力作用。

评分细则（共35分）

一、内容分：28分（4分、6分、12分、6分）

第一部分：科学立法的基本原则：尊重和体现客观规律（2分），应当完善立法规划或者突出立法重点（2分）。

第二部分：科学立法是建设完备的法律规范体系的基本要求（2分）；加强重点领域、新兴领域、涉外领域立法（2分）；通过新兴领域立法防范潜在的新兴风险、破解社会矛盾（2分）。

第三部分：新兴领域立法的实践要求：坚持党的领导（2分），健全党在立法工作上的总揽全局、协调各方的作用（2分）；坚持以人民为中心，充分保障人民在新兴领域的权利和利益或者健全民众参与立法的程序（2分）；加快新兴领域的立法工作（2分）；提高新兴领域立法的针对性、及时性和系统性（2分），在法治框架内做好新兴领域的风险防范与应对（2分）。

第四部分：宪法实施中的法治意义：应当严格遵循宪法和立法程序（2分），推进新兴领域法律法规的合宪性审查（2分）。更好发挥法治在促进高质量发展、科技创新和数字繁荣上的保障作用（2分）。

二、语言分：2分
　　能够使用规范语言且简练（2分），能够使用规范语言但语言不简洁（1分），没有使用规范语言，存在大量生活语言（0分）。
三、结构分：3分
　　各部分全面涉及，结构完整（3分）；涉及其中两部分（2分）；涉及其中一部分（1分）；答案不能清晰看出结构（0分）。
四、材料分：2分
　　充分结合材料阐述观点（2分）；提及材料但未深入结合（1分）；未提及材料（0分）。
五、错别字：
　　每三个错别字扣1分，同一个字在不同地方重复错误不累计扣分。
六、字数要求：
　　每少100字扣2分。本题要求不少于600字，如答题字数为500-599字，应扣2分；答题字数400-499字，应扣4分；以此类推。

第五题（本题35分）

材料一： 法治社会是构筑法治国家的基础。弘扬社会主义法治精神，传承中华优秀传统法律文化，引导全体人民做社会主义法治的忠实崇尚者、自觉遵守者、坚定捍卫者。建设覆盖城乡的现代公共法律服务体系，深入开展法治宣传教育，增强全民法治观念。推进多层次多领域依法治理，提升社会治理法治化水平。发挥领导干部示范带头作用，努力使尊法学法守法用法在全社会蔚然成风。（摘自习近平：《高举中国特色社会主义伟大旗帜 为全面建设社会主义现代化国家而团结奋斗——在中国共产党第二十次全国代表大会上的报告》）

材料二： 要推动更多法治力量向引导和疏导端用力，完善预防性法律制度，坚持和发展新时代"枫桥经验"，完善社会矛盾纠纷多元预防调处化解综合机制，更加重视基层基础工作，充分发挥共建共治共享在基层的作用，推进市域社会治理现代化，促进社会和谐稳定。（摘自习近平：《坚定不移走中国特色社会主义法治道路 为全面建设社会主义现代化国家提供有力法治保障》）

材料三： 深度应用司法大数据，并与其他信息数据资源开展对接，加强对诉讼高发领域、新类型纠纷、涉诉信访案件，以及社会治理动态和热点问题的分析研判，对发现的普遍性、倾向性、趋势性问题提出司法建议，并向有关部门提供大数据分析报告，督促有关部门和企业主动承担出台政策、完善规则、风险评估、合规审查、安全生产等责任。（摘自最高人民法院：《关于深化人民法院一站式多元解纷机制建设推动矛盾纠纷源头化解的实施意见》）

问题：
请根据以上材料，结合法治社会的内涵，论述多元化纠纷解决机制对于传统司法的创新和超越。

答题要求：
1. 无观点或论述、直接照搬材料原文的不得分；

2. 观点正确，表达完整、准确；

3. 总字数不少于600字。

> 请根据以上材料，结合法治社会的内涵，论述多元化纠纷解决机制对于传统司法的创新和超越。

参考答案：一、在国家治理和社会发展进程中，不断出现重大风险、重大矛盾、重大挑战和重大阻力，全面依法治国是应对风险、保障国家治理和实现社会和谐的制度性和系统性机制。习近平法治思想是全面依法治国的根本指引，为实现国家治理体系和治理能力现代化、充分应对社会风险提供了理论指导和科学遵循。依据习近平法治思想关于法治国家、法治政府、法治社会一体建设的系统性理论指南，法治社会是法治国家和法治政府建设的基础。全面依法治国需要全社会共同参与，需要增强全社会法治观念，必须在全社会弘扬社会主义法治精神，建设社会主义法治文化。

二、法治社会建设要求以社会治理来解决社会发展中的风险和矛盾，将社会治理纳入法治化轨道，依法防范风险、化解矛盾、维护权益，营造公平、透明、可预期的法治环境。如材料所示，社会治理需要多层次多领域参与。多元化纠纷解决机制是建设法治社会的重要途径，强调和解、调解、仲裁、公证、行政裁决、行政复议与诉讼有机衔接、相互协调，让社会主体充分共建共治共享，提高社会矛盾纠纷解决能力，形成全社会尊法、学法、守法、用法的法治氛围。

三、传统司法注重对抗性和程序性，以法官为中心，诉讼成本较高。多元化纠纷解决机制相比于传统司法具有以下几个方面的创新和突破：

（1）多元化纠纷解决机制更好地体现以人民为中心的思想，完善了人民群众参与矛盾化解的制度化渠道，创造更多依靠基层、发动群众、就地化解矛盾的办法，最大限度满足群众多层次、多样化的司法需求。

（2）多元化纠纷解决机制有助于减轻司法机关的诉讼负担。如材料所示，创新司法纠纷解决方式，让法院更加能动地运用多元化手段参与社会治理，提升社会治理的法治化水平。

（3）多元化纠纷解决机制能够更好地提升公共法律服务水平，充分发挥德才兼备的法治工作队伍在法治建设中的重要作用，提升社会主体共建共治共享水平，构建多元化纠纷解决机制格局。

（4）多元化纠纷解决机制能够更好地发挥和解、调解、仲裁、公证、行政裁决、行政复议等多元化纠纷解决方式的治理意义，特别是充分发挥"枫桥经验"在基层社会治理中的积极作用，有效化解社会矛盾，维护社会和谐。

（5）多元化纠纷解决机制创造出法治与德治相互促进和相互作用的广阔空间。把法治建设和道德建设、自律和他律紧密结合起来，做到法治和德治相辅相成、相互促进，提升全民守法水平。

四、多元化纠纷解决机制是在全面依法治国中党支持司法的重要体现，是党领导法治事业的重大制度创新，体现了中国特色社会主义法治道路的显著优势。在中国式现代化的伟大征程中，更好地发挥多元化纠纷解决机制在建设法治社会、化解社会纠纷、解决社会矛盾上的巨大优势，能够进一步实现法治对改革发展稳定的引领、规范与保障作用，推动高质量发展，让人民群众更深切地感受到公平正义，提升社会获得感和幸福感。

难度：难

考点：坚持以人民为中心；更好发挥法治固根本、稳预期、利长远的保障作用；法治国家、法治政府、法治社会一体建设；推进全民守法；依法治国和以德治国；以法治保障社会和谐

命题和解题思路：党的十八大以来，我国将推进国家治理体系和治理能力现代化，着力提升国家治理效能作为经济社会发展的主要目标之一。纠纷解决机制作为国家治理体系的重要组成部分，自最高人民法院在"二五改革纲要"中拉开改革的序幕以来，在多年的改革过程中，不断吸纳新的理论成果与实践成果进行调适完善，赋予新的时代内涵，以治理效能为核心，逐渐构建起具有中国特色的多元化纠纷解决机制。

纠纷的发展一般要经历潜伏、被认识、被感觉、处理和结局五个阶段，从纠纷解决的成本和效果来看，越早处理成本越低，难度越小，效果越好。2014年党的十八届四中全会将"源头治理"作为提升社会治理水平的重要举措；2019年最高人民法院在"五五改革纲要"中将"诉源治理"列为法院的重要工作任务；2020年印发的《法治社会建设实施纲要（2020—2025年）》明确提出要完善社会矛盾纠纷多元预防调处化解综合机制，努力将矛盾纠纷化解在基层；2021年中央全面深化改革委员会第十八次会议强调，"把非诉讼纠纷解决机制挺在前面，加强矛盾纠纷源头预防、前端化解、关口把控。"

这一系列的部署决策均体现了中央对于纠纷解决架构作出的战略调整，符合"上医治未病"的科学理念，是新时代下对于"枫桥经验"的坚持和传承。在这种发展方向的指导下，我国在解纷资源的配置上，加大向纠纷前端的投入，构建基层治理新体系，激发基层治理新动能；在解纷程序的安排上，建立调解等非诉机制先行或前置的原则，将诉讼作为纠纷化解的最后一道防线。

多元化纠纷解决机制的重大特色包含两个方面：一是强调非诉的前端意义。习近平总书记指出，要把非诉讼纠纷解决机制挺在前面，推动更多法治力量向引导和疏导端用力。这是推进法治建设、推进社会治理现代化的重大理论和实践创新。诉讼是化解矛盾的必要手段，但不是唯一手段。人民法院要坚持把非诉讼纠纷解决机制挺在前面，推动完善预防性法律制度，形成矛盾纠纷化解的"多车道"。加强诉讼与仲裁、公证、行政裁决、行政复议等非诉讼解纷方式衔接，完善人民调解、行政调解、司法调解联动工作体系，充分发挥替代性纠纷解决机制和在线纠纷解决机制作用，为群众提供方便快捷、诉非衔接、线上线下联动的多元化纠纷解决方式。

二是改变了人民法院的传统司法形象，打造出更为积极能动、更加充满活力的司法功能。习近平总书记指出，要深化诉讼制度改革，推进案件繁简分流、轻重分离、快慢分道，推动大数据、人工智能等科技创新成果同司法工作深度融合。人民法院要把司法体制改革和智慧法院建设作为推动法院工作高质量发展的车之两轮、鸟之双翼。通过司法改革为一站式多元纠纷解决机制建设赋能，通过一站式多元纠纷解决机制建设推动改革成果系统集成，使司法改革的成果更多更好惠及群众。推进"互联网+枫桥经验"创新实践，全面升级在线多元解纷和智慧诉讼服务，不断完善中国特色、世界领先的互联网司法模式，努力为人民群众创造更高水平的数字正义。

多元化纠纷解决机制对于社会治理和法治社会建设具有重大意义，也是习近平法治思

想原创性的重要体现。多元化纠纷解决机制对于传统司法的创新和超越，体现出习近平法治思想的实践伟力，有助于更好地保障人民利益，促进社会公平正义的实现。本题在此背景下，重点考查考生对法治社会这一要点的掌握。考生不仅需要熟知法治社会、全民守法、社会治理等知识点，还要灵活地运用这些知识点来判断多元化纠纷解决机制与传统司法之间的关系，因此难度系数较高。

本题采取材料分析题的命题形式，内容上则具体地考查考生对法治社会的理解及其在多元化纠纷解决机制上的意义。考生在作答该题时，应当遵循"三步四阶法"的解题答题方法，按步骤解题，全方位答题。在解题阶段，考生应"认真阅读材料，准确解读内容；完整理解问题，把握逻辑关系；列出结构框架，区分逻辑层次"。在答题过程中，考生应按照"四阶法"层层推进，步步为营，遵循"一阶开题，开宗明义；二阶升级，主题进阶；三阶立意，画龙点睛；四阶收官，补强升华"。本题材料要点较为明确，但考生不仅需要作答多元化纠纷解决机制如何体现法治社会的要求，还要层次分明地展现出多元化纠纷解决机制对传统司法的创新。

具体来说，在解题阶段，分三步走：

第一步：认真阅读材料，准确解读内容。材料一选自党的二十大报告。习近平总书记阐述了全面依法治国中的法治社会，强调了多层次多领域依法治理。党的二十大报告指明了全面依法治国征程的坚定方向，为法治社会建设进行了更深层的谋篇布局。材料二选自习近平总书记的文章《坚定不移走中国特色社会主义法治道路 为全面建设社会主义现代化国家提供有力法治保障》。文章强调了中国特色社会主义法治道路的唯一性和正确性，引文体现出"枫桥经验"在中国特色社会主义法治建设中的独特魅力，是习近平法治思想的原创性和实践性的鲜活体现。材料三引自最高人民法院于2021年发布的《关于深化人民法院一站式多元解纷机制建设推动矛盾纠纷源头化解的实施意见》。该意见强调要加强诉源治理工作，推动更多法治力量向引导和疏导端用力，缓解审判机关案多人少的矛盾，让人民法院在纠纷解决中发挥更为能动的司法角色。

第二步：完整理解问题，把握逻辑关系。题干中的问题是从法治社会的角度来理解多元化纠纷解决机制对于传统司法的创新和超越。法治社会是本题的限定条件，多元化纠纷解决机制是法治社会建设的具体体现。从法治社会角度很容易理解多元化纠纷解决机制的定位和意义。多元化纠纷解决机制对于传统司法的创新，恰恰是法治社会建设所取得的重大成就。这个逻辑关系理清楚之后，考生可以准确地理解本题的逻辑关系：习近平法治思想要求法治国家、法治政府和法治社会一体建设，多元化纠纷解决机制体现了法治社会建设的要求和成就，在传统司法基础上形成了巨大的创新和突破，促进了社会公平正义和社会和谐的实现。

第三步：列出结构框架，区分逻辑层次。从上一步的问题分析来看，本题的逻辑层次比较清晰，难点在于如何论述多元化纠纷解决机制对传统司法的创新。显然，本题的论述重点并不仅限于多元化纠纷解决机制，而是多元化纠纷解决机制对于传统司法的创新和突破。考生可以从下述几个方面进行追问：习近平法治思想对于法治社会建设的理论指南是什么？法治社会建设和多元化纠纷解决机制之间是什么关系？多元化纠纷解决机制的内涵是什么，与传统司法有何不同？多元化纠纷解决机制对传统司法的创新和突破是什么？

在答题阶段，考生应熟练使用"四阶法"，综合运用所学基础知识点，充分展示答题的逻辑关系和层次，以四段内容全面展示多元化纠纷解决机制在法治社会建设中的创新和成就，完成一份结构立体、层次分明、内容充实的出色答卷。

具体而言，四阶法展现为四段内容，以下述方式展开。

第一阶：开题，开宗明义。重点展示题目的限定条件，主要展现法治社会在习近平法治思想中的理论定位与内涵。由于本题要求考生结合法治社会的内涵，所以考生不能空泛地论述习近平法治思想的内涵和意义，而要重点突出法治社会在法治思想中的地位和意义。

第二阶：升级，主题进阶。本题的考查要点是多元化纠纷解决机制，考生应当在第二阶中论述多元化解决机制与法治社会的关系，其如何体现出法治社会的要求。但本题的问题设定比较巧妙，需要论述多元化纠纷解决机制和传统司法的关系，所以考生在本阶中可以先对多元化纠纷解决机制在全面依法治国中的内涵和定位进行展示，在第三阶时再重点论述多元化纠纷解决机制对传统司法的超越。

第三阶：立意，画龙点睛。本阶是答题的核心内容，也是本题着力考查之处。考生既要充分熟悉多元化纠纷解决机制的运行原理和法治意义，也要对这一机制相比于传统司法的创新和突破加以呈现。命制本题的良苦用心也体现在这里。考生不仅要熟知知识点，还要灵活地运用知识点。考生在本阶中，应当结合多元化纠纷解决机制的丰富内涵，展示出这一机制对于传统司法的优势。这部分内容具有一定的灵活性，考生需要将法治社会和全民守法的丰富内容进行适当转化，同时结合材料，围绕多元化纠纷解决机制对于传统司法的优势进行论述，切不可偏离。

第四阶：收官，补强升华。本阶内容针对第三阶的论述进行升华，完成论述。既然多元化纠纷解决机制相比于传统司法具有如此鲜明的法治优势，那么在全面依法治国的进程中应当更好地发挥这一机制的法治作用。考生可以结合国家治理、社会和谐等要点，进一步补强升华，完成论述。

答案解析： 第一阶的内容主要围绕法治社会展开。考生需要提出法治社会建设的背景，即存在重大风险、重大矛盾、重大挑战和重大阻力。而全面依法治国是应对风险、保障国家治理和实现社会和谐的制度性和系统性机制。习近平法治思想针对法治社会建设提出了科学理论。在此基础上，继续论述法治国家、法治政府、法治社会建设之间的关系。基于上述论据，提出需要法治社会建设的观点。

法治社会建设要求以社会治理来解决社会发展中的风险和矛盾，将社会治理纳入法治化轨道，依法防范风险、化解矛盾、维护权益，营造公平、透明、可预期的法治环境。如材料所示，社会治理需要多层次多领域参与。多元化纠纷解决机制是建设法治社会的重要途径，强调和解、调解、仲裁、公证、行政裁决、行政复议与诉讼有机衔接、相互协调，让社会主体充分共建共治共享，提高社会矛盾纠纷解决能力，形成全社会尊法、学法、守法、用法的法治氛围。

第二阶重点论述法治社会要求如何打造多元化纠纷解决机制。首先对法治社会的内涵进行界定（这一点可以在第一阶中加以论述，但需要考虑篇幅因素），即法治社会建设要求以社会治理来解决社会发展中的风险和矛盾，将社会治理纳入法治化轨道，依法防范风险、化解矛盾、维护权益，营造公平、透明、可预期的法治环境。在此基础上，展开多元化纠纷解决机制的内涵，即强调和解、调解、仲裁、公证、行政裁决、行政复议与诉讼有机衔接、相互协调的机制。

第三阶针对多元化纠纷解决机制的创新和超越进行重点论述，考生既要展现多元化纠纷解决机制的丰富内涵，也要在对比中进行论述，展示其对于传统司法的巨大优势。本阶内容考生可以适度发挥，只要在法治社会和全民守法的框架下，围绕多元化纠纷解决机制相比于传统司法的突破即可。考生可以从以下几个方面作答：

（1）多元化纠纷解决机制更好地体现以人民为中心的思想，完善了人民群众参与矛盾化解的制度化渠道，创造更多依靠基层、发动群众、就地化解矛盾的办法，最大限度满足群众多层次、多样化的司法需求。

（2）多元化纠纷解决机制有助于减轻司法机关的诉讼负担。如材料所示，创新司法纠纷解决方式，让法院更加能动地运用多元化手段参与社会治理，提升社会治理的法治化水平。

（3）多元化纠纷解决机制能够更好地提升公共法律服务水平，充分发挥德才兼备的法治工作队伍在法治建设中的重要作用，提升社会主体共建共治共享水平，构建多元化纠纷解决机制格局。

（4）多元化纠纷解决机制能够更好地发挥和解、调解、仲裁、公证、行政裁决、行政复议等多元化纠纷解决方式的治理意义，特别是充分发挥"枫桥经验"在基层社会治理中的积极作用，有效化解社会矛盾，维护社会和谐。

（5）多元化纠纷解决机制创造出法治与德治相互促进和相互作用的广阔空间。把法治建设和道德建设、自律和他律紧密结合起来，做到法治和德治相辅相成、相互促进，提升全民守法水平。

第四阶进行补强升华，考生可围绕多元化纠纷解决机制在中国式现代化、高质量发展和社会治理中的重要意义进行提升论证，强调多元化纠纷解决机制是在全面依法治国中党支持司法的重要体现，是党领导法治事业的重大制度创新，体现了中国特色社会主义法治道路的显著优势。因此应当更好地发挥多元化纠纷解决机制的社会意义，提高社会治理的法治化水平，促进社会和谐的实现。

评分细则（共35分）

一、内容分：28分（6分、6分、12分、4分）

第一部分：全面依法治国是应对风险、保障国家治理和实现社会和谐的制度性和系统性机制（2分）。习近平法治思想是全面依法治国的根本指引（2分）。法治社会是法治国家和法治政府建设的基础（2分）。

第二部分：要求以社会治理来解决社会发展中的风险和矛盾（2分），社会治理需要多层次多领域参与（2分）；多元化纠纷解决机制是建设法治社会的重要途径（2分）。

第三部分：多元化纠纷解决机制相比于传统司法的创新和突破：更好地体现以人民为中心的思想（2分），最大限度满足群众多层次、多样化的司法需求（2分）；有助于减轻司法机关的诉讼负担（2分）；能够更好地提升公共法律服务水平（2分）；能够更好地发挥多元化纠纷解决方式的治理意义，有效化解社会矛盾（2分）；创造出法治与德治相互促进和相互作用的广阔空间（2分）。

第四部分：多元化纠纷解决机制意义：是党领导法治事业的重大制度创新（2分），能够进一步实现法治对改革发展稳定的引领、规范与保障作用（2分）。

二、语言分：2分

能够使用规范语言且简练（2分）；能够使用规范语言但语言不简洁（1分）；没有使用规范语言，存在大量生活语言（0分）。

三、结构分：3分

各部分全面涉及，结构完整（3分）；涉及其中两部分（2分）；涉及其中一部分（1分）；答案不能清晰看出结构（0分）。

四、材料分：2分

充分结合材料阐述观点（2分）；提及材料但未深入结合（1分）；未提及材料（0分）。

五、错别字：

每三个错别字扣1分，同一个字在不同地方重复错误不累计扣分。

六、字数要求：

每少100字扣2分。本题要求不少于600字，如答题字数为500-599字，应扣2分；答题字数400-499字，应扣4分；以此类推。

第六题（本题35分）

材料一：党领导人民制定和实施宪法，最根本的目的是维护人民利益、反映人民意愿、保障人民权益、增进人民福祉。只有坚持党的领导、人民当家作主、依法治国有机统一，发展全过程人民民主，把以人民为中心的发展思想贯穿立法、执法、司法、守法各个环节，加快完善体现权利公平、机会公平、规则公平的法律制度，保障公民人身权、财产权、人格权和基本政治权利不受侵犯，保障公民经济、文化、社会等各方面权利得到落实，才能确保法律面前人人平等。（摘自习近平：《谱写新时代中国宪法实践新篇章——纪念现行宪法公布施行40周年》）

材料二：当前，法治领域存在的一些突出矛盾和问题，原因在于改革还没有完全到位。要围绕让人民群众在每一项法律制度、每一个执法决定、每一宗司法案件中都感受到公平正义这个目标，深化司法体制综合配套改革，加快建设公正高效权威的社会主义司法制度。要健全社会公平正义法治保障制度，完善公益诉讼制度，健全执法权、监察权、司法权运行机制，加强权力制约和监督。（摘自习近平：《坚持走中国特色社会主义法治道路 更好推进中国特色社会主义法治体系建设》）

材料三：始终保护人民权益。民之所向，政之所行。习近平总书记明确指出，"保护人民权益，这是法治的根本目的"。在习近平法治思想指引下，社会主义法治建设使人民的权利和自由得到更加充分、更加有效的保障，人民政治、经济、文化、社会、生态文明等方面的权利得以协调增进，权益保护的力度、广度和深度全面提升。（摘自孙迪：《习近平法治思想的真理力量》，载《瞭望》2023年第17期）

问题：

请根据以上材料，结合习近平法治思想的形成和发展，谈谈我国的全面依法治国事业在实现公平正义上的巨大优势。

答题要求：

1. 无观点或论述、直接照搬材料原文的不得分；

2. 观点正确，表达完整、准确；
3. 总字数不少于 600 字。

> 请根据以上材料，结合习近平法治思想的形成和发展，谈谈我国的全面依法治国事业在实现公平正义上的巨大优势。

参考答案：一、当前中国的发展面临着百年未有之大变局，如何更好地应对国际国内形势中的重大风险和重大矛盾，成为国家治理的一项迫切任务。习近平法治思想在马克思主义法治理论和中国传统法律文化的基础上，综合中国共产党进行法治建设的丰富经验，创造性地提出了通过全面依法治国来保障国家治理的科学性和系统性思想体系。习近平法治思想兼具历史逻辑、理论逻辑和实践逻辑，具有鲜明的理论特色，针对全面依法治国的谋篇布局提出了系统完备的理论方案，成为推进国家治理体系和治理能力现代化的根本遵循，具有重大的理论和实践意义。

二、习近平法治思想的核心要义包含"十一个坚持"，全面且深刻地回答了新时代为什么要推进全面依法治国、怎样推进全面依法治国等一系列重大问题。如材料一所示，在习近平法治思想的科学指引之下，全面依法治国事业坚持党的领导和人民当家作主，从全局和长远进行工作布局，以人民利益和人民福祉为根本追求。在中国特色社会主义法治道路的行进过程中，以人民为中心贯穿中国特色社会主义法治体系建设和立法、执法、司法、守法的全过程，集中地体现为依法治国对公平正义的追求。

三、公平正义体现了习近平法治思想的鲜明理论特色，也是中国特色社会主义的内在要求。公平正义指的是在法治实践中，人民的合法利益得到充分的保障，人民的合法权利得到充分实现，人民的获得感和满足感不断提升。习近平法治思想包含着在全面依法治国中实现公平正义的巨大优势，具体体现在以下方面：

（1）在全面依法治国中，党与人民的利益是高度一致的，党发挥的总揽全局、协调各方的作用最终是为了更好地在法治建设的各个领域和层次中实现公平正义，保障人民权益。

（2）宪法是治国理政的总章程，也是公平正义的根本保障。加强宪法实施和推进合宪性审查的各项举措都是为了更好地彰显宪法权威，释放宪法对公平正义的引领作用。

（3）我国的社会主义法治体系建设以公平正义作为根本价值追求。通过科学立法不断完善法律规范体系，为公平正义提供规范基础。如材料所示，通过不断推进严格执法、公正司法和权力监督等法律实施机制，让人民群众切身感受到公平正义，促使人民群众的权益得到充分保障。

（4）在全面依法治国中，通过不断打造德才兼备的法治工作队伍、抓住领导干部这个"关键少数"，不断提升法律保障水平和领导干部的法治思维，为公平正义的实现建立外部保障。

（5）在法治社会建设中，通过推进多层次多领域治理，打造多元化纠纷解决机制，充分贯彻落实社会主义核心价值观，将法治和德治相结合，提升全社会的法治观念，为公平正义夯实社会根基。

四、公平正义是中国特色社会主义法治建设的根本价值追求，对于充分保障人民权益、维护社会稳定、促进高质量发展具有重大意义。在中国式现代化的伟大征程之中，应当在习近平法治思想的指引之下，不断完善国家治理体系和治理能力的制度建设和法治保障，通过彰显公平正义和保障权利来促进经济社会发展，提升社会活力，建设社会主义法治国家。

难度：难

考点：习近平法治思想的形成发展；坚持党对全面依法治国的领导；坚持以人民为中心；坚持建设中国特色社会主义法治体系；坚持全面推进科学立法、严格执法、公正司法、全民守法

命题和解题思路：全面依法治国，必须紧紧围绕保障和促进社会公平正义来进行。要坚持和完善人民当家作主制度体系，健全社会公平正义法治保障制度，使法律及其实施有效地体现人民意志、保障人民权益、激发人民创造力。党的十八大召开后不久，针对司法不公严重侵害人民群众合法权益和司法公信力不高等问题，习近平总书记先后在首都各界纪念现行宪法公布施行三十周年大会、十八届中央政治局第四次集体学习、中央政法工作会议、庆祝全国人民代表大会成立六十周年大会、十八届中央政治局第二十一次集体学习等多个重要场合，以及在对做好新形势下政法工作作出的重要批示中强调，司法是维护社会公平正义的最后一道防线，公正是司法的灵魂和生命，要努力让人民群众在每一个司法案件中都能感受到公平正义。

习近平总书记还多次引用英国哲学家培根的名言说明司法不公的危害性："一次不公正的审判，其恶果甚至超过十次犯罪。因为犯罪虽是无视法律——好比污染了水流，而不公正的审判则毁坏法律——好比污染了水源。"党的十九大对全面依法治国作出战略部署，2018年首次成立中央全面依法治国委员会，2020年11月16日首次召开中央全面依法治国工作会议，习近平总书记先后发表重要讲话，针对社会公平正义的实现需要系统法治保障，将公平正义从对司法的要求，深入拓展到对立法、执法的要求，进一步指出"必须牢牢把握社会公平正义这一法治价值追求，努力让人民群众在每一项法律制度、每一个执法决定、每一宗司法案件中都感受到公平正义"。习近平总书记在党的二十大报告中强调，要"围绕保障和促进社会公平正义，坚持依法治国、依法执政、依法行政共同推进，坚持法治国家、法治政府、法治社会一体建设，全面推进科学立法、严格执法、公正司法、全民守法，全面推进国家各方面工作法治化。"

习近平总书记不仅指出了社会公平正义在全面依法治国中的重要性，还深刻阐述了实现社会公平正义的体制机制。习近平总书记在中央全面依法治国工作会议上指出，要健全社会公平正义法治保障制度，并在多个重要场合提出了一系列维护、保障和促进社会公平正义的重要举措。习近平总书记强调，要加强人权法治保障，保证人民依法享有广泛的权利和自由、承担应尽的义务，引导全体人民做社会主义法治的忠实崇尚者、自觉遵守者、坚定捍卫者；强调要加强权力制约和监督，加强对立法权、执法权、监察权、司法权的监督，加快构建系统完备、规范高效的执法司法制约监督体系，确保执法司法各环节、全过程在有效制约监督下进行，确保严格规范公正文明执法、司法公正高效权威；强调要坚持建设德才兼备的高素质法治工作队伍，加强理想信念教育，深入开展社会主义核心价值观和社会主义法治理念教育，推进法治专门队伍革命化、正规化、专业化、职业化，确保做到忠于党、忠于国家、忠于人民、忠于法律。这些重要论述，涵盖了科学立法、严格执法、公正司法、全民守法，切实回应了人民群众反映强烈的突出问题，明确指出了实现社

会公平正义的重点难点，科学谋划了促进社会公平正义的改革举措，是习近平法治思想的重大原创性贡献。[1]

本题以此背景进行命制，考查考生对习近平法治思想进行宏观把控和提炼核心要素的能力。尽管考生对习近平法治思想如何通过全面依法治国的谋篇布局来实现公平正义非常熟悉，但单独地考查公平正义价值理念在习近平法治思想的理论体系中的定位，考生可能会无从下手。因此，本题具有一定难度，对考生举一反三的能力提出较高要求，考查效果突出。考生需要从"十一个坚持"中提炼出公平正义的结合点，并清楚明确地论述"十一个坚持"的要点如何能够具体地体现出对公平正义的保障。

本题采取材料分析题的命题形式，内容上则具体地考查考生对公平正义在全面依法治国中的定位的理解。考生在作答该题时，应当遵循"三步四阶法"的解题答题方法，按步骤解题，全方位答题。在解题阶段，考生应"认真阅读材料，准确解读内容；完整理解问题，把握逻辑关系；列出结构框架，区分逻辑层次"。在答题过程中，考生应按照"四阶法"层层推进，步步为营，遵循"一阶开题，开宗明义；二阶升级，主题进阶；三阶立意，画龙点睛；四阶收官，补强升华"。本题材料要点较为明确，问题设定也比较简单，但对考生解题和思路设计提出了较高要求。

具体来说，在解题阶段，分三步走。

第一步：认真阅读材料，准确解读内容。材料一引自习近平总书记在纪念现行宪法公布施行四十周年时发表的《谱写新时代中国宪法实践新篇章——纪念现行宪法公布施行40周年》。引文材料体现出党对法治的总揽全局、协调各方作用的根本目标是为了人民，让人民群众的合法权利和权益得到充分保障，满足公平正义的要求。材料二引自习近平总书记发表的《坚持走中国特色社会主义法治道路 更好推进中国特色社会主义法治体系建设》一文。该文深刻地体现出习近平法治思想的理论精髓。引文材料强调了通过执法和司法体制改革实现公平正义的迫切要求。材料三引自《瞭望》杂志发表的《习近平法治思想的真理力量》一文。引文材料强调了习近平法治思想的人民性理论特色，这一特色体现出中国特色社会主义法治建设充分地保障了人民权利。

第二步：完整理解问题，把握逻辑关系。题干中的问题是从习近平法治思想的形成发展角度来理解全面依法治国中的公平正义。习近平法治思想的形成发展表明习近平法治思想的应运而生解决了全面依法治国的根本理论难题，为全面依法治国提供了根本指引。本题的问题是全面依法治国事业在实现公平正义上的巨大优势。习近平法治思想包含着关于全面依法治国的全方位和系统性方案，必然也包含着全面依法治国如何更好地实现公平正义的原创性内容。因此，本题的逻辑关系较为简单，即习近平法治思想的形成发展表明了习近平法治思想是全面依法治国的根本遵循和科学指南，在实现公平正义上具有巨大的优势。这一优势体现为全面依法治国的"十一个坚持"是以人民为中心进行整体规划的，在根本保证、道路方向、工作布局、法治保障等方面能够鲜明地体现出公平正义的价值理念。

第三步：列出结构框架，区分逻辑层次。从上一步的问题分析来看，本题的逻辑层次

---

[1] 许安标：《健全社会公平正义法治保障制度》，载《民主与法制》周刊2023年第25期。http://e.mzyfz.com/mag/index_29333_626.html，最后访问日期：2024年4月29日。

比较简单，但涉及的要点却较难把握。这是一个简单的"根据A论述B"的问题，但考生也容易在答题内容上出现偏差。根据前述逻辑分析，考生应当围绕"十一个坚持"如何体现公平正义而展开。可以从以下几个方面进行追问：习近平法治思想是如何形成和发展的？习近平法治思想如何对全面依法治国进行谋篇布局？"十一个坚持"所包含的道路方向、首要任务、工作环节等，如何具体地体现出实现公平正义的巨大优势？如何在中国式现代化进程中更好地通过法治实现公平正义？

在答题阶段，考生应熟练使用"四阶法"，综合运用所学基础知识点，充分展示答题的逻辑关系和层次，以四段内容全面展示习近平法治思想的公平正义观，完成一份系统完备、结构立体、层次分明、内容充实的出色答卷。

具体而言，"四阶法"展现为四段内容，以下述方式展开。

第一阶：开题，开宗明义。重点展示题目的限定条件，主要涉及习近平法治思想的形成发展。这部分知识点较多，考生只需要简要论述，为后面的内容作出预备便可。本题的重点内容落脚在通过法治实现公平正义上，因此考生在本阶可以对其形成发展做概览式总结，并强调习近平法治思想对于国家治理和社会发展的意义。

第二阶：升级，主题进阶。本题的考查要点是全面依法治国如何体现出实现公平正义的优势，因此本阶应当从习近平法治思想转向全面依法治国，强调全面依法治国是习近平法治思想的真理性和科学性的实践体现，也是实现公平正义的必然途径。考生可对"十一个坚持"进行宏观总结，并将公平正义问题引出，为第三阶做准备。

第三阶：立意，画龙点睛。本阶是答题的核心内容，需要考生重点用力。习近平法治思想是追求人民利益和实现公平正义的伟大思想体系。在全面依法治国的谋篇布局之中，习近平法治思想将公平正义烙在了每一个布局和环节之中。考生在本阶中应当具体细致地论述全面依法治国各个环节的制度设计中如何呈现出公平正义的要求。在本阶中，考生不能仅论述全面依法治国的内涵或者公平正义的要求，而要把全面依法治国的具体要求和公平正义进行有机结合，才能符合命题人之立意。

第四阶：收官，补强升华。本阶内容针对第三阶的论述进行升华补强，主要强调全面依法治国应当更加全面和深入地推动公平正义的实现，以体现出习近平法治思想的时代性和人民性特征，为中国式现代化和国家治理体系现代化提供更为坚实的价值支撑，为和谐社会的实现打下坚实的基础。

答案解析：第一阶从宏观上对习近平法治思想进行高度定位，强调习近平法治思想的原创性、时代性，在马克思主义法治理论和中国传统法律文化的基础上，综合中国共产党进行法治建设的丰富经验，创造性地提出了通过全面依法治国来保障国家治理的科学性和系统性思想体系。在此基础上论述习近平法治思想的重大意义，其丰富的逻辑层次使得该思想能够成为全面依法治国和国家治理的根本遵循。

第二阶需要在习近平法治思想的理论框架下，展开全面依法治国与公平正义之间的关系。首先需要提出习近平法治思想全面且深刻地回答了新时代为什么要推进全面依法治国、怎样推进全面依法治国等一系列重大问题；其次论述习近平法治思想的人民性贯穿法治建设全过程；最后强调公平正义是人民性的反映和要求，以人民为中心贯穿中国特色社会主义法治体系建设和立法、执法、司法、守法的全过程，集中地体现为依法治国对公平正义的追求。

第三阶重点论述全面依法治国在实现公平正义上的巨大优势。首先应当对公平正义进行界定,强调公平正义体现为人民的合法利益得到充分保障,人民的合法权利得到充分实现,人民的获得感和满足感不断提升。在此基础上,对全面依法治国如何体现出公平正义的追求进行具体细致论述。这部分内容需要对"十一个坚持"进行整合,具有一定的开放性,但考生不能脱离核心要点,而且不能泛泛而谈,必须体现出巨大优势。具体可从以下几个方面展开:

(1) 在全面依法治国中,党与人民的利益是高度一致的,党发挥的总揽全局、协调各方的作用最终是为了更好地在法治建设的各个领域和层次实现公平正义,保障人民权益。

(2) 宪法是治国理政的总章程,也是公平正义的根本保障。加强宪法实施和推进合宪性审查的各项举措都是为了更好地彰显宪法权威,释放宪法对公平正义的引领作用。

(3) 我国的社会主义法治体系建设以公平正义作为根本价值追求。通过科学立法不断完善法律规范体系,为公平正义提供规范基础。如材料所示,通过不断推进严格执法、公正司法和权力监督等法律实施机制,让人民群众切身感受到公平正义,权益得到充分保障。

(4) 在全面依法治国中,通过不断打造德才兼备的法治工作队伍、抓住领导干部这个"关键少数",不断提升法律保障水平和领导干部的法治思维,为公平正义的实现建立外部保障。

(5) 在法治社会建设中,通过推进多层次多领域治理,打造多元化纠纷解决机制,充分贯彻落实社会主义核心价值观,将法治和德治相结合,提升全社会的法治观念,为公平正义夯实社会根基。

第四阶进行补强升华,对全面依法治国事业如何更深入全面地实现公平正义进行展望。公平正义是习近平法治思想的价值优势和特色,因此应当在中国式现代化的进程中,高举习近平法治思想的旗帜,不断完善国家治理体系和治理能力的制度建设和法治保障,在更高层次上实现公平正义。

评分细则(共35分)

一、内容分:28分(6分、6分、12分、4分)

第一部分:习近平法治思想创造性地提出了通过全面依法治国来保障国家治理的科学性和系统性思想体系(2分)。习近平法治思想具有鲜明的理论特色(2分),成为推进国家治理体系和治理能力现代化的根本遵循(2分)。

第二部分:习近平法治思想核心要义包含着"十一个坚持"(2分)。全面依法治国事业坚持党的领导和人民当家作主(2分),集中地体现为依法治国对公平正义的追求(2分)。

第三部分:在全面依法治国中实现公平正义的巨大优势:坚持党的领导是为了更好地在法治建设的各个领域和层次中实现公平正义(3分);加强宪法实施和推进合宪性审查的各项举措释放宪法对公平正义的引领作用(3分);社会主义法治体系建设以公平正义作为根本价值追求(2分);不断提升法律保障水平和领导干部的法治思维为公平正义的实现建立外部保障(2分);法治和德治相结合为公平正义夯实社会根基(2分)。

第四部分:公平正义是中国特色社会主义法治建设的根本价值追求(2分)。不断完善国家治理体系和治理能力的制度建设和法治保障(2分)。

二、语言分：2分

能够使用规范语言且简练（2分）；能够使用规范语言但语言不简洁（1分）；没有使用规范语言，存在大量生活语言（0分）。

三、结构分：3分

各部分全面涉及，结构完整（3分）；涉及其中两部分（2分）；涉及其中一部分（1分）；答案不能清晰看出结构（0分）。

四、材料分：2分

充分结合材料阐述观点（2分）；提及材料但未深入结合（1分）；未提及材料（0分）。

五、错别字：

每三个错别字扣1分，同一个字在不同地方重复错误不累计扣分。

六、字数要求：

每少100字扣2分。本题要求不少于600字，如答题字数为500-599字，应扣2分；答题字数400-499字，应扣4分；以此类推。

民事综合大题

第一题（本题56分）

一、试题（本题系民法、民诉法、商法融合试题）

2006年7月28日，胡晓东将从某市A区木楼村工商经济联合社（以下简称木楼村经联社）承租的30亩土地以及承租后擅自新建的房屋62间，整体打包给梁建军继续经营。为此木楼村经联社（甲方）、胡晓东（乙方）与梁建军（丙方）签订《协议书》，约定：（1）甲方和乙方于2003年7月8日订立的《土地租赁协议书》从2006年8月1日起解除；（2）丙方自2006年8月1日起承租该地域与62间房屋，乙方需在2006年8月1日前迁出，此后该地域的水费、电费由丙方缴纳；（3）丙方在承租期间不得转租。

2020年4月13日，梁建军擅自将62间房屋打包转租给欣宜公司，租期从2020年5月1日至2022年4月30日；租金合计30万元。《租赁协议》签订后，欣宜公司支付了30万元租金，梁建军交付了房屋。

2020年9月30日，梁建军（甲方）、周正银（乙方）、欣宜公司（丙方）签订《合同终止协议书》，三方约定：（1）甲方与丙方签订的《租赁协议》于本协议签订之日起自动终止，双方无需承担任何民事责任；（2）甲方将已缴纳的30万元租金无息退还给丙方，退还方式为：甲方于本协议签订之日起30日内，无息退还丙方现金10万元（乙方负连带保证责任，未约定保证期间）；丙方同意甲方用600箱泸州老窖酒充抵退还10万元租金；剩余10万元租金由保证人在一个月内无息退还给丙方。《合同终止协议书》签订后，欣宜公司从梁建军处拉走600箱泸州老窖酒，但剩余20万元租金均未退还。

2021年11月4日，欣宜公司起诉梁建军、周正银，诉讼请求为：（1）请求判令梁建军支付10万元租金，并赔偿2020年9月30日开始至清偿之日的利息损失，周正银对此承担保证责任；（2）请求判令周正银支付租金10万元，并赔偿2020年9月30日开始至清偿之日的利息损失。诉讼过程中，梁建军亦向审理法院起诉，请求确认《合同终止协议书》无效并重新核算租金返还标准，请求返还租金时抵扣五个月（2020年5月1日至2020年9月30日）的使用费。周正银则提出抗辩，称自己是保证人，并非债务人，且保证期间已过，无需向欣宜公司承担任何责任。欣宜公司并无证据证明起诉前曾要求周正银承担保证责任。

2018年11月15日，欣宜公司承接安和居公司的"金山小区一期工程"，工程款总价为5000万元，双方签订《建设工程施工合同》。合同签订后，欣宜公司进场施工，施工过程中，安和居公司未能按约定支付工程进度款，导致该项目全面停工。安和居公司对欣宜公司已完成工程进行了阶段性验收，并验收合格。2021年3月11日，欣宜公司起诉安和居公司，法院审理后判决：（1）解除《建设工程施工合同》；（2）安和居公司于2021年

12月25日前给付欣宜公司工程款3600万元；（3）安和居公司于2021年12月25日前给付欣宜公司停工损失费700万元。2022年1月12日，为便于工程款债权的催收，丹苏公司与欣宜公司签订了债权转让协议，约定丹苏公司受让欣宜公司的工程款债权与停工损失费债权合计4300万元，并于次日通知了安和居公司。

2022年1月20日，丹苏公司向法院申请强制执行上述生效判决，请求就金山小区已完工部分优先受偿。同年2月25日，因安和居公司不能清偿到期债务，法院裁定安和居公司破产清算并指定了破产管理人。破产管理人在给丹苏公司的债权确认函中认为，建设工程款优先权是实际承包人的从权利，不得转让，因此确认丹苏公司申报的债权金额，但并不享有建设工程款优先权。

郑理于2018年12月与安和居公司签订了购房合同，支付了全部购房款，购得金山小区一期4号楼4单元404室建筑面积100平方米的一套房屋，之后每月查看工程进展，发现其购买的4号楼在2020年11月已经完成主体建筑，但随后工程停工，直到2022年2月获知了安和居公司破产的信息。

问题：
1. 梁建军与欣宜公司的租赁合同是否有效？为什么？
2. 欣宜公司对梁建军、周正银的诉讼请求（1）是否能够得到法院的支持？为什么？
3. 梁建军的诉讼请求能否得到法院支持？为什么？
4. 就梁建军提起的诉讼，法院在程序上应如何处理？为什么？
5. 周正银的抗辩是否成立？为什么？
6. 若周正银主张将案件分开审理，法院应否支持？为什么？
7. 丹苏公司是否有权就金山小区已完工部分优先受偿？为什么？
8. 对安和居公司破产管理人的意见，丹苏公司应当采取何种法律行为？
9. 若丹苏公司就4300万元债权起诉安和居公司，法院应当如何处理？为什么？
10. 丹苏公司是否有权申请法院强制执行？为什么？法院对其申请应当如何处理？为什么？
11. 对于丹苏公司强制执行的申请，在安和居公司破产后应当如何处理？为什么？
12. 郑理可否向安和居公司破产管理人主张取回权？为什么？

二、总体命题思路

本题由两则实务案例改编而来，属于民法、民诉法与商法三科融合的试题，难度中等偏上。就民法学科而言，命题人在题干中围绕两个主要法律事实而展开：其一为土地与房屋的租赁合同，其二为建设工程合同，考生在审题时应把握这两组主要法律事实。就考点而言，命题人围绕合同的效力、民事法律行为的部分无效、违约责任、保证合同与建设工程合同等考点展开考查，主要集中于合同领域，需要考生对合同法中的相关规则与制度融会贯通。此外，命题人在土地与房屋租赁事实里增加了违法建筑因素，考生在审读时应注意识别。在设问方面，有多题涉及多个小问题，考生在解答时应注意分点作答。

民诉法部分比较侧重理论化考查，对反诉的识别、普通共同诉讼的适用条件、重复起诉的处理方式、民事判决的法律效力以及申请执行的条件等知识点予以命题。其中，反诉、重复起诉属于民诉法常规重点内容。部分问题设问相对隐蔽，应透过设问句表述，洞察题目考查意图和具体考点，这样才能抓住采分点得分。

商法部分集中于破产法的考查，主要涉及债权申报与确认、破产后的民事诉讼措施的处理以及取回权。破产法在民商综合大题中出现的概率较高，虽然近两年较少考查，但依然值得考生关注。同时，从命题技巧上，由于2022年民商综合大题商法部分出现了开放性问题，因此本题也据此结合时事热点设计了开放性问题。

三、案例来源

1. 最高人民法院（2021）最高法民再18号民事判决书：天津斯丹尔科技发展有限公司与廊坊市安居房地产开发有限公司等普通破产债权确认纠纷案

2. 北京市第二中级人民法院（2022）京02民终10599号民事判决书：周振营等与北京沂鑫建筑机械租赁有限公司租赁合同纠纷案

四、答案精讲

> 1. 梁建军与欣宜公司的租赁合同是否有效？为什么？

答案：无效。因为依据现行法，以违法建筑为标的物的租赁合同是无效的，而本题中梁建军与欣宜公司之间租赁合同的标的物是胡晓东擅自建造的违法建筑，因此该租赁合同无效。

考点：合同的效力

难度：中

命题和解题思路：从本题的表述大致上可以推断其考查的知识点，即合同的效力判断。解答本题的关键在于寻找梁建军与欣宜公司之间租赁合同的效力瑕疵。对此问题，考生需要结合题干中与租赁合同相关的事实信息，确定可能的效力瑕疵点，并对其展开分析。考虑到梁建军与欣宜公司之间的租赁合同是转租而签订的，《协议书》中的第（3）条，即"丙方在承租期间不得转租"可能会影响梁建军与欣宜公司租赁合同的效力，考生需要准确分析判断。与此同时，梁建军与欣宜公司之间的租赁合同还存在一个不易发现的效力瑕疵点，即租赁标的物——62间房是胡晓东擅自建造的，并无规划许可，该62间房属于违法建筑。如果能识别出这一点，结合违法建筑的相关规则，本题就不难回答。

答案解析：本题中，可能影响梁建军与欣宜公司之间租赁合同效力的因素有二：（1）梁建军擅自转租；（2）租赁标的物是违法建筑。

先分析因素（1）。《民法典》第716条规定："承租人经出租人同意，可以将租赁物转租给第三人。承租人转租的，承租人与出租人之间的租赁合同继续有效；第三人造成租赁物损失的，承租人应当赔偿损失。承租人未经出租人同意转租的，出租人可以解除合同。"据此结合本题，《协议书》中明确约定丙方（梁建军）在承租期间不得转租，而梁建军擅自与欣宜公司签订租赁合同，出租方有权解除与梁建军的租赁合同，但梁建军与欣宜公司之间租赁合同的效力不受影响。

再分析因素（2）。本题中，梁建军与欣宜公司之间租赁合同的标的物为62间房屋，该62间房是胡晓东擅自建造，并无规划许可，属于违法建筑。《城镇房屋租赁合同解释》第2条规定："出租人就未取得建设工程规划许可证或者未按照建设工程规划许可证的规定建设的房屋，与承租人订立的租赁合同无效。但在一审法庭辩论终结前取得建设工程规划许可证或者经主管部门批准建设的，人民法院应当认定有效。"据此结合本题，题干中

框架图

背景：梁建军获得案涉房屋及土地承租权

- 涉及文件：《协议书》
  - 相关当事人：
    - 甲方：木楼村经联社
    - 乙方：胡晓东
    - 丙方：梁建军
  - 约定内容：
    1、2006年8月1日甲方和乙方2003年7月8日订立的《土地租赁协议书》解除
    2、丙方自2006年8月1日起承租该地域与62间房屋，乙方需在2006年8月1日前迁出，此后该地域的水费、电费由丙方缴纳
    3、丙方在承租期间不得转租

梁建军擅自将62间房屋打包转租给欣宜公司，后终止协议

- 租期：2020年5月1日至2022年4月30日
- 租金：合计30万元
- 相关约定：《租赁协议》
- 履行情况：合同签订后，**欣宜公司支付了30万元租金，梁建军交付了房屋。**
- **合同终止：**
  - 相关文件：《合同终止协议书》
  - 当事人：
    - 甲方：梁建军
    - 乙方：周正银
    - 丙方：欣宜公司
  - 签订时间：2020年9月30日
  - 协议内容：
    (1) 甲方与丙方签订的《租赁协议》**于本协议签订之日起自动终止**，双方无需承担任何民事责任
    (2) 甲方将已缴纳的30万元租金**无息退还**给丙方
    退还方式：甲方于本协议签订之日起30日内，无息退还丙方现金10万元
    （乙方负连带保证责任，未约定保证期间）
    (3) 丙方同意甲方用**600箱泸州老窖酒**充抵退还20万元租金；剩余10万元租金**由保证人在一个月内无息退还给丙方**
  - 履行情况：欣宜公司拉走600箱泸州老窖酒，但剩余20万元租金均未退还

欣宜公司起诉梁建军、周正银

- 起诉时间：2021年11月4日
- 诉讼请求：
  (1) 请求判令梁建军支付10万元租金，并赔偿2020年9月30日开始至清偿之日的利息损失，周正银对此承担保证责任
  (2) 请求判令周正银支付租金10万元，并赔偿2020年9月30日开始至清偿之日的利息损失
- 诉讼过程中，**梁建军向审理法院起诉**，请求：
  (1) 确认《合同终止协议书》无效并重新核算租金返还标准，请求返还租金时抵扣五个月（2020年5月1日至2020年9月30日）的使用费
- 周正银提出抗辩：
  (1) 认为自己是保人，**并非债务人**，且**保证期间已过**，无需向欣宜公司承担任何责任
  (2) 欣宜公司并**无证据证明起诉前曾要求周正银**承担保证责任

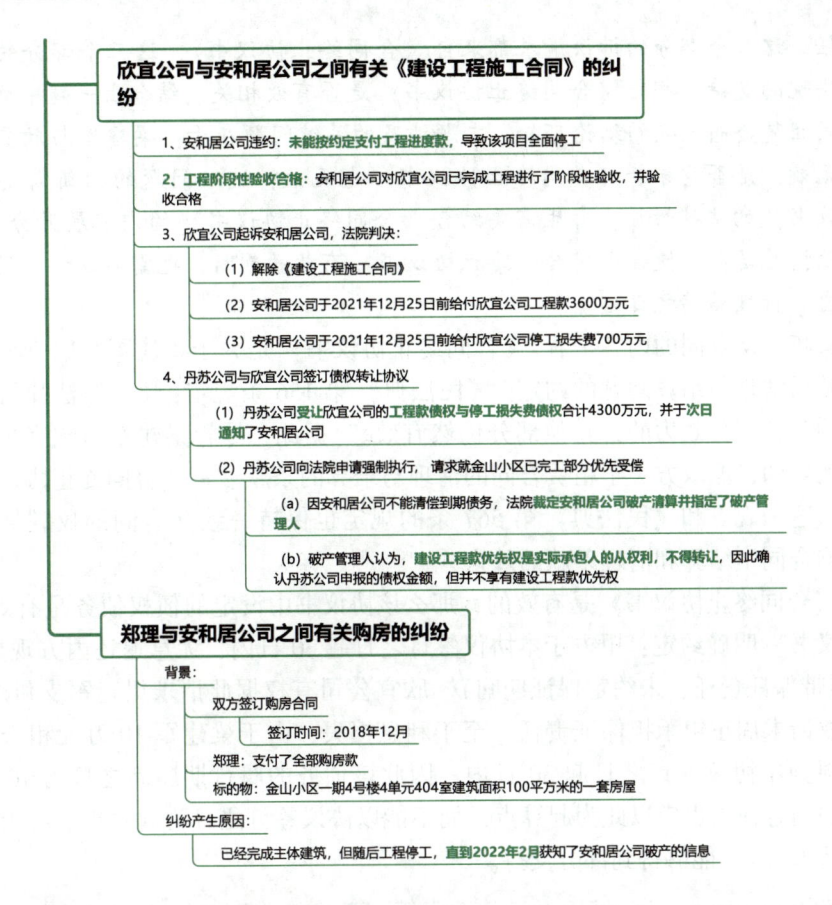

```
┌─ 欣宜公司与安和居公司之间有关《建设工程施工合同》的
│   纠纷
│     ├─ 1、安和居公司违约：未能按约定支付工程进度款，导致该项目全面停工
│     ├─ 2、工程阶段性验收合格：安和居公司对欣宜公司已完成工程进行了阶段性验收，并验
│     │    收合格
│     ├─ 3、欣宜公司起诉安和居公司，法院判决：
│     │     ├─ (1) 解除《建设工程施工合同》
│     │     ├─ (2) 安和居公司于2021年12月25日前给付欣宜公司工程款3600万元
│     │     └─ (3) 安和居公司于2021年12月25日前给付欣宜公司停工损失费700万元
│     └─ 4、丹苏公司与欣宜公司签订债权转让协议
│           ├─ (1) 丹苏公司受让欣宜公司的工程款债权与停工损失费债权合计4300万元，并于次日
│           │     通知了安和居公司
│           └─ (2) 丹苏公司向法院申请强制执行，请求就金山小区已完工部分优先受偿
│                 ├─ (a) 因安和居公司不能清偿到期债务，法院裁定安和居公司破产清算并指定了破产管
│                 │     理人
│                 └─ (b) 破产管理人认为，建设工程款优先权是实际承包人的从权利，不得转让，因此确
│                       认丹苏公司申报的债权金额，但并不享有建设工程款优先权
│
└─ 郑理与安和居公司之间有关购房的纠纷
      ├─ 背景：
      │     └─ 双方签订购房合同
      │           ├─ 签订时间：2018年12月
      │           ├─ 郑理：支付了全部购房款
      │           └─ 标的物：金山小区一期4号楼4单元404室建筑面积100平方米的一套房屋
      └─ 纠纷产生原因：
            └─ 已经完成主体建筑，但随后工程停工，直到2022年2月获知了安和居公司破产的信息
```

并无事实表明梁建军在一审法庭辩论终结前取得建设工程规划许可证或者经主管部门批准建设，因此梁建军与欣宜公司之间的租赁合同是无效的。

2. 欣宜公司对梁建军、周正银的诉讼请求（1）是否能够得到法院的支持？为什么？

答案：能够得到法院的部分支持，即请求判令梁建军支付10万元租金，并赔偿2020年10月30日开始至清偿之日的利息损失，周正银对此承担保证责任。因为：（1）《合同终止协议书》是梁建军与欣宜公司之间租赁合同的结算与清理条款，不因该租赁合同的无效而无效，是有效的；（2）欣宜公司有权依据《合同终止协议书》请求判令梁建军支付10万元租金，周正银对此承担保证责任，但利息损失应从履行期届满之日即2020年10月30日开始起算。

考点：无效的民事法律行为、违约责任

难度：难

命题和解题思路：即使结合题干中对欣宜公司诉讼请求的描述，本题考查的知识点也并不明确，需要经过一定的推理才能确定。欣宜公司的诉讼请求（1）是"请求判令梁建军支付10万元租金，并赔偿2020年9月30日开始至清偿之日的利息损失，周正银对此承担保证责任。"这一诉讼请求可以拆解为三个部分：其一，请求判令梁建军支付10万元租金；其二，请求赔偿2020年9月30日开始至清偿之日的利息损失；其三，请求周正银承

担保证责任。这三个部分的诉讼请求都来自《合同终止协议书》,这三个部分的诉讼请求能否得到法院的支持,都与《合同终止协议书》是否有效相关。结合上一题中梁建军与欣宜公司之间租赁合同无效的结论可知,本题涉及的关键问题在于:梁建军与欣宜公司之间租赁合同无效,是否意味着《合同终止协议书》也无效?这一问题的判断需要界定《合同终止协议书》的法律性质,考生需要结合《合同终止协议书》的内容展开分析。此外,考生还需注意的是:即使作出《合同终止协议书》有效的判断,也需要注意,迟延履行的利息应该自履行期届满之日起算。

答案解析:从合同的内容来看,《合同终止协议书》是关于梁建军与欣宜公司之间租赁合同无效后清理与结算问题的约定。《民法典》第156条规定:"民事法律行为部分无效,不影响其他部分效力的,其他部分仍然有效。"据此,尽管梁建军与欣宜公司之间租赁合同是无效的,但双方关于租赁合同的清理与结算的条款——《合同终止协议书》仍然是有效的。这一观点和《民法典》第567条的规定也保持一致(合同的权利义务关系终止,不影响合同中结算和清理条款的效力)。

既然《合同终止协议书》是有效的,那么该协议书中设定的债权债务是有效的。《合同终止协议书》明确约定:甲方于本协议签订之日起30日内,无息退还丙方现金10万元(乙方负连带保证责任,未约定保证期间)。欣宜公司有权据此请求梁建军支付10万元租金,并有权请求周正银承担保证责任。至于利息损失,由于梁建军10万元租金支付义务的履行期限为本协议签订之日起30日内,因此该债务的履行期届满之日为10月30日,迟延履行的利息损失也应以此为起算点,而不能以协议签订之日为起算点。综上,欣宜公司的诉讼请求(1)能够得到部分支持。

> **3. 梁建军的诉讼请求能否得到法院支持?为什么?**

答案:不能。因为:(1)《合同终止协议书》是梁建军与欣宜公司之间租赁合同的结算与清理条款,不因该租赁合同的无效而无效,是有效的;(2)《合同终止协议书》已经对租金的返还标准、返还数额与返还方式作出了明确约定,对当事人均有拘束力。

考点:无效的民事法律行为、债的拘束力

难度:中

命题和解题思路:本题涉及的考点与上一题有所重叠,但考查的侧重点有所不同。解答本题时,考生应先结合题干事实明确梁建军的诉讼请求是什么。结合题干可知,梁建军的诉讼请求是"请求确认《合同终止协议书》无效并重新核算租金返还标准,请求返还租金时抵扣五个月(2020年5月1日至2020年9月30日)的使用费"。这一请求是否能够得到支持,取决于《合同终止协议书》是否无效、该协议书对当事人的拘束力如何。上一题已经分析《合同终止协议书》的有效性,在此基础上,考生在本题中需厘清《合同终止协议书》的具体内容,尤其是对于租金返还标准、五个月使用费的返还问题,《合同终止协议书》是否已经作出了明确的安排,如果《合同终止协议书》已经作出了明确的安排,那么对当事人均有拘束力,梁建军无权单方排除或变更。

答案解析:上一题的解析中已经分析并得出结论,《合同终止协议书》不因梁建军与欣宜公司之间租赁合同的无效而无效,是有效的。《合同终止协议书》约定:甲方与丙方签订的《租赁协议》于本协议签订之日起自动终止,双方无需承担任何民事责任。甲方将

已缴纳的30万元租金无息退还给丙方，退还方式为：甲方于本协议签订之日起30日内，无息退还丙方现金10万元（乙方负连带保证责任，未约定保证期间）；丙方同意甲方用600箱泸州老窖酒充抵退还10万元租金；剩余10万元租金由保证人在一个月内无息退还给丙方。从这一合同的清理方案来看，当事人已经对租金的返还标准、返还数额、返还方式都作出了具体的安排。《合同终止协议书》对当事人均有拘束力，欣宜公司无需在协议之外支付五个月的使用费，梁建军也无权主张其他租金计算标准。

4. 就梁建军提起的诉讼，法院在程序上应如何处理？为什么？

答案： 应当将两个诉讼合并审理后作出判决。因为本诉被告梁建军针对本诉原告欣宜公司向审理法院起诉，且两个诉讼均基于终止租赁合同的协议书提起，因法律关系相同具有牵连性，且诉讼目的具有对抗性，梁建军的起诉属于反诉，法院应当合并审理后作出判决。

考点： 反诉的条件

难度： 中

命题和解题思路： 为顺应法考理论化命题趋势，本题对反诉这一理论型考点予以命题。本题并未采用"是否构成反诉"的直接设问形式，转而采用隐蔽方式考查对反诉的识别以及法院对反诉如何审理。解题的关键在于根据《最高人民法院关于适用〈中华人民共和国民事诉讼法〉的解释》（以下简称《民诉解释》）第233条规定结合反诉的构成要件对梁建军的起诉是否属于反诉作出判断。如能判断为反诉，自然可以得出应当合并审理的正确结论。

答案解析：《民诉解释》第233条第1、2款规定，反诉的当事人应当限于本诉的当事人的范围。反诉与本诉的诉讼请求基于相同法律关系、诉讼请求之间具有因果关系，或者反诉与本诉的诉讼请求基于相同事实的，人民法院应当合并审理。据此，在诉讼过程中，本诉被告梁建军针对本诉原告欣宜公司向审理法院提出独立的反请求，两个诉讼均基于终止租赁合同的协议书提出，因法律关系相同具有牵连性，梁建军的诉讼目的在于对抗欣宜公司的诉讼请求，梁建军提起的诉讼属于反诉，法院应将其与欣宜公司提起的诉讼合并审理后作出判决。

5. 周正银的抗辩是否成立？为什么？

答案： 对于欣宜公司的诉讼请求（1），周正银的抗辩成立。因为周正银是连带保证人，其与欣宜公司并未约定保证期间，保证期间为债务履行期届满后六个月，截至2021年4月30日，欣宜公司未在保证期间内向周正银主张保证责任，保证责任消灭。

对于欣宜公司的诉讼请求（2），周正银的抗辩不成立。因为周正银的法律地位是债务人，并非保证人，其无权提出保证期间届满的抗辩。

考点： 保证合同

难度： 难

命题和解题思路： 本题从抗辩的视角去考查保证合同，颇具新意。在审题阶段，考生需要厘清周正银的抗辩内容具体是什么，结合题干可知，周正银的抗辩内容：其法律地位是保证人，且保证期间已过。而且周正银的这一抗辩是针对欣宜公司的诉讼请求（1）

（2），因为欣宜公司的诉讼请求（1）（2）都与周正银相关。在此基础上，考生需要区分欣宜公司的诉讼请求（1）与（2），分别判断周正银的抗辩对于这两个诉讼请求而言是否成立。就欣宜公司的诉讼请求（1）而言，周正银处于连带保证人的地位，由于当事人未约定保证期间，应适用法定的保证期间规则。考生需要结合题干中的时间信息，分析保证期间是否经过。对于欣宜公司的诉讼请求（2），考生需要注意周正银在《合同终止协议书》中身份的多重性，对于梁建军的10万元租金支付债务，周正银是连带保证人，此外周正银自己作为债务人也对欣宜公司负有10万元的租金返还义务。

答案解析：本题中，周正银的抗辩内容是：其法律地位是保证人，且保证期间已过。欣宜公司起诉时提出了两个诉讼请求，而周正银的抗辩是概括地针对这两个诉讼请求的，因此考生解题时需要区分欣宜公司的诉讼请求（1）与（2），分别分析周正银的抗辩是否成立。

就欣宜公司的诉讼请求（1）而言，依据《合同终止协议书》，周正银是梁建军10万元租金返还债务的连带保证人，且当事人未约定保证期间。《民法典》第692条第2款规定："债权人与保证人可以约定保证期间，但是约定的保证期间早于主债务履行期限或者与主债务履行期限同时届满的，视为没有约定；没有约定或者约定不明确的，保证期间为主债务履行期限届满之日起六个月。"据此结合本题，周正银的保证期间截至2021年4月30日（债务履行期届满之日2020年10月30日起六个月），在此期间债权人欣宜公司均未请求周正银承担保证责任，现保证期间已过，周正银无需再承担保证责任。对于欣宜公司的诉讼请求（1），周正银的抗辩成立。

就欣宜公司的诉讼请求（2）而言，依据《合同终止协议书》，周正银作为债务人负有向欣宜公司返还10万元租金的债务，对此周正银的法律地位是债务人，而非保证人，其自然无权主张基于保证人的抗辩。

6. 若周正银主张将案件分开审理，法院应否支持？为什么？

答案：应当支持。因为本案为普通共同诉讼，其适用前提是各方当事人和法院均同意合并审理，而周正银不同意合并审理，法院应当分开审理。

考点：普通共同诉讼

难度：中

命题和解题思路：必要共同诉讼是以往主观题命题的重点，本题另辟蹊径，对普通共同诉讼予以考查。本题设问方式较为隐蔽，准确判明考查意图至关重要。解答本题应首先根据材料表述，判断欣宜公司起诉属于何种共同诉讼类型，再结合普通共同诉讼的适用条件即可准确作答。

答案解析：《民事诉讼法》第55条第1款规定，当事人一方或者双方为二人以上，其诉讼标的是共同的，或者诉讼标的是同一种类、人民法院认为可以合并审理并经当事人同意的，为共同诉讼。据此，根据三方签订的《合同终止协议书》，梁建军和周正银应分别向欣宜公司退还租金10万元，因拒绝履行，欣宜公司起诉梁建军和周正银，两个案子的诉讼标的属于同一种类，成立普通共同诉讼的适用条件是各方当事人同意且法院准许。而周正银主张将案件分开审理，意味着不同意共同诉讼，法院应予准许。

民事综合大题

> **7. 丹苏公司是否有权就金山小区已完工部分优先受偿？为什么？**

答案：对于受让的工程款债权部分，丹苏公司有权就金山小区已完工部分优先受偿，但对于受让的停工损失费债权部分，丹苏公司无权就金山小区已完工部分优先受偿。因为：（1）尽管"金山小区一期工程"尚未竣工，但质量合格，符合工程款优先受偿权的成立要件；（2）工程款优先受偿权作为法定担保物权具有从属性，在工程款债权转让时一并转移由丹苏公司享有；（3）工程款优先受偿权担保的债权仅限于工程款，并不包括迟延利息、违约金、损害赔偿金等，因此停工损失费债权不得主张工程款优先受偿权。

考点：建设工程合同

难度：难

命题和解题思路：结合"优先受偿"、欣宜公司与安和居公司签订《建设工程施工合同》等信息可知，本题考查的是工程款的优先受偿权，据此本题涉及的核心问题就是丹苏公司是否享有工程款的优先受偿权。与常规的工程款优先受偿权相比，本题有三处特殊之处，可能会影响丹苏公司是否享有工程款的优先受偿权：（1）"金山小区一期工程"尚未竣工，但验收合格，这一因素是否影响工程款优先受偿权的成立？（2）丹苏公司是工程款债权的受让人，债权转让是否影响工程款优先受偿权？或者说，债权转让时，工程款优先受偿权是否随之转移？（3）丹苏公司所受让的债权包括两个部分：一部分是工程款债权，另一部分是停工损失费，属于违约损害赔偿，这两笔债权是否都可以主张工程款优先受偿权？对于问题（1），《最高人民法院关于审理建设工程施工合同纠纷案件适用法律问题的解释（一）》〔以下简称《建设工程施工合同解释（一）》〕有明确规定，工程款优先受偿权的成立与工程是否竣工无关，但与工程质量是否合格紧密相关。对于问题（2）考生需要明确工程款优先受偿权属于法定的担保物权，具有担保物权的一般法律特征，包括从属性。对于问题（3），考生需要注意工程款优先受偿权所担保的债权原则上仅限于工程款部分，不包括利息、违约金与损害赔偿金等。

答案解析：本题涉及的核心问题是丹苏公司是否享有工程款的优先受偿权？对此需要分析上述（1）（2）（3）三重问题。

就问题（1）而言，《建设工程施工合同解释（一）》第39条规定："未竣工的建设工程质量合格，承包人请求其承建工程的价款就其承建工程部分折价或者拍卖的价款优先受偿的，人民法院应予支持。"据此可知，建设工程竣工并非工程款优先受偿权的成立前提，即使工程未竣工，只要质量合格，承包人也享有工程款的优先受偿权。本题中，尽管"金山小区一期工程"尚未竣工，但质量合格，并不影响工程款优先受偿权的成立。

就问题（2）而言，工程款的优先受偿权在性质上属于法定担保物权，具有从属性，从属于工程款债权。《民法典》第547条规定："债权人转让债权的，受让人取得与债权有关的从权利，但是该从权利专属于债权人自身的除外。受让人取得从权利不因该从权利未办理转移登记手续或者未转移占有而受到影响。"据此，工程款的优先受偿权随工程款债权一并转移由丹苏公司享有。

就问题（3）而言，《建设工程施工合同解释（一）》第40条规定："承包人建设工程价款优先受偿的范围依照国务院有关行政主管部门关于建设工程价款范围的规定确定。承包人就逾期支付建设工程价款的利息、违约金、损害赔偿金等主张优先受偿的，人民法

· 45 ·

院不予支持。"据此，工程款优先受偿权所担保的债权以工程款债权为限，并不包括逾期支付建设工程价款的利息、违约金、损害赔偿金等。本题中，丹苏公司受让的债权包括两个部分：一部分为工程款债权，数额为3600万元；另一部分为停工损失费，数额为700万元，性质上属于违约损害赔偿。其中仅有3600万元工程款债权可以主张工程款的优先受偿权，700万元停工损失费不得主张工程款优先受偿权。

8. 对安和居公司破产管理人的意见，丹苏公司应当采取何种法律行为？

答案：丹苏公司可以要求管理人解释或者调整，管理人解释或者调整后依然不服，或者不予解释或者调整的，可以在债权人会议核查结束15日内向法院提起债权确认之诉。

考点：债权确认

难度：中

命题和解题思路：本题考查债权确认之诉。属于较为简单的考点，考生只要能够做到法条准确定位即能正确回答本题。这也是民商综合大题中商法部分的常态考法。

答案解析：《〈破产法〉司法解释三》第8条，债务人、债权人对债权表记载的债权有异议的，应当说明理由和法律依据。经管理人解释或调整后，异议人仍然不服的，或者管理人不予解释或调整的，异议人应当在债权人会议核查结束后十五日内向人民法院提起债权确认的诉讼。当事人之间在破产申请受理前订立有仲裁条款或仲裁协议的，应当向选定的仲裁机构申请确认债权债务关系。据此，丹苏公司可以要求管理人调整，否则可以提起债权人确认之诉。

9. 若丹苏公司就4300万元债权起诉安和居公司，法院应当如何处理？为什么？

答案：若法院未受理，裁定不予受理；法院已受理，裁定驳回起诉。因为丹苏公司再就4300万元债权起诉安和居公司属于重复起诉，两个诉讼的当事人、诉讼标的和诉讼请求均相同。

考点：重复起诉的识别标准

难度：中

命题和解题思路：判断是否构成重复起诉属于理论型考点，也是法考主观题命题的重点。本题以债权转让后受让人起诉为切入点，考查重复起诉的认定。本题设问方式较为隐蔽，如果不了解当事人同一的特殊情形，难以准确判断考点。正确解答本题，应首先围绕《民诉解释》第247条第1款从当事人、诉讼标的和诉讼请求三个层面对是否构成重复起诉作出判断，再根据《民诉解释》第247条第2款规定作答。

答案解析：《民诉解释》第247条规定，当事人就已经提起诉讼的事项在诉讼过程中或者裁判生效后再次起诉，同时符合下列条件的，构成重复起诉：（1）后诉与前诉的当事人相同；（2）后诉与前诉的诉讼标的相同；（3）后诉与前诉的诉讼请求相同，或者后诉的诉讼请求实质上否定前诉裁判结果。当事人重复起诉的，裁定不予受理；已经受理的，裁定驳回起诉，但法律、司法解释另有规定的除外。据此，虽然从表面看，两个诉讼的原告不同，但丹苏公司是欣宜公司的权利承受人，属于当事人相同的特殊情形；两个诉讼的诉讼标的和诉讼请求也相同，因此丹苏公司起诉构成重复起诉。若法院未受理，裁定不予受理；法院已受理，裁定驳回起诉。

10. 丹苏公司是否有权申请法院强制执行？为什么？法院对其申请应当如何处理？为什么？

答案：（1）有权申请。因为丹苏公司是权利承受人，属于适格的申请主体。

（2）法院只能对判决第二项和第三项内容启动执行，对第一项内容不得启动执行。因为法院判决解除《建设工程施工合同》，属于确认之诉，没有给付内容，其判决不具有执行力；而第二项和第三项判决有给付内容，具有执行力，可予以执行。

考点： 民事判决的法律效力、诉的类型、执行开始的方式

难度： 中

命题和解题思路： 本题对申请强制执行的条件予以考查，附带涉及诉的类型、民事判决的法律效力等理论型考点。解答本题，应根据丹苏公司的法律地位以及判决内容是否有执行力展开具体分析作答。具言之，丹苏公司并非生效判决的权利人，而是权利承受人，可以作为执行申请主体；判决三项内容，第一项是确认判决，不具有执行力；第二和第三项属于给付判决，具有执行力。

答案解析：《最高人民法院关于人民法院执行工作若干问题的规定（试行）》第16条第1款规定，人民法院受理执行案件应当符合下列条件：（1）申请或移送执行的法律文书已经生效；（2）申请执行人是生效法律文书确定的权利人或其继承人、权利承受人；（3）申请执行的法律文书有给付内容，且执行标的和被执行人明确；（4）义务人在生效法律文书确定的期限内未履行义务；（5）属于受申请执行的人民法院管辖。据此，丹苏公司作为权利承受人，属于适格的申请执行人。但该判决有三项内容，只有第二和第三项内容有给付内容，其判决具有执行力，可申请法院强制执行。而第一项内容属于确认判决，没有给付内容，不具有执行力，不能申请法院强制执行。

11. 对于丹苏公司强制执行的申请，在安和居公司破产后应当如何处理？为什么？

答案： 应当中止执行。因为破产后个别清偿无效，债权人应当按比例集中清偿。

难度： 中

考点： 破产后的民事诉讼措施

命题和解题思路： 本题对破产后民事诉讼措施的法律效果进行考查，属于法考常规考点，难度不大。但是考生如想得到本题的全部分数，则需要多下功夫。在破产后，之所以强制执行中止，是因为破产后应当公平对待债权人。

答案解析：《破产法》第19条规定，人民法院受理破产申请后，有关债务人财产的保全措施应当解除，执行程序应当中止。据此，执行程序应当中止。该制度的功能在于公平对待债权人，即破产后个别清偿无效，应当按比例集中清偿债权。

12. 郑理可否向安和居公司破产管理人主张取回权？为什么？

答案：

答案一： 不可以。因为郑理虽签订了购买合同并支付了全款，但是并未取得房屋的所

有权。该房屋依然属于债务人财产。

答案二：可以。虽然该房屋并未交付并变更给郑理，但该房屋已经特定且郑理支付了全部价款，郑理已经获得该房屋的财产权益，有权主张取回。

难度：难

考点：取回权

命题和解题思路：本题考查取回权，属于常规考点。但是本题具有一定难度，就购房消费者已经支付了全款，但未办理房屋登记的情形之下，在房地产公司破产时，是否具有取回权，是断供背景下的新问题，也是破产法中理论和实践分歧较大的问题。对该问题的回答，需要考生对取回权具有深入的理解和把握——虽然是或否都能得分，但如何在取回权的制度框架下给出合理的答案，就是对考生的考验了。

答案解析：观点一认为不可以取回，属于相对比较主流的观点。在该种观点看来，《破产法》第30条规定，破产申请受理时属于债务人的全部财产是债务人财产；《破产法》第38条规定，人民法院受理破产申请后，债务人占有的不属于债务人的财产，该财产的权利人可以通过管理人取回。据此，能否行使取回权的核心是该房屋是否属于郑理所有，即取回权的基础是所有权。对此，《民法典》第209条第1款规定，不动产物权的设立、变更、转让和消灭，依法登记，发生效力。在本题中，郑理虽然签订了购房合同，但房屋尚未交付和登记，郑理并未取得房屋所有权，因此无权主张取回。如（2019）最高法民申4052号判决即支持此种观点。

观点二认为可以取回，也为最高法判决所确认，属于较有竞争力的观点。该种观点认为《破产案件若干规定》第71条规定，特定物未交付但已经支付全款的情况下可以取回。在实践中，如果双方能够明确约定房屋楼层、房号、面积情况下可以取回。虽然观点一的支持者认为观点二所提到的《破产案件若干规定》已经因为新破产法的通过而被取代，但观点二的支持者认为该规定与破产法司法解释二的规定并不冲突，依然存在适用的空间。对此，考生也可以参照《破产法》第39条在途货物如债务人已经支付全款即使尚未交付，出卖人也无权取回以及《〈破产法〉司法解释二》第32条所规定的代偿物能够区分可以取回等规定，推出此时应当保护全款买受人的特别权益，如（2017）最高法民申1429号判决。

评分细则（共58分）

1-12题满分为：4分、5分、4分、6分、4分、5分、5分、4分、5分、6分、4分、4分

1. 无效（2分）。违法建筑租赁无效（2分）。

2. 部分支持（1分）。请求判令梁建军支付10万元租金，并赔偿2020年10月30日开始至清偿之日的利息损失可以得到支持（1分）。终止协议是清理结算条款，不因租赁合同无效而无效（2分），利息损失应从履行期届满之日起算（1分）。

3. 不能（2分）。终止协议是清理结算条款，不因租赁合同无效而无效（1分）。终止协议已对租金的返还标准、返还数额与返还方式作出明确约定，对当事人均有拘束力（1分）。

4. 合并审理（2分）。本诉被告向本诉原告提出（1分），法律关系相同具有牵连性（1分），诉讼目的具有对抗性（1分），属于反诉（1分）。

> 5. 诉讼请求（1）抗辩成立（1分），保证期间已经经过（1分）；诉讼请求（2）抗辩不成立（1分），周正银是债务人而非保证人（1分）。
> 6. 应当支持（2分）。构成普通共同诉讼（1分），合并审理前提是各方当事人和法院均同意（2分）。
> 7. 工程款债权可以优先受偿（1分），停工损失费部分无权优先受偿（1分）。工程质量合格，符合工程款优先受偿权的成立要件（1分）；法定优先权具有从属性，转让时一并转让（1分）；工程款优先受偿权担保的债权仅限于工程款，并不包括损害赔偿金等（1分）。
> 8. 可以要求管理人解释或者调整（2分）。仍不服15日内向法院提起债权确认之诉（2分）。
> 9. 未受理，裁定不予受理（1分）；法院已受理，裁定驳回起诉（1分），构成重复起诉（1分），两个诉讼的当事人、诉讼标的和诉讼请求均相同（2分）。
> 10. 有权（1分）。是权利承受人（1分）；只能对判决第二项和第三项内容启动执行（1分），有给付内容或者有执行力（1分），对第一项内容不得启动执行（1分），确认之诉没有给付内容或者没有执行力（1分）。
> 11. 应当中止执行（2分）。破产后个别清偿无效或者破产受理后应当中止执行（2分）。
> 12. 答案一：不可以（2分）。郑某并未取得房屋的所有权（2分）。
> 答案二：可以（2分）。该房屋已经特定且郑理支付了全部价款，获得了财产权益（2分）。

第二题（本题56分）

一、试题（本题系民法、民诉法融合试题）

2015年8月28日，卓博公司（乙方）与宏图公司（甲方）签订《销售合同》，约定：（1）甲方向乙方采购500套蓝印工程图纸打印系统V2.0软件，每套单价为2万元，货款总计1000万元；（2）自签订之日起5个工作日内，甲方向乙方支付定金900万元。乙方按照本合同完成交货、培训等服务。甲方验收无误后，甲方将不晚于自本合同签订之日起一年内支付剩余尾款100万元，乙方须同时提交相应金额的合法增值税发票。同日，双方签订《补充协议一》，对乙方提供的一项软件著作权申请所需资料和购货价格体系等内容作出补充约定。

2015年9月2日，宏图公司向卓博公司汇款900万元。此后，卓博公司按约向宏图公司提供了500套软件。后宏图公司未按期支付合同尾款。卓博公司在2017年向宏图公司催要尾款时，宏图公司提出免费升级500套软件系统的要求，双方对补充协议的内容进行了磋商，并按照卓博公司提出的条件签订《补充协议二》，约定：（1）卓博公司应根据甲方的需要按期、保质完成已交付的500套软件的升级。（2）货物验收及尾款支付。宏图公司收到卓博公司开具的增值税发票后10个工作日内支付尾款的50%，合计50万元；宏图公司验收合格后10个工作日内支付尾款的50%，合计50万元。（3）违约条款。如果卓博公司未能按照宏图公司的要求完成500套软件的升级，应按照《销售合同》金额的70%赔偿宏图公司的损失。如果验收不合格，卓博公司应按照《销售合同》金额的50%赔偿宏图公司。

2017年8月底，宏图公司就《销售合同》《补充协议一》与《补充协议二》提起民事诉讼，请求：（1）确认卓博公司构成违约；（2）卓博公司向宏图公司支付违约金700万元。诉讼中，卓博公司提出反诉，请求：（1）基于显失公平撤销《补充协议二》，理由是该补充协议是在宏图公司掌握100万元尾款未支付这一优势下签订，且《补充协议二》中的违约金过高；(2)宏图公司按原《销售合同》支付100万元尾款。诉讼中，法院查明：卓博公司未进行软件升级，亦未开具增值税发票。

2018年11月12日，宏图公司的法定代表人方城（住所地在甲县）与天鹏公司签订《商品房买卖合同（预售）》，购买天鹏庄园住宅小区1号楼商品房一套，购房款总计400万元。12月1日，方城与农业银行A市支行签订《个人购房担保借款合同》，贷款290万元用以支付剩余购房款，同日，各方合并申请办理商品房预告登记与抵押权预告登记。贷款发放后，方城按约还贷。2019年9月23日，天鹏公司与临江公司签订《购房协议书》，将前述商品房卖给临江公司并交付。2020年10月23日，方城起诉临江公司，请求：(1)临江公司返还涉案商品房；(2)确认天鹏公司与临江公司的《购房协议书》无效。

2021年8月9日，方城向乙县的刘恒借款50万元，借期半年，按年利率10%计算利息。次日，丙县的张春与刘恒在丁县签订《保证协议》，约定：(1)张春为方城的债务本息提供连带保证；(2)本协议的效力具有独立性，不受借款协议的效力影响；(3)保证期间至债务履行期届满后1年；(4)因合同履行发生纠纷应向丁县法院起诉。2022年3月，方城未按约偿还借款，刘恒起诉方城与张春。诉讼中，法院查明：刘恒未取得任何贷款业务的资格，并在近几年内多次反复从事有偿民间借贷行为以牟利。

问题：

1. 卓博公司的反诉请求(1)能否得到法院的支持？为什么？
2. 卓博公司的反诉请求(2)能否得到法院的支持？为什么？
3. 对于方城的诉讼请求(1)，临江公司有权提出何种抗辩？为什么？
4. 对于方城的诉讼请求(2)，临江公司有权提出何种抗辩？为什么？
5. 方城是否有权解除《商品房买卖合同（预售）》？为什么？
6. 刘恒是否有权请求方城返还借款本金？为什么？刘恒是否有权请求方城按年利率10%支付利息？为什么？
7. 刘恒是否有权请求张春承担保证责任？为什么？
8. 卓博公司提起的诉讼属于何种诉的类型？为什么？
9. 对于方城的起诉，当事人确定是否正确？为什么？
10. 刘恒提起的诉讼，应由哪个（些）法院管辖？为什么？
11. 若张春主张《保证协议》上其签名系伪造，法院应当如何处理？为什么？

二、总体命题思路

本题由三则实务案例融合改编而来，系民法与民诉法的两科融合题，难度中上。

就民法部分，本题以多个合同关系为基础，将软件销售合同、预售商品房买卖合同以及借款合同、保证合同作为主要的法律事实，考查了民法上可撤销的民事法律行为、违约金、合同的效力、合同的履行、预告登记、返还原物、占有的保护、合同解除、借款合同、保证合同等考点，主要分布于物权与合同部分，需要考生对相关知识点有较好的基础。需要指出的是，本题中有几问是从抗辩的角度进行考查，考生需要厘清此种命题的含义与答题时的思路与方法。总体而言，本题对考生的知识储备、分析思路以及语言表达都提出了一定要求。

就民诉法部分，主要对诉的分类、当事人确定、特殊地域管辖以及鉴定意见等考点予以综合考查。其中，诉的分类属于理论型考点，需结合具体诉讼请求以及各类诉的内涵作答；当事人确定和特殊地域管辖制度属于主观题命题的重点。各问题设问表述直白，考查意图明确，难度不高。

三、案例来源

1. 北京市第一中级人民法院（2019）京01民终4660号民事判决书：北京××世纪科技有限公司与北京××天陆科技发展有限公司买卖合同纠纷案
2. 黑龙江省鸡西市中级人民法院（2020）黑03民终880号民事判决书：王某霞、冷某民间借贷纠纷案
3. 吉林省高级人民法院（2020）吉民再50号民事判决书：吉林某银行股份有限公司与曹某一返还原物纠纷案

四、答案精讲

> **1. 卓博公司的反诉请求（1）能否得到法院的支持？为什么？**

答案：（一）基于显失公平撤销《补充协议二》的请求不能得到支持。因为卓博公司并不存在危困或者缺乏判断能力等情形，显失公平的构成要件并不满足。

（二）违约金过高的主张可以得到支持。因为双方当事人约定的违约金为700万元，过分高于卓博公司违约行为造成的损失，符合违约金酌减的构成要件。

考点： 可撤销的民事法律行为、违约金

难度： 难

命题和解题思路： 结合题干中卓博公司反诉请求（1）的具体内容，本题一方面考查显失公平这一民事法律行为的可撤销事由，另一方面也考查违约金，尤其是违约金酌减问题，有一定难度。尽管表述上本题只有1问，但从卓博公司反诉请求（1）的具体内容来看，其反诉请求（1）包含两个独立内容：其一，基于显失公平撤销《补充协议二》；其二，约定的违约金数额过高。考生应拆分二者并分别评价是否成立。对于显失公平这一可撤销事由，考生在分析时需注意其必须同时满足主客观方面的构成要件；对于违约金是否过高，考生需要比较当事人约定的违约金数额与违约行为造成的实际损失，大致上判断是否过分高于造成的实际损失。

答案解析： 将本题拆解后，具体涉及两个问题：（1）基于显失公平撤销《补充协议二》是否成立；（2）约定的违约金数额过高是否成立。

就第一个问题，《民法典》第151条规定，一方利用对方处于危困状态、缺乏判断能力等情形，致使民事法律行为成立时显失公平的，受损害方有权请求人民法院或者仲裁机构予以撤销。该条规定了显失公平作为民事法律行为的可撤销事由。显失公平的构成需要满足主客观两个方面的构成要件，主观方面：存在一方利用对方处于危困状态、缺乏判断能力等情形；客观方面：民事法律行为成立时显失公平。本题中，《补充协议二》的合同条款由卓博公司提出，且《补充协议二》正是为了解决100万元尾款未付的问题，卓博公司并不存在危困或者缺乏判断能力等情形，显失公平的构成要件并不满足，因此基于显失

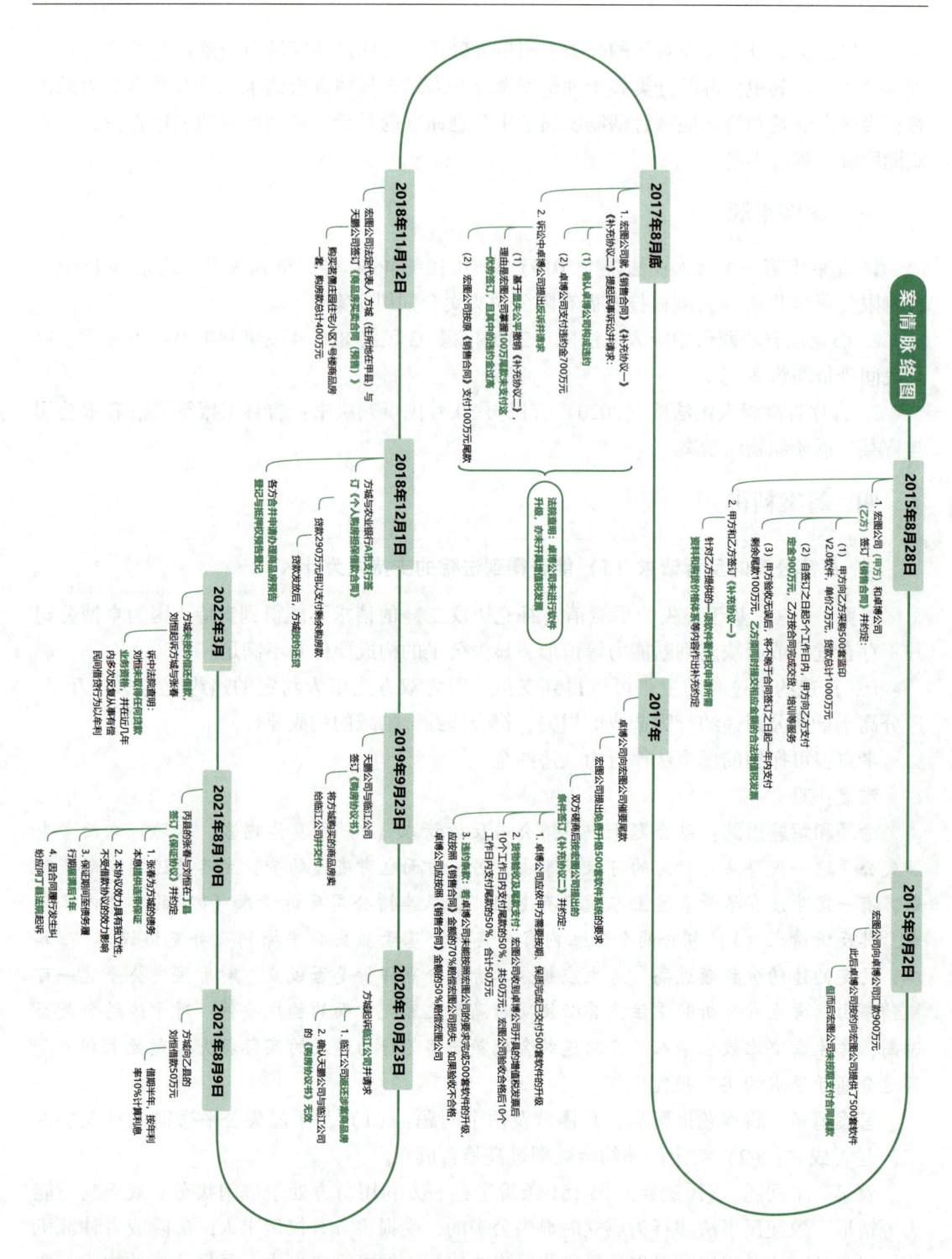

公平撤销《补充协议二》这一反诉请求,并不成立。

就第二个问题,《民法典》第585条规定,当事人可以约定一方违约时应当根据违约情况向对方支付一定数额的违约金,也可以约定因违约产生的损失赔偿额的计算方法。约定的违约金低于造成的损失的,人民法院或者仲裁机构可以根据当事人的请求予以增加;约定的违约金过分高于造成的损失的,人民法院或者仲裁机构可以根据当事人的请求予以适当减少。当事人就迟延履行约定违约金的，违约方支付违约金后，还应当履行债务。本题中，双方签订的违约金条款内容是：如果卓博公司未能按照宏图公司的要求完成500套软件的升级，应按照《销售合同》金额的70%赔偿宏图公司的损失。如果验收不合格，卓博公司应按照《销售合同》金额的50%赔偿宏图公司。卓博公司未进行软件升级，触发了该违约金条款，但违约金的数额700万元（1000万元×70%），明显过分高于卓博公司违约行为造成的损失，属于违约金过高的情形。

综上，反诉请求（1）中基于显失公平撤销《补充协议二》的请求不能得到支持，请求确认违约金过高的请求可以得到支持。

2. 卓博公司的反诉请求（2）能否得到法院的支持？为什么？

答案：不能。因为：（1）《补充协议二》是有效的，对卓博公司具有拘束力；（2）《补充协议二》中约定了100万元尾款的支付条件，但该条件尚未成就。

考点：合同的效力、合同的履行

难度：中

命题和解题思路：结合题干中关于卓博公司的反诉请求（2）的具体内容可知，本题涉及合同的效力判断与履行，难度适中。解题时，考生不妨采取反向思考的路径，如果卓博公司的反诉请求（2）能够得到支持，需要哪些条件？在此基础上展开分析可知，卓博公司的反诉请求（2）能否得到法院支持，一方面取决于《补充协议二》是否有效，另一方面取决于该协议中约定的尾款付款条件是否满足。考生依次分析这两个问题即可。此外，需要注意的是，本题实际上并未以某个具体的法条为依据，而是结合合同的基本原理，对当事人的合同内容安排进行解释与推理。

答案解析：由上题可知，《补充协议二》并不构成显失公平，是有效的，该协议对双方当事人均有拘束力。从《补充协议二》的内容看，该补充协议对原《销售合同》中的100万元尾款部分作出了变更，关于该100万元尾款的支付问题，应以《补充协议二》的相关条款为准。

《补充协议二》明确约定："（2）货物验收及尾款支付。宏图公司收到卓博公司开具的增值税发票后10个工作日内支付尾款的50%，合计50万元；宏图公司验收合格后10个工作日内支付尾款的50%，合计50万元。"据此可知，剩余的100万元尾款支付有严格的条件，而该条件并未成就，因此卓博公司无权请求支付剩余100万元尾款。

3. 对于方城的诉讼请求（1），临江公司有权提出何种抗辩？为什么？

答案：（一）若方城基于所有权主张案涉商品房的返还，临江公司有权抗辩：返还原物请求权并不成立。因为方城并非该商品房的所有权人，基于预告登记也并不能主张返还原物请求权，因此方城无权主张返还原物请求权。

（二）若方城基于占有主张案涉商品房的返还，临江公司有权抗辩：占有物返还请求权并不成立。因为方城并非该商品房的前占有人，且并不存在占有的侵夺行为，方城无权基于占有主张占有物返还请求权。

考点：预告登记、返还原物、占有的保护

难度：难

命题和解题思路：本题从抗辩的角度对预告登记、返还原物等考点展开考查，考查方式新颖且带有一定的开放性，颇具难度，需要考生具备清晰的分析思路。本题的核心问题就在于如何确定分析思路。解题时，考生应先确定方城可能依据何种请求权主张案涉商品房的返还。本题中，方城的返还请求至少可能有两种请求依据：基于所有权的返还原物请求权（《民法典》第235条）以及基于占有的占有物返还请求权（《民法典》第462条），考生可以分别结合二者的构成要件确定可能的抗辩。

答案解析：本题中，方城的返还请求至少可能有两种请求依据：基于所有权的返还原物请求权（《民法典》第235条）以及基于占有的占有物返还请求权（《民法典》第462条）。对于这二者，临江公司均可以针对性地提出相应的抗辩。

如果方城以返还原物请求权为依据提出返还请求，可以结合《民法典》第235条分析临江公司可能的抗辩。《民法典》第235条规定，无权占有不动产或者动产的，权利人可以请求返还原物。据此，返还原物请求权的构成要件有二：（1）请求权人为有占有权能的物权人；（2）相对方为无权占有人。本题中，方城并非案涉商品房的所有权人，并不享有返还原物请求权。不过，尽管方城不是案涉商品房的所有权人，但其享有预告登记的保护，需要分析的是方城可否基于预告登记享有返还原物请求权。《民法典》第221条规定，当事人签订买卖房屋的协议或者签订其他不动产物权的协议，为保障将来实现物权，按照约定可以向登记机构申请预告登记。预告登记后，未经预告登记的权利人同意，处分该不动产的，不发生物权效力。预告登记后，债权消灭或者自能够进行不动产登记之日起90日内未申请登记的，预告登记失效。据此可知，预告登记后的主要效力在于：未经预告登记的权利人同意，处分该不动产的，不发生物权效力。但这一效力并不意味着预告登记的权利人有权基于物权人的身份主张物权请求权，因此预告登记权利人并不享有返还原物请求权。因此，如果方城以返还原物请求权为依据提出返还请求，则临江公司有权提出抗辩：方城并非所有权人，只是预告登记权利人，无权主张返还原物请求权。

如果方城以占有物返还请求权为依据提出返还请求，可以结合《民法典》第462条分析临江公司可能的抗辩。《民法典》第462条第1款规定，占有的不动产或者动产被侵占的，占有人有权请求返还原物；对妨害占有的行为，占有人有权请求排除妨害或者消除危险；因侵占或者妨害造成损害的，占有人有权依法请求损害赔偿。据此，基于占有的占有物返还请求权，需要满足以下构成要件：（1）请求权人为前占有人；（2）存在占有的侵夺；（3）相对方为现占有人。本题中，方城从未占有该商品房，也不存在占有的侵夺，占有物返还请求权并不成立。临江公司可以据此提出抗辩：方城从未占有该商品房，也不存在占有的侵夺，其无权主张占有物返还请求权。

4. 对于方城的诉讼请求（2），临江公司有权提出何种抗辩？为什么？

答案：临江公司有权提出抗辩：《购房协议书》的效力不受预告登记的影响，是有效的。因为预告登记具有限制物权处分的效力，但并不影响买卖合同等负担行为的效力，而《购房协议书》并非物权处分，其效力不受预告登记的影响。

考点：合同的效力、预告登记

难度：中

命题和解题思路：结合方城的诉讼请求（2）以及《购房协议书》可能的效力瑕疵点可知，本题主要考查预告登记的效力，考点虽与上题有所重复，但考查的侧重点不同。本题的核心问题在于把握预告登记的法律效力，即如何理解其限制物权处分的效力。就此而言，考生需要区分物权层面（处分行为）与债权层面（负担行为）。此外，在审题时，考生需要准确判断：既然方城的诉讼请求（2）是确认《购房协议书》无效，那么临江公司的抗辩应从论证《购房协议书》有效的角度展开。

答案解析：方城的诉讼请求（2）是确认《购房协议书》无效，其可能的核心理由是自己为该商品房的预告登记权利人，《购房协议书》构成一房二卖，侵害其权利。临江公司的抗辩应从论证《购房协议书》有效的角度展开，这就涉及一房二卖以及预告登记是否会影响《购房协议书》的效力。一房二卖本身并非合同效力瑕疵事由，因此不构成《购房协议书》的无效事由，这点不难分析。需要重点分析的是预告登记。《民法典》第221条规定，当事人签订买卖房屋的协议或者签订其他不动产物权的协议，为保障将来实现物权，按照约定可以向登记机构申请预告登记。预告登记后，未经预告登记的权利人同意，处分该不动产的，不发生物权效力。预告登记后，债权消灭或者自能够进行不动产登记之日起90日内未申请登记的，预告登记失效。据此可知，预告登记的核心效力是限制物权处分，这一效力仅发生于物权层面（处分行为层面）。换言之，预告登记本身对负担行为的效力是没有影响的，而《购房协议书》是典型的负担行为，即使违反预告登记，也是有效的。

5. 方城是否有权解除《商品房买卖合同（预售）》？为什么？

答案：有权解除。因为天鹏公司已经通过自己的行为表明不履行主要债务，方城据此享有法定解除权。

考点：合同解除

难度：中

命题和解题思路：本题以预售商品房买卖交易为事实背景考查合同解除这一考点，难度适中。本题解答的关键在于分析方城的合同解除权是否存在以及基于何种理由存在。在解题时，考生需要把握《商品房买卖合同（预售）》的合同类型，并在此基础上分析方城如果可以解除，应基于何种事由，如何解除。

答案解析：《商品房买卖合同（预售）》是典型的商品房买卖合同，双方当事人并未约定合同的解除条件，也并未达成合同解除的合意，且对于商品房买卖合同，现行法也并未规定一方或双方的任意解除权。此时方城若要解除《商品房买卖合同（预售）》，需要基于对方的根本违约行为，通过行使法定解除权来解除。《民法典》第563条第1款规定："有下列情形之一的，当事人可以解除合同：……（二）在履行期限届满前，当事人一方明确表示或者以自己的行为表明不履行主要债务；……"本题中，商品房出卖人天鹏公司实施了一房二卖的行为，且已将该房交付临江公司。这些行为都明确地表明，出卖人天鹏公司不会再履行《商品房买卖合同（预售）》，方城的合同目的已经无法实现，据此，方城有权依据《民法典》第563条行使法定解除权。

6. 刘恒是否有权请求方城返还借款本金？为什么？刘恒是否有权请求方城按年利率 10% 支付利息？为什么？

答案：（一）有权请求。因为刘恒未取得任何贷款业务的资格，并在近几年内多次从事有偿民间借贷行为牟利，依据现行法，其签订的民间借贷合同无效，因此刘恒与方城之间的借款合同无效，但刘恒支付的本金，方城仍需返还。

（二）无权请求。因为刘恒与方城之间的借款合同无效，利率条款也随之无效，刘恒无权请求方城按合同约定的 10% 年利率支付利息。

考点：借款合同、无效的民事法律行为

难度：中

命题和解题思路：本题有两个小问，均围绕借款合同展开，核心问题都是方城与刘恒之间的借款合同效力如何。对于这一问题，题干最后一段的最后一句信息十分关键，刘恒作为职业放贷人，其签订的借款合同是无效的。两个小问的问题都应据此展开分析。第 1 小问还涉及合同无效后的法律效果，考生需要注意，合同被认定无效后会发生相互返还的法律效果。

答案解析：《最高人民法院关于审理民间借贷案件适用法律若干问题的规定》第 13 条规定："具有下列情形之一的，人民法院应当认定民间借贷合同无效：……（三）未依法取得放贷资格的出借人，以营利为目的向社会不特定对象提供借款的；……"据此，刘恒未取得任何贷款业务的资格，并在近几年内多次反复从事有偿民间借贷行为以牟利，其签订的借款合同是无效的。刘恒与方城之间的借款合同无效，刘恒自然无权依据借款合同按照 10% 的年利率请求方城支付利息。

《民法典》第 157 条规定，民事法律行为无效、被撤销或者确定不发生效力后，行为人因该行为取得的财产，应当予以返还；不能返还或者没有必要返还的，应当折价补偿。据此，尽管刘恒与方城之间的借款合同无效，但刘恒支付给方城的借款本金，方城需向刘恒返还，因此刘恒有权请求方城返还借款本金。

7. 刘恒是否有权请求张春承担保证责任？为什么？

答案：无权请求。因为：(1) 刘恒与张春之间的保证合同从属于刘恒与方城之间的借款合同，刘恒与方城之间的借款合同无效，则刘恒与张春之间的保证合同随之无效；(2) 双方关于保证合同效力独立于借款合同的约定违反了保证合同的从属性，是无效的。

考点：保证合同

难度：难

命题和解题思路：结合问题的表述不难推断，本题围绕保证合同展开。解答本题的关键在于明确可能会影响张春保证责任承担与否的因素，并对其一一分析。结合对应的题干部分可知，可能影响张春保证责任是否承担的因素在于：(1) 主债权债务合同（刘恒与方城之间的借款合同）无效，可能会导致保证合同无效；(2) 刘恒与张春在保证合同中明确约定：本协议的效力具有独立性，不受借款协议的效力影响。如果这一约定有效，则即使主合同无效，保证合同的效力也不受影响，张春仍需承担保证责任。因此，解答本题时，考生不仅需要识别出上述两个因素，也需要在说理时分别回应。

答案解析：《民法典》第 682 条第 1 款规定，保证合同是主债权债务合同的从合同。主债权债务合同无效的，保证合同无效，但是法律另有规定的除外。据此，刘恒与方城之间的借款合同是主合同，刘恒与张春之间的保证合同属于从合同，既然上题中已经明确，刘恒与方城之间的借款合同是无效的，那么刘恒与张春之间的保证合同也应无效，据此张春无需承担保证责任。在下结论之前，还需要分析一个因素，即刘恒与张春在保证合同中明确约定：本协议的效力具有独立性，不受借款协议的效力影响。如果这一约定有效，则即使主合同无效，保证合同的效力也不受影响，张春仍需承担保证责任。对此，《最高人民法院关于适用〈中华人民共和国民法典〉有关担保制度的解释》（以下简称《民法典担保制度解释》）第 2 条第 1 款规定，当事人在担保合同中约定担保合同的效力独立于主合同，或者约定担保人对主合同无效的法律后果承担担保责任，该有关担保独立性的约定无效。主合同有效的，有关担保独立性的约定无效不影响担保合同的效力；主合同无效的，人民法院应当认定担保合同无效，但是法律另有规定的除外。据此，刘恒与张春之间关于保证合同效力独立于借款合同的条款，是无效的，张春无需承担保证责任。

> **8. 卓博公司提起的诉讼属于何种诉的类型？为什么？**

答案：卓博公司请求撤销《补充协议二》属于形成之诉。因为撤销权属于典型的形成诉权，当事人基于形成诉权起诉，构成形成之诉。卓博公司请求宏图公司按原《销售合同》支付 100 万元尾款属于给付之诉。因为卓博公司请求宏图公司完成特定的给付义务，属于给付之诉。

考点：诉的分类

难度：中

命题和解题思路：为顺应法考理论化命题趋势，本题对诉的分类理论予以考查。注意诉的分类针对的是具体诉讼请求而非案件，解答此类试题，一定要将原告提出的具体诉讼请求结合各类诉的内涵逐一作出判断。判断是否构成形成之诉，要注意形成诉权和一般形成权的区别，原告基于形成诉权起诉为形成之诉，而基于一般形成权起诉为确认之诉。

答案解析：形成之诉，又称为变更之诉，是指原告请求法院以判决改变或消灭既存的某种民事法律关系的诉。根据大陆法系理论，形成之诉必须是原告基于形成诉权提起的诉讼，撤销权属于典型的形成诉权，因此卓博公司请求撤销《补充协议二》属于形成之诉。

给付之诉，是指原告请求法院判令被告向其履行特定给付义务的诉。据此，卓博公司请求宏图公司支付 100 万元尾款，是请求宏图公司完成特定的给付义务，属于给付之诉。

> **9. 对于方城的起诉，当事人确定是否正确？为什么？**

答案：

（1）方城作为原告正确。因为天鹏公司与临江公司签订《购房协议书》并交付房屋，使方城利益受损，其与本案有直接利害关系。

（2）临江公司作为被告正确。因为方城起诉确认天鹏公司与临江公司签订的《购房协议书》无效，临江公司是《购房协议书》的签约主体。

（3）遗漏天鹏公司作为共同被告错误。因为天鹏公司也是方城起诉确认无效的《购房协议书》的签约主体。

考点：当事人适格、原告和被告地位的确定

难度：中

命题和解题思路：当事人确定是民诉法主观题考查重点。本题以他人起诉确认民事法律行为无效为素材，对当事人确定予以考查。解题时应注意审题，本案当事人包括原告和被告，应逐一作出判断，避免遗漏失分。

答案解析：《民法典》第154条规定，行为人与相对人恶意串通，损害他人合法权益的民事法律行为无效。据此，若方城认为天鹏公司与临江公司恶意串通，通过签订《购房协议书》损害其作为购房者的合法权益，有权起诉确认民事法律行为无效。方城应为案件原告，天鹏公司与临江公司作为《购房协议书》的双方签约主体，应为案件被告。

10. 刘恒提起的诉讼，应由哪个（些）法院管辖？为什么？

答案：应由甲县或乙县法院管辖。因为刘恒起诉方城与张春，应依照主合同确定管辖法院，从合同约定的丁县法院并无管辖权。借款合同纠纷应由被告住所地或者合同履行地法院管辖，被告方城的住所地在甲县，双方未约定合同履行地，本案争议标的为给付货币，接收货币一方刘恒所在地乙县视为合同履行地。

考点：特殊地域管辖

难度：中

命题和解题思路：特殊地域管辖是主观题命题的重点，本题以借款合同纠纷为素材，对合同纠纷的管辖法院予以考查。本题中债权人一并起诉债务人和保证人，应根据主合同确定管辖法院，据此可排除从合同协议管辖的干扰；再根据《民事诉讼法》和《民诉解释》有关被告住所地和合同履行地的确定规则即可准确作答。

答案解析：《民法典担保制度解释》第21条第2款规定，债权人一并起诉债务人和担保人的，应当根据主合同确定管辖法院。据此，保证协议中双方约定由丁县法院管辖无效，应根据主合同借款合同确定管辖法院。《民事诉讼法》第24条规定，因合同纠纷提起的诉讼，由被告住所地或者合同履行地人民法院管辖。据此，本案借款合同被告方城住所地在甲县。又根据《民诉解释》第18条第2款规定，合同对履行地点没有约定或者约定不明确，争议标的为给付货币的，接收货币一方所在地为合同履行地；交付不动产的，不动产所在地为合同履行地；其他标的，履行义务一方所在地为合同履行地。即时结清的合同，交易行为地为合同履行地。据此，双方在借款合同中并未约定合同履行地，争议标的为给付货币，接收货币一方刘恒所在地乙县视为合同履行地。因此，本案应由甲县或乙县法院管辖。

11. 若张春主张《保证协议》上其签名系伪造，法院应当如何处理？为什么？

答案：法院应向刘恒释明，就签名是否真实申请鉴定，并指定提出鉴定申请的期间。因为有签名的私文书证被推定真实的前提条件是该签名的真实性，如果签名为伪造则不能推定《保证协议》形式真实，刘恒作为援引《保证协议》的一方应对其真实性承担举证责任，应通过申请鉴定确定签名的真实性。

考点：鉴定意见

难度：中

命题和解题思路：证据和证明是主观题命题的重点，私文书证的审核认定规则是《最高人民法院关于民事诉讼证据的若干规定》（以下简称《民事证据规定》）的新增内容。本题以主张私文书证上伪造签名为素材，对鉴定启动方式和期间予以考查。《民事证据规定》对此有明文规定，结合案情表述作答即可得分。

答案解析：《民事证据规定》第92条第2款规定，私文书证由制作者或者其代理人签名、盖章或捺印的，推定为真实。据此，私文书证推定形式真实性的前提是不存在瑕疵，张春主张签名被伪造，此时不能适用私文书证形式真实性推定规则，私文书证应由援引一方对其真实性负有举证责任，因此申请鉴定的义务通常在援引私文书证的一方当事人。《民事证据规定》第30条第1款规定，人民法院在审理案件过程中认为待证事实需要通过鉴定意见证明的，应当向当事人释明，并指定提出鉴定申请的期间。据此，法院应向刘恒释明申请笔迹鉴定，并指定提出鉴定申请的期间。

评分细则（共56分）

1-11题满分为：6分、4分、4分、4分、4分、6分、6分、6分、6分、6分、4分

1. 撤销《补充协议二》的请求不能得到支持（1分），不存在危困或者缺乏判断能力等情形（2分）；违约金过高的主张可以得到支持（1分），违约金过分高于实际损失（2分）。

2. 不能（2分）。《补充协议二》有效，对卓博公司具有拘束力（1分）；100万元尾款的支付条件尚未成就（1分）。

3. 基于所有权主张返还：方城并非该商品房的所有权人（2分）；基于占有主张返还：方城并非该商品房的前占有人或者不存在占有的侵夺行为（2分）。

4. 合同效力不受预告登记影响（2分）。预告登记仅限制物权变动（2分）。

5. 有权（2分）。对方通过自己的行为表明不履行主要债务或者构成预期违约（2分）。

6. 有权要求返还本金（1分），借款合同无效可以要求返还不当得利（2分）；无权请求返还利息（1分），借款合同无效，利息条款也无效（2分）。

7. 无权（2分）。主合同无效，保证合同随之无效（2分），保证合同独立性约定无效（2分）。

8. 撤销合同属于形成之诉（2分），撤销权属于形成诉权（1分）；支付100万元尾款属于给付之诉（2分），完成特定给付义务（1分）。

9. 方城作为原告正确（1分），利益受到了损害或者与本案有直接利害关系（1分）；临江公司作为被告正确（1分），临江公司是《购房协议书》的合同当事人（1分）；遗漏天鹏公司作为共同被告错误（1分），天鹏公司也是合同相对人（1分）。

10. 甲县（1分）或乙县（1分）法院管辖。应依照主合同确定管辖法院（2分），甲县是被告住所地（1分），乙县是接收货币一方所在地或者合同履行地（1分）。

11. 释明签名是否伪造需要申请鉴定（1分），指定鉴定期间（1分）。需要通过鉴定维系私文书证形式真实性推定（2分）。

第三题（本题56分）

一、试题（本题系民法、民诉法融合试题）

2018年4月至8月，利波公司分6次向金凯公司签订工矿产品购销合同，分别向金凯公司购买异丙醇600吨、600吨、600吨、700吨、500吨、300吨（合计3300吨），并分别支付金凯公司396万元、408万元、420万元、455万元、345万元、216万元。每次交易过程中，金凯公司均向辉达公司出具货权转移证明，明确将存放于辉达公司的上述数量异丙醇转让给利波公司；辉达公司均向利波公司出具货权证明，确认上述数量的异丙醇所有权已转移给利波公司。8月25日，利波公司与金凯公司、辉达公司签订《借款及担保合同》，确认上述交易情况，并约定：6笔借款期限均为1年，借款期限内月利率为1%，利息于还本当日一次性支付；借款到期后，须按照月利率1%标准支付违约金，金凯公司以其所有的存放于辉达公司的异丙醇就本合同项下债务向利波公司提供担保。金凯公司未在一定期限内以同等市场价格回收担保物，利波公司可及时处理，所得款项与尚欠借款本息即时结算。

9月1日，金凯公司与南海公司签订《信托贷款合同》，约定：南海公司发放信托贷款人民币2000万元至金凯公司，作为其流动资金周转。贷款期限为1年，自2018年9月1日起算，贷款年利率10%，按季度结息，到期后一次性偿还贷款本金及剩余利息。9月2日，南海公司与奥莱公司签订《抵押合同》，抵押财产为奥莱公司名下A宗地的建设用地使用权，担保《信托贷款合同》项下的借款本息，合同签订后双方一直未办理抵押权登记。

9月5日，在奥莱公司的撮合下，新昌集团与南海公司签订《保证合同》，约定担保的主债权为《信托贷款合同》项下的本息，贷款年利率按13%执行；担保方式为连带保证。双方另行书面约定，若保证合同履行发生纠纷向甲仲裁委员会申请仲裁。

10月5日，金凯公司的法定代表人黄某向蓝地公司购买预售商品房，因资金紧张，与蓝地公司、华商银行签订《个人购房借款/担保合同》约定：（1）借款金额为200万元，借款用于购买第一套住房，借款期限为20年；（2）黄某以所购预售商品房抵押；（3）蓝地公司自愿向贷款人提供阶段性连带责任保证，但正式抵押登记手续办理完毕后，免除保证责任。2018年11月2日，当事人办理了抵押权预告登记。

2019年10月，金凯公司多笔债务逾期且无力偿还，利波公司将金凯公司诉至法院；南海公司以金凯公司与奥莱公司、新昌集团为共同被告提起诉讼。据查，A宗地的建设用地使用权一直登记在奥莱公司名下，且该宗地上并无其他权利负担。

2021年2月，黄某的个人购房还款开始逾期。据查，涉案商品房于2020年10月办理所有权首次登记，蓝地公司多次发函通知黄某办理房屋所有权转移登记，黄某一直拖延未办。2021年10月，华商银行起诉黄某，请求：（1）判令黄某支付截至2021年10月的逾期本息；（2）就涉案商品房优先受偿。黄某聘请蔡律师作为诉讼代理人，授权委托书上的代理权限仅写明"全权代理"。一审法院仅对支付逾期本息的诉讼请求作出判决，华商银行不服提起上诉。

问题：

1. 金凯公司向利波公司提供的是何种担保？为什么？
2. 利波公司是否有权就 3300 吨异丙醇优先受偿？为什么？
3. 南海公司有权向奥莱公司提出何种诉讼主张？为什么？
4. 南海公司是否有权请求新昌集团按 13% 年利率承担保证责任？为什么？
5. 如果新昌集团为金凯公司承担了债务，其是否有权向奥莱公司追偿？为什么？
6. 华商银行的诉讼请求（1）与（2）是否能够得到法院的支持？为什么？
7. 法院能否将利波公司与南海公司的诉讼合并审理？为什么？
8. 若南海公司申请实现对 A 宗地建设用地使用权的抵押权，应向哪个（些）法院提出？法院应如何处理？为什么？
9. 南海公司无视仲裁条款，对新昌集团提起诉讼，法院应如何处理？
10. 在诉讼过程中，蔡律师是否有权作出认诺？为什么？
11. 二审法院对华商银行的上诉应当如何处理？为什么？

二、总体命题思路

本题是民法与民诉法的融合题，改编自三则实务案例，总体难度中等偏上。在民法方面，本题较为集中地围绕主观题考试中的重要知识板块——担保制度展开命题，分别涉及非典型担保（让与担保）、不动产抵押合同的效力、保证、共同担保等知识点，在此基础上还兼顾对抵押权预告登记的考查，需要考生不仅掌握相关基础知识，而且具备一定的思辨与分析能力。此外，担保制度中多个知识点对考生的语言表达能力也提出了较高的要求，需要考生在复习时针对性地提升自己的说理与表达能力。在民事诉讼法方面，本题主要对诉的合并、实现担保物权程序、仲裁和诉讼的适用关系、认诺的内涵、委托代理人的权限、上诉案件的调解等知识点予以考查。其中，第七问考查的诉的合并属于理论型考点，顺应了法考理论化命题趋势；第九问涉及约定仲裁条款后起诉，法院的处理方式应根据法律规定分情况作出讨论，避免遗漏采分点失分。其余三问相对简单，通过定位法条可准确作答。

三、案例来源

1. 最高人民法院（2019）最高法民终 1806 号民事判决书：天津某企业管理有限公司、某置业广东有限公司等金融借款合同纠纷案

2. 浙江省宁波海事法院（2020）浙 72 民初 40 号民事判决书：某实业集团有限公司与山东某化工有限公司、汪某海事海商纠纷案

3. 江苏省盐城市中级人民法院（2021）苏 09 民终 3525 号民事判决书：某银行与陈某某等金融借款预抵押权人优先受偿案

四、答案精讲

> 1. 金凯公司向利波公司提供的是何种担保？为什么？

答案：是让与担保，属于非典型担保。因为本题中金凯公司将异丙醇的所有权以指示交付的方式转移给利波公司，其目的在于担保金凯公司对利波公司的债务，符合让与担保的构成要件。

考点：非典型担保

难度：中

命题和解题思路：从设问的表述方式可以推知本题考查的是担保制度，具体涉及金凯公司提供的担保的性质。对此可能有两个常见的思考方向，一是人保，在人保内部区分一般保证与连带责任保证，并识别金凯公司提供的是何种类型；二是物保，在物保内部区分担保物权与非典型担保。由于本题中金凯公司提供了担保财产——3300吨异丙醇，因此金凯公司提供的担保在大类上应属于物保而非人保。因此本题的分析关键是判断金凯公司提供的是何种物保，对此考生需要结合金凯公司与利波公司之间的整体交易结构进行观察与分析。

答案解析：从利波公司与金凯公司签订的借款及担保合同内容可知，金凯公司以其所有的异丙醇就《借款及担保合同》项下的债务向利波公司提供担保，其提供的担保在大类上应属于物保而非人保。具体属于何种物保，则需要结合工矿产品购销合同的合同内容及其履行情况进行分析。2018年4月至8月期间，利波公司分6次向金凯公司签订工矿产品购销合同，分别向金凯公司购买异丙醇600吨、600吨、600吨、700吨、500吨、300吨（合计3300吨），并分别支付金凯公司396万元、408万元、420万元、455万元、345万元、216万元。这一工矿产品购销合同的法律目的并不在于买卖，而是在于担保。此外，每次交易过程中，金凯公司均向辉达公司出具货权转移证明，明确将存放于辉达公司的上述数量异丙醇转让给利波公司；辉达公司均向利波公司出具货权证明，确认上述数量的异丙醇所有权已转移给利波公司。结合《民法典》第227条可知，金凯公司通过指示交付的方式将异丙醇的所有权转移给债权人利波公司。《民法典担保制度解释》第68条第3款规定："债务人与债权人约定将财产转移至债权人名下，在一定期间后再由债务人或者其指定的第三人以交易本金加上溢价款回购，债务人到期不履行回购义务，财产归债权人所有的，人民法院应当参照第二款规定处理。回购对象自始不存在的，人民法院应当依照民法典第一百四十六条第二款的规定，按照其实际构成的法律关系处理。"据此结合本题，金凯公司提供的担保符合让与担保的交易结构，因此金凯公司提供的担保是让与担保，性质上属于非典型担保。

> 2. 利波公司是否有权就3300吨异丙醇优先受偿？为什么？

答案：有权。因为金凯公司已经通过指示交付的方式完成了让与担保的公示，金凯公司的借款债权已经陷入迟延，让与担保权实现的条件已经成就，债权人利波公司有权就3300吨异丙醇优先受偿。

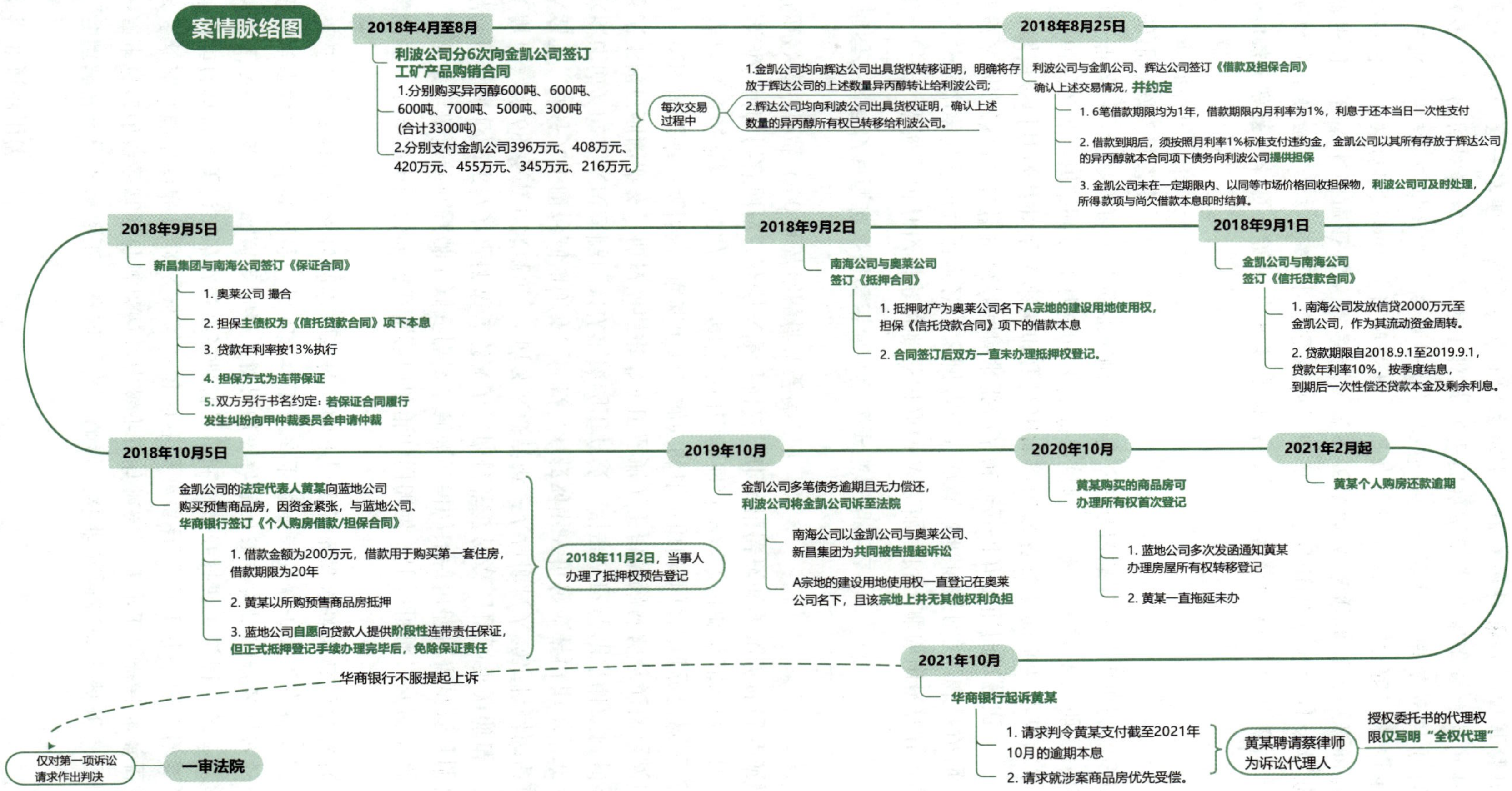

民事综合大题

案情脉络图

2018年4月至8月
利波公司分6次向金凯公司签订《工矿产品购销合同》
1. 分别购买异丙醇600吨、600吨、700吨、500吨、300吨（合计3300吨）
2. 买卖双方已支付金额分别为396万元、420万元、455万元、345万元、408万元、216万元

每次交易过程中：
1. 金凯公司均向利波公司出具技改转移证明，明确将行放于某达公司上述数量异丙醇转移给利波公司。
2. 利波公司向金凯公司出具上述数量异丙醇所有权已转移给利波公司，寄存在上述某达公司的证明。

2018年8月25日
金凯公司与利波公司签订《借款及担保合同》
1. 借款金额为200万元，南海公司发放信贷贷款200万元至金凯公司，作为其相应的融资担保，借款期限为1年，借款期限内按月利率1%支付，利息于还本当日一次性支付。到期后一次性偿还贷款本息，按季度结息。
2. 贷款利率为月息10%，金凯公司以其所持有放于某达公司的异丙醇作为担保物，利波公司可即及时处理。

2018年9月1日
金凯公司与南海公司签订《借款合同》
1. 南海公司向金凯公司发放信贷贷款200万元至金凯公司，作为其相应的融资担保，借款期限为1年，借款期限内按月利率1%支付，利息于还本当日一次性支付。
2. 贷款利率为月息10%，金凯公司以其所持有放于某达公司的异丙醇作为担保物，利波公司可即及时处理。

2018年9月2日
金凯公司与南海公司签订《抵押合同》
1. 抵押财产为奥来公司名下A宗地的建设用地使用权。
2. 合同签订后双方一直未办理抵押登记。

2018年9月5日
新昌集团公司与奥来公司签订《保证合同》
1. 奥来公司提供连带责任保证
2. 担保主债权为《借款及担保合同》项下本息
3. 贷款年利率按13%执行
4. 担保方式为连带保证
5. 双方另行书面约定：若保证合同履行发生争议的由仲裁委员会申请仲裁

2018年10月5日
金凯公司全部为200万元，因资金紧张，与奥来公司、华南银行签订《个人购房借款/担保合同》
1. 借款金额为200万元，借款期限为20年
2. 奥某以所购商品房性抵押，借款用于购买奥某一套住房
3. 奥某以其自取得的贷款抵押手续办理完毕后，免除保证责任

2018年11月2日，当事人办理了抵押权预告登记

2019年10月
金凯公司多笔债务逾期且无力偿还，利波公司经金凯公司同意后，新昌集团为共同被告向法院提起诉讼

2020年10月
1. 奥某购买的商品房可办理房屋首次登记
2. 奥某一直登记未办

2021年2月起
奥某个人购房还款逾期

2021年10月
华南银行起诉奥某
1. 请求判令奥某支付截至2021年10月的逾期本息
2. 请求就涉案商品房优先受偿

奥某聘请蔡律师为诉讼代理人
授权委托书中的代理权限之写明"全权代理"

一审法院
华南银行不服提起上诉
请求第二项诉讼，请求作出判决

考点：非典型担保

难度：中

命题和解题思路：本题是上一题的延续，继续针对非典型担保中的让与担保进行考查。上一题中已经明确金凯公司提供的担保属于让与担保，性质上是一种非典型担保。本题需要考生在此基础上判断债权人利波公司的让与担保权是否具有优先受偿效力。理论上，非典型担保的优先受偿效力以公示为前提，因此本题分析的关键问题在于，利波公司的让与担保是否已经公示。既然金凯公司提供的是动产的让与担保，那么利波公司是否能优先受偿取决于其是否已经交付。在此基础上，考生需要结合题干事实分析金凯公司提供的担保物是否已经交付以及以何种方式交付。此外，考生也需要说明让与担保权的实现条件已经成就。

答案解析：上一题中已经明确金凯公司提供的担保属于让与担保，性质上是一种非典型担保。本题考生需要在此基础上判断债权人利波公司的让与担保权是否具有优先受偿效力。担保物权的核心法律效力是优先受偿效力，而优先受偿效力以公示为前提。《民法典担保制度解释》第68条第1款规定："债务人或者第三人与债权人约定将财产形式上转移至债权人名下，债务人不履行到期债务，债权人有权对财产折价或者以拍卖、变卖该财产所得价款偿还债务的，人民法院应当认定该约定有效。当事人已经完成财产权利变动的公示，债务人不履行到期债务，债权人请求参照民法典关于担保物权的有关规定就该财产优先受偿的，人民法院应予支持。"据此可知，动产的让与担保通过交付获得优先受偿效力。本题中，结合《民法典》第227条，金凯公司已经通过指示交付的方式完成了让与担保的公示，且金凯公司的借款债权已经陷入履行迟延，让与担保权的实现条件已经成就，据此债权人利波公司有权就3300吨异丙醇优先受偿。

> **3. 南海公司有权向奥莱公司提出何种诉讼主张？为什么？**

答案：（一）南海公司有权请求奥莱公司办理A宗地建设用地使用权及其上建筑物的抵押权登记。因为南海公司与奥莱公司之间存在有效的《抵押合同》，结合房地一并抵押规则，债权人南海公司有权依据该合同请求抵押人奥莱公司办理抵押权登记。

（二）南海公司有权请求就A宗地的建设用地使用权及其上的现有建筑物变价受偿。因为南海公司与奥莱公司之间存在有效的《抵押合同》，奥莱公司以A宗地的建设用地使用权作为抵押财产，结合房地一并抵押规则，南海公司有权请求就A宗地的建设用地使用权及其上的建筑物变价受偿。

考点：抵押合同、房地一并抵押

难度：难

命题和解题思路：本题的提问方式具有开放性，其考查的知识点需要结合题干部分的相关信息才能确定。结合题干信息可知，南海公司与奥莱公司之间存在有效的不动产抵押合同，且尚未办理登记，结合第5段中交代的A宗地建设用地使用权一直登记在奥莱公司名下的信息可知，《抵押合同》还有履行的可能。因此，本题中南海公司的诉讼主张应围绕双方签订《抵押合同》而展开，一方面，南海公司有权主张办理抵押权登记，促使抵押权成立，至于抵押权登记的范围，考生需要结合房地一并抵押规则进行分析；另一方面，南海公司可以考虑不办理抵押权登记，而直接执行担财产，即 A 宗地的建设用地使用权及其上的建筑物。不过需要注意的是，如果南海公司直接申请执行 A 宗地的建设用地使用权及其上的建筑物，其有权受偿但无权优先受偿，因为抵押权尚未成立。

答案解析：本题中，南海公司与奥莱公司之间存在有效的《抵押合同》，约定的抵押财产为 A 宗地的建设用地使用权。南海公司的诉讼主张应围绕这一抵押合同关系展开。

题干中第 5 段交代，A 宗地的建设用地使用权一直登记在奥莱公司名下，且该宗地上并无其他权利负担。据此可知，《抵押合同》还有履行的可能。《民法典担保制度解释》第 46 条第 1 款规定："不动产抵押合同生效后未办理抵押登记手续，债权人请求抵押人办理抵押登记手续的，人民法院应予支持。"据此结合本题，南海公司有权请求奥莱公司办理抵押权登记。就具体的抵押权登记范围而言，《民法典》第 397 条规定："以建筑物抵押的，该建筑物占用范围内的建设用地使用权一并抵押。以建设用地使用权抵押的，该土地上的建筑物一并抵押。抵押人未依据前款规定一并抵押的，未抵押的财产视为一并抵押。"据此可知，南海公司有权请求奥莱公司办理 A 宗地建设用地使用权及其上建筑物的抵押权登记。

此外，南海公司也可以放弃设立抵押权的主张，直接将抵押财产变价受偿，这也是《抵押合同》作为担保合同的效力之一。结合《民法典》第 397 条，南海公司有权请求就 A 宗地建设用地使用权及其上建筑物变价受偿。不过需要注意的是，因为不动产抵押权尚未成立，南海公司无权主张优先受偿。

4. 南海公司是否有权请求新昌集团按 13%年利率承担保证责任？为什么？

答案：无权。因为：（1）依据现行法，保证责任具有从属性，不得超过债务人应当承担的责任范围；（2）本题中债务人金凯公司的贷款年利率为 10%，新昌集团只需按照 10%的年利率标准承担保证责任。

考点：保证合同

难度：中

命题和解题思路：本题中有一个关键的数字信息，即 13%年利率。考生需要将其与债务人金凯公司在《信托贷款合同》中约定的年利率进行比对，比对后不难发现，《保证合同》约定的年利率高于主债权债务合同中约定的年利率。如果南海公司有权请求新昌集团按 13%年利率承担保证责任，就意味着保证人新昌集团承担的保证责任会高于债务人的责任。据此，本题的关键问题在于，保证责任能否大于债务人的责任范围？这就与保证责任的从属性相关，考生应从保证责任的从属性入手进行分析。

答案解析：上文已述，本题的关键问题在于，保证责任能否大于债务人的责任范围？对此，《民法典担保制度解释》第 3 条第 1 款规定："当事人对担保责任的承担约定专门的违约责任，或者约定的担保责任范围超出债务人应当承担的责任范围，担保人主张仅在债务人应当承担的责任范围内承担责任的，人民法院应予支持。"该条不仅适用于物保，也适用于人保。据此，保证责任的范围不得超过债务人的责任范围，换言之，保证责任不能大于债务人的责任范围。这也是保证责任从属性的体现，具体是内容上的从属性。因此本题中，债务人金凯公司的贷款年利率为 10%，新昌集团只需按照 10%的年利率标准承担保证责任。

5. 如果新昌集团为金凯公司承担了债务，其是否有权向奥莱公司追偿？为什么？

答案：无权。因为：（1）依据现行法，担保人之间原则上不得互相追偿；（2）本题中新昌集团与奥莱公司既没有约定可以互相追偿，也没有约定连带共同担保，也没有在同一份合同书上签字、盖章或者按指印，并不符合法定可以互相追偿的情形。

考点：共同担保

难度：中

命题和解题思路：结合新昌集团与奥莱公司担保人的法律地位可知，本题考查的问题是共同担保中担保人之间的追偿权问题。不过，本题题干中也存在一定的干扰因素，考生在解题时需要注意甄别。题干中提及，2018年9月5日，在奥莱公司的撮合下，新昌集团与南海公司签订《保证合同》，介绍与撮合因素是否构成新昌集团与奥莱公司可以互相追偿的依据？对此考生仍需严格按照《民法典担保制度解释》第13条的内容展开分析，切勿受其他因素的干扰。

答案解析：本题中，南海公司对金凯公司的债权之上存在两个担保，且均由第三人提供：（1）奥莱公司提供的不动产抵押，但抵押权尚未成立；（2）新昌集团提供的连带责任保证。本题涉及的核心问题就是担保人之间的互相追偿问题。依据《民法典担保制度解释》第13条，担保人之间原则上不得互相追偿，除非存在法定的可以互相追偿的情形之一：（1）担保人之间约定了可以互相追偿；（2）担保人之间约定承担连带共同担保；（3）各担保人在同一份合同书上签字、盖章或者按指印。本题中并不存在上述三种法定可以互相追偿的情形之一。需要注意的是，2018年9月5日，在奥莱公司的撮合下，新昌集团与南海公司签订《保证合同》，尽管有撮合的事实，但这一事实并不符合上述三种法定可以互相追偿的情形之一，考生切勿受其影响。因此本题中，如果新昌集团为金凯公司承担了债务，其无权向奥莱公司追偿。

6. 华商银行的诉讼请求（1）与（2）是否能够得到法院的支持？为什么？

答案：（一）诉讼请求（1）能够得到法院的支持。因为黄某与华商银行之间存在有效的借款合同，且黄某已经陷入履行迟延，华商银行有权请求黄某支付截至2021年10月的逾期本息。

（二）诉讼请求（2）能够得到法院的支持。因为尽管华商银行仅办理了抵押权预告登记，但该建筑物已经办理所有权首次登记，且不存在预告登记失效的情形，依据现行法应认为抵押权自预告登记之日起设立，华商银行有权就涉案商品房优先受偿。

考点：借款合同、违约责任、预告登记

难度：难

命题和解题思路：结合题干事实可知，华商银行的两个诉讼请求，一个围绕与黄某之间的借款关系展开，难度不大，基于黄某陷入履行迟延的事实，不难推断出诉讼请求（1）可以得到支持。本题的难点在于诉讼请求（2），这一诉讼请求与抵押权的预告登记紧密相关。华商银行从始至终未办理抵押权登记，而仅办理了抵押权预告登记。据此本题的关键问题在于，华商银行所享有的抵押权预告登记能否直接产生抵押权的优先受偿效力？对此，《民法典担保制度解释》从保护债权人，并兼顾其他各方主体利益的角度出发，在满足特定条件的基础上赋予抵押权预告登记以优先受偿的效力。

答案解析： 华商银行的诉讼请求（1）涉及与黄某之间的借款关系。黄某与华商银行在《个人购房借款/担保合同》中约定，借款金额为200万元，借款用于购买第一套住房，借款期限为20年。据此黄某有义务按约还款，而黄某的还款义务已经陷入迟延履行的违约状态，华商银行作为债权人自然有权请求黄某支付截至2021年10月的逾期本息。

华商银行的诉讼请求（2）涉及抵押权预告登记的法律效力。《民法典担保制度解释》第52条第1款规定："当事人办理抵押预告登记后，预告登记权利人请求就抵押财产优先受偿，经审查存在尚未办理建筑物所有权首次登记、预告登记的财产与办理建筑物所有权首次登记时的财产不一致、抵押预告登记已经失效等情形，导致不具备办理抵押登记条件的，人民法院不予支持；经审查已经办理建筑物所有权首次登记，且不存在预告登记失效等情形的，人民法院应予支持，并应当认定抵押权自预告登记之日起设立。"据此可知，在满足一定条件后，抵押权预告登记也可具备抵押权的效力，即优先受偿效力。本题中，涉案商品房于2020年10月办理所有权首次登记，蓝地公司多次发函通知黄某办理房屋所有权转移登记，黄某一直拖延未办。这一事实表明，建筑物首次登记已经办理，且并不存在抵押权预告登记失效的情形。据此华商银行的抵押权预告登记具备优先受偿效力，且应认为抵押权自预告登记之日起设立。

7. 法院能否将利波公司与南海公司的诉讼合并审理？为什么？

答案： 不能合并审理。两个案件的诉讼标的既不同一，也不属于同一种类，不符合共同诉讼的构成要件；两个案件也并非基于同一事实而发生。因此法院不能合并审理。

考点： 诉的合并

难度： 中

命题和解题思路： 法考时代理论化命题趋势明显，本题考查诉的合并的适用条件。诉的合并属于理论型考点，根据大陆法系民诉理论，诉的合并分为诉的客体合并和诉的主体合并。《民诉解释》第221条将诉的客体合并标准界定为"基于同一事实"，诉的主体合并主要涉及共同诉讼，可根据上述规定推导作答。

答案解析： 诉的合并分为诉的客体合并和诉的主体合并。其中，诉的客体合并的法律依据是《民诉解释》第221条，诉的主体合并的法律依据是《民事诉讼法》第55条。《民诉解释》第221条规定："基于同一事实发生的纠纷，当事人分别向同一人民法院起诉的，人民法院可以合并审理。"据此，两个案件虽然都涉及金凯公司的违约行为，但显然并非基于同一事实发生的纠纷，不符合诉的客体合并适用情形。而《民事诉讼法》第55条第1款规定："当事人一方或者双方为二人以上，其诉讼标的是共同的，或者诉讼标的是同一种类、人民法院认为可以合并审理并经当事人同意的，为共同诉讼。"据此，诉讼标的共同或者诉讼标的为同一种类的共同诉讼，法院可以合并审理。本案中，利波公司起诉金凯公司基于借款合同法律关系；南海公司起诉金凯公司、奥莱公司和新昌集团基于借款合同、抵押合同和保证合同法律关系。两个案件的诉讼标的既不同一，也不属于同一种类，不符合共同诉讼的构成要件。因此，法院不能将两个案件合并审理。

8. 若南海公司申请实现对 A 宗地建设用地使用权的抵押权，应向哪个（些）法院提出？法院应如何处理？为什么？

答案：应向 A 宗土地所在地的基层法院提出申请，法院应裁定驳回申请。因为该抵押未办理抵押权登记，抵押权尚未成立，不符合实现担保物权的法定条件。

考点：实现担保物权案件的审理

难度：中

命题和解题思路：实现担保物权是实体法和程序法存在天然联系的考点，本题对实现担保物权的管辖法院及处理方式进行考查。题目设问直接，考查内容及解题依据明确，难度不高。解题应紧扣"合同签订后双方一直未办理抵押权登记"这一关键信息，从实体法上判断该抵押权尚未成立，再结合《民事诉讼法》的规定不难准确作答。

答案解析：《民事诉讼法》第 207 条规定："申请实现担保物权，由担保物权人以及其他有权请求实现担保物权的人依照民法典等法律，向担保财产所在地或者担保物权登记地基层人民法院提出。"据此，根据材料表述"合同签订后双方一直未办理抵押权登记"，南海公司申请实现担保物权，应向担保财产即 A 宗土地所在地基层法院提出。

《民事诉讼法》第 208 条规定："人民法院受理申请后，经审查，符合法律规定的，裁定拍卖、变卖担保财产，当事人依据该裁定可以向人民法院申请执行；不符合法律规定的，裁定驳回申请，当事人可以向人民法院提起诉讼。"据此，因该宗土地建设用地使用权抵押未办理登记，抵押权尚未成立，不符合实现担保物权的法定条件，法院应裁定驳回南海公司的申请。

9. 南海公司无视仲裁条款对新昌集团提起诉讼，法院应如何处理？

答案：（1）如南海公司起诉时声明存在仲裁协议，法院应裁定不予受理，告知南海公司对新昌集团向甲仲裁委员会申请仲裁。

（2）如南海公司起诉时未声明存在仲裁协议，法院受理后，新昌集团在首次开庭前提交仲裁协议，法院应裁定驳回对新昌集团的起诉。

（3）如南海公司起诉时未声明存在仲裁协议，法院受理后，新昌集团在首次开庭前未对法院受理该案提出异议，视为放弃仲裁协议，法院应当继续审理。

考点：仲裁协议的法律效力、起诉和立案登记

难度：中

命题和解题思路：本题以约定仲裁协议后起诉为素材，对不予受理的法定情形以及仲裁协议的摒弃予以考查。题目虽有明确的法律依据，但采用半开放式设问形式，难度较高。解答处理类试题，应根据法律规定自行设定条件分情况作答。理解有效的仲裁协议排斥法院的司法管辖权，是解答本题的关键。

答案解析：《民事诉讼法》第 127 条第 2 项规定，依照法律规定，双方当事人达成书面仲裁协议申请仲裁、不得向人民法院起诉的，告知原告向仲裁机构申请仲裁。据此，如果南海公司起诉时声明存在仲裁协议，因有效的仲裁协议可以排除法院的司法管辖权，

法院应裁定不予受理，告知南海公司对新昌集团向甲仲裁委员会申请仲裁。《仲裁法》第26条规定："当事人达成仲裁协议，一方向人民法院起诉未声明有仲裁协议，人民法院受理后，另一方在首次开庭前提交仲裁协议的，人民法院应当驳回起诉，但仲裁协议无效的除外；另一方在首次开庭前未对人民法院受理该案提出异议的，视为放弃仲裁协议，人民法院应当继续审理。"据此，南海公司起诉时未声明存在仲裁协议，法院在受理前不知道仲裁协议的存在，如果新昌集团在首次开庭前提交仲裁协议，法院应裁定驳回对新昌集团的起诉。而南海公司起诉时未声明存在仲裁协议，法院受理后，新昌集团在首次开庭前未对法院受理该案提出异议，视为放弃仲裁协议，法院自然获得案件管辖权，应当继续审理。

10. 在诉讼过程中，蔡律师是否有权作出认诺？为什么？

答案：无权。因为认诺是对对方提出诉讼请求的承认，而蔡律师的授权委托书仅写明"全权代理"，视为一般授权，无权承认对方提出的诉讼请求，因此蔡律师无权作出认诺。

考点：委托诉讼代理人的权限、免于证明的事实

难度：中

命题和解题思路：本题以"全权代理"律师能否认诺为素材，对认诺的内涵以及"全权代理"的委托代理权限予以考查。解题的关键是了解认诺的内涵，认诺不同于自认，是对对方提出诉讼请求的承认。再结合《民诉解释》的规定，了解授权委托书仅写明"全权代理"的授权权限，即可准确作答。

答案解析：《民诉解释》第89条第1款规定："当事人向人民法院提交的授权委托书，应当在开庭审理前送交人民法院。授权委托书仅写'全权代理'而无具体授权的，诉讼代理人无权代为承认、放弃、变更诉讼请求，进行和解，提出反诉或者提起上诉。"据此，蔡律师属于一般授权，无权代为承认诉讼请求，而认诺是对对方提出诉讼请求的承认。因此蔡律师无权作出认诺。

11. 二审法院对华商银行的上诉应当如何处理？为什么？

答案：应当就涉案商品房优先受偿的诉讼请求依自愿组织调解，调解不成，裁定撤销原判、发回重审。因为一审判决遗漏了诉讼请求，调解无须考虑审级利益，二审法院可就此依自愿组织调解，若调解不成，为了维护华商银行的审级利益，二审法院应裁定撤销原判、发回重审。

考点：上诉案件的调解

难度：易

命题和解题思路：上诉案件的调解是以往主观题命题的重点，本题以遗漏诉讼请求为素材，对二审中调解的适用予以考查。考查情形在题干中有明确交代，结合《民诉解释》规定不难准确作答。在提供法条的法考时代，这属于典型的送分题。

答案解析：《民诉解释》第324条规定："对当事人在第一审程序中已经提出的诉讼请求，原审人民法院未作审理、判决的，第二审人民法院可以根据当事人自愿的原则进行调解；调解不成的，发回重审。"据此，一审法院仅对华商银行的第一项诉讼请求作出判决，

第二项诉讼请求未予判决，这属于遗漏诉讼请求。就该请求，可依自愿组织调解，调解不成，裁定撤销原判、发回重审。

评分细则（共56分）

1-11题满分为：4分、4分、6分、4分、6分、7分、5分、5分、6分、4分、5分

1. 让与担保（2分）（答非典型担保得1分）。所有权以指示交付的方式转移给债权人担保债务（2分）。

2. 有权（2分）。通过指示交付的方式完成了让与担保的公示（1分），债务已经到期或者担保权实现条件成就（1分）。

3. 办理A宗地建设用地使用权及其上建筑物的抵押权登记（2分），就A宗地的建设用地使用权及其上的现有建筑物变价受偿（2分）。抵押合同有效（1分），房地一并抵押（1分）。

4. 无权（2分）。保证责任不得超过债务人应当承担的责任范围（1分），主债务年利率只有10%（1分）。

5. 无权（2分）。担保人之间原则上不得互相追偿（1分）；没有约定可以互相追偿（1分），没有约定连带共同担保（1分），没有在同一份合同书上签字、盖章或者按指印（1分）。

6. 诉讼请求（1）能够得到支持（1分）。存在有效借款合同（1分），已经履行迟延（1分）。
诉讼请求（2）能够得到支持（1分）。建筑物已经办理所有权首次登记（1分），预告登记没有失效（1分），抵押权自预告登记之日起设立（1分）。

7. 不能合并（2分）。诉讼标的不同且不同种类（或者不属于必要共同诉讼和普通共同诉讼）（2分），并非基于同一事实而发生（1分）。

8. A宗土地所在地的基层法院（2分），裁定驳回申请（2分）。未办理抵押登记或者抵押权未成立（1分）。

9. 起诉时声明存在仲裁协议，法院应裁定不予受理（2分）；对方在首次开庭前提交仲裁协议，法院应裁定驳回起诉（2分）；未声明且对方未异议，应当继续审理（2分）。

10. 无权（2分）。"全权代理"为一般授权（1分），无权承认诉讼请求（1分）。

11. 依自愿组织调解（1分），调解无须考虑审级利益（1分）；调解不成，裁定撤销原判、发回重审（2分），维护华商银行的审级利益（1分）。

第四题（本题56分）

一、试题（本题系民法、民诉法融合试题）

案情：2020年5月20日，甲市乙区的广隆公司向某村镇银行（以下简称村镇银行）借款，双方签订《抵押合同1》，约定：广隆公司将其名下位于丙区的商业用地A地块的使用权抵押，用于担保2020年6月1日起1年内总额不超过3000万元的债权；合同履行发生纠纷向甲仲裁委员会申请仲裁。次日，双方办理了抵押权登记手续。村镇银行此后陆续向广隆公司发放多笔借款，截至6月1日，村镇银行向广隆公司合计发放9笔借款，总额为2500万元。2020年12月，村镇银行将其中一笔200万元的债权转让给嘉美公司并通知了广隆公司，但并未办理抵押权的转移登记手续。

2020年下半年，广隆公司有意引入新技术与新设备以更新产品。2020年7月，广隆

公司向丁区的海格公司订购一台差示扫描量热仪,价款为50万元。双方约定:合同签订后,广隆公司向海格公司支付合同总额30%的货款,设备发货前再支付60%,设备在广隆公司安装调试完毕,双方验收合格之日起12个月后的7个工作日内付清10%余款。2020年7月20日,该设备交付后在广隆公司位于乙区的厂房安装调试完毕。广隆公司合计已经支付45万元货款。

2020年8月,广隆公司向维米公司订购旋转流变仪一台,价款为40万元。双方约定:合同签订之日广隆公司支付10万元,待设备交付后分四期结清余款,货款结清时广隆公司取得设备的所有权。合同签订后,广隆公司又以35万元的价格向梅利公司订购了品质相近的旋转流变仪一台,双方约定:广隆公司在合同签订之日先行支付5万元后,梅利公司即交付设备,2021年10月、2022年10月各支付15万元货款,货款结清后广隆公司取得设备所有权。双方办理了登记,广隆公司支付5万元货款后,梅利公司将旋转流变仪交付给广隆公司。广隆公司拿到设备后,有意解除与维米公司的合同。2020年8月20日,维米公司将旋转流变仪运送至广隆公司指定的地点,广隆公司的工作人员出于毁约目的,故意以交付的旋转流变仪型号与约定不符为由拒绝受领。维米公司在当地办理了提存手续,将该仪器提存。提存后因发生地震,提存部门所在办公楼倒塌,该旋转流变仪随之毁损。广隆公司支付首期10万元货款后未再向维米公司支付货款。

广隆公司的法定代表人兼总经理胡某名下有一辆婚前全款购买的奥迪轿车,系其个人财产。2020年9月,胡某的朋友张某以帮助补办车辆保险为由,从胡某处取得该车的机动车登记证书和胡某的身份证复印件。张某假冒胡某的签名填写授权委托书,以买卖之名将车辆转移登记至不知情的刘某名下,并将车牌号变更,但刘某未支付购车款。胡某知道后要求张某尽快将该车要回。

2021年2月,因公司经营业绩不佳,广隆公司选任朱某为新的总经理兼法定代表人。胡某离职后与佐悦公司接触并参与该公司安排的面试。3月1日,佐悦公司向胡某发送《录用通知书》,明确胡某入职后担任公司华南市场的负责人,3月25日前往公司人力资源部门报到。胡某选择入职佐悦公司并拒绝了其他公司的工作机会。3月24日,胡某询问入职体检相关事宜时,佐悦公司人力资源部门告知其由于公司目前尚未计划开拓华南市场,入职时间需要推迟,同时建议胡某可另行选择其他工作机会。2021年5月,胡某入职创迪科技有限公司。2021年6月,胡某起诉佐悦公司,请求佐悦公司赔偿其恶意反悔所造成的各项损失2万元。

2021年8月,广隆公司陷入经营困难,无力偿还村镇银行的借款。村镇银行向丙区法院申请适用特别程序实现对A地块使用权的抵押权,广隆公司以双方约定有仲裁条款为由提出异议。海格公司与维米公司均发函要求广隆公司支付余款,广隆公司均未予回应。8月15日,海格公司对差示扫描量热仪采取了远程锁定的措施,导致广隆公司无法使用该设备,造成损失10万元。2021年9月,为追索货款,海格公司、维米公司将广隆公司诉至乙区法院。诉讼过程中,广隆公司起诉海格公司,要求解除对设备的远程锁定,并赔偿损失10万元。

问题:

1. 嘉美公司是否有权就A地块的使用权优先受偿?为什么?
2. 广隆公司是否有权请求海格公司解除远程锁定措施?为什么?

3. 维米公司是否有权请求广隆公司支付剩余货款？为什么？

4. 张某与刘某之间的机动车买卖合同最终效力如何？为什么？

5. 胡某是否有权请求刘某返还奥迪轿车？为什么？

6. 胡某起诉佐悦公司的诉讼请求能否得到法院的支持？为什么？

7. 对广隆公司提出的异议，丙区法院应当如何处理？

8. 2022 年 1 月，法院执行时扣押了广隆公司手中的旋转流变仪，对相关当事人应如何救济？

9. 乙区法院能否将海格公司、维米公司提起的诉讼合并审理？为什么？

10. 广隆公司起诉海格公司，应由哪个（些）法院管辖？为什么？

二、案例来源

1. 2021 年浙江省海盐县适用民法典典型案例之三：儿子擅自过户父亲车辆案[1]

2. 山东省东营市中级人民法院（2022）鲁 05 民终 867 号民事判决书：北京某科技有限公司、山东某复合材料有限公司物权保护纠纷案

3. 广东省广州市中级人民法院（2022）粤 01 民终 12866 号民事判决书：广州市某整体家居有限公司、李某某缔约过失责任纠纷案

三、总体命题思路

本题由三则实务案例改编而成，题干较长，较为综合地考查了民法和民事诉讼法的诸多考点，总体难度适中。民法学科考了最高额抵押、双务合同履行抗辩权、提存、风险负担、无权代理、返还原物、缔约过失责任等考点，聚焦于合同与物权两个领域，需要考生熟悉相关考点背后的知识。民事诉讼法学科则考查了仲裁与实现担保物权的适用关系、对所有权保留标的物的执行、普通共同诉讼的识别以及侵权纠纷的管辖法院等知识点。既包括管辖、执行等常规重点内容，也涉及普通共同诉讼、实现担保物权等相对冷僻的知识。命题角度很细，对基础知识运用的熟练度要求较高。

四、答案精讲

> 1. 嘉美公司是否有权就 A 地块的使用权优先受偿？为什么？

答案：无权。因为村镇银行的抵押权属于最高额抵押权，在最高额抵押权所担保的债权确定前，部分债权转让的，原则上最高额抵押权不得转让。

难度：中

考点：最高额抵押

命题和解题思路：本题考查了一种特殊的抵押权——最高额抵押。与一般的抵押权相比，最高额抵押权包含一些特殊规则，本题就是考查考生是否掌握最高额抵押权的特别规则，这也是本题的难点所在。考生应先确定村镇银行对 A 地块使用权所享有的抵押权属于最高

---

[1] "海盐法院发布适用民法典典型案例"，载嘉兴日报-嘉兴在线 https://www.hubpd.com/hubpd/rss/yidianzixun/index.html?contentId=8935141660704026603，最后访问日期：2024 年 5 月 31 日。

高额抵押，进而从最高额抵押权的特殊规则入手进行分析。最高额抵押权的法律特征之一就是抵押权成立后担保的是未来一段时期内不特定的债权，其并不从属于某一笔债权，因此在最高额抵押担保的债权确定前，部分债权转让的，最高额抵押权原则上并不随之转让。

答案解析：结合《民法典》第420条以及题干内容，不难分析出村镇银行对A地块使用权所享有的是最高额抵押权。最高额抵押权与普通抵押权相比有一些特殊规则，其中之一就是最高额抵押权并不从属于个别债权。《民法典》第421条规定："最高额抵押担保的债权确定前，部分债权转让的，最高额抵押权不得转让，但是当事人另有约定的除外。"据此结合本题，2020年12月，村镇银行将其中一笔200万元的债权转让给嘉美公司，此时最高额抵押权担保的债权尚未确定，最高额抵押权并不随该笔债权移转。换言之，嘉美公司受让的200万元债权并没有抵押担保。因此，嘉美公司无权就A地块的使用权优先受偿。

2. 广隆公司是否有权请求海格公司解除远程锁定措施？为什么？

答案：有权。因为海格公司的出卖人义务已经履行完毕，不再享有合同履行的抗辩权，其远程锁定措施没有合法依据。

难度：中

考点：双务合同履行抗辩权

命题和解题思路：本题在买卖合同的交易背景下考查双务合同的履行抗辩权，解题的难点在于判断海格公司的远程锁定措施是否有合法的依据。考生在解答时要抓住本题的关键问题——海格公司的远程锁定措施是否有合法的依据。如果有合法依据，则广隆公司无权请求解除远程锁定措施；如果没有合法依据，则广隆公司有权请求解除远程锁定措施。海格公司的远程锁定措施，其合法依据可能来自双务合同的履行抗辩权，考生应从这个角度入手分析海格公司是否享有相应的抗辩权。

答案解析：广隆公司与海格公司之间的交易属于买卖合同，这是典型的双务合同。本题的关键在于分析海格公司的远程锁定措施是否有合法的依据。《民法典》针对双务合同规定了三种履行抗辩权——同时履行抗辩权、先履行抗辩权、不安抗辩权，这三种抗辩权都有一个共同的前提，即主张一方的合同义务尚未履行完毕。如果合同义务已经履行完毕，则不再享有这三种履行抗辩权。本题中，海格公司作为出卖方，交付标的物后在广隆公司安装调试完毕，其作为出卖方的义务已经履行完毕，不再享有双务合同的履行抗辩权，因此海格公司的远程锁定措施并没有合法的依据，广隆公司有权请求海格公司解除远程锁定措施。

3. 维米公司是否有权请求广隆公司支付剩余货款？为什么？

答案：有权。因为标的物提存后，毁损、灭失的风险由债权人承担。本题中旋转流变仪的毁损发生于提存后，应由债权人广隆公司负担风险。

难度：中

考点：提存、标的物风险负担

命题和解题思路：本题较为巧妙地将提存与标的物风险负担这两个考点结合在一起考

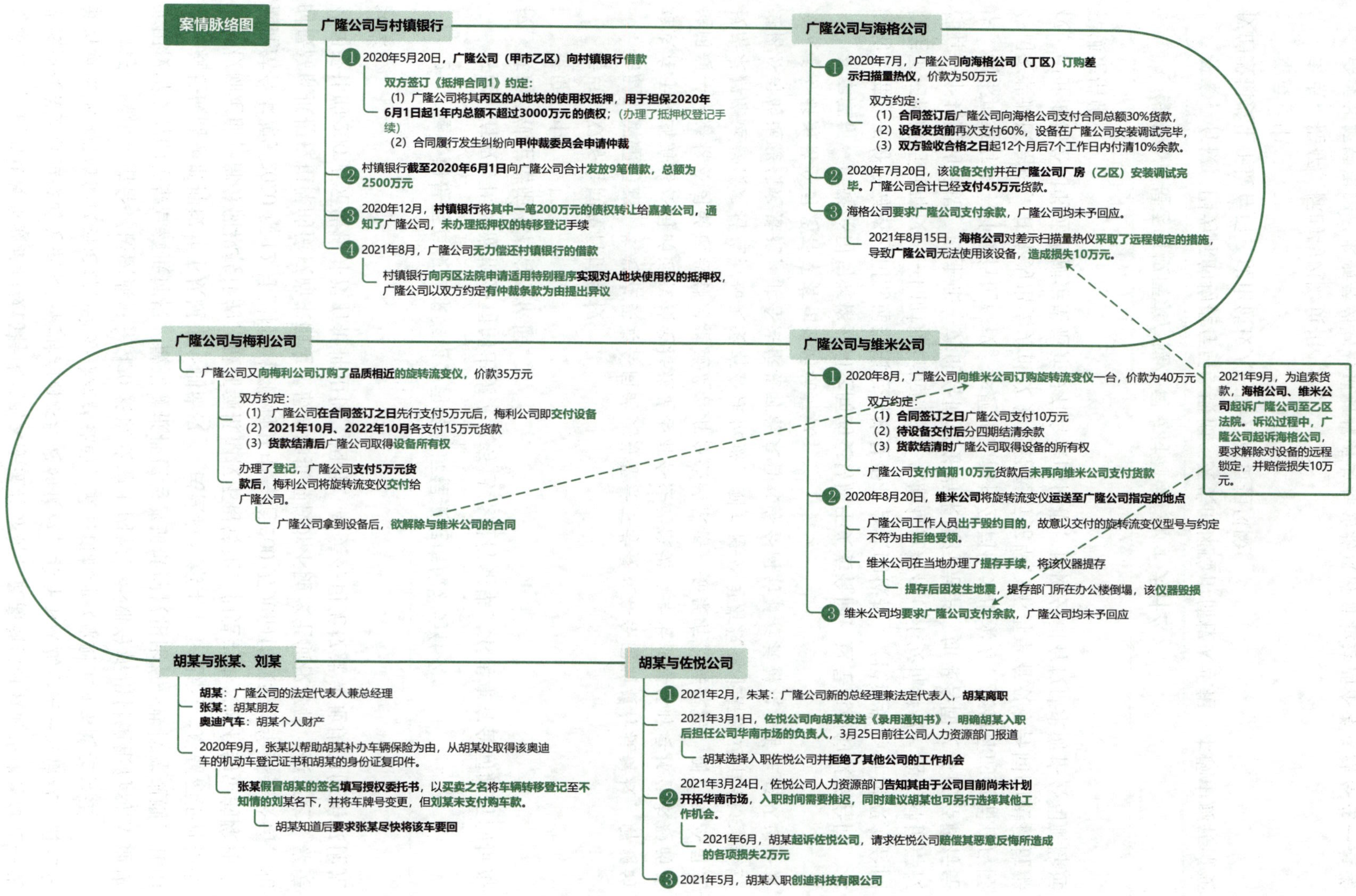

案情脉络图

❶ 广隆公司与村镇银行

2020年5月20日，广隆公司（甲市乙区）与市村镇银行签订《贷款合同》约定：

(1) 广隆公司将其厂区的A地块的使用权抵押，用于担保2020年6月1日起1年内总额不超过3000万元的借款；(办理了抵押登记手续)

(2) 合同履行发生纠纷均向甲市仲裁委员会申请仲裁。

❷ 2020年12月，广隆公司在合同履行期内先后向村镇银行借款9笔，总额为2500万元。

❸ 2021年8月，村镇银行得知其中一笔200万元的借款被广隆公司用于A地块使用权的抵押，通知了广隆公司。

❹ 2021年10月，广隆公司无力偿还村镇银行的借款，村镇银行欲实现对A地块使用权的抵押，未办理延期抵押的移转登记手续。

❷ 广隆公司与梅利公司

广隆公司又向梅利公司订购了品质适用的旋转流变仪，价款35万元

双方约定：

(1) 广隆公司在合同签订之日先支付5万元后，梅利公司即交付设备；

(2) 2021年10月，2022年10月各支付15万元结款

(3) 贷款结清前广隆公司取得设备所有权。

办理登记后，广隆公司将旋转流变仪交付给了广隆公司。

广隆公司装到设备后，欲解除与梅利公司的合同

❸ 胡某与张某、刘某

胡某：胡某朋友

张某：胡某朋友

奥迪汽车：胡某个人财产

2020年9月，张某以帮助胡某的车辆保险办理过户为由，从胡某处取得汽车的机动车登记证书和胡某的身份证原件

张某假借胡某的名义填写委托书，以卖车之名将车辆所有权登记至个人名下，并将车辆交付。

胡某知道后要求张某尽快将车辆格改为胡某名下，但张某未予以回应

❹ 胡某与佐悦公司

❶ 2021年2月，朱某：广隆公司新聘的总经理兼法定代表人，胡某高管

❷ 2021年3月1日，佐悦公司向胡某发送（录用通知书），明确聘胡某入职，后担任公司华南市场的主管。3月25日前发公司的工作报到

❸ 2021年3月24日，胡某顺利入职佐悦公司并与佐悦公司签订了其他公司的工作合同

❹ 2021年6月，胡某提起诉讼佐悦公司，人职前期需要担任此，同时建议胡某也与可另行选择其他工作项目

2021年5月，胡某入职的迪科技有限公司的前项收入2万元

❺ 广隆公司与海格公司

❶ 2020年7月，广隆公司向海格公司（丁区）订购套示品检测热收仪，价款为50万元

双方约定：

(1) 合同签订后，广隆公司需先支付合同总额30%定金，设备交付后支付60%，设备在广隆公司安装调试完毕，双方验收合格后之日起12个月内于工作日内的薪1%余款。

(3) 海格公司要求广隆公司在合同生效之日起12个月内于工作日内的薪1%余款

❷ 2021年6月15日，海格公司对广隆公司称其运营在广隆公司厂房（乙区）安装调试，导致广隆公司无法使用此使用权，广隆公司未予以回应

❻ 广隆公司与推米公司

❶ 2020年8月，广隆公司向推米公司订购硫磺旋转流变仪一台，价款为40万元

双方约定：

(1) 合同签订之日广隆公司支付10万元

(2) 待设备交付时支付20万元用以清偿余款。

(3) 贷款结清前，广隆公司并取得设备的所有权。

❷ 广隆公司支付首期10万元，推米公司按约定交付至广隆公司的地点

推米公司工作人员出于要约目的，故意出示了购销合同内设备的款品，将款产部门所在的办公楼烧毁，该设备器毁损

❸ 推米公司在回避此发生地段，推米公司进行了报警手续，将款设备部门所在的办公楼烧毁，该设备器毁损

2021年6月，为追讨货款，海格公司、推米公司诉请广隆公司乙区厂房法院，海格公司要求支付厂款，推米公司要求解除货物买卖合同，要求解除对设备的运营，并赔偿损失10万

查。本题的关键是结合题目本身和旋转流变仪毁损的事实分析出出题人想要考查的知识点是提存时的标的物风险负担问题。维米公司是否有权请求广隆公司支付剩余货款,这一问题的回答取决于旋转流变仪毁损的风险由哪一方承担,若由维米公司承担,则广隆公司无须支付;若由广隆公司承担,则仍须支付。就提存而言,它是法定的债权债务终止事由之一,合法的提存行为与交付的功能相当,因此提存行为会导致标的物风险负担的移转。如果考生能明确这一点,本题即可得到准确解答。

答案解析:根据《民法典》第570条,债权人无正当理由拒绝受领时,债务人可以将标的物提存。结合本题,维米公司将旋转流变仪运送至广隆公司指定的地点,广隆公司的工作人员出于毁约目的,故意以交付的旋转流变仪型号与约定不符为由拒绝受领,符合提存的前提,维米公司有权将旋转流变仪提存。关于提存的法律效果,《民法典》第573条规定:"标的物提存后,毁损、灭失的风险由债权人承担。提存期间,标的物的孳息归债权人所有。提存费用由债权人负担。"这意味着,旋转流变仪因地震而毁损的风险应由债权人广隆公司负担,广隆公司有义务按照合同约定支付剩余货款。

4. 张某与刘某之间的机动车买卖合同最终效力如何?为什么?

答案:无效。因为张某与刘某之间的机动车买卖合同属于无权代理行为,被代理人胡某对代理权外观不具有可归责性,因此不符合表见代理的构成要件,该合同属于狭义的无权代理行为,因胡某拒绝追认而无效。

难度:难

考点:无权代理

命题和解题思路:本题以机动车买卖为事实背景考查无权代理制度。解题时考生要抓住"张某假冒胡某的签名填写授权委托书"这一事实,明确张某所实施的是代理行为,且张某并没有代理权。进而本题的关键问题就在于,考生需要结合表见代理的构成要件分析张某签订的机动车买卖合同是否构成表见代理。只要表见代理的构成要件中有一个不符合,就不构成表见代理,进而构成狭义的无权代理,而狭义的无权代理行为效力如何,最终取决于被代理人是否追认。此外考生需要注意,既然本题中张某的行为是无权代理行为,那就不能适用善意取得制度。表见代理与善意取得都具有信赖保护的制度功能,但二者适用的前提是截然不同的,考生在做题时须明确区分:表见代理适用于无权代理的情形,而善意取得则以无权处分为前提。

答案解析:从"张某假冒胡某的签名填写授权委托书"这一事实不难分析出,张某是以胡某的名义签订机动车买卖合同,属于代理行为。由于张某并未真正获得授权,该代理行为属于无权代理。进而需要分析张某的代理行为是否构成表见代理。结合《民法典》第172条,表见代理的构成要件有四:(1)代理人欠缺代理权;(2)存在代理权外观;(3)被代理人具有可归责性;(4)相对方善意。就本题而言,要件(3)并不符合,因为授权委托书是张某单方伪造的,对此胡某作为被代理人没有可归责性,因此张某的代理行为不构成表见代理,属于狭义的无权代理。结合《民法典》第171条,狭义的无权代理行为,其效力最终取决于被代理人是否追认。本题中,胡某知道后要求张某尽快将该车要回,表明胡某拒绝追认,因而该机动车买卖合同最终是无效的。

5. 胡某是否有权请求刘某返还奥迪轿车？为什么？

答案： 有权。因为刘某不能取得奥迪轿车的所有权，其对奥迪轿车的占有是无权占有，胡某作为所有权人有权基于返还原物请求权请求刘某返还。

难度： 易

考点： 返还原物

命题和解题思路： 本题事实上是第 4 问的逻辑延伸，是对返还原物请求权的直接考查。结合第 4 问的分析，张某与刘某之间的机动车买卖合同是狭义的无权代理，且胡某拒绝追认，最终该合同无效，这也意味着刘某并不能取得奥迪轿车的所有权。在此基础上，结合返还原物请求权的构成要件分析即可。

答案解析： 结合第 4 问的相关分析可知，刘某并未取得奥迪轿车的所有权，胡某仍是该车的所有权人。《民法典》第 235 条规定："无权占有不动产或者动产的，权利人可以请求返还原物。"据此，返还原物请求权的构成要件有二：(1) 请求方为具有占有权能的物权人；(2) 相对方为现时的无权占有人。本题中，胡某是奥迪轿车的所有权人，而刘某对奥迪轿车的占有属于无权占有。这两个要件均符合，胡某有权基于返还原物请求权请求刘某返还奥迪轿车。

6. 胡某起诉佐悦公司的诉讼请求能否得到法院的支持？为什么？

答案： 能够得到法院的支持。因为佐悦公司违反了诚信磋商的先合同义务，存在主观过错，导致胡某错失了其他工作机会，对胡某造成了损失，佐悦公司应承担相应的缔约过失责任。

难度： 中

考点： 缔约过失责任

命题和解题思路： 本题以胡某求职过程为背景事实考查缔约过失责任。解答本题时，考生需要抓住最终双方未缔结劳动合同这一关键事实，从中判断胡某所主张的损害赔偿是缔约过失责任还是违约责任。由于违约责任以有效的合同为前提，因此胡某的主张在性质上属于缔约过失责任。在此基础上，考生结合缔约过失责任的构成要件分析即可。

答案解析：《民法典》第 500 条规定："当事人在订立合同过程中有下列情形之一，造成对方损失的，应当承担赔偿责任：（一）假借订立合同，恶意进行磋商；（二）故意隐瞒与订立合同有关的重要事实或者提供虚假情况；（三）有其他违背诚信原则的行为。"结合该条可知，缔约过失责任的构成要件有四：(1) 一方违反先合同义务；(2) 该方存在过错；(3) 造成对方损失；(4) 存在因果关系。本题中，佐悦公司向胡某发送《录用通知书》后，无正当理由又终止缔约，属于典型的恶意磋商行为，导致胡某错失了其他工作机会，对胡某造成了损失，佐悦公司的缔约过失责任成立。因此，胡某的诉讼请求能够得到法院的支持。

7. 对广隆公司提出的异议，丙区法院应当如何处理？

答案：（1）若当事人对担保物权无实质性争议且实现担保物权条件已经成就，丙区法院裁定准许拍卖、变卖 A 地块的使用权；（2）若当事人对实现担保物权有部分实质性争议，可以就无争议的部分裁定准许拍卖、变卖 A 地块的使用权，并告知可以就有争议的部分申请仲裁；(3) 若当事人对实现担保物权有实质性争议，丙区法院裁定驳回申请，并告知可以向甲仲裁委员会申请仲裁。

难度： 易

考点： 对申请实现担保物权案件的审理与裁定

命题和解题思路：《民法典担保制度解释》对实现担保物权与仲裁程序的适用关系作出规定，本题对此予以考查。题目未设置陷阱，有明确的解题依据，分情况作答即可得分。未能准确定位法条，根据诉讼原理亦可推导作答。仲裁是纠纷解决方式之一，其适用排斥诉讼；而非讼程序并不解决纠纷，因此仲裁条款约定并不排斥非讼程序的适用。

答案解析：《民法典担保制度解释》第 45 条第 2 款规定，当事人依照民事诉讼法有关"实现担保物权案件"的规定，申请拍卖、变卖担保财产，被申请人以担保合同约定仲裁条款为由主张驳回申请的，人民法院经审查后，应当按照以下情形分别处理：(1) 当事人对担保物权无实质性争议且实现担保物权条件已经成就的，应当裁定准许拍卖、变卖担保财产；(2) 当事人对实现担保物权有部分实质性争议的，可以就无争议的部分裁定准许拍卖、变卖担保财产，并告知可以就有争议的部分申请仲裁；(3) 当事人对实现担保物权有实质性争议的，裁定驳回申请，并告知可以向仲裁机构申请仲裁。据此，作为纠纷解决方式的仲裁排斥诉讼，但其并不排斥非讼程序。若双方不存在纠纷，并不因仲裁协议存在而影响实现担保物权程序的适用；若双方存在纠纷，则应通过仲裁解决。

> **8.** 2022 年 1 月，法院执行时扣押了广隆公司手中的旋转流变仪，对相关当事人应如何救济？

答案： (1) 若梅利公司是被执行人，广隆公司可要求继续履行合同，向法院交付全部余款后，法院裁定解除对旋转流变仪的扣押；(2) 若广隆公司是被执行人，旋转流变仪的变价款应优先支付梅利公司的剩余货款；梅利公司主张取回旋转流变仪，可向执行法院提出执行标的异议。

难度： 中

考点： 对财产的执行措施

命题和解题思路： 本题考查的是对所有权保留买卖合同中标的物采取执行措施后，对相关当事人的救济措施。根据案情表述不难判断双方当事人对旋转流变仪采取了所有权保留的约定，设问句只是提出法院对所有权保留的标的物采取了执行措施，但并未言明被执行人是出卖人还是买受人，因此应分两种情况结合《最高人民法院关于人民法院民事执行中查封、扣押、冻结财产的规定》(以下简称《查封扣押冻结规定》) 分别作答。

答案解析： 梅利公司和广隆公司对旋转流变仪的买卖约定了所有权保留，法院对所有权保留的标的物采取了扣押措施，应根据被执行人不同分两种情况进行讨论。

首先，被执行人是出卖人。《查封扣押冻结规定》第 14 条规定，被执行人将其财产出卖给第三人，第三人已经支付部分价款并实际占有该财产，但根据合同约定被执行人保留所有权的，人民法院可以查封、扣押、冻结；第三人要求继续履行合同的，向人民法院交付全部余款后，裁定解除查封、扣押、冻结。据此，若梅利公司是被执行人，广隆公司可要求继续履行合同，向法院交付全部余款后，法院裁定解除对旋转流变仪的扣押。

其次，被执行人是买受人。《查封扣押冻结规定》第 16 条规定，被执行人购买第三人的财产，已经支付部分价款并实际占有该财产，第三人依合同约定保留所有权的，人民法院可以查封、扣押、冻结。保留所有权已办理登记的，第三人的剩余价款从该财产变价款中优先支付；第三人主张取回该财产的，可以依据《民事诉讼法》第 238 条规定提出异议。据此，若广隆公司是被执行人，旋转流变仪的变价款应优先支付梅利公司的剩余货款；梅利公司主张取回旋转流变仪，可向执行法院提出执行标的异议。

9. 乙区法院能否将海格公司、维米公司提起的诉讼合并审理？为什么？

答案：可以合并审理。因为两个案件均为买卖合同纠纷，诉讼标的是同一种类，法院和各方当事人均同意后可以合并审理，成为普通共同诉讼。

难度：中

考点：普通共同诉讼

命题和解题思路：相较于必要共同诉讼，普通共同诉讼在主观题中极少考查。本题独辟蹊径，对普通共同诉讼的识别和适用条件予以考查。解题的关键是判断海格公司、维米公司起诉的诉讼标的属于同一种类，再结合普通共同诉讼的适用条件即可对理由予以完整阐述。

答案解析：《民事诉讼法》第 55 条第 1 款规定，当事人一方或者双方为二人以上，其诉讼标的是共同的，或者诉讼标的是同一种类、人民法院认为可以合并审理并经当事人同意的，为共同诉讼。据此，海格公司、维米公司分别起诉广隆公司，两个案件的诉讼标的均为买卖合同法律关系，属于同一种类，法院和各方当事人均同意后可以合并审理，本案成为普通共同诉讼。

10. 广隆公司起诉海格公司，应由哪个（些）法院管辖？为什么？

答案：应由乙区或丁区法院管辖。因为本案为侵权纠纷，应由被告住所地或侵权行为地法院管辖。丁区为被告住所地和侵权行为实施地，乙区为侵权结果发生地。

难度：中

考点：特殊地域管辖

命题和解题思路：管辖制度向来是法考主观题命题的重点，本题对侵权纠纷的管辖法院予以考查。解题的关键是判断案由，因海格公司远程锁定已出售给广隆公司的设备，侵犯了广隆公司对设备享有所有权的使用权能且造成损失，因此属于侵权纠纷，进而结合侵权纠纷的管辖规定即可准确作答。

答案解析：海格公司出售给广隆公司的设备已交付，广隆公司获得所有权。海格公司将该设备远程锁定，妨害了广隆公司对设备的使用且造成损失，因此本案属于侵权纠纷。《民事诉讼法》第 29 条规定，因侵权行为提起的诉讼，由侵权行为地或者被告住所地人民法院管辖。据此，被告海格公司所在地以及侵权行为实施地的丁区、侵权结果发生地的乙区对案件均享有管辖权。

评分细则（共56分）

1-10题满分为：4分、5分、4分、7分、6分、6分、6分、6分、6分、6分

1. 无权（2分）。担保债权确定前，部分债权转让的，最高额抵押权不得转让（2分）。

2. 有权（2分）。出卖人义务已经履行完毕（1分），不再享有双务合同的履行抗辩权（2分）。

3. 有权（2分）。提存后标的物毁损、灭失的风险由债权人承担（2分）。

4. 无效（2分）。属于无权代理行为（2分），被代理人对代理权外观不具有可归责性因而不构成表见代理（2分），因被代理人拒绝追认而无效（1分）。

5. 有权（2分）。合同无效导致刘某不能取得轿车所有权（2分），胡某作为所有权人可以主张返还原物（2分）。

6. 能够得到支持（2分）。佐悦公司违反了诚信磋商的先合同义务（1分），存在过错（1分），导致胡某遭受损失（1分），应当承担缔约过失责任（1分）。

7. 当事人对担保物权无实质性争议，裁定准许拍卖、变卖A地块的使用权（2分）；部分存在争议，就无争议的部分裁定准许拍卖、变卖A地块的使用权（1分），并告知可以就有争议的部分申请仲裁（1分）；存在争议，裁定驳回申请，并告知可以申请仲裁（2分）。

8. 如果梅利公司是被执行人，广隆公司可在支付全部价款后，由法院裁定解除扣押（2分）；如果广隆公司是被执行人，应优先支付梅利公司的剩余货款（2分），梅利公司主张取回旋转流变仪，可提出执行标的异议（2分）。

9. 可以合并审理（2分）。诉讼标的同一种类（2分），法院和当事人均同意合并审理（1分），构成普通共同诉讼（1分）。

10. 乙区（1分）或丁区法院管辖（1分）。侵权纠纷，应由被告住所地或侵权行为地法院管辖（2分），丁区为被告住所地和侵权行为实施地（1分，答对一个可得分），乙区为侵权结果发生地（1分，答侵权行为地也可得分）。

刑事综合大题

第一题（本题53分）

一、试题

案情： 2020年5月，李四向毒贩王五表示能低成本运输王五在网络上贩卖出去的海洛因，但要以换取免费毒品为报酬，王五同意。李四找来开快递网点的表哥张三，表示自己在做面粉生意，请其代为发货，张三欣然答应。李四让王五将袋装海洛因塞进面粉袋，再交给张三由其运输，运费由王五支付。（事实一）

2021年2月，张三搬运面粉时，不小心将一袋面粉划破，发现了其中所藏的5g毒品。张三并未将此事告知李四，而是在之后运输面粉时，经常偷偷拿走几袋混有毒品的面粉，换上普通面粉，并将毒品偷藏起来。（事实二）

2021年5月，公安机关发现李四运输毒品线索，便对其立案侦查。当月，在李四将装有毒品的面粉交给张三时，两名便衣民警将其查获。民警现场对李四立即进行讯问，当得知系王五托李四运输毒品时，便决定安排李四联系王五并前往王五住处"取货"。（事实三）

2021年6月5日，张三因服食海洛因药性发作，出现精神病症状，举起电脑砸向正在熟睡的合租室友吴某，致吴某重伤。张三打电话找刘某寻求帮助，刘某便开车送张三回老家"避风头"。途中有警察设卡查处酒驾，刘某想起早饭时喝了半斤白酒（此时血液中酒精浓度为60mg/50ml），慌忙掉头。之后为尽快逃跑，刘某无视红灯信号，将过马路的田某撞成重伤。（事实四）

刘某本想下车查看，但张三急于逃跑，让刘某不要管田某，催促其逃离现场。田某因得不到及时救治而死亡。警察杨某在勘查现场时调取了附近天眼的监控录像，当场询问了目击证人钱某，钱某准确说出了肇事车的车牌号。警方通过查询监控录像，认为刘某有重大作案嫌疑，便对其立案侦查。刘某在被公安机关抓获后，供认驾车撞倒田某并逃离的事实，后刘某在审查起诉阶段与田某的近亲属达成和解并立即作出赔偿。（事实五）

2021年8月，张三再次服食海洛因，出现精神病症状后在马路上乱跑，被热心群众当作智障人士送到公安局。民警在张三身上搜出10g毒品。张三清醒后误认为自己被警察抓获，于是交代了吸毒、砸伤吴某的事实，但声称自己当时精神病发作，砸伤吴某纯属意外。但关于交通肇事逃逸一事，张三所述与刘某不同。（事实六）

问题：

1. 就事实一，对王五和李四的行为应如何定性？理由是什么？
2. 就事实二，关于张三的行为定性，可能存在哪几种意见？各自理由是什么？

3. 就事实三，民警在查获毒品的现场对李四进行讯问的做法是否正确？为什么？

4. 就事实三，民警安排李四联系王五并前往王五住处"取货"的做法是否正确？为什么？

5. 就事实四，对张三、刘某的行为应如何定性？理由是什么？

6. 就事实五，关于张三的行为定性，可能存在哪几种意见？各自理由是什么？

7. 就事实五，公安机关对刘某立案后，可否立即对其采取通信监控？为什么？

8. 就事实五，侦查人员组织钱某对肇事车辆进行辨认时，对于混杂的同类物品数量有何要求？

9. 就事实六，对张三的行为应如何定性？理由是什么？

10. 在审查起诉阶段，如刘某认为应对自己涉嫌交通肇事的行为作认罪认罚从宽处理，这一诉求可否得到支持？为什么？

11. 检察院先后将刘某和张三起诉至法院，法院能否对两人并案审理？为什么？

二、案例来源

1. 《刑事审判参考》第431号案"彭某故意杀人案"
2. 《刑事审判参考》第907号案"杜某交通肇事案"

三、总体命题思路

本题改编自两则实务案例，系刑法和刑事诉讼法的交叉融合试题。关于刑法学科，本题结合犯罪认定的问题，综合考查犯罪基础理论与犯罪构成要件的识别与判断，主要考查了共同犯罪、自首、罪数、故意杀人罪、交通肇事罪、肇事后逃逸情形判断、危险驾驶罪等往年考查频次较高的考点，以及原因自由行为、封缄物占有等考生容易忽略的考点。部分题目还设置了对观点表述的开放式考查，需要考生有较强的逻辑分析能力和较高的表达能力。关于刑事诉讼法学科，本题灵活考查多个侦查的知识点，涉及讯问、辨认、技术侦查、秘密侦查等多项侦查行为的规定，同时考查认罪认罚从宽和并案审理的相关知识。考生应准确解读案件材料的相关情况，从而准确判断相关诉讼行为是否符合规定。比如，依据所给案情，是否可以现场讯问？是否可以采取技术侦查？等等。答对这些问题的关键在于考生对案情把握的全面度和细致度。

四、答案精讲

1. 就事实一，对王五和李四的行为应如何定性？理由是什么？

答案：王五利用信息网络贩卖毒品，构成贩卖毒品罪。王五与李四达成利用张三运输毒品的合意，具备共同犯罪故意，且利用不知情的人实施运输行为成立间接正犯，构成运输毒品罪。因此，对王五应以贩卖、运输毒品罪定罪。

李四利用张三帮助王五运输毒品，属于间接正犯，构成运输毒品罪。并且李四与王五达成合意，具有共同犯罪故意，构成共同犯罪。

难度：中

考点：贩卖、运输毒品罪；间接正犯命题和解题思路：本题考查考生阅读资料分析案件的能力，重点考查对贩卖、运输毒品罪的犯罪构成的理解与运用。贩卖毒品罪的核心行为特征为有偿转让毒品的行为。部分考生会落入共同犯罪的陷阱，但只要抓住贩卖毒品的行为特征这一点就可以破题。

答案解析：李四利用张三帮助王五运输毒品，实际实施运输行为的张三并不知情，因此李四属于间接正犯。此外，考生可能会误认为李四收取毒品作为报酬，还构成贩卖毒品的共犯，但事实上收取的报酬对应的是运输行为。贩卖毒品是指有偿转让毒品的行为，而李四是在王五已经从网上卖出毒品后，为王五运输毒品出谋划策、提供帮助。

王五利用信息网络贩卖毒品，构成贩卖毒品罪。王五与李四达成合意，共同利用张三运输毒品，属于间接正犯，构成运输毒品罪。由于走私、贩卖、运输、制造毒品罪是择一的罪名，因此在贩卖毒品后进行运输的，以贩卖、运输毒品罪定罪。

2. 就事实二，关于张三的行为定性，可能存在哪几种意见？各自理由是什么？

答案：张三在最初帮助李四运输面粉时，并不知道面粉中藏有毒品，因此不具有运输毒品的故意，不构成犯罪。但张三在发现面粉中藏有毒品后，仍继续帮助李四运输面粉，具有帮助他人运输毒品的故意，属于片面的共同正犯，构成运输毒品罪。

针对张三受委托运输面粉，从中获取毒品的行为，可能存在如下观点。

观点一：构成盗窃罪。根据区别说，封缄物整体由受托人占有，内容物由委托人占有，则张三获取内容物毒品的行为构成盗窃罪。

观点二：成立侵占罪与盗窃罪的想象竞合，以盗窃罪论处。根据修正区别说，封缄物整体由受托人占有，内容物由受托人和委托人共同占有，则张三成立侵占罪与盗窃罪的想象竞合，以盗窃罪论处。

观点三：构成侵占罪。根据非区别说，封缄物整体与内容物性质相同，张三受委托运输面粉，占有面粉和其中的毒品，因此张三构成侵占罪。

难度：难

考点：运输毒品罪、盗窃罪、侵占罪、片面共犯

命题和解题思路：本题结合共同犯罪理论中的片面共同犯罪考查运输毒品罪，另外考查了非法占有代为保管的封缄物的认定。解答本题时，需先明确行为人最初的行为不具有犯罪的故意，再分析其他的行为。

答案解析：张三发现面粉中藏有毒品后，具有帮助李四运输毒品的故意，属于片面的共同正犯，构成运输毒品罪。考生可能会得出构成运输毒品罪的结论，但对于片面共同正犯的认定往往会遗漏。

针对张三受委托运输面粉，从中获取毒品的行为，需根据三种学说分别作答。

3. 就事实三，民警在查获毒品的现场对李四进行讯问的做法是否正确？为什么？

答案：正确。根据《公安机关办理刑事案件程序规定》第198条，紧急情况下可以在现场讯问犯罪嫌疑人。本案中，李四在邮寄毒品时被民警查获，民警当务之急是了解基本

刑事综合大题

框架图

事实一：网上贩卖、运输海洛因

行为人：李四、王五、张三

行为：

A. 王五在网络上贩卖海洛因

B. 李四表示可以提供帮助：2020年5月，李四向毒贩王五表示能低成本运输王五在网络上贩卖出去的海洛因，但要以换取免费毒品为报酬，王五同意。

C. 李四欺骗张三声称做面粉生意，请其代为发货：李四找来开快递网点的表哥张三，表示自己在做面粉生意，请其代为发货，张三欣然答应。

具体操作：李四让王五将袋装海洛因塞进面粉袋，再交给张三由其运输，运费由王五支付。

事实二：张三偷偷将含有海洛因的面粉置换

行为人：张三

行为：

A. 张三无意间发现面粉中含有海洛因：2021年2月，张三搬运面粉时，不小心将一袋粉划破，发现了其中所藏的5g毒品。

B. 张三偷偷拿走混有毒品的面粉：张三并未将此事告知李四，而是在之后运输面粉时，经常偷偷拿走几袋混有毒品的面粉，换上普通面粉，并将毒品偷藏起来。

事实三：李四被抓获帮助民警联系王五

行为人：李四

背景：2021年5月，公安机关发现李四运输毒品线索，便对其立案侦查。

李四被警察抓获：当月，在李四将装有毒品的面粉交给张三时，两名便衣民警将其查获。

李四成为"线人"：民警现场对李四立即进行讯问，当得知系王五托李四运输毒品时，便决定安排李四联系王五并前往王五住处"取货"。

事实四：张三吸毒后殴打他人，刘某酒后开车帮助张三逃跑交通肇事

行为人：张三

行为：

因服毒出现幻觉，攻击他人致人重伤：2021年6月5日，张三因服食海洛因药性发作，出现精神病症状，举起电脑砸向正在熟睡的合租室友吴某，致吴某重伤。

行为人：刘某

行为：

A. 刘某帮助张三逃跑：张三打电话找刘某寻求帮助，刘某便开车送张三回老家"避风头"。

B. 喝酒驾驶闯红灯交通肇事致人重伤：途中有警察设卡查酒驾，刘某想起早饭时喝了半斤白酒（此时血液中酒精浓度为60mg/50ml），慌忙掉头，之后为尽快逃跑，刘某无视红灯信号，将过马路的田某撞成重伤。

事实五：张三唆使刘某肇事后逃逸，被害人因得不到救治死亡，后刘某归案

行为人：张三、刘某

行为及结果：

A. 交通肇事后，张三唆使刘某逃跑，被害人死亡：刘某本想下车查看，但张三急于逃跑，让刘某不要管田某，催促其逃离现场。田某因得不到及时救治而死亡。

证人证言及其他证据：警察杨某在勘查现场时调取了附近天眼的监控录像，当场询问了目击证人钱某，钱某准确说出了肇事车的车牌号。

警方通过查询监控录像，认为刘某有重大作案嫌疑，便对其立案侦查。

刘某被抓后的行为：刘某在被公安机关抓获后，供认驾车撞倒田某并逃离的事实，后刘某在审查起诉阶段与田某的近亲属达成和解并立即作出赔偿。

事实六：张三被送警局，误以为案发，供述案件相关事实

行为人：张三

背景：2021年8月，张三再次服食海洛因，出现精神病症状后在马路上乱跑，被热心群众当做智障人士送到警局。

物证：民警在张三身上搜出10g毒品。

张三供述：张三清醒后误认为自己被警察抓获，于是交代了吸毒、砸伤吴某的事实，但声称自己当时精神病发作，砸伤吴某纯属意外。但关于交通肇事逃逸一事，张三所述与刘某不同。

· 83 ·

情况，以便合理采取下一步措施，因此在现场紧急讯问李四并无不当。

难度：中

考点：讯问场所

命题和解题思路：本题考查侦查人员讯问犯罪嫌疑人的场所要求，相关知识点系2020年《公安机关办理刑事案件程序规定》的新增内容。考生应注意在公安机关执法办案场所的讯问室或看守所讯问室对犯罪嫌疑人进行讯问是原则，但例外情形下存在其他讯问场所。

答案解析：根据《公安机关办理刑事案件程序规定》第198条第1款规定，讯问犯罪嫌疑人，应当在公安机关执法办案场所的讯问室进行，紧急情况下在现场进行讯问属于例外情形之一。根据该条规定，在现场进行讯问就需要判断是否属于"紧急情况"。本案中，民警查获李四时，需要进一步确认周边是否存在涉案人员和毒品，以防止证据灭失和涉案人逃跑，所以有必要在现场进行讯问。

> **4. 就事实三，民警安排李四联系王五并前往王五住处"取货"的做法是否正确？为什么？**

答案：不正确。民警得知李四系为王五运输毒品时，王五并不知道实情，民警安排李四联系王五并前往王五住处"取货"的做法属于指定其他人员隐匿身份实施侦查。根据《刑事诉讼法》第153条和《公安机关办理刑事案件程序规定》第271条规定，采取隐匿身份实施侦查，须经县级以上公安机关负责人决定，所以民警自行安排李四隐匿身份实施侦查的做法是错误的。

难度：难

考点：隐匿身份实施侦查

命题和解题思路：本题考查隐匿身份实施侦查的程序要求。考生应认识到民警并非简单地抓捕重大嫌疑分子王五，而是对王五开展秘密侦查，所以需要按照相关要求进行审批后才可采取。

答案解析：根据《公安机关办理刑事案件程序规定》第271条第1款规定，为了查明案情，在必要的时候，经县级以上公安机关负责人决定，可以由侦查人员或者公安机关指定的其他人员隐匿身份实施侦查。本案中，李四已经被侦查人员控制，在侦查人员的安排下继续进行"毒品犯罪"行为，实际上是侦查人员采取隐匿身份的方式进一步查明王五的罪证并将其抓获。采取这种措施存在一定风险，因此需要经过严格的审批。

> **5. 就事实四，对张三、刘某的行为应如何定性？理由是什么？**

答案：张三构成故意伤害罪。吸食毒品的行为是原因自由行为，张三过失地使自己陷入丧失或者尚未完全丧失辨认、控制能力的状态，并在该状态下实施了符合犯罪构成的行为，依法应当承担刑事责任。

刘某在道路上醉酒驾驶机动车帮助张三逃匿，构成危险驾驶罪和窝藏罪的想象竞合，应从一重罪论处。刘某无视信号灯，违反了交通运输法规，将田某撞成重伤。根据《最高人民法院关于审理交通肇事刑事案件具体应用法律若干问题的解释》第2条第2款规定，酒后、吸食毒品后驾驶机动车，致1人以上重伤，负全部或者主要责任的，以交通肇事罪定罪处罚。其中致田某重伤的交通事故不是由醉酒驾驶行为引起的，而是由无视信号灯的行为引起的，应以危险驾驶罪和交通肇事罪数罪并罚。因此，对刘某应以危险驾驶罪或窝藏罪与交通肇事罪实行数罪并罚。

难度：难

考点：故意伤害罪、原因自由行为、窝藏罪、交通肇事罪、危险驾驶罪、肇事后逃逸、共同犯罪

命题和解题思路：本题主要考查对交通肇事罪和危险驾驶罪的判断。解答本题，首先应掌握"原因自由行为"的相关知识，其次需分析危险驾驶罪和窝藏罪的想象竞合问题，最后还要注意分析交通肇事罪和危险驾驶罪的竞合关系。

答案解析：张三吸食毒品的行为是原因自由行为，张三过失地使自己陷入丧失或者尚未完全丧失辨认、控制能力的状态，并在该状态下实施了符合犯罪构成的行为，依法应当承担刑事责任，因此张三构成故意伤害罪。如果考生只答出构成故意伤害罪，而不能答出"原因自由行为理论"，则无法获得满分。

此处考生可能会对醉驾的计算出现失误：醉驾标准为每100ml血液中含有80mg以上的酒精。刘某醉酒驾车帮助张三逃跑，构成危险驾驶罪，但考生可能会忽视这一行为同时构成窝藏罪。张三无视信号灯，违反了交通运输法规，将田某撞成重伤。可见，致田某重伤的交通事故不是由醉酒驾驶行为引起的，而是由无视信号灯的行为引起的，因此对刘某应以危险驾驶罪和交通肇事罪实行数罪并罚。此处考生需分析出交通事故的发生与哪一个行为具有因果关系，然后再进行作答。

6. 就事实五，关于张三的行为定性，可能存在哪几种意见？各自理由是什么？

答案：

观点一：构成交通肇事罪的共犯。张三在刘某交通肇事后，指使刘某逃逸，构成交通肇事罪的共犯。

观点二：成立遗弃罪的教唆犯。交通肇事罪为过失犯罪，不能成立共同犯罪，视本案情形，张三应成立遗弃罪的教唆犯。

难度：中

考点：肇事后逃逸、共同犯罪

命题和解题思路：本题考查对交通肇事罪能否成立共同犯罪的分析。首先，该题的分析前提是刘某构成交通肇事罪犯罪。其次，应具体考察张三是否在此过程中与刘某形成共同犯罪关系。

答案解析：观点一认为张三在刘某交通肇事后，指使刘某逃逸，构成交通肇事罪的共犯。《最高人民法院关于审理交通肇事刑事案件具体应用法律若干问题的解释》第5条第2款规定："交通肇事后，单位主管人员、机动车辆所有人、承包人或者乘车人指使肇事人逃逸，致使被害人因得不到救助而死亡的，以交通肇事罪的共犯论处。"观点二主张，交通肇事罪为过失犯罪，不能成立共同犯罪，视本案情形张三应成立遗弃罪的教唆犯。

7. 就事实五，公安机关对刘某立案后，可否立即对其采取通信监控？为什么？

答案：不能。通信监控属于技术侦查措施，根据《公安机关办理刑事案件程序规定》第263条规定，交通肇事案件并非技术侦查措施适用的案件范围，且刘某并未被通缉或批准、决定逮捕，因此不能立即对其采取通信监控。

难度：难

考点：技术侦查的适用条件

命题和解题思路：本题考查技术侦查的适用条件。解答该题，考生不仅要认识到技术侦查的严格适用体现在案情和程序等多个方面，也需清楚造成被害人死亡的案件不一定是严重危害社会的犯罪案件。

答案解析：根据《公安机关办理刑事案件程序规定》第263条第1款规定，公安机关在立案后，根据侦查犯罪的需要，可以对部分严重危害社会的犯罪案件采取技术侦查措施，但交通肇事案件未被纳入技术侦查的案件范围。因此，从案件类型的角度判断，本案不能对刘某采取技术侦查措施。又根据《公安机关办理刑事案件程序规定》第263条第2款规定，公安机关追捕被通缉或者批准、决定逮捕的在逃的犯罪嫌疑人、被告人，可以采取追捕所必需的技术侦查措施。第2款规定意味着，在某些情形下技术侦查的适用不受案件类型的限制。但根据案例材料，刘某刚被立案，还未被通缉或批准、决定逮捕，即使在逃，也不能立即对其进行通信监控。

8. 就事实五，侦查人员组织钱某对肇事车辆进行辨认时，对于混杂的同类物品数量有何要求？

答案：不受混杂的同类物品的数量限制。本案中，钱某在接受询问时准确说出了肇事车辆车牌号，表明其准确描述了物品独有特征，根据《公安机关办理刑事案件程序规定》第260条第4款规定，辨认时的陪衬物不受数量的限制。

难度：难

考点：辨认

命题和解题思路：本题考查辨认时辨认对象的混杂要求。解答该题，考生需仔细阅读材料，准确判断辨认人在接受询问时是否准确描述待辨认物品的独有特征。

答案解析：根据《公安机关办理刑事案件程序规定》第260条第3款和第4款规定，辨认物品时，混杂的同类物品不得少于5件；对物品的照片进行辨认的，不得少于10个物品的照片。对场所、尸体等特定辨认对象进行辨认，或者辨认人能够准确描述物品独有特征的，陪衬物不受数量的限制。根据案例材料，肇事车辆的车牌号是独一无二的，显然可以视为该肇事车辆的独有特征，钱某准确说出车牌号，可以认为其描述了该车的独有特征。因此，在安排钱某辨认肇事车辆时，陪衬物不受数量的限制。

9. 就事实六，对张三的行为应如何定性？理由是什么？

答案：张三构成一般自首。虽然张三被动到达公安局，但其并未被采取强制措施或讯问，他如实供述了伤害他人的犯罪事实，虽然对自己行为的性质进行了辩解，但不影响自首的成立。

难度：中

考点：自首

命题和解题思路：该题主要涉及对自首成立条件的考查。解答该题时，要注意行为人如实供述犯罪事实的核心在于"事实"，而非拘泥于"犯罪"性质的认识和承认。

答案解析：关于张三是否成立自首的问题，《最高人民法院关于被告人对行为性质的辩解是否影响自首成立问题的批复》明确规定，被告人对行为性质的辩解不影响自首的成立。此处考生需要特别注意。

10. 在审查起诉阶段，如刘某认为应对自己涉嫌交通肇事的行为作认罪认罚从宽处理，这一诉求可否得到支持？为什么？

答案：不应得到支持。本案中，刘某除了涉嫌交通肇事罪，还涉嫌窝藏罪，但刘某只供认了交通肇事的犯罪事实。根据《关于适用认罪认罚从宽制度的指导意见》第6条规定，犯数罪的刘某仅如实供述其中一罪和部分罪名事实，全案不作"认罪"的认定，不适用认罪认罚从宽制度。

难度：难

考点：认罪认罚从宽

命题和解题思路：本题考查适用认罪认罚从宽制度的"认罪"要求。解答该题，考生不能顾此失彼，首先应当对刘某的涉罪情况有全面把握，然后根据刘某的认罪情况判断是否达到适用认罪认罚从宽制度的"认罪"要求。

答案解析：根据《关于适用认罪认罚从宽制度的指导意见》第6条规定，犯罪嫌疑人、被告人犯数罪，仅如实供述其中一罪或部分罪名事实的，全案不作"认罪"的认定，不适用认罪认罚从宽制度，但对如实供述的部分，人民检察院可以提出从宽处罚的建议，人民法院可以从宽处罚。本案中，刘某在被抓获后仅供认了交通肇事的犯罪事实，未供认其窝藏张三以及张三指使其交通肇事逃逸的事实，导致公安机关一直未抓获张三。所以本案不应对刘某涉嫌交通肇事罪作认罪认罚从宽处理，如果刘某在后续程序中对窝藏张三一事认罪认罚，可以对其作认罪认罚从宽处理。

11. 检察院先后将刘某和张三起诉至法院，法院能否对两人并案审理？为什么？

答案：可以。本案中，刘某和张三对于肇事逃逸致田某死亡都应承担刑事责任。就该事实而言，两人的案件属于共同犯罪或者关联犯罪案件。根据《最高人民法院关于适用〈中华人民共和国刑事诉讼法〉的解释》（以下简称《法院解释》）第220条第2款规定，合并审理有利于查明案件事实，法院可以并案审理。

难度：中

考点：并案审理

命题和解题思路：本题考查法院对并案审理的适用。解答该题，考生应准确判断两人案件存在密切关联，且两人对于交通肇事后逃逸一事的供认存在差别。

答案解析：根据《法院解释》第220条第2款规定，对分案起诉的共同犯罪或者关联犯罪案件，人民法院经审查认为，合并审理更有利于查明案件事实、保障诉讼权利、准确定罪量刑的,可以并案审理。根据案例材料,刘某在供认交通肇事事实时未提到张三,张三关于交通肇事逃逸一事的供述与刘某存在差别。在这种情况下,合并审理更有利于法院查明两人的该项犯罪事实,因此法院可以对两人并案审理。

评分细则(共53分)

1-11题满分为:7分、8分、3分、3分、8分、6分、4分、4分、3分、3分、4分

1. 王五:利用信息网络贩卖毒品,构成贩卖毒品罪(2分)。利用张三运输毒品构成运输毒品罪,应以贩卖、运输毒品罪定罪(2分)。

   李四:利用张三帮助王五运输毒品构成运输毒品罪(2分),与王五构成共同犯罪(1分)。

2. 帮助李四运输面粉时,不具有运输毒品的故意,不构成犯罪(1分)。发现毒品后仍继续运输,构成运输毒品罪(1分)。

   受委托运输面粉,从中获取毒品:

   观点一:构成盗窃罪。内容物由委托人占有(2分)。

   观点二:成立侵占罪与盗窃罪的想象竞合,以盗窃罪论处。内容物由受托人和委托人共同占有(2分)。

   观点三:构成侵占罪。封缄物整体与内容物性质相同,由受托人占有(2分)。

3. 正确(1分)。紧急情况下可以在现场讯问犯罪嫌疑人(2分)。

4. 不正确(1分)。这一行为属于指定其他人员隐匿身份实施侦查(1分),须经县级以上公安机关负责人决定(1分)。

5. 张三:构成故意伤害罪(1分)。吸食毒品的行为是原因自由行为,不影响张三刑事责任的承担(1分)。

   刘某:在道路上醉酒驾驶机动车帮助张三逃匿,构成危险驾驶罪(1分)和窝藏罪(1分)的想象竞合(1分),从一重罪论处(1分)。无视信号灯将田某撞成重伤,构成交通肇事罪(1分)。两者数罪并罚(1分)。

6. 观点一:构成交通肇事罪的共犯(2分)。在刘某交通肇事后指使其逃逸(1分)。

   观点二:成立遗弃罪的教唆犯(2分)。过失犯罪不成立共同犯罪(1分)。

7. 不能(1分)。通信监控属于技术侦查措施,交通肇事案件并非该措施适用的案件范围(2分),刘某并未被通缉或批准、决定逮捕(1分)。

8. 不受混杂的同类物品的数量限制(2分)。钱某准确描述了物品独有特征(2分)。

9. 构成一般自首(1分)。被动到达公安局但并未被采取强制措施或讯问(1分);如实供述犯罪事实,对自己行为的性质进行辩解不影响自首的成立(1分)。

10. 不应得到支持(1分)。刘某只供认了交通肇事的犯罪事实,对涉嫌窝藏罪没有供认,全案不作"认罪"的认定(2分)。

11. 可以(2分)。两人的案件属于共同犯罪或者关联犯罪案件(1分),合并审理有利于查明案件事实(1分)。

第二题（本题56分）

一、试题

案情： 林某系社会闲散人员，某日应朋友周某邀请，为其犯罪提供银行卡并取款，先后从多处ATM机取款35万元。次日按照之前与周某所约，扣下所取款项的15%作为提成，并将剩余款项交给周某。因周某案件中的被害人夏某报案，林某被夏某所在地的A市B区公安局立案侦查并采取拘留措施。

审查逮捕期间，公安局未移送证明林某符合逮捕的社会危险性条件的证据，检察院在自行收集社会危险性相关证据后，认为仍不能认定林某符合逮捕的社会危险性条件，遂作出不批准逮捕决定，并建议公安局对林某取保候审。被取保候审后，林某即刻积极寻找立功途径，在朋友介绍下联系到持有毒品待售的金某，并约定在C市某处购买30克甲基苯丙胺（冰毒）。林某主动向C市公安局报案，配合公安局将涉嫌贩卖30克甲基苯丙胺的金某抓获。

B区检察院以涉嫌掩饰、隐瞒犯罪所得罪对林某提起公诉，但未认定林某有立功情节。B区法院适用普通程序对本案进行审理。林某在法庭上明确提出应将自己协助C市公安局抓捕毒贩的行为认定为立功，出庭公诉人当庭予以反驳。休庭后，B区法院认为指控的事实清楚，证据确实、充分，但根据现有证据可以认定林某明知他人实施诈骗犯罪而进行帮助，其行为是电信诈骗的一个环节。B区法院最终认定林某具有立功情节，以诈骗罪判处林某有期徒刑三年八个月，并处罚金5000元。林某不服一审判决提出上诉。B区检察院以一审判决认定罪名错误和认定立功错误提出抗诉。A市中级法院正式审理本案后，认为一审判决认定事实清楚，但对林某量刑过重。A市检察院同时发现B区检察院的抗诉存在不当之处。

在羁押期间，林某的妻子积极购买立功线索，并在通过律师会见时，将该线索悄悄写到纸条上提供给林某。林某向看守所民警反映该线索后，一直等不到确认的反馈消息。其妻子就向自己的闺蜜姚某（系二审中A市检察院承办该案的检察官杜某的妻子）送了20万元，说明情况让其做做工作。姚某收钱后，回家对杜某没有提钱的事，但对杜某说，自己闺蜜的老公的案子在其手上，让他一定关照到位。杜某不敢违背妻子的话，便私下销毁了林某犯罪的部分证据，导致二审法官将重罪判成了轻罪。

问题：

1. 如不考虑第二段事实，对于林某取款35万元的行为定性，可能存在哪些观点？各自的理由是什么？

2. 对于林某配合警方抓捕毒贩的行为，能否认定为立功？为什么？

3. 对于林某向看守所民警反映线索的行为，能否认定为立功？为什么？

4. 林某妻子给姚某送钱，姚某让杜某关照林某，对于林某妻子和姚某的行为应该如何定性？为什么？

5. 杜某的行为应如何认定？为什么？

6. 检察院对林某的审查逮捕有无不当？为什么？

7. 如夏某对林某提起附带民事诉讼，法院能否以此判决林某承担赔偿责任？为什么？

8. 对于林某提出的立功理由，B区法院应当如何开展审查认定？

9. 如 A 市检察院认为一审判决无误，应当如何处理？如 A 市检察院认为一审判决定罪无误，但认定立功有误，可如何处理？

10. 如 A 市检察院向 A 市中级法院撤回抗诉，中级法院可否不开庭审理本案？为什么？

二、总体命题思路

本题是一道刑法、刑诉综合题。刑诉部分，本题考查了审查逮捕程序、附带民事诉讼的受案范围、对立功材料的审查认定、变更罪名的程序、撤回抗诉的程序、变更抗诉理由和二审开庭审理共七个知识点。解答本题，考生应注意动态把握本案中一审检察院、一审法院、二审检察院和二审法院对本案的审查判断情况，同时应注意掌握检察院在审查批准逮捕环节的地位和作用，以及法院对有利于被告人的量刑情节的主动调查。刑法部分主要涉及掩饰、隐瞒犯罪所得罪、洗钱罪、帮助信息网络犯罪活动罪、立功的认定、利用影响力受贿罪、徇私枉法罪、对有影响力的人行贿罪等考点。其中掩饰、隐瞒犯罪所得罪和帮助信息网络犯罪活动罪的区别问题，是近年来司法实践中的难点，希望考生能清晰掌握知识点。

三、案例来源

1. 《刑事审判参考》第 1488 号案例"林友谊掩饰、隐瞒犯罪所得案"
2. 《刑事审判参考》第 1504 号案例"金楚等组织卖淫案"

四、答案精讲

> 1. 如不考虑第二段事实，对于林某取款 35 万元的行为定性，可能存在哪些观点？各自的理由是什么？

答案：

观点一：成立掩饰、隐瞒犯罪所得罪。如能证明林某明知是他人犯罪所得，在他人犯罪已经既遂后，帮助犯罪人取出转到自己卡中的作为犯罪所得的赃款。符合掩饰、隐瞒犯罪所得罪的构成要件。

观点二：成立帮助信息网络犯罪活动罪，如能证明林某明知是他人利用信息网络所实施的犯罪，进而为其提供支付结算等帮助。符合帮助信息网络犯罪活动罪的构成要件。

观点三：成立上游犯罪的共犯。如有证据证明林某与他人共谋实施该罪，林某负责接收并取出赃款的行为，则成立该上游犯罪的共犯。

观点四：成立洗钱罪。如能证明林某明知上游犯罪是掩饰、隐瞒毒品犯罪、黑社会性质的组织犯罪、恐怖活动犯罪、走私犯罪、贪污贿赂犯罪、破坏金融管理秩序犯罪、金融诈骗犯罪等，而为其提供自己的银行卡，并帮其取款以掩饰、隐瞒该收益的来源和性质，符合洗钱罪的构成要件。

难度：中

考点：掩饰、隐瞒犯罪所得罪、洗钱罪、帮助信息网络犯罪活动罪

命题与解题思路：本题是一道开放性的题目，考查考生对于掩饰、隐瞒犯罪所得罪、洗钱罪、帮助信息网络犯罪活动罪的犯罪构成的掌握程度及区分能力。当然，根据案件的实际情况，在现实中林某的犯罪不可能是此种"开放性"的状态。

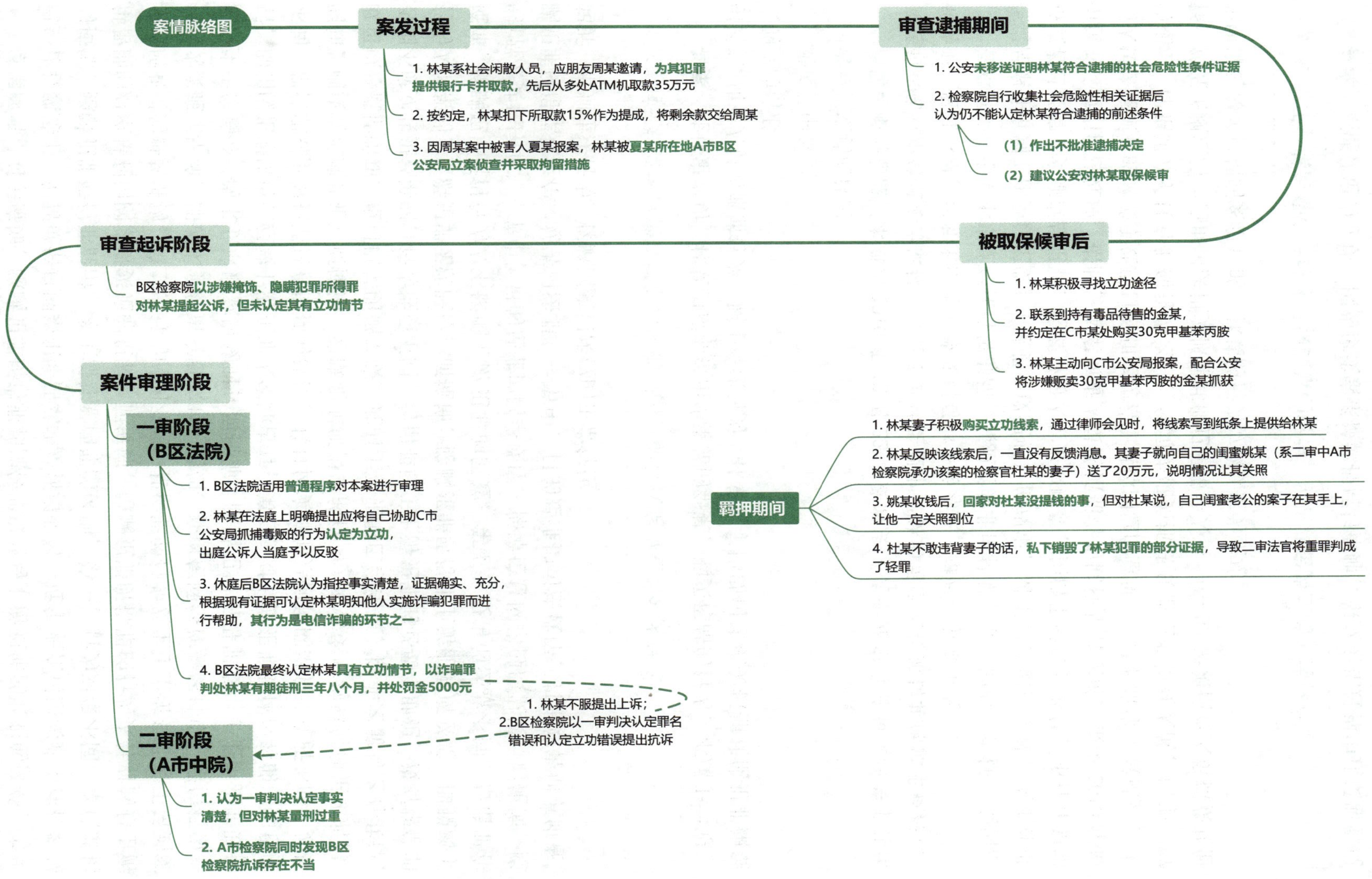

刑事综合大题

案情绘图

案发过程
1. 林某系某社会闲散人员，应朋友周某邀请，为其担保提供借款行为共担风险，先后从多处ATM机取款35万元
2. 按约定，林某扣下所欠款15%作为提成，将剩余款交给周某
3. 因周某案中被害人夏某报案，林某被夏某所在地A市B区公安局立案侦查并采取拘留措施

审查逮捕期间
1. 公安未移送证明林某符合逮捕的社会危险性条件证据
2. 检察院自行收集社会危险性相关证据，认为仍不能认定林某符合逮捕的条件
   (1) 作出不批准逮捕决定
   (2) 建议公安对林某取保候审

被取保候审后
1. 林某积极寻找立功线索，通过律师会见时，联系到持有毒品待售的金某，并约定在C市某处购买30克甲基苯丙胺，配合公安将涉嫌贩卖30克甲基苯丙胺的金某抓获
2. 林某主动向C市公安局报案，配合公安将涉嫌贩卖30克甲基苯丙胺的金某抓获
3. 林某妻子得知线索后，一直没有反映情况，其妻子私自向自己的闺蜜联系（系二审中A市检察院承办该案的检察官社某的妻子）送了20万元，说明情况让社某关照
4. 林某欺骗妻子的话，**私下销毁了林某犯罪的部分证据，导致二审法官将重罪判成了轻罪**

审查起诉阶段
B区检察院以涉嫌诈骗，隐瞒犯罪所得罪对林某提起公诉，但未认定其有立功情节

案件审理阶段

一审阶段（B区法院）
1. B区法院适用普通程序对本案进行审理
2. 林某在法庭上明确提出应将本案交由公安局抓捕贩毒品的行为认定为立功
3. 休庭后B区法院认为指控事实清楚，证据确实、充分，根据现有证据可以认定林某明知他人实施诈骗且有进行帮助，其行为是帮信诈骗罪的情节之一
4. B区法院最终认定林某具有立功情节，以诈骗罪判处林某有期徒刑三年八个月，并处罚金5000元

二审阶段（A市中院）
1. 林某不服提出上诉：
   1. B区检察院以一审判决认定林某犯罪情节提出抗诉
   2. B区检察院以一审判决认定其立功情节提出抗诉
2. 认为一审判决认定事实清楚，但对林某量刑过重
3. A市检察院同时发现B区检察院抗诉不当

答案解析：对于掩饰、隐瞒犯罪所得罪和洗钱罪以及与上游犯罪的共犯的区分，考生已经比较熟悉了。但帮助信息网络犯罪活动罪是新增罪名，近年来在司法实践中往往容易与掩饰、隐瞒犯罪所得罪混淆。考生需注意两罪的区别：第一，行为对象不同。帮信罪提供帮助的对象是利用网络所实施的犯罪；而掩饰、隐瞒犯罪所得罪的行为人针对的是上游犯罪所获得的赃款赃物；第二，行为时间不同。帮信罪的行为发生于上游犯罪着手后到实行行为实施完毕前，即还未实际占有赃款时。例如，在电信网络诈骗案件中，帮信行为一般发生于诈骗分子尚未获取赃款赃物时；而掩饰、隐瞒犯罪所得罪发生于上游犯罪既遂后，即相应犯罪所得已经被上游犯罪人实际占有；第三，对上游犯罪具体内容的明知程度不同。帮信罪对上游犯罪只有概括的认识，其具体实施的是何种网络犯罪在所不问，如果明知，则成立承继共犯；而掩饰、隐瞒犯罪所得罪的行为人对涉案财物属何种犯罪所得，既可以是概括明知，也可以是明确知晓。此时上游犯罪已经结束，除非之前与之有共谋，否则不成立共犯；第四，行为性质不同。帮信罪属于上游犯罪的必要帮助犯，没有帮信罪行为人的帮助，上游犯罪无法既遂；而掩饰、隐瞒犯罪所得非上游犯罪所必需，即脱离了掩饰、隐瞒犯罪所得行为人不影响上游犯罪的既遂；第五，侵害的法益不同。帮信罪在"扰乱公共秩序罪"一节中，目的是维护网络秩序，保障信息网络健康发展；而掩饰、隐瞒犯罪所得罪规定在"妨害司法罪"一节中，目的是维护司法秩序，打击妨害刑事侦查、起诉、审判违法行为，保障国家司法权的正常行使。

2. 对于林某配合警方抓捕毒贩的行为，能否认定为立功？为什么？

答案：能认定立功。林某引诱准备出售毒品的金某，购买毒品的行为，不属于"犯意引诱"，侦查人员的抓捕行为，属于合法行为。林某属于协助司法机关抓捕其他犯罪嫌疑人的立功情形。

难度：中

考点：立功的认定

命题与解题思路：本题以2010年12月22日最高法《关于处理自首和立功若干具体问题的意见》中的规定为依据，考查了立功类型中"协助司法机关抓捕其他犯罪嫌疑人"的情形。题目不难，实际上法考中涉及刑罚部分的考点，难度一般都不大。

答案解析：金某本来就存在待售毒品，其犯意并非由林某引起。同时，根据《全国法院毒品案件审判工作会议纪要》（昆明会议纪要）的规定，对于有证据证明被告人正在准备或者已经着手实施毒品犯罪，隐匿身份人员采取贴靠、接洽手段破获案件，不存在犯罪引诱的，应当依法处理。据此，本案侦查人员的抓捕行为同样是合法的。根据2010年最高人民法院颁布的《关于处理自首和立功若干具体问题的意见》（以下简称《意见》）中的规定，即犯罪分子具有下列行为之一，使司法机关抓获其他犯罪嫌疑人的，属于《解释》第五条规定的"协助司法机关抓捕其他犯罪嫌疑人"：……3. 带领侦查人员抓获其他犯罪嫌疑人（包括同案犯）的。林某的行为应该认定为立功。

3. 对于林某向看守所民警反映线索的行为，能否认定为立功？为什么？

答案：不能认定为立功。因为该线索系被羁押后与律师、亲友会见过程中违反监管规定获得的，不能认定为有立功表现。

难度：中

考点：立功的认定

命题与解题思路：本题以《意见》中的规定为依据，考查了立功线索的认定问题。题目不难，但考生往往容易忽视对立功问题的复习。实际上，对于刑罚部分，自首和立功问题是高频考点。

答案解析：目前我国法律虽然对犯罪分子亲友"买功"行为，并没有明确禁止性规定。但《意见》规定，犯罪分子通过贿买、暴力、胁迫等非法手段，或者被羁押后与律师、亲友会见过程中违反监管规定，获取他人犯罪线索并"检举揭发"的，不能认定为有立功表现。本题中，线索是林某妻子通过律师会见时，将该线索写到纸条上悄悄提供给林某的，违反了监管规定，不能认定为立功。

> **4. 林某妻子给姚某送钱，姚某让杜某关照林某，对于林某妻子和姚某的行为应该如何定性？为什么？**

答案：姚某构成利用影响力受贿罪。姚某系承办该案的检察官杜某的妻子，其利用杜某办理该案的职务之便，收受20万元贿赂款，为林某妻子谋取不正当利益，符合该罪构成，成立既遂。林某妻子的行为系对有影响力的人行贿，成立对有影响力的人行贿罪。

难度：中

考点：利用影响力受贿罪

命题与解题思路：利用影响力受贿罪和对有影响力的人行贿罪是刑法中的新增罪名，考生对上述两罪的掌握可能不如对行贿罪和受贿罪的掌握清楚。对此知识点，法考客观题已经有所考查，考生要重视。

答案解析：《刑法》第388条之一规定了利用影响力受贿罪，所谓利用影响力受贿罪的行为是指"国家工作人员的近亲属或者其他与该国家工作人员关系密切的人，通过该国家工作人员职务上的行为，或者利用该国家工作人员职权或者地位形成的便利条件，通过其他国家工作人员职务上的行为，为请托人谋取不正当利益，索取请托人财物或者收受请托人财物，数额较大或者有其他较重情节的行为"以及"离职的国家工作人员或者其近亲属以及其他与其关系密切的人，利用该离职的国家工作人员原职权或者地位形成的便利条件实施前款行为的"。姚某作为"A市检察院承办该案的检察官杜某的妻子"，其明知林某为了通过杜某职务上的行为谋取不正当利益，进而给其贿赂，有观点认为已经成立了利用影响力受贿罪。因为该观点认为本罪的成立不需要国家工作人员对不正当利益的许诺。但张明楷教授认为，该罪系危险犯，必须有国家工作人员的许诺，否则就会与国家工作人员的职务廉洁性无关，即不会对该法益造成侵害的危险。基于该观点，本题中，姚某收钱后，"回家对杜某并没有提钱的事"（如果回家后告知杜某一切情况，杜某许诺为林某的事帮忙。那么，杜某成立受贿罪，姚某成立受贿罪的共犯和利用影响力受贿罪的想象竞合犯），只是对杜某说"自己闺蜜的老公的案子在其手上，让他一定关照到位"，进而"杜某不敢违背妻子的话……"。如此，姚某的行为不论何种观点，都成立利用影响力受贿罪的既遂。

《刑法》第390条之一规定了对有影响力的人行贿罪，即"为谋取不正当利益，向国家工作人员的近亲属或者其他与该国家工作人员关系密切的人，或者向离职的国家工作人员或者其近亲属以及其他与其关系密切的人行贿的"行为。林某妻子的行为符合该罪的构成要件，成立对有影响力的人行贿罪。

5. 杜某的行为应如何认定？为什么？

答案：成立徇私枉法罪和帮助毁灭、伪造证据罪的想象竞合犯，以重罪徇私枉法罪定罪。可以将徇私枉法罪中的"明知有罪的人故意包庇不使他受追诉"扩大解释为"明知是有罪的人而故意包庇不使他受应有的追诉"，这样杜某的行为就符合解释后的情形了。

难度：难

考点：徇私枉法罪、帮助毁灭、伪造证据罪

命题与解题思路：本题考查徇私枉法罪和帮助毁灭、伪造证据罪的适用。应当说，徇私枉法罪是司法人员渎职犯罪中的一个重要罪名，该罪名涉及扩大解释的问题。另外，其在司法实践中往往与帮助毁灭、伪造证据罪难以区分，如本题所述，两者其实可以成立竞合。

答案解析：徇私枉法罪的构成要件中规定了三种行为类型，即"司法工作人员徇私枉法、徇情枉法，对明知是无罪的人而使他受追诉、对明知是有罪的人而故意包庇不使他受追诉，或者在刑事审判活动中故意违背事实和法律作枉法裁判的"行为。如果单从语义上看，本题中的情形并不符合这三种情形，但可以通过扩大解释将第二种情形"对明知有罪的人而故意包庇不使他受追诉"扩大解释为"明知是有罪的人而故意包庇不使他受应有的追诉"，这样杜某的行为就符合解释后的情形了。实际上，杜某的行为同时触犯了刑法第307条帮助毁灭、伪造证据罪，该罪是指"帮助当事人毁灭、伪造证据罪，情节严重的。司法工作人员犯该罪的，从重处罚。"但该罪法定刑是处三年以下有期徒刑或者拘役。而徇私枉法罪的基本犯是处五年以下有期徒刑或者拘役。两者竞合时应以徇私枉法罪定罪处罚。

6. 检察院对林某的审查逮捕有无不当？为什么？

答案：有两处不当：（1）检察院审查认定林某是否符合逮捕的社会危险性条件，应当以公安机关移送的社会危险性相关证据为依据，可以要求公安机关补充相关证据，但不能自行收集。（2）检察院作出不批准逮捕决定即可，不得直接提出采取取保候审措施的意见。

难度：难

考点：审查逮捕

命题与解题思路：本题考查检察院审查逮捕的程序，涉及对社会危险性相关证据的收集和审查逮捕后的处理方式。解答本题，考生应准确把握审查逮捕环节的所属阶段和检察院在审查逮捕环节的角色定位。

答案解析：根据《人民检察院刑事诉讼规则》（以下简称《检察规则》）第135条第1款规定，人民检察院审查认定犯罪嫌疑人是否具有社会危险性，应当以公安机关移送的社会危险性相关证据为依据，并结合案件具体情况综合认定。必要时，可以通过讯问犯罪嫌疑人、询问证人等诉讼参与人、听取辩护律师意见等方式，核实相关证据。该条规定强调了检察院在审查批准逮捕案件时的中立地位和把关作用，检察院的主要任务是审查核实证据。根据《检察规则》第135条第2款规定,依据在案证据不能认定犯罪嫌疑人符合逮捕社会危险性条件的,人民检察院可以要求公安机关补充相关证据,公安机关没有补充移送的,应当作出不批准逮捕的决定。据此,检察院不能替公安机关去收集证明犯罪嫌疑人符合逮捕社会危险性条件的相关证据。根据《检察规则》第285条第2款规定,人民检察院办理审查逮捕案件,不另行侦查,不得直接提出采取取保候审措施的意见。这样规定,主要是因为检察机关此时的职责是对公安机关提请逮捕的案件进行审查把关,只需根据现有证据作出批准与否的决定。如果证据未达到逮捕条件,可在作出不捕决定后,要求公安机关补充侦查,而不应代替公安机关另行侦查取证。不捕后是否需要采取取保候审措施,也应由公安机关根据侦查情况自行决定。(解析参考《〈人民检察院刑事诉讼规则〉理解与适用》第209页)

> 7. 如夏某对林某提起附带民事诉讼,法院能否以此判决林某承担赔偿责任?为什么?

答案:不能。本案属于非法占有、处置被害人财产的诈骗案件,林某即使承担赔偿责任,应当依照依法责令其退赔被害人损失的程序。如夏某提起附带民事诉讼,法院不予受理。

难度:中

考点:附带民事诉讼的受案范围

命题与解题思路:本题考查附带民事诉讼的受案范围。解答本题,考生应注意本案被害人遭受损失的形式,进而准确判断林某应以何种方式承担赔偿责任。

答案解析:根据《法院解释》第175条第1款规定,被害人因人身权利受到犯罪侵犯或者财物被犯罪分子毁坏而遭受物质损失的,有权在刑事诉讼过程中提起附带民事诉讼;被害人死亡或者丧失行为能力的,其法定代理人、近亲属有权提起附带民事诉讼。但更需要注意的是法院不予受理的情形。根据《法院解释》第175条第2款规定,因受到犯罪侵犯,提起附带民事诉讼或者单独提起民事诉讼要求赔偿精神损失的,人民法院一般不予受理。根据《法院解释》第176条规定,被告人非法占有、处置被害人财产的,应当依法予以追缴或者责令退赔。被害人提起附带民事诉讼的,人民法院不予受理。追缴、退赔的情况,可以作为量刑情节考虑。根据《法院解释》第177条规定,国家机关工作人员在行使职权时,侵犯他人人身、财产权利构成犯罪,被害人或者其法定代理人、近亲属提起附带民事诉讼的,人民法院不予受理,但应当告知其可以依法申请国家赔偿。本案中,林某虽然从被害人损失中获取少量利益,但其行为间接造成了夏某的损失,应与实施上游犯罪的行为人承担连带退赔责任。该"退赔"并非针对附带民事起诉的判决赔偿。

> 8. 对于林某提出的立功理由,B区法院应当如何开展审查认定?

答案:对于林某提出的立功理由,由于B区检察院未予认定,B区法院应当要求C市公安局提供证明材料,或者要求有关侦查人员作证,并结合其他证据作出认定。

难度:难

考点:立功情节的审查

命题与解题思路：本题考查法院对检察院未予认定的被告人立功情节的审查。解答本题，考生应注意立功事实是有利于被告人的事实情节，检察院未移送相关证据材料，法院不应按照未起诉的犯罪事实处理，而是应主动获取相关证据。

答案解析：根据《法院解释》第144条第2款规定，对被告人及其辩护人提出有自首、坦白、立功的事实和理由，有关机关未予认定，或者有关机关提出被告人有自首、坦白、立功表现，但证据材料不全的，人民法院应当要求有关机关提供证明材料，或者要求有关人员作证，并结合其他证据作出认定。据此，对于有利于被告人的量刑证据，法院应当主动要求掌握相关证明材料的机关予以提供，或者主动要求有关人员作证。未限定于检察院提供证据，体现了法院在关照弱势被告人时的灵活性和能动性。相较而言，对于不利于被告人的证据，仍然是由检察院提供。根据《法院解释》第145条规定，证明被告人具有累犯、毒品再犯情节等的证据材料，应当包括前罪的裁判文书、释放证明等材料；材料不全的，应当通知人民检察院提供。

9. 如A市检察院认为一审判决无误，应当如何处理？如A市检察院认为一审判决定罪无误，但认定立功有误，可如何处理？

答案：（1）如A市检察院认为一审判决无误，即认为B区检察院抗诉不当，A市检察院应当先听取B区检察院的意见。听取意见后，仍然认为抗诉不当的，应当向A市中级法院撤回抗诉，并通知B区检察院。

（2）如A市检察院认为一审判决定罪无误，但认定立功有误，即部分支持抗诉意见。对此，A市检察院可以变更抗诉理由，及时制作支持抗诉意见书，并通知B区检察院。

难度：难

考点：撤回抗诉的程序、变更抗诉理由

命题与解题思路：本题考查上级检察院撤回抗诉的程序和变更抗诉理由两个知识点。解答本题，考生应注意掌握上级检察院撤回抗诉的内部程序，以及认为部分抗诉不当、部分抗诉正确时的处理方式。

答案解析：第二审程序的抗诉是对原公诉决定的继续支持，是公诉活动的延伸。根据《检察规则》第589条规定，上一级人民检察院对下级人民检察院按照第二审程序提出抗诉的案件，认为抗诉正确的，应当支持抗诉。上一级人民检察院认为抗诉不当的，应当听取下级人民检察院的意见。听取意见后，仍然认为抗诉不当的，应当向同级人民法院撤回抗诉，并且通知下级人民检察院。上一级人民检察院在上诉、抗诉期限内，发现下级人民检察院应当提出抗诉而没有提出抗诉的案件，可以指令下级人民检察院依法提出抗诉。上一级人民检察院支持或者部分支持抗诉意见的，可以变更、补充抗诉理由，及时制作支持抗诉意见书，并通知提出抗诉的人民检察院。据此，二审抗诉虽然是由提起公诉的一审法院对应的检察院提出，但在二审程序中，需要得到二审法院对应的检察院（提出抗诉的检察院的上级检察院）的支持，否则抗诉无从展开。上级检察院支持抗诉的前提是认可抗诉，上级检察院如果认为抗诉不当，应先与提起公诉和提出抗诉的下级检察院进行沟通和交换意见，如此才能进一步准确判断下级检察院的抗诉是否确实不当。如果只是认为部分抗诉不当，说明其他部分抗诉还应继续开展，此时变更、补充抗诉理由，按认定的情况制作支持抗诉意见书即可。

10. 如 A 市检察院向 A 市中级法院撤回抗诉，中级法院可否不开庭审理本案？为什么？

答案：应当开庭审理。本案已进入第二审程序，如 A 市检察院向 A 市中级法院撤回抗诉，由于 A 市中级法院审查认为一审判决对林某量刑过重，属于"轻罪重判"，故应不予准许 A 市检察院撤回抗诉，应继续审理。由于本案是抗诉案件，因此仍应开庭审理。

难度：难

考点：二审开庭审理

命题与解题思路：本题考查二审开庭审理的情形。解答本题，考生应注意检察院提出撤回抗诉是否影响二审法院继续按照抗诉案件审理。如果该二审案件同时属于抗诉案件，则二审法院应当开庭审理。

答案解析：根据《刑事诉讼法》第 234 条第 3 项规定，第二审人民法院对于人民检察院抗诉的案件，应当开庭审理。根据《法院解释》第 385 条第 1 款和第 2 款规定，人民检察院在抗诉期限内要求撤回抗诉的，人民法院应当准许。人民检察院在抗诉期满后要求撤回抗诉的，第二审人民法院可以裁定准许，但是认为原判存在将无罪判为有罪、轻罪重判等情形的，应当不予准许，继续审理。本案中，二审法院认为原判存在重判的情况，因此不应准许检察院撤回抗诉。需要注意的是，"继续审理"是指继续按照抗诉案件开庭审理。此类案件本由抗诉启动，虽已提出撤回抗诉但法院因故不予准许，这属于诉讼程序上的重大事项，并且在实体上也可能发生重大变化（原判有罪改判无罪，或原审重判改为轻判），因此应当一律开庭审理。

评分细则（共 56 分）

1-10 题满分为：8 分、5 分、4 分、6 分、5 分、4 分、6 分、6 分、6 分、6 分

1. 观点一：掩饰、隐瞒犯罪所得罪（1 分）。帮助犯罪人取出转到自己卡中的作为犯罪所得的赃款（1 分）；观点二：帮助信息网络犯罪活动罪（1 分）。明知是他人利用信息网络所实施的犯罪为其提供支付结算帮助（1 分）。观点三：成立上游犯罪的共犯（1 分）。如有证据证明林某与他人共谋实施该罪，成立该上游犯罪的共犯（1 分）；观点四：成立洗钱罪（1 分）。如能证明林某明知上游犯罪是掩饰、隐瞒毒品犯罪等罪名而帮其取款以掩饰、隐瞒该收益的来源和性质（1 分）。

2. 可以（2 分）。林某引诱准备出售毒品的金某不属于"犯意引诱"（1 分），构成协助司法机关抓捕其他犯罪嫌疑人（2 分）。

3. 不可以（2 分）。该线索系被羁押后中违反监管规定获得的（2 分）。

4. 姚某构成利用影响力受贿罪（2 分）。姚某系承办该案的检察官杜某的妻子或者具有影响力的亲属关系（1 分），收受贿赂款为他人谋取不正当利益（1 分）。林某妻子成立对有影响力的人行贿罪（2 分）。

5. 徇私枉法罪（1 分）和帮助毁灭、伪造证据罪（1 分）的想象竞合犯（1 分）。明知是有罪的人而故意包庇不使他受应有的追诉（2 分）。

6. 审查逮捕不能自行收集证据（2 分）。不得直接提出采取取保候审措施的意见（2 分）。

7. 不能（2分）。属于非法占有、处置被害人财产的诈骗案件（2分），应当依照依法责令其退赔被害人损失的程序（2分）。

8. 应当要求C市公安局提供证明材料（2分），或者要求有关侦查人员作证（2分），结合其他证据作出认定（2分）。

9. 应当先听取B区检察院的意见（1分）。仍然认为抗诉不当的应向A市中院撤回抗诉（2分），通知B区检察院（1分）；可以变更抗诉理由（1分），通知B区检察院（1分）。

10. 应当开庭审理或者不可以不开庭（2分）。属于"轻罪重判"应继续审理（2分），抗诉案件应当开庭审理（2分）。

第三题（本题56分）

一、试题

案情：2019年2月，苏某的妻子曾某（某私营药企负责人）因向某公立医院负责人莫某行贿被C省A市监察委立案调查。苏某了解到律师林某可以帮忙办理曾某脱罪事宜，便通过朋友联系到林某，让其找关系为曾某脱罪。林某答应后，联系A市监察委负责该案的工作人员黄某，黄某答复可以帮忙，二人具体商议了帮曾某脱罪的计划。林某向苏某表示已联系黄某，需200万元作为活动经费，苏某答应后，通过转账、直接送款等方式交给林某150万元。林某将其中30万元交给黄某。后林某通过黄某了解到曾某案件案情重大后，向苏某提出加价到450万元才能继续办理，苏某同意。2019年3月下旬，苏某将120万元交给林某，而后林某将30万元交给黄某。

后因曾某被A市监察委留置，苏某表示不想办了，要求林某退回150万元，林某便出具了一张150万元的借条给苏某。黄某也向林某表示，曾某的案子案情重大，无法办理脱罪，退还了林某此前交给他的60万元，并让林某把钱退回去。

林某背着黄某找到苏某，表示自己可继续和黄某办理此事，并且多加150万元可以连涉案的苏某儿子及公司都保下来，苏某因害怕其子与公司受到牵连，便答应继续办理，但表示需办妥后才给150万元，林某同意。苏某于2019年4月下旬将80万元交给林某。2019年5月上旬，苏某通过咨询知道曾某的事不可能用钱办妥，便提出不再办理，要求林某还钱，但林某拒绝退还。

苏某觉得自己花的几百万元都打了水漂，决心向林某要回属于自己的钱。于是苏某找到王某、何某，声称林某借了自己的钱至今未还，并展示了借条，让二人把林某绑到自己的乡下老家强迫林某还钱。王某、何某按照苏某提供的信息，用麻绳、胶带将林某双脚捆绑、双手反绑，并封住其口、眼劫持到苏某老家关押，要求林某还钱，但林某表示钱已经被自己赌博输光了，无法归还。翌日下午，因林某仍表示无法归还，王某恼怒之下产生杀意，指示何某持铁棍猛击林某头部致其昏迷。二人以为林某已死，遂将林某用汽车载到一偏僻路段，把路面井盖打开后将林某扔进下水道，并盖上井盖。事后鉴定发现，林某系在下水道内因饥饿和呼吸、运动受阻而死亡。

曾某、莫某后被一并移送A市检察院审查起诉。其间，莫某趁外出看病时逃匿，通缉一年后未到案。在 A 市中级法院审理没收莫某违法所得期间，莫某被抓获归案并起诉至 A 市中级法院。

问题：

1. A 市监察委对曾某采取留置的做法是否正确？为什么？
2. 对林某与黄某帮助曾某脱罪的行为，应如何定性？为什么？
3. 黄某退还财物的行为能否成立犯罪中止？为什么？
4. 黄某涉嫌犯罪可否由 A 市检察院立案侦查？为什么？
5. 对苏某给予林某财物的行为，应如何定性？为什么？
6. 对林某拒不退还苏某财物的行为，在刑法认定上可能存在哪些观点？
7. 对苏某通过王某、何某向林某索要财物的行为，应如何定性？
8. 对王某、何某的行为，在刑法上应当如何处理？
9. 对莫某发布通缉令，应采取何种程序？
10. 莫某逃匿后，A 市检察院可否单独起诉曾某？为什么？
11. 莫某被通缉一年后不能到案，A 市检察院可否直接向 A 市中级法院提出没收违法所得的申请？为什么？
12. 莫某被抓获归案，A 市检察院起诉至 A 市中级法院，A 市中级法院可否与没收莫某违法所得一案一并审理？为什么？

二、案例来源

《刑事审判参考》第 299 号案"王某绑架案"

三、总体命题思路

本题属于刑法与刑事诉讼法相结合的综合性试题。命题人通过受贿、行贿这一基本事实，将刑法总则中的共同犯罪与身份、犯罪未完成形态、因果关系错误等知识点联系起来进行综合考查，同时涉及刑法分则中的受贿罪、行贿罪、非法拘禁罪、侵占罪等法考重点罪名，还将刑事诉讼法知识予以有机结合。总的来讲，本题既涉及刑法总则知识，也涉及刑法分则知识；既涉及刑事实体法知识，也涉及刑事程序法知识，比较注重对基础知识掌握情况以及运用能力的综合考查。要准确作答本题，需要考生准确理解共同犯罪、犯罪未完成形态、因果关系错误等基本知识，熟知受贿罪、非法拘禁罪等罪名的认定标准，还需要注意掌握其中关于因果关系错误、侵占不法委托物的理论争议。

四、答案精讲

> 1. A 市监察委对曾某采取留置的做法是否正确？为什么？

答案：正确。虽然曾某不是公职人员，但涉嫌向公职人员莫某行贿，且案情重大，依据《监察法》规定，A 市监察委可以对曾某采取留置。

难度：难

考点：监察委管辖及留置的条件

框架图

苏某找到律师林某帮助其妻曾某脱罪

行为人：苏某、林某、黄某

案件流程：

A.曾某犯罪被抓：2019年2月，苏某的妻子曾某（某私营药企负责人）因向某公立医院负责人莫某行贿被C省A市监察委立案调查。

B.苏某找到律师林某帮助其妻脱罪，林某同意。

C.林某答应后，联系A市监察委负责该案的工作人员黄某，黄某答复可以帮忙，黄林二人具体商议了帮曾某脱罪的计划。

D.林某向苏某索要"活动经费"：林某向苏某表示已联系黄某，需200万元作为活动经费，苏某答应后，通过转账、直接送款等方式交给林某150万元。

E.林某交给黄某30万元。

F.林某了解到案情重大，提高费用：后林某通过黄某了解到曾某案件案情重大后，向苏某提出加价到450万元才能继续办理，苏某同意。2019年3月下旬，苏某将120万元交给林某。

G.林某又将30万元交给黄某。

H.曾某被留置，苏某不想为之脱罪，要求林某退款：后因曾某被A市监察委留置，苏某表示不想办了，要求林某退回150万元，林某便出具了一张150万元的借条给苏某。

I.黄某向林某表示无法帮助办理此事，退回之前收的60万：黄某也向林某表示，曾某的案子案情重大，无法办理脱罪，退还了林某此前交给他的60万元，并让林某把钱退回去。

J.林某背着黄某找到苏某，声称可以办成：林某背着黄某找到苏某，表示自己可继续和黄某办理此事，并且多加150万元可以连涉案的苏某儿子及公司都保下来，苏某因害怕其子与公司受到牵连，便答应继续办理，但表示办妥后才给150万元，林某同意。

K.苏某于2019年4月下旬将80万元交给林某。

苏某找到王某何某捆绑林某

行为人：苏某、王某、何某

案情：

A.苏某以索债为理由找到王某、何某帮其捆绑林某：苏某找到王某、何某，声称林某借了自己的钱至今未还，并展示了借条，让二人把林某绑到自己的乡下老家强迫林某还钱。

B.王某何某按照苏某给出的信息绑了林某：王某、何某按照苏某提供的信息，用麻绳、胶带将林某双脚捆绑、双手反绑，并封住其口、眼劫持到苏某老家关押，要求林某还钱，但林某表示钱已经被自己赌博输光了，无法归还。

C.因林某不还钱，王某起杀意，授意何某击打林某：因林某仍表示无法归还，王某恼怒之下产生杀意，指示何某持铁棍猛击林某头部致其昏迷。

D.二人以为林某已死，将之"抛尸"事后鉴定不是当场死亡：二人以为林某已死，遂将林某用汽车载到一偏僻路段，把路面井盖打开后将林某扔进下水道里，并盖上井盖。事后鉴定发现，林某系在下水道内因饥饿和呼吸、运动受阻而死亡。

曾某莫某被移送审查起诉期间，莫某逃匿

行为人：莫某

案情：

被移送审查起诉后莫某逃匿：曾某、莫某后被一并移送A市检察院审查起诉。期间，莫某趁外出看病时逃匿，通缉一年后未到案。

后莫某被抓获：在A市中级法院审理没收莫某违法所得期间，莫某被抓获归案并起诉至A市中级法院。

命题和解题思路：本题主要考查了《监察法》中关于监察委的管辖及留置问题。解题时需要注意对曾某涉嫌犯罪的表述。

答案解析：根据《监察法》第22条规定，被调查人涉嫌贪污贿赂、失职渎职等严重职务违法或者职务犯罪，监察机关已经掌握其部分违法犯罪事实及证据，仍有重要问题需要进一步调查，并有下列情形之一的，经监察机关依法审批，可以将其留置在特定场所：（1）涉及案情重大、复杂的；（2）可能逃跑、自杀的；（3）可能串供或者伪造、隐匿、毁灭证据的；（4）可能有其他妨碍调查行为的。对涉嫌行贿犯罪或者共同职务犯罪的涉案人员，监察机关可以依照前款规定采取留置措施。从材料可知，曾某虽系私营药企负责人，但涉嫌向公立医院负责人莫某（公职人员）行贿，且案情重大，因此监察委可以对其采取留置。

2. 对林某与黄某帮助曾某脱罪的行为，应如何定性？为什么？

答案：林某与黄某成立受贿罪的共同犯罪。黄某属于国家工作人员，林某不属于国家工作人员，林某教唆、帮助具有国家工作人员身份的黄某收受财物为曾某脱罪，二人就此进行商议，就利用黄某的职务便利为曾某脱罪形成了共同故意。林某从苏某处取得财物后，给了黄某60万元，属于收受他人财物为他人谋取利益的行为。

难度：中

考点：共同犯罪与身份、受贿罪

命题和解题思路：本题系结合受贿罪这一具体罪名，考查考生对共犯与身份的理解。在答题时，要注意无身份者是能够与有身份者构成共同犯罪的，在此基础上，结合受贿罪的构成要件，对二人的行为作出准确认定。

答案解析：本题涉及共同犯罪与身份、受贿罪等考点。受贿罪属于真正身份犯。所谓真正身份犯，是指建构构成要件不法内涵的核心就是行为人的身份，也即身份的有无影响定罪的情形（构成身份）。如果不具有相关的身份，且不存在有身份者参与的场合，无身份者不成立身份犯构成要件的相关犯罪。无身份者帮助、教唆有特定身份的人共同实施犯罪的，应当根据有身份者的犯罪定罪。例如，非国家工作人员与国家工作人员勾结，伙同贪污或者受贿的，应当成立贪污罪或者受贿罪的教唆犯或帮助犯。受贿罪在客观方面表现为行为人利用职务上的便利，索取他人财物，或者非法收受他人财物，为他人谋取利益的行为。

本案中，黄某系监察委员会负责该案的工作人员，属于国家工作人员，林某则不属于国家工作人员。但是，林某教唆、帮助具有国家工作人员身份的黄某收受财物为曾某脱罪，二人就此进行商议，就利用黄某的职务便利为曾某脱罪形成了共同故意。林某从苏某处取得财物后，给了黄某60万元，属于收受他人财物为他人谋取利益的行为。二人的行为属于无身份者与有身份者共同实施受贿，成立受贿罪的共同犯罪。

3. 黄某退还财物的行为能否成立犯罪中止？为什么？

答案：不成立。林某就收受财物为他人谋取利益已经与黄某进行商议，形成了共同犯罪的故意，黄某收受了财物，构成受贿罪的既遂。其在既遂以后退还60万元的行为，属于犯罪既遂后退赃的行为，不影响犯罪既遂的认定。

难度：中

考点：犯罪既遂、犯罪中止

命题和解题思路：本题结合分则罪名考查刑法总则关于犯罪既遂、犯罪中止的规定。考生需要结合受贿罪的法益，准确理解受贿罪的既遂标准，从而对其事后退赃的行为作出准确认定。

答案解析：关于受贿罪的既遂标准，理论上认为，受贿人实际取得行贿人给付的财物、实际领受财产性利益时，即成立犯罪既遂（取得说）。其原因在于，受贿罪的法益是国家工作人员职务行为的不可收买性，或者说是国家工作人员职务行为与财物的不可交换性。而犯罪中止是指在故意犯罪过程中，犯罪分子基于自己的意思自动放弃犯罪，或者自动有效地防止犯罪结果发生的犯罪形态。本案中，黄某已经基于共同受贿的故意收受了财物，构成受贿罪的既遂，其在犯罪既遂之后退还60万元的行为属于事后退赃行为，不成立犯罪中止。

4. 黄某涉嫌犯罪可否由A市检察院立案侦查？为什么？

答案：不可以。黄某系A市监察委工作人员，其涉嫌职务犯罪应由监察委立案调查。

难度：易

考点：监察委的管辖

命题和解题思路：本题主要考查监察委工作人员涉嫌职务犯罪的管辖问题。解题时需要注意检察院立案侦查的犯罪主体是司法工作人员。

答案解析：根据《监察法》第3条规定，各级监察委员会是行使国家监察职能的专责机关，依照本法对所有行使公权力的公职人员（以下称公职人员）进行监察，调查职务违法和职务犯罪。开展廉政建设和反腐败工作，维护宪法和法律的尊严。而根据《检察规则》第13条第1款规定，人民检察院在对诉讼活动实行法律监督中发现的司法工作人员利用职权实施的非法拘禁、刑讯逼供、非法搜查等侵犯公民权利、损害司法公正的犯罪，可以由人民检察院立案侦查。从材料可知，黄某的身份是A市监察委工作人员，其身份并不是司法工作人员，因此其涉嫌职务犯罪不应由A市检察院立案侦查。

5. 对苏某给予林某财物的行为，应如何定性？为什么？

答案：苏某构成行贿罪。苏某为了让妻子脱罪，找到林某，让林某找关系帮忙办理，并给予林某财物让林某去找黄某活动，其属于为谋取不正当利益，给予国家工作人员财物的行为。因此，苏某构成行贿罪。

难度：中

考点：行贿罪

命题和解题思路：本题主要考查的是考生对行贿罪构成要件的理解。考生需要结合本罪的构成要件，对苏某的行为作出准确认定。同时，要注意把握苏某行为的实质，准确分析其将财物交给林某的行为性质。

答案解析：行贿罪，是指为谋取不正当利益，给予国家工作人员财物的行为。本案中，苏某为了让妻子脱罪，找到林某，让林某找关系帮忙办理，并给予林某财物让林某去找黄某活动，其属于为谋取不正当利益，给予国家工作人员财物的行为。因此，苏某构成行贿罪。需要说明的是，苏某虽然不是直接将财物给予国家工作人员黄某，但苏某找到林某明确表示让其去找关系办理脱罪，在林某告知其已联系国家工作人员黄某后，苏某对此予以认可，并把财物交给林某，其实质是希望通过林某向黄某转交财物，让黄某为其谋取不正当利益。所以，虽然财物是送给林某的，但苏某仍然成立行贿罪。

6. 对林某拒不退还苏某财物的行为，在刑法认定上可能存在哪些观点？

答案： 苏某给予林某的财物，属于受贿罪和行贿罪的赃物，林某占有该财物属于不法委托物。对于该行为，存在不同的观点：（1）否定说认为，对于不法给付，法律没有保护的必要，因为一方面，委托人已经对委托之物失去了所有权；另一方面，受托人对委托人而言不负返还义务，其即便不退还赃物，也不属于侵占罪中的"拒不退还"，因而不构成侵占罪。按照该观点，林某的行为不构成侵占罪。（2）肯定说认为，委托人虽有不法行为，在民法上对其给付之物即便不能依法请求返还，取得持有之受托人也不因此而取得所有权，受托人变占有为所有，仍然可以成立侵占罪。按照该观点，林某的行为构成侵占罪。

难度： 难

考点： 侵占罪、受贿罪、行贿罪

命题和解题思路： 本题属于观点展示题，主要将受贿罪、行贿罪中的赃款、赃物与侵占罪结合起来进行考查。考生在作答时，要结合侵占罪的构成要件和赃物的性质，明确这属于不法委托物的认定争议，在此基础上对不同观点进行分别作答。

答案解析： 在刑法理论上，将不法委托物据为己有的场合，是否成立侵占罪，存在争论。

否定说（多数观点）认为，对于不法给付，法律没有保护的必要，因为一方面，委托人已经对委托之物失去了所有权；另一方面，受托人对委托人而言不负返还义务，其即便不退还赃物，也不属于侵占罪中的"拒不退还"。强制其成为侵占罪的行为主体，破坏了法秩序的统一性。此外，侵占罪还有破坏委托信任关系的一面，而不法委托人的委托与受托人的收受之间，并不存在一种法律上的委托信任关系。按照该观点，林某的行为不构成侵占罪。

肯定说认为，委托人虽有不法行为，在民法上对其给付之物即便不能依法请求返还，取得持有之受托人也不因此而取得所有权，受托人变占有为所有，自然可以成为本罪的行为主体。所以，对刑法上有无犯罪性的讨论，与民法是否保护无关。按照该观点，林某的行为构成侵占罪。

7. 对苏某通过王某、何某向林某索要财物的行为，应如何定性？

答案： 苏某为了向林某索要财物，而唆使王某、何某非法拘禁林某，其构成非法拘禁罪，同时属于对王某、何某非法拘禁行为的教唆犯。

难度： 中

考点：非法拘禁罪、共同犯罪、教唆犯

命题和解题思路：本题考查的是非法拘禁罪和共同犯罪。考生需要注意掌握教唆犯等共同犯罪的基本原理，同时熟悉为了索取债务而非法拘禁他人的刑法认定。

答案解析：《刑法》第238条第3款明确规定，为索取债务（包括高利贷、赌债等法律不予保护的债务），非法扣押、拘禁他人的，以非法拘禁罪定罪处罚。本案中，苏某让林某帮忙找关系为曾某脱罪，并将财物给予林某。在苏某表示不愿意继续实施该行为后，苏某明确提出让林某还钱，林某也出具了借条，因而在客观上存在着"债务"。苏某为了索取债务，而唆使王某、何某将林某劫持到老家逼迫其还钱，属于非法拘禁罪的教唆犯。所以，苏某成立非法拘禁罪，同时属于教唆犯。

8. 对王某、何某的行为，在刑法上应当如何处理？

答案：（1）王某、何某受苏某的唆使，基于索取债务的故意，将林某予以非法控制的行为，成立非法拘禁罪。

（2）王某、何某在非法拘禁的过程中，产生杀人的故意并对林某头部实施猛击的行为，属于在非法拘禁罪以外实施新的犯罪，构成故意杀人罪。

（3）王某、何某误以为林某已经死亡，将林某扔进下水道致其死亡的行为，属于结果的推迟发生或事前的故意。二人成立故意杀人罪既遂，与非法拘禁罪数罪并罚。

难度：难

考点：非法拘禁罪、故意杀人罪、因果关系错误、事前的故意

命题和解题思路：本题考查了非法拘禁罪与故意杀人罪的关系，同时将刑法总则中的因果关系错误结合起来进行考查，具有一定难度。考生需要准确把握非法拘禁罪与故意杀人罪认定的基本知识，在此基础上，才能对本题作出准确、全面的回答。

答案解析：（1）《刑法》第238条第3款明确规定，为索取债务（包括高利贷、赌债等法律不予保护的债务），非法扣押、拘禁他人的，以非法拘禁罪定罪处罚。王某、何某受苏某的唆使，基于索取债务的故意，将林某予以非法控制的行为，成立非法拘禁罪，二人与苏某属于共同犯罪。

（2）在非法拘禁的过程中，产生杀人故意并实施杀人行为的，不适用《刑法》第238条第2款的规定，直接认定为非法拘禁罪与故意杀人罪。需要注意的是，这里涉及对非法拘禁罪与故意杀人罪的理解问题，具体包括以下情形：第一，非法拘禁致人死亡，但没有在拘禁行为之外另使用暴力的（拘禁行为没有超出其所需的暴力范围），仍然以非法拘禁罪的结果加重犯论处。第二，在非法拘禁的过程中，产生杀人故意并实施杀人行为的，不适用《刑法》第238条第2款的规定，直接认定为非法拘禁罪与故意杀人罪。第三，非法拘禁过程中在拘禁行为之外另使用了暴力且致人死亡，而没有杀人故意的，适用《刑法》第238条第2款后半段的规定，即只有当非法拘禁行为以外的暴力致人死亡时，才能认定为故意杀人罪。本案中，王某与何某因为林某拒绝还钱，而产生杀意并用铁棍猛击林某头部，属于在非法拘禁中实施新的犯罪行为，对其杀人行为应当认定为单独的故意杀人罪，与前面的非法拘禁罪数罪并罚。

（3）结果的推迟发生，又称为事前的故意，指行为人误以为自己的行为已经发生了侵害结果，为达到另一目的，又实施了另一行为，事实上行为人所预期的结果是后一行为所

造成。例如，甲为杀人先实施伤害行为，造成被害人重伤昏迷后，甲误以为被害人已经死亡，将被害人丢入井中，但被害人实际死于溺水。本案中王某、何某二人成立故意杀人罪既遂，与非法拘禁罪数罪并罚。

> **9. 对莫某发布通缉令，应采取何种程序？**

答案：莫某是在审查起诉期间逃匿，因此如需在 C 省范围内通缉莫某，应由 C 省检察院作出通缉决定，交 C 省公安机关发布通缉令；如需在全国范围内通缉莫某，应由最高人民检察院作出通缉决定，交公安部发布通缉令。

难度：中

考点：通缉

命题和解题思路：本题主要考查通缉的相关规定。解题时需要注意莫某是在审查起诉期间，而不是监察调查或者审判期间逃匿。

答案解析：根据《检察规则》第 233 条规定，各级人民检察院需要在本辖区内通缉犯罪嫌疑人的，可以直接决定通缉；需要在本辖区外通缉犯罪嫌疑人的，由有决定权的上级人民检察院决定。同时，根据《刑事诉讼法》第 155 条规定，应当逮捕的犯罪嫌疑人如果在逃，公安机关可以发布通缉令，采取有效措施，追捕归案。各级公安机关在自己管辖的地区以内，可以直接发布通缉令；超出自己管辖的地区，应当报请有权决定的上级机关发布。本案中，莫某是在审查起诉期间逃匿，对其通缉的决定应由检察院作出，通缉令由公安机关发布。

> **10. 莫某逃匿后，A 市检察院可否单独起诉曾某？为什么？**

答案：可以。虽然同案犯莫某逃匿，但只要曾某犯罪事实清楚，证据确实、充分，符合提起公诉的条件，A 市检察院可以单独对曾某提起公诉。

难度：中

考点：起诉

命题和解题思路：本题主要考查同案犯逃匿的情况下，对在案的犯罪嫌疑人的审查起诉问题。解题时需注意，虽然《刑事诉讼法》和《检察规则》中对此并未专门作出规定，但可根据相关条文推导出答案。

答案解析：根据《检察规则》第 158 条第 3 款规定，对于移送起诉的案件，犯罪嫌疑人在逃的，应当要求公安机关采取措施保证犯罪嫌疑人到案后再移送起诉。共同犯罪案件中部分犯罪嫌疑人在逃的，对在案犯罪嫌疑人的移送起诉应当受理。此外，根据《检察规则》第 252 条第 1 款规定，人民检察院直接受理侦查的共同犯罪案件，如果同案犯罪嫌疑人在逃，但在案犯罪嫌疑人犯罪事实清楚，证据确实、充分的，对在案犯罪嫌疑人应当根据本规则第 237 条的规定分别移送起诉或者移送不起诉。根据上述规定可以推导出，在审查起诉环节，虽然同案犯莫某逃匿，但只要曾某涉案的事实清楚，证据确实、充分，符合起诉条件时，可以先对其单独起诉。否则，若莫某长期不到案，曾某的刑事责任始终无法确认。

11. 莫某被通缉一年后不能到案，A 市检察院可否直接向 A 市中级法院提出没收违法所得的申请？为什么？

答案：可以。莫某涉嫌受贿罪，且通缉一年后不能到案，符合没收违法所得的适用条件；同时案件已在审查起诉阶段，A 市检察院无须将案件退回 A 市监察委，可直接向 A 市中级法院提出没收违法所得的申请。

难度：中

考点：没收违法所得程序的启动

命题和解题思路：本题主要考查没收违法所得程序的启动。解题时要注意：第一，莫某是否符合没收违法所得的条件；第二，检察院可否直接启动该程序。

答案解析：根据《检察规则》第 528 条规定，在人民检察院审查起诉过程中，犯罪嫌疑人死亡，或者贪污贿赂犯罪、恐怖活动犯罪等重大犯罪案件的犯罪嫌疑人逃匿，在通缉一年后不能到案，依照刑法规定应当追缴其违法所得及其他涉案财产的，人民检察院可以直接提出没收违法所得的申请。在人民法院审理案件过程中，被告人死亡而裁定终止审理，或者被告人脱逃而裁定中止审理，人民检察院可以依法另行向人民法院提出没收违法所得的申请。由此可见，A 市检察院可直接启动没收违法所得的申请。

12. 莫某被抓获归案，A 市检察院起诉至 A 市中级法院，A 市中级法院可否与没收莫某违法所得一案一并审理？为什么？

答案：不能一并审理。因在逃的莫某已到案，A 市中院对于没收违法所得程序应当裁定终止审理。

难度：中

考点：没收违法所得程序的终止

命题和解题思路：本题主要考查没收违法所得程序的终止。需要注意，一并审理和由同一审判组织审理的区别。

答案解析：根据《法院解释》第 625 条规定，在审理申请没收违法所得的案件过程中，在逃的犯罪嫌疑人、被告人到案的，人民法院应当裁定终止审理。人民检察院向原受理申请的人民法院提起公诉的，可以由同一审判组织审理。因此，一并审理的说法不正确，应当先将原没收程序终止审理。A 市检察院再次起诉到 A 市中院，可以由同一审判组织审理。

评分细则（共 56 分）

1—12 题满分为：5 分、4 分、4 分、4 分、4 分、8 分、5 分、5 分、4 分、4 分、5 分、4 分。

1. 正确（2 分）。涉嫌向公职人员行贿（2 分），案情重大（1 分）。

2. 受贿罪的共同犯罪（2 分）。利用黄某的职务便利形成了共同故意（1 分），收受他人财物为他人谋取利益（1 分）。

3. 不成立（2分）。收受了财物已经构成受贿罪的既遂（1分），退还60万元属于犯罪既遂后的退赃行为（1分）。

4. 不可以（2分）。黄某职务犯罪应由监察委立案调查（2分）。

5. 构成行贿罪（2分）。为谋取不正当利益给予国家工作人员财物（2分）。

6. 观点一：不成立侵占罪（2分）。苏某已经丧失财物所有权，林某没有返还义务（2分）；观点二：成立侵占罪（2分），林某并不能取得该财物所有权，变占有为所有仍构成侵占（2分）。

7. 构成非法拘禁罪（2分）。教唆犯（1分），唆使王某、何某非法拘禁林某（2分）。

8. 拘禁林某成立非法拘禁罪（1分）。对林某头部实施猛击构成故意杀人罪（1分），误以为林某已经死亡抛尸属于事前故意（或者结果的推迟发生，1分），成立故意杀人罪既遂（1分），与非法拘禁罪数罪并罚（1分）。

9. 如需在C省范围内通缉，由C省检察院作出通缉决定（1分），C省公安机关发布通缉令（1分）；如需在全国范围内通缉，由最高人民检察院作出通缉决定（1分），公安部发布通缉令（1分）。

10. 可以（2分）。同案犯罪嫌疑人在逃，但在案犯罪嫌疑人犯罪事实清楚，证据确实、充分，对在案犯罪嫌疑人可以起诉（2分）。

11. 可以（2分）。涉嫌受贿罪（1分），通缉一年后不能到案（1分），案件已在审查起诉阶段，可以直接提出没收违法所得的申请（1分）。

12. 不能一并审理（2分）。莫某到案，法院应当裁定终止没收违法所得程序的审理（2分）。

第四题（本题50分）

一、试题

案情：2020年10月，江宏公司因涉嫌集资诈骗罪被立案侦查，付某作为直接负责的主管人员，主动投案并如实供述犯罪事实，公安机关对其采取住所监视居住。其间，付某逃匿至外市，朋友刘某前来看望，将打听到的案件进展情况告诉他，为他分析案情，并建议不要投案。一个月后，付某选择再次投案，如实供述犯罪事实，后被检察院批准逮捕。（事实一）

付某与吴某于2017年确定情人关系并同居，两人打算在付某离婚后再结婚。2019年1月，吴某应付某请托，利用其担任L市某局副局长所形成的便利条件，分别向L市某市属国有企业董事长和总经理请托，为付某公司承揽项目提供帮助。2018年6月至2020年3月，付某向吴某银行账户共计转账168万元，同时将工资卡交给吴某保管。付某给吴某转账的行为与吴某为付某提供帮助没有较为明显的对应关系。2019年8月至2020年6月，付某先后两次起诉离婚，但均以撤诉告终。2020年8月，付某与吴某结束情人关系。此外，吴某在L市的一套住房系用2013年的受贿款45万元和自己存款45万元购买。从2018年开始，付某因打算开设赌场，遂在一次朋友聚餐中，通过吴某介绍认识了所在辖区派出所所长汪某。饭后，付某找到汪某，提出每月将赌场赃款10万元放在信封里送给汪某。汪某答应后，回到派出所指示其他民警对该赌场"关照一下"。截至2022年，汪某共收受贿赂款500余万元。（事实二）

在该案的监察调查和刑事追诉中，付某供认：曾请托吴某利用职权为某公司总经理王某谋取不正当利益，并收到王某赠送的一块价值50万元的名表，将收表一事告诉吴某后，吴某没有意见。王某表示：当时确实有求于吴某，但因为与其不熟所以通过朋友找到付某打招呼，为表感谢赠与付某一块价值50万元的名表，几天后付某答复已将名表交给吴某，且吴某愿意提供帮助。吴某表示：我确实受付某之托给王某提供了帮助，也见到过付某佩戴这块表，但付某从未告诉我这块表是王某送的。搜查笔录显示，调查人员在付某与吴某同居住所的保险柜里搜查到了涉案名表。辨认笔录显示，王某、付某和吴某都准确辨认涉案名表。（事实三）

在付某案审查起诉期间，江宏公司的辩护律师对检察院认定的事实、罪名和拟作合规不起诉处理没有异议，检察院只对付某提起公诉。审理期间，辩护人发表意见认为付某被控集资诈骗罪罪名不当，公诉人当庭发表意见认为付某行为构成非法吸收公众存款罪。在吴某案调查期间，监察委员会扣押了涉案名表和吴某涉案的168万元存款，并查封了吴某名下的涉案房产。判决时该房产价值180万元。（事实四）

问题：
1. 就事实一，请分析刘某的刑事责任。
2. 就事实二，请分析吴某的刑事责任。
3. 就事实二，请分析汪某的刑事责任。
4. 就事实三给出的证据材料，简要分析吴某是否成立受贿罪。
5. 就事实三，请分析付某、王某的刑事责任。
6. 江宏公司的辩护律师能否代表江宏公司认罪认罚？为什么？
7. 对于事实四中公诉人当庭发表的意见，法院应如何处理？
8. 审判期间，如付某的妻子对被冻结的168万元提出权属异议，法院应如何处理？
9. 法院应如何处理受贿案的涉案财物？
10. 请根据上述材料分析付某的自首、立功问题。

二、案例来源

《刑事审判参考》第1464号案"王甲受贿案"

三、总体命题思路

本题是一道刑法与刑事诉讼法交叉融合的题目，在设计上重点结合了近年刑事司法改革的热点话题——刑事合规。在刑法上，不仅考查了共同犯罪、罪数理论、因果关系、自首与立功等知识点，而且考查了窝藏罪、受贿罪、行贿罪、利用影响力受贿罪、对有影响力的人行贿罪等重点罪名。特别是对受贿罪的判断，需要结合刑事证据证明规则与受贿罪的规定共同考虑。在程序法上，将认罪认罚、案外人异议、涉案财物的处理等知识点进行了重点考查。考生需要注意将刑法知识与刑事诉讼法知识融会贯通，方能准确做题。

四、答案精讲

> 1. 就事实一，请分析刘某的刑事责任。

答案：刘某行为不成立窝藏罪。根据《刑法》第310条，窝藏罪是指明知是犯罪的人而为其提供隐藏住所、财物，帮助其逃匿的行为。窝藏罪中为其提供隐藏处所、财物的行为与帮助其逃匿的行为之间是手段与目的的关系。刘某的通风报信行为并非上述特定的手段，不成立窝藏罪。

难度：中

考点：窝藏罪、共同犯罪

命题和解题思路：本题考查考生阅读资料分析案件的能力，重点考查对窝藏罪犯罪构成的理解与运用。虽然学界观点存在争议，但是《关于办理窝藏、包庇刑事案件适用法律若干问题的解释》（2021年8月）对窝藏罪成立的手段进行了限定，即为犯罪分子提供隐藏住所和财物的行为。部分考生会落入承继共犯的陷阱，但只要抓住刘某是在付某逃匿期间实施的上述行为，就可以正确解题。

答案解析：刘某行为不成立窝藏罪。根据《关于办理窝藏、包庇刑事案件适用法律若干问题的解释》（2021年8月）第一条，明知是犯罪的人，为帮助其逃匿，实施下列行为之一的，应当依照刑法第三百一十条第一款的规定，以窝藏罪定罪处罚：（一）为犯罪的人提供房屋或者其他可以用于隐藏的处所的；（二）为犯罪的人提供车辆、船只、航空器等交通工具，或者提供手机等通讯工具的；（三）为犯罪的人提供金钱的；（四）其他为犯罪的人提供隐藏处所、财物，帮助其逃匿的情形。保证人在犯罪的人取保候审期间，协助其逃匿，或者明知犯罪的人的藏匿地点、联系方式，但拒绝向司法机关提供的，应当依照刑法第三百一十条第一款的规定，对保证人以窝藏罪定罪处罚。根据上述司法解释，虽然学界对是否需要限定窝藏罪的成立范围持有不同立场，但是司法解释的立场是对窝藏罪的手段行为进行限定，即主要限于提供隐藏住所、财物。刘某的通风报信行为，并不符合上述限定，因此刘某的行为不成立窝藏罪。

> 2. 就事实二，请分析吴某的刑事责任。

答案：吴某收受付某的转账168万元，不成立受贿罪；2013年收受钱款45万元，构成受贿罪。吴某收受钱款的行为与付某请托行为之间缺乏对应关系，且吴某与付某系情人关系，无法排除吴某收受付某钱款行为系二人为重组家庭做准备的可能，故吴某收受付某钱款的行为不宜认定为受贿行为。与此同时，事实二交代，吴某2013年收受45万元贿赂款，该行为构成受贿罪。

难点：难

考点：受贿罪、行贿罪、利用影响力受贿罪、共同犯罪

命题和解题思路：本题结合共同犯罪理论考查受贿罪与利用影响力受贿罪等犯罪的相互区别与联系，特别考查了受贿罪受贿行为与行贿罪行贿行为的相互关系。解答本题时，应明确在对合犯（或称为对向犯）的关系上，受贿行为与请托行为要有明确的对应关系，需要从材料所交代的信息中找到并不存在上述对应关系的关键点。与此同时，以情人身份

框架图

事实一：公司涉嫌犯罪，主管人员付某投案后逃跑，后又投案

公司被立案侦察，付某投案：2020年10月，江宏公司因涉嫌集资诈骗罪被立案侦查，付某作为直接负责的主管人员，主动投案并如实供述犯罪事实，公安机关对其采取住所监视居住。

监视居住期间，付某逃跑：付某逃匿至外市，朋友刘某前来看望，将打听到的案件进展情况告诉他，为他分析案情，并建议不要投案。

付某再次投案：一个月后，付某选择再次投案，如实供述犯罪事实，后被检察院批准逮捕。

事实二：付某借助与吴某情人关系获得各项好处

主要案情：

A.两人确定情人关系：付某与吴某于2017年确定情人关系并同居，两人打算在付某离婚后再结婚。

B.付某利用与吴某身份为自己的项目获得帮助：2019年1月，吴某应付某请托，利用其担任L市某局副局长所形成的便利条件，分别向L市市属国有企业董事长和总经理请托，为付某公司承揽项目提供帮助。

C.付某向吴某汇款：2018年6月至2020年3月，付某向吴某银行账户共计转账168万元，同时将工资卡交给吴某保管。

付某给吴某转账的行为与吴某为付某提供帮助没有较为明显的对应关系。

D.付某离婚未果，两人终止情人关系：2019年8月至2020年6月，付某先后两次起诉离婚，但均以撤诉告终。2020年8月，付某与吴某结束情人关系。

其他信息：

吴某购房：吴某在L市的一套住房系用2013年的受贿款45万元和自己存款45万元购买。

付某开设赌场：

A.借机与派出所所长汪某认识：从2018年开始，付某因打算开设赌场，遂在一次朋友聚餐中，通过吴某介绍认识了所在辖区派出所所长汪某。

B.付某向汪某行贿，汪某受贿：付某找到汪某，提出每月将赌场赃款10万元放在信封里给汪某，汪某答应后，回到派出所指示其他民警对该赌场"关照一下"。

截止2022年，汪某共收到贿赂款500余万元。

事实三：案件监察调查和刑事追诉中付某供认为王某谋取不正当利益一案的相关证据

付某供认情况：

曾请托吴某利用职权为某公司总经理王某谋取不正当利益，并收到王某赠送的一块价值50万元的名表，将收表一事告诉吴某后，吴某没有意见。

王某说辞：

当时确实有求于吴某，但因为与其不熟所以通过朋友找到付某打招呼，为表感谢赠予了付某一块价值50万元的名表，几天后付某答复已将名表交于吴某，且吴某愿提供帮助。

吴某说辞：

我确实受付某之托给王某提供了帮助，也见到过付某佩戴这块表，但付某从未告诉我这块表是王某送的。

搜查笔录：

调查人员在付某与吴某同居住所的保险柜里搜查到了涉案名表。

辨认笔录：

王某、付某和吴某都准确辨认涉案名表。

事实四：案件审查起诉及审理期间所涉问题

检察院只对付某提出公诉：

在付某案审查起诉期间，江宏公司的辩护律师对检察院认定的事实、罪名和拟作合规不起诉处理没有异议，检察院只对付某提起公诉。

辩护人及公诉人就付某罪名存有异议：审理期间，辩护人发表意见认为付某被控集资诈骗罪名不当，公诉人发表意见认为付某行为构成非法吸收公众存款罪。

吴某案调查期间，监察委插扣情况：在吴某案调查期间，监察委员会扣押了涉案名表和和吴某涉案的168万元存款，并查封了吴某名下的涉案房产，判决时该房产价值180万元。

参与受贿犯罪也并非一定构成利用影响力受贿罪。

答案解析：本题的重点在于理解对合犯中受贿行为与请托行为之间的对应关系。受贿罪所侵犯的法益是国家公职人员职务行为的廉洁性，是否构成犯罪的关键在于受贿款项与请托行为之间是否有明确的对应关系。从事实二看，对应关系是否成立要综合考虑二人间的情感背景、经济往来情况、请托事项与收取财物的关系等多方面因素。吴某受贿行为与付某请托事项之间的对应关系并不清晰、明确，不能排除二人以结婚为目的而共同生活的合理怀疑。情人一方为另一方在事业提拔和责任追究方面建言献策、通风报信、出面斡旋有关事项，虽有违纪之嫌，但吴某与付某主观上并未将其视为一种交易，而是情感驱使下的自愿付出，因此不属于对国家工作人员职务行为廉洁性的收买行为，吴某的行为不构成受贿罪。

与此同时，材料交代"吴某在L市的一套住房系用2013年的受贿款45万元和自己存款45万元购买"，受贿款45万元属于受贿行为，应当按照受贿罪定罪处罚。

> 3. 就事实二，请分析汪某的刑事责任。

答案：汪某成立受贿罪和徇私枉法罪的牵连犯，应从一重处罚。汪某明知付某涉嫌开设赌场等刑事犯罪，仍然收受其钱财为其谋取利益，构成受贿罪。并且，汪某受贿后要求手下民警在查处其赌场时给予关照，属于明知是有罪的人而故意使其不受追诉，构成徇私枉法罪。根据《刑法》第399条第4款之规定，司法工作人员收受贿赂，有徇私枉法行为，同时构成受贿罪的，按照处罚较重的规定定罪处罚。

难度：中

考点：牵连犯、受贿罪、徇私枉法罪

命题和解题思路：本题重点考查了受贿并实施徇私枉法行为的定性与处罚问题，考生如果运用牵连犯理论解决有困难，可以按照《刑法》第399条第4款作答。牵连犯的考点常常是考生的失分点，因此请务必重视。

答案解析：本题的重要考点是牵连犯的处断规则。受贿行为与徇私枉法行为属于手段与目的的牵连关系，因此应当按照从一重的规则处断。此处属于司法工作人员实施的数个行为之间存在牵连关系，并不属于想象竞合犯的"一行为判断"模式，因此应当按照牵连犯理论处理。

> 4. 就事实三给出的证据材料，简要分析吴某是否成立受贿罪。

答案：吴某不成立受贿罪。根据《刑事诉讼法》第55条规定，认定有罪必须犯罪事实清楚，证据确实、充分，即定罪量刑的事实都有证据证明，据以定案的证据均经法定程序查证属实，综合全案证据对所认定事实已排除合理怀疑。综合事实三给出的证据材料来看，指控证据并未达到证明标准的要求，因此不能认定吴某成立受贿罪。分析如下：

（1）付某、王某和吴某三人的陈述可以证实吴某利用职权为王某谋取了利益，但并未证明吴某对付某收受王某财物一事系明知且认可。

（2）只有付某的供述可以证明吴某对付某收受财物系明知且默认，王某的供述虽然提到吴某收受财物，但系根据付某的告知所述，无法对付某的相关供述进行补强。因此，两人的供述无法证实吴某明知且认可付某收受王某财物。

（3）由于吴某与付某同居，因此搜查笔录和辨认笔录只能用于印证付某占有涉案名表

和吴某见过涉案名表。

综上，本案存在"付某收受王某给予的名表后占为己有，且未告诉吴某"的合理怀疑，现有证据无法证实吴某明知付某收受王某财物，因此无法与付某成立共同受贿。

难度：难

考点：证据分析、证明标准

命题和解题思路：本题考查考生运用证据材料分析案件事实的能力。解答本题，首先，应明确该题不是考查"吴某默认行为"是否成立受贿罪的刑法问题，而是考查根据多份材料分析共同受贿事实是否成立的证据问题；其次，考生应根据所给证据材料准确定位吴某是否构成犯罪的关键点，围绕该关键点进行分析。

答案解析：事实三中，吴某是否成立受贿罪，主要看其是否利用职务上的便利，收受他人财物，并为他人谋取利益。吴某利用职务上的便利为他人谋取利益的事实是没有争议的，由于吴某没有亲自收受财物，所以关键点就在于吴某对于付某收受财物是否认可。如果按照付某所述，吴某明知付某收受财物且不表示反对，那么吴某与付某也能成立共同受贿。但从证据材料来看，付某所述系孤证，即使运用经验和逻辑进行推理，也无法排除合理怀疑得出吴某应当系明知的结论。

> 5. 就事实三，请分析付某、王某的刑事责任。

答案：付某成立利用影响力受贿罪。付某接受请托人王某的委托，通过国家工作人员吴某的职务地位形成的便利条件，为请托人王某谋取不正当利益的行为，属于利用影响力受贿罪。

王某成立对有影响力的人行贿罪。王某作为请托人，通过国家工作人员吴某的情人付某为自己谋取不正当利益，成立对有影响力的人行贿罪。

难度：中

考点：受贿罪、利用影响力受贿罪、共同犯罪

命题和解题思路：本题考查利用影响力受贿罪与受贿罪的判断。解答时，在结合第4问的同时，要注意判断付某在王某与吴某之间的地位与作用，具体考察付某是否在此过程中与吴某或者王某形成共同犯罪关系。

答案解析：结合第4问的答案可知，根据现有证据，吴某与付某之间并未存在共同犯罪关系，即吴某对付某收受礼品的行为不能认定为主观上具有"明知"，因此排除了成立受贿罪共犯的可能性。在本案中，付某接受请托人王某的委托，通过国家工作人员吴某的职务地位形成的便利条件提供不正当利益，实际已经构成利用影响力受贿罪。王某作为请托人，构成对有影响力的人行贿罪。

> 6. 江宏公司的辩护律师能否代表江宏公司认罪认罚？为什么？

答案：不能。对于江宏公司的认罪认罚，其辩护律师不仅要独立发表意见，而且要在江宏公司签署认罪认罚具结书时进行把关，如果辩护律师代表江宏公司认罪认罚，则其发表意见和现场把关的作用形同虚设。参照《法院解释》的相关规定，由体现江宏公司意志的诉讼代表人代表公司认罪认罚最为适宜。

难度：难

考点： 涉案单位的认罪认罚

命题和解题思路： 本题考查涉案单位的认罪认罚问题，判断能或不能比较容易，难点在于如何准确说理。解答该题时，既要根据辩护人在认罪认罚案件中的作用进行分析，又要参考《法院解释》关于单位犯罪诉讼代表人的规定进行判断。

答案解析： 根据《刑事诉讼法》第 173 条和 174 条规定，犯罪嫌疑人认罪认罚的，检察院应当告知其享有的诉讼权利和认罪认罚的法律规定，听取犯罪嫌疑人、辩护人或者值班律师、被害人及其诉讼代理人对相关事项的意见。犯罪嫌疑人自愿认罪，同意量刑建议和程序适用的，应当在辩护人或者值班律师在场的情况下签署认罪认罚具结书。从中可见，辩护人在犯罪嫌疑人认罪认罚时发挥了独立发表意见和在犯罪嫌疑人签署具结书时现场把关的作用。如果由单位的辩护律师代表单位认罪认罚，辩护律师就失去了上述两项功能，不利于涉案单位的权益保障。参照《法院解释》第 338 条"被告单位的诉讼代表人享有刑事诉讼法规定的有关被告人的诉讼权利"的规定和第 336 条第 3 款"诉讼代表人不得同时担任被告单位或者被指控为单位犯罪直接责任人员的有关人员的辩护人"的规定，由诉讼代表人代表单位认罪认罚最合适，涉案单位的辩护人既不能被委托担任诉讼代表人，又不能独立代表单位认罪认罚。

7. 对于事实四中公诉人当庭发表的意见，法院应如何处理？

答案： 由于公诉人当庭发表了与起诉书不同的意见，属于变更起诉，所以法院应当要求检察院在指定时间内以书面方式提出；必要时，可以宣布休庭。检察院在指定时间内未提出的，法院应当根据法庭审理情况，就起诉书指控的犯罪事实依法作出判决。

难度： 难

考点： 变更起诉

命题和解题思路： 本题考查变更起诉的程序，系 2021 年《法院解释》新增内容。考生需清楚本题并非考查法院审理认定罪名与检察院指控罪名不一致时的处理情况，而是考查公诉人当庭发表与起诉书明显不同意见时的处理方式。

答案解析： 起诉书代表了检察院对于案件的立场，公诉人系受检察院指派出席法庭，应当在起诉书的框架内发表意见。如果发表与起诉书不同的意见且属于变更起诉的，则意味着对起诉书基本立场的改变，那么应当参照提起公诉的要求，以书面的方式进行，从而体现检察院的立场。根据《法院解释》第 289 条第 1 款规定，公诉人当庭发表与起诉书不同的意见，属于变更、追加、补充或者撤回起诉的，人民法院应当要求人民检察院在指定时间内以书面方式提出；必要时，可以宣布休庭。人民检察院在指定时间内未提出的，人民法院应当根据法庭审理情况，就起诉书指控的犯罪事实依法作出判决、裁定。

8. 审判期间，如付某的妻子对被冻结的 168 万元提出权属异议，法院应如何处理？

答案： 法院应当听取付某妻子的意见，必要时可以通知付某妻子出庭。

难度： 中

考点： 案外人异议

命题和解题思路： 本题考查案外人对涉案财物的异议，系 2021 年《法院解释》的新增内容。解答该题，考生应注意与违法所得没收程序中的案外人异议进行区分，需清楚这里对涉案财物的调查系依附于刑事审判程序进行的，法院可以在庭外或庭上听取案外人意见。

答案解析：根据《法院解释》第279条第1、2款规定，法庭审理过程中，应当对查封、扣押、冻结财物及其孳息的权属、来源等情况，是否属于违法所得或者依法应当追缴的其他涉案财物进行调查，由公诉人说明情况、出示证据、提出处理建议，并听取被告人、辩护人等诉讼参与人的意见。案外人对查封、扣押、冻结的财物及其孳息提出权属异议的，人民法院应当听取案外人的意见；必要时，可以通知案外人出庭。本案中，付某转给吴某的财产很可能是付某为准备离婚所进行的财产转移，付某的妻子当然有权对这笔财产提出权属异议。

9. 法院应如何处理受贿案的涉案财物？

答案：受贿案的涉案财物共三项，即被扣押的价值50万元的名表、吴某被冻结的168万元涉案款和吴某名下被查封的价值180万元的涉案房产。对于名表，应当判决没收、上缴国库。对于168万元涉案款，应当判决发还被告人吴某。对于价值180万元的房产，应当判决追缴其中45万元的份额和45万元的收益，共计90万元。

难度：难

考点：涉案财物处理

命题和解题思路：本题考查考生对涉案财物处理方式的掌握，解答时，应先明晰涉案财物对应的实体判决结论，然后结合不同状态涉案财物的处理依据，准确判断涉案财物的处理方式。

答案解析：对于第一项涉案财物，根据《法院解释》第445条第1款规定，查封、扣押、冻结的财物及其孳息，经审查，确属违法所得或者依法应当追缴的其他涉案财物的，应当判决返还被害人，或者没收上缴国库，但法律另有规定的除外。本案中，至少可以认定名表系付某受贿所得，显然应予没收。

对于168万元涉案款，根据《法院解释》第279条第3款规定，经审查，不能确认查封、扣押、冻结的财物及其孳息属于违法所得或者依法应当追缴的其他涉案财物的，不得没收。本案中，付某与吴某的行为不构成贿赂犯罪（以刑法部分两人行为不成立贿赂犯罪为前提），付某转给吴某的168万元不属于违法所得，显然不得没收。

对于房产，根据《法院解释》第443条第2款规定，被告人将依法应当追缴的涉案财物与其他合法财产共同用于投资或者置业的，对因此形成的财产中与涉案财物对应的份额及其收益，应当追缴。本案中，吴某将45万元受贿款与自己45万元存款共同用于置业，判决时涉案房产价值180万元，即房产价值翻了一番。因此，应当追缴用于购房的受贿款45万元和一倍增值45万元，共计90万元。

10. 请根据上述材料分析付某的自首、立功问题。

答案：付某在监视居住期间逃跑后再次投案，并如实供述单位实施的集资诈骗犯罪事实的行为属于"自动投案"，成立一般自首。

付某在监察调查和刑事追诉期间，主动供述自己收受请托人王某价值50万元的名表，并且通过国家工作人员吴某为请托人提供不正当帮助的行为，构成利用影响力受贿罪，成立一般自首。付某检举揭发王某实施的对有影响力的人行贿的行为，并不构成立功。

难度：难

考点：一般自首、特别自首、立功、利用影响力受贿罪

命题和解题思路：本题考查对一般自首"自动投案"特殊情形的理解与掌握。在命题上将受贿罪与利用影响力受贿罪的区分判断，作为自首问题的前置知识点。在做题时，应先判断是否属于一般自首中的"自动投案"，之后需要结合前几问的知识点，判断付某与吴某之间是否构成共同犯罪，以及付某的行为是否构成利用影响力受贿罪。

答案解析：在事实一当中，犯罪嫌疑人付某自动投案后逃跑，后出于悔罪或者其他原因再次自动投案，也应视为自动投案，只要其如实供述自己的罪行，就应当认定为一般自首。因此，付某的行为构成一般自首，符合"自动投案"的要求。

结合现有证据，付某与吴某之间并不构成共同犯罪，付某接受委托人财物，利用国家工作人员的职务便利条件，为请托人谋取不法利益的行为，应当构成利用影响力受贿罪。因此，付某主动供述自己的罪行，检举揭发王某对有影响力的人行贿，因属于对向犯，并不构成立功，应当成立一般自首。

评分细则（共50分）

1-10题满分为：3分、4分、6分、8分、5分、3分、6分、3分、6分、6分

1. 不成立窝藏罪（2分）。刘某的通风报信行为并非特定的手段（1分）。

2. 收受168万元钱款不成立受贿罪（1分），收受45万元钱款构成受贿罪（1分）。吴某收受钱款的行为与付某请托行为之间缺乏对应关系（2分）。

3. 受贿罪和徇私枉法罪的牵连犯（2分），应从一重处罚（1分）。明知付某涉嫌犯罪而收受其钱财为其谋取利益，构成受贿罪（1分）。明知其是有罪的人而故意使其不受追诉构成徇私枉法罪（1分）。受贿后徇私枉法的，按处罚较重的规定定罪处罚（1分）。

4. 不成立（1分）。认定有罪必须犯罪事实清楚，证据确实、充分，即定罪量刑的事实都有证据证明（1分），据以定案的证据均经法定程序查证属实（1分），综合全案证据对所认定事实已排除合理怀疑（1分）。三人的陈述不能证明吴某对付某收受王某财物一事系明知且认可（1分）；王某的供述系根据付某的告知所述，无法对付某的相关供述进行补强（1分）；搜查笔录和辨认笔录只能用于印证付某占有涉案手表和吴某见过涉案名表（1分）。全案证据无法排除合理怀疑（1分）。

5. 付某成立利用影响力受贿罪（1分）。通过国家工作人员职务便利为请托人谋取不当利益并收受财物（1分）。王某成立对有影响力的人行贿罪（2分），向国家工作人员的情人（对国家工作人员有影响力的人）提供财物并为自己谋取不当利益（1分）。

6. 不能（1分）。如辩护律师代表江宏公司认罪认罚，则其发表意见和现场把关的作用形同虚设（2分）。

7. 属于变更起诉（1分）。应要求检察院在指定时间内以书面方式提出（2分）；必要时，可以宣布休庭（1分）。检察院在指定时间内未提出的，就起诉书指控的犯罪事实作出判决（2分）。

8. 应听取其意见（1分）。必要时可通知其出庭（2分）。

9. 对于名表，应判决没收、上缴国库（2分）。对于168万元涉案款，应判决发还被告人吴某（2分）。对于价值180万元的房产，应判决追缴其中45万元的份额和45万元的收益（2分）。

10. 在监视居住期间逃跑后再次投案并如实供述集资诈骗罪事实，构成自首（2分）。主动供述利用影响力受贿罪事实，构成自首（2分）。检举揭发王某犯罪行为，不构成立功（2分）。

民 法

第一题（本题31分）

一、试题

2021年7月10日，为装修店铺，沈飞公司与弘联石材厂签订《石材采购合同》，约定：弘联石材厂向沈飞公司提供花岗岩石板材，货物总价款为50万元，应于2021年10月13日，按照沈飞公司选定的型号完成供货。沈飞公司于2021年7月13日以电汇的方式，向弘联石材厂指定的黄成林账户支付货款50万元，但弘联石材厂一直未履行交货义务。沈飞公司于2021年12月起诉弘联石材厂，请求履行供货义务并承担违约损害赔偿。诉讼中查明：双方约定石板材的品种为"花岗岩"，但关于石板材的型号等其他参数未作明确约定，沈飞公司并未选定供货型号，且无双方共同确认的货物清单。弘联石材厂曾向黄成林借款多次，货款支付时弘联石材厂恰有一笔50万元的借款到期。

2022年1月6日，沈飞公司的法定代表人刘红在虹虹发廊门前街道不小心遗失金手链一条，被路过的劳美芳拾得，劳美芳误以为该手链是假的，遂交给女儿玩耍。刘红通过监控录像以及发廊工作人员证实后要求劳美芳返还手链，但遭到拒绝。同年5月，刘红起诉劳美芳，请求返还手链或者赔偿其价值。诉讼中查明：该手链在劳美芳女儿玩耍时丢失。法院认为：劳美芳将该贵重物品交由小孩子玩耍，以致不慎丢失，存在严重过失行为。

2022年6月22日，于凤翠进入沈飞公司经营的睡眠用品体验店，在体验过程中发生抽搐和口吐白沫现象，店员发现后立即联系于凤翠的女儿，按其指示拨打120并原地等候。后于凤翠被送医，经抢救无效死亡，于凤翠的儿子谭业宝花费医疗费3万元。据查，于凤翠的死因是突发脑干栓塞。

2022年8月20日，刘红驾车途中发生撞护栏事故，随即向保险公司报案。保险公司到出险地查勘后，刘红将该车送至奔宝汽修公司修理，送修时向奔宝汽修公司出示了车辆的相关证件，并说明其真实的所有权人为其朋友张强，后该车产生8万元修理费。奔宝汽修公司按刘红的要求先开具发票，刘红持发票申请理赔后，保险公司向刘红账户支付了8万元理赔金。此后刘红一直未支付修理费，奔宝汽修公司主张留置该车。

问题：

1. 沈飞公司起诉弘联石材厂的诉讼请求能否得到法院的支持？为什么？
2. 沈飞公司是否有权请求黄成林返还50万元货款？为什么？
3. 按照法院的裁判思路，刘红是否有权请求劳美芳赔偿手链的损失？为什么？
4. 谭业宝是否有权请求沈飞公司赔偿3万元医疗费？为什么？
5. 张强是否有权请求奔宝汽修公司返还该车？为什么？
6. 刘红是否有权解除维修合同并主张返还该车？为什么？

二、总体命题思路

本题由三则实务案例改编而来，难度中等偏上。本题将买卖合同、拾得遗失物、侵权以及机动车维修合同等法律事实穿插在一起，围绕合同的成立、不当得利、拾得遗失物、违反安全保障义务的侵权责任、返还原物、留置权、合同解除等考点展开考查，相关考点分布于物权、合同与侵权等领域，考生需要对相关民法知识融会贯通。本题中有几问的考点较为隐蔽，不易确定，考生需要仔细斟酌题目设问对应的法律事实部分。此外，本题也有几问对考生的说理和表达能力有较高要求，考生需要理清思路，按照一定的条理用法言法语展开论述说理。

三、案例来源

1. 福建省泉州市中级人民法院（2019）闽05民终1159号民事判决书：沈飞公司诉弘联石材厂买卖合同纠纷案
2. 广东省茂名市中级人民法院（2017）粤09民终24号民事判决书：劳美芳与刘燕红遗失物返还纠纷案
3. 山东省青岛市中级人民法院（2023）鲁02民终6823号民事判决书：高英、谭者训等违反安全保障义务责任纠纷案

四、答案精讲

1. 沈飞公司的诉讼请求能否得到法院的支持？为什么？

答案：不能。因为沈飞公司与弘联石材厂之间的《石材采购合同》标的物不明，不符合合同的成立要件，《石材采购合同》并未成立，沈飞公司无权依据《石材采购合同》请求弘联石材厂履行供货义务并承担违约损害赔偿。

考点：合同的成立

难度：难

命题和解题思路：结合题目表述和对应的题干信息可知，沈飞公司的诉讼请求是弘联石材厂履行供货义务并承担违约损害赔偿，这一请求是否能得到支持，取决于双方之间的《石材采购合同》效力如何以及弘联石材厂是否有违约行为。据此，本题考查的是合同的订立、成立与效力问题，不过本题考查点较为隐蔽，有一定难度。在审题时，考生需注意到第1段诉讼中查明的部分事实，据此分析《石材采购合同》是否已经成立。这也构成了本题解答的关键点。此外，考生需要注意的是，对于一个尚未成立的合同，合同一方自然无权请求另一方继续履行乃至承担违约损害赔偿责任。

答案解析：《最高人民法院关于适用〈中华人民共和国民法典〉合同编通则若干问题的解释》（以下简称《民法典合同编通则解释》）第3条第1款规定："当事人对合同是否成立存在争议，人民法院能够确定当事人姓名或者名称、标的和数量的，一般应当认定合同成立。但是，法律另有规定或者当事人另有约定的除外。"据此结合本题，沈飞公司与弘联石材厂约定石板材的品种为"花岗岩"，但关于石板材的型号等其他参数未作明确约定，沈飞公司并未选定供货型号，且无双方共同确认的货物清单。这一事实表明，《石材采购合同》并未约定明确的标的，该合同尚未成立。既然合同尚未成立，沈飞公司自然

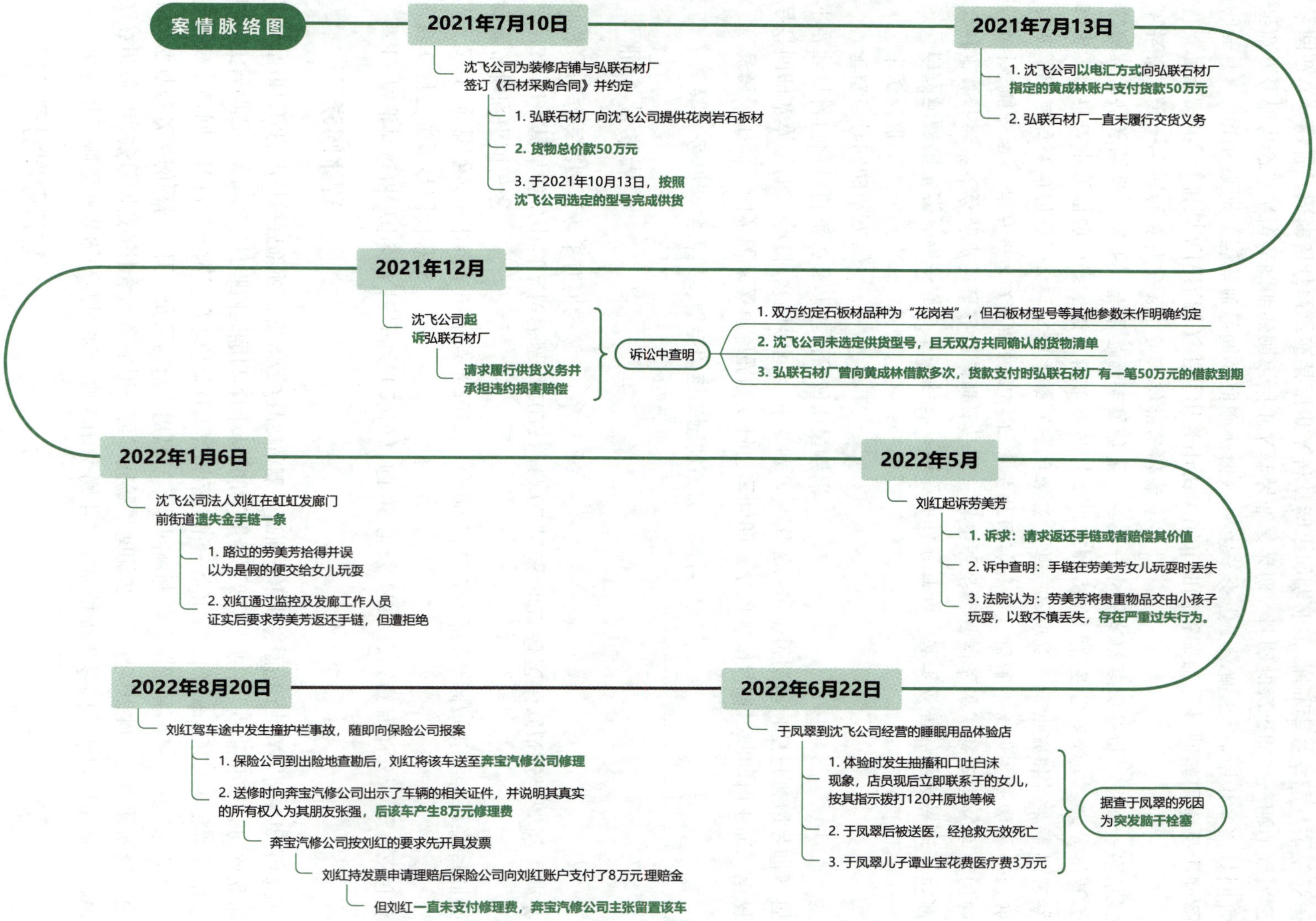

案情脉络图

2021年7月10日
沈飞公司为装修店铺与弘联石材厂签订《石材采购合同》并约定:
1. 弘联石材厂向沈飞公司提供花岗岩石板材
2. 货物总价款50万元
3. 于2021年10月13日前,按照沈飞公司选定的型号完成供货

2021年7月13日
1. 沈飞公司以电汇方式向弘联石材厂指定的黄成林账户支付货款50万元
2. 弘联石材厂一直未履行交货义务

2021年12月
沈飞公司起诉弘联石材厂,请求履行供货义务并承担违约损害赔偿

诉讼中查明:
1. 双方约定石板材品种为"花岗岩",但石板材型号等其他参数未作明确约定
2. 沈飞公司未选定供货型号,且无双方共同确认的账款清单
3. 弘联石材厂曾向黄成林借款多次,账款支付时弘联石材厂有一笔50万元的借款到期

2022年1月6日
沈飞公司法人刘红在虹发廊门前街道遗失金手链一条
1. 路过的秀美芳拾得并误以为是损的便交给女儿玩耍
2. 刘红通过监控及店内工作人员证实后要求秀美芳返还手链,但遭拒绝

2022年5月
刘红起诉秀美芳
1. 诉求:请求返还手链或者赔偿等价价值
2. 诉中查明:手链在秀美芳女儿的手里玩耍,以致不慎丢失
3. 法院认为:秀美芳将贵重物品交由小孩子玩耍,存在严重过失行为

2022年6月22日
于凤翠到沈飞公司经营的睡眠用品体验店
1. 体验时发生折射导致倒在出口白沫现象,店员观后立即联系于的女儿,按其指示拨打120并原地施救
2. 于凤翠后被送医,经抢救无效死亡
3. 于凤翠儿子诉沈飞要医疗费3万元

经鉴定于凤翠的死因为突发脑干梗塞

2022年8月20日
刘红驾车途中发生撞护栏事故,随即向保险公司报案
1. 保险公司到出险地查勘后,刘红将该车送至来宝汽修公司修理
2. 送修时向来宝公司出示了车辆的相关文件,并说明其有朋友张强,后该车产生8万元修理费
的所有权人为其具朋友张强
3. 刘红通过保险公司接刘红的要求开具发票,来宝气修后将申请后保险公司向刘红账户支付了8万元理赔金
但刘红一直未支付修理费,来宝气修公司主张留置该车

无权请求弘联石材厂履行供货义务并承担违约损害赔偿。

> **2. 沈飞公司是否有权请求黄成林返还 50 万货款？为什么？**

答案：无权请求。因为黄成林基于对弘联石材厂的 50 万到期借款债权而收取该 50 万货款，具有法律上的原因，不构成不当得利，无需向沈飞公司返还。

考点：不当得利

难度：难

命题和解题思路：结合题干事实可知，沈飞公司与黄成林之间并无直接的法律关系，沈飞公司无权基于合同向黄成林主张返还，双方也不存在侵权的事实，因此沈飞公司只能依据不当得利向黄成林主张返还。据此可以推知本题考查的知识点是不当得利，有一定难度。本题解答时的关键问题是沈飞公司是否对黄成林享有不当得利返还请求权，考生应结合不当得利返还请求权的构成要件进行分析。在具体分析时考生需要注意：弘联石材厂之所以由黄成林受领该 50 万货款，是因为其欠黄成林到期借款 50 万。黄成林受领 50 万货款后，50 万到期借款债权就得到了清偿。因此，黄成林收取 50 万货款是存在法律上原因的，由此可以排除不当得利返还请求权的成立。

答案解析：《民法典》第 122 条规定："因他人没有法律根据，取得不当利益，受损失的人有权请求其返还不当利益。"据此，尽管沈飞公司支付了 50 万，受有损失，黄成林取得了 50 万货款，取得利益。但弘联石材厂之所以由黄成林受领该 50 万货款，是因为其欠黄成林到期借款 50 万，黄成林受领 50 万货款后，50 万到期借款债权就得到了清偿。因此，黄成林收取 50 万货款是存在法律上原因的，不当得利返还请求权的构成要件并不满足，沈飞公司无权请求黄成林返还 50 万货款。本题中，沈飞公司与弘联石材厂之间的《石材采购合同》尚未成立，沈飞公司有权依据《民法典》第 157 条（民事法律行为不发生效力后的法律后果）向弘联石材厂主张 50 万货款的返还，但其无权向第三人黄成林主张返还。

> **3. 按照法院的裁判思路，刘红是否有权请求劳美芳赔偿手链的损失？**

答案：有权。因为：（1）依据现行法，遗失物拾得人因故意或者重大过失致使遗失物毁损、灭失的，应当承担民事责任；（2）按照法院的裁判思路，劳美芳存在重大过失，因此需要向刘红承担赔偿责任。

考点：拾得遗失物

难度：中

命题和解题思路：结合劳美芳作为遗失物拾得人的身份，不难推断本题涉及的考点是拾得遗失物，具体考查的知识点是拾得人的赔偿责任，难度不大。解答本题时，考生只需要回忆现行法上关于遗失物拾得人的赔偿责任的规定，并据此展开分析即可。在具体分析的过程中，考生仍需注意以下两点：其一，依据现行法，拾得人仅在有故意或者重大过失时赔偿遗失物毁损、灭失的损害。因此，本题分析的关键点在于劳美芳是否存在故意或者重大过失；其二，本题的设问要求以法院的裁判思路为依据，因此在分析劳美芳是否有故意或者重大过失时，应紧扣法院的裁判思路，而不应自行判断。

答案解析：《民法典》第 316 条规定："拾得人在遗失物送交有关部门前，有关部门在遗失物被领取前，应当妥善保管遗失物。因故意或者重大过失致使遗失物毁损、灭失的，应当承担民事责任。"据此，刘红是否有权请求劳美芳赔偿手链的损失，取决于拾得人劳美芳是否存在故意或者重大过失。结合本题题目的表述，在分析劳美芳是否具有故意或重大过失时，需以法院的裁判思路为依据。题干中交代，法院认为：劳美芳将该贵重物品交由小孩子玩耍，以致不慎丢失，存在严重过失行为。据此可知，法院认定劳美芳存在重大过失，依据法院的裁判思路，刘红有权请求劳美芳赔偿手链的损失。

4. 谭业宝是否有权请求沈飞公司赔偿3万元医疗费？为什么？

答案：无权请求。因为对于于凤翠的死亡，沈飞公司已经尽到了安全保障义务，并无过错，沈飞公司的侵权责任并不成立。

考点：违反安全保障义务的侵权责任

难度：中

命题和解题思路：结合题目表述与对应的题干事实不难推断，本题考查的考点是违反安全保障义务的侵权责任，难度适中。谭业宝是否有权请求沈飞公司赔偿3万元医疗费，取决于沈飞公司的侵权责任是否成立。就具体的侵权类型而言，沈飞公司涉及的侵权属于违反安全保障义务的侵权责任。因此，解答本题的关键在于分析：对于于凤翠的死亡，沈飞公司是否尽到了安全保障义务。

答案解析：《民法典》第1198条第1款规定："宾馆、商场、银行、车站、机场、体育场馆、娱乐场所等经营场所、公共场所的经营者、管理者或者群众性活动的组织者，未尽到安全保障义务，造成他人损害的，应当承担侵权责任。"据此结合本题，2022年6月22日，于凤翠进入沈飞公司经营的睡眠用品体验店，在体验过程中因突发脑干栓塞，后送至医院抢救无效死亡。考生需要分析沈飞公司对于凤翠的死亡结果，是否尽到了安全保障义务。本题中，沈飞公司的店员发现后立即联系于凤翠的女儿，按其指示拨打120并原地等候，已经尽到了安全保障义务。对于于凤翠的死亡结果，沈飞公司并无过错。因此，谭业宝无权请求沈飞公司赔偿3万元医药费。

5. 张强是否有权请求奔宝汽修公司返还该车？为什么？

答案：无权请求。因为：（1）奔宝汽修公司合法占有该车，对刘红享有合法到期的维修费债权，二者属于同一法律关系，且不存在不得留置的情形。尽管该车并不属于债务人刘红所有，但奔宝汽修公司仍对该车享有留置权；（2）据此，基于留置权，奔宝汽修公司对该车的占有属于有权占有，返还原物请求权的构成要件不满足，张强无权主张返还。

考点：返还原物、留置权

难度：中

命题和解题思路：结合张强的所有权人身份以及奔宝汽修公司主张留置该车的主张，不难推断本题是将物权请求权中的返还原物请求权和留置权融合在一起考查。在解题思路上，考生应先结合返还原物请求权的构成要件确定本题的分析关键在于：奔宝汽修公司对该车的占有是否属于有权占有。结合本题奔宝汽修公司对该车留置的主张，考生需要重点分析奔宝汽修公司对该车的留置权是否成立。就此问题，考生应结合民事留置权的成立要件展开分析。考生在分析留置权是否成立时需要注意：维修费的债务人是刘红，但该车的所有权人是张强，考生需要分析奔宝汽修公司是否有权留置属于第三人的动产。

答案解析：《民法典》第235条规定："无权占有不动产或者动产的，权利人可以请求返还原物。"据此可知，返还原物请求权的构成要件有二：其一，请求者为有占有权能的物权人；其二，相对方为现时的无权占有人。本题中，请求者张强作为该车的所有权人并无疑问，有疑问的是相对方奔宝汽修公司对该车是否为无权占有。结合奔宝汽修公司留置该车的主张，本题的核心问题在于奔宝汽修公司的留置权是否成立。

结合《民法典》第447条关于留置权的规定可知，本题的留置属于民事留置，留置权的成立需要满足以下要件：债权人合法地占有动产；债务履行期已经届满；留置的动产与债权属于同一法律关系；不存在法定或约定不得留置的情形。本题中，奔宝汽修公司合法占有该车，且对刘红享有合法的已经到期的维修费债权，留置的该车与维修费债权属于同一法律关系，也不存在法定或约定不得留置的情形，留置权成立要件满足。不过还需要分析，在民事留置中，债权人是否有权留置第三人的动产。《民法典担保制度解释》第62条第1款规定："债务人不履行到期债务，债权人因同一法律关系留置合法占有的第三人的动产，并主张就该留置财产优先受偿的，人民法院应予支持。第三人以该留置财产并非债务人的财产为由请求返还的，人民法院不予支持。"据此，在民事留置中，债权人有权留置第三人的动产，即使债权人知情也是如此。因此本题中，奔宝汽修公司对该车享有留置权，属于有权占有，返还原物请求权的构成要件不满足，张强无权请求奔宝汽修公司返还该车。

> 6. 刘红是否有权解除维修合同并主张返还该车？为什么？

答案：（一）刘红无权解除维修合同。因为：（1）奔宝汽修公司并不存在违约行为，刘红无权行使法定解除权；（2）承揽人奔宝汽修公司已经完成承揽工作，刘红无权行使任意解除权。因此，刘红无权解除维修合同。

（二）刘红无权主张返还该车。因为奔宝汽修公司合法地占有该车，对刘红享有合法到期的维修费债权，二者属于同一法律关系，且不存在不得留置的情形。尽管该车不属于债务人刘红所有，但奔宝汽修公司仍对该车享有留置权，据此刘红无权主张返还该车。

考点：合同解除、留置权

难度：难

命题和解题思路：本题实际上可以分为两个小问，刘红的两个主张分别涉及合同的解除以及留置权两个知识点。结合题干可知，双方并无合同解除权的约定，因此第1小问的核心问题是刘红是否享有法定解除权。就此问题，考生需要从两个角度考虑：其一，刘红是否享有基于对方根本违约的法定解除权；其二，刘红是否享有任意解除权。因为维修合同属于典型的承揽合同，定作人享有任意解除权。第2小问涉及的知识点与上题存在部分重叠，核心问题均在于奔宝汽修公司是否享有该车的留置权，奔宝汽修公司基于对该车的留置权可以对抗刘红的返还请求。

答案解析：本题可以分为两个小问：其一，刘红是否有权解除维修合同；其二，刘红是否有权请求返还该车。

对于第1小问，刘红与奔宝汽修公司之间并不存在关于解除条件的约定，因此刘红只能基于法定的解除权解除。据此，第1小问中考生需要分析两个方面的问题：刘红是否有权基于奔宝汽修公司的根本违约行为解除维修合同；刘红是否有权基于任意解除权解除维修合同。《民法典》第563条第1款规定了合同一方根本违约时相对方的法定解除权，本题中奔宝汽修公司并不存在根本违约行为，刘红无权据此解除合同。《民法典》第770条规定："承揽合同是承揽人按照定作人的要求完成工作，交付工作成果，定作人支付报酬的合同。承揽包括加工、定作、修理、复制、测试、检验等工作。"据此可知，刘红与奔宝汽修公司之间的维修合同属于承揽合同。承揽合同中定作人享有任意解除权。《民法典》第787条规定："定作人在承揽人完成工作前可以随时解除合同，造成承揽人损失的，应当赔偿损失。"据此可知，定作人的任意解除权只能在完成工作前行使，本题中，奔宝汽修公司已经完成，定作人刘红不享有任意解除权。综上，刘红无权解除维修合同。

对于第2小问，其涉及的核心问题与上一题类似，即奔宝汽修公司是否享有该车的留置权。由上一题的相关分析可知，奔宝汽修公司对该车的留置权成立，因此刘红无权主张返还。

评分细则（共31分）

1-6题满分为：4分、4分、4分、4分、8分、7分。

1. 不能（2分）。标的物不明确（1分），合同不能成立（1分）。

2. 无权（2分）。黄成林享有对弘联石材厂的50万到期借款（1分），受领不构成不当得利（1分）。

3. 有权（2分）。遗失物拾得人因故意或者重大过失致使遗失物毁损、灭失的，应当承担民事责任（1分）；劳美芳存在重大过失，需向刘红承担赔偿责任（1分）。

4. 无权（2分）。沈飞公司已经尽到了安全保障义务或者没有过错（2分）。

5. 无权（2分）。合法占有汽车（1分），享有到期债权（1分），属于同一法律关系（1分），第三人动产也可留置（1分），奔宝汽修公司享有留置权（1分）；属于有权占有（1分）。

6. 无权解除合同（1分）。不存在违约行为（1分），已经完成承揽工作不能行使任意解除权（2分）；无权要求返还汽车（1分），奔宝汽修公司对该车享有留置权（2分）。

第二题（本题31分）

一、试题

宏阳公司从事房地产经纪、住房租赁等业务。2022年3月21日，宏阳公司（甲方）与原告江莱（乙方）签订《房屋租赁合同》，约定：甲方将位于甲市的A房出租给乙方使用，租期自2022年3月22日起至2023年7月15日止；租金每月2000元，押一付三，公共区域保洁、维修、宽带、物业管理费均由甲方负担。江莱按约支付了8000元后入住该房。

3月30日，江莱向陈华借款10万元，约定半年内归还本息，双方签订《质押协议》，约定江莱以名下的B车质押。次日，陈华按约自行取走该车。

4月，江莱妻子（已怀孕）出现身体不适，就医后被诊断为某种慢性病，可能的原因包括室内甲醛含量超标等。6月7日，智然公司出具检测报告，结果为甲醛检测值0.213

毫克/立方米，总挥发性有机物 TVOC 检测值 0.863 毫克/立方米，甲醛、总挥发性有机物 TVOC 不合格。据查，根据国家质量监督检验检疫总局、卫健委、国家环境保护总局联合发布的《室内空气质量标准》（GB/T18883-2002），室内空气中的甲醛含量应小于等于 0.10 毫克/立方米，总挥发性有机物 TVOC 含量应小于等于 0.60 毫克/立方米。智然公司具有中国计量认证证书，具备相应环境与环保检测资质。

6月8日，江莱搬出租赁房屋，并告知宏阳公司尽快办理退房手续，但宏阳公司拒绝退房。6月28日，江莱起诉宏阳公司，请求：（1）解除《房屋租赁合同》；（2）宏阳公司退还前三个月租金 6000 元；（3）宏阳公司双倍返还押金 4000 元。

10月25日，经陈华前后多次催款，江莱与陈华协商后达成《债务偿还协议》，约定：江莱以其收藏的一幅名人字画抵债，一个月以内交付。协议签订后，经陈华多次讨要，江莱均找借口推脱，陈华未能取得该字画。2022 年 12 月 25 日，江莱联系陈华，要求陈华返还 B 车，遭到其拒绝。据查，陈华在借款期间擅自将该车租给朋友，收取租金合计 5000 元。

问题：

1. 江莱是否有权解除《房屋租赁合同》？为什么？如果有权，《房屋租赁合同》于何时解除？为什么？
2. 江莱是否有权请求宏阳公司双倍返还押金？为什么？
3. 陈华是否有权请求江莱交付该字画？为什么？
4. 江莱是否有权请求陈华返还 B 车？为什么？
5. 江莱是否有权请求陈华返还 5000 元租金？为什么？如果江莱提出这一请求，陈华可以主张何种抗辩？为什么？

二、总体命题思路

本题改编自一则最高人民法院公报案例，难度中等。就法律事实而言，命题人设置了两个基础法律事实：房屋租赁合同以及借款+担保，对于后者，命题人还穿插了以物抵债协议，在一定程度上增加了问题的难度。在此基础上，命题人对合同解除、定金、以物抵债、返还原物、动产质押、不当得利、法定抵销等考点展开考查，相关考点主要集中于物权以及合同部分，考生需要对相关考点知识融会贯通。

三、案例来源

《最高人民法院公报》2022 年第 11 期：江某某与南京宏阳房产经纪有限公司房屋租赁合同纠纷案

四、答案精讲

> 1. 江莱是否有权解除《房屋租赁合同》？为什么？如果有权，《房屋租赁合同》于何时解除？为什么？

答案：（一）有权解除。因为宏阳公司所交付的房屋甲醛超标，难以正常居住使用，存在违约行为，致使租赁合同的目的无法实现，江莱享有法定解除权。

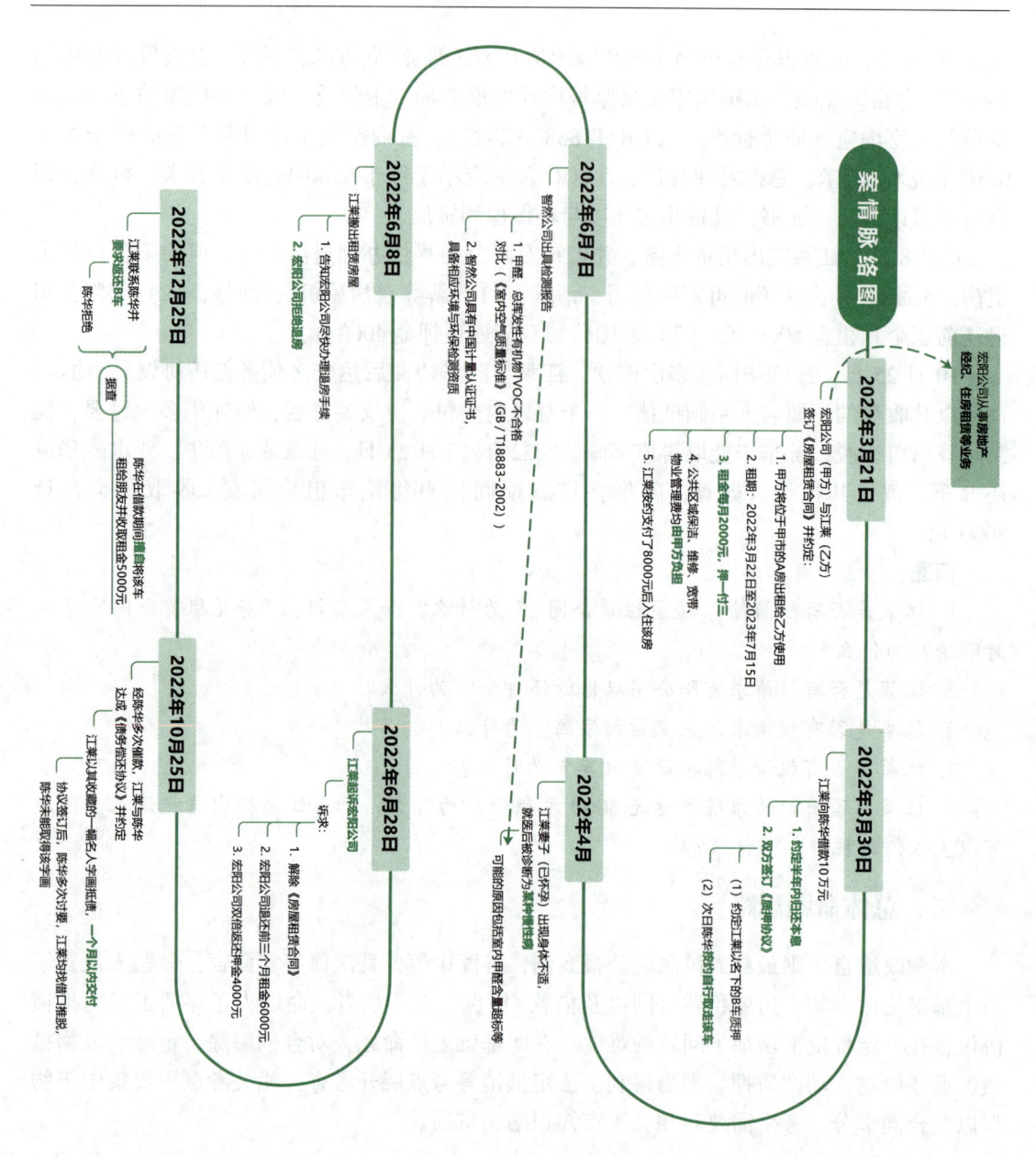

案情脉络图

2022年3月21日
宏阳公司（甲方）与江莱（乙方）签订《房屋租赁合同》：
1. 甲方将位于甲地的A房屋出租给乙方使用
2. 租期：2022年3月22日至2023年7月15日
3. 租金每月2000元，按季付三
4. 公共区域保洁、维修、燃费、物业管理费等均由甲方负担
5. 江莱按约支付了8000元后入住该房

（宏阳公司从事房地产经纪、住房租赁等业务）

2022年3月30日
江莱向陈华借款10万元
1. 约定半年内归还本息
2. 双方签订《质押协议》
  （1）约定江莱以名下的车质押
  （2）次日陈华接收自行驶离该车

2022年4月
江莱妻子（巨冰孕）出现身体不适，可能的原因包括该室内甲醛等有害物质

2022年6月7日
警然公司出具检测报告
对比《室内空气质量标准》（GB/T18883-2002）：
1. 甲醛、总挥发性有机物TVOC不合格
2. 警然公司具有中国计量认证证书，具备租赁双方场与环保检测资质

2022年6月8日
江莱发出解除通知：
1. 告知宏阳公司尽快办理退房手续
2. 宏阳公司即应腾退该房

2022年6月28日
江莱起诉宏阳公司
诉求：
1. 解除《房屋租赁合同》
2. 退还押金6000元
3. 宏阳公司赔偿医药费4000元

2022年10月25日
经陈华多次催款，江莱与陈华达成《债务清偿协议》并约定：
江莱以其收藏的一幅名人字画抵债，一个月内交付，陈华未据图片领取字画

2022年12月25日
江莱联系陈华并要求返还车
陈华拒绝

（二）《房屋租赁合同》于2022年6月8日解除。因为：（1）江莱是基于法定解除权而解除合同，现行法规定合同解除权的行使以通知方式作出，通知到达对方时合同解除；（2）本题中合同解除的通知于2022年6月8日到达宏阳公司。

考点： 合同解除

难度： 中

命题和解题思路： 结合设问的表述不难推断，本题的两个小问都与合同解除这一重要考点相关，且两个小问之间存在逻辑递进的关系，第2小问是第1小问的延伸。由此，第1小问的答案应该是可以解除（否则第2小问没意义）。对于第1小问，解答时考生应准确判断江莱可能依据何种理由解除合同。由于双方并无解除的合意以及关于解除条件的事先约定，且并无任意解除权的行使空间，因此本题的核心问题在于江莱是否有权行使基于

相对方违约的法定解除权，考生解题的关键就是寻找宏阳公司的违约行为以及是否导致合同目的无法实现；第 2 小问涉及的核心问题是法定解除权的行使方式，现行法明确规定法定解除权属于简单形成权，以通知的方式行使即可，通知到达对方当事人时发生解除效力，即使相对方拒绝或者当事人后续又采取了起诉等措施，也是如此。

答案解析：先分析第 1 小问。由于双方并无解除的合意以及关于解除条件的事先约定，且并无任意解除权的行使空间，因此本题的核心问题在于江莱是否有权行使基于相对方违约的法定解除权。《民法典》第 708 条规定："出租人应当按照约定将租赁物交付承租人，并在租赁期限内保持租赁物符合约定的用途。"据此，在租赁合同中出租人有义务交付符合合同约定用途的租赁物的义务。《民法典》第 563 条第 1 款规定："有下列情形之一的，当事人可以解除合同：……（四）当事人一方迟延履行债务或者有其他违约行为致使不能实现合同目的；……"结合该款第（四）项，本题中出租人宏阳公司交付的租赁物甲醛超标，导致该房屋难以正常居住使用，使得租赁合同的目的无法实现，江莱作为承租人享有法定解除权，因此江莱有权解除《房屋租赁合同》。

再分析第 2 小问。《民法典》第 565 条第 1 款规定："当事人一方依法主张解除合同的，应当通知对方。合同自通知到达对方时解除……"据此，2022 年 6 月 8 日，江莱搬出租赁房屋，并告知宏阳公司尽快办理退房手续，但宏阳公司拒绝退房。这一事实表明江莱于 2022 年 6 月 8 日发出了解除通知且当日已经被宏阳公司接收，因此《房屋租赁合同》已经解除。即使宏阳公司拒绝解除，或者江莱后续又起诉解除，合同都已经在 2022 年 6 月 8 日解除。

2. 江莱是否有权请求宏阳公司双倍返还押金？为什么？

答案：无权请求。因为江莱与宏阳公司约定的押金在性质上并非定金，并不发生定金罚则的法律效果，因此江莱无权请求宏阳公司双倍返还押金。

考点：定金

难度：中

命题和解题思路：从本题"双倍返还押金"这一表述可知，命题人的考查意图是要求考生区分押金与定金，分析押金能否产生定金罚则的法律效果。对此，一方面考生需要明确当事人在交易中交付的一定金钱，在何种情形下可以被认定为定金；另一方面，考生也需要对房屋租赁交易中常见的押金规则有所了解。房屋租赁合同中，出租人收取的押金旨在防止承租人的违约行为，特别是损坏租赁物等给出租人造成财产损失的情形。在出租人违约的情形下，承租人并无主张押金双倍返还的权利。

答案解析：《民法典》第 587 条规定："债务人履行债务的，定金应当抵作价款或者收回。给付定金的一方不履行债务或者履行债务不符合约定，致使不能实现合同目的的，无权请求返还定金；收受定金的一方不履行债务或者履行债务不符合约定，致使不能实现合同目的的，应当双倍返还定金。"该条规定了定金罚则。关于定金的认定，《民法典合同编通则解释》第 67 条第 1 款规定："当事人交付留置金、担保金、保证金、订约金、押金或者订金等，但是没有约定定金性质，一方主张适用民法典第五百八十七条规定的定金罚则的，人民法院不予支持。当事人约定了定金性质，但是未约定定金类型或者约定不明，一方主张为违约定金的，人民法院应予支持。"本题中，江莱与宏阳公司在签订房屋租赁合同时约定了押金条款，但押金与定金不同，不能将押金认定为定金。房屋租赁交易中，出租人收取押金是十分常见的做法，其主要目的在于防止承租人的违约行为，即防止承租人损坏租赁物等行为给出租人造成财产损失。据此可知，押金与定金不同，其并不发生定金罚则的法律效果。

3. 陈华是否有权请求江莱交付该字画？为什么？

答案：有权。因为：（1）《债务偿还协议》属于履行期届满后的以物抵债协议，于双方意思表示一致时生效；（2）江莱未履行该协议要求的交付字画义务，债权人陈华有权请求江莱继续履行，即请求江莱交付该字画。

考点：以物抵债

难度：中

命题和解题思路：结合问题表述及其对应的题干部分可知，本题考查的是以物抵债。在审题时，考生需要准确判断，陈华如果有权请求江莱交付该字画，其依据必然是双方签订的《债务偿还协议》。因此本题的核心问题在于：《债务偿还协议》是否有效以及这一协议发生何种效力。解题时，考生应重点关注《债务偿还协议》的具体内容，在此基础上判断其性质与效力。在锁定该知识点后，考生应区分履行期届满后的以物抵债协议与履行期届满前的以物抵债协议，在此基础上进一步展开分析。

答案解析：2022年10月25日，经陈华前后多次催款，江莱与陈华协商后达成《债务偿还协议》约定：江莱以其收藏的名人字画1幅抵债，1个月以内交付。据此可知，《债务偿还协议》是典型的以物抵债协议，且该协议签订时，江莱的债务履行期已经届满，属于履行期届满后的以物抵债协议。《民法典合同编通则解释》第27条第1—2款规定："债务人或者第三人与债权人在债务履行期限届满后达成以物抵债协议，不存在影响合同效力情形的，人民法院应当认定该协议自当事人意思表示一致时生效。债务人或者第三人履行以物抵债协议后，人民法院应当认定相应的原债务同时消灭；债务人或者第三人未按照约定履行以物抵债协议，经催告后在合理期限内仍不履行，债权人选择请求履行原债务或者以物抵债协议的，人民法院应予支持，但是法律另有规定或者当事人另有约定的除外。"据此，《债务偿还协议》于双方意思表示一致时生效，依据该协议，江莱负有交付字画以及转移字画所有权给陈华的义务，该义务已经陷入迟延履行，陈华有权请求继续履行。

4. 江莱是否有权请求陈华返还B车？为什么？

答案：无权请求。因为：（1）江莱将B车质押给陈华并交付，陈华据此对B车享有质权；（2）《债务偿还协议》签订后江莱并未履行，债务仍继续存在，陈华对B车的质权也继续存在；（3）基于质权，陈华对B车的占有属于有权占有，江莱无权请求陈华返还B车。

考点：返还原物、动产质权、以物抵债

难度：难

命题和解题思路：结合江莱是B车所有权人这一事实可知，本题总体上是对物权请求权中返还原物请求权的考查，涉及的核心问题是陈华对B车的占有是否属于无权占有。对于这一核心问题，考生需要分析：如果陈华是有权占有，其占有的权源是什么。就此而言，考生需要判断 B 车的质权是否成立。需要注意的是，由于本题还涉及以物抵债协议，考生还需要分析，《债务偿还协议》的签订是否会影响陈华对 B 车的质权。考生解答本题需要考虑多个问题和知识点，有一定难度。

答案解析：《民法典》第 235 条规定："无权占有不动产或者动产的，权利人可以请求返还原物。"该条规定了物权请求权中的返还原物请求权，构成要件为：（1）请求权人为有占有权能的物权人；（2）相对方为无权占有人。本题中，江莱作为 B 车的所有权人，并无异议，因此核心问题在于要件（2），即陈华对 B 车是否为无权占有。

《民法典》第 429 条规定："质权自出质人交付质押财产时设立。"据此，2022 年 3 月 30 日，江莱向陈华借款 10 万元，约定半年内归还本息，双方签订《质押协议》，约定江莱以名下的 B 车质押。次日，陈华按约自行取走该车。由此可知，B 车已经交付，质权成立，基于质权，陈华有权占有 B 车。

不过需要分析的是，本题中江莱与陈华签订了《债务偿还协议》，这一以物抵债协议的签订是否会影响 B 车的质权。本题中的《债务偿还协议》属于履行期届满后的以物抵债协议，属于诺成性合同，依据《民法典合同编通则解释》第 27 条第 2 款，履行后才会导致债务消灭，而债务人江莱并未履行《债务偿还协议》，因此债务并未消灭，B 车的质权仍继续存在。既然 B 车的质权继续存在，陈华对 B 车的占有就属于有权占有，返还原物请求权的构成要件并不满足，江莱无权请求陈华返还 B 车。

5. 江莱是否有权请求陈华返还 5000 元租金？为什么？如果江莱提出这一请求，陈华可以主张何种抗辩？为什么？

答案：（一）有权请求。因为陈华作为质权人在质押期间无权使用质押财产 B 车，据此陈华收取的 5000 元租金属于不当得利，应向江莱返还。

（二）可以主张法定抵销权。因为江莱对陈华享有租金返还的债权，陈华对江莱享有借款本息的债权，双方互负债务，且均为金钱之债，符合法定抵销权的构成要件。

考点：动产质权、不当得利、抵销

难度：难

命题和解题思路：本题分为两个小问。第 1 个小问围绕陈华对 B 车的质权展开，以此为基础考查不当得利这一考点。考生需要结合动产质权的权利内容，分析陈华是否有权将 B 车出租获取租金。换言之，考生需要分析陈华收取的 5000 元租金是否构成不当得利；第 2 小问是第 1 小问的延伸，从请求——抗辩的角度考查法定抵销这一知识点。由于陈华对江莱享有到期的借款债权，而江莱对陈华享有到期的 5000 元租金债权，二者种类相同，考生可以从抵销的角度考虑抗辩事项。此外，从解题技巧的角度，本题第 2 小问如有意义，第 1 小问的答案应当是有权请求。

答案解析：先分析第 1 小问。江莱将 B 车质押给陈华并且已经交付，陈华对 B 车享有质权。《民法典》第 431 条规定："质权人在质权存续期间，未经出质人同意，擅自使用、处分质押财产，造成出质人损害的，应当承担赔偿责任。"据此可知，质权人在质押期间无权使用质押财产，即陈华无权在质押期间使用质押财产。本题中，陈华在借款期间擅自将该车租给朋友收取租金合计 5000 元。这一行为与质权的内容相违背。《民法典》第 122

条规定："因他人没有法律根据，取得不当利益，受损失的人有权请求其返还不当利益。"据此，陈华收取5000元租金，造成江莱损失，该笔租金的收取并无法律上的根据，构成不当得利。江莱有权请求陈华返还5000元租金。

再分析第2小问。《民法典》第568条规定："当事人互负债务，该债务的标的物种类、品质相同的，任何一方可以将自己的债务与对方的到期债务抵销；但是，根据债务性质、按照当事人约定或者依照法律规定不得抵销的除外。当事人主张抵销的，应当通知对方。通知自到达对方时生效。抵销不得附条件或者附期限。"本题中，江莱对陈华享有租金返还的债权，陈华对江莱享有借款本息的债权，双方互负债务，且均为金钱之债，符合法定抵销权的构成要件。如果江莱提出这一请求，陈华可以行使法定抵销权，向江莱发出抵销的通知，将租金返还债务和自己的借款本息债权相互抵销。

评分细则（共31分）

1-5题满分为：8分、4分、6分、5分、8分

1. 有权（2分）。违约导致租赁合同目的无法实现（2分）；2022年6月8日解除（2分），解除权的行使以通知方式作出（1分），通知到达对方时合同解除（1分）。

2. 无权（2分）。约定的押金在性质上并非定金（2分）。

3. 有权（2分）。属于履行期届满后的以物抵债协议，双方意思表示一致时生效（2分）；江莱未履行该协议要求的交付字画义务（2分）。

4. 无权（2分）。陈华对B车享有质权（1分）；协议签订后江莱并未履行，陈华对B车的质权继续存在（1分）；属于有权占有（1分）。

5. 有权请求（2分）。质权人在质押期间无权使用质押财产（1分），收取的租金属于不当得利（1分）；法定抵销权（2分），双方互负债务（1分），均为金钱之债（或者种类品质相同）（1分）。

第三题（本题31分）

一、试题

案情：2021年6月15日，建精公司将春天里9号楼、10号楼的主体工程发包给远能公司承建，远能公司完成主体工程的施工后，将该工程中的木工部分分包给周善明。7月19日上午9时许，周善明持电锯从事木工收尾工作时，远能公司的员工方成志在楼上拆除部件，其手持的钢管不慎脱手，周善明在躲避坠落的钢管时被电锯锯伤。后经医院治疗，周善明花费医药费合计4万元。

12月15日，周善明与锐达公司网签《商品房预售合同》，约定：（1）周善明向锐达公司购买爱情海住宅小区3号住宅楼1层1单元102房，房屋总价款500万元，出卖人应当于2022年6月30日前向买受人交付该商品房，该商品房达到交付条件后，出卖人应当于交付日期届满前5日（不少于5日）将查验房屋的时间、办理交付手续的时间地点以及应当携带的证件材料的通知书面送达买受人；（2）如锐达公司迟延交房，则按日向买受人

支付已付购房款千分之六的违约金。合同签订后，周善明按约向锐达公司支付80%的购房款，剩余20%购房款待办理转移登记后一周内支付。

2022年7月15日，锐达公司向周善明邮寄《入住通知书》，通知于7月20日前办理入住手续。周善明于7月15日办理房屋交付手续。

11月3日，周善明向法院起诉锐达公司，请求：（1）解除《商品房预售合同》，锐达公司应返还已经支付的购房款及其对应的利息；（2）锐达公司支付逾期交房的违约金。在诉讼中，锐达公司提出抗辩，称迟延交房是因2021年年初起暴发新冠疫情这一不可抗力因素而导致，周善明无权解除《商品房预售合同》，锐达公司无需支付违约金。

12月10日，周善明在逛街时前往猫掌柜公司与猫进行互动体验，下午2时许，右臂被猫咬伤。周善明为此支付狂犬疫苗接种费及医疗费共计5000元。

2023年3月1日，周善明起诉猫掌柜公司，请求赔偿狂犬疫苗接种费及医疗费5000元。在诉讼中，猫掌柜公司提出抗辩：因周善明未购买意外保险，猫掌柜公司一方应免责。据查，猫掌柜公司店铺门口的购票须知声明：如果顾客不购买意外保险，出现抓伤挠伤等情形时，猫掌柜公司无需承担法律责任。但相关证据显示，猫掌柜公司店铺门口的购票须知篇幅较长，且相关免责条款并未采取特殊方式标注以提示顾客，当天猫掌柜公司的店员也并未就前述免责事项对周善明作出提示与说明。

问题：
1. 因电锯锯伤所花费的4万元医药费，周善明有权向谁主张赔偿？为什么？
2. 周善明是否有权解除《商品房预售合同》？为什么？
3. 周善明是否有权请求锐达公司支付违约金？为什么？如果有权请求，锐达公司有权提出何种抗辩？为什么？
4. 猫掌柜公司的抗辩是否成立？为什么？
5. 周善明是否有权请求猫掌柜公司赔偿狂犬疫苗接种费及医疗费5000元？为什么？

二、总体命题思路

本题由三则实务案例改编而来，难度中等。本题将商品房买卖与侵权事实穿插在一起，围绕紧急避险、用人者责任、合同解除、违约金、不可抗力、格式条款、饲养动物损害责任等考点展开考查，相关考点分布于民法的总则、合同以及侵权部分，具有综合性，考生需要形成较为完整的民法知识体系。此外，本题的解答需要考生在审题时把握一些细节，例如解答第2问时，考生需要抓住《商品房预售合同》对应的几个时间节点，确认锐达公司迟延的事实以及迟延的程度。

三、案例来源

1. 北京市第三中级人民法院（2023）京03民终2996号民事判决书：北京×掌柜餐饮娱乐有限公司与鲁某饲养动物损害责任纠纷案
2. 北京市第一中级人民法院（2023）京01民终6549号民事判决书：北京×达置业有限公司与梅某兰商品房预售合同纠纷案
3. 河南省郑州市中级人民法院（2020）豫01民终10820号民事判决书：上海×杨建筑劳务有限公司、周某枪紧急避险损害责任纠纷案

四、答案精讲

> 1. 因电锯锯伤所花费的 4 万元医药费，周善明有权向谁主张赔偿？为什么？

答：有权向远能公司主张赔偿。因为：（1）周善明在躲避坠落的钢管时被电锯锯伤，属于紧急避险，其损害应由引起险情的人方成志承担；（2）方成志是远能公司的员工，在执行工作任务时不慎将钢管脱手，进而砸伤周善明，应由远能公司承担替代责任。

考点：紧急避险、用人者责任

难度：中

命题和解题思路：本题将紧急避险与用人者责任这两个考点融合在一起考查，有一定难度，考生需要在审题及分析时厘清思路。结合题干第 1 段中对周善明受伤过程的描述可知，本题中的赔偿应为侵权损害赔偿。具体而言，考生在审题时需要注意两点：其一，周善明是在躲避坠落的钢管时被电锯锯伤，这表明存在紧急避险的情节；其二，方成志作为直接的加害行为人，是远能公司的员工，且在执行工作任务时不慎将钢管脱手，进而砸伤周善明，对其侵权责任的分析需要考虑用人者责任规则的适用。在此基础上，考生在解答本题时，应首先结合紧急避险规则确定，周善明的损害是其自行承担，还是引起险情者方成志承担。其次结合用人者责任的规则分析方成志的责任是其自己承担，还是其用人单位远能公司为其承担替代责任。

答案解析：与周善明的损害直接相关的主体为方成志，且周善明存在紧急避险的情节。因此，应先结合紧急避险的规则分析方成志的侵权责任是否成立。《民法典》第 182 条第 1 款规定："因紧急避险造成损害的，由引起险情发生的人承担民事责任。"据此，周善明躲避坠落的钢管时被电锯锯伤，即周善明为避免自己的生命安全受到威胁而采取躲避行为，构成紧急避险，应由引起险情发生的人，即方成志承担侵权责任。

进而还需要分析，方成志的侵权责任是其自己承担还是由其用人单位远能公司承担。根据《最高人民法院关于适用〈中华人民共和国民法典〉侵权责任编的解释（一）》（以下简称《民法典侵权责任编解释（一）》）第 15 条的规定："与用人单位形成劳动关系的工作人员、执行用人单位工作任务的其他人员，因执行工作任务造成他人损害，被侵权人依照民法典第一千一百九十一条第一款的规定，请求用人单位承担侵权责任的，人民法院应予支持。"《民法典》第 1191 条第 1 款规定："用人单位的工作人员因执行工作任务造成他人损害的，由用人单位承担侵权责任。用人单位承担侵权责任后，可以向有故意或者重大过失的工作人员追偿。"据此，方成志是远能公司的员工，在执行工作任务时不慎将钢管脱手，进而砸伤周善明，远能公司应为方成志承担替代责任。

> 2. 周善明是否有权解除《商品房预售合同》？为什么？

答：无权解除。因为尽管锐达公司迟延交付房屋，但仅迟延了 15 日，并未影响《商品房预售合同》合同目的的实现，周善明并不享有法定解除权。

考点：合同解除

难度：中

命题和解题思路：从题目表述可知，本题考查的知识点是合同解除。合同解除是民法

民 法

主观题考试中的重要考点。由于本题中双方并未在《商品房预售合同》中约定解除条件，周善明只能基于法定解除权解除合同。在此基础上，考生需要结合题干事实，分析出卖方锐达公司存在何种违约行为以及是否导致了合同目的无法实现。在分析时考生需要注意几个重要的时间节点，《商品房预售合同》的签订时间是2021年12月15日，约定的交付房

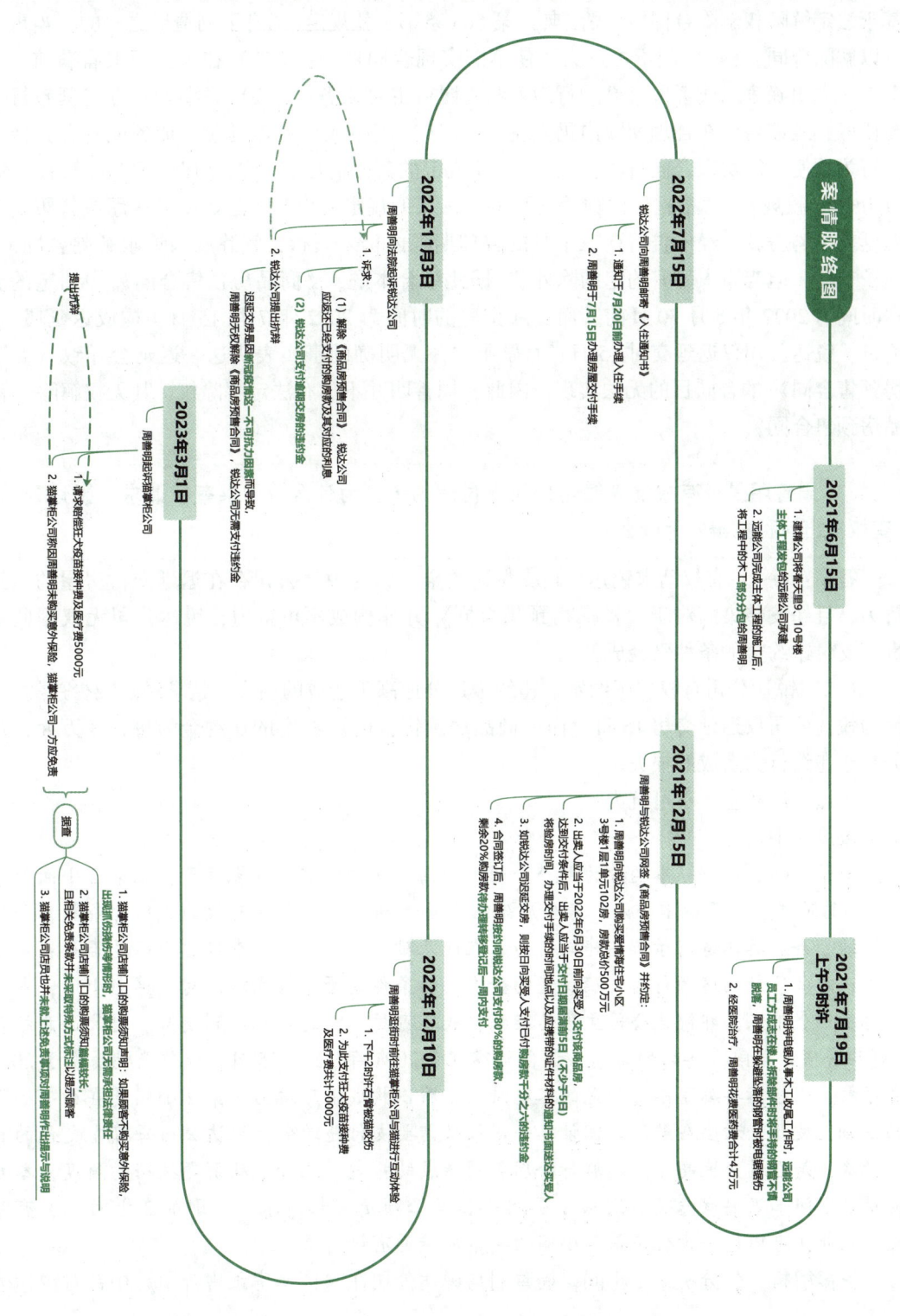

案情脉络图

2021年6月15日
- 连峰公司承接着9、10号楼主体工程及各自承建。
- 远鹏公司完成主体工程的施工后，将工程中的木工部分分包给周善明。

2021年7月19日 上午9时许
1. 周善明持电锯入集木工收尾工时，远鹏公司员工方成志在锯木操作时将手锯的锯齿顶示脱落，经医院诊治，周善明花费医疗费用共计4万元。
2. 为此支付任大夏宝医疗费共计5000元。

2021年12月15日
1. 周善明与锐达公司就《商品房预售合同》并约定：周善明购买锐达公司开发的嘉庭小区3号楼1单元102室，房款为500万元。
2. 出买人应当于2022年6月30日前向买受人交付该商品房，办理交付手续的时间地点以及需要携带的材料由出卖人于交付日前周提前五日（不少于5日）将通知送达买受人。
3. 如买受人逾期交房，则每日向买受人支付已付房款千分之六的违约金。
4. 合同签订后，周善明应向锐达公司支付80%的房款，剩余20%房款待办理预售登记后一并支付。

2022年7月15日
1. 通知于7月20日前办理入住《入住通知书》。
2. 周善明于7月15日办理房屋房屋交付手续。

2022年11月3日
周善明向法院起诉锐达公司
1. 诉求：
   (1) 解除《商品房预售合同》，锐达公司应返还已经支付的购房款及其应返还的利息。
   (2) 锐达公司支付逾期交房的违约金。
2. 锐达公司因新冠疫情《商品房预售合同》不可抗力因素而导致，锐达公司无需支付的违约金

2022年12月10日
周善明起诉猫豢柜公司
1. 下午2时许右臂被楼层砸伤。
2. 为此支付医疗费种类及医疗费共计5000元。

2023年3月1日
周善明起诉猫豢柜公司
1. 请求赔偿其大受伤所发生的种类医疗费及误工费5000元。
2. 猫豢柜公司店铺门口处购置鼠强的外包，出现所倾洒的等情况性，猫豢柜公司无法预计体性别目相关免费赔款并未以特殊方式标注以提示顾客。
3. 猫豢柜公司店铺门口也并未设立上述免责事项以便向周善明作出明示与说明。

提出抗辩

屋期限为 2022 年 6 月 30 日，而实际交房时间为 2022 年 7 月 15 日。尽管锐达公司存在迟延履行的行为，但迟延的时间不长，且并无特别的事实表明交房时间会影响合同目的的实现。

答案解析：由于本题中双方并未在《商品房预售合同》中约定解除条件，周善明只能基于法定解除权解除合同。《民法典》第 563 条第 1 款规定："有下列情形之一的，当事人可以解除合同：（一）因不可抗力致使不能实现合同目的；（二）在履行期限届满前，当事人一方明确表示或者以自己的行为表明不履行主要债务；（三）当事人一方迟延履行主要债务，经催告后在合理期限内仍未履行；（四）当事人一方迟延履行债务或者有其他违约行为致使不能实现合同目的；（五）法律规定的其他情形。"《商品房买卖合同解释》第 11 条第 1 款规定："根据民法典第五百六十三条的规定，出卖人迟延交付房屋或者买受人迟延支付购房款，经催告后在三个月的合理期限内仍未履行，解除权人请求解除合同的，应予支持，但当事人另有约定的除外。"据此结合本题，《商品房预售合同》中约定的交房时间为 2022 年 6 月 30 日前，而实际交房的时间为 2022 年 7 月 15 日，构成迟延履行。不过，锐达公司仅迟延交付 15 日，且题干中并无明确的事实表明这一迟延会导致《商品房预售合同》的合同目的无法实现。因此，周善明并不享有法定解除权，其无权解除《商品房预售合同》。

> 3. 周善明是否有权请求锐达公司支付违约金？为什么？如果有权请求，锐达公司有权提出何种抗辩？为什么？

答案：（一）有权请求锐达公司支付违约金。因为锐达公司存在迟延交付房屋的违约行为，且暴发传染病对于《商品房预售合同》并非构成不可抗力，锐达公司无权据此免责，支付违约金的条件已经成就。

（二）锐达公司有权主张约定的违约金过分地高于造成的损失，请求法院减少违约金。因为锐达公司仅迟延交房 15 日，而《商品房预售合同》约定的违约金为每日 3 万元，过分高于违约行为造成的损失。

考点：违约金、不可抗力

难度：中

命题和解题思路：本题分为两个小问，均围绕违约金这一考点展开，且第 2 小问是第 1 小问的延伸。对于第 1 小问，考生应先结合题干确认双方存在有效的违约金条款，并确定违约金条款具体适用于哪些违约行为。在此基础上，考生应审查锐达公司是否存在足以触发违约金条款的违约行为，确认违约金支付的条件是否已经成就。对于第 1 小问，本题中存在一个难点，即锐达公司主张传染病构成不可抗力，是否能得到支持。对此注意结合《商品房预售合同》签订的时间，该合同签订于 2021 年 12 月 15 日，而传染病暴发于 2021 年年初，已经不再属于不可预见的客观情况，难以构成不可抗力；第 2 小问是在第 1 小问的基础上展开，考生在解答时需计算一下如果需要支付违约金，锐达公司每日需支付的具体数额，是否过分地高于迟延履行给周善明造成的损失。此外，从解题技巧的角度，本题的第 2 小问如果要有意义，则第 1 小问的答案必须是有权请求，否则第 2 小问就没有意义。据此，可以进一步佐证第 1 小问的答案应该是有权请求。

答案解析：先分析第 1 小问。周善明与锐达公司在《商品房预售合同》中针对锐达公司迟延交房的违约情形约定了日千分之六的违约金，锐达公司实际交房的时间晚于合同约定的交房时间，存在迟延交房的违约行为。不过锐达公司以不可抗力主张免责，进而无需支付违约金，考生需要分析这一抗辩是否成立。《民法典》第180条规定："因不可抗力不能履行民事义务的，不承担民事责任。法律另有规定的，依照其规定。不可抗力是不能预见、不能避免且不能克服的客观情况。"据此，《商品房预售合同》签订于2021年12月15日，而传染病暴发于2021年年初，对双方当事人而言并非不可预见。锐达公司在约定交房时间上理应将传染病对工期的影响等因素考虑进去，此时锐达公司基于不可抗力主张对迟延交房的行为免责，并不成立。因此，违约金支付的条件已经成就，周善明有权请求锐达公司支付违约金。

再分析第2小问。周善明与锐达公司在《商品房预售合同》中针对锐达公司迟延交房的违约情形约定了日千分之六的违约金。据此，可以计算得出如果锐达公司迟延交房，迟延1日的违约金为3万元（500万元×6‰），迟延15日的违约金总额为45万元，过分地高于迟延交房对周善明造成的损失。《民法典》第585条第2款规定："约定的违约金低于造成的损失的，人民法院或者仲裁机构可以根据当事人的请求予以增加；约定的违约金过分高于造成的损失的，人民法院或者仲裁机构可以根据当事人的请求予以适当减少。"据此，锐达公司有权主张约定的违约金过分地高于造成的损失，请求法院减少违约金。

4. 猫掌柜公司的抗辩是否成立？为什么？

答案：不成立。因为"顾客不购买意外保险，出现抓伤挠伤等情形时，猫掌柜公司无需承担法律责任"这一条款是格式条款，属于与周善明一方有重大利害关系的异常条款，猫掌柜公司未尽提示说明义务，周善明有权主张该条款不构成合同内容，猫掌柜公司无权据此主张免责。

考点：格式条款

难度：中

命题和解题思路：格式条款的考点在民法主观题考试中并不多见，但仍有考查的可能。本题即围绕此考点展开。解答本题的关键在于，考生在审题与分析时，需要准确认识猫掌柜公司店铺门口的购票须知声明的法律性质。由于该条款内容是猫掌柜公司单方提供的且以重复使用为目的，构成格式条款。据此，本题涉及的问题可以转化为，该格式条款效力如何。在此基础上考生应结合格式条款的订立与效力判断的相关规则展开分析，准确判断相关格式条款的效力。

答案解析：本题题干中交代，猫掌柜公司在诉讼中提出的抗辩内容是：因周善明未购买意外保险，猫掌柜公司一方应免责。结合这一信息可知，本题涉及的核心问题是：猫掌柜公司能否免责。这一问题的解答又取决于猫掌柜公司店铺门口的购票声明效力如何。《民法典》第496条第1款规定："格式条款是当事人为了重复使用而预先拟定，并在订立合同时未与对方协商的条款。"据此，猫掌柜公司店铺门口的购票须知声明：如果顾客不购买意外保险，出现抓伤挠伤等情形时，猫掌柜公司无需承担法律责任。这一条款属于格式条款。《民法典》第496条第2款规定："采用格式条款订立合同的，提供格式条款的一方应当遵循公平原则确定当事人之间的权利和义务，并采取合理的方式提示对方注意免除或者减轻其责任等与对方有重大利害关系的条款，按照对方的要求，对该条款予以说明。

提供格式条款的一方未履行提示或者说明义务，致使对方没有注意或者理解与其有重大利害关系的条款的，对方可以主张该条款不成为合同的内容。"《民法典合同编通则解释》第 10 条第 1 款规定："提供格式条款的一方在合同订立时采用通常足以引起对方注意的文字、符号、字体等明显标识，提示对方注意免除或者减轻其责任、排除或者限制对方权利等与对方有重大利害关系的异常条款的，人民法院可以认定其已经履行民法典第四百九十六条第二款规定的提示义务。"本题中，该免责条款影响了顾客的法律救济，是有重大利害关系的异常条款，对于此种条款，猫掌柜公司有提示说明义务。但本题中，猫掌柜公司未履行这一义务。据此，周善明有权主张该条款不构成合同内容，进而猫掌柜的抗辩并不成立。

5. 周善明是否有权请求猫掌柜公司赔偿狂犬疫苗接种费及医疗费 5000 元？为什么？

答案：有权请求。因为周善明右臂被猫咬伤进而花费狂犬疫苗接种费及医疗费 5000 元，猫掌柜公司作为动物饲养人需承担侵权责任，且周善明并无故意或重大过失，猫掌柜公司的侵权责任不能免除或减轻。

考点：饲养动物损害责任

难度：中

命题和解题思路：结合题目表述与题干中的对应事实不难推断，本题考查的是饲养动物损害责任，属于侵权法部分的考点，难度不大。经由上题可知，猫掌柜公司的免责抗辩并不成立。因此，其作为动物饲养人需对饲养动物造成的损害承担侵权责任。据此，本题解答时考生说理的重点有二：第一，说明猫掌柜公司的动物饲养者侵权责任成立；第二，说明其侵权责任不存在免责或减轻的事由。考生在解题时容易遗漏后者，但是从说理的完整性角度，前述两点都是必要的。

答案解析：《民法典》第 1245 条规定："饲养的动物造成他人损害的，动物饲养人或者管理人应当承担侵权责任；但是，能够证明损害是因被侵权人故意或者重大过失造成的，可以不承担或者减轻责任。"据此，周善明右臂被猫咬伤，因此花费狂犬疫苗接种费及医疗费 5000 元，而猫掌柜公司是动物饲养人，应该承担侵权责任。此外，本题中受害人周善明并不存在故意或者重大过失的情节。因此，猫掌柜公司的侵权责任不得减轻或者免除。

评分细则（共 31 分）

1-5 题满分为：8 分、4 分、8 分、6 分、5 分

1. 向远能公司主张（2分）。属于紧急避险（2分），其损害应由引起险情的人承担（2分），方成志执行工作任务造成损害由用人单位承担替代责任（2分）。

2. 无权（2分）。没有影响合同目的实现或者不符合解除权条件（2分）。

3. 有权（2分）。存在违约行为（1分），暴发传染病对合同履行不构成不可抗力（1分）；可以请求法院酌减违约金（2分），违约金过分高于造成的损失（2分）。

4. 不成立（2分）。是对对方有重大利害关系的异常条款（2分），未尽提示说明义务不构成合同内容（2分）。

5. 有权（2分）。猫掌柜公司是动物饲养人（2分），受害人无故意或重大过失（1分）。

第四题（本题40分）

一、试题

案情：甲银行与乙公司、陈某签订《个人贷款合同》，约定：陈某向甲银行借款50万元，用于购买乙公司的A房（期房），由乙公司为该笔贷款提供保证，但并未约定具体的保证形式与保证范围，同时以A房提供抵押。合同签订后，甲银行按约定发放贷款，乙公司与陈某办理了A房的抵押权预告登记。后陈某与乙公司之间的房屋买卖行为被法院的生效判决认定无效。甲银行以贷款合同目的无法实现为由起诉主张解除《个人贷款合同》，并请求陈某返还借款本金及相应的利息，乙公司承担保证责任，同时请求对A房进行处分并优先受偿。据查，A房所在的小区建筑工程尚未完工。

乙公司与丙公司签订《建设工程施工合同》，对乙公司B地块上的财富大厦建设工程约定了工期与工程价款，其中工程价款暂定为5000万元。工程完工后，乙公司投入使用，但仅支付了1000万元的工程款。在多次交涉后，双方签订了《房屋抵顶工程款协议书》，约定以财富大厦的A座10层抵顶工程款1500万元。后丙公司起诉请求乙公司支付4000万元工程款及相应的违约利息，同时主张就财富大厦变价优先受偿。乙公司则在诉讼中主张应先扣除已经抵顶的1500万元。据查，《房屋抵顶工程款协议书》签订后，乙公司并未履行该协议。

陈某系乙公司副总经理，在其任职期间，乙公司购买了一辆帕萨特轿车交付陈某使用。后因陈某多次旷工违反公司内部规定被辞退。陈某主张乙公司违法解除劳动关系，应向其支付拖欠的工资、社保金与经济补偿金，并拒绝返还轿车。经当地劳动仲裁委员会裁决，乙公司应向陈某支付拖欠工资10万元以及解除劳动合同的经济补偿金8万元。随后乙公司起诉陈某，请求陈某返还轿车。据查，陈某被辞退后仍以乙公司副总经理的名义与乙公司的原料供应商戊公司签订了一份《购销合同》，戊公司对陈某离职的事实并不知情。

问题：

1. 甲银行主张解除《个人贷款合同》，该主张能否得到法院支持？为什么？
2. 对于甲银行的诉讼主张，乙公司是否有权主张先诉抗辩权？为什么？
3. 甲银行主张对A房进行处分并优先受偿，该主张能否得到法院支持？为什么？
4. 乙公司主张应先扣除已经抵顶的1500万元工程款，该主张能否得到法院支持？为什么？
5. 针对4000万元工程款及相应的违约利息，丙公司是否有权主张就财富大厦变价优先受偿？为什么？
6. 陈某是否有权拒绝返还轿车？为什么？
7. 陈某与戊公司签订的《购销合同》效力如何？为什么？

二、案例来源

1. 《最高人民法院公报》2014 年第 9 期：中国光大银行股份有限公司上海青浦支行诉上海东鹤房地产有限公司、陈思绮保证合同纠纷案
2. 《最高人民法院公报》2017 年第 9 期：通州建总集团有限公司与内蒙古兴华房地产有限责任公司建设工程施工合同纠纷案
3. 《最高人民法院公报》2017 年第 1 期：长三角商品交易所有限公司诉卢海云返还原物纠纷案

三、总体命题思路

本题由三则最高人民法院公报案例改编而来，涉及的考点横跨债法与物权法，有一定难度。本题主要考查了合同解除、保证合同、预告登记、以物抵债、建设工程施工合同、留置权、表见代理等知识点，需要考生在审题的基础上对题干进行拆解，从各考点的基本原理和现行法的相关规定出发作答。

四、答案精讲

1. 甲银行主张解除《个人贷款合同》，该主张能否得到法院支持？为什么？

答案：能得到法院支持。因为陈某与乙公司之间的房屋买卖行为被法院的生效判决认定无效后，陈某与甲银行之间的《个人贷款合同》合同目的无法实现，甲银行有权解除该合同。

难度：中

考点：合同解除

命题和解题思路：从提问的措辞来看，不难推断出本题考查的是合同解除。审题后考生先要分析的是，如果甲银行可以解除合同，属于何种解除类型。对此不难分析出，属于行使法定解除权解除，因为当事人没有解除合意，因而不属于合意解除。当事人也没有约定解除事由，无法基于约定解除权解除。此外，《个人贷款合同》不属于可以任意解除的合同类型，当事人无法行使任意解除权。在确定甲银行可能基于法定解除权解除之后，考生需要进一步分析：甲银行的法定解除权，是来自于《民法典》第 563 条规定的一般性的法定解除权，还是某些典型合同中规定的特别的法定解除权。本题属于后者，考生需要熟悉《商品房买卖合同解释》中规定的法定解除权规则。

答案解析：《商品房买卖合同解释》第 20 条规定："因商品房买卖合同被确认无效或者被撤销、解除，致使商品房担保贷款合同的目的无法实现，当事人请求解除商品房担保贷款合同的，应予支持。"据此可知，商品房买卖合同被确认无效时，相应的按揭贷款合同的目的通常也会随之落空，当事人有权解除相应的贷款合同。结合本题，陈某与乙公司之间的房屋买卖行为被法院的生效判决认定无效，相应的《个人贷款合同》合同目的已经无法实现，债权人甲银行有权依据《商品房买卖合同解释》第 20 条解除《个人贷款合同》。

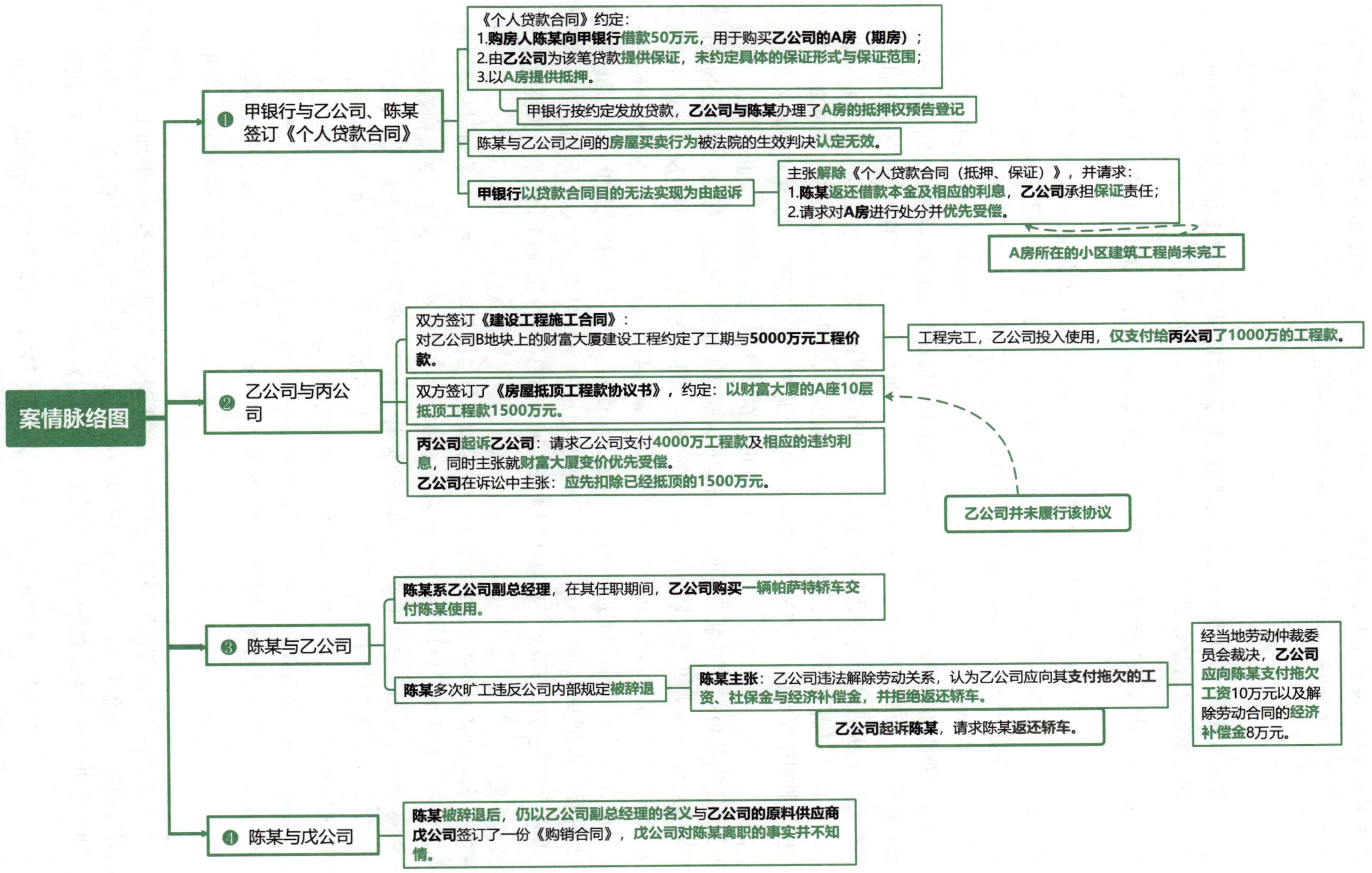

案情脉络图

① 甲银行与乙公司、陈某签订《个人贷款合同》

《个人贷款合同》约定：
1. 购房人陈某向甲银行借款50万元，用于购买乙公司的A房（期房）；
2. 由乙公司为甲银行借款提供保证，未约定具体的保证方式与保证范围；
3. 以A房提供抵押。

甲银行按约定发放贷款，乙公司与陈某办理了A房的抵押权预告登记。

甲银行以贷款合同的房屋买卖行为被法院判决认定无效。

陈某与乙公司之间的房屋买卖行为被法院判决认定无效。

主张解除《个人贷款合同》，并请求：
1. 陈某返还借款本金及相应的利息，乙公司承担保证责任；
2. 请求对A房进行处分并优先受偿。

→ A房所在的小区建筑工程尚未完工

② 乙公司与丙公司

双方签订了《建设工程施工合同》：对乙公司B地块上的财富大厦建设工程约定了工期与5000万元工程款。

双方签订了《房屋抵顶工程款协议书》，约定：以财富大厦建成后的A栋10层，抵顶工程款1500万元。

丙公司起诉乙公司：请求乙公司支付4000万元工程款及相应利息，同时主张就财富大厦建成后的A栋10层，抵顶工程款1500万元。

乙公司在诉讼中主张：应予扣除已经抵顶的1500万元。

⤍ 乙公司并未履行该协议

工程完工，乙公司投入使用，仅支付给丙公司了1000万元的工程款。

③ 陈某与乙公司

陈某系乙公司副总经理，在其任职期间，乙公司购买一辆帕萨特新车支付陈某使用。

陈某多次参加工违反公司内部规定被辞退。

陈某主张：乙公司违法解除劳动关系，认为乙公司应向其支付拖欠的工资、社保金与经济补偿金，并拒绝返还轿车。

乙公司起诉陈某，请求陈某返还轿车。

经当地劳动仲裁委员会裁决，乙公司应向陈某支付拖欠工资10万元以及解除劳动合同的经济补偿金8万元。

④ 陈某与戊公司

陈某被辞退后，仍以乙公司副总经理的名义与戊公司签订了一份《购销合同》，戊公司对陈某离职的事实并不知情。

2. 对于甲银行的诉讼主张，乙公司是否有权主张先诉抗辩权？为什么？

答案：乙公司有权主张先诉抗辩权。因为：(1) 主合同的解除并不导致保证责任的消灭，因此《个人贷款合同》的解除不影响乙公司的保证责任；(2) 本题中乙公司签订的保证合同并未明确约定保证的形式，应推定为一般保证，乙公司据此享有先诉抗辩权。

难度：中

考点：合同解除、保证合同

命题和解题思路：本题的设问十分直接，明确指向了保证合同中先诉抗辩权这一知识点。结合一般保证人才享有先诉抗辩权这一基础知识，常规的解题思路就是根据题干信息分析乙公司的保证形式，分析其属于一般保证还是连带责任保证。不过，本题在此基础上还隐藏了一个干扰项，即《个人贷款合同》解除的因素。解答本题时考生需要先分析《个人贷款合同》解除对保证责任的影响，特别是明确保证责任是否会因为《个人贷款合同》的解除而消灭。这就涉及合同解除对担保责任的影响问题。所以，考生应先分析《个人贷款合同》解除对保证责任的影响，进而结合乙公司的保证形式分析其是否享有先诉抗辩权。

答案解析：结合第1问中《个人贷款合同》被解除的背景，考生应先分析，乙公司的保证责任是否因为《个人贷款合同》的解除而消灭。《民法典》第566条第3款规定："主合同解除后，担保人对债务人应当承担的民事责任仍应当承担担保责任，但是担保合同另有约定的除外。"据此可知，主合同解除原则上并不影响担保合同的效力。本题中，乙公司与甲银行的保证合同是贷款合同的从合同，《个人贷款合同》的解除并不会影响乙公司的保证责任，乙公司仍须对陈某的民事责任承担保证责任。既然乙公司的保证责任仍然存在，那么其可以主张的抗辩，可以从以下角度分析。

从乙公司保证形式的角度看，《民法典》第686条第2款规定："当事人在保证合同中对保证方式没有约定或者约定不明确的，按照一般保证承担保证责任。"据此，尽管《个人贷款合同》约定由乙公司为该笔贷款提供保证，但并未约定具体的保证形式与保证范围，应推定乙公司的保证形式为一般保证。《民法典》第687条第2款规定："一般保证的保证人在主合同纠纷未经审判或者仲裁，并就债务人财产依法强制执行仍不能履行债务前，有权拒绝向债权人承担保证责任，但是有下列情形之一的除外：（一）债务人下落不明，且无财产可供执行；（二）人民法院已经受理债务人破产案件；（三）债权人有证据证明债务人的财产不足以履行全部债务或者丧失履行债务能力；（四）保证人书面表示放弃本款规定的权利。"据此可知，乙公司作为一般保证人享有先诉抗辩权。

3. 甲银行主张对A房进行处分并优先受偿，该主张能否得到法院支持？为什么？

答案：不能。因为A房所在的小区建筑工程尚未完工，无法办理建筑物所有权首次登记，抵押权预告登记并不具有优先受偿的效力，因此甲银行并不能就A房优先受偿。

考点：预告登记

难度：难

命题和解题思路：本题围绕不动产登记制度中的预告登记展开，这一考点在过去的民法主观题考试中属于冷僻考点，但2023年的民法主观题考试中有所涉及，因此考生需予以关注与复习。本题涉及的核心问题是抵押权预告登记是否具有优先受偿的效力，对于这一问题，《民法典担保制度解释》第52条区分了非破产与破产场景，分别设置了不同规则。本题涉及的非破产情形，考生应结合该条第1款进行分析。该条出于保护银行等债权人的利益考虑，在满足特定条件后，允许抵押权预告登记产生优先受偿效力，其中主要的前提条件之一就是建筑物已经办理所有权首次登记。如果考生能准确把握这一点，本题即可迎刃而解。

答案解析：本题涉及对抵押权预告登记的效力的考查。由于A房所在的工程尚未完工，因此A房并不具备办理所有权首次登记的条件。《民法典担保制度解释》第52条规定："当事人办理抵押预告登记后，预告登记权利人请求就抵押财产优先受偿，经审查存在尚未办理建筑物所有权首次登记、预告登记的财产与办理建筑物所有权首次登记时的财产不一致、抵押预告登记已经失效等情形，导致不具备办理抵押登记条件的，人民法院不予支持；经审查已经办理建筑物所有权首次登记，且不存在预告登记失效等情形的，人民法院应予支持，并应当认定抵押权自预告登记之日起设立。当事人办理了抵押预告登记，抵押人破产，经审查抵押财产属于破产财产，预告登记权利人主张就抵押财产优先受偿的，人民法院应当在受理破产申请时抵押财产的价值范围内予以支持，但是在人民法院受理破产申请前一年内，债务人对没有财产担保的债务设立抵押预告登记的除外。"据此可知，甲银行对A房仅享有抵押权预告登记，且该建筑物尚未办理所有权首次登记，抵押权预告登记不能获得优先受偿效力，因此甲银行无权主张就A房进行处分并优先受偿。

4. 乙公司主张应先扣除已经抵顶的1500万元工程款，该主张能否得到法院支持？为什么？

答案：不能。因为乙公司与丙公司签订的《房屋抵顶工程款协议书》属于履行期届满后的以物抵债协议，该协议自当事人意思表示一致时生效，履行后发生债务消灭的效果，由于乙公司并未履行该协议，相应的1500万元工程款债务并未消灭。

考点：以物抵债

难度：中

命题和解题思路：从本题的提问方式无法直接推断出考查的知识点，需要考生稍作推理。本题的提问方式涉及的核心问题是，对于抵顶的1500万元工程款，该部分债务是否已经消灭，如果已经消灭，则自然应当扣除，如果尚未消灭，自然不得扣除。因此，本题可以转化为：《房屋抵顶工程款协议书》是否产生了1500万元工程款债权消灭的效果。进一步结合《房屋抵顶工程款协议书》的内容，不难推断出，该协议书具有以物抵债协议的性质。因此本题实际上考查的知识点就是以物抵债协议。《民法典合同编通则解释》将以物抵债协议二分为履行期届满前的以物抵债协议与履行期届满后的以物抵债协议，二者适用的规则有所不同。因此考生需要准确定位本题中《房屋抵顶工程款协议书》属于何种以物抵债协议，进而分析判断1500万元工程款债权是否已经消灭。

答案解析：从《房屋抵顶工程款协议书》的内容来看，该协议书具有以物抵债协议的性质，且属于履行期届满后达成的以物抵债协议。《民法典合同编通则解释》第27条规定："债务人或者第三人与债权人在债务履行期限届满后达成以物抵债协议，不存在影合同效力情形的，人民法院应当认定该协议自当事人意思表示一致时生效。债务人或者第三人履行以物抵债协议后，人民法院应当认定相应的原债务同时消灭；债务人或者第三人未按照约定履行以物抵债协议，经催告后在合理期限内仍不履行，债权人选择请求履行原债务或者以物抵债协议的，人民法院应予支持，但是法律另有规定或者当事人另有约定的除外。前款规定的以物抵债协议经人民法院确认或者人民法院根据当事人达成的以物抵债协议制作成调解书，债权人主张财产权利自确认书、调解书生效时发生变动或者具有对抗善意第三人效力的，人民法院不予支持。债务人或者第三人以自己不享有所有权或者处分权的财产权利订立以物抵债协议的，依据本解释第十九条的规定处理。"据此可知，履行期届满后的以物抵债协议是诺成性合同，自当事人意思表示达成一致时成立生效，所抵之债是否消灭则取决于债务人或第三人是否履行以物抵债协议，未履行则债务不消灭。本题中，乙公司与丙公司签订《房屋抵顶工程款协议书》后，乙公司并未履行该协议，因此财富大厦的A座10层的所有权并未移转，相应的债务并未消灭，进而乙公司主张应先扣除已经抵顶的1500万元工程款不能得到支持。

> **5. 针对4000万元工程款及相应的违约利息，丙公司是否有权主张就财富大厦变价优先受偿？为什么？**

答案：丙公司有权针对4000万元工程款主张就财富大厦变价优先受偿，但无权就相应的违约利息主张就财富大厦变价优先受偿。因为尽管丙公司作为承包人享有工程价款的优先受偿权，但其优先受偿的范围原则上以工程款为限，不包括逾期支付建设工程价款的利息、违约金、损害赔偿金等。

考点：建设工程合同

难度：中

命题和解题思路：在建设工程合同这一典型合同中，核心的知识点之一就是工程价款的优先受偿权。结合本题中"优先受偿"这一表述不难发现，本题考查的知识点就是建设工程合同中承包人的工程款优先受偿权。不过，本题并不是仅考查工程款优先受偿权是否成立，而是在此基础上进一步考查工程款优先受偿权的一个细节性问题，即优先受偿的具体范围。对此考生需要注意的是：工程款优先受偿权的范围原则上仅以工程款本身为限，并不包括逾期支付建设工程价款的利息、违约金、损害赔偿金等。据此，考生在解题时需要拆分为两个部分进行解答，即工程款部分与违约利息部分应分开说理作答。

答案解析：《民法典》第807条规定："发包人未按照约定支付价款的，承包人可以催告发包人在合理期限内支付价款。发包人逾期不支付的，除根据建设工程的性质不宜折价、拍卖外，承包人可以与发包人协议将该工程折价，也可以请求人民法院将该工程依法拍卖。建设工程的价款就该工程折价或者拍卖的价款优先受偿。"据此结合本题，由于乙公司欠付工程款的债务已经逾期，承包人丙公司有权就财富大厦变价优先受偿。不过，仔细阅读本题不难发现，除了工程款的优先受偿权是否成立以外，本题还涉及优先受偿的具体范围，尤其是其是否包括违约利息。《建设工程施工合同解释（一）》第40条规定："承包人建设工程价款优先受偿的范围依照国务院有关行政主管部门关于建设工程价款范围的规定确定。承包人就逾期支付建设工程价款的利息、违约金、损害赔偿金等主张优先受偿的，人民法院不予支持。"据此可知，承包人建设工程价款优先受偿的范围原则上仅以工程款为限，并不包括逾期支付建设工程价款的利息、违约金、损害赔偿金等。结合本题，丙公司作为承包人优先受偿的范围以工程款 4000 万元为限，并不包括相应的违约利息。

> 6. 陈某是否有权拒绝返还轿车？为什么？

答案：无权拒绝。因为：（1）陈某对轿车的占有与陈某对乙公司的债权之间并非属于同一法律关系，不符合留置权的成立要件，因此陈某对轿车不享有留置权；（2）陈某对轿车的占有属于无权占有，乙公司有权基于原物返还请求权主张轿车的返还，陈某无权拒绝。

考点：留置权、返还原物

难度：难

命题和解题思路：从本题的提问方式来看，涉及对物权请求权中的返还原物请求权的考查。不过，在分析陈某对轿车是否有占有本权时，可能需要分析陈某是否可以主张留置权，因此本题也涉及对留置权的考查。本题的难点在于分析陈某对轿车是否成立留置权。就留置权这一考点，需要首先识别留置权的类型，其属于民事留置权还是商事留置权，二者成立的要求有所不同。本题涉及的是民事留置权。就民事留置权，需要重点把握留置的动产与债权属于同一法律关系这一要件。

答案解析：本题同时涉及物权请求权中的返还原物请求权以及留置权两个考点，有一定难度。乙公司作为轿车的所有权人，是否能依据《民法典》第 235 条主张轿车的返还，取决于陈某对轿车的占有是否属于有权占有，结合陈某劳动关系已经解除的事实，需要重点考查陈某对轿车是否享有留置权。就留置权来说，需要区分民事留置权与商事留置权，二者产生的要求有所不同，本题中留置权发生在陈某与乙公司之间，属于民事留置权。

关于民事留置权的成立，《民法典》第 448 条规定："债权人留置的动产，应当与债权属于同一法律关系，但是企业之间留置的除外。"据此可知，民事留置权成立的核心要件之一是债权人留置的动产与债权属于同一法律关系。结合本题，该要件是不符合的。陈某对乙公司所享有的工资、社保金与经济补偿金等债权来自陈某与乙公司之间的劳动合同。而陈某对轿车的占有并非来自劳动合同。劳动合同的基本法律关系为劳动者承担向用人单位提供劳动和接受用人单位管理的义务，并有权要求用人单位依约支付劳动报酬。本案中陈某所扣留的轿车，仅仅是乙公司为公司高管出行提供的便利，并非双方建立的劳动关系的标的物，乙公司可以随时收回轿车也并不影响原有劳动关系的履行。因此，陈某对轿车的留置权并不成立，陈某对轿车的占有属于无权占有，乙公司有权依据《民法典》第 235 条返还原物请求权向陈某主张轿车的返还，陈某无权拒绝。

在解题说理方面，考生应先分析陈某对轿车是否享有留置权，在此基础上结合返还原物请求权的构成要件进行分析，重点指明陈某对轿车的占有属于无权占有，乙公司返还原物请求权的构成要件已经满足。

> 7. 陈某与戊公司签订的《购销合同》效力如何？为什么？

答案：有效。因为陈某离职后仍以乙公司副总经理的名义签订《购销合同》，属于无权代理，但其仍保有职务外观，对该外观乙公司具有可归责性，且相对方戊公司是善意的，陈某的行为符合表见代理的构成要件，属于表见代理行为，因而《购销合同》是有效的。

难度：中

考点：表见代理

命题和解题思路：《购销合同》是陈某以乙公司的名义签订，属于代理行为。结合这一因素可知本题围绕代理制度展开，重点考查表见代理这一知识点。结合《购销合同》是陈某离职后签订这一事实，不难发现陈某属于无权代理，因此本题解答的关键问题在于：陈某的无权代理行为是否构成表见代理。对于这一问题的解答，考生只须结合表见代理的构成要件分析即可。

答案解析：陈某离职后丧失了代理权，但其仍以乙公司副总经理的名义签订《购销合同》，构成无权代理，判断该代理行为的效力需要结合《民法典》第172条分析其是否构成表见代理。《民法典》第172条规定："行为人没有代理权、超越代理权或者代理权终止后，仍然实施代理行为，相对人有理由相信行为人有代理权的，代理行为有效。"据此，表见代理的构成要件有四：（1）代理人欠缺代理权；（2）存在代理权外观；（3）被代理人具有可归责性；（4）相对方是善意的。结合本题，关于要件（1），陈某已经离职，因此不再享有代理权；关于要件（2），离职后陈某仍以乙公司副总经理的职务身份缔约，仍保有该职务代理权外观；关于要件（3），陈某离职后，乙公司有义务通知其交易伙伴陈某离职的事实，以防止陈某继续以乙公司名义缔约，但是乙公司怠于通知，该风险是乙公司完全有能力避免的，因此乙公司对陈某的代理权外观是有可归责性的；关于要件（4），戊公司对陈某离职的事实并不知情，是善意的相对方。因此，陈某的代理行为构成表见代理行为，是有效的。

评分细则（共40分）

1-7题满分为：5分、6分、5分、6分、6分、5分、7分。

1. 能够得到支持（2分）。贷款合同目的无法实现（3分）。

2. 有权（2分）。合同解除不影响保证责任（2分）；乙公司的保证方式为一般保证，享有先诉抗辩权（2分）。

3. 不能（2分）。A房尚未办理所有权首次登记（1分），抵押权预告登记不具有优先受偿效力（2分）。

4. 不能（2分）。乙公司与丙公司之间的协议属于以物抵债（2分），履行后债务消灭（1分），乙公司并未履行该协议（1分）。

5. 4000万元工程款有权（2分），利息部分无权（2分）。建设工程价款优先受偿权的范围不包括违约利息（2分）。

6. 无权（2分）。占有和债权不属于同一法律关系（1分），陈某不享有留置权（1分）；乙公司享有原物返还请求权（1分）。

7. 有效（2分）。行为具有代理权外观（1分），对该外观被代理人具有可归责性（1分），相对方善意（1分），构成表见代理（2分）。

第五题（本题35分）

一、试题

案情：甲公司与乙公司为丙公司供应布匹。截至2020年6月5日，丙公司共欠甲公司纺织货款110万元，欠乙公司货款120万元。6月20日，三家公司签订如下协议：(1) 乙公司将丙公司所欠货款全部转让给甲公司；(2) 甲公司同意丙公司以其所有的7台机械设备折抵所欠货款，此7台机械设备所有权自协议签订之日起移转为甲公司所有，但由丙公司继续使用一段时间；(3) 丙公司应在当年9月30日之前将设备交付给甲公司，若逾期交付，丙公司应按照所欠货款金额每日千分之二的比例向甲公司支付违约金。至9月30日，丙公司并未交付7台机械设备。当年10月15日，丙公司以250万元的价格将该7台设备卖给不知情的丁公司，并于一周内相继将7台设备交付给丁公司。甲公司知晓后起诉请求丁公司返还7台设备，并要求丙公司支付迟延违约金。

2020年6月30日，甲公司为融资需要向戊公司借款500万元，以其现有及将有的设备、原材料、半成品、产品提供抵押，双方于当日签订了借款合同与抵押合同。一周后，双方办理了抵押登记。2021年6月1日，甲公司为扩大产能，以150万元的价格向己公司购买一台设备，双方约定在甲公司价款支付完毕前己公司保留设备的所有权。当年6月10日，己公司将设备交付甲公司；6月15日，双方就所有权保留办理了登记。现甲公司对戊公司的借款以及对己公司的设备价款均到期，甲公司无力偿还。

2020年11月，因业务转型需要，甲公司委托陆某处置公司名下的一辆集装箱车。11月20日，陆某将该车以100万元的价格卖给己公司，并于11月25日交付，双方约定尽快办理登记手续。12月25日，己公司的司机钱某按上级指示运送一批货物，在某路口与周某驾驶的私家车相撞，导致周某多处骨折，花费医药费5万元。经交警部门认定，钱某应负80%的主要责任，周某应负20%的次要责任。

2021年8月，己公司将集装箱车送至辛公司开设的修理厂保养。保养完毕后己公司派司机何某取车时遭到修理厂的拒绝。据查，辛公司的修理厂常年负责己公司集装箱车的维修保养服务，每半年结算一次。2021年上半年己公司欠辛公司合计100万元的维修保养费尚未支付。

问题：

1. 甲公司是否有权请求丁公司返还7台设备？为什么？
2. 若丙公司认为逾期交付的违约金过高，可以提出何种主张？为什么？丙公司应承担何种举证责任？
3. 戊公司的抵押权何时设立？为什么？
4. 己公司能否以其保留的所有权对抗戊公司的抵押权？为什么？
5. 若不考虑机动车保险，周某花费的5万元医药费可以向何人主张救济？为什么？
6. 针对己公司取车的要求，辛公司可提出何种抗辩？为什么？

二、案例来源

《最高人民法院公报》2012 年第 4 期：青岛源宏祥纺织有限公司诉港润（聊城）印染有限公司取回权确认纠纷案

三、总体命题思路

本题改编自一则最高人民法院公报案例，属于民法学科内部的综合主观题，同时涉及物权法、合同法与侵权法。解答本题需要考生有较为全面的民法知识体系，对相关现行法规范和原理有较为系统的把握。考生应对此种综合性题目时需要对案情事实有较为全面准确的分析，将各个设问所对应的考点以及相应的知识点梳理出来，在此基础上一一击破。

四、答案精讲

1. 甲公司是否有权请求丁公司返还 7 台设备？为什么？

答案： 无权请求。因为：（1）2020 年 6 月 20 日，甲公司已经通过占有改定的方式取得 7 台设备的所有权；（2）丙公司将 7 台设备卖给不知情的丁公司，属于无权处分，该 7 台设备已经交付且丁公司符合善意取得的要件，丁公司可善意取得 7 台设备的所有权，因此甲公司无权请求丁公司返还 7 台设备。

难度： 难

考点： 以物抵债协议、交付、善意取得

命题和解题思路： 本题同时涉及以物抵债协议、动产交付以及善意取得等考点，有一定难度。解答本题的关键在于确认 7 台设备的最终归属。本题的解答可拆分为三个层面的问题：（1）三家公司达成协议的性质（明确其为以物抵债协议）以及该以物抵债协议具有何种性质和效力；（2）甲公司是否已经于 2020 年 6 月 20 日取得了 7 台设备的所有权；（3）丁公司是否取得了 7 台设备的所有权。对这三个层面的问题须各自分析判断。对于问题（1），考生需要结合三家公司签订的协议内容，确定其具有以物抵债协议的性质，并在基本思路上区分履行期届满前的以物抵债协议（担保型以物抵债协议）与履行期届满后达成的以物抵债协议（清偿型以物抵债协议），本题显然属于后者。对于问题（2），考生需要熟悉《民法典合同编通则解释》的相关条款，履行期届满后达成的以物抵债协议只有履行后才能消灭债务，其关键问题在于分析是否存在交付以及甲公司是否取得了 7 台设备的所有权。对于问题（3），在问题（2）中得出甲公司取得设备所有权的结论后，丙公司就构成无权处分，问题（3）涉及的关键问题就是：丁公司可否善意取得。考生结合善意取得的构成要件分析即可。本题颇具难度，因为考生需要按照条理分析上述三个层面的问题，需要有扎实的知识基础与清晰的分析思路，当然也需要出色的表达能力。

答案解析： 甲公司是否有权请求丁公司返还 7 台设备取决于最终这 7 台设备的归属如何。结合案情的相关事实，要分析 7 台设备的最终归属，需要依次分析三个层面的问题：（1）2020 年 6 月 20 日三家公司达成的合同的性质与效力；（2）2020 年 6 月 20 日，甲公司是否取得了 7 台设备的所有权；（3）丁公司是否取得了 7 台设备的所有权。

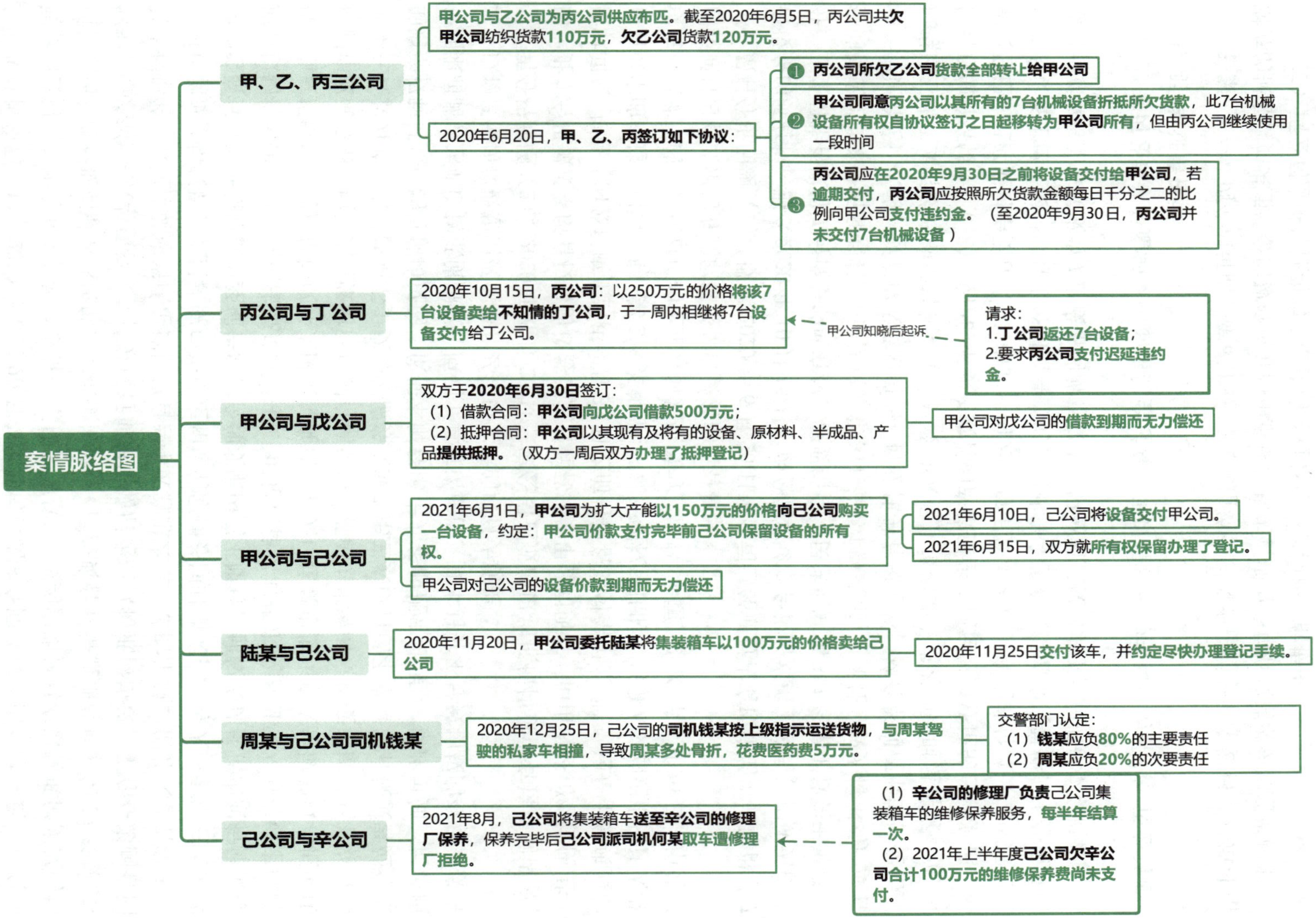

案情脉络图

甲、乙、丙三公司

2020年6月20日,甲、乙、丙签订如下协议:

甲公司所欠乙公司货款全部转让给丙公司,此后由丙公司继续使用甲公司纺织设备并向甲公司支付欠货款,截至2020年6月5日,丙公司欠乙公司货款120万元。

① 丙公司所欠乙公司货款全部转让给甲公司。

② 甲公司同意丙公司以其所有的7台机械设备折抵所欠货款,设备所有权自协议签订之日起转移为甲公司所有,但由丙公司继续使用一段时间。

③ 丙公司应在2020年9月30日之前将设备交付给甲公司,若逾期交付,丙公司应按照所欠货款金额每日千分之二的比例向甲公司支付违约金。(至2020年9月30日,丙公司并未交付7台机械设备)

请求:
1. 丁公司返还7台设备;
2. 要求丙公司支付违约金。

丙公司与丁公司

2020年10月15日,丙公司以250万元的价格将7台设备卖给不知情的丁公司,一周内相继将7台设备交付给丁公司。

↑ 甲公司知晓后起诉

甲公司与戊公司

双方于2020年6月30日签订:

(1) 借款合同:甲公司向戊公司借款500万元;

(2) 抵押合同:甲公司以其现有及将有的设备、原材料、半成品、产品提供抵押。(双方一周后办理了抵押登记)

甲公司对戊公司的设备价款到期而无力偿还。

甲公司与己公司

2021年6月1日,甲公司为扩大生产能力,向己公司借款150万元用于向己公司购买一台设备,约定:甲公司价款支付完毕前己公司保留设备的所有权。

甲公司对戊公司的借款到期而无力偿还

2021年6月10日,己公司将设备交付甲公司。

2021年6月15日,双方就所有权保留办理了登记。

陆某与己公司

2020年11月20日,**甲公司委托陆某将集装箱车以1100万元的价格卖给己公司**。

2020年11月25日己公司支付该车,并约定尽快办理登记手续。

周某与己公司司机某

2020年12月25日,己公司的司机某驾驶私家车相撞,导致周某多处骨折,花费医药费5万元。

交警部门认定:

(1) 钱某应负80%的主要责任,周某应负20%的次要责任。

(2) 2021年上半年度己公司集装箱车的维修保养服务,每半年结算一次。

己公司与辛公司

2021年8月,己公司将集装箱车送至辛公司修理厂保养,保养完毕后己公司派司机某提取,辛公司的修理厂负责己公司集装箱车的维修保养服务,与周某驾驶私家车相撞,导致周某多处骨折,花费医药费5万元。

辛公司的修理厂拒绝,保养完毕后己公司派司机某向辛公司提取修理厂拒绝。

---- 司合计100万元的维修保养费尚未支付。

先分析问题（1）。2020年6月20日三家公司达成的合同的核心内容之一是"甲公司同意丙公司以其所有的7台机械设备折抵所欠货款"，该约定明显具有以物抵债协议的性质，且属于履行期届满后达成的以物抵债协议。《民法典合同编通则解释》第27条规定："债务人或者第三人与债权人在债务履行期限届满后达成以物抵债协议，不存在影响合同效力情形的，人民法院应当认定该协议自当事人意思表示一致时生效。债务人或者第三人履行以物抵债协议后，人民法院应当认定相应的原债务同时消灭；债务人或者第三人未按照约定履行以物抵债协议，经催告后在合理期限内仍不履行，债权人选择请求履行原债务或者以物抵债协议的，人民法院应予支持，但是法律另有规定或者当事人另有约定的除外。前款规定的以物抵债协议经人民法院确认或者人民法院根据当事人达成的以物抵债协议制作成调解书，债权人主张财产权利自确认书、调解书生效时发生变动或者具有对抗善意第三人效力的，人民法院不予支持。债务人或者第三人以自己不享有所有权或者处分权的财产权利订立以物抵债协议的，依据本解释第十九条的规定处理。"据此可知，债务履行期限届满后达成以物抵债协议，原则上具有诺成性，其本身并不导致物权的变动。换言之，以物抵债协议要想消灭债务，必须以实际的履行为前提。

再分析问题（2）。2020年6月20日三家公司达成的以物抵债协议中有这样的内容，即"此7台机械设备所有权自协议签订之日起移转为甲公司所有，但由丙公司继续使用一段时间"，并且"丙公司应在当年9月30日之前将设备交付给甲公司"，这是十分典型的占有改定的构造。《民法典》第228条规定："动产物权转让时，当事人又约定由出让人继续占有该动产的，物权自该约定生效时发生效力。"结合本题，2020年6月20日，甲公司已经通过占有改定的方式取得了7台设备的所有权。

最后分析问题（3）。既然2020年6月20日甲公司已经通过占有改定的方式取得了7台设备的所有权，那么2020年10月15日，丙公司将该7台设备卖给丁公司，构成无权处分。丁公司能否取得7台设备的所有权，需要结合《民法典》第311条第1款关于善意取得的构成要件来分析和判断。《民法典》第311条第1款规定："无处分权人将不动产或者动产转让给受让人的，所有权人有权追回；除法律另有规定外，符合下列情形的，受让人取得该不动产或者动产的所有权：（一）受让人受让该不动产或者动产时是善意；（二）以合理的价格转让；（三）转让的不动产或者动产依照法律规定应当登记的已经登记，不需要登记的已经交付给受让人。"据此，丙公司与丁公司约定了合理的价款（250万元），该7台设备也已经交付，且丁公司是善意的，因此符合善意取得的构成要件，丁公司可以通过善意取得的方式成为7台设备的所有权人，甲公司无权请求丁公司返还7台设备。

2. 若丙公司认为逾期交付的违约金过高，可以提出何种主张？为什么？丙公司应承担何种举证责任？

答案：（一）丙公司可向法院请求适当减少违约金。因为违约金的主要目的是填补相对方的损害，如果违约金的数额过分高于造成的损失，则丙公司有权请求法院适当减少。

（二）丙公司应举证证明约定的违约金过分高于违约造成的损失。

难度：中

考点：违约金

命题和解题思路：本题分为两个关系紧密的两个小问，均明确指向违约金这一考点。

第1小问具体涉及违约金酌减问题，难度不大。违约金通常被理解为对损害赔偿的事先预定，以减轻当事人对损害的证明责任。《民法典》第585条规定了违约金的调整规则，不论是违约金过高还是过低，当事人都有权请求调整。不过需要注意的是，违约金的调整必须向人民法院或者仲裁机构提出。第2小问在第1小问的基础上考查违约金酌减时的举证责任，对此《民法典合同编通则解释》设置了明确的举证责任规则，即主张违约金酌减的一方应举证证明约定的违约金过分高于违约造成的损失。这也符合民事诉讼法"谁主张谁举证"的基本举证原则。

答案解析：（1）《民法典》第585条规定："当事人可以约定一方违约时应当根据违约情况向对方支付一定数额的违约金，也可以约定因违约产生的损失赔偿额的计算方法。约定的违约金低于造成的损失的，人民法院或者仲裁机构可以根据当事人的请求予以增加；约定的违约金过分高于造成的损失的，人民法院或者仲裁机构可以根据当事人的请求予以适当减少。当事人就迟延履行约定违约金的，违约方支付违约金后，还应当履行债务。"据此可知，违约金的调整包括提高与酌减两个层面。如果违约金过分地高于所造成的损害，当事人有权主张适当减少。需要注意的是，违约金的调整权在法院或仲裁机构，且须依申请而为之。结合本题，若丙公司认为逾期交付的违约金过高，其自然可以依据《民法典》第585条向人民法院主张适当地减少违约金。

（2）《民法典合同编通则解释》第64条第2款规定："违约方主张约定的违约金过分高于违约造成的损失，请求予以适当减少的，应当承担举证责任。非违约方主张约定的违约金合理的，也应当提供相应的证据。"据此可知，<u>主张违约金酌减的一方应举证证明约定的违约金过分高于违约造成的损失</u>。结合本题，丙公司作为主张违约金酌减的一方应举证证明约定的违约金过分高于违约造成的损失。

> 3. 戊公司的抵押权何时设立？为什么？

答案：于2020年6月30日设立。因为动产抵押权自抵押合同生效时设立，甲公司与戊公司的抵押合同于2020年6月30日签订并生效，未登记不影响抵押权的设立。

难度：易

考点：动产抵押权

命题和解题思路：本题考查动产抵押权这一考点，具体涉及的是动产浮动抵押权的设立规则问题，基本上等于送分题。解答本题需要注意的是：《民法典》并不区分普通的动产抵押与动产浮动抵押，二者抵押权设立的时间都是抵押合同生效时。

答案解析：本题围绕动产抵押权展开，具体涉及的是动产浮动抵押权的设立规则，难度不大。本题中，甲公司以其现有及将有的设备、原材料、半成品、产品提供抵押，属于典型的动产浮动抵押。《民法典》第403条规定："以动产抵押的，抵押权自抵押合同生效时设立；未经登记，不得对抗善意第三人。"据此，无论是普通的动产抵押权还是动产浮动抵押权，都是自抵押合同生效时设立。而且需要注意的是，动产抵押权是否登记并不影响抵押合同的效力，因此戊公司的抵押权于2020年6月30日设立。

4. 己公司能否以其保留的所有权对抗戊公司的抵押权？为什么？

答案：可以。因为己公司保留的所有权旨在担保设备买卖的价款，且当事人于设备交付后 10 日内就办理了登记，己公司保留的所有权具有超级优先地位，优先于在先设立的戊公司的抵押权。

难度：难

考点：担保物权的竞合

命题和解题思路：本题涉及的是所有权保留中出卖人保留的所有权与抵押权之间的对抗，考虑到所有权保留中出卖人保留的所有权属于非典型担保，本题涉及的问题实际上就是广义的担保物权竞合的顺位问题。《民法典》与《民法典担保制度解释》初步确立了担保物权竞合的统一顺位规则体系，因此解答本题的关键在于，考生需要熟悉担保物权竞合的顺位规则。

答案解析：为了给设立动产浮动抵押权的抵押人释放再次获得融资的空间，《民法典》第 416 条引入了所谓的价款担保权超级优先规则。该条规定："动产抵押担保的主债权是抵押物的价款，标的物交付后十日内办理抵押登记的，该抵押权人优先于抵押物买受人的其他担保物权人受偿，但是留置权人除外。"在此基础上，《民法典担保制度解释》第 57 条对超级优先规则的适用范围进行了扩张，使其同样适用于所有权保留与融资租赁等情形，该条第 1 款规定："担保人在设立动产浮动抵押并办理抵押登记后又购入或者以融资租赁方式承租新的动产，下列权利人为担保价款债权或者租金的实现而订立担保合同，并在该动产交付后十日内办理登记，主张其权利优先于在先设立的浮动抵押权的，人民法院应予支持：（一）在该动产上设立抵押权或者保留所有权的出卖人；（二）为价款支付提供融资而在该动产上设立抵押权的债权人；（三）以融资租赁方式出租该动产的出租人。"据此，己公司保留的所有权旨在担保设备买卖的价款，并且该保留的所有权于交付后 5 日即办理了登记，满足超级优先规则的要求，因此己公司保留的所有权优先于在先设立的戊公司的动产浮动抵押权。

5. 若不考虑机动车保险，周某花费的 5 万元医药费可以向何人主张救济？为什么？

答案：周某可以就 4 万元医药费向己公司主张侵权损害赔偿，其余 1 万元医药费应由周某自行承担。因为：（1）根据交警部门的事故责任认定，钱某应负 80% 责任，周某应负 20% 责任；（2）钱某是己公司的工作人员，交通事故发生于执行工作任务期间，己公司应为钱某承担无过错的替代责任。

难度：中

考点：机动车交通事故责任、用人者责任

命题和解题思路：结合相关背景事实，本题明确指向机动车交通事故责任的考查，结合钱某是己公司司机这一事实因素，本题还可能涉及用人者责任（己公司是否需要为钱某承担替代责任）。不过，尽管本题的提问方式具有开放性，未限于侵权，但由于受害人周某未缔结合同，无法主张合同救济，因此本题只需考虑侵权路径的救济即可。机动车交通事故责任与用人者责任融合时，难度增大，考生在解题时需要有更加清晰明确的分析思路：在分析机动车交通事故的具体责任承担时，应先结合交通事故的类型（机动车之间还

是机动车与非机动车之间）确定其归责原则，在此基础上分配交通事故双方的责任比例，如果题干明确提及交警等部门已经认定了责任比例，直接按该比例分配责任即可。责任比例确定后，再结合用人者责任等的相关规定，分析各方的责任是由机动车使用人承担，还是由机动车使用人的用人单位承担。

答案解析：依据《道路交通安全法》第76条，机动车之间的交通事故适用过错责任原则。结合交警部门的责任认定，对于周某的5万元医药费，钱某一方应承担80%即4万元的侵权责任，其余1万元应由周某自己承担。需要进一步考虑的是：该4万元的责任，是钱某自己承担，还是己公司承担。根据《民法典侵权责任编司法解释（一）》第15条的规定："与用人单位形成劳动关系的工作人员、执行用人单位工作任务的其他人员，因执行工作任务造成他人损害，被侵权人依照民法典第一千一百九十一条第一款的规定，请求用人单位承担侵权责任，人民法院应予支持。"《民法典》第1191条第1款规定："用人单位的工作人员因执行工作任务造成他人损害的，由用人单位承担侵权责任。用人单位承担侵权责任后，可以向有故意或者重大过失的工作人员追偿。"据此结合本题，钱某作为己公司所聘用的司机，该交通事故发生在其执行工作任务时，应由己公司承担无过错的替代责任。因此，己公司须向周某承担4万元的医药费。

> 6. 针对己公司取车的要求，辛公司可提出何种抗辩？为什么？

答案：辛公司可主张对集装箱车的留置权。因为欠付的100万元维修保养费是辛公司持续经营中所发生的债权，对于该债权，辛公司有权对己公司所有的集装箱车行使留置权，该留置权属于企业之间的留置，不要求辛公司占有的动产与债权之间是同一法律关系。

难度：中

考点：留置权

命题和解题思路：尽管本题的提问带有开放性，未明确指向考查的知识点，但是结合背景事实因素不难分析出本题涉及的是留置权。关于留置权的成立，考生需要区分民事留置权与商事留置权，二者产生的要求并不相同。

答案解析：本题尽管设问的方式是开放性的，但是所考查的知识点较为明确，即留置权，需要考虑辛公司是否对集装箱车享有留置权以对抗己公司的取车要求。因此，本题解答的关键在于分析辛公司对集装箱车是否享有留置权。对于留置权，需要先结合《民法典》第448条区分民事留置权与商事留置权。《民法典》第448条规定："债权人留置的动产，应当与债权属于同一法律关系，但是企业之间留置的除外。"据此，企业之间的留置属于商事留置，而其他留置均为民事留置。结合本题分析，留置的双方为己公司与辛公司，二者均为商事公司，显然属于商事留置的范畴。依据《民法典》第448条，商事留置权的成立无需要求债权人留置的动产与债权属于同一法律关系，本题中，辛公司留置的集装箱车与己公司欠付的100万元维修保养费并不属于同一法律关系。

尽管不要求同一法律关系，但是商事留置权的成立也有一定的要求。《民法典担保制度解释》第62条第2款与第3款规定："企业之间留置的动产与债权并非同一法律关系，债务人以该债权不属于企业持续经营中发生的债权为由请求债权人返还留置财产的，人民法院应予支持。企业之间留置的动产与债权并非同一法律关系，债权人留置第三人的财产，第三人请求债权人返还留置财产的，人民法院应予支持。"据此可知，商事留置权的成立需要满足：

(1) 留置权所担保的债权是企业持续经营中发生的;(2) 所留置的财产是债务人所有的财产。结合本题,辛公司的该修理厂常年负责己公司集装箱车的维修保养服务,己公司欠付的100万元维修保养费显然属于辛公司持续经营中发生的,与此同时,辛公司留置的集装箱车也属于己公司所有。因此,辛公司可以就集装箱车行使留置权以对抗己公司取车的要求。

评分细则(共35分)

1-6题满分为:6分、5分、4分、6分、9分、5分

1. 无权(2分)。甲公司依占有改定取得7台设备所有权(1分)。丙公司属于无权处分(1分)。设备已经交付(1分),丁公司善意取得(1分)。

2. (1)可以请求法院减少违约金(2分),违约金的数额过分高于造成的损失可以请求酌减(1分);(2)丙公司应举证证明约定的违约金过分高于违约造成的损失(2分)。

3. 2020年6月30日设立(2分)。动产浮动抵押权自抵押合同生效时设立(1分),抵押合同于2020年6月30日生效(1分)。

4. 可以(2分)。旨在担保设备买卖的价款(1分),交付后10日内办理了登记(1分),满足超级优先权(答出价款优先权、购置物优先权或者《民法典》第416条规定均可)条件(1分),优先于其他意定担保物权(或者优先于其他担保物权,留置权除外)(1分)。

5. 可就4万元向己公司主张侵权损害赔偿(2分),其余1万元自行承担(1分)。根据事故责任认定,钱某应负80%责任,周某应负20%责任(2分)。钱某是己公司工作人员,事故发生于工作期间(2分),己公司应为钱某承担无过错的替代责任(2分)。

6. 留置权(2分)。属于企业之间(1分)持续经营中(1分)所发生的债权,不要求具有同一法律关系(1分)。

第六题(本题35分)

一、试题

案情:宜轩公司与玉方公司经协商后签订《合作协议书》,双方约定:宜轩公司投资A市B镇C村的灾民安置小区,由玉方公司承建该安置小区,工程款定为5000万元;竣工结算之日起两个月内,宜轩公司付清除质保金外的工程款;质保金为工程款的3%,保修期1年,保修期满宜轩公司全额退还玉方公司;若宜轩公司未能按期定额支付工程款,应承担违约责任,每迟延支付一个月需向玉方公司支付未付工程款3%的违约金。合同签订后,玉方公司开始施工。2020年10月底,安置小区建造完毕并验收合格。对于剩余的1000万元工程款,经玉方公司多次催告,宜轩公司一直未支付。2021年7月1日,玉方公司起诉宜轩公司,请求宜轩公司支付剩余的1000万元工程款以及迟延半年履行付款义务的违约金180万元。诉讼中,法院查明,A市发展与改革局发布的文件中明文规定,C村的灾民安置小区工程属于应当招标的项目。

2021年8月1日,宜轩公司出于融资需求与陆某签订《商品房买卖合同》,双方约定:宜轩公司将其名下X商铺(市值2500万元)转让给陆某,作价1000万元;合同签订当日陆某支付500万元,办理过户登记手续后1个月内陆某支付余款;宜轩公司应于2022

年2月1日之前以1200万元的价格回购该商铺，逾期不回购，X商铺归陆某所有。合同签订后双方办理了X商铺的过户登记手续，陆某按照约定分两笔向宜轩公司合计转账1000万元。

2021年8月5日，宜轩公司向方某借款500万元，借期半年，年利率为10%。孙某提供连带保证，保证范围是借款本息。孙某在《借款合同》中连带保证人一栏签名。2021年9月1日，宜轩公司与方某签订《借款补充协议》，约定方某在原500万元借款的基础上追加300万元，借期与年利率按照《借款合同》执行。梁某提供保证，保证范围是追加借款部分的本息，但并未约定保证方式。梁某在《借款补充协议》的保证人一栏中签名。方某前后分四笔向宜轩公司合计转账800万元。

2021年8月20日，宜轩公司与凯达公司签订《商铺承租协议》，约定宜轩公司将其名下Y商铺租给凯达公司，租期20年，期满后自动续期10年，前三年的年租金为20万元，第四年开始每三年年租金上涨5%。双方签订租赁合同后办理了备案登记手续。双方同时约定宜轩公司应在1个月内将商铺中的所有货物清空，清空后一周内履行交付义务。9月5日，宜轩公司与华茂公司签订《商铺转让协议》，约定宜轩公司将Y商铺作价300万元转让给华茂公司。合同签订后双方办理了过户登记手续与交房手续。9月30日，凯达公司要求宜轩公司履行交房义务时发现Y商铺已经被华茂公司占有。

2022年2月，宜轩公司对陆某、方某的债务到期，因公司经营陷入困难，无力偿还。方某直接起诉孙某与梁某，请求二人对宜轩公司的800万元借款本息承担保证责任。

问题：
1. 玉方公司关于违约金的诉讼主张能否得到法院的支持？为什么？
2. 陆某能否取得X商铺的所有权？为什么？
3. 孙某是否有权拒绝承担保证责任？为什么？
4. 梁某是否有权拒绝承担保证责任？为什么？
5.《商铺承租协议》效力如何？为什么？
6. 凯达公司是否有权请求华茂公司返还Y商铺？为什么？

二、案例来源

最高人民法院（2019）最高法民再311号民事判决书：符某与某置业有限公司民间借贷纠纷再审案。

三、总体命题思路

本题改编自最高人民法院的民事判决，考查了违约金、非典型担保、保证合同、租赁合同等多个考点，难度中等。本题的考查聚焦于合同编，特别是对保证合同与租赁合同展开了重点考查。解答本题不仅需要考生熟悉相关考点背后的知识，也需要考生在解题时具备清晰而合理的思路。

四、答案精讲

1. 玉方公司关于违约金的诉讼主张能否得到法院的支持？为什么？

答案：不能得到法院的支持。因为：（1）依据现行法，建设工程必须进行招标而未招

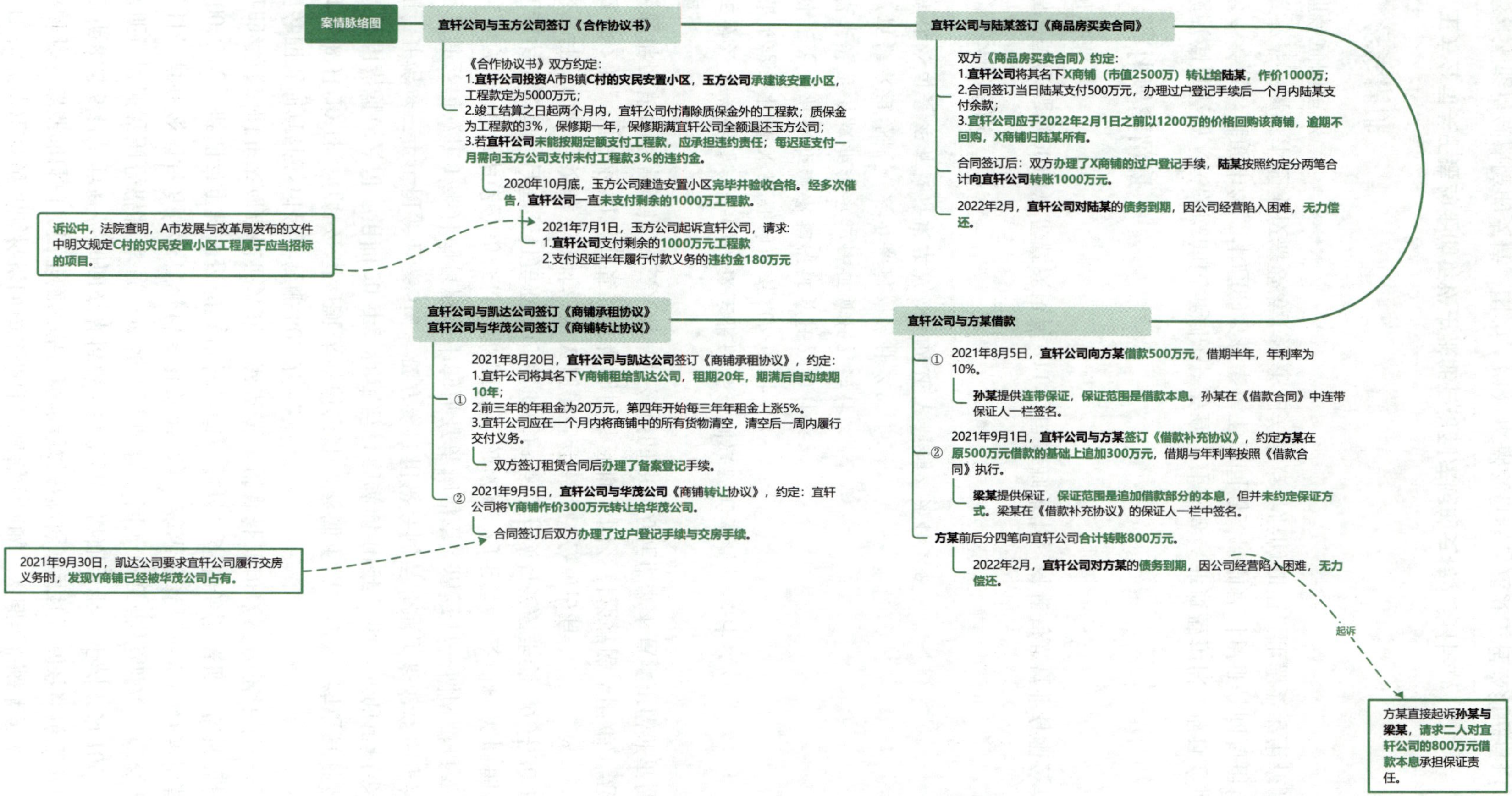

案情概图

直轩公司与玉方公司签订《合作协议书》

《合作协议书》双方约定：
1. 直轩公司租赁A市玉方公司C村的农民安置小区，工程款为5000万元；
2. 该工程第2日起满6个月内，直轩公司向C村农民按照约定支付工程款的3%，保底期一年，保底金为工程款的3%，之后直轩公司按实际工程款全部返还玉方公司，一月期向玉方公司未付清租赁期满工程款1.3%的滞纳金。

2020年10月底，玉方公司建造完毕并验收合格，经交付后，直轩公司一直未支付剩余的1000万元工程款。

2021年7月1日，玉方公司起诉直轩公司，请求：
1. 直轩公司支付剩余的1000万元工程款；
2. 支付返还年利率应付款义务违约金约为180万元。

诉讼中，法院查明，A市发展与改革局发布的文件中明确规定C村的农民安置小区工程属于应当招标的项目。

直轩公司与陆某实签订《商品房买卖合同》

双方《商品房买卖合同》约定：
1. 直轩公司将其名下X楠铺（市值2500万）作价1000万元，转让给陆某实；
2. 直轩公司应于2022年2月1日之前以1200万元的价格回购该商铺，逾期不付款；
3. 直轩公司应支付银行同类贷款利息，X商铺继续由陆某实占有。

合同签订后，双方办理了X商铺的债务抵过户登记手续，陆某实按约定分两笔合计向直轩公司转账1000万元，因公司经营陷入困难，无力支付。

2022年2月，直轩公司为归还欠款的债务到期，因公司经营陷入困境，无力偿还。

直轩公司与顺达公司签订《商铺承租协议》/直轩公司与华茂公司签订《商铺转让协议》

2021年8月20日，直轩公司将其名下7商铺出租给顺达公司，约定：
1. 直轩公司将其名下7商铺租赁给顺达公司，租期20年；
2. 前三年的年租金为20万元，第四年开始每三年租金上涨5%；
3. 直轩公司应在一个月将商铺中的所有货物清空，清店后一周内履行交付义务。

2021年9月5日，直轩公司与华茂公司签订《商铺转让协议》，约定：直轩公司将7商铺作价300万元转让给华茂公司。

合同签订后双方办理了过户登记手续，7商铺现在华茂公司。

2021年9月30日，当达公司要求直轩公司履行交房义务时，发现7商铺已经被华茂公司占有。

直轩公司与方某借款

2021年6月5日，直轩公司向方某借款500万元，借期半年，车利率为10%。

孙某提供连带责任保证，保证范围包括本息，孙某在《借款合同》中担保人一栏签名。

2021年9月1日，直轩公司与方某签订《借款补充协议》，约定方某在原500万元借款的基础上追加300万元，借款与年利率按原《借款合同》执行。梁某在《借款补充协议》的保证人一栏签名。

2022年2月，直轩公司对方某的债务到期，因公司经营陷入困境，无力偿还。

方某前后分四笔向直轩公司合计转账800万元。

方某直接起诉孙某与梁某，请孙某二人对直轩公司所欠款本息承担连带保证责任。

标时所签订的建设工程施工合同是无效的；（2）本题中《合作协议书》涉及的工程是必须进行招标的，但当事人并未采取招标形式，因此《合作协议书》无效，违约金条款作为从合同也会随之无效。

难度：中

考点：违约金、建设工程施工合同

命题和解题思路：本题较为巧妙地将违约金与建设工程施工合同这两个考点结合在一起考查，从违约金的角度要求考生识别并分析《合作协议书》的效力。从第一段最后一句的表述出发，不难发现《合作协议书》作为一种建设工程施工合同，其效力可能存在瑕疵，因为其本应采取招标的方式签订但当事人却未招标。《合作协议书》的效力得到明确以后，违约金能否主张就可以确定。违约金条款属于从合同，违约金的主张以存在有效的合同为前提。需要指出的是，有的考生可能会从违约金酌减的角度去考虑，但是如果《合作协议书》本身是无效的，违约金的约定也会随之无效，此时并无请求酌减的余地。

答案解析：《建设工程施工合同解释（一）》第1条第1款规定："建设工程施工合同具有下列情形之一的，应当依据民法典第一百五十三条第一款的规定，认定无效：（一）承包人未取得建筑业企业资质或者超越资质等级的；（二）没有资质的实际施工人借用有资质的建筑施工企业名义的；（三）建设工程必须进行招标而未招标或者中标无效的。"据此可知，建设工程必须进行招标而未招标时所签订的建设工程施工合同是无效的。本题中，A市发展与改革局发布的文件中明文规定C村的灾民安置小区工程属于应当招标的项目，但是《合作协议书》是宜轩公司与玉方公司经协商后签订，并未采取招标形式，因而《合作协议书》是无效的。既然《合作协议书》整体无效了，其中的违约金约定也因此失去效力，玉方公司关于违约金的诉讼主张不能得到法院的支持。

2. 陆某能否取得X商铺的所有权？为什么？

答案：不能。因为《商品房买卖合同》中关于X商铺转让与回购的约定属于让与担保，旨在担保1000万元的借款，而合同中关于"逾期不回购，X商铺归陆某所有"的约定属于流押流质条款，该条款是无效的，因此陆某不能取得X商铺的所有权。

难度：中

考点：让与担保

命题和解题思路：《民法典》《民法典担保制度解释》等均明确认可了非典型担保的合法地位，这一考点也在近年来的民法主观题里多次出现，本题是从让与担保的角度考查非典型担保。本题的解题难点在于结合题干事实分析出当事人的交易结构。一方面，考生要从"出于融资需求"的表述识别出当事人之间名为买卖实为借贷的交易目的；另一方面，从当事人"商铺买卖+回购"的交易结构看，这样的交易安排，其真实目的是担保借款，实际上是一种让与担保。对当事人之间的交易进行准确定性后，考生还需要识别其中可能包含的流押流质条款，基于流押流质的禁止性规定，陆某不能直接取得X商铺的所有权。

答案解析：题干中"出于融资需求"以及双方当事人"X商铺买卖+回购"的交易安排表明，宜轩公司与陆某之间的交易并非X商铺的买卖合同，而是"借款合同+担保"。

"X商铺的买卖+回购"的安排是让与担保的一种情形。《民法典担保制度解释》第68条第3款规定："债务人与债权人约定将财产转移至债权人名下，在一定期间后再由债务人或者其指定的第三人以交易本金加上溢价款回购，债务人到期不履行回购义务，财产归债权人所有的，人民法院应当参照第二款规定处理。回购对象自始不存在的，人民法院应当依照民法典第一百四十六条第二款的规定，按照其实际构成的法律关系处理。"既然"X商铺的买卖+回购"的约定属于让与担保，那么"逾期不回购，X商铺归陆某所有"的约定就是典型的流押流质条款。《民法典担保制度解释》第68条第2款规定："债务人或者第三人与债权人约定将财产形式上转移至债权人名下，债务人不履行到期债务，财产归债权人所有的，人民法院应当认定该约定无效，但是不影响当事人有关提供担保的意思表示的效力。当事人已经完成财产权利变动的公示，债务人不履行到期债务，债权人请求对该财产享有所有权的，人民法院不予支持；债权人请求参照民法典关于担保物权的规定对财产折价或者以拍卖、变卖该财产所得的价款优先受偿的，人民法院应予支持；债务人履行债务后请求返还财产，或者请求对财产折价或者以拍卖、变卖所得的价款清偿债务的，人民法院应予支持。"该条款明确了让与担保中的流押流质条款是无效的。因此《商品房买卖合同》中"逾期不回购，X商铺归陆某所有"的约定是无效的，陆某不能取得X商铺的所有权。

3. 孙某是否有权拒绝承担保证责任？为什么？

答案：孙某仅对500万元借款本息承担保证责任，有权拒绝对追加的300万元借款本息承担保证责任。因为《借款补充协议》加重了主债务，且未经孙某书面同意，对于加重部分孙某不承担保证责任。

难度：中

考点：保证合同

命题和解题思路：从本题的表述出发不难识别其考查的知识点是保证合同，具体涉及主债权债务变更时对保证责任的影响。主债权债务的变更，可能会增加保证人的法律风险，因此，从保护保证人合法权益的角度出发，主债权债务的变更不得加重保证人的法律责任。考生如果掌握这一基本原理并结合《民法典》的相关规定，本题即可得解。

答案解析：从《借款合同》的内容来看，孙某提供的保证属于连带保证。《民法典》第695条第1款规定："债权人和债务人未经保证人书面同意，协商变更主债权债务合同内容，减轻债务的，保证人仍对变更后的债务承担保证责任；加重债务的，保证人对加重的部分不承担保证责任。"据此结合本题，2021年9月1日宜轩公司与方某签订《借款补充协议》，该补充协议变更了主债权债务合同，提高了借款本金数额，且未得到保证人孙某的书面同意，保证人孙某对加重的部分不承担保证责任。因此，孙某仅对500万元借款本息承担保证责任，有权拒绝对追加的300万元借款本息承担保证责任。

4. 梁某是否有权拒绝承担保证责任？为什么？

答案：有权拒绝。因为：（1）《借款补充协议》中未约定梁某的保证形式，应解释为一般保证；（2）梁某保证的范围仅包括追加的300万元借款本息，不包括原借款合同中的

500万元借款本息；（3）对于追加的300万元本息，梁某作为一般保证人有权基于先诉抗辩权拒绝承担保证责任。

难度：难

考点：保证合同

命题和解题思路：本题与第3题紧密相关，都是从不同角度对保证合同的考查。本题主要涉及对梁某的保证形式的认定以及先诉抗辩权的识别和运用。解答本题时，考生要有区分意识，针对方某请求梁某就800万元本息承担保证责任的诉讼主张，考生应区分为两个部分：原借款合同中的500万元本息以及补充协议中追加的300万元本息。梁某对这两部分本息拒绝承担保证责任的原因是不同的：对500万元本息无须承担保证责任是因为梁某与方某之间关于保证范围的约定本就不包括该500万元本息；对追加的300万元本息可以拒绝承担保证责任是因为梁某作为一般保证人享有先诉抗辩权。由于本题需要将800万元本息拆分为两个部分分别分析，考生在作答时可能会存在表达上的困难，因此如何表达也是本题的难点之一。

答案解析：结合《借款补充协议》的内容，一方面，梁某的保证形式并未约定，依据《民法典》第686条第2款，应推定为一般保证；另一方面，梁某保证的债权范围仅包括追加的300万元本息。对于原借款合同中的500万元本息，由于未达成保证的合意，梁某自然无须承担保证责任。

对于补充协议中追加的300万元本息，依据《民法典》第687条，梁某作为一般保证人享有先诉抗辩权。本题中，宜轩公司的债务履行迟延后，方某直接起诉梁某请求其承担保证责任，此时梁某有权基于先诉抗辩权拒绝承担保证责任。

5. 《商铺承租协议》效力如何？为什么？

答案：《商铺承租协议》整体有效，但其中"期满后自动续期10年"的约定无效。因为现行法明确规定，租赁合同中租赁期限不得超过20年，超过20年的部分无效，《商铺承租协议》中"期满后自动续期10年"的约定因违反了租期上限的强制性规定而无效。

难度：中

考点：租赁合同、合同的效力

命题和解题思路：本题以租赁合同的形式考查合同效力问题。解答本题的关键点就是结合题干中《商铺承租协议》的内容，从反面寻找《商铺承租协议》的效力瑕疵点。从《商铺承租协议》的内容来看，其中可能的瑕疵点在于"期满后自动续期10年"的约定，该约定违反了《民法典》关于租赁合同中租期上限的规定。当然，考生在解题时也需要注意区分合同的整体无效与部分无效。违反租期的上限规定仅导致租赁合同部分无效，而非整体无效。

答案解析：《民法典》第705条第1款规定："租赁期限不得超过二十年。超过二十年的，超过部分无效。"该条明确规定了租赁合同中的租期上限，即20年，违反会导致租赁合同部分无效，即超过20年的部分无效。据此结合本题，《商铺承租协议》中约定的租期为20年，期满后自动续期10年，这一约定违反了该条对租赁期限上限的规定，是无效的。因此，《商铺承租协议》整体有效，但其中"期满后自动续期10年"的约定无效。

> 6. 凯达公司是否有权请求华茂公司返还 Y 商铺？为什么？

答案：无权请求。因为依据买卖不破租赁的规则，凯达公司并未取得 Y 商铺的占有，而华茂公司已经取得 Y 商铺的所有权，凯达公司作为承租人不能对抗租赁物的买受人华茂公司。

难度：中

考点：租赁合同

命题和解题思路：从本题的表述来看，涉及的是承租人凯达公司与租赁物 Y 商铺的买受人华茂公司之间的冲突，承租人与租赁物买受人之间的冲突须借助买卖不破租赁规则来判断，因此本题实际上考查的是买卖不破租赁。考生在解答本题时需要注意，承租人要对抗租赁物的买受人，以有效的租赁合同以及承租人已经取得租赁物的占有为前提，租赁合同的备案登记并不能使承租人取得对抗租赁物买受人的地位。

答案解析：《民法典》第 725 条规定："租赁物在承租人按照租赁合同占有期限内发生所有权变动的，不影响租赁合同的效力。"该条规定了买卖不破租赁规则，据此承租人取得对抗租赁物买受人的前提有二：（1）存在有效的租赁合同；（2）承租人已经取得租赁物的占有。这也意味着，办理租赁合同的备案登记并不能使得承租人取得对抗租赁物买受人的地位。本题中，宜轩公司与华茂公司已经办理 Y 商铺的过户登记手续，华茂公司已经成为 Y 商铺的所有权人。而凯达公司签订 Y 商铺的租赁合同后，仅办理了备案登记，尚未取得 Y 商铺的占有，因此凯达公司不具备对抗华茂公司的地位，无权请求华茂公司返还 Y 商铺。

评分细则（共 35 分）

1-6 题满分为：6 分、6 分、6 分、8 分、5 分、4 分

1. 不能得到支持（2 分）。建设工程必须进行招标而未招标时所签订的建设工程合同无效（2 分），违约金条款从属于建设工程合同，随之无效（2 分）。

2. 不能（2 分）。X 商铺转让与回购的约定属于让与担保（2 分），"逾期不回购，X 商铺归陆某所有"因属于流押条款而无效（2 分）。

3. 无权拒绝对 500 万元借款本息承担保证责任（2 分），有权拒绝对追加的 300 万元借款本息承担保证责任（2 分）。未经保证人书面同意，保证人对加重部分不承担保证责任（2 分）。

4. 有权（2 分）。未约定保证形式的保证应推定为一般保证（2 分）；原借款合同中的 500 万元本息不属于保证范围（2 分）；对追加的 300 万元本息享有先诉抗辩权（2 分）。

5. 整体有效（1 分），其中"期满后自动续期 10 年"的约定无效（2 分）。租赁合同中租赁期限超过 20 年的部分无效（2 分）。

6. 无权请求（2 分）。凯达公司未占有 Y 商铺不能主张买卖不破租赁（2 分）。

民事诉讼法

第一题（本题28分）

一、试题

案情： H市L县的王某和魏某合伙出资购买冀A16×××牌照的大货车，该货车挂靠在众骥公司名下运营，向平安财保公司S支公司投保机动车交通事故强制责任保险，保险期间自2021年3月31日至2022年3月30日止。曹某是王某雇佣的司机。2021年4月29日，王某驾驶该大货车在S市P县与杨某发生交通事故，事故造成杨某死亡、坐在副驾驶位的曹某受伤。当地交警部门出具事故认定书，认定王某承担事故的主要责任，杨某承担次要责任，曹某无责任。

因损害赔偿协商无果，曹某以提供劳务者受害责任纠纷为由，向P县法院起诉王某、众骥公司、平安财保公司S支公司，索赔医疗费、营养费、误工费、护理费、精神损害抚慰金等各项损失共计37万元。王某对管辖权提出异议，法院裁定驳回，众骥公司不服提起上诉。P县法院对医疗费、营养费、误工费、护理费作出一审判决后，王某提起上诉。二审中曹某要求赔偿后续治疗费10万元。二审判决生效后，曹某以遗漏精神损害抚慰金为由向S市中级法院申请再审。S市中级法院审查后裁定再审，并指令P县法院再审本案。

问题：
1. 若杨某的近亲属起诉索赔，P县法院能否将案件合并审理？为什么？
2. 本案当事人确定是否正确？为什么？
3. 就众骥公司的上诉，法院应当如何处理？为什么？
4. 针对本案，S市中级法院应当如何处理？为什么？
5. 如何评价本案再审程序中各项行为？请简要说明理由。

二、总体命题思路

本题以提供劳务者因交通事故受损害为素材，对诉的合并、当事人确定、普通共同诉讼的内部关系、上诉案件的调解、上诉案件审理的范围以及再审程序规则予以综合考查。其中，当事人确定、上诉案件的调解均属于主观题命题重点。第3问并无明确解题依据，需要类推适用相关诉讼制度，难度颇高。

三、案例来源

1. （2018）最高法民辖终371号二审民事裁定书：黄某涵诉中信银行股份有限公司泉州分行等金融借款合同纠纷
2. （2022）鲁14民终409号二审民事判决书：王素杰、曹立伟等提供劳务者受害责

任纠纷

四、答案精讲

1. 若杨某的近亲属起诉索赔，P县法院能否将案件合并审理？为什么？

答案： 可以合并审理。因为两个诉讼均基于同一事实（交通事故）发生的纠纷，符合诉的客体合并的适用条件，P县法院可以合并审理。

考点： 诉的合并

难度： 中

命题和解题思路： 法考时代特别强调理论化命题，诉的合并即属于理论型考点。本题以交通事故后发生的系列纠纷为素材，对诉的合并的适用条件予以考查。解题的关键是了解《民诉解释》第221条规定的诉的客体合并条件，准确理解"基于同一事实发生的纠纷"的内涵。

答案解析：《民诉解释》第221条规定，基于同一事实发生的纠纷，当事人分别向同一人民法院起诉的，人民法院可以合并审理。据此，可以合并的诉讼应"基于同一事实"发生的纠纷。曹某以提供劳务者受害责任纠纷为由向P县法院起诉，若杨某的近亲属以机动车交通事故责任纠纷向P县法院起诉，两个案件虽然诉讼标的不同，但均基于同一起交通事故的事实而发生的纠纷，P县法院可以合并审理。

2. 本案当事人确定是否正确？为什么？

答案：（1）曹某作为原告正确。因为曹某因交通事故遭受了实际损害，与本案有直接利害关系；

（2）王某作为被告正确。因为本案是提供劳务者受害责任纠纷，王某是接受劳务一方，根据过错承担相应责任；

（3）众骥公司和平安财保公司S支公司作为被告错误。因为本案并非机动车交通事故责任纠纷，不能向被挂靠人和交强险保险公司主张赔偿；

（4）未将魏某列为共同被告正确。因为曹某是王某雇佣的司机，魏某并非接受劳务一方；合伙人对合伙债务承担连带责任，曹某可主张由王某承担全部责任，无须追加魏某为共同被告。

考点： 当事人适格、原告和被告地位的确定

难度： 难

命题和解题思路： 让考生判断给定案件中当事人确定是否正确，这是民诉法主观题当事人部分常用的命题套路。本题属于实体法和程序法融合型题目，应根据原告起诉时主张的案由，结合《民法典》的规定作出判断。解题时应注意审题，本案当事人包括原告和被告，应逐一作出判断，此外不可遗漏对魏某诉讼地位的判断。

答案解析： 曹某以提供劳务者受害责任纠纷为由起诉索赔，根据《民法典》第1192条第1款规定，个人之间形成劳务关系，提供劳务一方因劳务造成他人损害的，由接受劳务一方承担侵权责任。接受劳务一方承担侵权责任后，可以向有故意或者重大过失的提供劳务一方追偿。提供劳务一方因劳务受到损害的，根据双方各自的过错承担相应的责任。据此，曹某因提供劳务受到损害起诉索赔，应根据曹某与王某的各自过错承担相应责任，

曹某作为原告正确，王某作为被告正确。

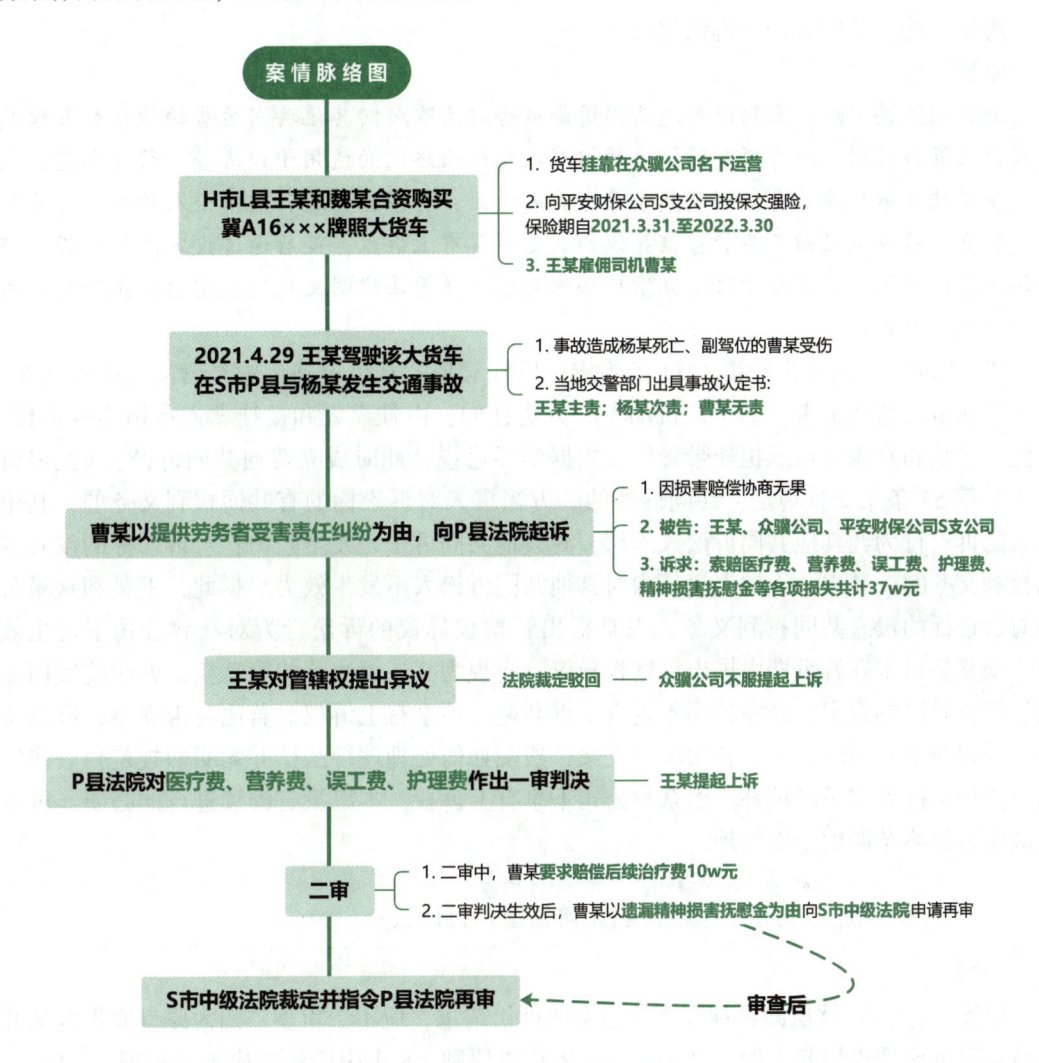

案情脉络图

- H市L县王某和魏某合资购买冀A16×××牌照大货车
  1. 货车挂靠在众骥公司名下运营
  2. 向平安财保公司S支公司投保交强险，保险期自2021.3.31至2022.3.30
  3. 王某雇佣司机曹某

- 2021.4.29 王某驾驶该大货车在S市P县与杨某发生交通事故
  1. 事故造成杨某死亡、副驾位的曹某受伤
  2. 当地交警部门出具事故认定书：王某主责；杨某次责；曹某无责

- 曹某以提供劳务者受害责任纠纷为由，向P县法院起诉
  1. 因损害赔偿协商无果
  2. 被告：王某、众骥公司、平安财保公司S支公司
  3. 诉求：索赔医疗费、营养费、误工费、护理费、精神损害抚慰金等各项损失共计37w元

- 王某对管辖权提出异议 — 法院裁定驳回 — 众骥公司不服提起上诉

- P县法院对医疗费、营养费、误工费、护理费作出一审判决 — 王某提起上诉

- 二审
  1. 二审中，曹某要求赔偿后续治疗费10w元
  2. 二审判决生效后，曹某以遗漏精神损害抚慰金为由向S市中级法院申请再审

- S市中级法院裁定并指令P县法院再审 —— 审查后

根据《民法典》第1211、1213条规定，只有在受害人主张机动车交通事故损害赔偿时，才能要求被挂靠人和交强险保险公司承担相应赔偿责任。本案并非机动车交通事故责任纠纷，曹某将众骥公司和平安财保公司S支公司作为被告错误。

王某和魏某为合伙关系，《民法典》第973条规定，合伙人对合伙债务承担连带责任。清偿合伙债务超过自己应当承担份额的合伙人，有权向其他合伙人追偿。据此，曹某可主张由王某承担全部责任，无须列魏某为共同被告；且曹某是王某雇佣的司机，魏某并非是接受劳务一方。曹某未将魏某列为共同被告正确。

3. 就众骥公司的上诉，法院应当如何处理？为什么？

答案：若法院未立案，应裁定不予受理；若法院已立案，应裁定终结诉讼。因为众骥公司和王某属于普通共同诉讼被告，王某提出管辖权异议对众骥公司不发生效力，众骥公司未在答辩期内提出管辖权异议，视为接受法院的管辖权，对法院驳回王某管辖权异议的裁定，众骥公司不享有上诉权。若法院未立案，应裁定不予受理众骥公司的上诉；若法院已立案，该案已无继续进行的必要，可参照适用裁定终结诉讼。

考点：普通共同诉讼、诉讼终结

难度：难

命题和解题思路：本题以普通共同诉讼被告对法院驳回其他共同被告的管辖权异议裁定提出上诉为素材，对普通共同诉讼的识别以及诉讼终结的适用予以考查。解答本题，应首先根据挂靠承担连带责任判断属于普通共同诉讼；再根据普通共同诉讼人的内部关系判断众骥公司对法院驳回王某管辖权异议的裁定不享有上诉权；最后通过设定法院是否受理分情况予以作答。难点在于法院立案后如何处理，并无法律明文规定，需要类推适用相关诉讼制度予以处理。

答案解析：《民法典》第 1211 条规定，以挂靠形式从事道路运输经营活动的机动车，发生交通事故造成损害，属于该机动车一方责任的，由挂靠人和被挂靠人承担连带责任。据此，王某和众骥公司承担连带责任，根据学界通说，此时成立普通共同诉讼。《民事诉讼法》第 55 条第 2 款规定，共同诉讼的一方当事人对诉讼标的有共同权利义务的，其中一人的诉讼行为经其他共同诉讼人承认，对其他共同诉讼人发生效力；对诉讼标的没有共同权利义务的，其中一人的诉讼行为对其他共同诉讼人不发生效力。据此，王某和众骥公司对诉讼标的没有共同权利义务，王某提出管辖权异议的诉讼行为对众骥公司不发生效力。众骥公司未在答辩期内提出管辖权异议，应视为其认可法院的管辖权，就法院驳回王某管辖权异议的裁定，众骥公司不具有上诉利益，不享有上诉权。若法院未立案，应裁定不予受理众骥公司的上诉；若法院已立案，法院如何处理现行法律并无明确规定，法律漏洞只能用类推方式予以填补。因众骥公司不享有上诉权，本案没有继续进行的必要，可参照裁定诉讼终结制度予以处理。

4. 针对本案，S 市中级法院应当如何处理？为什么？

答案：

答案一：（1）就遗漏精神损害抚慰金的诉讼请求，应不予审理。因为原审原告曹某并未就遗漏诉讼请求提起上诉，基于二审有限审查原则，S 市中级法院应不予审理。（2）就赔偿后续治疗费的诉讼请求，可依自愿组织调解，调解不成告知曹某另行起诉。若双方当事人同意，S 市中级法院可对该诉讼请求一并审理后作出裁判。因为这属于二审中增加诉讼请求，为维护当事人的审级利益，可依自愿组织调解，调解不成告知另行起诉。若当事人放弃审级利益，二审法院可一并审理后作出裁判。

答案二：（1）就遗漏精神损害抚慰金的诉讼请求，可依自愿组织调解，调解不成，裁定撤销原判、发回重审。因为一审判决遗漏诉讼请求，为维护当事人审级利益，可调解结案，调解不成，裁定发回重审。（2）就赔偿后续治疗费的诉讼请求，可依自愿组织调解，调解不成告知曹某另行起诉。若双方当事人同意，S 市中级法院可对该诉讼请求一并审理后作出裁判。因为这属于二审中增加诉讼请求，为维护当事人的审级利益，可依自愿组织调解，调解不成告知另行起诉。若当事人放弃审级利益，二审法院可一并审理后作出裁判。

考点：上诉案件的调解、上诉案件审理的范围

难度：中

命题和解题思路：二审程序是主观题考试常考内容，本题以一审遗漏诉讼请求以及二审增加诉讼请求为素材，对上诉案件审理的范围和上诉案件调解的适用予以考查。通过将诉讼请求和一审判决主文作对比，很容易发现一审判决存在遗漏精神损害抚慰金请求的瑕疵。对此应如何处理，存在二审有限审查和二审调解结案的观点差异；就二审存在增加诉讼请求的情形，根据《民诉解释》有关二审增加诉讼请求的规定，很容易准确作答。

答案解析：通过材料表述，一审判决遗漏了精神损害抚慰金的诉讼请求，但原审原告曹某并未提起上诉，而是王某提起上诉。从二审审理范围角度看，《民诉解释》第321条规定，第二审人民法院应当围绕当事人的上诉请求进行审理。当事人没有提出请求的，不予审理，但一审判决违反法律禁止性规定，或者损害国家利益、社会公共利益、他人合法权益的除外。据此，二审法院应围绕王某的上诉请求进行审理，对遗漏了精神损害抚慰金的诉讼请求应不予审理；从二审调解适用角度看，《民诉解释》第324条规定，对当事人在第一审程序中已经提出的诉讼请求，原审人民法院未作审理、判决的，第二审人民法院可以根据当事人自愿的原则进行调解；调解不成的，发回重审。据此，一审判决遗漏了精神损害抚慰金的诉讼请求，S市中级法院可以根据当事人自愿的原则进行调解。为了维护当事人的审级利益，调解不成的，裁定发回重审。

《民诉解释》第326条规定，在第二审程序中，原审原告增加独立的诉讼请求或者原审被告提出反诉的，第二审人民法院可以根据当事人自愿的原则就新增加的诉讼请求或者反诉进行调解；调解不成的，告知当事人另行起诉。双方当事人同意由第二审人民法院一并审理的，第二审人民法院可以一并裁判。据此，曹某在二审中要求赔偿后续治疗费10万元，属于二审增加的诉讼请求，为维护当事人的审级利益，S市中级法院可以根据当事人自愿的原则就该诉讼请求组织调解，调解不成的，告知当事人另行起诉。若当事人放弃审级利益，二审法院可一并审理后作出裁判。

5. 如何评价本案再审程序中各项行为？请简要说明理由。

答案：（1）曹某以遗漏诉讼请求为由申请再审，S市中级法院裁定再审错误。因为曹某未就一审遗漏诉讼请求提起上诉而直接就此申请再审，法院应裁定驳回再审申请；（2）曹某向S市中级法院申请再审错误。因为本案生效判决法院是S市中级法院，曹某应向其上一级法院申请再审；（3）S市中级法院指令P县法院再审本案错误。因为本案不符合指令原审法院再审的法定情形，且中级法院也无权指令原审法院再审。

考点：申请再审的条件、再审审理的管辖法院

难度：中

命题和解题思路：本题是再审程序的串烧式考题，涉及对申请再审的事由和管辖法院等诸多考点。各项行为虽有明确的解题依据，但涉及的法条范围广，考生需准确掌握再审程序知识点方可准确作答。解题的关键在于完整梳理再审程序的各项行为，避免遗漏失分。

答案解析：《民诉解释》第390条规定，民事诉讼法第207条第11项规定的诉讼请求，包括一审诉讼请求、二审上诉请求，但当事人未对一审判决、裁定遗漏或者超出诉讼请求提起上诉的除外。据此，曹某未就一审遗漏诉讼请求提起上诉而直接就此申请再审，法院应裁定驳回再审申请。

《民事诉讼法》第210条规定："当事人对已经发生法律效力的判决、裁定，认为有错误的，可以向上一级人民法院申请再审；当事人一方人数众多或者当事人双方为公民的案件，也可以向原审人民法院申请再审。"据此，本案双方当事人有自然人和法人，应适用原则规定，应当向S市中级法院的上一级法院申请再审。

《关于民事审判监督程序严格依法适用指令再审和发回重审若干问题的规定》第2条第1款规定："因当事人申请裁定再审的案件一般应当由裁定再审的人民法院审理。有下列情形之一的，最高人民法院、高级人民法院可以指令原审人民法院再审：（一）依据民事诉讼法第二百一十一条第（四）项、第（五）项或者第（九）项裁定再审的；（二）发生法律效力的判决、裁定、调解书是由第一审法院作出的；（三）当事人一方人数众多或者当事人双方为公民的；（四）经审判委员会讨论决定的其他情形。"据此，本案不符合上述四种情形的任何一种，法院不得指令原审法院再审，况且只有最高院和高院才有此项权利，中级法院并不享有。S市中级法院无权指令原审P县法院再审。

评分细则（共28分）

1-5题满分为：3分、8分、5分、6分、6分。

1. 可以（1分）。基于同一事实发生的纠纷（2分）。

2. 曹某作为原告正确（1分）。属于交通事故受害人（1分）；王某作为被告正确（1分），接受劳务一方需要承担责任（1分）；众骥公司和平安财保公司S支公司作为被告错误（1分），被挂靠人和交强险保险公司无需承担责任（1分）；未将魏某列为共同被告正确（1分），魏某并非接受劳务一方（1分）。

3. 法院未立案，应裁定不予受理（1分）；法院已立案，应裁定终结诉讼（1分）。未在答辩期内提出管辖权异议应诉管辖（1分）；普通共同诉讼王某管辖权异议对众骥公司不发生效力（1分），法院驳回王某管辖权异议的裁定众骥公司不享有上诉权（1分）。

4. 答案一：
遗漏精神损害抚慰金请求不予审理（1分），未上诉，二审有限审查（1分）；赔偿后续治疗费的诉讼请求，可依自愿组织调解，调解不成告知另行起诉（1分），维护当事人的审级利益（1分）；同意一并裁判可一并裁判（1分），审级利益可放弃（1分）。

答案二：遗漏精神损害抚慰金请求可依自愿组织调解，调解不成，裁定撤销原判、发回重审（1分），维护当事人审级利益（1分）；赔偿后续治疗费的诉讼请求，可依自愿组织调解，调解不成告知另行起诉（1分），维护当事人的审级利益（1分）；同意一并裁判可一并裁判（1分），审级利益可放弃（1分）。

答案一、二择一即可。

5. 以遗漏诉讼请求为由申请再审裁定再审错误（1分）。遗漏诉讼请求没有上诉之间申请再审应驳回（1分）；向S市中级法院申请再审错误（1分）。应向其上一级法院申请再审（1分）；S市中级法院指令P县法院再审错误（1分）。中院无权指令再审或者不符合指令原审法院再审的法定情形（1分）。

第二题（本题 28 分）

一、试题

案情：2019 年 3 月，L 市 J 区的盛世公司与 H 市 X 区的万城公司签订《建设工程施工合同》，约定由后者承建位于 L 市 G 县的盛世豪园小区工程。万城公司将该工程转包给实际施工人杜某完成，双方签订《转包协议》。

2020 年 5 月 10 日，刘某与盛世公司签订商品房买卖合同，约定购买盛世公司开发的盛世豪园 3 幢 6 单元 1001 号期房，建筑面积 86.21 平方米，总房款 417661 元，付款方式为首付 87661 元，银行贷款 330000 元。5 月 26 日，刘某向邮储银行 G 支行申请贷款，7 月 28 日，邮储银行 G 支行、刘某与盛世公司签订《个人购房借款及担保合同》，约定邮储银行 G 支行根据刘某的申请，同意发放个人购置房屋贷款 290000 元，2020 年 8 月 1 日，邮储银行 G 支行放款 290000 元。之后，刘某通过卡号为 62×××32 的银行账户按月归还贷款至今。

2021 年 2 月，工程竣工后，杜某以拖欠工程款为由向法院起诉。诉讼过程中，杜某申请财产保全，2021 年 4 月，法院裁定查封盛世公司名下位于 G 县盛世豪园的 20 套商品住宅楼房和 4 号楼一、二层商铺，其中包括刘某购买的上述房屋。

2021 年 10 月 27 日，法院生效判决确定由盛世公司向杜某支付欠付工程款 1160 万元及利息，因盛世公司拒不履行，杜某申请强制执行。在法院对上述已查封房产执行拍卖时，刘某提出执行异议，要求立即终止对涉案房屋的拍卖，法院裁定驳回后，刘某不服提起执行异议之诉。法院审理查明，刘某名下无其他用于居住的房屋。

问题：

1. 杜某起诉追索工程款，当事人应如何确定？为什么？
2. 若杜某将其债权经法定程序转让给 H 市 K 区的苏某，苏某因盛世公司拖欠工程款起诉，应由哪个（些）法院管辖？为什么？
3. 若盛世公司主张工程存在质量问题，法院应当如何处理？为什么？
4. 刘某提起的执行异议之诉能否获得法院支持？为什么？
5. 若杜某撤回执行申请，法院应当如何处理刘某提起的诉讼？为什么？

二、总体命题思路

本题以建设工程施工合同和个人购房借款及担保合同为素材，对当事人确定、管辖、鉴定、执行异议之诉、执行终结等知识点予以考查。第 1 问、第 3 问和第 4 问均有明确的解题依据，通过定位法条均能获得正确答案；第 2 问难度较高，应首先判断案件的案由，再对管辖制度的适用予以分析；第 5 问并无直接的解题依据，应结合申请执行人撤回执行申请的法律后果以及执行异议之诉的功能推导作答。

三、案例来源

1. （2020）最高法民终 316 号二审民事判决书：甘肃万城建筑工程有限责任公司、甘肃盛世豪龙房地产开发有限公司申请执行人执行异议之诉

2. （2019）鄂 08 民辖终 6 号二审民事裁定书：红旗渠公司、林某清债权转让合同纠纷

3. （2022）最高法民再 295 号再审民事裁定书：吴富生李惠敏等案外人执行异议之诉

四、答案精讲

> 1. 杜某起诉追索工程款，当事人应如何确定？为什么？

答案：（1）杜某是原告，万城公司是被告；（2）杜某是原告，盛世公司是被告，万城公司是无独立请求权第三人。因为合同的相对性，实际施工人杜某可以基于《转包协议》直接起诉转包人万城公司。为加强对实际施工人的保护，实际施工人杜某也可以直接起诉发包人盛世公司，万城公司对本案诉讼标的并无独立的请求权，但案件处理结果与其有法律上的利害关系，万城公司应为无独立请求权第三人。

考点：原告和被告地位的确定、无独立请求权第三人

难度：中

命题和解题思路：当事人的确定属于实体法和程序法融合型考点，也是法考主观题的命题重点。本题以建设工程转包为素材，对当事人的确定予以考查。《最高人民法院关于审理建设工程施工合同纠纷案件适用法律问题的解释（一）》第 43 条对此有明文规定，了解上述规定可直接作答得分，注意不要遗漏原告、根据被告不同分情况进行讨论；此外，根据合同相对性原理亦可推导作答。

答案解析：《建设工程施工合同解释（一）》第 43 条规定，实际施工人以转包人、违法分包人为被告起诉的，人民法院应当依法受理。实际施工人以发包人为被告主张权利的，人民法院应当追加转包人或者违法分包人为本案第三人，在查明发包人欠付转包人或者违法分包人建设工程价款的数额后，判决发包人在欠付建设工程价款范围内对实际施工人承担责任。据此，若实际施工人杜某直接起诉转包人万城公司，基于合同相对性，不必将发包人盛世公司列为当事人；若实际施工人杜某直接起诉盛世公司，两者之间并无合同法律关系，为查明案情应追加万城公司参加诉讼，万城公司对本案诉讼标的并无独立的请求权，但案件处理结果与其有法律上的利害关系，因此万城公司应为无独立请求权第三人。

> 2. 若杜某将其债权经法定程序转让给 H 市 K 区的苏某，苏某因盛世公司拖欠工程款起诉，应由哪个（些）法院管辖？为什么？

答案：应由 J 区或 K 区法院管辖。因为本案是债权转让合同纠纷，应由被告住所地或合同履行地法院管辖。被告盛世公司住所地在 J 区，双方未约定合同履行地，本案争议标的为给付货币，接收货币一方苏某所在地 K 区是合同履行地。

考点：特殊地域管辖、专属管辖

难度：难

命题和解题思路：地域管辖是主观题命题的重点，本题以建设工程款转让为素材，对合同纠纷的特殊地域管辖予以考查。解题的关键在于准确判断本案的案由，本案是债权转让合同纠纷，并非建设工程施工合同纠纷，不能适用专属管辖，应根据普通合同纠纷的管辖规则确定管辖法院。

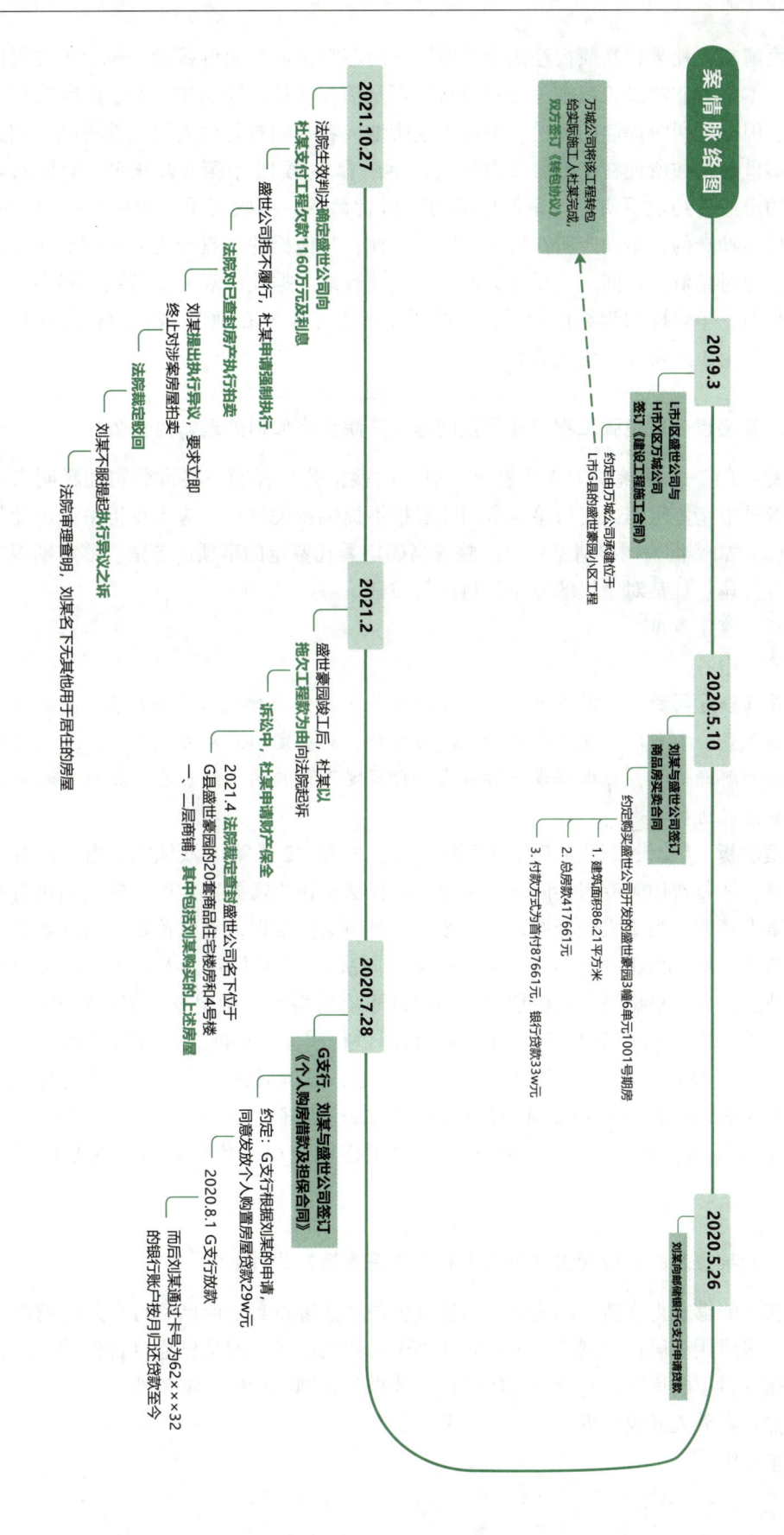

案情脉络图

2019.3
- L市G区盛世公司与H市X区万城公司签订《建设工程施工合同》
  - 约定由万城公司开发的盛世豪园小区位于L市G县的盛世豪园小区工程
- 万城公司将该工程转包给实际施工人杜某完成，双方签订《转包协议》

2020.5.10
- 刘某与盛世公司签订商品房买卖合同
  - 约定购买盛世公司开发的盛世豪园3幢6单元1001号期房
  - 1. 建筑面积86.21平方米
  - 2. 总房款417661元
  - 3. 付款方式为首付87661元，银行贷款33w元

2020.5.26
- 刘某向距离银行G支行申请贷款

2020.7.28
- G支行、刘某与盛世公司签订《个人购房借款及担保合同》
  - 约定：G支行根据刘某的申请，同意发放个人购房贷款29w元
  - 2020.8.1 G支行放款，而后刘某通过卡号为62×××32的银行账户按月归还贷款至今

2021.2
- 盛世豪园竣工后，杜某以拖欠工程款为由向法院起诉
  - 诉讼中，杜某申请财产保全
  - 2021.4 法院裁定查封盛世公司名下位于G县盛世豪园的20套商品住宅楼房和4号楼一、二层商铺

2021.10.27
- 法院生效判决确定盛世公司向杜某支付工程欠款1160万元及利息
- 盛世公司拒不履行，法院对已查封房产执行拍卖
- 刘某提出执行异议，要求立即终止对涉案房屋拍卖
- 法院裁定驳回
- 刘某不服提起执行异议之诉
  - 法院审理查明，刘某名下无其他用于居住的房屋

答案解析：杜某将其债权经法定程序转让给苏某，苏某起诉盛世公司要求支付拖欠的工程款。本案并非建设工程施工合同纠纷，而是债权转让合同纠纷。《民事诉讼法》第24条规定，因合同纠纷提起的诉讼，由被告住所地或者合同履行地人民法院管辖。据此，本案被告盛世公司住所地在J区。又根据《民诉解释》第18条第2款规定，合同对履行地点没有约定或者约定不明确，争议标的为给付货币的，接收货币一方所在地为合同履行地；交付不动产的，不动产所在地为合同履行地；其他标的，履行义务一方所在地为合同履行地。即时结清的合同，交易行为地为合同履行地。据此，双方在借款合同中并未约定合同履行地，争议标的为给付货币，接收货币一方苏某所在地K区视为合同履行地。因此，本案应由J区或K区法院管辖。

3. 若盛世公司主张工程存在质量问题，法院应当如何处理？为什么？

答案：（1）如法院认为需要鉴定，应当向盛世公司释明。盛世公司经释明未申请鉴定，或者虽申请鉴定但未支付鉴定费用或者拒不提供相关材料，应当承担举证不能的法律后果。（2）如盛世公司申请鉴定，法院应当确定委托鉴定的事项、范围、鉴定期限等，并组织盛世公司、杜某对争议的鉴定材料进行质证。

考点：鉴定意见

难度：中

命题和解题思路：鉴定意见是《民事证据规定》修改幅度较大的内容，曾在法考主观题中命题考查，本题以工程存在质量问题为素材，对鉴定的启动方式和程序予以考查。本题有明确的解题依据，应根据设问对司法解释规定进行归纳总结。应根据当事人是否申请鉴定，分情况进行答题。

答案解析：《建设工程施工合同解释（一）》第32条第1款规定，当事人对工程造价、质量、修复费用等专门性问题有争议，人民法院认为需要鉴定的，应当向负有举证责任的当事人释明。当事人经释明未申请鉴定，虽申请鉴定但未支付鉴定费用或者拒不提供相关材料的，应当承担举证不能的法律后果。同法第33条规定，人民法院准许当事人的鉴定申请后，应当根据当事人申请及查明案件事实的需要，确定委托鉴定的事项、范围、鉴定期限等，并组织当事人对争议的鉴定材料进行质证。据此，法院认为需要鉴定，应当向盛世公司释明。盛世公司经释明未申请鉴定，虽申请鉴定但未支付鉴定费用或者拒不提供相关材料，应当承担举证不能的法律后果。若盛世公司申请鉴定，法院应当确定委托鉴定的事项、范围、鉴定期限等，并组织盛世公司、杜某对争议的鉴定材料进行质证。

4. 刘某提起的执行异议之诉能否获得法院支持？为什么？

答案：能够获得支持。因为刘某与盛世公司在法院查封之前已签订有效的商品房买卖合同，该房屋用于居住且刘某名下无其他用于居住的房屋，刘某已通过首付款和银行贷款形式全额支付了购房款，符合司法解释规定的排除强制执行的法定条件。

考点：案外人异议之诉

难度：中

命题和解题思路：案外人权利救济制度是主观题的命题重点，主观题备考应当高度关注。本题以商品房消费者提出执行异议之诉为素材，对排除执行的法定条件予以考查。解题依据涉及《最高人民法院关于人民法院办理执行异议和复议案件若干问题的规定》第29条规定，将上述规定与案情表述简单对比即可准确作答。

答案解析：《最高人民法院关于人民法院办理执行异议和复议案件若干问题的规定》第29条规定，金钱债权执行中，买受人对登记在被执行的房地产开发企业名下的商品房提出异议，符合下列情形且其权利能够排除执行的，人民法院应予支持：（一）在人民法院查封之前已签订合法有效的书面买卖合同；（二）所购商品房系用于居住且买受人名下无其他用于居住的房屋；（三）已支付的价款超过合同约定总价款的百分之五十。据此，刘某与盛世公司在法院查封之前已签订有效的商品房买卖合同，该房屋用于居住且刘某名下无其他用于居住的房屋，刘某已通过首付款和银行贷款形式全额支付了购房款，因此刘某提出的执行异议之诉能够获得法院支持。

5. 若杜某撤回执行申请，法院应当如何处理刘某提起的诉讼？为什么？

答案：应裁定驳回刘某的起诉。因为杜某撤回执行申请，法院会裁定终结执行并解除对涉案房屋的执行措施，这使得刘某提起的案外人异议之诉丧失存在基础，不符合案外人异议之诉的受理条件。

考点：案外人异议之诉、执行终结

难度：中

命题和解题思路：执行程序向来是主观题命题的重点。本题取材于最高法院真实裁判案例，考查的是申请执行人撤回执行申请对执行异议之诉的影响及其处理方式。本题并无明确的解题依据，正确解题应首先把握申请执行人撤回执行申请的法律后果是裁定执行终结并解除对执行标的的执行措施，而案外人异议之诉的功能是排除法院对特定标的的执行，两者结合很容易判断案外人异议之诉已无提起的必要，案件不再符合受理条件。

答案解析：《民诉解释》第303条第1款第2项规定，案外人提起执行异议之诉，除符合民事诉讼法第一百二十二条规定外，还应当具备下列条件：（二）有明确的排除对执行标的的执行的诉讼请求，且诉讼请求与原判决、裁定无关。据此，案外人异议之诉的功能在于排除法院对特定执行标的的执行，刘某起诉的目的在于阻止法院对涉案房屋的执行。而《民事诉讼法》第268条第1项规定，有下列情形之一的，人民法院裁定终结执行：（一）申请人撤销申请的；据此，若申请执行人杜某撤回执行申请，法院应裁定终结执行，并裁定解除对涉案房屋采取的执行措施，这将导致刘某提起的案外人异议之诉丧失存在基础，不再符合案外人异议之诉的案件受理条件，法院应裁定驳回刘某的起诉。

评分细则（共28分）

1-5题满分为：8分、5分、5分、5分、5分

1. 杜某是原告（1分），万城公司是被告（1分）；杜某是原告（1分），盛世公司是被告（1分），

万城公司是无独立请求权第三人（1分）。实际施工人可以起诉合同相对人（转包人）（1分），也可以直接起诉发包人（1分），案件处理结果与转包人有法律上的利害关系（1分）。

2. J区（1分）或K区法院（1分）管辖。合同纠纷由被告住所地或合同履行地法院管辖（1分），J区为被告住所地（1分），接收货币一方苏某所在地K区是合同履行地（1分）。

3. 认为需要鉴定应当释明（1分）。经释明未申请鉴定或者未支付鉴定费用或者拒不提供相关材料，承担举证不能后果（2分）；申请鉴定，法院应当确定委托鉴定期限等（1分），组织对鉴定材料进行质证（1分）。

4. 能够（2分）。在法院查封之前已签订有效的商品房买卖合同（1分），用于居住且唯一住房（1分），已经全额支付首付款（1分）。

5. 裁定驳回（2分）。杜某撤回执行申请法院会裁定终结执行（1分），案外人异议之诉丧失基础或者不符合案外人异议之诉的受理条件（2分）。

第三题（本题28分）

一、试题

案情：2020年12月20日，徐某与曾某签订《房产代持协议》，双方约定：徐某以曾某名义签订购房合同及其他相关配套法律文件，房屋的产权证书登记在曾某名下；房屋所有权、使用权、收益权、处分权等一切权利均属于徐某，曾某仅代替徐某持有房产，并不享有任何权利；未经徐某书面同意，曾某不得单方处分房产。2021年3月8日，曾某与星泰公司签订《商品房现房买卖合同》，约定曾某购买A房屋，房屋总价款2650万元，买方签名为曾某。购房款由徐某一次性支付后，2021年6月19日，A房屋所有权登记在曾某名下。后二人因A房屋权属发生纠纷，徐某将曾某诉至法院，请求法院确认原告为A房屋的所有权人，若无法获得A房屋的产权，请求判令被告按照房屋市价赔偿原告损失。庭审时，曾某对《房产代持协议》的真实性提出质疑，认为协议上其签名是徐某伪造的。2022年7月12日，法院生效判决确认A房屋归徐某所有。

2021年4月25日，甲区的中集公司与乙区的庆然公司签订《借款合同》，约定庆然公司向中集公司借款2000万元用于补充流动资金，借款期限6个月；若合同履行发生纠纷，向守约方住所地法院起诉。同日，中集公司与丙区的曾某签订《保证合同》，双方约定若庆然公司不履行还款义务，曾某即对借款本金及利息承担保证责任；若发生纠纷，向丙区法院起诉。2021年12月，因庆然公司怠于履行还款义务，中集公司向法院起诉庆然公司和曾某。2022年5月16日，法院判决庆然公司返还中集公司借款本金及利息20119999.43元；曾某承担连带给付责任。曾某不服提起上诉，二审法院维持原判。判决生效后，中集公司向法院申请强制执行。2022年7月17日，法院裁定查封登记在曾某名下的A房屋。徐某依据前案生效判决书，向法院提出执行异议，请求排除对A房屋的执行。

问题：

1. 对徐某提出的诉讼请求，法院应如何处理？
2. 《房产代持协议》的真实性由谁承担举证责任？曾某主张徐某伪造其签名，法院应如何处理？

3. 中集公司起诉庆然公司和曾某，哪个（些）法院享有管辖权？为什么？

4. 若二审中曾某与中集公司约定以 A 房屋抵偿庆然公司的欠款，法院应如何处理？

5. 徐某提出的执行异议，法院应否支持？为什么？

二、案例来源

1. 最高人民法院（2020）最高法民再 328 号民事判决书：辽宁某冷气体液化设备有限公司、徐某某再审案

2. 最高人民法院（2020）最高法民申 5448 号民事裁定书：赵某某、陈某某所有权确认纠纷案

3. 最高人民法院（2020）最高法知民辖终 172 号民事裁定书：北京某工程有限公司、上海某化工技术股份有限公司专利合同纠纷案

三、总体命题思路

本题以"借名买房"为切入点，对预备合并之诉、地域管辖、证明责任分配、诉讼中达成以物抵债协议的效力、执行标的异议等知识点进行考查。其中，问题 3 和问题 5 涉及的地域管辖、执行标的异议属于常规重要考点，问题 1 的预备合并之诉属于理论型考点，问题 2 涉及《民事证据规定》修正的新增内容，问题 4 涉及《全国法院民商事审判工作会议纪要》（以下简称《九民纪要》）的相关规定。题目难易搭配，整体难度适中。

四、答案精讲

1. 对徐某提出的诉讼请求，法院应如何处理？

答案：徐某提出的是预备合并之诉，法院应当先对确认徐某为 A 房屋所有权人的诉讼请求作出判决；若该请求不能成立，再就赔偿损失的诉讼请求审理后作出判决。

难度：中

考点：诉的合并

命题和解题思路：基于法考理论化命题规律，本题对预备合并之诉的识别和处理方式予以考查。本题并无明确的解题依据，属于纯粹的理论型考点。解题的关键在于结合案情表述，明确徐某请求的先后顺序，再结合诉的合并理论作出判断。"预备合并之诉"无疑是重要采分点，答题时不要遗漏。

答案解析：诉的预备合并，是指原告对同一被告主张两个以上理论上不能兼容的诉讼请求，在同一诉讼程序以特定顺序合并起诉。若主请求成立，法院则不必就预备请求作出判决；若主请求不能成立，则法院再就预备请求继续审理后作出判决。据此，徐某提出确权请求和赔偿损失的请求明显不能兼容，属于预备合并之诉。法院应按照徐某所提诉讼请求的顺序予以审理，若确权请求成立，则不再审理赔偿损失的请求；若确权请求不成立，再对赔偿损失的请求审理后作出判决。

A房屋

2020年12月20日，徐某与曾某签订《房产代持协议》

双方约定：徐某以曾某名义签订购房合同及其他相关配套法律文件，房屋的产权证书登记在曾某名下；房屋所有权、使用权、收益权、处分权等一切权利均属于徐某，曾某仅代替徐某持有房产，并不享有任何权利；未经徐某书面同意，曾某不得单方处分房产。

2021年3月8日，曾某与星泰公司签订《商品房现房买卖合同》，约定曾某购买A房屋，房屋总价款2650万元，买方签名为"曾某"。

购房款由徐某一次性支付后，2021年6月19日，A房屋所有权登记在曾某名下。

2022年7月12日，法院生效判决确认A房屋归徐某所有。

过程及相关主张：二人因A房屋权属发生纠纷，徐某将曾某诉至法院，请求法院确认原告为A房屋的所有权人，若无法获得A房屋的产权，请求判令被告按照房屋市价赔偿原告损失。

庭审时，曾某对《房产代持协议》的真实性提出质疑，认为协议上其签名是徐某伪造的。

2022年7月17日，法院裁定查封登记在曾某名下的A房屋。

房屋涉案起因：

A、中集公司与曾某签订保证合同：《保证合同》2021年4月25日，甲区的中集公司与乙区的庆然公司签订《借款合同》，约定庆然公司向中集公司借款2000万元用于补充流动资金，借款期限6个月；若合同履行发生纠纷，向守约方住所地法院起诉。同日，中集公司与丙某签订《保证合同》双方约定若庆然公司不履行还款义务，曾某即对借款本金及利息承担保证责任；若发生纠纷，向丙区法院起诉。

B、届期主债务人未履行合同责任，曾某被起诉：2021年12月，因庆然公司怠于履行还款义务，中集公司向法院起诉庆然公司和曾某。

C、法院判决曾某承担连带保证责任：2022年5月16日，法院判决庆然公司返还中集公司借款本金及利息20119999.43元；曾某承担连带给付责任。

D、曾某不服提起上诉，二审法院维持原判。

E、判决生效后，中集公司向法院申请强制执行。

徐某提出异议：徐某依据前案生效判决书，向法院提出执行异议，请求排除对A房屋的执行。

2.《房产代持协议》的真实性由谁承担举证责任？曾某主张徐某伪造其签名，法院应如何处理？

答案：《房产代持协议》的真实性应由徐某承担举证责任。法院应向徐某释明签名是否伪造需要申请鉴定，并指定提出鉴定申请的期间。

难度：易

考点：证明责任分配、鉴定意见

命题和解题思路：证据和证明是主观题命题的重点，私文书证的审核认定规则是《民事证据规定》的新增内容。本题对私文书证真实性的举证责任分配以及鉴定启动方式予以考查。《民事证据规定》对此有明文规定，结合案情表述依次作答即可。

答案解析：《民事证据规定》第92条第1款规定，私文书证的真实性，由主张以私文书证证明案件事实的当事人承担举证责任。据此，徐某提供《房产代持协议》用以证明其借用曾某的名义购买A房屋，徐某为A房屋真正的所有权人，因此《房产代持协议》的真实性应由徐某承担举证责任。曾某主张徐某伪造其签名，意味着双方当事人对私文书证签名的真实性发生争议，存在瑕疵的私文书证，不能适用《民事证据规定》第92条第2款的规定。签名是否为真，属于私文书证形式真实性问题，私文书证应由援引一方对其真实性负有证明责任，因此申请鉴定的义务通常在援引私文书证的一方当事人。《民事证据规定》第30条第1款规定，人民法院在审理案件过程中认为待证事实需要通过鉴定意见证明的，应当向当事人释明，并指定提出鉴定申请的期间。据此，法院应向徐某释明申请笔迹鉴定，并指定提出鉴定申请的期间。

3. 中集公司起诉庆然公司和曾某，哪个（些）法院享有管辖权？为什么？

答案：甲区或乙区法院享有管辖权。债权人一并起诉债务人和担保人，应依据主合同确定管辖法院，又因为主合同协议管辖无效，应根据合同纠纷特殊地域管辖确定管辖法院。被告住所地为债务人庆然公司所在的乙区，合同履行地应为接收货币一方中集公司所在的甲区。

难度：中

考点：特殊地域管辖、协议管辖

命题和解题思路：管辖向来是主观题命题的重点，本题对债权人一并起诉债务人和担保人时管辖法院确定规则予以考查。解题时应首先了解《民法典担保制度解释》规定的"从随主"适用规则，其次判断主合同中管辖约定是否有效，确定无效后再根据特殊地域管辖确定管辖法院，最后结合《民诉解释》第18条规定确定合同履行地。需要注意的是，根据主合同确定管辖法院，被告应为债务人，不包括担保人。

答案解析：《民法典担保制度解释》第21条第2款规定，债权人一并起诉债务人和担保人的，应当根据主合同确定管辖法院。据此，本案应根据主合同确定管辖法院。而主合同约定向守约方住所地法院起诉，涉案合同各方当事人是否构成违约属于需要进行实体审理的内容，并非能够在管辖异议程序阶段确定的事实，故"守约方"的约定并不明确，无法依据协议管辖确定管辖法院，案件只能根据特殊地域管辖确定管辖法院。《民事诉讼法》第24条规定，因合同纠纷提起的诉讼，由被告住所地或者合同履行地人民法院管辖。据此，主合同纠纷的被告应为债务人庆然公司，其所在的乙区有管辖权。根据《民诉解释》第18条第2款规定，合同对履行地点没有约定或者约定不明确，争议标的为给付货币的，接收货币一方所在地为合同履行地。题干并未交代双方约定了合同履行地，争议标的为给付货币，接收货币一方中集公司所在的甲区视为合同履行地，亦享有管辖权。

4. 若二审中曾某与中集公司约定以 A 房屋抵偿庆然公司的欠款，法院应如何处理？

答案：（1）若曾某申请撤回上诉，法院应告知原审原告中集公司申请撤回起诉；（2）若中集公司申请撤回起诉，经审查不损害国家利益、社会公共利益、他人合法权益的，法院可予以准许；（3）若中集公司不申请撤回起诉，请求法院出具调解书对以物抵债协议予以确认，法院不应准许，并继续对原债权债务关系进行审理。

难度：难

考点：上诉的撤回

命题和解题思路：本题考查二审中双方当事人达成以物抵债协议的处理方式，解题依据来自《九民纪要》的规定。双方在二审中达成以物抵债协议，法院的处理方式应根据当事人的后续行为而定，可分为申请撤回上诉、申请撤回起诉、申请出具调解书等三种情形作答。

答案解析：《九民纪要》第 44 条第 2 款规定，当事人在一审程序中因达成以物抵债协议申请撤回起诉的，人民法院可予准许。当事人在二审程序中申请撤回上诉的，人民法院应当告知其申请撤回起诉。当事人申请撤回起诉，经审查不损害国家利益、社会公共利益、他人合法权益的，人民法院可予准许。当事人不申请撤回起诉，请求人民法院出具调解书对以物抵债协议予以确认的，因债务人完全可以立即履行该协议，没有必要由人民法院出具调解书，故人民法院不应准许，同时应当继续对原债权债务关系进行审理。据此，若曾某申请撤回上诉，法院应告知原审原告中集公司申请撤回起诉；若中集公司申请撤回起诉，经审查不损害国家利益、社会公共利益、他人合法权益的，法院可予准许；若中集公司不申请撤回起诉，请求法院出具调解书对以物抵债协议予以确认，法院不应准许，并继续对原债权债务关系进行审理。

5. 徐某提出的执行异议，法院应否支持？为什么？

答案：应予支持。因中集公司申请的是金钱债权执行，案外人徐某依据 A 房屋被查封前法院作出的确认其为所有权人的生效判决书提出排除执行异议，法院应予支持。

难度：中

考点：案外人异议

命题和解题思路：执行救济制度是主观题命题的重点，在民事强制执行法立法背景下尤其需要着重关注。本题考查案外人依据另案生效判决书对执行标的提出异议的审查标准。题目有明确的司法解释规定，准确定位到法条即可准确作答。本题还可通过理论推导作答，案外人提出执行标的异议能否获得支持，关键在于其是否属于权利人、该权利能否排除执行。徐某对 A 房屋的所有权已为法院生效判决所确认，享有所有权当然可以排除对 A 房屋的执行。且为防止被执行人和案外人恶意串通损害申请执行人的权益，提出执行异议的生效法律文书应当在法院采取执行措施之前作出。循此思路，不难正确作答。

答案解析：《最高人民法院关于人民法院办理执行异议和复议案件若干问题的规定》第 26 条第 1 款第 1 项规定，金钱债权执行中，案外人依据执行标的被查封、扣押、冻结前作出的另案生效法律文书提出排除执行异议，该法律文书系就案外人与被执行人之间的权属纠纷以及租赁、借用、保管等不以转移财产权属为目的的合同纠纷，判决、裁决执行标的归属于案外人或者向其返还执行标的且其权利能够排除执行的，应予支持。据此，本案属于金钱债权执行，法院对A房屋查封的时间是2022年7月17日，而2022年7月12日法院生效判决确认A房屋归徐某所有，徐某依据该生效判决书提出排除执行异议，法院应予支持。

评分细则（共28分）

1-5题满分为：4分、4分、8分、7分、5分

1. 属于预备合并之诉（2分）。先对确认徐某为A房屋所有权人的诉讼请求作出判决（1分），该请求不成立时再对赔偿损失请求作出判决（1分）。

2. 徐某（2分）。应向徐某释明需要鉴定（1分），并指定提出鉴定申请的期间（1分）。

3. 甲区法院（1分）或乙区法院（1分）。一并起诉债务人和担保人，应依据主合同确定管辖法院（2分），主合同协议管辖无效，应根据合同纠纷特殊地域管辖确定管辖法院（2分），乙区为被告住所地（1分），甲区为合同履行地（1分）。

4. 若曾某申请撤回上诉，法院应告知原审原告中集公司申请撤回起诉（2分）；若中集公司申请撤回起诉，不损害国家利益、社会公共利益、他人合法权益的，法院可予以准许（2分）；若中集公司不申请撤回起诉，请求出具调解书确认以物抵债，法院不应准许（2分），继续对原债权债务进行审理（1分）。

5. 应予支持（2分）。本案为金钱债权执行（1分），提出执行异议的依据是执行标的被查封前法院作出的生效判决书（1分），该判决确认案外人为执行标的的所有权人（1分）。

第四题（本题28分）

一、试题

案情：2018年9月8日，中圣公司（甲方）与芝星公司（乙方）签订一份《设备购销合同》，甲方向乙方出售一台卧螺离心机并安装调试，符合《技术协议》的参数指标，排污效果能达到环保要求，合同价款256000元。2018年11月22日，甲方将该卧螺离心机运抵乙方处。乙方已向甲方支付款项共计10万元。中圣公司曾派人对涉案标的物进行调试，但未出具验收报告，双方因合同履行发生争议。

2021年7月12日，中圣公司向N市J区法院起诉，要求芝星公司支付拖欠货款79200元。芝星公司则以设备不符合《技术协议》为由，请求J区法院判令中圣公司退货并承担退货的费用、返还预付款10万元。2022年4月22日，J区法院作出第1569号民事判决指出，案涉产品仍需双方配合调试和验收，待调试结束得出结论后双方再行处理后续问题。在此基础上判决中圣公司胜诉，驳回了芝星公司的诉讼请求。该判决生效后，芝星公司通知中圣公司，要求其在收到通知后七日内派员对涉案产品进行整改调试至合格。中圣公司收到通知后，始终未派员进行调试。

2022年6月10日，芝星公司再次向J区法院起诉，要求中圣公司退货并承担退货的费用、返还预付款10万元。

问题：

1. 若J区法院组织先行调解，双方达成协议，后续应当如何处理？

2. 芝星公司的请求属于抗辩还是反诉？为什么？

3. 就设备是否达到《技术协议》要求的事实，应当由谁承担证明责任？为什么？
4. 第1569号民事判决的主文具有何种法律效力？为什么？
5. 芝星公司再次起诉是否构成重复起诉，为什么？

二、总体命题思路

本题以买卖合同纠纷为素材，对先行调解、抗辩与反诉的识别、证明责任分配、民事判决的法律效力、重复起诉的判断等考点予以综合考查。先行调解是2023年法考大纲增加的考点，其余设问均属于理论型考点。其中，反诉、证明责任分配和重复起诉的判断是主观题的重点考点。

三、案例来源

（2019）闽07民终1535号二审民事判决书：丽水某环保科技有限公司、福建省某炭业股份有限公司买卖合同纠纷

四、答案精讲

> 1. 若J区法院组织先行调解，双方达成协议，后续应当如何处理？

答案：芝星公司和中圣公司可共同向J区法院申请司法确认，J区法院立案后可根据调解协议制作调解书送达芝星公司和中圣公司。

难度：中

考点：先行调解

命题和解题思路：先行调解是2023年法考大纲增加考点，本题对先行调解的法律效果进行考查。题目没有直接的解题依据，关键在于理解先行调解的性质，此时法院尚未立案，先行调解同人民调解一样属于诉讼外调解。为强化调解的效力，可通过司法确认或者立案后出具调解书的方式处理。另外，解答案例题一定要结合案情作出具体表述，否则会被扣分。

答案解析：《民事诉讼法》第125条规定，当事人起诉至人民法院的民事纠纷，适宜调解的，先行调解，但当事人拒绝调解的除外。据此，先行调解是法院立案之前的调解，调解主体虽然是法院，但并非属于行使审判权的行为，而是类似于人民调解的诉讼外调解。调解协议并不能成为执行根据，为强化调解的效力，可像人民调解一样申请司法确认，法院确认后出具的裁定书可以成为执行根据。或者法院先立案，此时法院获得了案件审判权，再依据调解协议制作调解书送达双方当事人，调解书也可成为执行根据。

> 2. 芝星公司的请求属于抗辩还是反诉？为什么？

答案：属于反诉。因为在诉讼过程中，本诉被告芝星公司向审理法院针对本诉原告中圣公司提出具有对抗性的、独立的诉讼请求，两个诉讼基于相同法律关系具有牵连性，完全符合反诉的构成要件。

难度：中

考点：反诉与反驳的区别

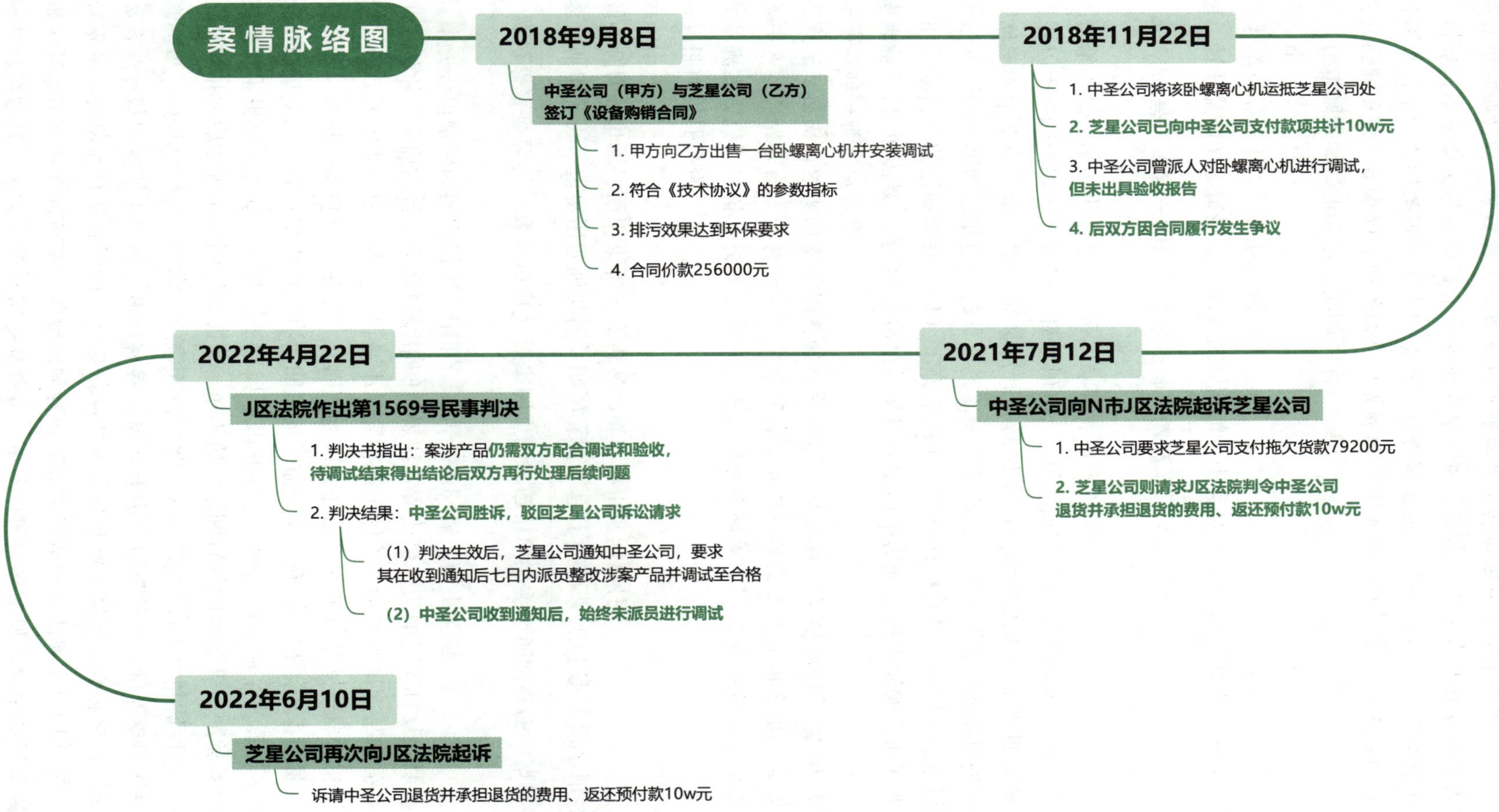

案情脉络图

2018年9月8日
中圣公司（甲方）与芝星公司（乙方）签订《设备购销合同》
1. 甲方向乙方出售一台卧螺离心机并安装调试
2. 符合《技术协议》的参数指标
3. 排污效果达到环保要求
4. 合同价款256000元

2018年11月22日
1. 中圣公司将该卧螺离心机运抵芝星公司处
2. 芝星公司已向中圣公司支付货款共计10w元
3. 中圣公司曾派人对卧螺离心机进行调试，但未出具验收报告
4. 后双方因合同履行发生争议

2021年7月12日
中圣公司向N市J区法院起诉芝星公司
1. 中圣公司要求芝星公司支付拖欠货款79200元
2. 芝星公司则请求J区法院判令中圣公司退货并承担退货的费用，返还预付款10w元

2022年4月22日
J区法院作出第1569号民事判决
1. 判决书指出：案涉产品仍需双方配合调试和验收，待调试结果得出结论后双方再行处理后续问题
2. 判决结果：
   （1）判决生效后，芝星公司通知中圣公司，其在收到通知后七日内派员整改涉案产品并调试至合格
   （2）中圣公司收到通知后，驳回芝星公司诉讼请求始终未派员进行调试

2022年6月10日
芝星公司再次向J区法院起诉
诉请中圣公司退货并承担退货的费用，返还预付款10w元

命题和解题思路：为顺应理论化命题趋势，反诉和抗辩的区别曾在法考主观题中予以考查。根据最高法院的裁判观点，准确判断抗辩还是反诉的标准有两个：（1）被告的主张是否超越原告诉讼请求的范围；（2）被告对原告是否具有独立的请求给付内容。据此，不难判断芝星公司的请求属于反诉，理由结合《民诉解释》规定的反诉构成要件阐释即可。

答案解析：《民诉解释》第233条规定，反诉的当事人应当限于本诉的当事人的范围。反诉与本诉的诉讼请求基于相同法律关系、诉讼请求之间具有因果关系，或者反诉与本诉的诉讼请求基于相同事实的，人民法院应当合并审理。反诉应由其他人民法院专属管辖，或者与本诉的诉讼标的及诉讼请求所依据的事实、理由无关联的，裁定不予受理，告知另行起诉。据此，反诉与本诉在当事人、管辖法院和审理程序方面具有同一性，诉讼请求具有对抗性、独立性和牵连性。在诉讼过程中，芝星公司向J区法院针对原告中圣公司提出独立的诉讼请求，该请求与中圣公司提出的诉讼请求基于同一法律关系具有牵连性，且该请求对抗中圣公司提出的诉讼请求。因此，芝星公司的请求属于反诉。

3. 就设备是否达到《技术协议》要求的事实，应当由谁承担证明责任？为什么？

答案：应由芝星公司承担证明责任。因为芝星公司主张设备不符合《技术协议》，这属于权利受到妨害事实，应由主张者芝星公司就此承担证明责任。

难度：中

考点：证明责任分配

命题和解题思路：证明责任分配是法考主观题命题的重点，本题对某一具体案件事实的证明责任分配予以考查。解答本题，应首先对该事实的法律意义作出分析，其属于权利受到妨害事实；因不涉及证明责任倒置的特别规定，再结合《民诉解释》第91条规定的证明责任分配的一般原理作答。

答案解析：《民诉解释》第91条规定，人民法院应当依照下列原则确定举证证明责任的承担，但法律另有规定的除外：（1）主张法律关系存在的当事人，应当对产生该法律关系的基本事实承担举证证明责任；（2）主张法律关系变更、消灭或者权利受到妨害的当事人，应当对该法律关系变更、消灭或者权利受到妨害的基本事实承担举证证明责任。据此，芝星公司主张购买设备不符合《技术协议》，其性质属于行使同时履行抗辩权，属于权利受到妨害事实，应由主张者芝星公司就此承担证明责任。

4. 第1569号民事判决的主文具有何种法律效力？为什么？

答案：具有既判力和执行力。因为该判决属于中圣公司胜诉的生效给付判决，具有执行力；而生效判决的主文，具有既判力。

难度：中

考点：民事判决的法律效力、诉的类型

命题和解题思路：民事判决的法律效力是纯粹的理论型考点，本题以生效给付判决为素材，对民事判决主文的法律效力予以考查。判断民事判决的法律效力，应借助于诉的类型理论，因为判决类型不同，法律效力有所差异。正确解题，应结合当事人的诉讼请求对诉的类型作出准确判断，再根据不同民事判决法律效力的内涵分别作出分析。

答案解析：既判力，是指判决生效后所具有的确定效力。据此，任何生效判决均具有既判力，第 1569 号民事判决生效后，其判决主文具有既判力。

执行力，是指原告胜诉的给付之诉的民事判决具有作为执行根据，从而强制执行的效力。执行力只是针对给付判决而言，没有给付内容的判决，不具有执行力。据此，中圣公司起诉要求芝星公司支付拖欠货款 79200 元，法院判决中圣公司胜诉，该判决属于胜诉的给付判决，具有执行力。

> **5. 芝星公司再次起诉是否构成重复起诉，为什么？**

答案：不构成重复起诉。因为中圣公司拒绝对设备进行调试是判决生效后发生的新事实，芝星公司再次提起诉讼，不构成重复起诉，法院应予受理。

难度：中

考点：起诉（重复起诉的识别标准）

命题和解题思路：重复起诉的判断是法考主观题命题的重点，曾连续两年命题考查。本题并非考查重复起诉的构成要件，而是对不适用重复起诉的情形予以考查。考生仅简单根据当事人、诉讼标的和诉讼请求是否相同作出判断，会得出错误结论。解题的关键是认真阅读案情表述判断考查目的，准确把握中圣公司拒绝对设备进行调试是判决生效后发生的新事实，再结合《民诉解释》第 248 条规定即可正确作答。

答案解析：《民诉解释》第 248 条规定，裁判发生法律效力后，发生新的事实，当事人再次提起诉讼的，人民法院应当依法受理。据此，第 1569 号判决的基础是案涉产品仍需双方配合调试和验收。而该判决生效后，芝星公司通知中圣公司派员对涉案产品进行整改调试至合格，中圣公司拒绝派员进行调试。这属于判决生效后发生新的事实，芝星公司再次提起诉讼，不构成重复起诉，法院应予受理。

评分细则（共 28 分）

1-5 题满分为：5 分、6 分、6 分、6 分、5 分

1. 可共同向 J 区法院（1 分）申请司法确认（2 分）。法院可以根据调解协议制作调解书（2 分）。

2. 反诉（2 分）。在诉讼过程中（1 分），本诉被告向本诉原告提出（1 分），具有对抗性的、独立的诉讼请求（1 分），基于相同法律关系或者具有牵连性（1 分）。

3. 芝星公司承担（2 分）。主张权利受到妨害者应当就该基本事实承担证明责任（2 分），设备不符合《技术协议》属于权利受到妨害事实（2 分）。

4. 既判力（1 分）和执行力（1 分）。胜诉的生效给付判决具有执行力（2 分），生效判决主文具有既判力（2 分）。

5. 不构成（2 分）。判决生效后发生了新事实（3 分）。

第五题（本题 28 分）

一、试题

案情：2019 年 10 月 9 日，杨某与 K 市 X 区的墥坤公司签订《市政道路及综合管廊建

设项目工程内包责任合同书》，约定墟坤公司将其承包的部分 K 市 C 县市政道路及综合管廊工程分包给杨某，同时约定项目管理费 500 万元。合同签订后，杨某向墟坤公司先后支付管理费 400 万元。后来，隆顺公司成为 C 县市政道路及综合管廊工程的实际承包方，杨某与隆顺公司另行签订合同书后进行项目施工。

因与墟坤公司协商退款无果，杨某以墟坤公司为被告、隆顺公司为第三人，以返还不当得利为由向 X 区法院起诉，请求判决墟坤公司退还管理费 400 万元。2021 年 1 月 11 日，X 区法院公开开庭审理本案。1 月 12 日，X 区法院以本案属于建设工程施工合同纠纷，应当适用专属管辖为由，裁定将本案移送至 C 县法院处理。一审法院适用普通程序审理后，判决墟坤公司返还管理费 400 万元。墟坤公司不服提起上诉，在 K 市中级法院审理过程中，墟坤公司提出杨某拖欠其到期借款 50 万元，主张予以抵销；杨某对欠款数额不予认可，主张已清偿部分欠款。

2022 年 5 月，因墟坤公司拒不履行生效判决，杨某申请法院强制执行。法院执行 260 万元后，发现墟坤公司已无财产可供执行，遂裁定终结本次执行。杨某发现，墟坤公司原股东恒基公司未足额出资，2022 年 4 月已将其股权转让给大地公司，遂向法院申请追加大地公司、恒基公司为被执行人。

问题：

1. K 市 X 区法院将案件移送管辖是否正确？为什么？
2. 本案一审当事人确定是否正确？为什么？
3. 法院审理本案的审判组织形式如何确定？
4. 墟坤公司主张抵销，法院应如何处理？
5. 对于杨某的申请，法院应如何处理？若当事人不服，应当如何救济？

二、案例来源

1. （2022）最高法民辖 73 号：杨某、云南某城市投资开发有限公司等不当得利纠纷民事指定管辖裁定书
2. （2021）粤 13 执异 241 号：林某某、刘某某等借款合同纠纷执行异议执行裁定书

三、总体命题思路

本题对移送管辖、当事人确定、一审和二审的审判组织形式、二审中抵销、诉讼承担的适用情形及救济方式等知识点进行考查。其中，管辖、当事人和执行程序向来是法考命题的重点，审判组织形式涉及 2021 年《民事诉讼法》修正的新增内容，诉讼抵销则属于理论型考点。题目考查内容细致，整体难度较高，绝大多数题目需结合法律规定和诉讼法原理推导作答。

四、答案精讲

1. K 市 X 区法院将案件移送管辖是否正确？为什么？

答：错误。因为本案为不当得利纠纷，不适用专属管辖，被告住所地 X 区法院对案件享有管辖权，开庭审理后不应再将案件移送管辖。

民事诉讼法

杨某诉墘坤公司

起诉： 杨某（原告）以墘坤公司为被告、隆顺公司为第三人，以返还不当得利为由向X区法院起诉，2021年1月11日，X区法院公开开庭审理本案。

法律事实：2019年10月9日，杨某与K市X区的墘坤公司签订合同，约定墘坤公司将其承包的部分K市C县市政道路及综合管廊工程分包给杨某，同时约定项目管理费500万元。合同签订后，杨某向墘坤公司先后支付管理费400万元。后来，隆顺公司成为C县市政道路及综合管廊工程的实际承包方，杨某与隆顺公司另行签订合同书后进行项目施工。

处理结果：1月12日，X区法院以本案属于建设工程施工合同纠纷，应当适用专属管辖为由，裁定将本案移送至C县法院处理。

移送受理及裁判处理结果： 一审法院（C县法院）适用普通程序审理后，判决墘坤公司返还管理费400万元。

二审上诉： 墘坤公司提起上诉，二审审理过程中，墘坤公司提出杨某拖欠其到期借款50万元，主张予以抵销；杨某对欠款数额不予认可，主张已清偿部分欠款。

执行： 2022年5月，杨某申请法院强制执行。

法院执行260万元后，发现墘坤公司已无财产可供执行，遂裁定终结本次执行。

杨某发现，墘坤公司原股东恒基公司未足额出资，2022年4月已将其股权转让给大地公司，遂向法院申请追加大地公司、恒基公司为被执行人。

难度： 中

考点： 专属管辖、移送管辖

命题和解题思路： 本题表面上考查移送管辖的适用条件，实则暗含对专属管辖适用的识别。解答本题的关键是抓住题干中"以返还不当得利为由"的表述，若能据此判断本案为不当得利纠纷，自然可排除建设工程分包合同专属管辖的适用，再结合移送管辖的适用条件即可准确作答。

答案解析： 因墘坤公司并未实际承包C县市政道路及综合管廊工程，墘坤公司收取项目管理费并无合法依据，杨某诉请墘坤公司退还已支付的400万元管理费系不当得利纠纷，故本案不适用不动产纠纷确定管辖法院。不当得利纠纷应适用一般地域管辖确定管辖法院，即应由被告住所地的X区法院管辖。《民诉解释》第35条规定，当事人在答辩期间届满后未应诉答辩，人民法院在一审开庭前，发现案件不属于本院管辖的，应当裁定移送有管辖权的人民法院。据此，受案法院发现案件不属于本院管辖，应当在开庭前将案件移送有管辖权的法院；在案件开庭审理之后，除非发现受理案件违反级别管辖和专属管辖的规定，不得以不具有一般地域管辖权为由移送案件。本案已经开庭审理，且X区法院享有管辖权，不得再将案件移送管辖。

2. 本案一审当事人确定是否正确？为什么？

答案： 杨某作为原告正确，墘坤公司作为被告正确，将隆顺公司列为第三人错误。因为杨某和墭坤公司均为本案诉讼标的（不当得利法律关系）的主体，杨某起诉应为原告，被诉的墭坤公司应为被告。对杨某和墭坤公司的诉讼标的，隆顺公司既不享有独立请求权，案件处理结果与其也没有法律上的利害关系，不应当将隆顺公司列为第三人。

难度：中

考点：当事人适格、第三人

命题和解题思路：让考生判断给定案件中当事人确定是否正确，这是民诉法主观题当事人部分常用的命题套路。解答本题要注意审题，当事人包括原告、被告和第三人，应逐一作出判断。本题解题难点在于对隆顺公司诉讼地位的判断，可根据两类第三人的概念，结合案情表述作答。

答案解析：杨某未能从墭坤公司分包 C 县市政道路及综合管廊工程，却为此支付管理费 400 万元，因协商退还无果起诉。一般来说，应当以当事人是否为所争议的民事法律关系（本案诉讼标的）的主体，作为判断当事人适格与否的标准。据此，本案的诉讼标的属于不当得利法律关系，诉讼标的的主体为杨某和墭坤公司，杨某为维护自己的利益起诉墭坤公司，因此杨某属于适格原告，墭坤公司属于适格被告。

《民事诉讼法》第 59 条第 1 款规定，对当事人双方的诉讼标的，第三人认为有独立请求权的，有权提起诉讼。据此，本案是杨某基于不当得利纠纷起诉墭坤公司，隆顺公司对此并无独立请求权，因此隆顺公司不是有独立请求权第三人。

《民事诉讼法》第 59 条第 2 款规定，对当事人双方的诉讼标的，第三人虽然没有独立请求权，但案件处理结果同他有法律上的利害关系的，可以申请参加诉讼，或者由人民法院通知他参加诉讼。据此，杨某起诉要求墭坤公司退还管理费，案件的处理结果与隆顺公司并无法律上的利害关系，隆顺公司不过是与杨某另行签订建设工程分包合同而已，因此隆顺公司也不属于无独立请求权第三人。

> **3. 法院审理本案的审判组织形式如何确定？**

答案：（1）第一审法院可安排审判员独任审理；可安排审判员和陪审员组成合议庭审理；可安排审判员组成合议庭审理。（2）第二审法院应由审判员组成合议庭审理。

难度：中

考点：合议制度

命题和解题思路：2021 年《民事诉讼法》修正扩张了独任制的适用范围，故本题对一审和二审程序可能的审判组织形式予以考查。解题依据是《民事诉讼法》的明文规定，完整梳理各项情形列举作答即可。应注意审题，避免遗漏对二审法院审判组织形式的判断。

答案解析：《民事诉讼法》第 40 条第 1、2 款规定，人民法院审理第一审民事案件，由审判员、陪审员共同组成合议庭或者由审判员组成合议庭。合议庭的成员人数，必须是单数。适用简易程序审理的民事案件，由审判员一人独任审理。基层人民法院审理的基本事实清楚、权利义务关系明确的第一审民事案件，可以由审判员一人适用普通程序独任审理。据此，一审法院适用普通程序审理本案，可由审判员、陪审员共同组成合议庭或者由审判员组成合议庭审理；若基本事实清楚、权利义务关系明确，也可由审判员独任审理。

《民事诉讼法》第41条第1、2款规定，人民法院审理第二审民事案件，由审判员组成合议庭。合议庭的成员人数，必须是单数。中级人民法院对第一审适用简易程序审结或者不服裁定提起上诉的第二审民事案件，事实清楚、权利义务关系明确的，经双方当事人同意，可以由审判员一人独任审理。据此，本案一审适用普通程序审理后作出判决，不符合二审独任审理的适用条件，K市中级法院只能由审判员组成合议庭审理。

4. 堼坤公司主张抵销，法院应如何处理？

答案：

答案一：若抵销以抗辩方式提出，只要当事人同意放弃审级利益，二审法院可以一并予以审理；若抵销以反诉方式提出，因杨某拖欠借款与堼坤公司退还管理费并无牵连性，堼坤公司的请求不构成反诉，法院应告知其另行起诉。堼坤公司另行起诉后，本诉应裁定诉讼中止，等待抵销主动债权的审理结果，然后再判断抵销抗辩是否成立。

答案二：因主动债权存在争议，抵销应以诉的形式解决。基于牵连性的扩张性解释，抵销可以反诉形式提出。二审法院可依自愿对堼坤公司要求清偿拖欠借款的请求组织调解，调解不成，告知其另行起诉。堼坤公司另行起诉后，本诉应裁定诉讼中止，等待抵销主动债权的审理结果，然后再判断抵销抗辩是否成立。堼坤公司和杨某同意由第二审人民法院一并审理的，第二审人民法院可以一并裁判，并对抵销予以处理。

难度： 难

考点： 反诉与反驳的区别

命题和解题思路： 为顺应法考主观题命题日益理论化的趋势，本题以诉讼抵销为切入点，考查法院对二审中当事人主张抵销的处理方式。本题并无法律的明文规定，难度极高，需要借助抵销的行使方式、反诉的牵连性、二审调解的适用、诉讼中止等相关规定和理论推导作答。

答案解析： 《九民纪要》第43条规定，抵销权既可以通知的方式行使，也可以提出抗辩或者提起反诉的方式行使。据此，诉讼中抵销可以提出抵销抗辩或者提出反诉。若抵销以抗辩方式提出，不受审级限制，但为了维护当事人的审级利益，二审一并对主动债权予以处理应征得当事人同意。此时主动债权存在争议，法院也会在抗辩的名义下对争议事实进行认定判断。若抵销以反诉方式提出，根据《民诉解释》第233条第2款规定，杨某拖欠借款与堼坤公司退还管理费的诉讼请求并非基于相同事实，不属于相同法律关系，也不存在因果关系，因此两案并无牵连性，堼坤公司的请求不构成反诉，法院应告知其另行起诉。为实现诉讼抵销的目的，堼坤公司另行起诉后，本诉应裁定诉讼中止，等待抵销主动债权的审理结果，然后再判断抵销抗辩是否成立。

另有观点认为，若主动债权存在争议，抵销应以诉的形式来行使。此时应当放宽对反诉牵连性的认定标准，认为基于抵销的主张使得反诉和本诉产生牵连性。《民诉解释》第326条规定，在第二审程序中，原审原告增加独立的诉讼请求或者原审被告提出反诉的，第二审人民法院可以根据当事人自愿的原则就新增加的诉讼请求或者反诉进行调解；调解不成的，告知当事人另行起诉。双方当事人同意由第二审人民法院一并审理的，第二审人民法院可以一并裁判。据此，二审法院可依自愿对堼坤公司要求清偿拖欠借款的请求组织调解，调解不成，告知其另行起诉。为实现诉讼抵销的目的，堼坤公司另行起诉后，本诉应裁定诉讼中止，等待抵销主动债权的审理结果，然后再判断抵销抗辩是否成立。堃坤公司和杨某同意由第二审人民法院一并审理的，第二审人民法院可以一并裁判，对抵销予以处理。

> 5. 对于杨某的申请，法院应如何处理？若当事人不服，应当如何救济？

答案：法院应裁定追加恒基公司为被执行人，驳回追加大地公司为被执行人的申请。若当事人不服，可提起执行异议之诉予以救济。

难度：中

考点：执行程序中的一般性制度（执行承担）

命题和解题思路：在民事强制执行单独立法趋势的背景下，执行程序在备考时应予以高度关注。本题考查未足额出资的股东转让股权后申请人追加被执行人的范围及其救济方式。追加恒基公司为被执行人有明确的司法解释依据，难度不高；但对能否将大地公司追加为被执行人，仍需借助"审执分离"理论辅助作出判断。还需注意"向上一级法院申请复议"和"提起执行异议之诉"的适用差异。

答案解析：《最高人民法院关于民事执行中变更、追加当事人若干问题的规定》第19条规定，作为被执行人的公司，财产不足以清偿生效法律文书确定的债务，其股东未依法履行出资义务即转让股权，申请执行人申请变更、追加该原股东或依公司法规定对该出资承担连带责任的发起人为被执行人，在未依法出资的范围内承担责任的，人民法院应予支持。据此，作为被执行人的堃坤公司，其股东恒基公司未足额出资即将其股权转让给大地公司，申请执行人杨某申请追加原股东恒基公司为被执行人，法院应予准许。但基于"审执分离"原则，执行程序中变更、追加当事人必须坚持法定原则，司法解释并未规定可追加股权受让人作为被执行人，因此申请将大地公司追加为被执行人，法院不予准许。该司法解释第32条第1款规定，被申请人或申请人对执行法院依据本规定第14条第2款、第17条至第21条规定作出的变更、追加裁定或驳回申请裁定不服的，可以自裁定书送达之日起15日内，向执行法院提起执行异议之诉。据此，当事人不服法院裁定，可提起执行异议之诉予以救济。

评分细则（共28分）

1-5题满分为：5分、6分、5分、6分、6分

1. 错误（1分）。本案为不当得利纠纷，不适用专属管辖（2分）。X区法院是被告住所地法院，对案件享有管辖权（2分）。

2. 杨某作为原告正确（1分），堃坤公司作为被告正确（1分），隆顺公司列为第三人错误（1分）。杨某和堃坤公司均为本案诉讼标的的主体（1分）。隆顺公司既不享有独立请求权（1分），案件处理结果与其也没有法律上的利害关系（1分）。

3. 一审法院可安排审判员独任审理（1分），可安排审判员和陪审员组成合议庭审理（1分），也可安排审判员组成合议庭审理（1分）（仅回答可以独任制或者合议制的，得2分）。

二审法院应由审判员组成合议庭审理（2分）。

4. 答案一：若抵销以抗辩方式提出，只要当事人同意放弃审级利益，二审法院可以一并予以审理（2分）；若抵销以反诉方式提出，因无牵连性，不构成反诉（2分），法院应告知其另行起诉（1分），另行起诉后，本诉应裁定诉讼中止（1分）。

答案二：主动债权存在争议，抵销应以反诉形式提出（2分）。对反诉先调解，调解不成，告知其另行起诉（2分）。当事人同意二审法院一并审理的，二审法院可以一并裁判（1分）。另行起诉后，本诉应裁定诉讼中止（1分）。

答案一、答案二择一即可。

5. 应裁定追加恒基公司为被执行人（2分），驳回追加大地公司为被执行人的申请（2分），不服可提起执行异议之诉（2分）。

第六题（本题28分）

一、试题

案情：路某有一辆甘MJ2515牌照的轻型货车，为该车向保险公司投保机动车交通事故强制责任保险，保险期间自2020年5月31日至2021年5月30日止。2020年11月，路某将该车出售给张某，未办理过户手续。2020年12月5日，张某将其所有的甘MJ2515货车出借给封某（16周岁）。次日，封某驾驶该货车上路，因操作不熟、车速过快，与陕A677CS轿车在会车时发生碰撞，致使陕A677CS轿车驾驶员杨某、乘坐人冯某受伤，两车受损。陕A677CS轿车的车主为刘某。交警队出具交通事故认定书，认定封某负该起事故的全部责任。事故发生后，刘某为杨某垫付医药费1万元。

各方就损害赔偿协商无果，2021年3月10日，杨某、冯某共同向甲区法院起诉，要求封某、张某、路某、保险公司共同赔偿医疗费、误工费共计4.4万元（杨某索赔3万元，冯某索赔1.4万元）；杨某另行要求赔偿车辆维修费1.2万元。法院合并审理后，判决全额支持了原告要求赔偿医疗费、误工费的诉讼请求。双方均未上诉，该判决生效后，刘某发现杨某在计算损失时遗漏了自己垫付的1万元医药费（杨某实际损失应为4万元）。

问题：
1. 若刘某向甲区法院起诉索赔车辆损失，法院能否将其与本案合并审理？为什么？
2. 本案当事人确定是否正确？为什么？
3. 交通事故认定书是否属于鉴定意见？为什么？
4. 若在开庭前冯某与被告方达成和解后申请撤诉，法院对本案应如何处理？
5. 为挽回损失，刘某能否起诉请求法院撤销该生效判决？为什么？

二、案例来源

1. 甘肃省庆阳市中级人民法院（2014）庆中民终字第701号民事判决书：庆阳某汽车租赁有限公司与刘某某、杨某某、冯某、封某某、张某某、路某、某财产保险股份有限公司庆阳中心支公司机动车交通事故责任纠纷上诉案

2. 《最高人民法院公报》2022 年第 7 期：江西银行股份有限公司南昌洪城支行与上海神州数码有限公司等借款合同纠纷案

三、总体命题思路

本题以机动车交通事故责任纠纷为切入点，对诉的合并、当事人确定、鉴定意见的识别、普通共同诉讼的内部关系、第三人撤销之诉等知识点进行考查。当事人、证据和第三人撤销之诉是常规重点内容，诉的合并涉及理论型考点。题目考查范围广，部分试题考查方式较为隐蔽，需要对法律规定和基本原理灵活运用方可抓住采分点。

四、答案精讲

1. 若刘某向甲区法院起诉索赔车辆损失，法院能否将其与本案合并审理？为什么？

答案： 可以合并审理。因为两个诉讼属于基于同一事实（交通事故）发生的纠纷，具有牵连性，甲区法院可以合并审理。

难度： 中

考点： 诉的合并

命题和解题思路： 法考时代理论化命题趋势明显，本题考查诉的合并的适用条件。诉的合并属于理论型考点，根据大陆法系民诉理论，诉的合并分为诉的客体合并和诉的主体合并。《民诉解释》第 221 条将诉的客体合并标准界定为"基于同一事实"，可根据该规定推导作答。

答案解析： 《民诉解释》第 221 条规定，基于同一事实发生的纠纷，当事人分别向同一人民法院起诉的，人民法院可以合并审理。据此，可以合并的诉讼应"基于同一事实"发生，各个单纯之诉所依据的事实关系或法律关系应有牵连，具有一致性或者重叠性。张某和杨某、冯某提起的诉讼均是基于同一事实（交通事故）发生的纠纷，两个案件存在牵连性，甲区法院可以合并审理。

2. 本案当事人确定是否正确？为什么？

答案： （1）就赔偿医药费、误工费的请求，杨某、冯某作为原告正确，因为二人身体因交通事故遭受了实际损害，与本案有直接利害关系。（2）就赔偿车辆维修费的请求，杨某作为原告错误，因为其并非受损轿车的所有人，与本案并不存在直接利害关系。(3) 将封某、张某、保险公司列为被告正确。封某是肇事货车的使用人；张某作为车主将货车出借给无证驾驶的封某，对损害发生有过错；保险公司作为交强险的投保公司应列为共同被告。(4) 将路某列为被告错误，其作为曾经的车主，对损害发生并无过错。(5) 遗漏封某的监护人作为共同被告错误，因为封某作为限制民事行为能力人造成他人损害，其监护人应作为共同被告。

难度： 难

考点： 必要共同诉讼、当事人适格

命题和解题思路： 当事人确定是主观题命题的重点，本题以机动车交通事故责任纠纷为切入点，对适格当事人判断予以考查。解答本题要注意审题，应当对原告和被告是否适

民事诉讼法

杨某、冯某诉封某、路某、张某、保险公司

案件事实：2020年12月5日，16周岁封某因操作不熟、车速过快，驾驶甘MJ2515货车致使陕A677CS轿车驾驶员杨某、乘坐人冯某受伤，两车受损。

甘MJ2515货车权属情况：

A.**原所有权人**为路某，并为该车向保险公司投保机动车交通事故强制责任保险，保险期间自2020年5月31日至2021年5月30日止。

B.2020年11月，路某将该车出售给张某，未办理过户手续。

C.2020年12月5日，张某将其所有的甘MJ2515货车出借给封某（16周岁）。

陕A677CS轿车权属情况：

陕A677CS轿车的车主为刘某。

其他证据及事实：

交警队出具交通事故认定书，认定封某负该起事故的全部责任
事故发生后，刘某为杨某垫付医药费1万元。

起诉：2021年3月10日，杨某、冯某（原告）共同向甲区法院起诉，要求封某、张某、路某、保险公司（被告）共同赔偿医疗费、误工费共计4.4万元（杨某索赔3万元，冯某索赔1.4万元）；杨某另行要求赔偿车辆维修费1.2万元。

法院受理情况：法院合并审理后，判决全额支持了原告要求赔偿医疗费、误工费的诉讼请求。

后续：双方均未上诉，该判决生效后，刘某发现杨某在计算损失时遗漏了自己垫付的1万元医药费（杨某实际损失应为4万元）。

格结合民事实体法和程序法的规定分别作出判断。本题的难点在于，原告提出的诉请既包括人身损害赔偿，又包括车辆损害赔偿，应分别作出判断。

答案解析：《民事诉讼法》第122条第1项规定，原告是与本案有直接利害关系的公民、法人和其他组织。据此，杨某、冯某因交通事故遭受了身体损害，就人身损害赔偿而言，二人为适格原告。但杨某并非受损轿车的车主，其无权就车辆损失提起诉讼，就车辆维修费请求，杨某并非适格原告。

《民法典》第1209条规定，因租赁、借用等情形机动车所有人、管理人与使用人不是同一人时，发生交通事故造成损害，属于该机动车一方责任的，由机动车使用人承担赔偿责任；机动车所有人、管理人对损害的发生有过错的，承担相应的赔偿责任。据此，肇事货车的使用人封某应被列为被告；货车所有人张某将车出借给无证驾驶的封某，对损害发生有过错，应承担相应的赔偿责任，亦应被列为被告。

《最高人民法院关于审理道路交通事故损害赔偿案件适用法律若干问题的解释》第22条第1款规定，人民法院审理道路交通事故损害赔偿案件，应当将承保交强险的保险公司

列为共同被告。但该保险公司已经在交强险责任限额范围内予以赔偿且当事人无异议的除外。据此，承保交强险的保险公司应被列为共同被告。

《民法典》第1210条规定，当事人之间已经以买卖或者其他方式转让并交付机动车但是未办理登记，发生交通事故造成损害，属于该机动车一方责任的，由受让人承担赔偿责任。据此，即便未办理登记，货车出让人路某也不承担赔偿责任，路某不应被列为被告。

《民诉解释》第67条规定，无民事行为能力人、限制民事行为能力人造成他人损害的，无民事行为能力人、限制民事行为能力人和其监护人为共同被告。据此，16岁的封某属于限制民事行为能力人，造成他人损害，其监护人应为共同被告。

> **3. 交通事故认定书是否属于鉴定意见？为什么？**

答案：不属于鉴定意见。交通事故认定书的制作主体、制作程序、证明力与鉴定意见不同。鉴定应由当事人申请或法院依职权委托启动，当事人应当对鉴材进行质证，交通事故认定书属于公文书证，其证明力更强。

难度：中

考点：鉴定意见

命题和解题思路：本题以交通事故认定书为素材，考查证据法定种类的识别。可从制作主体、程序规则、证明力等方面，对交通事故认定书和鉴定意见的异同点对比后作答。为避免丢分，应答出交通事故认定书属于公文书证的性质。

答案解析：鉴定意见是鉴定人运用自己的专业知识对案件中的相关材料进行鉴别、检验，并就有关专业性问题发表意见。交通事故认定书虽然是由具有专业知识的人员根据相应的专业技能按照一定程序作出，但其制作主体是国家机关，也不符合民事诉讼中鉴定意见的程序要求，例如鉴定应由当事人申请或者法院依职权委托启动，当事人应当对鉴材进行质证，交通事故认定书的制作不符合上述要求。《最高人民法院关于审理道路交通事故损害赔偿案件适用法律若干问题的解释》第24条规定，公安机关交通管理部门制作的交通事故认定书，人民法院应依法审查并确认其相应的证明力，但有相反证据推翻的除外。据此，交通事故认定书属于公文书证，其证明力较之于鉴定意见更强。

> **4. 若在开庭前冯某与被告方达成和解后申请撤诉，法院对本案应如何处理？**

答案：法院审查后对是否准许冯某撤诉作出裁定，对杨某提起的诉讼继续审理后作出判决。本案为普通共同诉讼，一个共同诉讼人的行为对其他共同诉讼人不发生效力。

难度：中

考点：撤诉、普通共同诉讼

命题和解题思路：本题表面上考查原告申请撤诉的处理方式，实则涉及对共同诉讼类型的判断。因本案原告不止一人，冯某申请撤诉后，不可忘记对另一原告杨某起诉的处理。解题时应首先判断杨某、冯某共同起诉后，案件属于普通共同诉讼，再结合普通共同诉讼中共同诉讼人的内部关系即可准确作答。

答案解析：《民事诉讼法》第148条第1款规定，宣判前，原告申请撤诉的，是否准许，由人民法院裁定。据此，原告冯某申请撤诉，法院应审查后裁定是否准许。《民事诉讼法》第 55 条第 2 款规定，共同诉讼的一方当事人对诉讼标的有共同权利义务的，其中一人的诉讼行为经其他共同诉讼人承认，对其他共同诉讼人发生效力；对诉讼标的没有共同权利义务的，其中一人的诉讼行为对其他共同诉讼人不发生效力。据此，封某驾车肇事导致杨某、冯某受伤，二人一并起诉，因诉讼标的为同一种类，本案属于普通共同诉讼。一人的诉讼行为对其他共同诉讼人不发生效力，冯某申请撤诉，并不影响法院对杨某起诉的审理。

5. 为挽回损失，刘某能否起诉请求法院撤销该生效判决？为什么？

答案：不能。生效判决对杨某损失的认定依据杨某的诉讼请求作出，该判决并无错误，也未损害刘某的民事权益，不符合提起第三人撤销之诉的条件。

难度：中

考点：第三人撤销之诉

命题和解题思路：案外人权利救济制度是主观题命题的重点，本题对第三人撤销之诉的适用情形予以考查。题目设问方式较为隐蔽，需借助问题表述判断第三人撤销之诉这一考点。根据第三人撤销之诉的功能，结合案情表述不难作出正确判断。

答案解析：《民事诉讼法》第 59 条第 3 款规定，前两款规定的第三人，因不能归责于本人的事由未参加诉讼，但有证据证明发生法律效力的判决、裁定、调解书的部分或者全部内容错误，损害其民事权益的，可以自知道或者应当知道其民事权益受到损害之日起 6 个月内，向作出该判决、裁定、调解书的人民法院提起诉讼。人民法院经审理，诉讼请求成立的，应当改变或者撤销原判决、裁定、调解书；诉讼请求不成立的，驳回诉讼请求。据此，欲提起第三人撤销之诉，必须证明原裁判、调解书有错，且损害了案外第三人的民事权益。本案杨某请求法院判决被告赔偿 3 万元，法院全部予以支持，虽与实际损失数额不符，但该判决并无错误，也并未损害刘某的民事权益。

评分细则（共 28 分）

1-5 题满分为：4 分、14 分、3 分、4 分、3 分。

1. 可以合并审理（2 分）。两个诉讼基于同一事实（1 分），具有牵连性（1 分）。

2. 就赔偿医药费、误工费的请求，杨某、冯某作为原告正确，因为其遭受了损害（2 分）；就赔偿车辆维修费的请求，杨某作为原告错误，其与车辆损害不存在直接利害关系（2 分）；将封某、张某、保险公司列为被告正确（3 分），封某是肇事货车的使用人（1 分），张某将车借给无证驾驶人存在过错（1 分），保险公司是交强险的投保公司（1 分）；将路某列为被告错误，其没有过错（2 分）；遗漏封某的监护人作为共同被告错误，限制行为能力人侵权，其监护人应作为共同被告（2 分）。

3. 不属于（1 分）。属于公文书证（1 分）；鉴定应由当事人申请或法院委托启动（1 分）。

4. 对是否准许冯某撤诉作出裁定（1 分），对杨某提起的诉讼继续审理并裁判（1 分）；属于普通共同诉讼（1 分），一人行为对其他共同诉讼人不发生效力（1 分）。

5. 不能（1 分）。该判决并无错误（1 分），未损害刘某的民事权益（1 分）。

商 法

第一题（本题 28 分）

一、试题

案情：海山公司、李某、孙某共同发起设立云泰公司，三方共同约定：海山公司认缴出资 1000 万元，李某认缴出资 450 万元，孙某认缴出资 50 万元。其中李某和孙某的出资均由李某实际承担，所有出资均应于 2024 年 12 月缴纳完毕。2018 年，云泰公司成立，公司章程规定：孙某担任公司董事（不设董事会）、经理；董事兼任公司法定代表人；公司股东如违法或者违反公司管理制度，公司有权将其开除。李某系海山公司的董事、法定代表人，同时持有海山公司 60%的股权。

因云泰公司经营发展需要，2022 年 5 月，李某和孙某协商向融金公司借款 1000 万元，并以海山公司持有的股权作为担保。同月，李某作为海山公司法定代表人以海山公司的名义与融金公司签订了《股权转让协议》，约定：（1）融金公司以 1000 万元的价格购买海山公司持有的云泰公司的股权；（2）一年后，海山公司有权以 1100 万元的价格从融金公司手中收购该股权；（3）在约定的一年回购期内，融金公司不得行使股权，但如海山公司放弃回购，则该股权永久确定地自本协议签订之日起归属融金公司。同月，云泰公司办理完毕股东变更登记，融金公司也向海山公司账户支付了股权购买价款，随后海山公司以借款名义将该资金转到了云泰公司账户并与云泰公司签署了无息借款 24 个月的协议。

2023 年 4 月，孙某在李某的授意下，经云泰公司股东会一致决议，决定进行 2000 万元利润分配，当月利润分配发放完毕。

2023 年 5 月，融金公司通知海山公司回购该股权，海山公司表示无力回购，并与融金公司达成了《股权转让确认函》，确认该股权归属融金公司所有。同月，融金公司提议召开股东会，罢免孙某董事、经理及法定代表人职务，并决定委派融金公司工作人员柯某担任。孙某拒绝召开会议后，融金公司即自行召开了会议。在会议中，针对融金公司的提议，李某、海山公司和孙某均表示反对。会后股东会决议上仅有融金公司签字盖章。

融金公司接手公司事务后就公司状况彻查，发现了 2023 年 4 月的利润分配事宜，认为孙某在公司上一年没有利润可以分配的情形下，依然决定分红，涉嫌严重违法，遂由柯某于 2023 年 6 月再次召集股东会，决议将孙某除名，除名后的股权办理减资。该决议依然遭到了李某和孙某的反对，仅有融金公司签字盖章。

2024 年 8 月，海山公司起诉云泰公司偿还 1000 万元借款，并主张融金公司在未出资的范围内直接向其清偿。经法院查明，云泰公司各股东均未按期缴纳出资。

问题：

1. 海山公司、李某、孙某三方的出资约定是否有效？为什么？

2. 2022 年 5 月，海山公司和融金公司的《股权转让协议》是否有效？为什么？

3. 2023 年 4 月，云泰公司的利润分配是否合法？为什么？依法应当如何处理？

4. 2023 年 5 月，云泰公司股东会决议是否通过并合法？为什么？

5. 2023 年 6 月，云泰公司股东会决议是否通过并合法？为什么？

6. 海山公司关于要求融金公司在未出资的范围内直接向其清偿的主张能否得到法院的支持？为什么？

二、总体命题思路

本题以法考历年真题常考点即考点分布的规律为基础，设计了出资制度及责任、股权让与担保、利润分配、公司决议、股东资格取得等多个考点。内容上，主要考查了法考曾多次考查的常考点与重点考点，重点考查了 2023 年新《公司法》修订热点，包括违法利润分配、非等比减资的效力、未届期股权转让以及未届期出资的加速到期问题。形式上，既包含了法考主要采取的"是否型"设问，也采用了部分"开放型"设问。整体难度上，本题既有中等难度题目，也包含一到两道超高难度题目。难度系数基本与法考保持一致。

三、案例来源

1. 最高人民法院公报案例：南京安盛财务顾问有限公司诉祝鹃股东会决议罚款纠纷案

2. 最高人民法院指导案例 10 号：李建军诉上海佳动力环保科技有限公司公司决议撤销纠纷案

3. 最高人民法院公报案例：深圳市启迪信息技术有限公司与郑州国华投资有限公司、开封市豫信企业管理咨询有限公司、珠海科美教育投资有限公司股权确认纠纷案

四、答案精讲

> 1. 海山公司、李某、孙某三方的出资约定是否有效？为什么？

答案：有效。该出资约定系三方真实意思表示，在全体股东一致同意时股东认缴的出资比例可以与股东实际出资比例约定不一致，并未违反法律强制性规定。

考点：出资

难度：中

命题和解题思路：本题来自最高法案例，考查考生对出资约定的理解。看似本题需要了解最高法案例，但实际上考生只要掌握出资约定和出资履行的区分，不难解答本题。认缴出资额系股东与公司之间关于出资多少的约定，而具体该出资行为由谁来承担，则是该出资义务的转移。只要各方意思表示真实一致，合同自然有效。

答案解析：本题并无直接的法律依据，考生可结合《民法典》关于民事法律行为、合同的效力作出判断，即主体适格、意思表示真实、不违反法律强制性规定，即为有效。实际上，意思表示真实一致，且未违反法律强制性规定，也是商法题中回答协议效力的模板或基本的答题框架。在作答时，考生需要注意结合商法的特别规定展开分析。

本题中，商法的规定是不能折价出资，即《公司法》第 48 条的规定。虽然该条规定在股份公司法部分，但是有限公司法依然可以参照适用，属于公司法中不多的需要考生理

解的股份公司法章节的法条。当然，如果考生能够结合出资约定和出资履行的区分作答，如本题"命题和解题思路"所言，该题更易给出答案，即双方实际上约定的是具体出资的履行责任的承担。有限公司出资由甲认缴，并约定由乙实际上履行，并不构成折价出资，只不过是各方关于债务承担的合意约定。因此该协议有效。

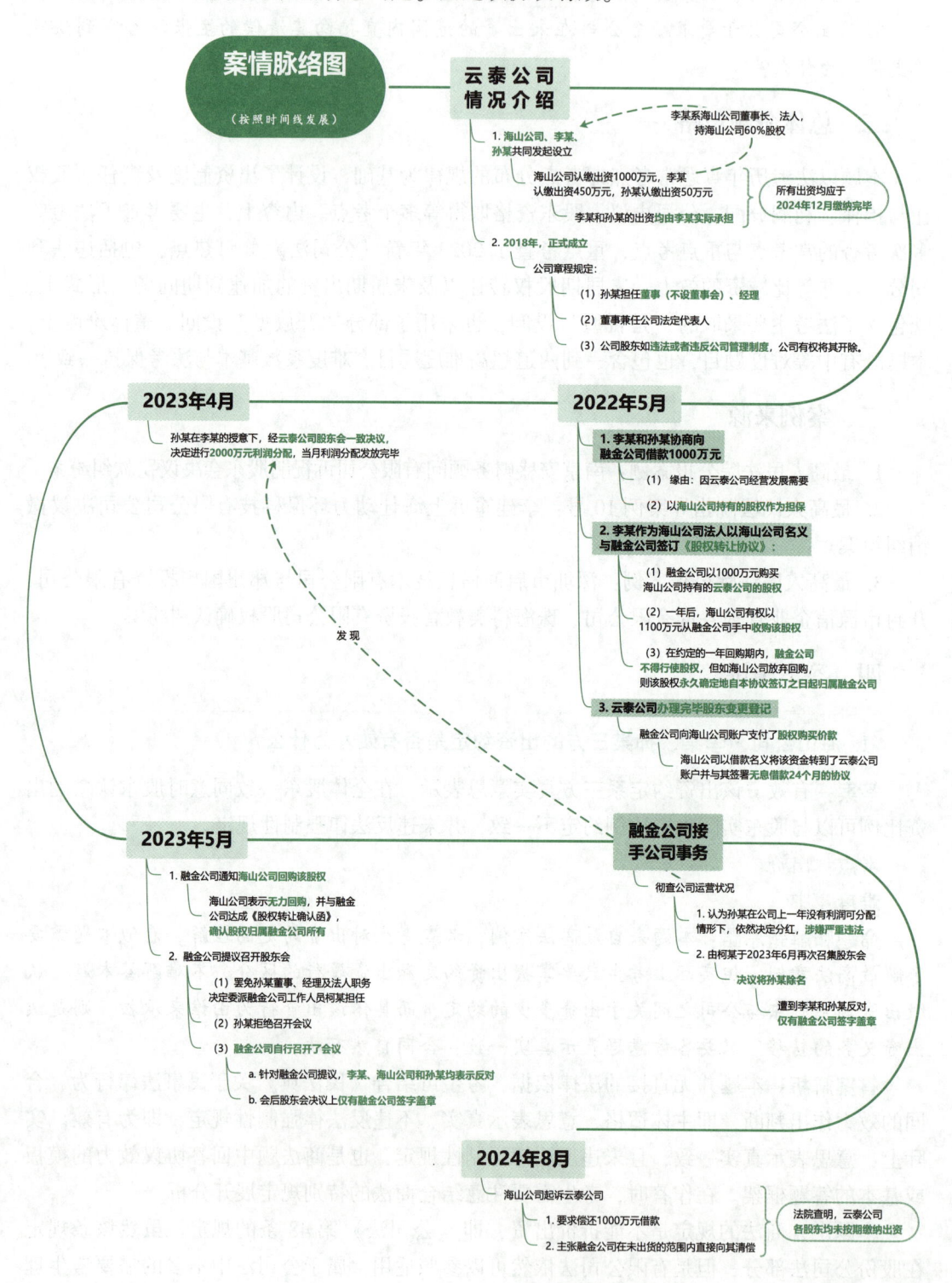

案情脉络图
（按照时间线发展）

云泰公司情况介绍

1. **海山公司、李某、孙某共同发起设立**
   - 李某系海山公司董事长、法人，持海山公司60%股权
   - 海山公司认缴出资1000万元，李某认缴出资450万元，孙某认缴出资50万元
   - 李某和孙某的出资均由李某实际承担
   - 所有出资均于2024年12月缴纳完毕

2. **2018年，正式成立**

   公司章程规定：
   - （1）孙某担任董事（不设董事会）、经理
   - （2）董事兼任公司法定代表人
   - （3）公司股东如违法或者违反公司管理制度，公司有权将其开除

2022年5月

1. **李某和孙某协商向融金公司借款1000万元**
   - （1）缘由：因云泰公司经营发展需要
   - （2）以海山公司持有的股权作为担保

2. **李某作为海山公司法人以海山公司名义与融金公司签订《股权转让协议》：**
   - （1）融金公司以1000万元购买海山公司持有的云泰公司的股权
   - （2）一年后，海山公司有权以1100万元从融金公司手中收购该股权
   - （3）在约定的一年回购期内，融金公司不得行使股权，但如海山公司放弃回购，则该股权永久确定地自本协议签订之日起归属融金公司

3. **云泰公司办理完毕股东变更登记**
   - 融金公司向海山公司账户支付了股权购买价款
   - 海山公司以借款名义将该资金转到了云泰公司账户并与其签署无息借款24个月的协议

2023年4月
孙某在李某的授意下，经云泰公司股东会一致决议，决定进行2000万元利润分配，当月利润分配发放完毕

2023年5月
1. 融金公司通知海山公司回购该股权
   - 海山公司表示无力回购，并与融金公司达成《股权转让确认函》，确认股权归融金公司所有

2. 融金公司提议召开股东会
   - （1）罢免孙某董事、经理及法人职务
     决定委派融金公司工作人员柯某担任
   - （2）孙某拒绝召开会议
   - （3）融金公司自行召开了会议
     - a. 针对融金公司提议，李某、海山公司和孙某均表示反对
     - b. 会后股东会决议上仅有融金公司签字盖章

融金公司接手公司事务
彻查公司运营状况
1. 认为孙某在公司上一年没有利润可分配情形下，依然决定分红，涉嫌严重违法
2. 由柯某于2023年6月再次召集股东会
   - 决议将孙某除名
   - 遭到李某和孙某反对，仅有融金公司签字盖章

2024年8月
海山公司起诉云泰公司
1. 要求偿还1000万元借款
2. 主张融金公司在未出资的范围内直接向其清偿

法院查明，云泰公司各股东均未按期缴纳出资

2. 2022年5月，海山公司和融金公司的《股权转让协议》是否有效？为什么？

答案： 有效，但流质条款无效。海山公司和融金公司签订的《股权转让协议》实际上是股权让与担保协议，系双方真实意思表示且未违反法律强制性规定。但其中约定的"如海山公司放弃回购，则该股权永久确定地自本协议签订之日起归属融金公司"系流质条款，该条款无效。

考点： 股权让与担保、公司担保

难度： 难

命题和解题思路： 本题考查股权让与担保，是对法考真题的借鉴。本题在考查形式上存在两个难点：第一，法考真题一般直接考查股权让与担保，而本题考查的是买卖型股权让与担保，考生需要准确识别；第二，本题考生需要明确本题股权让与担保究竟是为谁担保。题干前文描述的意图和后文描述的具体协议约定中的债务人存在不同，具有一定的迷惑性。对此，考生需要注意：第一，法律关系识别的核心在于约定的合意内容，不能流于形式分析；第二，注意当事人的意图和形式上当事人的交易安排。在法律关系的判断中，就法考而言，应当以后者为准。

答案解析： 《担保制度司法解释》第68条规定，债务人或者第三人与债权人约定将财产形式上转移至债权人名下，债务人不履行到期债务，债权人有权对财产折价或者以拍卖、变卖该财产所得价款偿还债务的，人民法院应当认定该约定有效。当事人已经完成财产权利变动的公示，债务人不履行到期债务，债权人请求参照民法典关于担保物权的有关规定就该财产优先受偿的，人民法院应予支持。

债务人或者第三人与债权人约定将财产形式上转移至债权人名下，债务人不履行到期债务，财产归债权人所有的，人民法院应当认定该约定无效，但是不影响当事人有关提供担保的意思表示的效力。当事人已经完成财产权利变动的公示，债务人不履行到期债务，债权人请求对该财产享有所有权的，人民法院不予支持；债权人请求参照民法典关于担保物权的规定对财产折价或者以拍卖、变卖该财产所得的价款优先受偿的，人民法院应予支持；债务人履行债务后请求返还财产，或者请求对财产折价或者以拍卖、变卖所得的价款清偿债务的，人民法院应予支持。

债务人与债权人约定将财产转移至债权人名下，在一定期间后再由债务人或者其指定的第三人以交易本金加上溢价款回购，债务人到期不履行回购义务，财产归债权人所有的，人民法院应当参照第二款规定处理。回购对象自始不存在的，人民法院应当依照民法典第一百四十六条第二款的规定，按照其实际构成的法律关系处理。

关于《担保制度司法解释》第68条，2021年法考真题考查了第1款，2022年法考真题考查了第2款，本题考查第3款。即债务人与债权人约定将财产转移至债权人名下，在一定期间后再由债务人或者其指定的第三人以交易本金加上溢价款回购，属于股权让与担保，但流质条款无效，债权人只能主张就该财产优先受偿。

首先，考生需要确定，谁是债务人。因为案例事实首先描述的是云泰公司需要借款，海山公司为其担保。但是在具体约定时却约定了海山公司融资，并且在随后的安排中再由海山公司向云泰公司借款。因此，该担保并非海山公司为云泰公司的债务担保，而是海山公司为自己的债务担保。考生无需分析公司对外担保的效力。其次，在此基础上结合上述法条进行法律关系的识别和效力分析即可。

> 3. 2023年4月，云泰公司的利润分配是否合法？为什么？依法应当如何处理？

答案：违法。在公司没有税后净利润时决议利润分配，违反了公司法强制性规定。获得的违法分配应当返还公司，给公司造成损失的，股东、董事还需赔偿，李某作为实际控制人需要承担连带责任。

考点：利润分配

难度：中

命题和解题思路：本题考查利润分配违法及其处理措施，难度不大，但属于常考点利润分配中较为冷门的考点。首先，考生要注意设问"利润分配是否合法"，而非"利润分配决议是否合法"，避免答非所问；其次，"依法如何处理"，可能大部分同学会回答构成抽逃出资。但是本题显然无法直接适用抽逃出资：第一，公司法有明确规定，不必适用；第二，股东均为认缴未实缴的状态，即使适用也只能参照适用。预测很多考生可能会在此失分。本题提示考生，即使公司法题目作答时基本不需要法条定位，考生对重点法条也需要十分熟悉。

答案解析：《公司法》第211条规定："公司违反本法规定向股东分配利润的，股东应当将违反规定分配的利润退还公司；给公司造成损失的，股东及负有责任的董事、监事、高级管理人员应当承担赔偿责任。"负有责任的董事孙某需要承担赔偿责任，指示孙某的实际控制人李某需要承担连带责任。

据此，公司利润分配应当满足利润分配原则，即纯利分配和先计提公积金。违反利润分配原则，股东须将违反规定分配的利润退还公司，股东及负有责任董监高还需赔偿公司损失。同时，结合《公司法》第192条的规定，公司的控股股东、实际控制人指示董事、高级管理人员从事损害公司或者股东利益的行为的，与该董事、高级管理人员承担连带责任，李某还需与负有责任的董事承担连带责任。

> 4. 2023年5月，云泰公司股东会决议是否通过并合法？为什么？

答案：决议通过但属于可撤销/无效的决议。虽然海山公司和融金公司股权让与担保中的流质条款无效，但是在债务到期后双方自愿达成了作价转让协议，因此融金公司已经取得了该股权，持股2/3。在融金公司同意，而其他股东反对的情况下，该决议依然通过。

但在召集程序上，股东会在股东提议召集时，董事不召集后应首先请求监事会召集，而后股东才可自行召集，因此股东会存在程序违法。

在内容上，股东会在章程没有授权的情形下，直接解聘经理，对此有两种观点：

观点一：存在内容违反章程的规定，因此属于可撤销的决议。

观点二：违反了公司法强制性规定，因此决议无效。

考点：股东资格、公司决议、股东会自行召集、股东会职权、经理的任免

难度：难

命题和解题思路：本题考查的是决议效力、股东会召集程序、股东会职权和经理的任免，均是法考的常考点，同时具有一定的综合性。但是题目本身并不难，考生在解题上只

要把握"判决议、分事项、按程序和论内容"几个部分即能准确作答。本题的难点在于考生可能会受股权让与担保的判断以及流质条款无效的影响，认定融金公司没有股东权，决议没有通过。

答案解析： 考生首先可以判断该决议属于公司决议；其次，考生可以将决议事项区分为：罢免董事、解聘经理和更换法定代表人。这三个事项中，由于法定代表人自担任职务的董事、经理改选后自然变更。因此，实际上需要分析的就是罢免董事与解聘经理这两个事项。

针对罢免董事，在内容上股东会当然可以无因罢免董事，但是该决议在程序上存在两个问题：第一，召集程序存在违法，即《公司法》第63条的规定；第二，考生需要判断是否达到最低通过比例。后者判断的核心，是要判断股东资格是否取得。虽然结合前问，股权让与担保中的流质条款无效，但并不妨碍在债务到期无法清偿后，双方达成作价清偿的合意。因此，在作价清偿合意达成后，由于股东变更已经完成，此时融金公司取得了2/3的股权。在其他股东反对时，该决议依然通过。因此，该部分决议属于可撤销的决议。

针对股东会解聘经理，程序上的分析与上述一致，但在内容上由于存在两种观点：即在章程没有授权时，股东会解聘经理存在有效说（可撤销说）和无效说。此部分内容在法考中也曾有所考查，我们也分开列出了备选答案。

> **5. 2023年6月，云泰公司股东会决议是否通过并合法？为什么？**

答案： 通过但无效。虽然该决议程序合法，得到了2/3以上表决权股东的同意，决议通过。但从内容上，该决议的内容是对孙某定向减资，虽然依照公司章程公司有权处罚股东，但根据《公司法》规定，有限公司非等比减资除法定情形外，须经全体股东一致同意。因此该决议因违法而无效。

考点： 股东资格的丧失、非等比减资

难度： 难

命题和解题思路： 本题考查股东资格的丧失和非等比减资，具有一定难度。首先，虽然题目事实中为除名，但是结合案件事实可以看到，其实质是非等比减资；其次，关于非等比减资，则是2023年《公司法》的新修订制度，即针对有限公司减资，应以等比例减资为原则，非等比减资为例外。非等比减资的，除法律规定外，须经全体股东一致同意。

答案解析： 首先就该股东会决议的程序方面，并不存在违法情形，且得到了2/3以上表决权股东的同意，因此决议通过。

其次，从决议内容方面，《公司法》第224条第3款规定，公司减少注册资本，应当按照股东出资或者持有股份的比例相应减少出资额或者股份，法律另有规定、有限责任公司全体股东另有约定或者股份有限公司章程另有规定的除外。据此，减资应当以等比减资为原则，本题中将孙某除名，并将其对应股权减资，实质是非等比减资。在2023年《公司法》下非等比减资，或者需要满足法律规定的情形，如股东失权、异议股东回购请求权行使等，或者有限公司则需要全体股东一致同意，否则该决议因违法而无效。

6. 海山公司关于要求融金公司在未出资的范围内直接向其清偿的主张能否得到法院的支持？为什么？

答案：不能。融金公司受让未届期股权，取得了股东资格，应承担出资义务。但海山公司虽然对云泰公司享有已到期的债权，有权请求出资未届期股东缴纳出资，但其只能主张出资未届期股东向公司缴纳出资，不能主张直接向债权人支付。

考点：未届期股权的转让、未届期出资加速到期

难度：难

命题和解题思路：本题考查未届期股权的转让后的出资义务以及未届期出资的加速到期。这两项制度均系2023年《公司法》所确定的新规则。本题在设计中存在一定难度，即考生可能会感到不公平：甲方是转让方，融金公司是受让方，结果却让融金公司承担出资义务并且转让方还主张加速到期。可能考生想到此处，会陷入两难的境地：如果让自己感到公平，法律基础是什么呢？如果不公平，是否做错了呢？实际上，法考对知识点的考查，还是紧扣考纲与基本知识点的。即法考是要考查大家的分析基本功，而非如何更有艺术地解决纠纷。本题也在提醒考生：至少在法考中，无需为商人感到不合理，而只需要对是否合法作出判断即可。

答案解析：《公司法》第54条规定，公司不能清偿到期债务的，公司或者已到期债权的债权人有权要求已认缴出资但未届出资期限的股东提前缴纳出资。

《公司法》第88条第1款规定，股东转让已认缴出资但未届出资期限的股权的，由受让人承担缴纳该出资的义务；受让人未按期足额缴纳出资的，转让人对受让人未按期缴纳的出资承担补充责任。

据此，在本题事实中，融金公司受让未届期股权，应由其承担缴纳出资的义务。其次，虽然根据事实，该出资在诉讼时仍未届期，但是根据《公司法》第54条的规定，在公司不能清偿到期债务时，已到期债权人有权要求其提前缴纳，即加速到期；最后，需要考生注意的是加速到期的出资应当交给公司，而非直接向债权人支付。

评分细则（共28分）

1-6题满分为：3分、4分、5分、6分、6分、4分

1-6题分别为：

1. 有效（1分）。三方真实意思表示（1分），全体股东一致同意时股东认缴的出资比例可以与股东实际出资比例约定不一致（1分）。

2. 有效（1分），流质条款无效（1分）。属于股权让与担保协议（1分），双方真实意思表示或者未违反法律强制性规定（1分，答出1点即可）

3. 违法（1分）。公司没有税后净利润，决议内容违反了强制性规定（1分），违法分配应当返还公司（1分）。给公司造成损失的，股东、董事还需赔偿（1分），李某作为实际控制人需要承担连带责任（1分）。

4. 答案一：通过（1分）但属于可撤销的决议（1分）。自愿达成了作价转让协议融金公司取得了股权（1分），决议达到了表决比例（1分）。执行董事不召集后应首先请求监事会召集（1分，或者召集程序违法），股东会直接解聘经理违反章程规定（1分）。

答案二：通过（1分）。罢免执行董事的决议因程序瑕疵（2分）可撤销（1分），解聘经理的决议因违反公司法强制性规定（1分）而无效（1分）。

5. 无效（1分）。程序合法（1分），决议通过（1分）；决议的内容是对孙某定向减资（1分），须经全体股东一致同意（1分），决议违法（1分）。

6. 不能（1分）。融金公司应承担出资义务（1分），海山公司对公司享有合法债权（1分），只能主张向公司缴纳出资（1分）。

第二题（本题28分）

一、试题

清北教育咨询有限公司（以下简称"清北公司"）系一家游学辅导机构，成立于2020年。公司章程规定：公司注册资本800万元，如乐公司、李红雷、赵凯分别认缴500万元、200万元、100万元的出资额，出资期限均为2025年。清北公司和如乐公司的法定代表人均为如乐公司持股80%的股东李红雷。

2020年9月，清北公司（甲方）、万安宾馆（乙方）、如乐公司（丙方）签署协议，约定2020年甲方向乙方以200元/间/天的价格采购标准间，并约定于2021年3月按实际入住间数结算。丙方自愿为甲方的付款义务提供担保。李红雷当天随即在协议上签字，并分别加盖了甲方和丙方的公章。

2021年2月，李红雷找到木某，与木某约定：将李红雷名下的股权转移登记到木某名下，并由其代李红雷持有。持股期间，一切出资义务和责任均由李红雷承担，一切股东权利均由李红雷享有。随后，两人按照市场登记部门的要求，签署了《股权转让协议》，约定李红雷将其所持的股权以1元的价格转让给木某。2021年3月，完成了股东变更。赵凯对此知情。

2022年3月，清北公司和万安宾馆确认2021年度住宿服务费为200万元。但因公司资金不足，清北公司一直未能清偿该笔费用。2022年5月，经法院判决，如乐公司对该笔费用承担连带责任。2022年12月，经法院强制执行，如乐公司代清北公司支付了住宿费，履行了担保责任。

因企业经营无望，2022年11月赵凯以1元的价格将其持有的股权转让给了魏某，并办理了股东变更。

2024年7月，清北公司拖欠京通运输公司100万元运输服务费到期未能清偿。京通运输公司要求清北公司付款，并要求如乐公司、木某、魏某在其未出资的范围内承担补充赔偿责任，并要求李红雷、赵凯就此承担连带责任。如乐公司认为，其已于2022年12月承担了200万元的担保责任，代偿款已转为实缴资本。木某认为，自己系股权代持，一切出资责任应由李红雷承担。魏某认为，认缴系赵凯所为，自己受让股权并不当然承担赵凯的出资责任。赵凯认为，自己已将股权转让给魏某，不应承担出资责任，且自己已非股东，自己不应承担责任。

问题：

1. 法院判令如乐公司就万安宾馆住宿费用承担担保责任是否合法？为什么？

2. 李红雷以1元的价格将股权转让给木某，赵凯是否有权主张同等条件优先购买？为什么？

3. 如何评价如乐公司的出资行为？

4. 对于京通运输公司的诉求，如乐公司是否应当承担补充赔偿责任？为什么？

5. 对于京通运输公司的诉求，如出资已到期仍未缴纳，魏某是否应当承担补充赔偿责任？为什么？

6. 对于京通运输公司的诉求，赵凯是否应当承担连带责任？为什么？

二、总体命题思路

本题改编自多个实践案例。主要考查的知识点包括公司担保、股权代持、出资行为与瑕疵出资的责任、认缴制下出资期限的加速到期以及未届期股权转让后出资责任的承担与连带。其中一半考题的知识点曾在法考真题中考查，同时没有直接在法考主观题中考查的知识点也基本采用的是近年来法考主观题命题的技巧或方式。从难易度来说，本题事实长短适中，设问既有基础类问题，也有进阶和区分度问题，难易程度分布基本与法考真题命题保持一致，具有较高的模拟性。最后，本题的特色在于围绕出资行为与出资责任循环发问，聚焦考生对出资行为和出资责任法条理论的薄弱之处，结合实践案例重点考查考生的理解与分析能力。

三、案例来源

1. （2022）最高法民终116号判决书
2. （2023）浙02民终3636号判决书
3. （2023）浙02民终2957号判决书
4. （2022）京01民终2731号判决书

四、答案精讲

1. 法院判令如乐公司就万安宾馆住宿费用承担担保责任是否合法？为什么？

答案：合法。虽然如乐公司为其子公司清北公司提供的担保，未按照章程的规定由股东会或董事会决议，但该协议经过了持有如乐公司80%股权的股东李红雷的签字，属于担保协议经2/3以上就担保具有表决权的股东签字同意的情形，且无证据证明万安宾馆对越权担保知道或者应当知道，因此担保有效，判决合法。

难度：中

考点：公司担保

命题和解题思路：本题考查公司担保的效力。公司担保的效力系《担保制度司法解释》通过以来法考的热门考点，已两次在主观题中考查。考生遇到公司担保效力分析类的考题，要认真按步骤分析，方能得到全部分数。(1) 首先区分是公司为自己担保，还是公司为他人担保；(2) 其次区分如公司为他人担保，是为股东、实际控制人担保，还是其他主体担保；(3) 是否经过有权机关同意，是有权代表的担保还是越权担保；(4) 最后，如果是越权担保，则需要进一步判断相对人的善意。而对相对人的善意标准的规定，系《担保制度司法解释》的新点，也是法考的重点，考生一定要牢记三类无须形式审查即可推定为担保的情形。

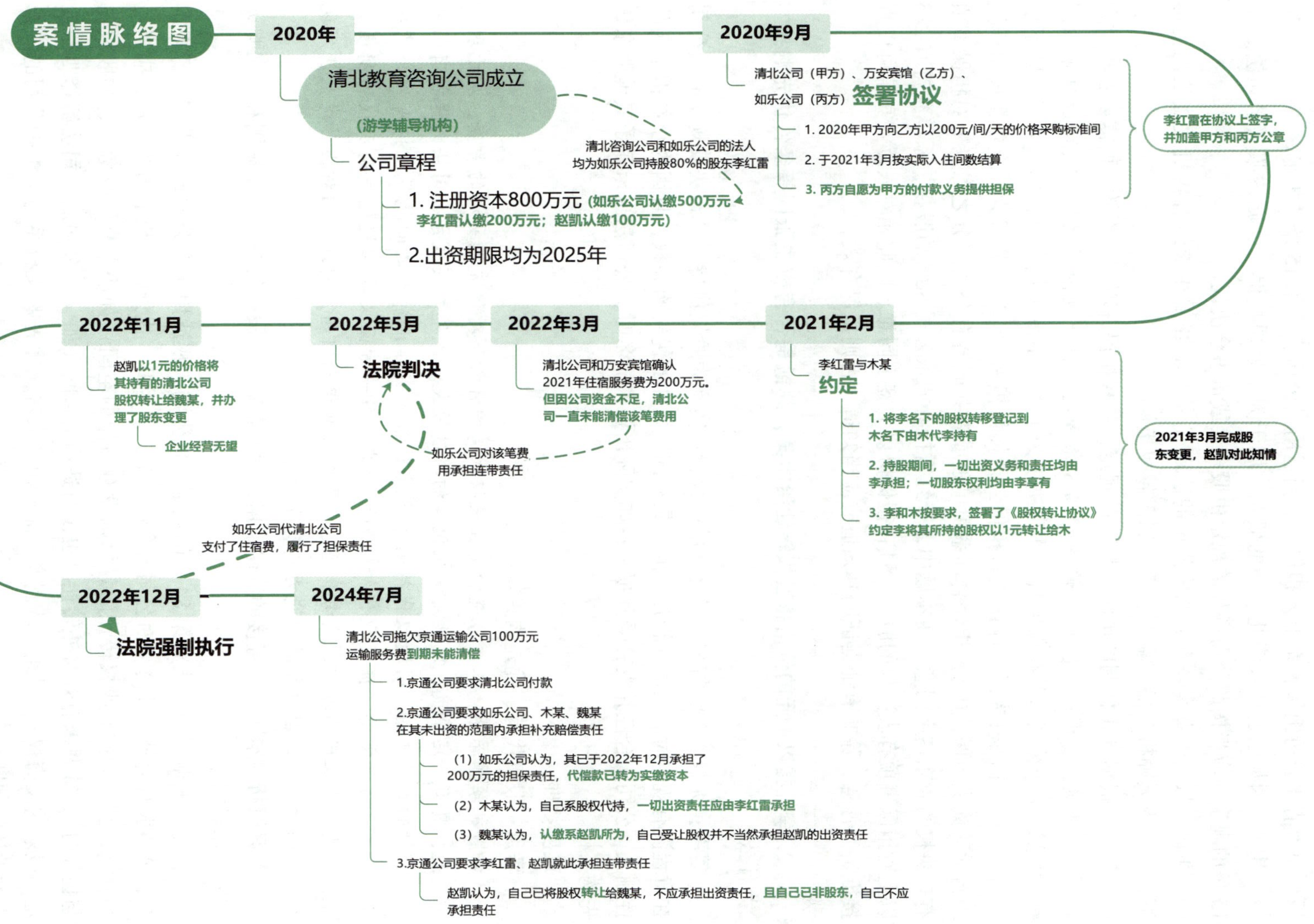

案情脉络图

2020年

2020年9月

清北教育咨询公司成立（游学辅导机构）

公司章程
1. 注册资本800万元（如乐公司认缴500万元，李红蕾认缴200万元；赵凯认缴100万元）
2. 出资期限均为2025年

清北咨询和如乐酒店公司的法人均为如乐公司持股80%的股东李红蕾

签署协议
清北公司（甲方）、万安宾馆（乙方）、如乐公司（丙方）

1. 2020年甲方向乙方以200元/间/天的价格采购housing
2. 于2021年3月按实际入住间数结算
3. 丙方自愿为甲方的付款义务提供强担保

李红蕾在协议上签字，并加盖甲方和丙方公章

2021年2月

李红蕾与木某约定

1. 将名下的股权转移登记到木名下由木代李持有
2. 持股期间，一切出资义务和责任均由李承担
3. 木和木某要求，签署了《股权转让协议》约定李格其所持的股权以1元转让给木

2021年3月完成股东变更，赵凯对此知悉

2022年3月

清北公司和万安宾馆确认2021年住宿服务费为200万元，但因公司资金不足，清北公司一直未能结清该笔费用

如乐公司对该笔费用承担连带责任

2022年5月

法院判决

如乐公司代清北公司支付了住宿费，履行了担保责任

2022年11月

赵凯以1元的价格将其持有的清北公司股权转让给魏某，并办理了股东变更

企业经营无望

2022年12月

法院强制执行

2024年7月

1. 京通公司拖欠清北运输公司100万元运输服务费到期未能清偿
2. 京通公司要求清北公司付款

如乐公司认为，其儿子2022年12月承担了200万元担保代付，代偿款已转为实缴资本

(1) 如乐公司认为，自己系股权代持，不应承担担保责任
(2) 木某认为，自己系股权代持，认缴系赵凯所为，自己就此承担连带责任
(3) 京通公司要求李红蕾、赵凯就此承担连带责任

赵凯认为，自己已将股权转让给魏某，不应承担出资责任，且自己已非股东，自己不应承担责任

· 197 ·

答案解析：本题的答案，也即为上述分析判断步骤。首先，考生可以判断该担保系如乐公司为清北公司担保，系他人担保，应当适用《公司法》第15条的规定。

其次，因如乐公司系清北公司的股东，属于为子公司担保，因此按照《公司法》第15条的规定，应当按照公司章程的规定由股东会或董事会决议。

再次，从题干事实来看，如乐公司的法定代表人李红雷在未经有权机关决议的情形下，即"当天随机"签字盖章，因此属于越权担保。

最后，根据《担保制度司法解释》的规定，越权担保并不当然无效，而需要看相对人是否属于善意。《担保制度司法解释》第8条规定，有下列情形之一，公司以其未依照《公司法》关于公司对外担保的规定作出决议为由主张不承担担保责任的，人民法院不予支持：（一）金融机构开立保函或者担保公司提供担保；（二）公司为其全资子公司开展经营活动提供担保；（三）担保合同系由单独或者共同持有公司三分之二以上对担保事项有表决权的股东签字同意。在本题中，李红雷持有如乐公司80%的股权，系单独持有2/3以上对担保事项有表决权的股东，且在担保协议上签字同意。因此相对人万安宾馆可以直接推定为善意，除非有证据证明其知道或应当知道，否则担保有效。

2. 李红雷以1元的价格将股权转让给木某，赵凯是否有权主张同等条件优先购买？为什么？

答案：无权。李红雷和木某之间的股权转让实际为股权代持，公司法仅规定有限公司在章程没有规定时股权对外转让，股东具有同等条件的优先购买权；且因为李红雷系实际控制人，公司人合性并没有受到损害；如实际出资人显名时，公司法也未赋予其他股东优先购买权。

难度：难

考点：股权代持、优先购买权

命题和解题思路：本题考查的是在股权代持的背景下对优先购买权的考查，属于理论考查题，具有一定难度，尤其是考生说理的难度较大。优先购买权系公司法为保护有限公司人合性的默示规则，而股权代持则系名义股东和实际出资人之间就股权持有的合意安排。考生一方面需要掌握股权代持的制度功能，另一方面又要掌握优先购买权的制度功能，方能给出正确的答案。法考真题也曾围绕该知识点出题，因此本问对提升考生使用现行法考制度下理论理解和说理能力具有提升作用。

答案解析：本题并无直接的法律依据，考生需要结合股权代持的法律规则和优先购买权的法律规则作答。

首先，根据《公司法》第84条的规定，优先购买权适用于在公司章程没有另行规定时，公司股权对外转让时，对公司人合性的维护。因此，优先购买权适用的情形，应当是"对外转让"，如并非股权转让的意思则没有适用的空间（如法考真题曾考查过的股权让与担保时），或并未有效对外转让时也没有适用的空间（如《〈公司法〉司法解释四》规定的股东的反悔权）。因此，从制度功能的角度来看，优先购买权系为了维护公司的人合性而设计的制度。

其次，股权代持的核心是代持的意思，即名义股东登记在股东名册上，而实际出资人实际出资并享有投资权益。同时，考生需要知晓，虽然在试题中看到的股权代持往往是股东进入公司时即以代持的方式,但是实践中也会存在先直接持有再转为代持的情形。对于后者,从形式上就可能体现为用转让的形式,隐藏代持的法律关系。在本题中,从"一切出资义务和责任均由李红雷承担,一切股东权利均由李红雷享有"都能看出,李洪雷与木某之间系股权代持的法律关系。

最后,用股权转让的形式,完成股权代持。在形式中的股权转让中,其他股东是否有优先购买权呢?可能有考生会认为,此时公司的人合性也可能发生损害。对此,一方面股权代持法律关系中,实际出资人依然出资并享有投资权益,与转让对人合性的损害不同;另一方面,参考原《〈公司法〉司法解释三》第 24 条第 3 款的规定,实际出资人显名时只需征得其他股东半数以上同意,而其他股东并未优先购买权也能看出,股权从名义股东名下转移到实际出资人名下并不适用对外转让的优先购买,则反之也应当适用同样的规则。

3. 如何评价如乐公司的出资行为?

答案:如乐公司认缴 500 万元货币作为出资,其主张的代清北公司缴纳了 200 万元的住宿费,系主张债权作为出资,应经过评估作价。因此,如乐公司的债权出资未形成出资形式变更的合意,且债权出资未经评估,其并未履行出资义务。

难度:难

考点:出资

命题和解题思路:出资制度一直是法考的重点,但近年来主观题考核难度不大。本问结合近年真实案例改编。即在未缴纳出资的情形之下,代公司清偿债务的行为是否可以认定为履行了出资义务,尤其是在数额接近的情形之下。一方面,如果股东瑕疵出资,在公司不能清偿债务时,债权人可以就股东代位求偿,此系公司法明确的规定;另一方面,在公司不能清偿债务时,股东主动代公司清偿债务,并以此主张自己履行了出资责任则是否能够成立呢?实际上,本题的思路依然是以不变应万变,即分别分析股东的出资约定与出资的履行。显然,在本题中,股东与公司的出资约定系货币出资;而股东主张的出资则系债权出资。据此,考生即可窥入解题门径。

答案解析:首先,按照清北公司章程的规定,如乐公司系属货币出资 500 万元。而如乐公司主张自己履行的出资,则是以代公司清偿的负债而形成的债权,系以债权作为出资。是属于对出资形式的改变。

其次,出资行为的改变需要股东与公司的合意。同时,以债权作为出资,系属于非货币财产出资,根据《公司法》第 48 条的规定,对作为出资的非货币财产应当评估作价,核实财产,不得高估或者低估作价。法律、行政法规对评估作价有规定的,从其规定,即需要评估作价。显然从事实来看,不论是变更出资形式还是作价均无合意。因此不能认为如乐代清北公司缴纳住宿费的行为,构成了债权出资。

4. 对于京通运输公司的诉求,如乐公司是否应当承担补充赔偿责任?为什么?

答案:不应当。如乐公司约定缴纳出资期限虽然是 2025 年,但清北公司不能清偿到期债务,京通运输公司作为已到期的债权人有权主张加速到期,但出资应该缴纳给公司而非直接向债权人支付。

难度：难

考点：认缴出资期限加速到期

命题和解题思路：本题结合上题考查认缴出资期限加速到期。就知识点而言，本题并不属于难点。但是本题与第3问属于连环题，需要建立在第3问正确回答的基础上，才能正确作答，具有一定难度。就一个问题拆分为几问，问题之间相互联系，是近年来法考主观题命题的一个特点。很多考生对此往往畏之甚深。实际上，如果从命题思路的角度来看，这种命题方式反而是命题人的"善意馈赠"，即将一个难题按照解答思路拆分为不同的问题，分层次询问考生。因此，考生也可以"反向工程"拆解该问题，最终达到与命题人的心意合一。

答案解析：结合第3问的判断可知，如乐公司并未履行出资义务，且出资期限未达。因此，如乐公司是否应当承担补充赔偿责任的基础就在于是否满足加速到期的情形。

《公司法》第54条规定，公司不能清偿到期债务的，公司或者已到期债权的债权人有权要求已认缴出资但未届出资期限的股东提前缴纳出资。因此在公司不能清偿到期债务的情形下，京通运输公司作为已到期的债权人有权主张提前缴纳出资。但是需要考生注意的是，此处"加速到期"的法律效果是要求股东提前向公司缴纳出资，即"入库规则"，并不能直接推出向债权人清偿的效果。

当然，在这个背景下，债权人何时可以主张补充赔偿责任呢？需要考生注意，所谓对债权人的补充赔偿责任是针对瑕疵出资的股东权利，其法理基础在于债权的代位。而加速到期是针对未到期的股东改变其出资期限，要求其立即缴纳出资的机制。因此，只有在要求加速到期，股东未缴纳出资构成瑕疵出资时，方存在补充赔偿责任可能的适用空间。

当然在理论和实践中，也存在观点认为可以直接要求承担补充赔偿责任，否则债权人就不存在加速到期的激励，对债权人的保护不周。考虑到《公司法》司法解释未修订，同时从《公司法》条文分析是法考的考查重点的角度，未提供上述观点的答案。

> **5. 对于京通运输公司的诉求，如出资已到期仍未缴纳，魏某是否应当承担补充赔偿责任？为什么？**

答案：应当。魏某受让出资未届期的股权且变更登记，是公司股东，应当承担出资的法定义务和瑕疵出资的责任，针对公司未清偿的债务，债权人有权要求其在瑕疵出资的本息范围内承担补充赔偿责任。

难度：中

考点：未届期股权转让后的出资责任

命题和解题思路：本题考查出资期限未届满时股权即已转让，在股权转让后到期的责任应当如何承担的问题。关于未届期股权转让后的责任承担，2023年《公司法》作出了全新的规定，属于重点的新考点。考生根据新公司法条文即可作答。

答案解析：魏某系受让股权，其股权系从赵凯手中受让而来。并且在受让时，出资期限尚未届满。对此，《公司法》第88条第1款规定，股东转让已认缴出资但未届出资期限的股权的，由受让人承担缴纳该出资的义务；受让人未按期足额缴纳出资的，转让人对受让人未按期缴纳的出资承担补充责任。因此，在本题题设假定已经瑕疵出资时，自然需要由魏某作为受让人承担瑕疵出资的责任，即对债权人的补充赔偿责任。

6. 对于京通运输公司的诉求，赵凯是否应当承担连带责任？为什么？

答案： 不应当。就如乐公司和木某的补充赔偿责任无须承担连带责任。公司法规定的发起人出资瑕疵，由其他发起人股东承担连带责任，系发起设立时未履行出资义务；公司成立后，催促缴纳出资的责任应当由董事承担。

就魏某的补充赔偿责任的连带责任：赵凯将股权转让给魏某，在魏某不能履行出资义务时，需要承担补充责任而非连带责任。

难度： 难

考点： 瑕疵出资的连带责任

命题和解题思路： 本题考查瑕疵出资的连带责任。从形式上来看，近年来法考最后一问往往会具有一定的难度，且得分点较多，本问设计也参考了这一规律。首先，考生要识别京通运输公司要求赵凯承担连带责任的基础是什么？对此，瑕疵出资"一补三赔四赔连"中的"四赔连"的具体情形，考生首先要较为熟练的知道，即设立时的瑕疵出资、增资时的瑕疵出资和瑕疵股权转让后与未届股权转让后。在这四种情形下，三类不同主体均可能承担连带/赔偿/补充责任。这也是2023年《公司法》修订的热点。首先，本题的难度恰在于此：赵凯具有多重身份——既是发起人股东，也是转让股东。这一点往往是考生最难察觉的考核点。当然，为了降低题目难度，聚焦答题方向，实际上按照法考命题规律，本题在命制时也在事实描述中通过赵凯的抗辩给出了限缩。考生如果能熟练掌握前述法律规则，并在此基础上深挖事实，也是能够体会到命题人的真意的。其次，在了解了赵凯不同身份所对应的连带责任的基础上，分别结合赵凯的抗辩，对作为发起人股东是否应当连带和作为转让股东是否应当连带分开作答即可。最后，本题的难度还在于，这两个问题都具有一定的难度，具体见答案解析。

答案解析： 如命题和解题思路所述，本题首先需要区分赵凯的双重身份。在这一基础上：

第一，赵凯作为发起人股东，对如乐公司等其他发起人股东存在瑕疵出资责任是否需要承担连带责任呢？对此，2023年《公司法》特别区分了公司设立时的催缴义务主体和公司成立后的催缴义务主体。前者是发起人，后者是董事。《公司法》第51条规定，有限责任公司成立后，董事会应当对股东的出资情况进行核查，发现股东未按期足额缴纳公司章程规定的出资的，应当由公司向该股东发出书面催缴书，催缴出资。未及时履行前款规定的义务，给公司造成损失的，负有责任的董事应当承担赔偿责任。据此可知，针对发起人而言，如果出资义务期限是在公司成立后成就，催缴义务主体就是公司董事会而非发起人了。发起人根据《公司法》第50条的规定，即有限责任公司设立时，股东未按照公司章程规定实际缴纳出资，或者实际出资的非货币财产的实际价额显著低于所认缴的出资额的，设立时的其他股东与该股东在出资不足的范围内承担连带责任，只针对其他发起人在公司设立时的瑕疵出资责任承担连带责任。

第二，赵凯作为转让股东，对受让股东存在瑕疵出资责任是否应当连带？对此，2023年《公司法》第88条第1款特别规定，股东转让已认缴出资但未届出资期限的股权的，由受让人承担缴纳该出资的义务；受让人未按期足额缴纳出资的，转让人对受让人未按期缴纳的出资承担补充责任。即转让方对受让人的瑕疵出资需要承担责任，但是只需要承担的是补充责任。

> **评分细则（共28分）**
>
> 1-6题满分为：5分、5分、4分、5分、4分、5分
>
> 1. 合法（2分）。构成越权担保（1分），经过2/3以上表决权股东同意（1分），相对人善意（1分）。
>
> 2. 无权（2分）。股权转让实际为股权代持（1分），法律没有规定代持时其他股东优先购买权（1分），没有损害公司人合性（1分），实际出资人显名时法律也没有规定优先购买权（1分）。（后三点满分2分，任意2点即可满分）
>
> 3. 代清北咨询公司缴纳住宿费系主张债权出资（1分），应经过评估作价（1分），未形成变更出资形式的合意（2分）。
>
> 4. 不应当（2分）。不能清偿到期债务（1分），已到期债权人有权主张加速到期（1分），出资应该缴纳给公司（1分）。
>
> 5. 应当（2分）。股东负有出资的法定义务和瑕疵出资责任（1分）；债权人有权要求股东对公司未清偿的债务在瑕疵出资的本息范围内承担补充赔偿责任（1分）。
>
> 6. 不应当（2分）。就如乐公司和木某的补充赔偿责任无需承担连带责任（1分）；公司成立后，催促缴纳出资的责任应当由董事承担（1分）。
>
> 就魏某的补充赔偿责任：在魏某不能履行出资义务时，承担补充责任（1分）。

第三题（本题28分）

一、试题

案情： 天鸿商贸有限公司（以下简称"天鸿公司"）成立于2014年，由李某、王某、赵某三人发起设立。公司章程规定，公司注册资本500万元，由李某、王某、赵某分别认缴300万元、100万元、100万元，所有出资均应于公司成立时缴纳；李某担任公司执行董事与法定代表人。

2018年12月，出于融资考虑，李某引入了后达投资公司（以下简称"后达公司"），并以天鸿公司的名义与后达公司签署《增资扩股协议》：（1）后达公司出资1000万元，持有天鸿公司20%的股权；（2）投资后，天鸿公司董事会由五位董事构成，其中三名由天鸿公司原股东委派，两名由后达公司委派，董事长由后达公司委派的董事担任，并兼任法定代表人；（3）所有股东出资均应于2019年12月前缴纳完毕；（4）公司成立后，公司公章、营业执照等由后达公司委派的法定代表人保管；（5）如任何一方违约，守约方均有权要求其按照合同约定承担赔偿责任。

2019年1月，天鸿公司召开股东会，李某、王某和赵某均出席了会议，并形成了股东会决议，批准了与后达公司的《增资扩股协议》，决议：（1）增资500万元，全部由后达公司认购；（2）修改公司章程，包括"股东会职权：（二）选举和罢免股东代表董事""公司设董事会，由五名董事组成""董事长由董事会选举产生""法定代表人由董事长担

任"。就该决议，李某和王某均表示同意并签字盖章，赵某认为自己享有优先认缴权，有权优先认缴，因此拒绝签字。会后，李某、王某和后达公司的授权代表签署了《增资扩股协议》，李某仿照了赵某的笔迹在决议及协议上签字确认。

2019年2月，后达公司委派了孙某和钱某两人担任天鸿公司的董事，并由孙某出任公司董事长。同月，天鸿公司办理完毕股东、董事、法定代表人及章程的变更登记。

2019年12月，李某和王某催促后达公司按照协议约定缴纳出资，但后达公司认为李某、王某和赵某也未缴纳出资，且赵某每天投诉新股优先认缴权纠纷，均构成违约，因此在违约事宜未解决前不会缴纳出资。

2020年2月，李某和王某多次催促后达公司缴纳出资，后达公司依然置之不理，并且安排孙某将天鸿公司公章、法人章、营业执照等保存至后达公司处。

2020年3月，天鸿公司召开股东会，通知了王某、赵某和后达公司。李某、王某、赵某一致决议：（1）因后达公司完全未履行出资义务，因此决议将后达公司除名；（2）罢免孙某和钱某的董事职务；（3）选举李某为公司董事长兼任法定代表人；（4）立即返还公司公章、证照。后达公司当即表示：（1）李某、王某、赵某也未履行出资义务，无权将自己除名；（2）孙某和钱某系自己委派的董事，李某等无权罢免；法定代表人应由自己委派的董事担任，李某无权担任；（3）公司公章、证照系按约定由自己委派的法定代表人保管。李某、王某和赵某在决议上签字同意，后达公司拒绝签字。

经查，至2020年2月，李某、王某、赵某和后达公司均未履行出资义务。

问题：

1. 2019年1月的天鸿公司决议是否通过并有效？为什么？
2. 后达公司以违约事宜未解决前不会缴纳出资的主张是否合法？为什么？
3. 2020年3月天鸿公司第（1）项决议是否通过并有效？为什么？
4. 2020年3月天鸿公司第（2）、（3）项决议是否通过并有效？为什么？
5. 天鸿公司要求孙某和后达公司返还证照的主张是否成立？为什么？
6. 如天鸿公司罢免了孙某、钱某的董事职务，后达公司可否主张李某、王某、赵某承担违约赔偿？为什么？

二、总体命题思路

本题以公司增资和除名纠纷为背景，融合法考常考点与实践热点问题。在常考点方面，主要考查了新股优先认缴权、股东出资的法定义务、董事的无因罢免等。在实践热点考点中，主要涉及了除名中其他股东也未出资可否决议除名、公司证照返还以及股东协议和公司章程之间的关系等。由于实践热点较多，对于部分考生而言，可能具有一定的难度。在命题形式上，本题设问基本属于没有指示性的设问，需要考生熟悉分析事实，识别法律关系，才能找到对应法律规则适用。并且部分题目没有直接的法律依据，需要考生结合基础概念进行理论分析。因此本题的综合难度较高，但希望考生不必被该题吓倒。实际上结合具体解析会发现，这些看起来的新问题，也可以通过已有的基础知识分析出来。只要提升解题能力，也可以很轻松的战胜这些看起来的"纸老虎"。

三、案例来源

1. 《最高人民法院公报》案例：（2018）苏 04 民终 1874 号
2. （2014）沪二中民四（商）终字第 885 号
3. （2018）最高法民申 2591 号

四、答案精讲

> **1. 2019 年 1 月的天鸿公司决议是否通过并有效？为什么？**

答案：决议通过并有效。天鸿公司决议中公司增资、修改章程事项，内容合法，并且得到了代表 2/3 以上表决权股东的同意，因此决议通过且有效。决议增资全部由后达公司认缴部分，虽然赵某主张行使优先认缴权，但应按实际出资比例，而赵某并未履行出资义务，因为决议内容合法；尽管赵某拒绝签字但该决议得到了代表过半数表决权以上股东的同意，因此该决议也通过且有效。

考点：决议、新股优先认缴权

难度：难

命题和解题思路：本题考查公司决议的效力及股东新股认缴权，是法考的常规考点，曾多次在法考主观题中考查。就考查形式来看，本题也借鉴了法考关于公司决议这两年的常规问题，即"是否通过并有效"。但本题的考查具有一定的综合性，因此提升了问题的难度。考生在解答公司决议类问题时，一定要把握以下几个层次：第一，先判断是否是公司决议，是否落在公司决议所针对的公司治理事项的射程之中，如果不是公司决议，自然不能发生公司决议的效力（约束力）；第二，针对公司决议，按照不同的决议事项分别分析，尤其决议自身区分了决议事项以及常见的应当区分开来的事项（如增资和由谁认缴、解除出资协议和剥夺股东资格、减资和减谁的资等），做到他"一事一决"，我"一决一析"；第三，针对不同的事项，分别分析内容和程序上是否存在瑕疵，同时在答题时也应注意分别表述。按照上述思路，本题中决议涉及增资、由谁认缴增资以及修改公司章程，考生一一分析即可整理出答案。

答案解析：《公司法》第 5 条规定，公司股东会董事会的决议内容违反法律、行政法规的无效。原《公司法》第 34 条规定，股东按照实缴的出资比例分取红利；公司新增资本时，股东有权优先按照实缴的出资比例认缴出资。但是，全体股东约定不按照出资比例分取红利或者不按照出资比例优先认缴出资的除外。《公司法》第 66 条第 3 款规定，股东会作出修改公司章程、增加或者减少注册资本的决议，以及公司合并、分立、解散或者变更公司形式的决议，应当经代表三分之二以上表决权的股东通过。

据此，结合命题和解题思路可知，本问中的决议事项主要有三：（1）增资（2）由谁认缴增资（3）修改公司章程。其中增资、修改公司章程，自然属于公司决议事项。此处可能部分同学会对"由谁认缴增资"事项存疑，认为这属于股东放弃优先认缴权，因此属于股东个人权利，因而不属于公司决议事项。实际上，虽然由谁认缴增资和股东是否放弃新股优先认缴权看起来是一体两面的事情，但是由谁认缴增资是公司事项——这是公司决议将新增的股权卖给谁的问题。但是，公司这一决定受到公司法的限制，即除非全体股东

商 法

一致同意，否则股东有权主张按照实缴比例认缴。只有满足这个限制，公司才能自由作出意思，否则该决议就因违法而无效。其次，增资、修改章程，属于公司特别决议事项，因此其内容合法，达到 2/3 以上表决权股东同意即可通过。但由于在公司决定将新增注册资本由谁认缴前，要首先尊重股东的新股优先认缴权，但应按照实缴比例，除非全体股东一致同意，因此赵某无权主张新股优先认缴权。该决议虽然伪造了赵某的签字，但是依然得到了代表过半数以上表决权股东的同意，因此决议通过且有效。最后，考生还需要注意，针对决议事项的效力分析，结论也最好分项表达或者合并同类表达。

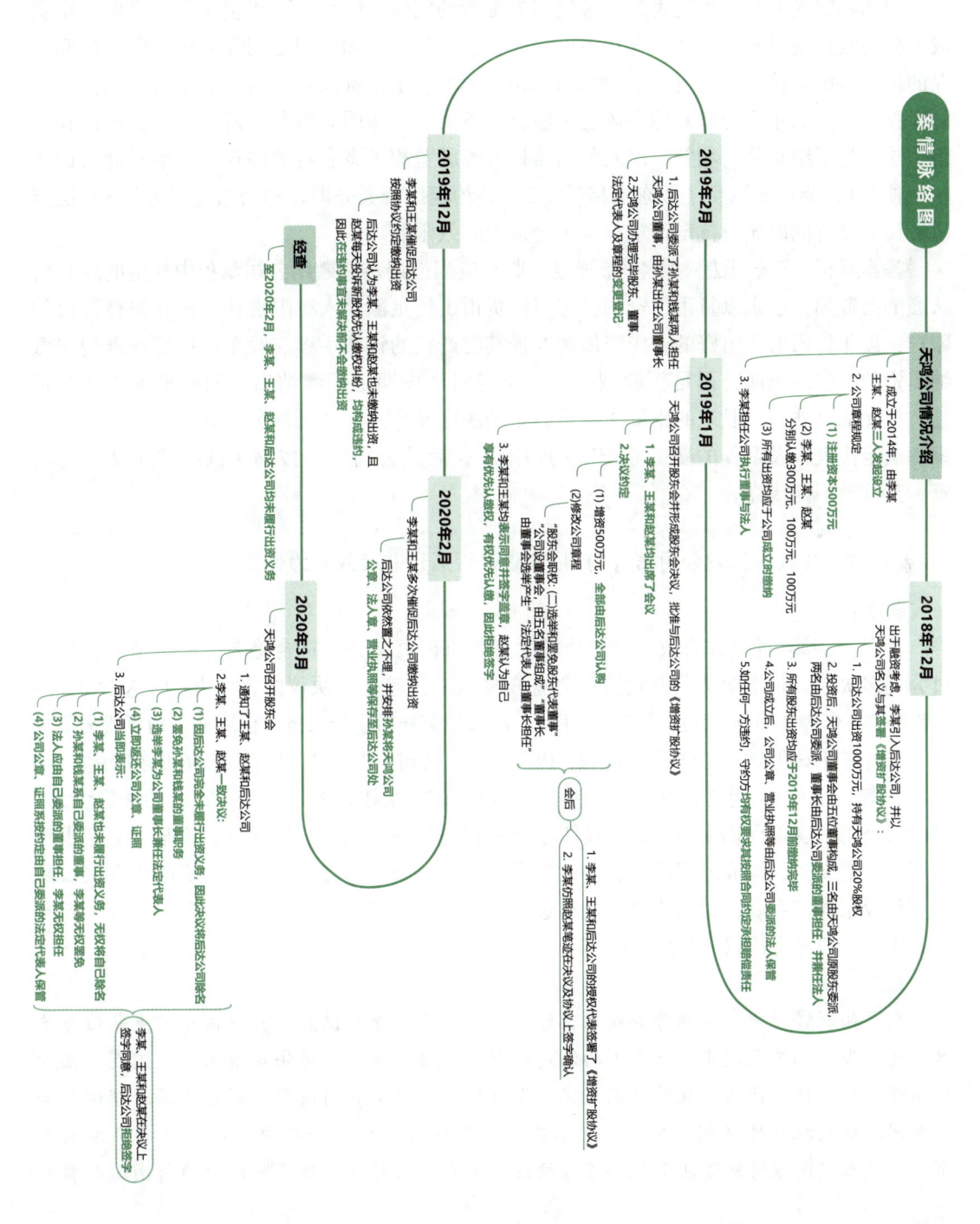

案情脉络图

天鸿公司情况介绍

2018年12月
1. 后达公司出资1000万元，持有天鸿公司20%股权，并此天鸿公司名义与其签署《增资扩股协议》：
2. 投资后，天鸿公司董事会由五位董事组成，三名由天鸿公司股东代表派，两名由后达公司委派，董事长由天鸿公司委派的董事担任，并担任法人
3. 公司成立后，公司为分派，营业执照等有关文件及印章由后达公司委派的法定代表人保管
4. 所有出资均应于2019年12月前缴纳完毕
5. 如有任一方爽约，守约方均有权按照合同约定追索相应责任

会后
1. 李某、王某与后达公司的授权代表签署了《增资扩股协议》
2. 李某仿照赵某笔迹在决议及协议上签字骗人

2019年1月
天鸿公司召开股东会并形成股东会决议，批准与后达公司的《增资扩股协议》

1. 李某、王某和赵某均出席了会议
2. 决议约定：
   (1) 增资500万元，全部由后达公司认购
   (2) 修改公司章程
3. "股东会职权（二）选举和更换非由职工代表担任的董事、监事""公司设董事会，由五位董事组成""董事长由天鸿公司委派的法定代表人产生""法定代表人担任董事长"，赵某人为自己有优先认购权，因此拒绝签字

2019年2月
1. 后达公司委派了其姐某两人担任天鸿公司的董事，由其中其姐某出任董事长
2. 天鸿公司办理完毕增资股东、董事、法定代表人及章程的变更登记
3. 李某担任公司执行董事与法人

2019年12月
按照协议约定足额缴纳出资
后达公司支付新股优先认缴款纠纷，因此在签约前天某均宣未解决前不合缴纳出资

经查
至2020年2月，李某、王某、赵某和后达公司均未履行出资义务

2020年2月
李某和王某多次催促后达公司缴纳出资，后达公司依然仍然拒不出资，并安排其将天鸿公司营业执照等保存至后达公司处

2020年3月
天鸿公司召开股东会

1. 通知了王某、赵某
2. 李某、王某、赵某一致决议：
   (1) 因后达公司完全未履行出资义务，因此决议后达公司除名
   (2) 要免补选某公司董事长及法定代表人
   (3) 选举李某为公司董事长和法定代表人
3. 李某和王某共同意见：
   (1) 立即宣布生效
   (2) 于某和赵某无论是公司法人、证明法人应当改为自己委派的董事担任，李某无权免除
   (3) 法人应由自己委派的董事担任，李某无权免除
   (4) 公司公章、证照等均由自己委派的董事担任，后达公司拒绝签字

李某、王某和赵某在决议上签字同意，后达公司拒绝签字

· 205 ·

2. 后达公司以违约事宜未解决前不会缴纳出资的主张是否合法？为什么？

答案：不合法。后达公司认缴出资期限已经届满应当按期足额缴纳出资。缴纳出资不仅是后达公司依照《增资扩股协议》的合同义务，也是后达公司作为天鸿公司股东所负有的法定义务，不存在同时履行抗辩。

考点：出资义务

难度：难

命题和解题分析：本题也是法考近年来常考的问题，即股东的出资义务。在股东出资成为公司股东的过程中，往往存在多重法律关系，如股东和公司之间和公司原股东之间存在的出资协议法律关系；也包括股东和公司之间的法定出资关系。由于股东法定出资义务的存在，因此股东不能以其他主体也未履行义务为由主张同时履行抗辩。这是公司法作为组织法，为了维护公司利益，以及公司债权人等利益相关者利益的体现。考生对此可以牢牢记住（1）当股东取得了股东资格后（2）其约定出资义务即转化为法定义务（3）法定出资义务没有同时履行抗辩请求权、不受诉讼时效限制。

答案解析：《公司法》第49条规定，股东应当按期足额缴纳公司章程中规定的各自所认缴的出资额。股东以货币出资的，应当将货币出资足额存入有限责任公司在银行开设的账户；以非货币财产出资的，应当依法办理其财产权的转移手续。股东不按照前款规定缴纳出资的，除应当向公司足额缴纳外，还应当向已按期足额缴纳出资的股东承担违约责任。据此结合法理，股东的出资义务是股东的法定义务。在"天鸿公司办理完毕股东、董事、法定代表人及章程的变更登记"的情形下，后达公司应当按期足额缴纳所认缴的出资，其抗辩不能成立。

3. 2020年3月天鸿公司第（1）项决议是否通过并有效？为什么？

答案：

答案（一）：通过并有效。后达公司没有履行出资义务，符合除名的法定情形。且经过公司多次催促仍未缴纳。因此股东会有权将其决议除名。决议内容合法。后达公司在除名程序中应当表决回避，且虽然李某、王某、赵某没有履行出资义务，但除非公司章程另有规定，否则应当按照认缴比例行使表决权，因此该决议得到了代表过半数表决权的股东同意。

答案（二）：不能通过并无效。后达公司没有履行出资义务，符合除名的法定情形。且经过公司多次催促仍未缴纳。因此股东会有权将其决议除名。但李某、王某、赵某也没有履行出资义务，构成瑕疵出资，因此根据民法公平原则不应赋予也未出资的股东决议除名其他股东的权利。因此该决议不能通过并无效。

考点：股东会决议、出资、除名

难度：难

命题和解题思路：本题考查股东出资、除名、决议等知识点，其中核心考点是股东除名制度。除名制度是股东资格丧失的法定情形，并且是唯一一种法定情形。我国现行法对除名制度要求比较严格，既需要满足完全没有履行出资义务的情形，还需要满足催促后合理期限缴纳的程序性限制。当然，除名决议在其他程序上与一般决议的程序要求没有差别。但是本题不仅考核了法考近年常考的这一考点，同时还结合了实践中的新问题和裁判思路的新事实。即，决议将某股东除名的其他股东也没有履行出资义务。对此，实践中裁判规则依照民法的公平原则认为，此时不应赋予其他也未出资的股东将未出资股东除名的权利，否则有违公平原则。当然，我们在设计答案时，考虑到法考在此类没有法律依据的开放性问题的设计中，往往会存在多元答案，允许严格依照法律解释的答案的存在，因此设计了两种答案。但是需要说明的是，从我们对法考命题规律和阅卷标准的分析，这两种答案并不是完全等价的，可能会存在分值差异，具体在答案解析中分析。从答题技巧上，考生不论选择哪一答案作答，都需要注意对抗辩的回应，否则无法取得对应部分的分数。"有抗辩须回应"，是商法主观题答题时，考生一定需要熟记的做题技巧。

答案解析：《〈公司法〉司法解释三》第17条规定，有限责任公司的股东未履行出资义务或者抽逃全部出资，经公司催告缴纳或者返还，其在合理期间内仍未缴纳或者返还出资，公司以股东会决议解除该股东的股东资格，该股东请求确认该解除行为无效的，人民法院不予支持。在前款规定的情形下，人民法院在判决时应当释明，公司应当及时办理法定减资程序或者由其他股东或者第三人缴纳相应的出资。在办理法定减资程序或者其他股东或者第三人缴纳相应的出资之前，公司债权人依照本规定第十三条或者第十四条请求相关当事人承担相应责任的，人民法院应予支持。

据此，首先，除名的前提是有限公司的股东未履行出资义务。在本案中后达公司未履行出资义务符合该前提；其次，除名的前置程序要求公司催告缴纳在合理期间内仍未缴纳，对此本案事实也符合。因此，本题符合除名的条件和前置程序要求。这是考生首先需要作答的要点；再次，针对后达公司的抗辩"李某、王某、赵某也未履行出资义务，无权将自己除名"，则存在两种观点：

第一种观点严格从法条解释。首先，被除名时，被除名的股东没有表决权为最高法裁判规则确立，且为法考真题所吸收；其次，李某、王某、赵某虽然没有履行出资义务，但是根据《公司法》第65条的规定，股东行使表决权系按照认缴出资比例，除非章程另有规定。因此形式上该决议也达到了最低表决比例。因此该内容、程序均合法。

第二种观点则是现有裁判的主要观点，也是我们推荐的观点。即除名制度的法理基础是法定解除权，即股东在违反了出资约定时，公司有权解除合同，使其股东资格消灭。但是如果代表公司作出决定的其他股东也没有出资，就有违民法公平原则，造成了"劣币驱逐劣币"的情形，损害了被除名股东的权利。因此在实践中，越来越多的法院倾向于认为除名的权利应当是守约股东的权利，而应当限制同样未出资股东决议除名其他股东的权利。

基于我们对法考命题规律的判断，第二种观点应当是法考阅卷的推荐标准，因此在评阅时也建议对第二种观点扩大给分比重。

4.2020年3月天鸿公司决议第（2）、（3）项决议是否通过并有效？为什么？

答案：第（2）项决议通过并有效。股东会有权无因罢免董事且得到了过半数表决权股东的同意。该决议内容、程序均合法，因此有效通过。

第（3）项决议虽然通过但可撤销。公司章程规定改选董事长是董事会的职权，因此该股东会超越职权改选董事长的决议因违反章程规定属于可撤销的决议。

考点：决议、董事任免、股东会职权、董事会职权

难度：难

命题和解题思路：本题以决议的效力为框架，综合考查董事任免、股东会职权、董事会等考点。此类题目也是法考近年重点考查的内容，相信很多同学依然对改选法定代表人的真题印象尤深。当然本问和下一问还存在关联，因此也就加大了题目的难度。但是破解此类题目，依然"有法可依、有法可循"。所谓"有法可循"，首先是决议的分析框架。在前几问中已有分析，不再赘述；其次，董事任免属于股东会职权，且董事可以无因罢免。虽然在实践中存在所谓董事委派的内容，但是结合法考真题，考生应该对职工持股会撤销委派的真题也印象颇深，能够意识到，即使股东之间达成协议，该协议依然需要落实到公司法的框架下；再次，就董事长的选举，则是本题埋下的一个"坑点"。考生一般对股东会越权解聘经理的决议效力印象颇深，对此存在两种不同的观点。那么在股东会越权更选董事长的问题上呢？是否也存在两种观点呢？考生如果对比就会发现，这是两种不同的制度，解聘经理属于董事会职权是写在《公司法》条文中的，但是更换董事会，针对有限公司则是交由章程自治。此处，则系"有法可依"的体现。在明晰做题思路的基础上，结合法条定位，即可得出本题的答案。

答案解析：《公司法》第59条第1款规定。股东会行驶下列职权：（一）选举和更换董事、监事，决定有关董事、监事的报酬事项；（二）审议批准董事会的报告；（三）审议批准监事会的报告；（四）审议批准公司的利润分配方案和弥补亏损方案；（五）对公司增加或者减少注册资本作出决议；（六）对发行公司债券作出决议；（七）对公司合并、分离、解散、清算或者变更公司形式作出决议；（八）修改公司章程；（九）公司章程规定的其他职权。《公司法》第68条第2款规定，董事会设董事长一人，可以设副董事长。董事长、副董事长的产生办法由公司章程规定。《〈公司法〉司法解释五》第3条第1款规定，董事任期届满前被股东会或者股东大会有效决议解除职务，其主张解除不发生法律效力的，人民法院不予支持。

据此，针对罢免董事的决议，从内容上属于股东会职权，且股东会可以无因罢免董事，内容合法且该决议程序上也没有瑕疵，因此决议通过并有效；针对改换董事的决议，公司法授权给公司章程规定，而本题事实中公司章程规定的是"由董事会选举董事长"，因此改选董事长的股东会决议违反了章程的规定，虽然通过但属于可撤销的决议。对此，如命题和解题思路中所说，可能有考生会认为，属于无效的决议。理由是股东会和董事会职权的划分属于公司法的强制性规定，是权力制衡原则的体现。但是这一答案却用错了地方！原因很简单，解聘经理的职权的确写在了公司法规定的董事会职权中，但是董事长的选任在有限公司中却属于对章程的授权性规定。因此，从现行公司法的框架中无法得出上述结论。本题也提示我们：道路千万条，理解第一条。没有理解作为基础的记忆，是很难顺利通过法考主观题考试的。

5. 天鸿公司要求孙某和后达公司返还证照的主张是否成立？为什么？

答案：有权。公司证照属于公司所有。孙某已经丧失了董事资格，自然不再具有法定代表人资格，无权再行占有公司证照；后达公司作为公司股东，无权占有公司的证照。

考点：法定代表人、公司财产

难度：难

命题和解题思路：本题考查的实践中的热点问题，即公司证照返还请求权。但是考查又没有根植于这一问题，而是深入结合了公司法制度和理论。因此，对于部分考生而言，可能对证照返还这一背景不熟悉；而对于部分考生而言，可能熟悉背景，却不能识别考点。因此具有一定的难度。但是，破解本题也有诀窍。诀窍就在事实描述中，协议约定，"公司成立后，公司公章、营业执照等由后达公司委派的法定代表人保管"，并且当事人抗辩也是依据该约定。因此孙某和后达公司还是否是法定代表人，以及股东是否可以保存，是破解此问的关键。

答案解析：《民法典》第61条第1款规定，依照法律或者法人章程的规定，代表法人从事民事活动的负责人，为法人的法定代表人。在理论和实践中，法定代表人的充任标准，采用的任免标准。即本题事实中，章程规定，法定代表人由董事长担任。在董事长已经改选的情况下，自然法定代表人也随之改选。孙某不再是公司董事、董事长、法定代表人，没有任何理由管理公司证照。当然，对此可能有考生会结合前问认为该决议效力存在瑕疵，即可撤销的决议，但是不要忘记：可撤销的决议在决议作出时有效，除非被撤销，否则都具有法律效力；其次，证照作为公司财务，股东除非特别约定，否则无权占有。

6. 如天鸿公司罢免了孙某、钱某的董事职务，后达公司可否主张李某、王某、赵某承担违约赔偿？为什么？

答案：有权向李某、王某主张。虽然天鸿公司有权依照公司法的规定由股东会决议罢免董事职务，但是后达公司与李某、王签订的《增资扩股协议》中约定了委派董事的内容，是对李某、王某股东权的协议限制。李某、王某未按照协议的约定，保障后达公司的合同性权利，因此后达公司有权主张赔偿。

无权向赵某主张。赵某的签字系伪造，其本身并不同意，不是合同主体，因此后达公司无权主张。

考点：股东协议、股东的权利

难度：难

命题和解题思路：本题考查股东协议。虽然股东协议并非司法部考试大纲列出的考点，但是在近年法考题中屡次出现，因此本次在此设计出题。本题可难可易。可易的原因是，如果考生能够识别出法律关系，自然可以理解这就是合同主体的问题，通过简单的民法知识即能作答。但是本题也可难。难点在于部分考生可能不敢作出判断：为什么商法中会考民法题？实际上股东协议虽然也可以认为是合同的一种，但是因为其约束的是股东的权利，因此也具有商法的特性。对此，考生要知道股东的权利作为股东的个人权利，除非法律另外有规定，否则股东可以自行处分，自然也包括合同限制；其次，这种限制一般具有合同法效力，但并不当然产生组织法效力。如我们前问所考查的约定委派董事，公司股东会可否罢免。但是在股东之间的合同效力是当然与确定的。本题的命题技巧在于，提示考生做题需要大胆心细，既要敢于判断，又要认真论证分析。

答案解析：关于股东协议并没有直接法律规定，就其合同效力部分，适用合同法内容即可。从本案事实所涉及的合同内容来说，系委派董事，这属于对股东提案权、表决权的限制，即相应股东应当依照合同保障公司存在对应董事席位，并且应当保证合同相对人提名的对应数量的董事可以当选。这种对股东权利的限制并没有违反法律的强制性规定，因此有效。但合同仅在签订者之间具有效力。由此可给出答案。

评分细则（共28分）

1-6题满分为：4分、4分、6分、6分、4分、4分。

1. 通过并有效（1分）。得到了代表2/3以上表决权股东的同意（1分），赵某并未履行出资义务无权按照实缴比例优先认缴（2分）。

2. 不合法（1分）。认缴出资期限已经届满（1分），缴纳出资是法定义务不能主张同时履行抗辩（2分）。

3. 答案一：通过并有效（1分）。符合除名条件股东会有权决议除名（1分），后达公司在除名程序中应当表决回避（1分），按照认缴比例行使表决权，决议得到了代表过半数表决权同意（1分）。

答案二：不能通过并无效（1分）。符合除名条件股东会有权决议除名（1分），李某、王某、赵某也没有履行出资义务（2分），根据公平原则不应赋予也未出资的股东决议除名其他股东的权利（2分）。

注意：本题满分6分。只写答案一最高得4分。

4. 第（2）项决议通过并有效（1分），股东会有权无因罢免董事（2分）；第（3）项决议虽然通过但可撤销（1分），公司章程规定改选董事长是董事会的职权（2分）。

5. 有权（1分）。公司证照属于公司所有（1分），孙某丧失董事资格后法定代表人资格当然丧失（1分），后达公司作为公司股东无权占有证照（1分）。

6. 有权向李某、王某主张（1分），李某、王某违反了《增资扩股协议》的约定（1分）；无权向赵某主张（1分），赵某的签字系伪造（1分）。

第四题（本题28分）

一、试题

案情： 弘阳特种材料有限公司（以下简称弘阳公司）是厚谊实业有限公司（以下简称厚谊公司）100%持股的全资子公司，注册资本为500万元。2018年12月，为扩大生产线，厚谊公司引入了瑞芳投资基金（有限合伙）（以下简称瑞芳基金）作为战略投资人，弘阳公司、厚谊公司与瑞芳基金签订协议（协议1），共同约定：（1）瑞芳基金出资1000万元认缴弘阳公司新增的50万元出资额；（2）弘阳公司、厚谊公司承诺5年内瑞芳基金的回报不低于1500万元，如低于1500万元，由厚谊公司承担差额补足的连带责任；（3）协议自签订时生效。三方法定代表人均在该协议上签字并加盖公司公章。弘阳公司随后办理完成了股东变更登记。

2020年2月，因受市场环境影响，弘阳公司新引入的生产线一直未能盈利。为此，瑞芳基金和厚谊公司签订了《股权回购协议》（协议2），约定厚谊公司以1000万元的价格回购瑞芳基金持有的弘阳公司的股权，股权支付价款于股东变更登记后一个月内支付。同日，瑞芳基金与厚谊公司签订了《债转股协议》（协议3），约定：（1）双方一致同意瑞芳基金将其持有的对厚谊公司享有的1000万元的债权转为对厚谊公司的出资款，持股10%；（2）厚谊公司应于6个月内完成股东变更登记所需的程序；（3）如厚谊公司未能于

6个月内完成，则应当偿还弘阳公司1000万元投资款及年化15%的利息（自2018年12月起至支付之日止）。两份协议签订后，弘阳公司股东变更登记完成，但厚谊公司的章程与市场主体登记一直未能完成变更，瑞芳基金也一直催促要求落实其股东权利。

2020年10月，厚谊公司将1025万元汇入瑞芳基金账户，备注：返还投资款及利息，剩余50万元待开票后支付。2021年2月，厚谊公司的股东郑某真（持股45%）找到持股55%的股东吴某蓝，表示自己认识益玩咨询公司，愿意以20倍溢价投资厚谊公司，且具有雄厚的资本市场运作能力，可辅导公司上市，但须自己和益玩咨询公司具有持股优势。吴某蓝出于对郑某真的信任，同意配合。2021年3月1日，厚谊公司召开股东会，全体股东一致同意形成决议：（1）同意公司增资100万元；（2）郑某真、吴某蓝均放弃新股优先购买权，并由益玩咨询公司以2000万元的出资认购新增的注册资本。

2021年5月，厚谊公司完成了章程及股东的变更登记，变更后郑某真持股36%，益玩咨询公司持股20%，吴某蓝持股44%，法定代表人及董事长为郑某真。

2022年12月，吴某蓝发现益玩咨询公司系郑某真实际控制，与厚谊实业存在关联关系，且其认缴的2000万元出资一直未能到位。同时，吴某蓝还发现，郑某真此前按章程规定并经董事会批准，以打造企业品牌、拓展融资渠道为由，以厚谊公司的名义与益玩咨询公司签订了财务顾问服务协议（协议4），约定厚谊公司每年向益玩咨询公司支付100万元财务顾问费。

吴某蓝据此认为自己受到欺诈，因此以受欺诈的民事法律行为应当撤销为由，主张撤销2021年3月1日的决议第2项。厚谊公司抗辩认为吴某蓝就该股东会决议的撤销权已经超过法定期限。

问题：

1. 2018年12月协议1的第2项约定是否有效？为什么？
2. 瑞芳基金与厚谊公司之间存在什么样的法律关系？为什么？
3. 如何评价2020年10月厚谊公司将1025万元汇入瑞芳基金账户的行为？为什么？
4. 郑某真以厚谊公司名义与益玩咨询公司签订协议4的行为是否需要承担责任？为什么？
5. 吴某蓝的主张能否成立？为什么？
6. 如支持吴某蓝的主张，厚谊公司的增资行为效力如何？为什么？

二、总体命题思路

本题来自两个实务案例，以公司增资纠纷作为背景，考查公司担保的参照适用、股东资格、董事、高管的信义义务、公司决议以及新股优先认缴权等知识点，涵盖了近年来法考试题中常考的知识点。但在常考知识点的设计中，又结合法考命题规律做出了变化。从命题形式上看，本题最大的特色是设置了部分同学不熟悉的实务背景，需要考生将实践中较为复杂的事实转化为法考知识点。本题难度与法考相比略难一些，主要在于没有设置中等难度的设问。

三、案例来源

《人民法院案例选》2022 年第 11 辑：（2022）京 02 民终 10790 号判决书、（2021）京民终 902 号判决书

四、答案精讲

> 1. 2018 年 12 月协议 1 的第 2 项约定是否有效？为什么？

答案：有效。该协议实际上是厚谊公司为弘阳公司提供差额补足的承诺，可参照公司对外担保的效力规定。该协议约定虽未按照章程规定经股东会或董事会决议，但因为弘阳公司系厚谊公司的全资子公司，因此相对人不负有形式审查义务，属于善意。因此该越权代表行为有效。

难度：难

考点：公司担保

命题和解题思路：本题是在公司对外担保的效力背景下考查差额补足协议的效力，紧扣商事审判实践热点。紧扣实践热点、利用考生不熟悉的实践背景考查法考常考考点，是近年来法考的一个重要的命题趋势。差额补足义务，在实践中往往被认为是一种第三方提供的增信措施，在近年商事审判实践中其效力得到法院的认可。并且将之作为某种特别类型的担保，参照适用公司担保制度处理。对于考生而言，本问的第一个难点就是对该法律关系的识别，可能部分考生会做出与公司对赌协议的错误判断。对此，本问在命制时也做出了"最大的善意"，明确了"差额补足的连带责任"，虽然该说法在理论上并不成立，但是实践中也有使用，并且给考生透露了重要的命题方式。实际上，在法考命题中，这种用事实透露命题方向的手法经常出现，考生一定要认真对待事实。本问的第二个难点在于，考生即使识别出"连带责任"也可能直接适用了对外担保制度，要知道该约定毕竟不属于直接的担保类型，因此可以参考债务加入参照适用公司对外担保制度的规定，精准作答。最后，值得指出的是，增信措施的实践做法，实际上在法考中也并非首次出现，在 2022 年法考民商综合题中即出现过。因此，我们也一再提示考生，要重视真题，不仅是真题涉及的知识点，也包括不熟悉的事实等，只有这样才能做到以一抵十，高效备考。

答案解析：首先，是对协议所涉及的法律关系的定性。本题所涉及的协议，其实质是弘阳公司对瑞芳基金的投资承诺，并由厚谊公司为该投资承诺提供差额补足。前者一般认为属于保本固息的投资协议，本身并未发生在公开的资本市场，因此合法有效。对此，考生可能并不熟悉，本问在设计时也避开了第一项协议的效力讨论。当然，如果考生能够参考与公司对赌，约定业绩未达到的以现金补偿的规定，应当也能切中要害。核心在于差额补足承诺。理论上，差额补足承诺，一般认为属于增信措施，具有担保的效果。在题目的设计中，为了避免考生不熟悉背景而无法答题，命题时特别用了"差额补足的连带责任"。

其次，关于差额补足的增信措施，其规则应当如何适用。对此法律并无直接规定。而从效果上，如上文所述，其本质就是一种对投资承诺的担保，具有担保的性质。在此，就

商 法

厚谊公司（厚谊实业有限公司）
- 100%持股全资子公司
- 注册资本500万元

弘阳公司（弘阳特种材料有限公司）

2018年12月

弘阳、厚谊公司与瑞芳基金签订协议（协议1）**约定：**
1. 目的：为扩大生产线，将瑞芳基金作为战略投资人
2. 瑞芳基金出资1000万元认缴弘阳公司新增的50万元出资额
3. 弘阳、厚谊公司承诺五年内瑞芳基金的回报不低于1500万元，如低于1500万元，**由厚谊公司承担差额补足的连带责任**
4. **协议自签订时生效。**三方法定代表人均在该协议上签字并加盖公司公章

> 弘阳公司随后办理完成了股东变更登记

2020年2月

瑞芳基金和厚谊公司签订《股权回购协议》（协议2）**约定：**
1. 原因：弘阳公司新产线一直未盈利
2. 厚谊公司以**1000万元回购瑞芳基金持有的弘阳公司的股权**，价款于股东变更登记后一个月内支付

瑞芳基金与厚谊公司签订《债转股协议》（协议3）约定：
1. 双方一致同意**瑞芳基金将持有对厚谊公司的1000万元债权转为对厚谊公司的出资款，持股10%**
2. 厚谊公司应于6个月内完成股东变更登记所需的程序
3. 如厚谊公司未能于6个月内完成，则应当偿还弘阳公司1000万元投资款及年化15%的利息（自2018年12月起至支付之日）

> 1. 两协议签订后，弘阳公司股东变更登记完成
> 2. 但厚谊公司的章程与市场主体登记一直未变更
> 3. 瑞芳基金一直催促要求落实其股东权利

2020年10月

厚谊公司将1025万元汇入瑞芳基金账户
- 备注：返还投资款及利息，剩余50万元待开票后支付

2021年2月

厚谊公司股东郑某真（持股45%）找持股55%的股东吴某蓝
1. 自己认识益玩咨询公司，该公司愿意以20倍溢价投资厚谊公司
2. **益玩有雄厚的资本市场运作能力，可辅导公司上市**
3. 须自己和益玩公司有持股优势，吴某蓝出于对郑某真的信任，同意配合

2021年3月1日

厚谊公司召开股东会，**全体股东一致同意形成决议：**
1. 同意公司增资100万元
2. **郑某真、吴某蓝均放弃新股优先购买权**，由益玩公司以2000万元出资认购新增注册资本

2021年5月

厚谊公司完成了章程及股东的变更登记
1. 法人及董事长为郑某真
2. 郑某真持股36%，益玩公司持股20%，吴某蓝持股44%

2022年12月

吴某蓝发现
1. 益玩公司系**郑某真实际控制**，与厚谊实业存在关联关系，且其认缴的2000万元出资**一直未能到位**
2. 郑某真此前按章程规定并经董事会批准，以打造企业品牌等为由，用厚谊公司名义与益玩公司签订财务顾问服务协议（协议4）
   - **约定厚谊公司每年向益玩公司支付100万元财务顾问费**

> 吴某蓝认为自己受到欺诈
> **以受欺诈的民事法律行为应当撤销为由**，主张撤销2021年3月1日的决策第2项
>
> **厚谊公司抗辩认为吴某蓝就该股东会决议的撤销权已经超过法定期限。**

需要考生深入理解《公司法》第 15 条的规范要旨。《公司法》第 15 条是对公司为他人担保的程序规定，之所以作如此规定系因为其给公司带来的风险超出了一般经营所可能产生的风险，因此需要特别程序以更好地维护公司利益。同样，比如 A 公司承诺股东，未来十年一定能获得 1500 万元的收益，否则由 B 公司补足，其实质上就是 B 公司为 A 公司的承诺提供了一般责任的保证。因此可以参照适用公司对外担保的效力规则。

最后，在确认了规则适用的基础上，本题就可以迎刃而解了：首先应当适用的是公司为他人担保的规则，具体来说是公司为其全资子公司提供担保。按照《公司法》第 15 条的规定，该担保需要按照章程规定，由股东会或董事会决议。题目事实并未说明，因此构成越权担保。而针对该越权担保，《民法典担保制度解释》第 8 条规定，该种情形相对人无需负有形式审查义务，即可推定为善意。题目事实中也没有告诉我们该相对人对此知道或者应当知道，因此该越权担保有效。当然，由于差额补足并非典型的担保，因此参照适用公司对外担保的效力，该越权代表行为有效。

2. 瑞芳基金与厚谊公司之间存在什么样的法律关系？为什么？

答案：瑞芳基金与厚谊公司只存在债权法律关系。瑞芳基金与厚谊公司的《债转股协议》实质为债权出资。虽然瑞芳基金认缴了厚谊公司的出资，但厚谊公司并未完成增资程序，也未变更股东名册、章程等，且瑞芳基金实际上也并未享有股东权利、参与公司管理，因此不具有成为股东的生效要件。瑞芳基金仅因《股权回购协议》而享有对厚谊公司的债权。

难度：难度

考点：股东资格

命题和解题思路：本题考查股东资格。股东资格在司考中常考，而在近年法考中考查频率不高，但这并不意味着该知识点并非重要知识点，实际上在 2018 年法考中就有涉及。本题难度不大，考生只要能够把握认定股东资格的两个要件就能以不变应万变。

答案解析：本题依然属于没有直接法条依据，需要结合理论作答的题目。瑞芳基金与厚谊公司的法律关系是什么？从题目事实来看，瑞芳基金与厚谊实业的法律关系主要有三层：第一层是厚谊公司为瑞芳基金提供了差额补足的担保；第二层是变更了该差额补足的担保，厚谊实业受让了瑞芳基金的股权，在股东变更后，存在着付款义务，即瑞芳基金享有对厚谊实业的债权；第三层是厚谊实业和瑞芳基金达成了债权股的协议，即将该债券转为股权。

在这一基础上，我们可以确认这三层法律关系，因为第二层法律关系变更了第一层法律关系，因此实际上，设问就是在问：瑞芳基金和厚谊实业之间的关系究竟是股权关系还是债权关系？对此，考生在法考考核的背景知识之下，只要回答是不是股权关系即可。

而对是否属于股权投资法律关系，本质就是考查股东资格。根据我国公司法的理论和实践，股东资格的取得包括两个要件：实质要件即出资或受让；形式要件包括生效要件和对抗要件。在本题中，虽然厚谊公司与瑞芳基金约定以债权作为出资，即所谓"债转股"，但是厚谊公司并未启动增资程序，未决议增资，因此该协议实际上可以认为仅属于签订出资协议的预约协议，瑞芳基金并未取得成为股东的实质要件；同时，瑞芳基金也未取得成为股东的形式要件，即变更章程、股东名册，或实际享有股东权利。因此瑞芳基金并非厚谊公司的股东，二者之间只存在债权关系。

3. 如何评价 2020 年 10 月厚谊公司将 1025 万元汇入瑞芳基金账户的行为？为什么？

答案：该汇款行为系厚谊公司的债务履行。厚谊公司与瑞芳基金签订的《股权回购协议》实际系股权转让协议，且股权已经变更登记。瑞芳基金未获得股东资格。

难度：难

考点：抽逃出资

命题和解题思路：本题是从反面考查抽逃出资。在近年法考中，未经法定程序将出资抽回的考查较多，为了加深考生对该知识点的理论。本问采用了反面考查，即用非抽逃出资的行为考查抽逃出资的知识点。在命题形式上，具有连环设问的特点，需要和第 2 问结合分析。因为抽逃出资系将出资抽回，因此如并非股东身份，自然不涉及抽逃出资。如第 2 问分析，瑞芳基金并非厚谊实业的股东，而是债权人。因此该行为自然也就是履行股权回购协议的行为。

答案解析：《公司法》第 53 条规定，公司成立后，股东不得抽逃出资。违反前款规定的，股东应当返还抽逃的出资；给公司造成损失的，负有责任的董事、监事、高级管理人员应当与该股东承担连带赔偿责任。

《〈公司法〉司法解释三》第 12 条规定，公司成立后，公司、股东或者公司债权人以相关股东的行为符合下列情形之一且损害公司权益为由，请求认定该股东抽逃出资的，人民法院应予支持：(1) 制作虚假财务会计报表虚增利润进行分配；(2) 通过虚构债权债务关系将其出资转出；(3) 利用关联交易将出资转出；(4) 其他未经法定程序将出资抽回的行为。

抽逃出资系股东未经法定程序将出资抽回的行为，由于厚谊公司与瑞芳基金之间只存在债权法律关系，因此自然不构成抽逃出资。在这个基础上，考生从第 2 问分析可知，两者之间因此存在的就是《股权回购协议》所形成的法律关系。由于已经完成了股东变更，因此厚谊公司应当履行债务。

4. 郑某真以厚谊公司名义与益玩咨询公司签订协议 4 的行为是否需要承担责任？为什么？

答案：需要。郑某真的行为系利用关联关系，从事关联交易的行为。因为郑某真未披露厚谊公司和益玩咨询公司之间的关联交易，因此违反了忠实义务，需要承担责任，所得归公司所有，给公司造成损失还需要赔偿。

难度：难

考点：董监高的信义义务

命题和解题思路：本题在内容上考查的是董监高的信义义务，属于法考常考的考点；在具体形式上也采取的是法考常用的设问方式。本题的难度在于虽然考查的是公司董事利用职权从事关联交易，违反忠实义务，但是该关联交易的违法处比较隐蔽，即未披露厚谊公司和益玩咨询公司之间的关联关系。

答案解析：《公司法》第 22 条规定，公司的控股股东、实际控制人、董事、监事、高级管理人员不得利用其关联关系损害公司利益。违反前款规定，给公司造成损失的，应当承担赔偿责任。

《公司法》第182条规定，董事、监事、高级管理人员，直接或者间接与本公司订立合同或者进行交易，应当就与订立合同或者进行交易有关的事项向董事会或者股东会报告，并按照公司章程的规定经董事会或者股东会决议通过。董事、监事、高级管理人员的近亲属，董事、监事、高级管理人员或者其近亲属直接或者间接控制的企业，以及与董事、监事、高级管理人员有其他关联关系的关联人，与公司订立合同或者进行交易，适用前款规定。

《公司法》第186条规定，董事、监事、高级管理人员违反本法第181条至第184条规定所得的收入应当归公司所有。

《〈公司法〉司法解释五》第1条规定："关联交易损害公司利益，原告公司依据公司法第二十一条规定请求控股股东、实际控制人、董事、监事、高级管理人员赔偿所造成的损失，被告仅以该交易已经履行了信息披露、经股东会或者股东大会同意等法律、行政法规或者公司章程规定的程序为由抗辩的，人民法院不予支持。公司没有提起诉讼的，符合公司法第一百五十一条第一款规定条件的股东，可以依据公司法第一百五十一条第二款、第三款规定向人民法院提起诉讼。"

据此，郑某真系公司董事，应当负有对公司的忠实义务，其利用关联关系，以厚谊公司的名义与瑞芳基金签订的合同，因厚谊公司和瑞芳公司之间存在关联关系，因此属于关联交易。而根据《〈公司法〉司法解释五》第1条的规定，关联交易的合法需要满足三个要件：（1）未披露；（2）未经有权机关批准；（3）实质不公允。在本题中，虽然说明了该协议系按照程序规定，经董事会批准，同时也无法判断是否存在实质不公允的情形，但是因为未披露关联关系，因此属于违反关联交易，违反了忠实义务。结合《公司法》第22条和《公司法》第186条的规定，郑某真应当承担收入归公司、损失须赔偿的责任。

> 5. 吴某蓝的主张能否成立？为什么？

答案：成立。该决议事项实际为股东对新股优先认缴权的处分行为，并非股东会的职权事项，因此不受撤销决议除斥期限的限制。该行为因为系吴某蓝受到郑某真欺诈做出，因此可以依法主张撤销。

难度：难

考点：公司决议、新股优先认缴权

命题和解题思路：本题考查公司决议。2022年法考第一次出现了非股东会职权的决议并非公司决议，不具有决议效力的考查。本问即就该考点进行深入考查。基本事实来自实践案例，但根据设问需要略有改变。考生在作答此题时，需要理解分析决议的效力，首先需要分析其是否是决议，而是否是决议的前提即是否属于股东会、董事会职权。这是我们分析决议的起点。

答案解析：本题的解答需要具备一定的解题技巧，首先，考生需要分析设问。设问中吴某蓝的主张是以受欺诈的民事法律行为应当撤销为由，主张撤销2021年3月1日的决议第2项。该主张的核心是撤销决议，理由是受欺诈的民事法律行为应当撤销。同时，考生还需要注意的是，对应的抗辩，即厚谊公司抗辩认为吴某蓝就该股东会决议的撤销权已经超过法定期限。所以，该设问实际上可以转化为股东可否以自己表决受到欺诈在超过法定期限的背景下，主张撤销决议。

其次，在这一基础上，可能考生会忙于分析决议可以撤销的情形，进而有可能误以为按照公司法的规定此时的确超过了撤销决议的除斥期间，并且表决受到欺诈也很难归入决议撤销情形之中。或根据题目中涉及的新股优先认缴权受到损害，进而认定属于无效决议。实际上，这些分析之所以错误是因为建立在了一个错误的基础上，即2021年3月1日的决议第2项是公司决议。

结合命题和解题思路可知，公司决议应当是在公司治理的范围内，股东会和董事会的职权范围之内的事项。在这个范围内的事项，公司内部按照资本民主原则，采用集中决策机制。但是超出这个范围，尤其是涉及股东个人权利事项，则就超出了公司决议的范畴，或者虽然名为决议，实际并非决议。这也是2022年法考主观题的考点所在。在本题中，该项"决议"实际上涉及新股优先认缴权的放弃。新股优先认缴是有限责任公司股东的一项默示的权利，对该权利的处分属于股东对其自由的权益的处理，与公司治理无关，因此并非决议事项。

实际上，如果将该问与2022年法考主观题进行对比，考生就会发现法考中考查的恰恰是股东自行处分自己的股权，非属公司治理事项。那么，在这一背景下，股东放弃自己的新股优先认缴权，自然也非公司决议事项。在学习中，不少考生经常有疑惑：既然公司法规定的是资本多数决，那么在这一背景下，为什么有些权利却又是需要一致决或者人头决的呢？实际上，作为拓展，考生就会明白，公司法中涉及需要一致决或者人头决的，恰恰是股东的个人权利，而非公司治理范围下股东对公司治理的参与权，如新股优先购买权、优先购买权等。虽然，在实践中，这些权利如何行使，也往往会以股东会名义进行，但其并非股东会的职权。

最后，为何此题回答决议无效是不对的呢？从做题技巧上看，吴某蓝主张的是撤销"决议"，撤销的理由是受到欺诈，实际上吴某蓝的真实含义是，撤销自己作出的放弃新股优先认缴权的行为。考生需要答其所问。而就法律关系而言，吴某蓝认为自己放弃新股优先认缴权是受到欺诈的，应当撤销，是否会当然影响其他股东放弃新股优先认缴权的效力呢？这也是我们说损害新股认缴权的决议，损害部分无效的真意。同时，本题从形式上看，与法考曾多次考查过的损害新股认缴的权决议无效也存在区别：本问是吴某蓝形式上的确同意了该决议，只不过该同意行为是受到欺诈作出的，而后者一般则是股东本身即表示反对，认定该部分无效，意即不能对该反对的股东发生法律效力。

作为拓展，考生可能会进一步思考：如果这是决议的内容，在这一背景下，股东个人的表决（同意）行为属于受到欺诈的，那么该决议效力如何呢？对此，考生可以区分表决行为和决议，受到欺诈而存在效力瑕疵的是单个股东的表决行为，因为该股东可以撤销该表决。在撤销该表决后，进一步地则属于表决程序存在瑕疵，如果该股东撤销表决后，该决议不能达到表决比例，则应当认定为决议不成立；而如果该股东撤销表决后，该决议实质上没有影响，则应当维持该决议的效力，即视为有效。

6. 如支持吴某蓝的主张，厚谊公司的增资行为效力如何？为什么？

答案：如法院撤销决议，厚谊公司增加注册资本100万元的行为有效。

答案一：但全部由益玩咨询公司定向认缴，因损害了吴某蓝的新股优先认缴权，且益玩咨询公司非属善意，因此该法律关系无效。应当参照公司法中关于优先购买权的规定，吴某蓝可主张按此实缴比例优先认缴。

答案二：但益玩咨询公司定向认缴，损害了吴某蓝的新股优先认缴权。因已经完成了增资的变更登记，发生了法律效力。从保护债权人和交易稳定的角度，吴某蓝仅得主张对其损害赔偿。

难度：难

考点：增资、决议效力被否定后的法律效果

命题和解题思路：本题综合考查增资行为、增资决议以及决议效力被否定后的法律效果，属于商法前沿性探讨问题。因此，答案设计为开放性问题，考生只要能够言之成理即可得分。考生在回答本题时，应当首先思考：第一被否定的内容是什么？第二被否定的内容对以此形成的法律关系会产生何种影响，具体来说是对公司增资行为具有何种影响。

答案解析：本问与前问具有一定的联系，即在前一问吴某蓝要撤销自己放弃新股优先认缴权的基础上，分析公司增资行为的效力。首先，考生应当知道增资行为实际上可以区分为两个基本单位，即新增注册资本与认缴新增的注册资本。这也是我们在分析增资决议时经常使用的思路。

在这一基础上，针对新增注册资本，吴某蓝撤回放弃新股优先认购请求权是否会产生影响呢？答案是否定的。因为针对新增注册资本，按照公司法的规定，得到2/3以上表决权股东同意即可通过，完成变更即发生法律效力。同时，在本题事实中，吴某蓝也并未主张增加注册资本无效。因此，考生要首先定位出增资100万元的行为有效。

其次，针对认缴新增的注册资本。在前一问的基础上，由于吴某蓝主张撤回对新股优先认缴权的弃权行为，且该设问假定得到了法院的支持。那么，该问题实际上就转化为公司未经全体股东一致同意的情形下，决议由特定主体定向认缴新增的注册资本。该决议的效力如何？虽然该决议在形式上得到了半数以上表决权股东的同意，但是损害了吴某蓝的新股优先认缴权，因此无效。而吴某蓝有权主张按照实际比例优先认缴。

最后，由于公司已经在该无效的决议基础上与益玩咨询产生了投资法律关系，则后续的认缴及股权的获得行为是否有效呢？

答案一，站在现行法的角度下，深挖《公司法》第28条的规定。该条第2款规定，决议无效，公司依据该决议与善意相对人形成的民事法律关系不受影响。但是本题中，益玩咨询公司的实际控制人为郑某真，益玩咨询公司不能认定为善意，所以在这一基础上，可以参照股权对外转让中优先购买权受到损害情形下的规定，由新股优先认缴权受到损害的股东优先认缴。

答案二，从理论观点出发，由于我国新股优先认缴权规定过于严格，除非得到股东个人同意，否则就应当保护其优先认缴的权利，而这一方面不利于公司融资发展，另一方面也不利于投资法律关系的稳定。因为注册资本属于公司登记事项，且在登记后发生法律效果。因此，从组织法的角度，应当维护组织利益，维护交易稳定，而受损的股东仅可获得损害赔偿。

评分细则（共28分）

1-6题满分为：4分、5分、4分、5分、5分、5分

1. 有效（1分）。差额补足的承诺参照对外担保（1分），未按照章程规定经股东会或董事会决议构成越权担保（1分），为全资子公司提供担保相对人不负形式审查义务（1分）。

2. 债权法律关系（1分）。厚谊公司并未完成增资程序（1分），未变更股东名册、章程（1分），实际上也并未享有股东权利、参与公司管理（1分），不能成为股东或者不成立股东出资关系（1分）。

3. 债务履行（1分）。完成了股权变更，厚谊公司应当履行债务（1分），瑞芳基金未获得股东资格，不构成抽逃出资（2分）。

4. 需要（1分）。构成关联交易（1分）。违反忠实义务（1分），所得归公司所有（1分），给公司造成损失还需要赔偿（1分）。

5. 成立（1分）。实际为股东对新股优先认缴权的处分行为，不属于股东会职权范围（2分），不受决议撤销期限限制（1分）；构成欺诈（1分）。

6. 行为有效（1分）。
答案一：吴某蓝可主张按此实缴比例优先认缴（2分），全部由益玩咨询公司定向认缴损害了其优先认缴权（2分）。
答案二：应当全部由益玩咨询公司定向认缴（2分），保护债权人和交易稳定（2分）。
答案一、二择一即可。

第五题（本题28分）

一、试题

案情：兴凯商贸有限公司（以下简称兴凯公司）由郑某、小鱼与小双三人共同发起设立。公司章程规定，公司注册资本500万元；其中郑某以其持有的兴旺公司股权作价300万元作为出资并于公司成立时履行完毕，小鱼和小双各认缴100万元出资，于2025年缴纳完毕。2019年，兴凯公司成立，由郑某担任公司董事长兼法定代表人。

为扩大公司经营规模，郑某代表兴凯公司与甄某就增资扩股事宜进行商谈。2020年1月，双方达成了《增资扩股协议》，约定：甄某认缴兴凯公司新增的300万元的注册资本，并于2025年缴纳完毕；甄某应当为兴凯公司提供产品市场营销机会；甄某担任公司经理，全权负责产品市场营销工作；甄某有权获得兴凯公司2021-2025年期间60%的利润分配。2020年2月，兴凯公司股东会一致批准了协议，并随即完成了公司章程和市场登记事项的变更。兴凯公司新公司章程显示：公司董事长兼法定代表人为郑某，公司经理为甄某。

在郑某和甄某的共同努力下，2021年兴凯公司盈利丰厚，产生了5000万元的税后净收益。甄某遂提议进行利益分配。兴凯公司为此召开了股东会，但在股东会上，就利润分配决议的表决，郑某主张应按照实缴比例，小鱼和小双主张应当按照认缴比例，甄某则认为应当按照《增资扩股协议》约定的比例。由于三方彼此均无法说服，兴凯公司的利润分配未能进行。

兴凯公司未能依分配利润影响了甄某对兴凯公司发展前景的判断。甄某遂利用自己作为公司经理的职权，将自己获得的兴凯公司的资料提供给与兴凯公司具有竞争关系的公司，使得这些公司在产品销售中得以优势报价胜出。2023年3月，该事被郑某发现。郑某遂召集兴凯公司股东会，在未通知甄某的情形下，决议：（1）解除与甄某的《增资扩股协议》；（2）因协议解除，公司定向减资300万元，减资后郑某、小鱼、小双持股比例为3∶1∶1。该决议得到了郑某、小鱼、小双的签字。并由郑某伪造了甄某的签字。

随后兴凯公司依法完成了减资公告，并向企业登记管理部门办理完成了变更登记。此后，甄某发现了该定向减资事项，主张该减资无效。对此，郑某表示，按照《增资扩股协议》的约定，甄某负有为兴凯公司提供市场营销机会的义务，但甄某并未按照约定进行；甄某反而损害公司利益，构成根本违约。因此公司有权解除合同并定向减资。

经查：（1）郑某用以出资的股权，实际是兴旺公司在公司化改制中作为原集体所有制企业厂长的郑某代原企业全体职工所持有的，该出资并未得到原企业全体职工的同意；（2）李某系兴凯公司的债权人，在向兴凯公司催讨债权不成时，兴凯公司已经减资但未通知自己。

问题：

1. 郑某的出资行为应当如何评价？为什么？
2. 兴凯公司利润分配决议应当按照何种比例表决并分配？为什么？
3. 甄某提供公司资料给其他公司的行为应当承担何种法律责任？为什么？
4. 2023年3月兴凯公司的股东会决议是否有效？为什么？
5. 甄某应当如何维护自己的权益？
6. 兴凯公司的减资是否有效？为什么？李某应当如何维护自己的权益？为什么？

二、总体命题思路

本题综合了法考常考的多个考点、背景和设问。考点涉及无权处分他人财产的出资、股权的无权处分、利润分配的比例及决议的比例、董事高管的信义义务、公司决议、瑕疵出资的责任等。本题背景融合了法考曾出现的职工持股、股东争论就利润分配决议如何表决等事实素材。设问既包含了常规的是否型问题，还包括了评价类问题以及如何型问题。同时，本题还聚焦了关于减资的三个实践和立法热点问题，即定向减资的效力、决议效力与基于决议作出的行为的效力以及违法减资的效力问题，具有一定的深度和预测性。整体上，本题既包含中等难度的题目，还包含具有一定难度和综合性的题目，整体命题难度与法考试题接近并略高。通过本题的训练，希望考生既能熟悉常考点，也能在此基础上提升遇到新问题的应对能力。

三、案例来源

上海一中院（2018）沪01民终11780号民事判决书：华某伟与上海×甲虫电子商务有限公司公司决议纠纷上诉案

四、答案精讲

> 1. 郑某的出资行为应当如何评价？为什么？

答案：郑某构成瑕疵出资，需要承担瑕疵出资责任。郑某用以出资的兴旺公司的股权系其代原企业全体职工持有的，在未经原企业全体职工同意的情形下用于出资，属于擅自处分所代持的股权。由于郑某是兴凯公司的发起人，因此兴凯公司不属于善意，无法基于善意取得该股权。所以郑某对兴凯公司的出资构成瑕疵出资，需要承担瑕疵出资的责任。

考点：出资、股权代持

难度：中

命题和解题思路：本题考查出资制度和股权代持，属于法考的常规考点。具体而言，在法考商法主观题考查中，曾就无权处分他人之物用以出资的效力、股权的善意取得这两个考点，多次反复考查。本题将这两个考点结合在一起考查，具有一定的综合性。同时形式上本题还借用了法考中曾出现的企业改制所形成的代持股机制，充分还原了真题考点。考生只要针对设问"郑某的出资行为"，结合分析出资的两个层次：出资约定和出资履行，即可以分析出郑某与公司的出资约定有效，但在具体履行时构成了无权处分他人之物。对此，公司是否能够取得该出资物，适用善意取得制度即可。而本题中，郑某的出资形式系股权出资，而作为名义股东擅自处分股权，参照适用善意取得。由此，可以给出本题的答案。

答案解析：《〈公司法〉司法解释三》第7条规定，出资人以不享有处分权的财产出资，当事人之间对于出资行为效力产生争议的，人民法院可以参照《民法典》第311条的规定予以认定。以贪污、受贿、侵占、挪用等违法犯罪所得的货币出资后取得股权的，对违法犯罪行为予以追究、处罚时，应当采取拍卖或者变卖的方式处置其股权。

《〈公司法〉司法解释三》第11条规定："出资人以其他公司股权出资，符合下列条件的，人民法院应当认定出资人已履行出资义务：（一）出资的股权由出资人合法持有并依法可以转让；（二）出资的股权无权利瑕疵或者权利负担；（三）出资人已履行关于股权转让的法定手续；（四）出资的股权已依法进行了价值评估。股权出资不符合前款第（一）、（二）、（三）项的规定，公司、其他股东或者公司债权人请求认定出资人未履行出资义务的，人民法院应当责令该出资人在指定的合理期间内采取补正措施，以符合上述条件；逾期未补正的，人民法院应当认定其未依法全面履行出资义务。股权出资不符合本条第一款第（四）项的规定，公司、其他股东或者公司债权人请求认定出资人未履行出资义务的，人民法院应当按照本规定第九条的规定处理。"

《〈公司法〉司法解释三》第25条规定："名义股东将登记于其名下的股权转让、质押或者以其他方式处分，实际出资人以其对于股权享有实际权利为由，请求认定处分股权行为无效的，人民法院可以参照民法典第三百一十一条的规定处理。名义股东处分股权造成实际出资人损失，实际出资人请求名义股东承担赔偿责任的，人民法院应予支持。"

据此可知，郑某用以出资的股权，是其作为名义股东代原企业全体职工持有的，在未经原企业全体职工同意的前提下，构成了名义股东对所代持的股权的擅自处分；此外，无权处分他人之财物作为出资的，公司是否取得参照适用善意取得制度。本题中，郑某是公

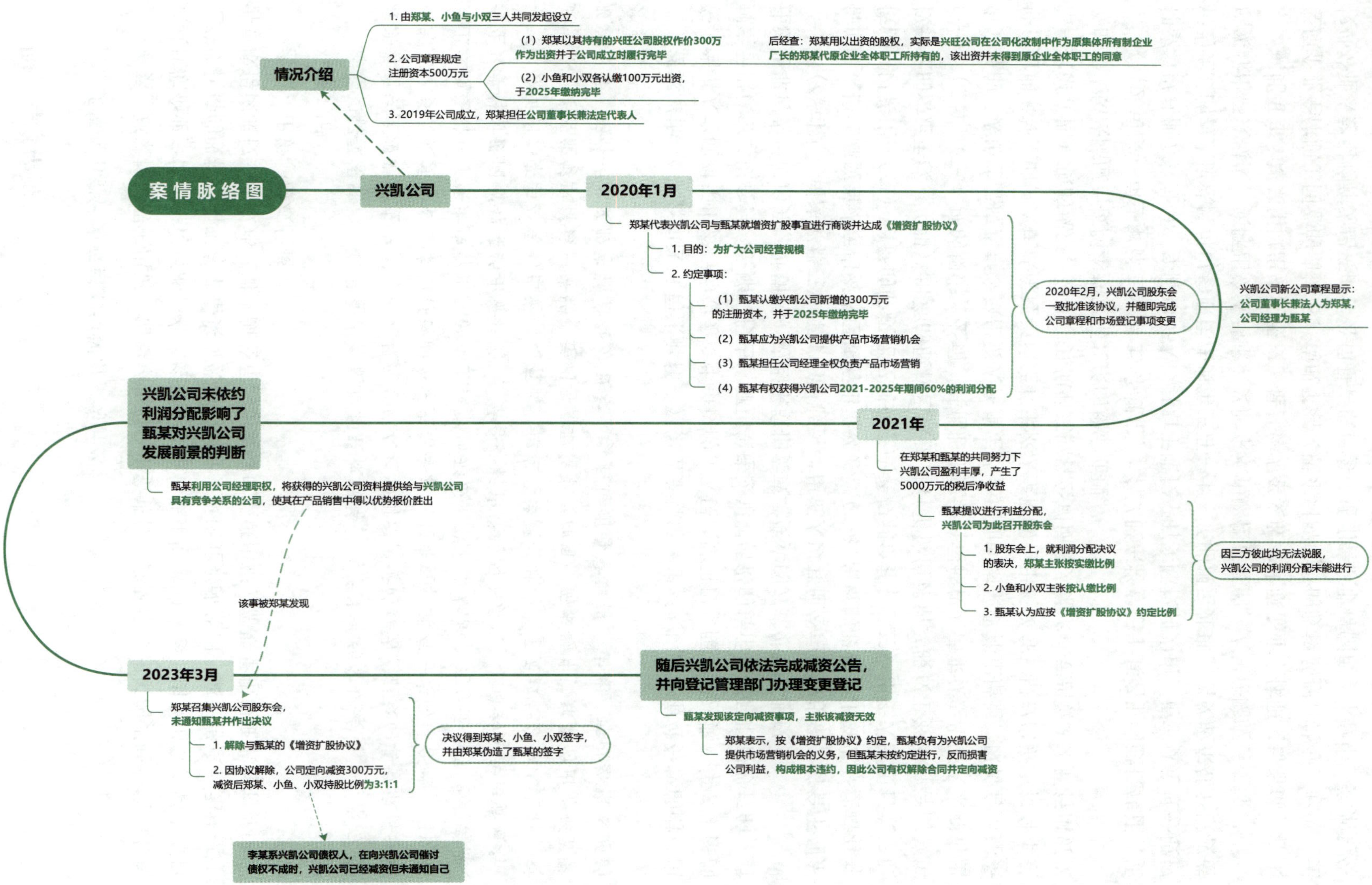

案情脉络图

兴凯公司

情况介绍

1. 由郑某、小鱼与小双三人共同发起设立
   - （1）郑某以其持有的兴旺公司股权作价300万
   - （2）小鱼和小双各认缴100万元出资
2. 公司章程规定 注册资本500万元
3. 2019年公司成立，郑某担任公司董事长兼法定代表人

后经查，郑某用以出资的股权，实际是兴旺公司在公司化改制中作为职工安置依托所有的厂长郑某代其他全体职工所持有的，该出资行为未得到职工及集体企业的同意

2020年1月

郑某代表兴凯公司与甄某磋商扩股事宜并达成《增资扩股协议》

1. 目的：为扩大公司经营规模
2. 约定事项：
   - （1）甄某认缴兴凯公司新增增资的300万元，并于2025年底前缴完毕
   - （2）甄某应为兴凯公司提供产品市场销售机会
   - （3）甄某担任公司经理并分管产品市场销售
   - （4）甄某有权将兴凯公司2021-2025年间的60%的利润分配

2020年2月，兴凯公司股东会一致批准该协议，并即完成公司章程相应修改及公司登记事项变更

2021年

在兴凯某地甄某知悉的情况下兴凯公司盈利非丰，产生了5000万元的税后净利润

1. 股东会上，郑某利润分配的提议
2. 小鱼和小双主张按出资比例的提议
3. 甄某认为应按《增资扩股协议》约定比例

因三方依协议无法出股权，兴凯公司即停滞发兴凯公司的利润实际未能进行

甄某发现兴凯公司利润分配方案，严重损害公司股东利益，认为郑某、小鱼和小双违反《增资扩股协议》约定，构成根本性违约，因此公司有权解除合同并主动减资

随后兴凯公司依法完成减资公告，并向登记管理部门办理变更登记

2023年3月

郑某召集兴凯公司股东会，未通知甄某并作出决议

1. 解除与甄某的《增资扩股协议》
2. 因协议解除，公司注册资本减资300万元，减资后郑某、小鱼、小双股比例为3:1:1

该决议被郑某发现

李某系兴旺公司债权人，在得知兴凯公司已经减资但债权不能实现时，兴凯公司以其已经减资但仍债权不能知晓

兴凯公司未依约利润分配影响了甄某对兴凯公司发展前景的判断

甄某利用公司担任职权，将获得的公司资料提供给与兴凯公司具有竞争关系的公司，使其在产品市场中得以优势的条件胜出

· 222 ·

司的发起人，也是公司成立后的法定代表人、董事长，应当认定公司对该擅自处分/无权处分知情，不符合善意取得制度的要求。因此，公司不能取得该股权，郑某构成瑕疵出资。

2. 兴凯公司利润分配决议应当按照何种比例表决并分配？为什么？

答案： 应按照认缴比例表决；按照协议约定的比例分配。公司利润分配决议作为股东会决议，在兴凯公司章程没有另行规定的情形下，应由全体股东按照认缴比例行使表决权。兴凯公司全体股东约定不按实缴比例进行利润分配，符合《公司法》的规定，因此应当按照约定的比例进行利润分配。

考点： 表决权行使比例、利润分配比例

难度： 难

命题和解题思路： 本题综合考查有限公司股东表决权的行使比例和利润分配比例，是对法考试题的借鉴。《公司法》有很多比例，考生应当能够理解与区分。考生一定要区分公司利润分配中的不同比例，不要混淆：（1）有限公司利润分配决议的表决比例，该比例实质上就是股东在股东会中表决权的行使比例，一般是认缴比例，除非章程另有规定；（2）有限公司利润分配的比例，一般是实缴比例；（3）改变实缴比例分配的比例要求，须经全体股东一致同意。认真审题，明确区分这三个比例，对于利润分配比例类题目，考生皆可轻松得分。

答案解析： 《公司法》第65条规定，股东会会议由股东按照出资比例行使表决权；但是，公司章程另有规定的除外。

《公司法》第210条第4款规定，公司弥补亏损和提取公积金后所余税后利润，有限责任公司按照股东实缴的出资比例分配利润，全体股东约定不按照出资比例分配利润的除外；股份有限公司按照股东所持有的股份比例分配利润，公司章程另有规定的除外。

首先，本问可以分为两小问：（1）有限公司利润分配决议的表决比例是什么？（2）有限公司利润分配的比例是什么？考生首先应当能够厘清这两个问题。其次，针对有限公司利润分配决议，即股东会决议，结合《公司法》第65条规定，由股东按照出资比例行使表决权。而在《公司法》中，除非特别明确说明，否则出资比例即为认缴的出资比例。由此，分配决议应当按照认缴比例表决。最后，《公司法》对决议中所载明的分配比例有限制性规定，即一般按照实缴比例分配，但全体股东另有约定的除外。在本题中，2020年1月，甄某与兴凯公司达成了《增资扩股协议》约定：甄某有权获得兴凯公司2021-2025年期间60%的利润分配，且该协议得到了股东会一致决议通过，因此构成全体股东另有约定的例外。因此应当按照约定的比例，即甄某有权主张按照60%的比例获得利润分配的权利。

3. 甄某提供公司资料给其他公司的行为应当承担何种法律责任？为什么？

答案： 所得归公司所有，给公司造成损失应当承担赔偿责任。甄某作为公司经理是公司高管，对公司负有忠实义务。甄某利用职权将公司资料透露给其他公司，构成了对忠实义务的违反。按照《公司法》的规定，其所得应当归公司所有；给公司造成损失的还需

赔偿。

考点：董高的信义义务

难度：中

命题和解题思路：本题考查董事、高管的信义义务与违反的责任，也属于法考的常规和热门考点。从形式上，本题设问具体"应当承担何种法律责任"。对此，考生要先锁定行为，只有对行为评价后方能给出行为的法律责任。

答案解析：《公司法》第22条规定，公司的控股股东、实际控制人、董事、监事、高级管理人员不得利用关联关系损害公司利益。违反前款规定，给公司造成损失的，应当承担赔偿责任。

《公司法》第180条第1款规定，董事、监事、高级管理人员对公司负有忠实义务，应当采取措施避免自身利益与公司利益冲突，不得利用职权牟取不正当利益。

《公司法》第181条规定，董事、监事、高级管理人员不得有下列行为：（1）侵占公司财产、挪用公司资金；（2）将公司资金以其个人名义或者以其他个人名义开立账户存储；（3）利用职权贿赂或者收受其他非法收入；（4）接受他人与公司交易的佣金归为己有；（5）擅自披露公司秘密；（6）违反对公司忠实义务的其他行为。

《公司法》第186条规定，董事、监事、高级管理人员违反本法第181条至第184条规定所得的收入应当归公司所有。

首先，董监高对公司负有信义义务，具体可以区分为忠实义务和勤勉义务；其次，关于忠实义务的规定与法律责任，考生一定要注意其同时分布在《公司法》第22条和第180条两个条款中。其中第22条、第180条属于比较概括性的规定，而第181条至第184条则属于较为具体的规定。虽然在第181条中规定了不少违反忠实义务的行为类型，但是考生在分析董高是否违反忠实义务时的判断标准比较简单，就是看董事、高管与公司之间是否存在利益冲突，并且在利益冲突中董高是否将公司利益优先，即是否存在"损公肥私"的现象。显然，在本题中，甄某是公司经理，其利用自己作为经理的职权，将公司的秘密泄露给他人，损害公司利益以牟取个人私利，即构成第181条第5项所规定的"擅自披露公司秘密"，也构成了对第22条违反的行为。最后，本案甄某违反了忠实义务，其责任也需要综合第22条和第186条两条分析，即有所得的归公司所有（公司归入权/吐出责任），给公司造成损害的还需要赔偿。

> **4. 2023年3月兴凯公司的股东会决议是否有效？为什么？**

答案：第一项决议可撤销。虽然得到了持有过半数以上表决权股东的同意通过且内容也没有违反法律规定，但是没有通知甄某，违反了《公司法》的规定，即未通知全体股东，存在程序瑕疵，属于可撤销的决议。

第二项决议无效。有限公司非等比例减资，须符合法律规定或经全体股东一致同意，本题减资系非等比减资且不属于法定情形，因此须经全体股东一致同意。因为甄某的签字系伪造，因此该减资因违法而无效。

考点：公司决议的效力、定向减资

难度：难

命题和解题思路：本题考查公司决议和定向减资的决议效力两个考点，既是法考的常规考点，又是2023年修法中的热门考点，具有较强的综合性。考生解答此类题目时，应培养良好的解题习惯：第一步，拆分股东会决议，即按照股东会决议事项，分项分析。这是因为虽然形式上公司就作出了一个决议，但是在该份决议中可能存在多个事项，不同事项的内容合法性不同，最低表决比例也不同。因此，分开分析可以避免考生在分析决议效力时"眉毛胡子一把抓"。第二步，针对不同的股东会决议，区分程序和内容进行分析。如程序上是否按照《公司法》的规定时限提前通知全体股东等，是否达到最低表决比例；在内容方面则需要分析是否违反法律强制性规定，尤其是是否存在损害股东合法权益的违法内容。第三步，综合考虑责任的竞合：不成立和可撤销同时存在时，不成立吸收可撤销；不成立和无效同时存在时，不成立吸收无效；无效和可撤销同时存在时，无效吸收可撤销。

答案解析：《公司法》第25条规定，公司股东会、董事会的决议内容违反法律、行政法规的无效。

《公司法》第26条规定，公司股东会、董事会的会议召集程序、表决方式违反法律、行政法规或者公司章程，或者决议内容违反公司章程的，股东自决议作出之日起60日内，可以请求人民法院撤销。但是，股东会、董事会的会议召集程序或者表决方式仅有轻微瑕疵，对决议未产生实质影响的除外。未被通知参加股东会会议的股东自知道或者应当知道股东会决议作出之日起60日内，可以请求人民法院撤销；自决议作出之日起1年内没有行使撤销权的，撤销权消灭。

《公司法》第64条第1款规定，召开股东会会议，应当于会议召开15日前通知全体股东；但是，公司章程另有规定或者全体股东另有约定的除外。

《公司法》第224条规定，公司减少注册资本，应当编制资产负债表及财产清单。公司应当自股东会作出减少注册资本决议之日起10日内通知债权人，并于30日内在报纸上或者国家企业信用信息公示系统公告。债权人自接到通知之日起30日内，未接到通知的自公告之日起45日内，有权要求公司清偿债务或者提供相应的担保。公司减少注册资本，应当按照股东出资或者持有股份的比例相应减少出资额或者股份，法律另有规定、有限责任公司全体股东另有约定或者股份有限公司章程另有规定的除外。

据此，就决议一而言，从程序上来看，没有通知全体股东属于决议程序违反法律规定，决议可撤销；而从内容上来看，该决议系公司决议解除某项合同。针对这一考点法考曾考查过，考生需要区分公司决议解除合同和公司是否有权解除合同，前者只是公司的一个意向，并不必然发生法律效力，是公司组织内问题；后者则是在公司和合同相对主体之间的合同法问题。显然，公司决议解除合同，没有违反法律强制性规定。因此，该决议仅存在程序瑕疵，属于可撤销的决议。

就决议二而言，从程序上来看，也存在因没有通知全体股东而决议可撤销的情形，同时根据《公司法》第224条的规定，有限公司应当以等比减资为原则，不等比减资需要满足法律规定或全体股东一致同意。本题所涉情形显然不属于法律规定的情形，因此需要全体股东一致同意。在没有通知被减资股东且伪造签字的情形下，自然该减资因为违法而无效。综上，在决议无效和可撤销的情形下，该部分决议应当为无效决议。

5. 甄某应当如何维护自己的权益？

答案：甄某可以请求法院确认决议无效，并进而请求公司撤销对股东名册和工商登记的变更，如公司拒绝还可提起股权确认之诉，确认自己的股东资格。

考点：决议的效力、股权确认之诉

难度：难

命题和解题思路：本题考查的是决议效力被否定后的法律效果以及股权确认之诉，具有一定的预测性和综合性。从形式上，本题与第4问和第6问具有一定的关联性，和第5问同属于第6问的铺垫性基础问题。同时，本题设问方式较开放，属于考生比较畏惧的"如何型"问题。破解此类题目的关键首先在于对设问的分析，即甄某是谁？他的法律角色是什么？他因此可能拥有什么权利？在题目中他的主张或目标是什么。针对设问的分析，我们发现，本题实际上是在问被不成立的决议非法定向减资的股东，在公司已经办理变更登记的情形下，如何恢复自己的股东身份。如此分析，本题的答案也就呼之欲出了。

答案解析：《公司法》第28条规定，公司股东会、董事会决议被人民法院宣告无效、撤销或者确认不成立的，公司应当向公司登记机关申请撤销根据该决议已办理的登记。股东会、董事会决议被人民法院宣告无效、撤销或者确认不成立的，公司根据该决议与善意相对人形成的民事法律关系不受影响。

《〈公司法〉司法解释三》第21条规定："当事人向人民法院起诉请求确认其股东资格的，应当以公司为被告，与案件争议股权有利害关系的人作为第三人参加诉讼。"

《〈公司法〉司法解释三》第23条规定："当事人依法履行出资义务或者依法继受取得股权后，公司未根据公司法第31条、第32条的规定签发出资证明书、记载于股东名册并办理公司登记机关登记，当事人请求公司履行上述义务的，人民法院应予支持。"

据此，结合"命题和解题思路"可知，在决议无效的情形下，如果公司已经办理变更登记的，公司应当申请撤销变更登记，即申请撤销该无效的定向减资。也即甄某依然具有股东资格。那么如果公司拒绝配合呢？甄某又该如何维护自己的权利呢？对此，我们可以结合《〈公司法〉司法解释三》规定的股权确认之诉思考，即此时可以提起股权确认之诉来维护自己的权利。

6. 兴凯公司的减资是否有效？为什么？李某应当如何维护自己的权益？为什么？

答案：无效。兴凯公司据以减资的股东会决议无效，公司已经变更登记的，依法应当申请撤销登记。因此，虽然兴凯公司完成了减资的变更登记，但应当撤销变更，该减资无效。

李某可向甄某主张损害赔偿责任。甄某未认缴的出资因公司存在到期债务应当即时缴纳，李某作为债权人有权向甄某主张就公司不能清偿的债务承担补充赔偿责任。

考点：减资的效力、瑕疵出资的责任

难度：难

命题和解题思路：本题考查减资的效力，进而考查瑕疵出资的责任，对此2023年《公司法》作出了明确的规定。首先，考生应能够定位到2023年《公司法》就减资无效后果的规定，即应当恢复原状，已经返还的出资应当退还，被减去的认缴出资应当恢复。

其次，针对该无效减资，甄某应认缴的出资应当恢复，同时在公司存在到期债务不能清偿时，应当加速到期，进而由甄某就公司不能清偿的债务承担补充赔偿责任。

答案解析：《公司法》第28条规定，公司股东会、董事会决议被人民法院宣告无效、撤销或者确认不成立的，公司应当向公司登记机关申请撤销根据该决议已办理的登记。股东会、董事会决议被人民法院宣告无效、撤销或者确认不成立的，公司根据该决议与善意相对人形成的民事法律关系不受影响。

《公司法》第54条规定，公司不能清偿到期债务的，公司或者已到期债权的债权人有权要求已认缴出资但未届出资期限的股东提前缴纳出资。

《公司法》第211条规定，公司违反本法规定向股东分配利润的，股东应当将违反规定分配的利润退还公司；给公司造成损失的，股东及负有责任的董事、监事、高级管理人员应当承担赔偿责任。

《〈公司法〉司法解释三》第13条第2款规定，公司债权人请求未履行或者未全面履行出资义务的股东在未出资本息范围内对公司债务不能清偿的部分承担补充赔偿责任的，人民法院应予支持；未履行或者未全面履行出资义务的股东已经承担上述责任，其他债权人提出相同请求的，人民法院不予支持。

根据第4问，该决议效力为无效。在决议效力被否定后，如果公司已经办理变更登记，应当申请撤销变更登记。此为决议效力被否定后，内部关系的处理。因为该减资已经办理了变更登记，所以应当撤销变更登记，即减资无效。减资无效后，甄某被减少的出资应当恢复原状即认缴未到期状态；但因为公司存在不能清偿的债务，已到期债权人可以请求提前缴纳，在这一背景下可以参照《〈公司法〉司法解释三》的规定，主张该股东就公司不能清偿的债务承担补充赔偿责任。

评分细则（共28分）

1-6题满分为：4分、6分、4分、6分、4分、4分。

1. 瑕疵出资（1分）。擅自处分所代持的股权（1分），郑某是发起人，兴凯公司不属于善意（1分），不能善意取得（1分）。

2. 按照认缴比例表决（1分）；按照协议约定的比例分配（1分）。股东会决议章程没有约定按照认缴比例行使表决权（2分），全体股东可以约定不按实缴比例进行利润分配（2分）。

3. 所得归公司所有或者公司具有归入权（1分），损害赔偿（1分）。公司高管对公司负有忠实义务或者信义义务（1分），利用职权将公司资料透露给其他公司违反了忠实义务（1分）。

4. 第一项决议可撤销（1分）。未通知全体股东存在程序瑕疵（2分）。第二项决议无效（1分）。非等比减资须经全体股东一致同意（2分）。

5. 请求法院确认决议无效（2分）。撤销对股东名册和工商登记的变更（1分），提起股权确认之诉确认股东资格（1分）。

6. 无效（1分）。李某可向甄某主张补充责任（1分）。甄某认缴出资应恢复（1分）；存在到期债务，李某作为已到期债权人可主张加速到期（1分）。

第六题（本题28分）

一、试题

案情：地利实业有限公司（以下简称地利公司）持有地利华北有限公司（以下简称华北公司）100%的股权，华北公司持有地利北京有限公司（以下简称北京公司）100%的股权。2020年2月，北京公司因项目建设需求，向优前投资公司（以下简称优前公司）借款5000万元，约定期限为1年，年化利率10%。同日，为担保该笔款项，地利公司法定代表人王某以地利公司的名义与北京公司、优前公司签署《补充协议》，约定：地利公司将自己持有的30%的华北公司的股权转移至优前公司名下，在北京公司按期偿还优前公司借款本息后再无偿转回，否则股权归优前公司所有。协议虽未经地利公司有权机关决议，但2020年3月华北公司办理完毕了股东变更登记。

2021年2月，北京公司项目进展不顺，无法清偿到期借款。地利公司、北京公司、优前公司三方又签署了《补充协议二》，约定：（1）鉴于北京公司无力清偿优前公司的到期借款本息5500万元，地利公司确认已登记在优前公司名下的股权自本协议签署之日转移给优前公司；（2）优前公司的股权转让价款与北京公司对优前公司的借款本息自本协议签订之日自动抵充；（3）华北公司利润分配、超过1000万元的合同等事项均须得到优前公司的同意。2021年3月，华北公司章程修改为：地利公司认缴出资7000万元，持股70%，出资期限为2025年2月；优前公司认缴出资3000万元，持股30%，出资期限为2025年2月。

2022年1月，北京公司决定增加注册资本5000万元，以满足项目资质，华北公司遂决定引入老板乐创投基金。华北公司法定代表人孙某签署了书面决定：（1）决定北京公司增资5000万元，全部由老板乐创投基金实缴认购；（2）决定缩短华北公司对北京公司8000万元认缴出资的出资期限，于2022年2月全部实缴。

为能够实缴出资，华北公司召开股东会，决议本公司所有股东出资实缴期限均缩短至2022年1月15日。优前公司对此表决反对，除此之外还主张：（1）北京公司系华北公司的全资子公司，针对其增资，自己应当在持股比例内享有优先跟投的权利，否则实质稀释了自己的股东权益；（2）华北公司对北京公司缩短华北公司出资期限的决定未经华北公司股东会决议，且违反了《补充协议二》，应属无效的代表行为；（3）华北公司处分重大财产，严重损害自己权益，因此要求华北公司以合理价格回购自己的股权。会后，地利公司截取了优前公司的公章和签字页，并以此作为决议签字页。在加盖了自己的公章后，办理了市场主体登记变更。

问题：
1. 地利公司和优前公司之间的法律关系是什么？为什么？
2. 地利公司和优前公司之间的《补充协议》是否有效？为什么？
3. 优前公司就北京公司新增注册资本优先认缴的主张是否成立？为什么？
4. 优前公司就华北公司缩短出资期限的决定属于无效的代表行为的主张是否成立？为什么？

5. 华北公司缩短出资期限的决议是否通过并有效？为什么？

6. 如华北公司存在到期债务不能清偿，该债权人可否主张优前公司承担补充赔偿责任？为什么？

二、总体命题思路

本题以股权让与担保纠纷、出资期限加速到期纠纷为背景，综合了法考常规考点与实践热点。在常规考点方面，主要涉及股权让与担保、公司对外担保的效力、新股优先认缴权、代表行为的效力、公司决议的效力等。同时也涉及实践热点中决议出资加速到期的效力审查以及为全资间接控制公司担保形式审查义务的豁免等。在常规考点中，考查方式也体现出一定的变化，如股权让与担保和公司对外担保结合考查，对新股优先认缴权考查可否穿越行使。从考点的角度而言，本题具有一定的综合性和难度。从事实设置的角度来看，本题涉及多重法律关系，包括股权让与担保、股权转让、双重加速到期，同时涉及多个主体且多个主体之间具有复杂的持股关系。这些也都无疑加大了试题的难度。就设问而言，本题设问层层关联，但又不具有指向性。因此，从整体来说，本题难度要高于法考真题的难度。命制本题希望达到的目的包括：（1）训练考生在短时间内精准定位法律主体、厘清法律关系、阅读分析事实的能力；（2）训练考生在综合性考查中，融合不同知识点的能力；（3）在实践型问题等开放性设问中，作出判断并给出法律和理论解释的能力。希望考生达到上述训练预期，提升解题能力。

三、案例来源

1.《最高人民法院公报》2021 年第 3 期：上海市第二中级人民法院（2019）沪 02 民终 8024 号民事判决书：姚锦城与鸿大（上海）投资管理有限公司、章歌等公司决议纠纷案

2. 重庆市第五中级人民法院（2022）渝 05 民终 5682 号民事判决书：重庆某房地产开发有限公司与重庆市某电线电缆有限公司、某房地产开发（集团）有限公司合同纠纷案

四、答案精讲

> 1. 地利公司和优前公司之间的法律关系是什么？为什么？

答案：股权让与担保法律关系。北京公司向优前公司借款，为担保该笔借款，地利公司将其持有的华北公司的股权转移登记到优前公司名下，双方具有股权让与担保的一致合意。

考点：股权让与担保

难度：中

命题和解题思路：本题考查股权让与担保，是近年来法考的常考点与次新考点，曾多次考查。但本题的难度不大，只需要考生进行法律关系的识别即可，属于法考的送分题。当然这种送分题往往也是后续提问的铺垫，针对这种铺垫性问题，考生尤需注意。

答案解析：《民法典担保制度解释》第 68 条规定，债务人或者第三人与债权人约定将财产形式上转移至债权人名下，债务人不履行到期债务，债权人有权对财产折价或者以拍

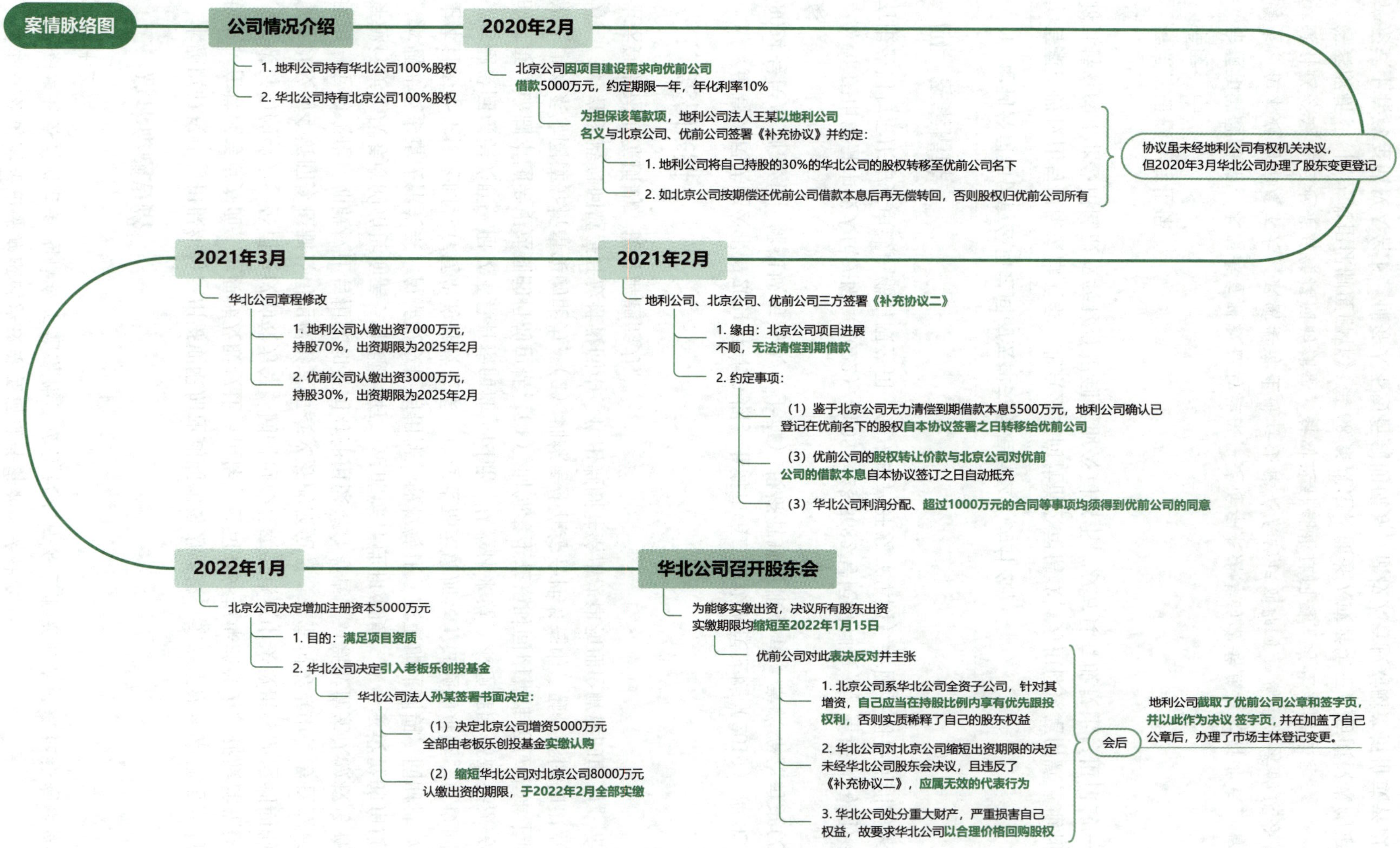

案情脉络图

公司情况介绍
1. 地利公司持有华北公司100%股权
2. 华北公司持有北京公司100%股权

2020年2月
北京公司因项目建设需要向优前公司借款5000万元，约定期限一年，年化利率10%

为担保该笔款项，地利公司法人王某以地利公司名义与北京公司、优前公司签署《补充协议》并约定：
1. 地利公司将自己持股30%的华北公司的股权转让给优前公司
2. 如北京公司按期偿还优前公司借款本息后无须再支付优前公司下述款项，否则股权归优前公司所有

协议虽未经地利公司有权机关决议，但2020年3月华北公司办理了股权变更登记

2021年2月
1. 缘由：北京公司、优前公司项目进展不顺，无法清偿到期借款

2. 约定事项：
（1）鉴于北京公司无力清偿到期借款本息5500万元，地利公司确认已登记在优前公司名下的股权自本协议签署之日转移给优前公司所有
（2）优前公司取得股权后对华北公司与北京公司其对公司的借款本息自本协议签署之日自动抵充
（3）华北公司剩余分配、超过1000万元的合同等事项均须得到优前公司的同意

2021年3月
华北公司章程修改
1. 地利公司认缴出资7000万元，持股70%，出资期限为2025年2月
2. 优前公司认缴出资3000万元，持股30%，出资期限为2025年2月

2022年1月
华北公司决定增加注册资本5000万元
1. 目的：满足项目融资
2. 华北公司决定引入老板乐创投基金

华北公司法人张某某签署书面决定：
（1）决定北京公司增资5000万元，全部由老板乐创投基金实缴认购
（2）缩短华北公司原股东出资期限，认缴出资8000万元，于2022年2月全部实缴

华北公司召开股东会
为能够实缴出资，决议所有股东出资，实缴期限需在2022年1月15日

1. 北京公司对此表达反对并主张增资，自己应当在相抵比例内享有优先认购权，否则实质剥夺了自己的股东权益
2. 华北公司对北京公司缩短出资期限的决定未经华北公司股东会决议，且违反了《补充协议》，应属无效的代表行为
3. 华北公司不分红侵害了重大财产，严重损害了自己权益，故要求华北公司以合理对价回购股权

会后
地利公司股东了优前公司公章和签字页，并以此作为决议签字页，并在加盖了公章后，办理了市场主体和登记变更

卖、变卖该财产所得价款偿还债务的，人民法院应当认定该约定有效。当事人已经完成财产权利变动的公示，债务人不履行到期债务，债权人请求参照民法典关于担保物权的有关规定就该财产优先受偿的，人民法院应予支持。债务人或者第三人与债权人约定将财产形式上转移至债权人名下，债务人不履行到期债务，财产归债权人所有的，人民法院应当认定该约定无效，但是不影响当事人有关提供担保的意思表示的效力。当事人已经完成财产权利变动的公示，债务人不履行到期债务，债权人请求对该财产享有所有权的，人民法院不予支持；债权人请求参照民法典关于担保物权的规定对财产折价或者以拍卖、变卖该财产所得的价款优先受偿的，人民法院应予支持；债务人履行债务后请求返还财产，或者请求对财产折价或以拍卖、变卖所得的价款清偿债务的，人民法院应予支持。债务人与债权人约定将财产转移至债权人名下，在一定期间后再由债务人或者其指定的第三人以交易本金加上溢价款回购，债务人到期不履行回购义务，财产归债权人所有的，人民法院应当参照第2款规定处理。回购对象自始不存在的，人民法院应当依照《民法典》第146条第2款的规定，按照其实际构成的法律关系处理。

　　该条是对让与担保的一般规定。对股权让与担保的识别，需要注意以下几个要素：（1）存在被担保的债务，即债务人或者第三人约定；（2）约定财产形式上的转移；（3）具有担保的意思，即债务人不履行到期债务，债权人有权对财产折价或者以拍卖、变卖该财产所得价款偿还债务，或者存在债务人不履行到期债务，债权人请求对该财产享有所有权的。本题中，存在被担保的主债务，约定了股权形式上的转移，并且存在如北京公司按期偿还优前公司借款本息后再无偿转回，否则股权归优前公司所有的约定，因此符合股权让与担保的构成要素。本题既提示考生识别股权让与担保，还考查考生如何回答某法律关系属于股权让与担保。

> 2. 地利公司和优前公司之间的《补充协议》是否有效？为什么？

　　答案：

　　答案一：无效。地利公司以自己持有的华北公司的股权，为自己作为实际控制人全资间接持股的北京公司提供股权让与担保，是公司对外担保，虽然未经有权机关决议，属于越权担保。因优前公司没有尽到对有权机关决议的形式审查义务也不构成无需形式审查的情形，因此不属于善意。该担保无效。

　　答案二：有效，但约定的流质条款无效。地利公司以自己持有的华北公司的股权为北京公司提供股权让与担保，是公司对外担保，虽然未经有权机关决议，属于越权担保。但北京公司是地利公司的全资子公司华北公司的全资子公司，也即地利公司全资实际控制公司。应当参照公司为其全资子公司担保，相对人无需负有形式审查义务的规定，直接推定相对人为善意。因此，该担保有效，但约定的流质条款无效。

　　考点：公司担保

　　难度：难

　　命题和解题思路：本题形式上是考查股权让与担保，实质上是在考查公司担保，具有一定的难度。难度主要体现在两点：第一，考生往往从第一问顺下来会误判本题考查股权让与担保的效力，因此想当然地回答该股权让与担保有效，但流质条款无效。这就没有识别出本题的考点：股权让与担保是非典型担保，因此如果公司为自己担保自然没有问题，如果公司为他人担保，还需要进一步适用《公司法》以及《民法典担保制度解释》中关于公司担保效力的规定；第二，即使考生判断出来需要分析该公司担保的效力，但是本题又结合了实践案例，考查了公司为自己全资间接控股的公司担保，相对方是否负有形式审查义务的开放性问题。只有冲破了这两道难题，考生才能顺利作答，因此本题具有较高的难度。考生入手这种隐晦性问题，也不必特别惊慌，应对方式就是一步步分析，一层层思考：（1）通过问题1得出了股权让与担保认定；（2）结合事实，思考为什么命题人要层层铺垫地利公司、华北公司和北京公司的持股关系，特别说明没有经过有权机关的决议——原来地利公司是为北京公司担保；（3）在复杂的持股关系中找到特殊性，都是100%持股，那么此种特殊情形下，该对外的越权担保是否还需要相对人形式审查呢？据此，本题的谜底也就呼之欲出。

答案解析：《公司法》第15条规定，公司向其他企业投资或者为他人提供担保，按照公司章程的规定，由董事会或者股东会决议；公司章程对投资或者担保的总额及单项投资或者担保的数额有限额规定的，不得超过规定的限额。公司为公司股东或者实际控制人提供担保的，应当经股东会决议。前款规定的股东或者受前款规定的实际控制人支配的股东，不得参加前款规定事项的表决。该项表决由出席会议的其他股东所持表决权的过半数通过。

《民法典担保制度解释》第7条规定："公司的法定代表人违反公司法关于公司对外担保决议程序的规定，超越权限代表公司与相对人订立担保合同，人民法院应当依照民法典第六十一条和第五百零四条等规定处理：（一）相对人善意的，担保合同对公司发生效力；相对人请求公司承担担保责任的，人民法院应予支持。（二）相对人非善意的，担保合同对公司不发生效力；相对人请求公司承担赔偿责任的，参照适用本解释第十七条的有关规定。法定代表人超越权限提供担保造成公司损失，公司请求法定代表人承担赔偿责任的，人民法院应予支持。第一款所称善意，是指相对人在订立担保合同时不知道且不应当知道法定代表人超越权限。相对人有证据证明已对公司决议进行了合理审查，人民法院应当认定其构成善意，但是公司有证据证明相对人知道或者应当知道决议系伪造、变造的除外。"

《民法典担保制度解释》第8条规定："有下列情形之一，公司以其未依照公司法关于公司对外担保的规定作出决议为由主张不承担担保责任的，人民法院不予支持：（一）金融机构开立保函或者担保公司提供担保；（二）公司为其全资子公司开展经营活动提供担保；（三）担保合同系由单独或者共同持有公司三分之二以上对担保事项有表决权的股东签字同意。上市公司对外提供担保，不适用前款第二项、第三项的规定。"

《民法典担保制度解释》第68条第2款规定："债务人或者第三人与债权人约定将财产形式上转移至债权人名下，债务人不履行到期债务，财产归债权人所有的，人民法院应当认定该约定无效，但是不影响当事人有关提供担保的意思表示的效力。当事人已经完成财产权利变动的公示，债务人不履行到期债务，债权人请求对该财产享有所有权的，人民法院不予支持；债权人请求参照民法典关于担保物权的规定对财产折价或者以拍卖、变卖该财产所得的价款优先受偿的，人民法院应予支持；债务人履行债务后请求返还财产，或者请求对财产折价或者以拍卖、变卖所得的价款清偿债务的，人民法院应予支持。"

据此可知，股权让与担保也是担保，在本题中地利公司为北京公司担保，构成了公司为股东、实际控制人之外的其他人担保，应当适用《公司法》第15条第1款的规定，即经过章程规定的股东会或董事会的决议。因没有经过有权机关决议，该决议属于越权担保。

针对该越权担保的效力，存在两种观点：

第一种观点，严格从法条出发，认为由于相对人没有履行《民法典担保制度解释》第7条规定的形式审查义务，并且不属于《民法典担保制度解释》第8条所规定的三种情形，因此该担保无效。既然该担保无效，自然也无需讨论该越权担保中流质条款的效力问题。

第二种观点为我们推荐的观点，也是实践中法院的观点。即虽然《民法典担保制度解释》第8条规定的是公司为其全资子公司提供担保，但是该条款源自《九民纪要》的规定："公司为其直接或者间接控制的公司开展经营活动向债权人提供担保"均不需要相对人负有形式审查义务。但是在《民法典担保制度解释》制定中对其进行了限缩。但是此种限缩，并不意味着完全的排除。从制度背景来说，之所以公司对其全资子公司提供担保无需相对人负有形式审查义务，是因为此时该全资子公司实际就是公司的资产，实践中往往可以并表管理。那么如果是间接持股的全资子公司，对该制度功能没有任何影响，甚至可以说是一致的。因此在实践中，针对间接全资持股的公司担保，越来越多的法院倾向于认为可以适用《民法典担保制度解释》第8条的规定。也因此，在评分中，我们一样认为此处的第二种观点应当比第一种观点赋分更多。

当然，在第二种观点下，该越权担保有效，但是因为在股权让与担保的约定中存在流质条款的约定，因此该流质条款无效。

> 3. 优前公司就北京公司新增注册资本优先认缴的主张是否成立？为什么？

答案：不成立。优前公司并非北京公司的股东，依照《公司法》的规定，在北京公司增资时，仅北京公司的股东有权主张按照实缴比例优先认缴。其虽然间接持股权益被稀释，但应当优先维护公司发展。

考点：新股优先认缴权

难度：中

命题和解题思路：本题考查新股优先认缴权的形式，但是考查的角度比较独特，即在全资子公司增资时，母公司的股东是否存在优先认缴权。关于优先购买权、优先认缴权的穿越行使问题，在实践中屡有出现。针对优先购买权的穿越行使问题，主流观点认为一般不可以，除非构成恶意损害股东权益的违法行为；针对新股优先认缴权的穿越行使，道理也类似。考生首先需要知道优先认缴权的治理原理，即公司本身具有向谁增资的自由，但是为了维护公司人合性以及股东持股比例不被稀释，公司法赋予了有限公司股东新股优先认缴权，这本身就是对公司自由增资权利的限制，因此这种限制一方面需要有法律依据，另一方面也需要平衡公司和股东的合法权益。在这一背景下，本题的答案即可得出。

答案解析：《公司法》第227条规定，有限责任公司增加注册资本时，股东在同等条件下有权优先按照实缴的出资比例认缴出资。但是，全体股东约定不按照出资比例优先认缴出资的除外。股份有限公司为增加注册资本发行新股时，股东不享有优先认购权，公司章程另有规定或者股东会决议决定股东享有优先认购权的除外。

据此可知，在公司新增资本时，拥有新股优先认缴权的主体是公司的股东。优前公司并非北京公司的股东，因此其主张没有法律依据。虽然其间接持股权益会被稀释，但这也是为了公司的发展，在没有法律依据的情形下，应当维护公司增资的权利。

4. 优前公司就华北公司缩短出资期限的决定属于无效的代表行为的主张是否成立？为什么？

答案：

答案一：不成立。虽然优前公司和地利公司、华北公司《补充协议二》约定，超过 1000 万元的合同等事项均须得到优前公司的同意，但并未修订到章程中，仅具有合同的效力。法定代表人的代表职权可由法律、章程与股东会决议限制，因此华北公司法定代表人代表公司作出愿意缩短出资期限的行为并未超越代表权限，该代表行为有效。

答案二：成立。优前公司和地利公司、华北公司《补充协议二》约定，超过 1000 万元的合同等事项均须得到优前公司的同意，虽然未修订到章程中，但因为得到全体股东的一致同意，对公司也具有约束力。华北公司决定加速到期其出资期限，其超过 1000 万元的投资行为，应当经过股东会决议且须得到优前公司的同意。因此，构成越权代表行为。并且北京公司系华北公司的全资子公司，可以认定北京公司对此知情。因此，该越权代表行为无效。

考点：代表行为、股东协议

难度：难

命题和解题思路：本题主要考查代表行为。近几年该考点很少直接考查，但确是商法中重要的知识点。一方面该考点与越权担保行为的效力密切联系，另一方面该考点也与代表权的限制密切相关。首先，考生需要掌握代表行为效力分析的三个要素：(1) 具有合法代表人资格；(2) 以公司名义；(3) 在代表职权范围。其次，考生还要针对代表职权了解对代表人职权的限制，主要是法律、章程和股东会决议。在此基础上，股东协议是否可以认为是公司章程或者股东会决议，或者说对公司是否具有约束力，又是《公司法》中的理论和实践的前沿问题。具有一定的难度。最后，本题还考查了考生对《公司法》第 15 条的理解：该条既规定了公司对外投资的限制也规定了对外担保的限制。在此基础上，公司对外越权担保，相对人负有形式审查义务；那么公司对外投资是否一致呢？考生需要回应上述三个层次的问题，才能作出正确的理解。

答案解析：《民法典》第 61 条第 3 款规定，法人章程或者法人权力机构对法定代表人代表权的限制，不得对抗善意相对人。

《公司法》第 15 条第 1 款规定，公司向其他企业投资或者为他人提供担保，依照公司章程的规定，由董事会或者股东会决议；公司章程对投资或者担保的总额及单项投资或者担保的数额有限额规定的，不得超过规定的限额。

观点一系从《民法典》第 61 条出发，认为对法定代表人代表权的限制仅能是公司章程、股东会决议或者法律。对此，虽然股东之间存在关于投资的约定，但是并未上升为公司章程。因此在此背景下，股东协议对公司没有约束力，即股东协议并不具有组织法的效力。因此该代表行为有效。

观点二也是从《民法典》第 61 条出发，但是与观点一的不同之处在于，认为股东协议尤其是全体股东签订的公司知情的股东协议，对公司具有约束力，可以作为公司治理规范。在这一点上其效力与公司章程、股东会决议事实上没有区别，因此自然也可以对代表人职权进行限制，进而该越权行为不能对抗善意相对人。在本题中，行为的相对人是北京公司，系华北公司的全资子公司，很难认定北京公司属于善意，因此该行为无效。

最后，还需要交代的一点是，很多考生在此可能考虑《公司法》第 15 条的规定，认为公司对外投资也属于需要章程规定的股东会或者董事会决议的事项，进而认为此时也可以与对外越权担保一样，相对人首要履行形式审查义务才能推定善意。请注意：这种相对较强的审查义务，是公司法实践演化而来的，最终通过《九民纪要》《民法典担保制度解释》所确立的特别规定。在没有规定的情形下，不应类推适用，否则可能会影响交易的稳定性。因此，除《民法典担保制度解释》所规定的情形外，一般越权代表的相对人应当适用的是弱的善意标准，即可以首先推定为善意。

> **5. 华北公司缩短出资期限的决议是否通过并有效？为什么？**

答案：

答案一： 该决议虽然通过但是无效。虽然该决议得到了代表 70% 表决权股东的同意，但优前公司对出资享有期限利益，该决议损害了优前公司的出资期限利益，因此该决议因内容违法而无效。

答案二： 不是公司决议，仅对同意的股东地利公司有效。出资的期限利益是股东的个人权利，不属于股东会职权范围，不是公司决议，因此仅针对同意的股东有效。优前公司对此反对，因此不产生对优前公司的法律约束力。

考点： 认缴出资期限、公司决议

难度： 中

命题和解题思路： 本题考查股东认缴出资的期限利益。实践中，公司决议出资期限加速到期，需要全体股东一致同意的裁判规则的前提，即认为期限利益是股东的合法权益。公司在未经股东同意的情形下，对其决议加速到期，对于该股东自然无效。但是本题存在两种不同的解决思路：第一，认为该决议损害股东利益，因此该决议因违法而无效；第二，认为该决议不是公司决议，超越股东会的职权，因此只针对同意的股东有效，对不同意的股东无效。

答案解析： 在认缴制之下，股东对其出资期限享有期限利益，已为《九民纪要》所确认，虽然 2023 年《公司法》规定了法定加速到期的情形，但是本题考查的是不属于法定加速到期的情形。对此实践中往往要求加速到期的决议需要得到全体股东的一致同意，否则无效。这也是观点一的态度。

观点一从实践裁判规则发展而来，认为期限利益是股东的合法权益，需要全体股东一致同意决议才有效，否则损害股东的个人权利，因此该决议因内容违法而无效。我们推荐对商法基础理解不是很深厚的同学理解记忆本观点。这可能也是法考的倾向性答案。但是观点一实际上存在相应问题，如果决议无效，那么对于同意的股东而言，加速到期也无效吗？同意加速到期的股东是否因此需要履行出资义务呢？

观点二实际上是对这一问题的更为深入的分析，我们不推荐考生记住这个答案，但推荐考生理解相关思路：出资期限约定在股东和公司的出资协议中，是股东享有的合法权利。针对该合法权利，股东自然可以主张放弃。但如果部分股东不放弃，则公司也不能以决议方式剥夺。因为针对股东的个人权利，并非公司的自治范围。因此将其处理为不是公司决议即可很好地解决该问题。但是这一观点也存在相应的问题，即出资期限毕竟是记载在公司章程之中的，而章程对股东具有约束力。因此，绝对地说这不是公司自治事项可能也存在争议。

该题目答案灵活，我们并不要求考生一定要掌握上述两种答案，恰恰相反，本题的设计实际是在提示考生：所谓商法主观题的灵活性实际上是有深入的根基的，这种深入的根基就是考生对基础概念的理解。在这一基础上，开放性问题，只要能够言之成理，均可得分。这是商法主观题可怕也是可爱之处。

> **6. 如华北公司存在到期债务不能清偿，该债权人可否主张优前公司承担补充赔偿责任？为什么？**

答案： 可以。公司存在不能清偿的债务，已到期的债权人可以主张股东提交缴纳出资，在公司不能清偿的范围内承担补充赔偿责任。

考点： 认缴出资的加速到期

难度： 难

命题和解题思路： 本题在 2023 年《公司法》修订前属于实践中的疑难问题，但是在 2023 年《公司法》修订后变得简单。2023 年《公司法》明确了公司不能清偿债务时的出资加速到期，相信这也会成为 2024 年法考出题的热点。

答案解析：《公司法》第 54 条规定，公司不能清偿到期债务的，公司或者已到期债权的债权人有权要求已认缴出资但未届出资期限的股东提前缴纳出资。

据此，该债权人作为已到期的债权人，在公司存在债务不能清偿时可以主张加速到期，进而要求就公司不能清偿的债务由该股东承担补充赔偿责任。这在前述几题中已经涉及，不再赘述。

评分细则（共 28 分）

1-6 题满分为：4 分、6 分、4 分、6 分、4 分、4 分。

1. 股权让与担保（2 分）。为担保借款将股权转移登记到债权人名下（2 分）。

2. 答案一：无效（1 分）。属于越权担保（1 分），没有尽到对决议的形式审查义务（1 分），也不构成无需形式审查的情形（1 分），不构成善意（1 分）。

    答案二：有效（2 分）。但约定的流质条款无效（1 分）。属于越权担保（1 分），债务人为担保人全资实际控制公司（1 分），应当参照公司为其全资子公司担保相对人无需负有形式审查义务的规定（1 分）。

3. 不成立（2 分）。其并非北京公司的股东（2 分）。

4. 答案一：不成立（2 分）。《补充协议二》并未修订到章程中（1 分），法定代表人的代表职权可由法律、章程与股东会决议限制（2 分），该代表行为并未超越代表权限（1 分）。

    答案二：成立（2 分）。《补充协议二》得到全体股东的一致同意，对公司具有约束力（2 分），构成越权代表行为（1 分），北京公司系华北公司的全资子公司，可以认定其知情（1 分）。

5. 答案一：通过但是无效（2 分）。决议损害了优前公司的出资期限利益（1 分），内容违法（1 分）。

    答案二：不是公司决议（2 分）。出资的期限利益不属于股东会职权范围（2 分）。

6. 可以（2 分）。公司存在到期债务不能清偿（1 分）。已到期债权人可以主张加速到期（1 分）。

刑 法

第一题（本题 31 分）

一、试题

案情： 某公司女员工杜某一直暗恋其同事武某。某日，杜某趁公司团建聚餐，喝了半斤烈酒，意图醉酒后鼓足勇气向武某表白。团建后，武某提出顺路送醉酒的杜某回家，杜某在车上借酒劲向武某表白并对武某上下其手，武某按捺不住，将车停在路边准备与杜某发生性关系。杜某此时酒已将醒，便趁机追问武某是否同意做其男朋友，武某说"我再考虑考虑吧"，就要与杜某发生性关系。杜某拒绝，说"等你考虑好了再做这个吧"。武某此时已经无法自已，遂将杜某压在身下，强行脱去其衣裤。杜某情急之下，随手摸到一把扳手，朝武某脑袋上狠砸过去，武某晕厥并流血不止。

杜某穿好衣服，酒也醒了大半，试过武某鼻息后，确认其还有呼吸，于是开车把武某送到附近黄某经营的私人诊所。黄某明知武某伤势很重，而自己诊所条件有限，但考虑到最近的正规医院离诊所还有近一个小时的路程，如果现在不马上救治而转送医院，武某将很难存活。

杜某看到黄某面露难色，便许以重金，黄某听罢，不再犹豫。于是为武某注射了兽用麻醉剂之后做了手术。手术后，武某一直处于昏迷状态，黄某对杜某称这是正常现象。武某在黄某的诊所里躺了两天才苏醒过来。醒来后，发现下肢神经坏死，不得不截肢。事后查明，由于黄某注射的麻醉药剂量过大且在手术中破坏到了武某的腿部神经。

做完双腿截肢手术后的武某心如死灰，心存愧疚的杜某一直陪伴左右，最终两人登记结婚，并在 2018 年 10 月生育有一子小武。但由于武某完全丧失劳动能力，时间一长，杜某对家庭丧失了信心。2019 年 8 月与钱某产生了婚外恋，两人在外租房同居。

两年后，杜某和钱某希望名正言顺地在一起，便由杜某回家提出与武某离婚，被武某拒绝。随后钱某产生了杀害武某的意图，便告诉杜某自己的计策，让其帮助自己完成。按照计策，杜某回家后假意要与武某好好生活，还做了一顿丰盛的晚餐，说要与武某好好喝一顿。实际上，杜某在武某的酒中下了安眠药，意图等其睡着后，守候在门口的钱某进门将其勒死，然后与杜某一起将尸体拉到郊外荒山上掩埋。武某看到杜某回心转意很高兴，一直抱着小武逗乐，杜某看到这一幕，突觉不忍，便装着不经意撞倒了武某桌前的酒杯。后借上卫生间的机会给钱某发信息，告诉他"计划取消"，出来后继续吃饭。

钱某看到信息后不知道发生了什么，便直接翻院墙走了进来，武某看到钱某气不打一处来，举起碗筷就砸向钱某，钱某上前用绳子勒住武某的脖子。杜某看到后，忙说"不要打了，不要打了"，一边急忙捂住小武的眼睛，将其带往卧室哄其睡觉。片刻后，等小武睡着了，杜某出来一看，武某已经没了声息，便与钱某一起将其搬到车上，拉到郊外荒山，钱某下车挖好坑，两人将武某抬到坑里，钱某对杜某说："刚才被砸了几下，头有点晕，你埋吧，我去车上休息。"说完就转身回到车上。杜某刚铲了两下土，武某悠悠醒来说："我成全你们，但你要把小武养大。"杜某听罢心酸不已，想留武某一条性命，又担心被钱某发现，便用铲子拍晕了武某，又用沙土填埋了其颈部以下的部位，之后用树枝将武某头部虚掩，打算先骗过钱某，第二天再来解救武某。杜某回到车上告诉钱某已经把尸体埋好，让钱某赶紧开车离开。

翌日，杜某独自回到现场，发现武某已经被山上的野狗咬死，尸体被啃食大半。

问题：

请全面评价本案中武某、杜某、黄某、钱某的行为（包括所犯罪行的性质、犯罪形态、共同犯罪、罪数等），如有争议的观点请展示并阐述理由。

二、总体命题思路

本题考查了共犯中止、未完成形态、紧急避险、强奸罪、过失致人死亡罪、过失致人重伤罪、故意杀人罪、毁灭证据罪等罪名。应该说，本题考点并不偏，但考查的知识点均为重要的基本考点，而且考查的方式比较灵活，非常考验考生的专业基本功。例如，杜某碰到酒杯并给钱某发短信的行为，究竟能否认定为共犯中止，这就需要恪守共犯中止的基本条件来回答。

三、答案精讲

请全面评价本案中武某、杜某、黄某、钱某的行为（包括所犯罪行的性质、犯罪形态、共同犯罪、罪数等），如有争议的观点请展示并阐述理由。

答案：

一、武某的刑事责任

武某将杜某压在身下，强行脱去其衣裤意图发生性关系的行为，侵犯了杜某的性自主决定权，成立强奸罪。其在脱杜某衣服时被砸晕，没有完成奸淫行为，系强奸未遂。

二、杜某的刑事责任

1. 杜某拿扳手朝武某脑袋上砸的行为，不成立犯罪。系行使无限防卫权的行为。

2. 杜某酒后送医的行为，存在两种情形。一是，如果当时可以选择打120或者喊出租车送武某到医院，却选择自己开车送武某到私人诊所的行为，则构成危险驾驶罪。这并非不得已的情况，不能成立紧急避险；二是，如果当时等不到出租车且来不及等120救护车，自己开车送医系不得已的情形，则可以认为成立紧急避险。

3. 杜某在武某一直处于昏迷状态时，仍听信诊所医生黄某所言，导致武某被截肢的行为，系过失致人重伤罪。杜某在医院的选择上存在过错，且其自愿承担救助义务，其应该预见到黄某的医术与小诊所的医疗环境可能存在问题，在武某出现昏睡不醒的情况下，应及时将其送往正规医院救治。但其轻信黄某的话，没有履行进一步的救助义务，造成重伤结果。

4. 杜某碰倒酒杯，并给钱某发信息，告诉他"计划取消"的行为，成立故意杀人罪的共犯脱离，成立故意杀人罪的预备阶段的中止。因为杜某消除了自己对于钱某的心理和物理上的作用。

5. 杜某在钱某上前用绳子勒住武某的脖子时，呼喊"不要打了"有两种观点：观点

刑 法

案情脉络图

杜某暗恋同事武某

1. 杜某趁公司团建，喝了半斤烈酒，就借酒后胆壮向武某表白
2. 团建后武某顺路送醉酒的杜某回家，杜某在车上欲抱武某被拒绝，表白并上下其手，武某挣脱不得，停车准备与杜某发生性关系
3. 杜某酒醒，趁机问武某是否做她男朋友，武某说："我再考虑考虑吧"，就要与杜某发生性关系，杜某说"要不考虑好了再做这个吧"
4. 武某此次无法自己，遂将杜某压在身下，强行脱去其衣裤，朝杜某脸上泄欲，武某鼻血不止流血不止
5. 杜某情急之下，随手摸张板砖，朝武某脸上砸去，武某鼻血不止流血不止

杜某确认武某还有呼吸，开车将其送到附近武某经营的私人诊所

1. 黄某明知武某伤势很重，自己诊所条件有限，如现在不马上救治而转送到正规医院附近有1h路程，便许以重金，武某感到难推拒
2. 杜某对黄某面露难色，便许以重金，黄某不再犹豫，为武某做手术
3. 术后武某一直处于昏迷状态，黄某对杜某称这是正常现象，因注射的麻醉剂量过大且在手术中损伤了武某腿部神经（事后查明是武某两天后才苏醒，醒来后发现下肢神经坏死，遂截肢

双腿截肢手术后的武某心如死灰

1. 杜某心存愧疚并一直陪伴左右，后两人登记结婚，并在2018年10月生育一儿子小武
2. 因武某完全丧失劳动能力，时间一长，杜某对家庭丧失信心，2019年8月与钱某婚外恋并同居

杜、钱想结婚，便让杜某回家和钱某提离婚

1. 武某拒绝
2. 钱某产生了杀害武某的意图，告诉杜某自己的计策，并以丰厚酬劳为由与杜某好好喝一顿。按照计策，杜某在武某好友家住小区眼睛，将杜某带往卧室帮其睡觉的钱某将武某打死，然后与杜某一起将尸体拉到郊外荒山上掩埋
3. 待小武睡着，杜某出来看武某已无声息，便与钱某将武某抬到车上，两人将武某拉到荒山的坑里
4. 杜某铲了两铲土，武某醒来说成全他，钱某两人，抱着小武迈步，杜某见状手心不忍，便装不经意踹倒了武某酒桶，后钱某发现信息，告诉他"计划取消"

守在门口的钱某不明所以，便翻墙进屋

1. 武某见钱某后动手，钱某上前用绳子勒武某
2. 杜某见状说不要打了，指住小武眼睛，将钱某带往卧室帮其睡觉
3. 杜某出来看武某已无声息，便与钱某将武某抬到车上，两人将武某拉到荒山的坑里
4. 杜某铲了两铲土，武某醒来说成全他俩，但要求两人把小武养大。杜某心软不已，想留武某性命，又担心被钱某发现，便用铲子拍晕她，打算先埋过钱某，第二天再来救武某
5. 杜某回车上告诉钱某已把尸体埋好，让钱某赶紧开车离开

翌日杜某独自回到现场

发现武某已被山上野狗咬死，尸体被啃食大半

· 239 ·

一，其具有救助义务，但故意没有履行应尽的救助义务（如报警、外出呼喊），成立不作为的故意杀人罪（未遂）；观点二，其虽有救助义务，但不具有救助可能性，不成立犯罪。

6. 杜某将武某掩埋，后将其拍晕，意图第二天救回的行为。根据上一题结论，如果认为杜某对其死亡不构成犯罪，则成立帮助毁灭证据罪，但因自动停止，系犯罪中止。将其拍晕后就应该预见到武某一人在荒山上有危险，却因过于自信的过失仍选择这样做，或是因疏忽大意没有预见，导致武某死亡，成立过失致人死亡罪。

如认为杜某成立故意杀人罪，则不成立帮助毁灭证据罪，但对武某的最终死亡结果，有不同观点：观点一认为，成立故意杀人罪未遂和过失致人死亡罪，数罪并罚；观点二认为，成立故意杀人罪既遂。理由是虽然介入了拍晕武某以及野狗撕咬等介入因素，但此种错误并未产生重大偏离。因此，杜某应承担故意杀人罪既遂的刑事责任。

三、黄某的刑事责任

1. 黄某为武某注射了兽用麻醉剂之后做手术的行为，不构成犯罪。因为对武某的伤口做紧急处理是唯一能够保全其生命的措施，不能构成医疗事故罪，而是紧急避险的行为。

2. 对于武某昏睡并致截肢的行为，黄某成立医疗事故罪和过失致人重伤罪的想象竞合，从一重论处。黄某在医疗中，对昏睡不醒的情况，应当有所预见，却因过失而未能预见，或者已经预见但轻信能避免，因此对重伤结果应当负责。

四、钱某的刑事责任

钱某意图在武某迷晕后杀人的行为，因杜某的中止行为，成立故意杀人罪预备。

钱某翻墙进入武某家中，意图杀害武某，系事前故意，对其处理，有不同观点。观点一认为，钱某的行为成立故意杀人罪未遂和过失致人死亡罪既遂，数罪并罚；观点二认为，成立故意杀人罪既遂。我赞同后一种观点，理由是虽然介入了杜某拍晕武某以及野狗撕咬等介入因素，但此种错误并未产生重大偏离。因此，钱某应承担故意杀人罪既遂的刑事责任。

难度：难

考点：共犯中止、未完成形态、紧急避险、强奸罪、过失致人死亡罪、过失致人重伤罪、故意杀人罪、毁灭证据罪

答案解析：武某的行为成立强奸。武某此时已经无法自已，遂将杜某压在身下，强行脱去其衣裤的行为，属于实行了强奸罪中的手段行为。可能有考生认为武某的行为系杜某同意的行为，但问题是，妇女有权随时推翻之前的同意，在武某实行时杜某并没有同意发生性关系，因此武某仍构成强奸罪。我国《刑法》第20条第3款规定，对正在进行行凶、杀人、抢劫、强奸、绑架以及其他严重危及人身安全的暴力犯罪，采取防卫行为，造成不法侵害人伤亡的，不属于防卫过当，不负刑事责任。既然武某成立强奸罪，则杜某拿扳手朝武某脑袋上砸的行为，就是行使无限防卫权的行为，不成立犯罪。

杜某如果在能够喊出租车或者拨打120的情况下，选择酒后自己开车送武某去小诊所，这已经不符合紧急避险中的"不得已"原则了。因此，其行为侵害了公共交通安全，成立危险驾驶罪。反之，则不成立危险驾驶罪，成立紧急避险，阻却对公共交通安全侵害的违法性。

杜某在武某一直处于昏迷状态时，仍听信诊所医生黄某所言，导致武某被截肢的行为。成立过失致人重伤罪。杜某在医院的选择上存在过错，由于其自愿承担救助义务，应

当预见到黄某的医术与小诊所的医疗环境可能存在问题，在武某出现昏睡不醒的情况下，应当将其送往正规医院救治，却轻信黄某的话，没有履行进一步的救助义务，造成重伤结果。因此，应成立过失致人重伤罪。同时，黄某在治疗时，明知自己诊所条件和自身治疗水平有限，且使用了兽用麻醉剂，在动完手术后就应该及时将武某送往医院，但其在武某处于昏睡状态时，仍不履行相关义务，导致武某被截肢。对此，不能认为其主观上对重伤结果没有过失。因此，黄某成立过失致人重伤罪，同时也成立医疗事故罪。属于一行为触犯数罪名，侵犯人身健康和医疗秩序两个法益，系想象竞合犯，应从一重罪论处。

杜某故意碰倒酒杯，并给钱某发信息，告诉他"计划取消"的行为，成立故意杀人罪的共犯脱离，成立故意杀人罪预备阶段的中止犯。共犯脱离，必须消除行为人对于其他共犯人物理和心理上的积极作用。有同学可能会认为，杜某已经在酒里下了毒，系按照计划行事了。但问题在于，第一，犯意的产生并非杜某所致，不存在消除自己对其他共犯人心理上的积极作用；第二，其在酒中下毒的行为，还未及着手，故意将酒杯碰到后，已经消除了物理上的积极作用。因此，可以说杜某的行为系共犯脱离，导致与钱某的故意杀人共犯进程终止。杜某在钱某上前用绳子勒住武某的脖子时，呼喊"不要打了"有两种观点：观点一认为其具有救助义务，但故意没有履行应尽的救助义务，例如在房间内报警、打开门外出呼喊等，而只是喊不要打了，这并非尽到了自己应尽的救助义务，成立不作为的故意杀人罪（未遂）；观点二认为，其虽有救助义务，但不具有救助可能性，即不能期待其冒着同样被害的危险呼救，因此，不成立犯罪。

钱某看到信息后不知道发生了什么，便直接翻院墙走了进来的行为，并非是在继续与杜某的共同杀人行为，而是另外开始的一个新的排除了杜某参与的杀人行为，其用绳子勒住钱某的脖子的行为，属于杀人行为，对此行为存在故意。钱某误认为该行为导致了结果发生，出于掩埋罪证的目的，实施第二个行为。实际上，正是第二个行为，即掩埋行为才最终导致了结果的发生，钱某主观上对此存在过失。有观点认为，第一个行为当时没有造成既遂结果，就成立故意杀人罪未遂，后续的掩埋行为，对死亡结果具有过失，因此，成立过失致人死亡罪。但问题是，介入了杜某故意的中止行为以及野狗撕咬等狭义的因果关系错误，但此种错误并未产生重大偏离，钱某掩埋武某的行为，对其生命法益产生了重大的危险，仍需要对死亡结果负责。即第一个行为与结果之间的因果关系并没有中断，仍应肯定第一个行为与结果之间的因果关系。

对于杜某而言，其拍晕武某的行为，如果认为前行为不构成犯罪，那么拍晕行为，属于《刑法》第307条第2款规定的帮助毁灭证据罪的中止，但因为其应该预见到将处于重伤且被掩埋状态的武某置于荒山上，会发生危及生命的结果，但却因过失而未能预见，因此成立过失致人死亡罪。如果认为前行为成立故意杀人罪，那么将其掩埋的行为，因主体不适格，不成立帮助毁灭证据罪，但对武某的最终死亡结果，有不同观点：观点一认为，成立故意杀人罪未遂和过失致人死亡罪，数罪并罚；观点二认为，成立故意杀人罪既遂。理由是虽然介入了拍晕武某以及野狗撕咬等介入因素，但此种错误并未产生重大偏离。因此，杜某应承担故意杀人罪既遂的刑事责任。

评分细则（共31分）

1-4部分满分为：4分、15分、5分、7分

1. 武某：压制反抗侵犯性自主权（1分），成立强奸罪（1分）。意志外原因没有完成奸淫行为（1分），强奸未遂（1分）。

2. 杜某：拿扳手朝武某脑袋上砸属于正当防卫（1分），酒后送医，如果有其他选择，送医构成危险驾驶罪（1分），如果情况紧急别无选择则成立紧急避险（1分）。

医院的选择上存在过错（1分），没有履行进一步的救助义务（1分），导致武某被截肢构成过失致人重伤罪（1分）。

告诉钱某"计划取消"成立故意杀人罪预备阶段的脱离（或答预备阶段的中止都可给分）（1分）。

杜某在钱某上前用绳子勒住武某脖子时，呼喊"不要打了"，有两种观点：观点一，其具有救助义务，但故意没有履行应尽的救助义务，成立不作为的故意杀人罪（1分）；观点二，其虽有救助义务，但不具有救助可能性，不成立犯罪（1分）。

如认为杜某不成立不作为的故意杀人罪，则将武某掩埋的行为，成立帮助毁灭证据罪（1分），犯罪中止（1分）；将武某拍晕并留在荒山上成立过失致人死亡罪（1分）。

如认为杜某成立不作为的故意杀人罪，则掩埋并致武某死亡的行为，有不同观点：观点一认为，成立故意杀人罪未遂和过失致人死亡罪，数罪并罚（1分）；观点二认为，成立故意杀人罪既遂（1分）。理由是虽然介入了拍晕武某以及野狗撕咬等介入因素，但此种错误并未产生重大偏离（1分）。

3. 黄某：为武某注射了兽用麻醉剂之后做手术构成紧急避险（1分），唯一能够保全生命的措施（1分）；昏睡并致截肢成立医疗事故罪（1分）和过失致人重伤罪（1分）的想象竞合从一重论处（1分）。

4. 钱某：意图在武某迷晕后杀人的行为，因杜某的中止行为，成立故意杀人罪预备（1分）。翻墙进入武某家，意图杀害武某系事前故意（1分）。观点一：故意杀人罪未遂（1分）和过失致人死亡罪既遂（1分）；观点二：成立故意杀人罪既遂（1分）。认同观点二（1分），介入因素未导致因果关系产生重大偏离（1分）。

第二题（本题31分）

一、试题

案情：在某国企厂区部分管道被国家征占的过程中，该企业厂长周某串通社会人员侯某，伪造转让合同将该管道转让给侯某，以期达到二人非法占有拆迁补偿款的目的。侯某以该虚假转让合同和其他虚假材料为依据，向时任拆迁组组长张某、副组长李某索要补偿款240万元，并表示事成之后要对二人表示感谢（经事后评估该管道评估价值仅为30万元）。张某、李某经过合谋，在拆迁补偿项目中虚增了近200万元的林木补偿款。在240万补偿款支付给侯某后，张某以"工作开销"为名向侯某借款15万元（未打借条，至案发也未归还，侯某在案发后的供述中也承认名义是借但不打算要回）。此外，侯某送给李某30万元，李某未敢收。（事实一）

一年后，侯某家附近开了一家中石化加油站，侯某想采取对加油机更换芯片、通过芯片控制加油机以减少对客户发油量的方式谋取利益，便想办法与加油站站长程某和员工刘

某联系，两人同意。侯某便找到卖芯片的商家王某，向其咨询芯片的定制情况。王某听后感觉很奇怪，便问侯某买这个芯片准备做什么，侯某如实相告，王某沉默片刻，对侯某说："刚才的报价我做不了，价格得翻一倍。但不管怎么样，我劝你还是不要干坏事。"王某做好后，侯某等人按计划进行，对进站加油的客户减少发油量（没有客户专门注意到实际上加了多少油），一段时间以后，将减少出来的油累积起来后卖出，数额巨大。（事实二）

厂长周某所在企业的车间里有两套相同的生产设备，一套是周某的企业所有，另一套是租用该车间的 A 企业所有，两套设备共用一套排污口。某日，环保局接到举报电话，便来周某企业检查，发现所排放的河流中汞、镉重金属超过国家污染物排放标准的四倍。周某和 A 企业负责人单某均辩解说，虽然该河流只有他们两家在排污，但自己的企业如果单独排污并不会造成严重污染的后果。事后查明，也确实如此。（事实三）

王某后来听说侯某在加油站获益非常大，很眼红，便找到侯某，对其说："那个芯片算我入股的，不然我就去举报。"侯某听罢，与程某、刘某商量准备把王某的脚筋砍断，具体由刘某来执行。当晚王某下班回家，刘某尾随其后，拿出随身携带的砍刀对准王某的右脚脚踝就砍过去，王某遭砍后倒在地上，结果恰巧与王某有仇的孙某也正准备暗杀王某，在刘某拿出砍刀之时，孙某正持枪瞄准，在扣动扳机时正好王某倒地而没有被击中，却击中了王某身后的刘某。刘某倒地后流血不止，孙某赶忙逃跑。刘某和王某被闻声赶到的小区保安送到了医院。经抢救，刘某虽然重伤，但捡回一条命，王某因脚筋被砍断，终身残疾。后案发。（事实四）

问题：

1. 就事实一，周某、侯某、张某、李某的行为应如何定性？为什么？其中有辩护人认为张某、李某虚增补偿款的行为仅成立滥用职权罪，你是否同意该观点？理由是什么？

2. 就事实二，关于侯某、程某、刘某的行为定性，有观点认为成立盗窃罪，你是否同意该观点？理由是什么？

3. 就事实二，关于王某的行为定性，可能存在哪些观点？各自的理由是什么？

4. 就事实三，关于周某和单某的行为，辩护人认为两人都不构成犯罪，你是否同意该观点？理由是什么？

5. 就事实四，王某、侯某、程某、刘某、孙某的行为应如何定性？如有不同观点，请展示并阐述理由。

二、总体命题思路

本题源于真实案例，考查了贪污罪、滥用职权罪、诈骗罪、污染环境罪、重叠的因果关系、敲诈勒索罪、偶然防卫、打击错误等重要知识点，其中污染环境罪考查较少，但本题是借污染环境罪考查重叠因果关系的处理。事实一和事实二中涉及对贪污罪和诈骗罪的考查，具有一定的迷惑性，需要同学们领会这两个罪的关键构成要件，即非法占有的理解和处分行为的内涵。

三、案例来源

1. 青海省格尔木市人民法院（2016）青 2801 刑初 243 号刑事判决书
2. 《民主与法制》周刊 2022 年第 5 期：张明楷《污染环境罪中"严重污染环境"的认定》

四、答案精讲

> 1. 就事实一，周某、侯某、张某、李某的行为应如何定性？为什么？其中有辩护人认为张某、李某虚增补偿款的行为仅成立滥用职权罪，你是否同意该观点？理由是什么？

答案：（1）成立贪污罪共犯。周某和侯某虽采用虚构事实，隐瞒真相的手段，但其获取补偿款是与张某和李某之间形成贪污罪共犯，后两者利用主管补偿款的职务便利，以让周某和侯某占有的意图，侵吞了补偿款，使国家遭受了财产损失，成立贪污罪。周某、侯某另成立行贿罪。

（2）不同意。认为张某、李某虚增补偿款的行为仅成立滥用职权罪的观点，是将贪污罪仅理解为自己占有，但其实贪污罪也包括意图让第三人占有公共财物。当然二人的行为也构成滥用职权罪，与贪污罪成立想象竞合。另张某成立索贿型的受贿罪，与贪污罪数罪并罚。

难度：难

考点：贪污罪、滥用职权罪

命题与解题思路：一直以来，我们惯性认为，贪污罪是自己占有公共财物，但实际上，贪污罪的法条中并没有限定是由自己占有。实际上，意图让他人占有公共财物，也侵犯了职务的廉洁性（张明楷：《通过职务行为套取补偿款的行为性质》，载《法学评论》2021年第2期）。本题正是希望考生认识到这一点。

答案解析：司法实践中，往往认为国家工作人员没有将公共财物据为己有的，就不成立贪污罪，即仅将财产罪的"非法占有目的"理解为行为人本人占有，而不包括第三者占有。但实际上，使第三人非法占有公共财产，也符合贪污罪的本质。如果国家机关工作人员对补偿款具有处分权限，即属于主管公共财物的人员（包括对下级管理补偿款的人员的职务行为具有支配权的情况），在明知他人骗取补偿款的情况下依然决定发放补偿款，成立贪污罪。如果国家机关工作人员不具有上述权限，则构成诈骗罪的共犯。这两种情况同时也触犯了滥用职权罪。同时，具有处分权限的国家工作人员违规决定将补偿款发放给他人，进而收受贿赂的，即使没有分赃，也应按照贪污罪和受贿罪实施数罪并罚，不具有处分权限的国家工作人员利用职权帮助他人骗取补偿款的，同时索取收受贿赂的，则应该将受贿罪和诈骗罪实行数罪并罚。

> 2. 就事实二，关于侯某、程某、刘某的行为定性，有观点认为成立盗窃罪，你是否同意该观点？理由是什么？

答案：不同意，不成立盗窃罪。换芯片成立诈骗罪。事后偷卖汽油，构成贪污罪。两罪数罪并罚。其获得的汽油是基于虚构事实（换芯片）使加油的车主陷入认识错误，误以为已经充到相应数量钱款的油了，进而放弃了对未充到位的汽油的债权（先付款后加油）或多处分了自己的加油款（先加油后付款）。而非基于秘密窃取获得的汽油。诈骗所得的汽油应属单位所有，三人将其偷卖的行为，另成立贪污罪。

难度：难

考点：贪污罪、诈骗罪

案情框架图

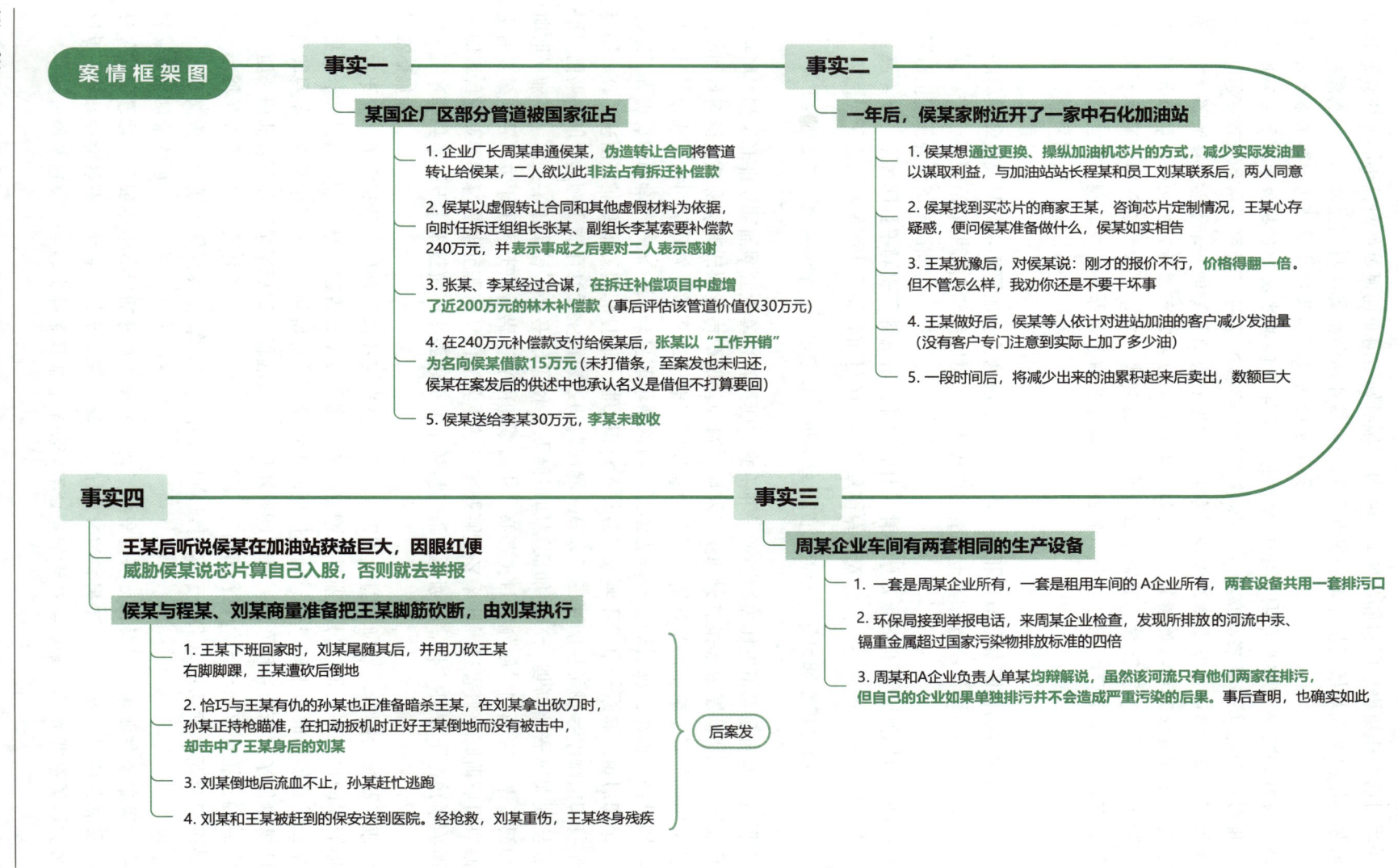

事实一
某国企厂区部分管道被国家征占

1. 企业厂长周某串通侯某,伪造转让合同将管道转让给侯某,二人欲以此非法占有拆迁补偿款
2. 侯某以虚假转让合同和其他虚假材料为依据,向时任拆迁组组长张某,副组长李某索要补偿款240万元,并表示事成之后要对二人表示感谢
3. 张某、李某经过合某,在拆迁补偿项目中虚增了近200万元的树木补偿款(事后评估该项目价值仅30万元)
4. 在240万元补偿款支付给侯某后,侯某经张某以"工作开销"为名向侯某借款15万元(未打借条,至案发也未归还,侯某在案发后的供述中也承认这是借款但不打算要回)
5. 侯某送给李某30万元,**李某未收**

事实二
一年后,侯某家附近开了一家中石化加油站

1. 侯某思潜通更换、操纵加油机芯片的方式,以谋取利益,与加油站站长侯某和员工刘某联系后,两人同意
2. 侯某找到实芯片的商家王某,咨询芯片的制作情况,王某心存疑感,便问侯某准备做什么,侯某如实相告
3. 王某加魏后,对侯某说:刚才的报价不行,**价格得翻一倍**。但不管怎么样,我劝你还是不要干坏事
4. 王某等人依计对进驻站加油的客户少发油量(没有客户专门注意到他们加了多少油)
5. 一段时间后,将减少出来的油累积起来卖出,数额巨大

事实三
周某企业车间有两套相同的生产设备

1. 一套是周某企业所有,一套是租用车间所在A企业所有
2. 环保局接到举报电话,来周某企业检查,发现所排放的河流中未锡重金属超过国家污染物排放标准的四倍
3. 周某和A企业企业人员某均辩解说,**虽然该河流只有他们两家在排污,但自己的企业如果单独排污并不会造成"严重污染"的后果,事后查明,也确实如此**

事实四
王某后听说侯某在加油站获益巨大,因眼红便威胁侯某说芯片算自己入股,否则就举报。
侯某与程某、刘某商量准备把王某脚筋砍断,由刘某执行

1. 王某下班回家时,刘某尾随其后,右脚脚踝,王某效后倒地
2. 恰巧与其有仇的孙某也正准备暗杀王某,在刘某出效刀的时动旅机的正好王某倒地而没有被击中
3. 孙某在待机脑准,在扣动放机时正好王某倒地的刘某
4. 刘某倒地后流血不止,孙某赶忙逃跑

王某身后的刘某
却击中了王某身后的刘某

刘某倒地后流血不止的保安送到医院,经抢救,刘某重伤,王某终身残疾

(后案发)

命题与解题思路：诈骗罪和盗窃罪是法考刑法题中每年必考的考点，两罪最关键的区别在于获取财物的原因不同，前者是基于被害人因陷入认识错误而自愿处分，后者是基于行为人的窃取。这两个罪名在很多场合下很类似，容易导致判断错误。本题考查考生对于财产犯罪的基本功。

答案解析：诈骗罪的行为结构是，行为人有欺骗行为——对方产生或者维持认识错误——对方基于认识错误处分财物——行为人或第三人取得财物——对方遭受了财产损失。而盗窃罪是违背被害人意志，排除被害人对财物的占有，建立自己或第三人对财物的占有的行为。本题中，三人的行为并非当着车主的面的排除占有；对于加油费而言，三人的行为并非直接排除占有，而是基于车主陷入认识错误后自愿交付；对于未交付的汽油而言，车主并未实际占有。因此无所谓排除其占有。因此，不管对加油款和汽油来说，都不构成盗窃罪。

三人的行为是在车主将加油卡交给工作人员后，使用更换的芯片，让车主误以为所加的油是与所充值的数额相匹配的。但实际上，并未充到那么多油，只是显示的加油量达到了那么多而已，车主正是在这种错误认识的支配下，处分了自己财物，即如果是先交钱后加油，那么，基于认识错误，处分的是对未充到位的汽油的债权；而如果是先加油后交钱，则处分的是实际缴纳但其实不应该交的加油款。总之，三人的行为符合诈骗罪的行为结构。对于采用这种方法获得的石油，理应由单位占有，实际上，也一直处于单位的占有状态，是单位的财物。三人将这些石油偷偷卖掉，其实是利用了站长对于本单位财物的主管职权，窃取了单位的财物，成立贪污罪，站长是正犯，其他两人属于狭义共犯。由于后行为同时侵犯了职务的廉洁性和单位的财产权。因此，不能将其视为诈骗罪的不可罚的事后行为，因为并非不能期待其不卖该批石油。基于此，应该以诈骗罪和贪污罪数罪并罚。

> **3. 就事实二，关于王某的行为定性，可能存在哪些观点？各自的理由是什么？**

答案：王某的行为是中立的帮助行为。对此有观点争议。

观点一，王某的身份就是定制芯片、贩卖芯片，其没有义务阻止侯某利用自己的产品实施犯罪。王某不构成犯罪。

观点二，王某成立诈骗罪的帮助犯。王某明知侯某正在或者马上要实行犯罪，而一旦自己交付该芯片，就会给法益造成了紧迫的侵害危险，因此，成立诈骗罪的帮助犯。

难度：难

考点：贪污罪、诈骗罪

命题与解题思路：本题考查的是刑法中的中立帮助行为的定性，主观题考试曾经考查过，考生应该予以关注。对于中立的帮助行为，学界有主观说、客观说、折中说。主观说认为只要行为人知道正犯要实施犯罪而仍然提供援助，那么该援助行为就不再具有日常性质；客观说认为只要是中立的或者职业范围内的行为，都应该排除在帮助犯范围外；折中说要考虑正犯行为的紧迫性、行为人对法益的保护义务、行为对法益侵害所起的作用大小、中立行为本身对行为人带来的利益大小，行为人对正犯行为与结果的认识程度。对此，考生要掌握两个最基本的条件，具体如下所述。

答案解析：中立帮助行为是指外表上看是中立无害的日常生活行为或业务行为、客观上却又对他人的犯罪行为起到促进作用的行为。对于中立的帮助行为，是指中性的日常生活行为为正犯的犯行提供了帮助。中立的帮助行为成立帮助犯，必须符合两个最基本的条件：一是主观上明知对方在犯罪；二是客观的帮助行为给正犯的犯罪起到了实质性、紧迫性的促进作用。如果正犯明摆着是要以中立的帮助行为（如购买刀具、搭乘出租）来实施犯罪，并且中立的帮助者对此也明知，则中立的帮助犯具有可罚性。帮助行为需要促进实行；能够即刻促进实行。帮助行为与结果有因果关系，帮助犯才构成既遂。但如果行为人提供的设备、方法等具有正当用途，但正犯利用该设备、方法实施犯罪的，提供该方法、设备的人，不成立帮助犯。本题中，该款芯片并非正常芯片，对其使用不可能正当，王某主观上明知侯某的用途，且客观上一旦制作出来，就能够对侯某犯罪的进程起到关键的帮助作用。因此，王某的行为并非正当的业务行为，而是中立的帮助行为，成立诈骗罪的帮助犯。

4. 就事实三，关于周某和单某的行为，辩护人认为两人都不构成犯罪，你是否同意该观点？理由是什么？

答案：不同意，周某和单某在双方都明知对方违法排放的情况下，各自的排污行为对法益的侵害作用均很重要。环境被污染的结果系两人行为共同导致，都构成污染环境罪。

难度：难

考点：污染环境罪、重叠的因果关系

命题与解题思路：本题借污染环境罪考查了刑法中的重叠的因果关系问题，这一问题相对于介入的因果关系，考查的较少，但并不意味着不重要，张明楷教授专门撰文对此问题做了研究。希望考生借本题对重叠的因果关系理论有所掌握。

答案解析：所谓重叠的因果关系，是指两个行为单独都不能致使结果的发生，但会起到重要的作用，重叠在一起，同时发挥作用，共同导致结果的发生。此时，两个行为都与结果的发生有因果关系。两个行为都得起重要作用，若某方的作用很小，则不能归属该方。本题中，在双方都明知对方违法排放的情况下，属于污染环境罪的共同犯罪，对双方均应以污染环境罪论处；在双方不明知对方违法排放的情况下，属于重叠的因果关系，双方行为与严重污染环境的结果之间均存在合法则的因果关系，并且应当将结果归属于双方的行为，故对双方均应以污染环境罪论处。

5. 就事实四，王某、侯某、程某、刘某、孙某的行为应如何定性？如有不同观点，请展示并阐述理由。

答案：王某成立敲诈勒索罪，系以非法占有股份为目的，对侯某使用实施要挟的方法，非法占有其财物的行为。

侯某、程某、刘某的行为存在观点争议。观点一认为，刘某的行为系故意伤害行为，具有伤害故意，成立故意伤害罪既遂；观点二认为，刘某的行为系偶然避险，如不要求紧急避险具有避险意识，刘某的行为成立偶然避险，阻却违法。如要求成立紧急避险必须要有避险意识，则刘某的行为不成立偶然避险，成立故意伤害罪。观点三，刘某的行为降低了王某已经存在的危险，伤害结果不能归责于刘某，阻却了故意伤害罪的构成要件该当性。

孙某的行为系打击错误。根据具体符合说，对王某成立故意杀人罪的未遂和对刘某成立过失致人重伤罪，想象竞合后成立故意杀人罪的未遂；根据法定符合说，成立故意杀人罪的未遂。

考点：敲诈勒索罪、偶然避险、客观归责理论、打击错误

命题与解题思路：本题融合了敲诈勒索罪、偶然避险的处理、打击错误的处理等知识点，具有一定的综合性。实际上，这三个考点是法考中的常客。就后两个问题来说，均存在观点争议。偶然避险存在避险认识不要说和避险认识必要说，前者是指成立紧急避险，只要求客观上使法益免受正在发生的危险，不要求主观上认识到自己的行为是避险。因此，偶然避险构成正当防卫；后者是指，成立紧急避险，不仅要求客观上使法益免受正在发生的危险，还要求主观上认识到自己的行为是正在避险。因此，偶然避险不构成紧急避险。打击错误亦存在具体符合说和法定符合说的观点争议。对此，希望考生牢固掌握。

答案解析：王某的行为成立敲诈勒索罪，其行为是以非法占有为目的，对侯某使用实施要挟的方法，占有其财物。举报犯罪虽然是公民的权利，但以举报被害人犯罪为要挟，侵犯被害人的财产权，则成立犯罪。

侯某、程某、刘某的行为存在观点争议。实际上刘某的观点存在三种观点的争议，观点一认为，刘某的行为系故意伤害行为，同时其具有伤害故意，造成了重伤害的结果，因此，成立故意伤害罪既遂；观点二认为，刘某的行为系偶然避险，所谓偶然避险是指，行为人没有避险意识，故意或过失实施的侵害行为恰巧符合紧急避险客观要件的行为。与偶然防卫的处理原则相同。如果认为紧急避险不需要有避险意识，则偶然避险成立紧急避险，刘某的行为成立偶然避险，阻却故意伤害罪的不法。如果认为紧急避险需要有避险意识，则偶然避险不成立紧急避险。则刘某的行为不成立偶然避险，成立故意伤害罪。观点三，刘某的行为降低了王某已经存在的危险，等于没有制造不被允许的危险，伤害结果不能归责于刘某，阻却了故意伤害罪的构成要件该当性，因此，不构成故意伤害罪。

孙某的行为系打击错误。具体的事实认识错误中的打击错误，是指由于行为本身的误差，导致行为人所欲攻击的对象与实际受害对象不一致，但这种不一致没有超出同一构成要件的情形。例如，程某举枪射击刘某，但因为枪法不准，而击中了王某，导致王某死亡。具体符合说重视法益主体的区别，要求故意的认识内容包括对具体的法益主体的认识。根据具体符合说，程某对刘某成立故意杀人未遂，对王某的死亡成立过失致人死亡罪，由于只有一个行为，因此想象竞合依据故意杀人未遂处理；而法定符合说重视法益本身的性质，在法益等价的前提下，并不重视法益主体的区别。根据法定符合说，在存在打击错误的情况下，行为人客观上的杀人行为导致了他人死亡，主观上也具有杀人故意，二者在故意杀人罪的犯罪构成内是完全一致的，因而成立故意杀人既遂。

评分细则（共31分）

1—5题满分为：5分、5分、6分、5分、10分

1. 成立贪污罪共犯（1分）。利用主管补偿款的职务便利侵吞了补偿款（1分）；周某、侯某另成

立行贿罪（1分）。不同意（1分），贪污罪也包括意图让第三人占有公共财物（1分）。

2. 不同意（1分）。换芯片成立诈骗罪（1分），使加油的车主陷入认识错误而处分财产（1分）；事后偷卖汽油构成贪污罪（1分），诈骗所得的汽油应属单位所有（1分）。

3. 中立的帮助行为（2分）。观点一：不构成犯罪（1分），没有义务阻止他人利用自己的产品实施犯罪（1分）；成立诈骗罪的帮助犯（1分），明知侯某正在或者马上要实行犯罪（1分）。

4. 不同意（2分）。环境被污染的结果系两人行为共同导致（1分），都构成污染环境罪（2分）。

5. 王某成立敲诈勒索罪（1分）。实施要挟的方法非法占有他人财产（1分）；

侯某、程某、刘某的行为存在观点争议，观点一：成立故意伤害罪既遂（1分）；观点二：成立偶然避险（1分），如认为紧急避险不需要有避险意识，则成立偶然避险，阻却不法（1分），如认为紧急避险需要有避险意识，则不成立偶然避险，成立故意伤害罪（1分）；观点三，刘某的行为降低了已经存在的危险，阻却了故意伤害罪的构成要件该当性，不成立犯罪（1分）。

孙某：打击错误（1分）。具体符合说：故意杀人罪的未遂和过失致人重伤罪的想象竞合（1分）；法定符合说：成立故意杀人罪的未遂（1分）。

第三题（本题31分）

一、试题

案情：2017年12月24日，某机械厂驾驶员康某得知本厂业务员李某、张某要去福建泉州送货（人造金刚石），遂产生了非法占有的意图，并于25日下午准备了调换金刚石的十个黑色塑料袋和河沙。26日晚18时，康某受机械厂厂办指派，驾驶一辆面包车送李某、张某及所带金刚石去南阳火车站。到火车站后，康某趁二人吃饭之际，提出要去修补汽车轮胎，二人遂要求跟车同往，康某婉言拒绝，同时表示自己不会离开车，能保证车上所载货物的安全，二人便信以为真，并反复嘱托，要其一定看管好车上货物。康某遂将车开至城北的一汽车修理铺，趁修理人员维修轮胎时，康某进入车内，用事先准备好的小刀将装有人造金刚石的纸箱胶带划开，又用事先准备好的河沙换走人造金刚石251280克拉，总价值224万元，之后又用事先准备好的胶带将纸箱按原样封好，把调换下来的人造金刚石装入蛇皮袋中，放于车内最后一排座位下面。康某修好汽车轮胎返回后，李某、张某出于信任，未将所带货物予以检验就乘上火车前往福建泉州。当晚21时，被告人康某将调换出的金刚石带回家中藏匿。（事实一）

康某从泉州回来后即辞职，后迷恋上购买彩票，每日委托彩票销售店老板程某帮自己购买彩票，并将160万汇入程某的账户，并将自己选中的8组彩票号发给程某代买，同时强调每天要买1600元彩票，每组买200元。但程某其实每天只购买其中的4组彩票，将剩余的800元占为己有。根据两人约定，程某每天以记账的方式与康某核对余额。为了迷惑康某，程某将自己每天侵占的800元计入购买额，使康某误以为程某每天购买了1600元。（事实二）

某日开奖后，中奖号码正好是康某要求购买但程某当天没有购买的号码，奖金为10万元，程某顿感大事不好，情急之下便采用数字拼接的方法伪造了该中奖彩票号的彩票交给康某，康某去兑奖时（根据当地规定，超过一万元要去彩票中心兑奖，一万元及以下可以在彩票销售点兑奖），被发现并被拒绝兑付。原来，在该类彩票"兑奖区"的覆盖膜下有一个二维码，兑奖时都需要用机器扫该二维码验证真伪，在彩票上"移花接木"这种把戏，即便骗过了肉眼，也骗不过机器。对这一结果，作为彩票店老板的程某心知肚明。（事实三）

最终，程某的所作所为被康某知晓。康某暴怒，要求程某返还之前的委托金，否则就一把火把彩票店烧了。程某对康某说："你以为我不知道你的底细吗？剩下的钱你也别想要了，就当是封口费，否则我就把你当年调换金刚石的事抖出来"，原来程某当年正好是汽车修理铺伙计，偶然看到康某用河沙换走人造金刚石的事。（事实四）

康某一气之下，当晚潜入程某的彩票店（程某和店员都已下班回家），偷走2000多张各类"刮刮乐"，价值8000余元，康某连夜全部刮开后，发现中奖1万元，便于第二天一早就去彩票店兑付。程某正准备兑付时，警察赶到将康某抓获。原来，最先到店的店员发现被盗，已经去报警，但还未告知程某。（事实五）

问题：

1. 就事实一，关于康某的行为定性，可能存在哪些观点？各自的理由是什么？
2. 就事实二，关于程某的行为定性，可能存在哪些观点？各自的理由是什么？
3. 就事实三，关于程某的行为定性，检察院以诈骗罪起诉，你是否支持？理由是什么？如果有其他观点，请展示并阐述理由。
4. 就事实四，关于程某的行为定性，可能存在哪些观点？各自的理由是什么？
5. 就事实五，关于康某的行为定性，可能存在哪些观点？各自的理由是什么？

二、总体命题思路

本题部分改编《刑事审判参考》的真实案例，整体难度不大，其中事实一涉及占有的认定问题，事实二涉及诈骗财产性利益（返还请求权）的认定，事实三和事实四同样涉及对免除委托金返还之请求权的考查，事实五涉及盗窃彩票的数额认定问题。希望同学们借此全面掌握财产犯罪中的相关问题。

三、案例来源

《刑事审判参考》第135号"康金东盗窃案"

四、答案精讲

1. 就事实一，关于康某的行为定性，可能存在哪些观点？各自的理由是什么？

答案：

观点一，成立职务侵占罪。因为康某独自将汽车开到城北修车店时，李、张二人已经暂时转移货物的占有了。

观点二，成立盗窃罪。不能认为李某、张某已经转移了对人造金刚石的占有，康某只是占有辅助人，其用河沙换走人造金刚石的行为系窃取财物。

难度：难

考点：职务侵占罪、盗窃罪

命题与解题思路：职务侵占罪和盗窃罪的区别是刑法中的常考问题，两者的关键区分点在于，犯罪手段不同，职务侵占罪是利用职务的便利侵占实际主管、管理的本单位财物；

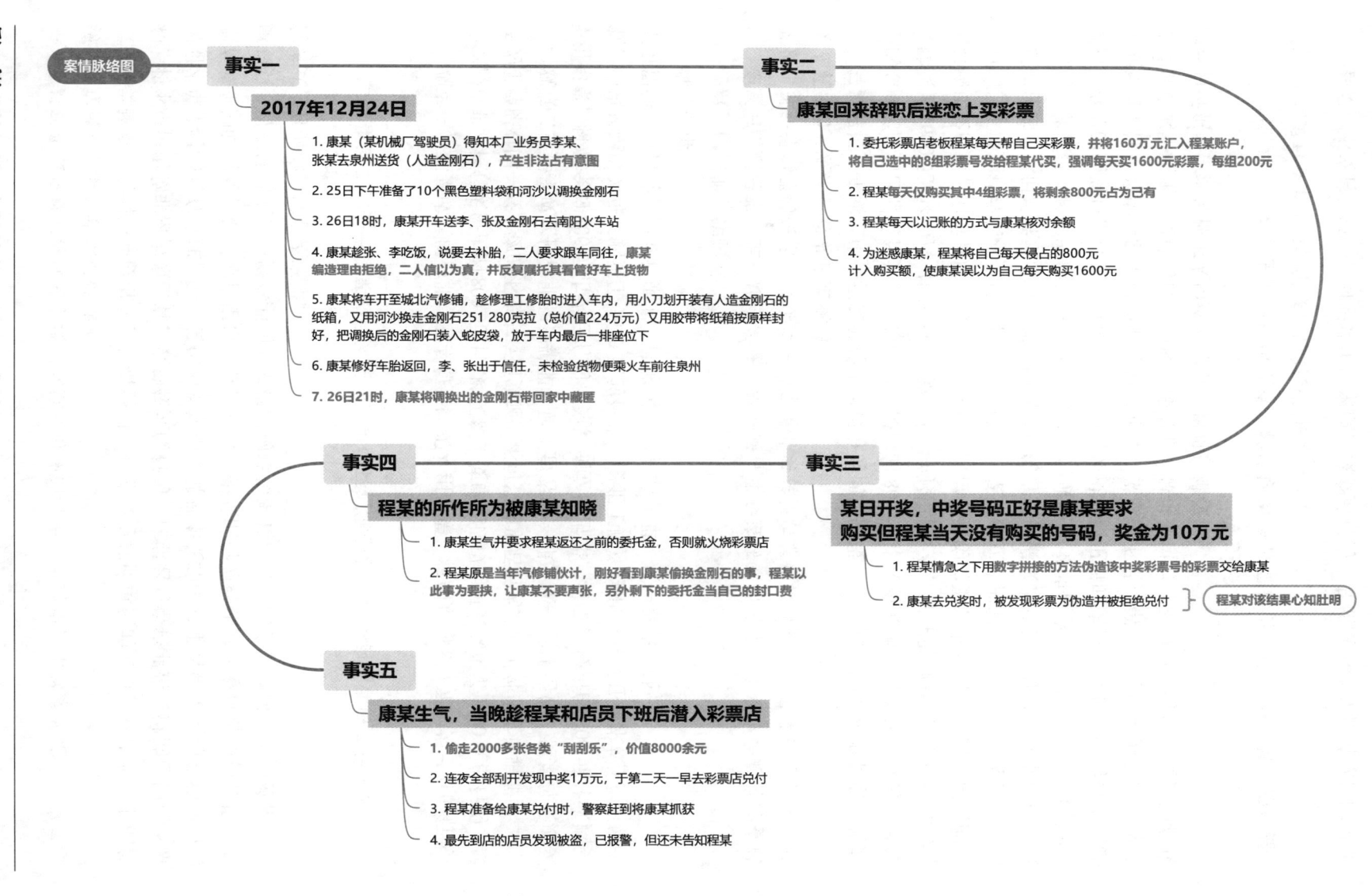

刑法

案情脉络图

事实一

2017年12月24日

1. 康某（某机械厂驾驶员）得知本厂业务员李某、张某去泉州送货（入造金刚石），产生非法占有意图
2. 25日下午准备了10个黑色塑料袋均匀以调换金刚石
3. 26日18时，康某开车送李、张及金刚石到火车站
4. 康某接张、李吃饭，没要去休息，二人借口去南阳火车站输造理由拒绝，二人随以为真
5. 康某接车开至城北气修厂，趁修理工维修的进入车内，用小刀划开装有人造金刚石的纸箱，又用河沙换全金刚石251 280克拉（总价值224万元）以胶带将纸箱按原样封好，把调换后的金刚石装入蛇皮袋，放于车内最后一排座位下
6. 康某接车胎返回，李、张出于信任，未检验货物便乘火车前往泉州
7. 26日21时，康某将调换出的金刚石带回家中藏匿

事实二

康某回来辞职后迷恋上买彩票

1. 委托彩票店老板程某每天帮自己买彩票，并将160万元汇入程某账户，将自己选中的8组彩票号发给程某代买，强调每天买1600元彩票，每组200元
2. 程某每天买其中的4组彩票，将剩余800元占为己有
3. 程某每天以记账的方式与康某核对余额
4. 为迷惑康某，程某将自己购买占中奖占为己有，使康某误以为自己每天购买1600元

事实三

某日开奖，中奖号码正好是康某要求购买但程某当天没有购买的号码，奖金为10万元

1. 程某情急之下用数字拼接的方法伪造中奖彩票号码的彩票交给康某
2. 康某去兑奖时，被发现彩票为伪造并被拒绝兑付

{ 程某对该结果心知肚明 }

事实四

程某的所作所为被康某知晓

1. 康某质生气并要求程某返还之前的委托金，否则就火烧彩票店
2. 程某原是到康某偷换金刚石的事，程某以此事为要挟，让康某不要张，另外剩下的委托金当自己的封口费

事实五

康某生气，当晚将程某和店员下班后潜入彩票店

1. 偷走2000多张各类"刮刮乐"，价值8000余元
2. 连夜全部刮开发现中奖1万元，于第二天一早去彩票店兑付
3. 程某准备给康某兑付时
4. 最先到店的店员发现被盗，已报警，但未告知康某，警察疯狂到将康某抓获

· 251 ·

而盗窃罪则是采用秘密窃取的手段获取他人财物的行为。本题中，根据康某是否取得了货物的管理权限，会得出不同的结论。

答案解析：所谓职务侵占罪，是指公司、企业或者其他单位的人员，利用职务上的便利，将本单位财物非法占为己有，数额较大的行为。该罪名与盗窃罪最关键的区别在于是否对本单位财物具有管理权限。具体到本题中，就是李某和张某是否将车上的货物交由康某在修车期间占有，如果能肯定这一点，那么，康某的行为就成立职务侵占罪；如果认为康某只是占有辅助人，在修车期间并未将货物转移给其占有，那么，就属于使用秘密窃取的方式占有财物，成立盗窃罪。

2. 就事实二，关于程某的行为定性，可能存在哪些观点？各自的理由是什么？

答案：

观点一，程某成立侵占罪。程某每天购买4组彩票，将剩余的800元占为己有的行为，成立侵占罪。将每天侵占的800元计入购买额，使康某误以为每天购买了1600元的行为。属于为了确保对同一侵占物的不法占有而实施的不可罚的事后行为。不另外成立诈骗罪。

观点二，程某成立侵占罪和诈骗罪，属于包容的一罪，从一重罪论处。程某每天购买4组彩票，将剩余的800元占为己有的行为，成立侵占罪。将每天侵占的800元计入购买额，使康某误以为每天购买了1600元的行为，侵犯了财产性利益（返还请求权），不属于不可罚的事后行为，成立诈骗罪。两罪属于包容的一罪，从一重罪论处。

难度：难

考点：侵占罪、诈骗罪

命题与解题思路：上一题中考查了职务侵占罪和盗窃罪的关系，本题中命题者考查的是侵占罪和诈骗罪的关系。事实二中的案情其实在侵占罪中很常见，学界争议也较大。从观点展示的角度看，容易出主观题。

答案解析：事实二中，程某的行为可以分为两个阶段，一是每天购买4组彩票，将剩余的800元占为己有的行为。二是将每天侵占的800元计入购买额，使康某误以为自己每天购买了1600元的行为。对于这两个阶段行为的处理关系，存在两种观点。观点一认为，前者构成侵占罪，而后者属于为了确保对前者所侵占财物的不法占有而实施的不可罚的事后行为，不能期待程某不为后一行为。因此，程某只成立侵占罪；而观点二认为，前者确实成立侵占罪，但后者系虚构事实、隐瞒真相的方式，骗取康某放弃对财产的返还请求权的行为，这也是一种财产性利益。前后两种行为成立狭义的包容的一罪，从一重罪论处。观点一存在的问题是，首先，难以认为后一行为没有侵犯新的法益，也难以认为行为人缺乏期待可能性，当做事后不可罚的行为来处理，说服力不足；第二，与单纯骗免债务的行为构成诈骗罪相比，仅认为该行为成立侵占罪，显得处罚力度不协调。特别是侵占罪在我国系自诉犯罪，如果被害人始终不知情，将难以维权。

3. 就事实三，关于程某的行为定性，检察院以诈骗罪起诉，你是否支持？理由是什么？如果有其他观点，请展示并阐述理由。

答案：不支持。第一，对彩票中心来说，该变造行为一开始就不会存在被兑付的可能性，彩票中心的资金不会存在安全风险，系诈骗罪的手段不能犯。第二，如果将变造行为理解为骗取康某免除对程某的委托金返还之请求权的行为，可以认为构成诈骗罪。但由于被彩票中心揭露真相，成立未遂。

我认为，程某的行为除诈骗罪（未遂）以外，还同时成立变造有价证券罪既遂。彩票系有价证券，程某的行为有使该彩票进入流通市场的危险，已经成立既遂。与诈骗罪（未遂）成立想象竞合犯。最终应以变造有价证券罪一罪起诉。

难度：难

考点：手段不能犯、诈骗罪

命题与解题思路：本题涉及刑法总论中的不可罚的不能犯的认定和诈骗罪的理解。如果将彩票中心当做被害人，那么，程某的行为不构成诈骗罪的间接正犯。如果把康某当作被害人，那么，仍有成立诈骗罪的可能性，但因被识破，是未遂。同时，同学们可能会遗漏一点，即由于该伪造行为也成立变造有价证券罪，且既遂，与诈骗罪成立想象竞合，应该以变造有价证券罪论处。

答案解析：本题涉及不可罚的不能犯问题，其中的手段不能犯指的是即使犯罪嫌疑人所使用的犯罪手段实际完全实施，但客观上没有侵害法益的任何危险时，就不能将该行为认定为未遂犯，而应将其认定为不能犯。本题中，程某作为彩票店老板，主观上明知自己的拼接变造彩票的行为根本不可能被兑奖，事实上，关键在于客观上也确实如此。因此，对于彩票中心的资金而言，不存在被侵害的可能性，不能成立诈骗罪。但如果将这种变造行为理解为是为了迷惑康某，使其相信程某一直在按照要求给其买彩票进而免除返还请求权的话，则可以成立诈骗罪。当然，由于事后康某发现真相，因此，成立诈骗罪的未遂。由于该变造行为也属于变造有价证券的行为，且这一伪造的证券有被投入流通领域的可能性，因此成立既遂。该变造行为同时侵犯了两个法益，属于想象竞合犯，以一重罪论处，根据案情，两罪法定刑和罪名幅度基本一致，即应以既遂形态的变造有价证券罪论处。

> 4. 就事实四，关于程某的行为定性，可能存在哪些观点？各自的理由是什么？

答案：

观点一，程某的要挟行为不成立犯罪。该行为是确保之前被侵占财产的不法占有而实施的不可罚的事后行为。

观点二，程某的要挟行为成立敲诈勒索罪。敲诈勒索的对象是作为返还请求权的财产性利益。

难度：难

考点：不可罚的事后行为、敲诈勒索罪

命题与解题思路：与上述第二题类似，本题中命题人将事实二中后行为之诈骗情节改成了敲诈勒索的行为，从实质上看，这两题的做题思路类似。

答案解析：程某要挟康某的行为，如果认为是为了确保之前所侵占的委托金的不法占有的话，那么，该行为属于事后不可罚的行为；如果认为该要挟行为是针对作为财产性利益的返还请求权而言的，即威胁康某不许再行使要求返还委托金的权利，那么，该行为成立敲诈勒索罪。

5. 就事实五，关于康某的行为定性，可能存在哪些观点？各自的理由是什么？

答案：

观点一，构成盗窃罪，盗窃数额是18000元。彩票是有价证券，根据司法解释，盗窃有价证券应该按照票面数额和盗窃时应得的孳息、奖金或奖品一并计算盗窃数额。

观点二，对票面8000元构成盗窃罪既遂，中奖数额1万元应为盗窃未遂。彩票只是有价凭证，未经销售管理系统激活，发生抢盗、遗失等情况的纸质即开型体育彩票，销售店不予兑奖，只有在兑奖后才能将中奖金额纳入盗窃的既遂数额。

难度：中

考点：盗窃罪的数额计算

命题与解题思路：盗窃彩票后兑付的行为，是近年来司法实践中经常发生的行为，就其数额如何认定，学界观点不一，司法实践中的处理也不一样。

答案解析：根据财政部制定、发布的《彩票管理条例》第2条规定："国家为筹集社会公益资金，促进社会公益事业发展而特许发行、依法销售，自然人资源购买，并按照特定规则获得中奖机会的凭证。"因此，有观点认为，彩票是属于不记名、不挂失的有价证券，其价值包括两个方面，一是交易价值，一般表现为票面数额；二是期待价值，即中奖奖金。根据《最高法、最高检关于办理盗窃刑事案件适用法律若干问题的解释》第5条第1项的规定，盗窃不记名、不挂失的有价支付凭证，应当按票面数额和盗窃时应得的孳息、奖金或者奖品等可得收益一并计算盗窃数额。

但也有人认为财政部的规定中，只是认为彩票是有价凭证，而非有价证券，在实际生活中，彩票一般可以通兑，但是超过一定数额的中奖彩票就必须到特定场所兑取，同时也会对领奖人的身份信息登记备案。同时，由于彩票编号唯一，彩票站（与个人丢失彩票不同）在彩票失窃之后可以将编号上报，这样被告人将无法兑现彩票中奖数额，这与普通意义上的挂失不同，但其却能产生与挂失类似的作用。根据《实体店销售体育彩票兑奖管理暂行办法》第25条规定，彩票验证过程中出现下列情况的，不予兑奖：（一）在销售管理系统中已取消投注交易信息的终端打印体育彩票；（二）在销售管理系统中验证为已完成兑奖的体育彩票；（三）无法正确识别的体育彩票；（四）未经销售管理系统激活，发生抢盗、遗失等情况的纸质即开型体育彩票；（五）出现兑奖区覆盖层撕刮不开、无兑奖符号、保安区裸露等问题的纸质即开型体育彩票。本案中，彩票站工作人员发现被盗后已经报警，在被告人康某用盗窃彩票兑奖时将其抓获的。因此，认为彩票是否为不挂失还有待商榷，中奖的1万元就不能作为既遂数额来计算。

评分细则（共31分）

1-5题满分为：6分、6分、9分、4分、6分。

1. 观点一：成立职务侵占罪（2分）。已经暂时转移货物的占有（1分）；观点二：成立盗窃罪（2分），康某只是占有辅助人或者没有取得占有（1分）。

2. 观点一：成立侵占罪（1分）。将剩余800元占为己有，成立侵占罪（1分）；将每天侵占的800元计入购买额属于事后不可罚行为（1分）。

观点二：成立侵占罪和诈骗罪。从一重（1分）；将剩余800元占为己有，成立侵占罪（1分）；将每天侵占的800元计入购买额构成诈骗（1分）。

3. 不支持（1分）。彩票中心的资金不会存在安全风险（1分），系诈骗罪的手段不能犯（1分）；被彩票中心揭露真相（1分），对康某诈骗成立未遂（1分）。

程某的行为成立诈骗罪（未遂）（1分）和变造有价证券罪既遂（1分）想象竞合（1分）。有使变造彩票进入流通市场的危险（1分）。

4. 观点一：不成立犯罪（1分）。属于不可罚的事后行为（1分）；观点二：成立敲诈勒索罪（1分），对象是作为返还请求权的财产性利益（1分）。

5. 观点一：构成盗窃罪（1分）。盗窃数额是18000元（1分），盗窃有价证券应该按照票面数额和盗窃时应得的孳息、奖金一并计算（1分）。

观点二：对票面8000元构成盗窃罪既遂（1分）。中奖数额1万元应为盗窃未遂（1分），只有兑奖后才能将中奖金额纳入盗窃的既遂数额（1分）。

第四题（本题31分）

一、试题

案情：杜某系社会闲散人员，平时喜欢上网、炒股。一日看到菜市场菜贩都将支付宝和微信收款二维码打印后贴在摊前，便在当晚将各商家的二维码换成自己的二维码，顾客付款时实际上是将货款支付给了杜某，商家直到月底结账时才发现。杜某通过这种手段共收取了19万元。商家发现后纷纷报警。（事实一）

案发后，杜某逃到A市，时间一长，身上的钱所剩无几，便打算入室盗窃，不料惊醒了房主程某，被程某一把抓住，杜某向其腹部猛踢一脚，但程某仍不松手，正好杜某的朋友赵某从门口路过，杜某赶忙呼喊帮忙，赵某得知真相后答应帮忙，便走进程某家，也朝其腹部踢了一脚，并拉起杜某就跑。程某报警后趴倒在地。事后查明，程某因脾脏破裂死亡，但不能查明究竟是杜某还是赵某的行为所导致。（事实二）

杜某听说程某死亡后，赶忙逃往B市。在B市期间杜某生活没有着落，便以做生意为幌子向李某借款20万元，同时欺骗胡某用其房产为该笔借款担保。李某见有担保，便放心把借款交给杜某，杜某拿到钱后就按计划人间"蒸发"，逃往了C市，李某和胡某均无法再联系上杜某。事后，胡某卖掉了住房，弥补了李某的损失。（事实三）

杜某用这笔钱雇人在C市开了一个网站，该网站以未来一个月特定五国外汇品种的价格走势为交易对象，按照"买涨""买跌"来确定盈亏，买对涨跌方向的"投资者"得利，买错的本金归网站所有，盈亏结果不与价格实际涨跌幅度挂钩。网站设计好后，杜某雇人在互联网上发广告招揽"投资者"。一年后，杜某获利1000万元。（事实四）

赚到钱后，由于之前入室抢劫并打死人的罪行一直萦绕在杜某心头，他便托道上路子广的朋友刘某联系上A市公安局刑侦大队大队长张某的妻子姚某，并向姚某说明情况，提出希望张某在侦办该案时能够睁一只眼闭一只眼，不要查得那么紧，给杜某一条活路。说罢刘某递给姚某一个装了20万元现金的袋子。姚某对刘某说，我跟我家那口子说说看，如果行就行，不行我把这个钱退给你。刘某答应。姚某回家跟张某说明情况后，张某让姚某骗杜某出来，实施抓捕，姚某怕得罪了杜某，便偷偷将这20万元退给了刘某，其他话并没有说。杜某收到钱后，预感事态严重，便向C市公安局就入室抢劫行为自首。（事实五）

问题：

1. 就事实一，关于杜某的行为定性，可能存在哪些观点？各自的理由是什么？

2. 就事实二，关于杜某和赵某的行为定性，辩护人认为基于事实不清时有利于犯罪嫌疑人原则，杜某和赵某均无需对程某的死亡负责。你是否同意该观点？理由是什么？

3. 就事实三，关于杜某的行为定性，可能存在哪些观点？各自的理由是什么？

4. 就事实四，关于杜某的行为定性，检察院以诈骗罪起诉，你是否支持？理由是什么？

5. 就事实五，关于杜某和姚某的行为定性，可能存在哪些观点？理由是什么？

二、案例来源

1. 最高人民法院指导案例146号：陈庆豪、陈淑娟、赵延海开设赌场案
2. 福建省石狮市人民法院（2017）闽0581刑初1070号刑事判决书：邹某某盗窃案

三、总体命题思路

本题主要考查了诈骗罪、盗窃罪、开设赌场罪、对有影响力的人行贿罪、利用影响力受贿罪等知识点。其中，偷换二维码的行为在司法实践中争议颇多，是一个重要的观点展示题考点。有盗窃罪和诈骗罪之分，其中诈骗罪是张明楷老师的观点，考生要予以关注。另外，就借款和担保双诈骗问题的处理，2022年法考刑法主观题也有类似的考查，本题再次回顾，希望考生们予以重视。

四、答案精讲

1. 就事实一，关于杜某的行为定性，可能存在哪些观点？各自的理由是什么？

答案：观点一：成立盗窃罪。杜某采用秘密手段，趁无人注意之机调换商家的支付宝和微信收款二维码，从而获取顾客支付给商家的款项，符合盗窃罪的客观构成要件。

观点二：成立诈骗罪。顾客具有向商家转移（处分）财产的义务，按照被害人即商家的指示或以交易习惯认可的方式处分（转移）自己的银行债券，被害人没有获得财产，且无权要求被骗者再次付款，因此存在损失。

难度：难

考点：盗窃罪、诈骗罪

命题与解题思路：以非法占有财物为目的，偷换二维码的行为是近年来在各地司法实践中普遍存在的问题，但究竟应该如何定性，学界还存在较大争议，存在成立盗窃罪说和成立诈骗罪说两种观点。对此，容易出法考主观题的观点展示，希望考生引起注意。

答案解析：杜某偷换二维码，非法占有财物的方式，并非通过排除商家占有，因为实

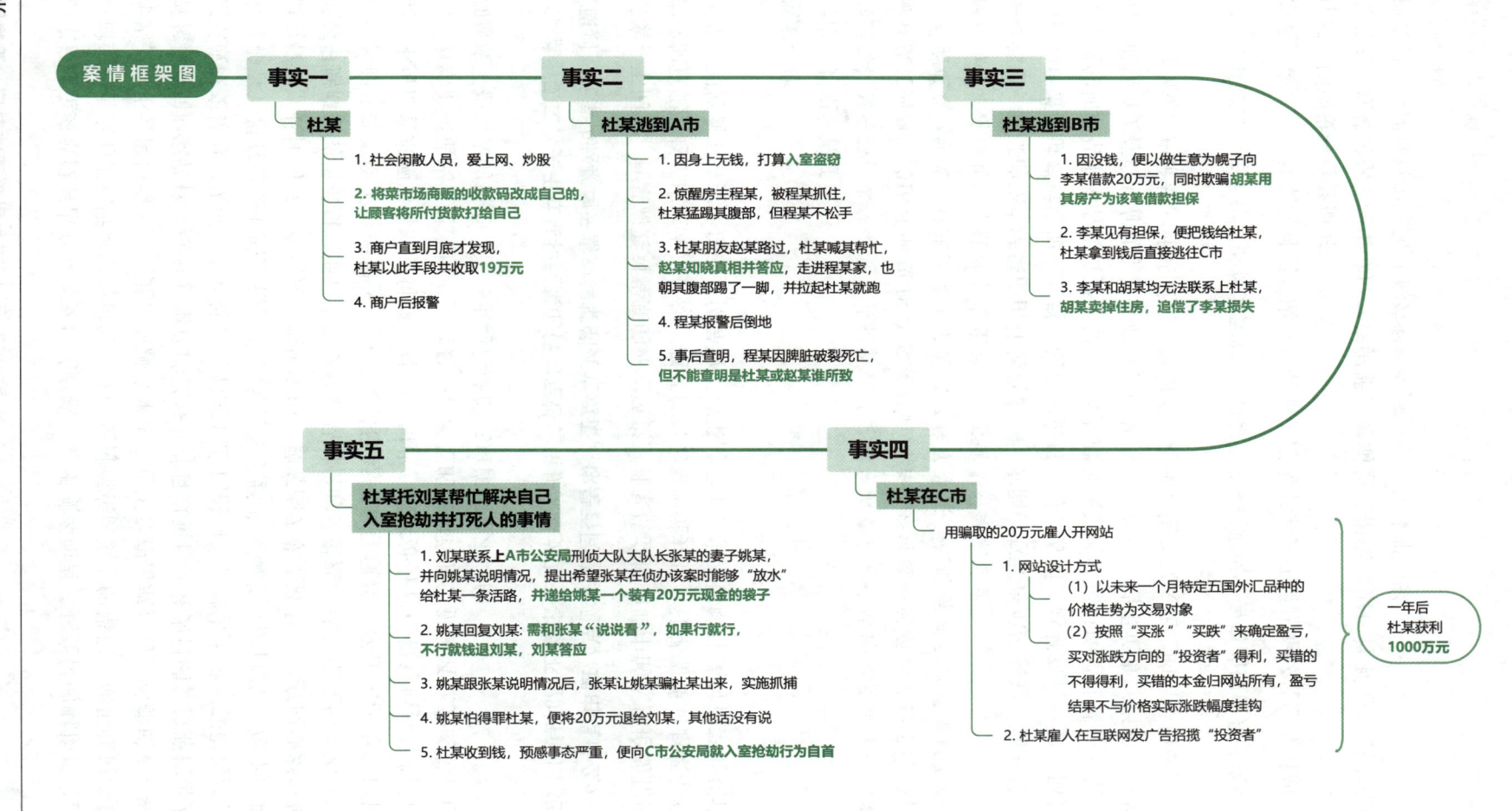

刑 法

案情框架图

事实一 杜某

1. 杜某系闲散人员，爱上网，炒股
2. 将菜市场南侧的收款码改成自己的，让原商户所付货款打给自己
3. 商户直到月底才发现，杜某以此手段共收取1975元
4. 商户后报警

事实二 杜某逃到A市

1. 因身上无钱，打算入室盗窃
2. 惊醒房主程某，被程某抓住，杜某喊其朋友路过，让程某不松手
3. 杜某的朋友程某路过，杜某喊其帮忙，朝程某腹部踢了一脚，并拉起杜某就跑，也不管报警后倒地
4. 程某报警后倒地
5. 事后查明，程某是因胆脏破裂而死亡，但不能排明是杜某因就就某错所致

事实三 杜某逃到B市

1. 李某借款20万元，季某用其房产作为该笔借款担保
2. 李某拿到钱后直接跟杜某到C市
3. 胡某和的某均无法联系上杜某，追偿了李某损失

事实四 杜某在C市

用骗取的20万元雇人开网站

1. 网站设计方案
   (1) 以未来一个月特定五国外汇品种的价格走势为交易对象
   (2) 按照"看涨""看跌"来确定盈亏，买对涨跌方向的"投资者"得利，买错不得与与价格涨跌幅度挂钩不得与与价格涨跌幅度挂钩
结果不与与价格涨跌幅度挂钩，实操实际上涨跌跟幅度挂钩
2. 杜某雇人在互联网发广告招揽"投资者"

一年后杜某获利1000万元

事实五 杜某托刘某带忙解决自己入室抢劫并打死人的事情

1. 刘某联系上A市公安局刑侦大队长张某的妻子张某，并向张某说明情况，提出希望张某在他的办案能够"放水"，并递给张某一个装有20万元现金的袋子
2. 张某回复刘某，需跟张某"说说看"，如其行就行
3. 张某跟张某说明情况后，刘某答应
4. 张某收到张某说的情况后，预感事态严重，便向C市公安局举人室抢劫的行为自首
5. 杜某收到风线，预感事态严重，便向C市公安局举人室抢劫的行为自首

际上商家自始至终就没有占有顾客支付的财物。对于顾客而言，其交付的财物是自己基于交易习惯或被害人的指示所自愿交付的，这一交付存在认识上的错误，如果知道不是商家的二维码，就不会再扫码了。因此，对顾客来说，也不存在窃取行为，不能成立盗窃罪。

顾客具有向商家转移（处分）财产的义务，并且以履行义务为目的，按照被害人即商家的指示或以交易习惯认可的方式处分（转移）自己的财产，被害人没有获得财产，且因受骗者（顾客）没有民法上的过错，被害人丧失了要求被骗者再次付款（处分）自己财产的民事权利。具体而言，在偷换二维码案中，顾客因为购买商品，具有向商家付款的义务，顾客根据商家的指示扫二维码用以支付商品对价时，虽然有认识错误但并不存在民法上的过错，商户却遭受了财产损失。由于交易已经完成且顾客不存在民法上的过错，因此，商户不可能要求顾客再次支付商品对价，如此，顾客处分自己银行债券（扫码支付）的行为，就给商家造成了财产损失。这是一种新型的三角诈骗，被骗者处分的是自己的财物，却造成了被害人的损失。这一点与传统的三角诈骗是不同的。

2. 就事实二，关于杜某和赵某的行为定性，辩护人认为基于事实不清时有利于犯罪嫌疑人原则，杜某和赵某均无需对程某的死亡负责。你是否同意该观点？理由是什么？

答案：不同意。杜某需要对程某的死亡负责。杜某成立抢劫罪中的入户抢劫和抢劫致人死亡的加重犯。赵某成立入户抢劫。赵某的行为系承继共犯，杜某需要对赵某的行为负责。因此，即使查不清究竟是谁具体导致了结果的发生，也不影响杜某对程某的死亡结果负责。

难度：难

考点：共犯的责任认定

命题与解题思路：本题考查了共犯责任认定中分不清究竟谁的行为具体导致结果发生时的责任认定问题。2016年和2018年客观题的刑法部分对这一问题都进行了考查，目前还没有在主观题中涉及。对此，考生不能只记住了事实存疑时有利于犯罪嫌疑人的原则，就一概认为查不清谁具体导致结果发生的，都不需要对结果负责。

答案解析：程某的死亡结果应由杜某负责。一方面，赵某是承继共犯，而杜某既要对自己的行为负责，也要对后加入的赵某的行为负责。另一方面，赵某对自己参与前杜某的行为所造成的加重结果不需要负责。如此，程某脾脏破裂的结果可能是杜某在赵某参与前造成的，根据事实存疑时有利于被告原则，赵某不需要对死亡结果负责。当然，赵某和杜某的行为均成立入户抢劫，杜某除入户抢劫外，还成立抢劫致人死亡的结果加重犯。

3. 就事实三，关于杜某的行为定性，可能存在哪些观点？各自的理由是什么？

答案：观点一：杜某仅对胡某成立诈骗罪，因为李某一开始就能够且已经对胡某行使了担保权，因而没有遭受损失。

观点二：杜某对李某的借款成立诈骗罪，对胡某的担保（财产性利益）成立诈骗罪，系同种数罪，这两种行为之间具有类型性牵连，成立诈骗罪一罪。

难度：难

考点：诈骗罪

命题与解题思路：该题所考查的知识点是同时骗取他人借款和担保的行为应该如何认定的问题。对该知识点，2022年法考主观题的刑法题中有所考查，不排除再次变换形式考查的可能。

答案解析：行为人实施数个欺骗行为，分别从不同受害者处获得财产的，根据具体情节，成立同种数罪或者牵连犯。本题即是示例，对此，如答案所述，有两种观点，但第一种观点存在疑问，首先，李某正是因为有财产损失即杜某没有归还欠款才通过行使担保权挽回了损失，故不能认为李某没有财产损失。事实上，李某确实基于错误认识将借款处分给了杜某，杜某占有了该笔20万元的借款，此时诈骗罪已经形成既遂。其次，杜某最终得到的是胡某的担保物，如果不认定杜某对李某成立诈骗罪，就不符合诈骗罪的素材同一性要求了，即行为人获得的财物应与被害人所损失的财物同一。这是诈骗罪的基本构成要件使然。如果否定杜某对李某构成诈骗罪，就意味着杜某通过欺骗胡某获得了李某的借款，但胡某对李某的借款根本没有处分权限，不可能成立三角诈骗罪。即是说，在杜某非法占有李某借款的情况下，仅认定杜某对胡某成立诈骗罪，违背了诈骗罪的基本构造。因此，杜某对李某的借款成立诈骗罪，对胡某的担保权（财产性利益）亦成立诈骗罪。近年来，这种情形经常发生，无论是从杜某的主观上还是客观上看，骗取借款和骗取担保权之间都存在手段和目的的牵连，可以认为两个诈骗之间成立牵连犯，定一个诈骗罪即可。

4. 就事实四，关于杜某的行为定性，检察院以诈骗罪起诉，你是否支持？理由是什么？

答案：不支持。"投资人"的输赢具有偶然性，并未被控制，其行为系赌博，不是基于陷入认识错误而交付。而杜某获得财物是通过开设赌场的方式获得的，成立开设赌场罪。

难度：难

考点：诈骗罪、开设赌场罪

命题与解题思路：本题改编自最高人民法院指导案例146号"陈庆豪、陈淑娟、赵延海开设赌场案"。本题希望考生注意赌博罪（开设赌场罪）和诈骗罪的区别。

答案解析：交易不以真实的资产为标的，也不以行使、转移或放弃行使权利为内容，仅以未来某段时间外汇品种的价格走势为交易对象，以"买涨""买跌"形式确定盈亏，盈亏结果与价格实际涨跌幅度不挂钩，交易结果具有偶然性、投机性和射幸性，其实质是网络平台与投资者之间的对赌，是披着期权交易外衣的赌博行为。本题中，杜某以营利为目的，采用发展会员的方式，设计出该赌博网站并接受"投资"的行为，构成开设赌场罪。

5. 就事实五，关于杜某和姚某的行为定性，可能存在哪些观点？理由是什么？

答案：杜某为谋取不正当利益，向国家工作人员张某的近亲属姚某行贿的行为，成立对有影响力的人行贿罪。其已经转移贿赂款的占有，成立既遂。杜某对抢劫行为成立自首。

姚某作为国家工作人员张某的妻子，通过该国家工作人员职务上的行为为杜某谋取不正当利益而收受贿赂的行为，存在以下观点：

观点一：认为成立利用影响力受贿罪既遂。理由是成立该罪只需要有影响力的人答应通过该国家工作人员职务上的行为为请托人谋取不正当利益即可构成。

观点二：认为不构成利用影响力受贿罪。理由是成立该罪必须获得国家工作人员的许诺，即许诺通过自己职务上的行为为请托人谋取不正当利益。

难度：中

考点：利用影响力受贿罪、对有影响力的人行贿罪

命题与解题思路：利用影响力受贿罪和对有影响力的人行贿罪是刑法中的新增罪名，考生对其的掌握程度可能不如行贿罪和受贿罪清楚。对这两个罪名，法考客观题已经有所考查，而关于利用影响力受贿罪的既遂标准，学界有争议。因此，要注意主观题通过观点展示的方式考查该知识点。

答案解析：《刑法》第388条之一规定了利用影响力受贿罪，即国家工作人员的近亲属或者其他与该国家工作人员关系密切的人，通过该国家工作人员职务上的行为，或者利用该国家工作人员职权或者地位形成的便利条件，通过其他国家工作人员职务上的行为，为请托人谋取不正当利益，索取请托人财物或者收受请托人财物，数额较大或者有其他较重情节的行为，以及离职的国家工作人员或者其近亲属以及其他与其关系密切的人，利用该离职的国家工作人员原职权或者地位形成的便利条件实施的前述行为。姚某作为刑侦大队大队长的妻子，其明知杜某为了通过张某职务上的行为谋取不正当利益进而接受贿赂，有观点认为已经成立利用影响力受贿罪。该观点认为该罪的成立不需要国家工作人员对不正当利益的许诺。但张明楷教授认为，该罪系危险犯，必须有国家工作人员的许诺，否则就会与国家工作人员的职务廉洁性无关，即不会对该法益造成侵害的危险。基于该观点，本题中，张某直接拒绝，因此，姚某的行为不成立利用影响力受贿罪。需要注意的是，姚某事后退钱的行为，即使按照第一种观点，也不会影响对其的定性。

《刑法》第390条之一规定了对有影响力的人行贿罪，即为谋取不正当利益，向国家工作人员的近亲属或者其他与该国家工作人员关系密切的人，或者向离职的国家工作人员或者其近亲属以及其他与其关系密切的人行贿的行为。杜某的行为符合该罪的构成要件，成立该罪，且就入室抢劫的事实投案，应认定为对该罪行的自首。

评分细则（共31分）

1-5题满分为：6分、6分、6分、6分、7分

1. 盗窃罪（2分）。采用秘密手段获取顾客支付给商家的款项（1分）；诈骗罪（2分）。商家无权要求被骗者再次付款存在损失（1分）。

2. 不同意（2分）。赵某的行为系承继共犯（2分），杜某需要对赵某的行为负责（2分）。

3. 观点一：仅对胡某成立诈骗罪（2分）。李某没有损失（1分）；对李某和胡某均成立诈骗罪（2分），在杜某非法占有李某借款的情况下，仅认定杜某对胡某成立诈骗罪违背了诈骗罪的基本构造（类似观点即可）（1分）。

4. 不支持（2分）。受害人行为系赌博或者不是基于陷入认识错误而交付（2分），成立开设赌场罪（2分）。

5. 杜某向国家工作人员张某的近亲属行贿（1分）。构成对有影响力的人行贿罪（1分）；对抢劫行为成立自首（1分）。

姚某：观点一：成立利用影响力受贿罪既遂（1分）。只需要有影响力的人答应请托（1分）；观点二：不构成利用影响力受贿罪（1分）。需要获得国家工作人员的许诺（1分）。

第五题（本题 31 分）

一、试题

案情： 李某系某国有大型机械厂电工，喜欢帮人排忧解难。某日，厂长钱某不经意间在李某面前哀叹"工厂电耗太高，电费太贵了，这电表如果能转慢一点就好了"。李某听后上了心，便在下班后私自调整了电表的校验装置，将电表刻度调至现有刻度的一半。次日，收电费人员误以为工厂效益不好，没有生疑，遂按照刻度收费。往后的半年中，每到收电费时，李某便如此，使得工厂电费共减少 6 万元。钱某明知是李某做了手脚，但装作不知道。事后查明，是厂务办公会集体作出的决定，故意让钱某在李某面前说那些话。（事实一）

一年后，钱某因贪污被查，在审讯中，将李某调整电表的事全盘供出。李某提前知道消息，一气之下，将工厂电表转速调快，导致之后的半年内工厂被多收 10 万元电费。（事实二）

李某在电表上动完手脚后，就逃到其外地朋友王某家。几日后，王某的货车因超载，被交警罚款 1 万元，但其没钱交罚款，货车被扣在交警队停车场。王某心生一计，意图欺骗李某让其偷回车辆，然后自己装着不知情找交警队索赔。随后王某找到李某向其诉苦，说自己没钱交罚款，日子没法过了，请李某帮忙把车偷回来。李某当场答应，并连夜潜入交警队停车场将王某的货车开了回来。王某看到车后，对李某说："我明天先拿 1 万元去赎车，如果交警队交不出车，我就要他们赔我 30 万元车款"。李某极力反对，说："我帮你可不是要你去讹交警啊，你要是早告诉我你还想讹人，我就不帮你开回来了"。王某不置可否，第二天王某依计而行，经协商，考虑到车辆折旧，交警队赔偿王某 15 万元。同时，交警调出监控，辨认出李某，遂准备实施抓捕。（事实三）

王某回家后告诉李某去交警队后的情况并让其快跑，李某一边大喊"你利用我，我弄死你"，一边拿起桌上酒瓶猛砸王某头部。王某被砸中后倒地重伤晕厥，李某误以为人已死亡，冷静片刻后将其埋到院中花园里。事后查明，王某系被埋后窒息身亡。（事实四）

李某正准备逃跑时，王某的孩子小王（女，15 周岁）周末从住宿学校放学回家，李某想起小王系单亲家庭，自己走后小王孤苦无依，便跟小王说："你父亲在外地出了车祸，我带你赶紧过去看看"，小王表示同意。途中，李某心想让孩子跟着我也不是办法，正好自己朋友马某想收养一个不满 14 周岁的男孩，不如做个顺水人情。便对小王说："你爸爸没抢救过来，你回去举目无亲，不如认我朋友马某做父亲，跟他生活算了。"小王悲痛之余只能同意。马某看到小王后很满意，给了李某 7 万元介绍费。李某走后不久，马某发现小王其实是女孩。遂报警，后事发。事后查明，小王一直是假小子形象，李某误认为其是不满 14 周岁的男孩。（事实五）

问题：

1. 就事实一，关于李某的行为定性，可能存在哪些观点？各自的理由是什么？
2. 就事实一，关于钱某的行为定性，可能存在哪些观点？各自的理由是什么？

3. 就事实二，关于李某的行为定性，主要有两种观点。第一种观点认为构成破坏生产经营罪，第二种观点认为构成诈骗罪。请说明两种观点的理由与不足（如果认为有）。你持什么观点（可以是两种观点以外的观点)？理由是什么？

4. 就事实三，关于李某和王某的行为定性，可能存在哪些观点？各自的理由是什么？

5. 就事实四，关于李某的行为定性，可能存在哪些观点？各自的理由是什么？

6. 就事实五，关于李某的行为定性，可能存在哪些观点？各自的理由是什么？

二、案例来源

《刑事审判参考》第 339 号案：叶某言、叶某语等盗窃案

三、总体命题思路

本题结合最高人民法院《刑事审判参考》第 339 号等案例，考查了刑法总论和分论中的几个常考、重要的知识点，包括事前故意的认定和处理、私调电表行为的定性、破坏生产经营罪的认定、盗窃罪保护的法益等。本题的设问方式契合了近年来刑法主观题观点展示的风格，对考生们的理论储备是一次很好的检验。

四、答案精讲

> 1. 就事实一，关于李某的行为定性，可能存在哪些观点？各自的理由是什么？

答案：可能存在如下两种观点。

观点一：李某以使第三人（机械厂）非法占有为目的，秘密窃取国家电能，成立盗窃罪。

观点二：李某系采用虚构事实、隐瞒真相的方式，使收费员产生免除电费请求权的意思，进而免除机械厂的电费缴纳义务的诈骗行为，构成诈骗罪。

难度：难

考点：私调电表行为的认定、盗窃罪、诈骗罪

命题与解题思路：本题的考点对于考生甄别盗窃罪与诈骗罪，特别是厘清诈骗罪中的对象问题，即究竟诈骗的是财物本身还是财产性利益，很有帮助。

答案解析：在长期以来的司法实践中，对于私调电表，以非法占有供电公司利益的行为，都认为是盗窃罪。国家发展和改革委员会 2024 年公布的《供电营业规则》第 103 条规定："禁止窃电行为。窃电行为包括：（一）在供电企业的供电设施上，擅自接线用电；（二）绕越供电企业电能计量装置用电；（三）伪造或者开启供电企业加封的电能计量装置封印用电；（四）故意损坏供电企业电能计量装置；（五）故意使供电企业电能计量装置不准或者失效；（六）采用其他方法窃电。"实际上，该部门规章只是指出窃电的常见方式，而没有谈到在《刑法》上构成何罪。

根据命题人观点，私调电表，将已经转到一定刻度的电表，私下拨小刻度，这其实已经不能认为是盗窃电力本身了。因为原刻度就表示电力使用数量已经被记载，此时将刻度表回拨，只能认为是虚构事实、隐瞒真相的诈骗行为，以此来欺骗电费征收员，使其产生

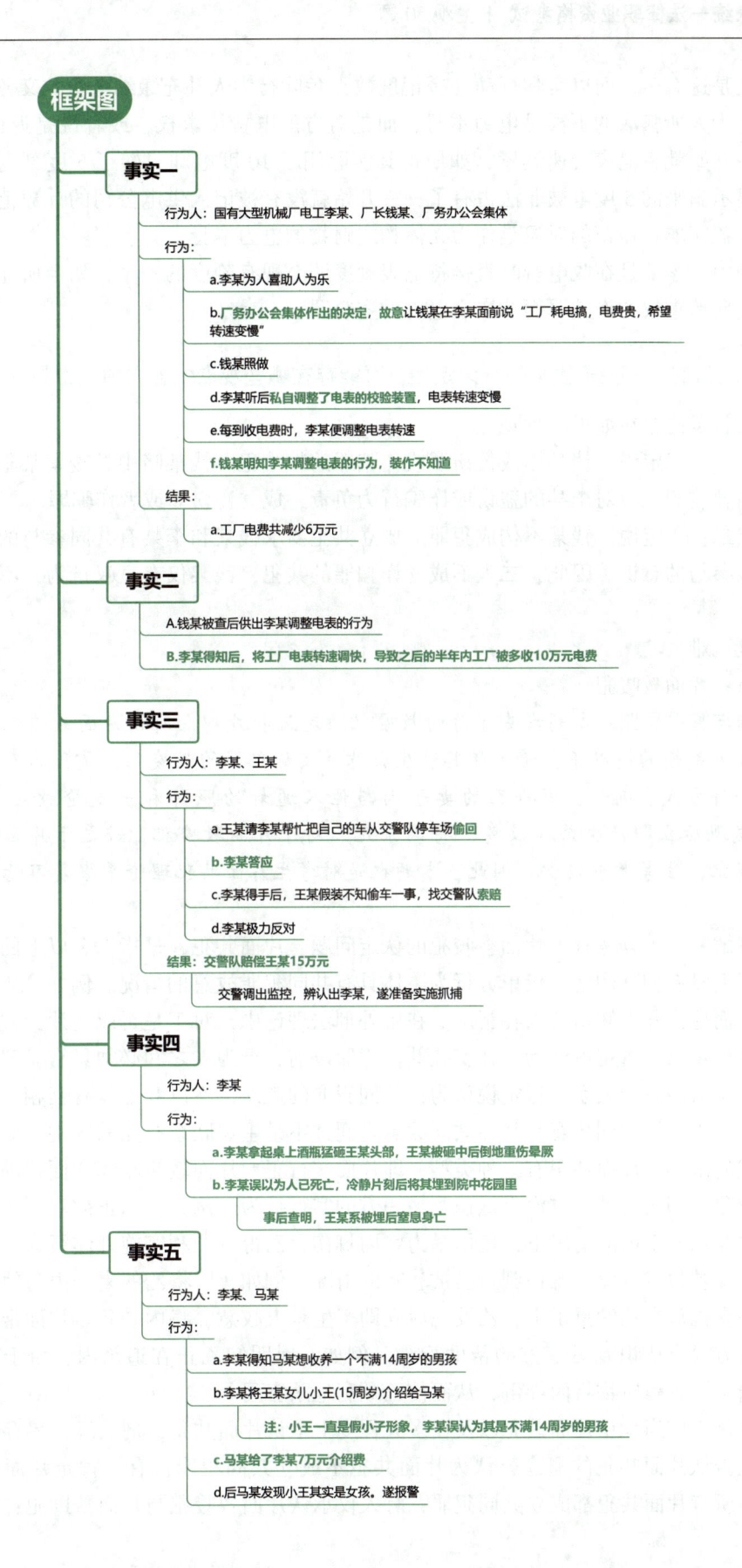

框架图

事实一

行为人：国有大型机械厂电工李某、厂长钱某、厂务办公会集体

行为：
- a.李某为人喜助人为乐
- b.厂务办公会集体作出的决定，故意让钱某在李某面前说"工厂耗电搞，电费贵，希望转速变慢"
- c.钱某照做
- d.李某听后私自调整了电表的校验装置，电表转速变慢
- e.每到收电费时，李某便调整电表转速
- f.钱某明知李某调整电表的行为，装作不知道

结果：
- a.工厂电费共减少6万元

事实二

A.钱某被查后供出李某调整电表的行为

B.李某得知后，将工厂电表转速调快，导致之后的半年内工厂被多收10万元电费

事实三

行为人：李某、王某

行为：
- a.王某请李某帮忙把自己的车从交警队停车场偷回
- b.李某答应
- c.李某得手后，王某假装不知偷车一事，找交警队索赔
- d.李某极力反对

结果：交警队赔偿王某15万元

交警调出监控，辨认出李某，遂准备实施抓捕

事实四

行为人：李某

行为：
- a.李某拿起桌上酒瓶猛砸王某头部，王某被砸中后倒地重伤晕厥
- b.李某误以为人已死亡，冷静片刻后将其埋到院中花园里

事后查明，王某系被埋后窒息身亡

事实五

行为人：李某、马某

行为：
- a.李某得知马某想收养一个不满14周岁的男孩
- b.李某将王某女儿小王(15周岁)介绍给马某
  - 注：小王一直是假小子形象，李某误认为其是不满14周岁的男孩
- c.马某给了李某7万元介绍费
- d.后马某发现小王其实是女孩。遂报警

用电量就是这么多，而以实际行动（登记度数）免除行为人补充缴纳电费的义务。此种情况下，行为人所骗取的不再是电力本身，而是对方的电费请求权，或者说是返还请求权。但如果一开始就将电表转速调紧，如使得其实际用了 10 度电却只转了 5 度刻度。那就说明没有显示出来的 5 度电被非法占有了，一开始就没有被记入供电公司的计数范围内，这时就成立盗窃罪。盗窃的对象是作为无体物之财物的电力本身。

本题中，李某是在收电费时直接将电表刻度调至现有刻度的一半，如上所述，应当成立对于电费请求权的诈骗罪而非盗窃电力的盗窃罪。

> **2. 就事实一，关于钱某的行为定性，可能存在哪些观点？各自的理由是什么？**

答案：可能存在如下两种观点。

观点一：肯定说。钱某构成盗窃罪或诈骗罪的教唆犯。钱某暗中教唆李某犯罪，其行为是片面教唆犯，应对李某的盗窃或诈骗行为负责，成立盗窃罪或者诈骗罪。

观点二：否定说。钱某不构成犯罪。成立共犯要求钱某和李某有共同参与的意识，李某缺乏该参与的意识。因此，二人不成立诈骗罪的共犯，钱某仅有哀叹行为，不构成任何犯罪。

难度：难

考点：片面教唆犯

命题与解题思路：本题考查了片面教唆犯的定义和处理。所谓片面教唆犯，是指在实行犯并不知情的情况下，暗中使其萌生犯意并实施犯罪的教唆犯，是行为人实施教唆行为的一种方式。例如，甲将乙的妻子丙与他人通奸的照片和一支枪放在乙的桌子上，乙发现后立即产生杀人故意，将丙杀死。对于片面教唆犯，较之于片面帮助犯和片面实行犯，法考考查较少。因此，本题也是对考生片面共犯理论掌握复习情况的一次检查。

答案解析：本题考查了片面教唆犯的认定问题。片面共犯，是指二个以上的行为人之间，主观上没有相互沟通，仅单方行为主体具有共同犯罪故意的情况。例如，故意帮助他人犯罪，而他人并不知道有人在帮助。在中外刑法理论中，对于是否成立片面共犯有截然不同的两种观点。否定说认为，在实施共同犯罪以前，行为人之间必须具有犯意联系，否则就不发生共同犯罪关系；肯定说认为，共同犯罪的观念，不以双方具有互相的犯意联系为必要，认为全面共同故意与片面共同故意之间并不是主观联系有无的区别，而只是主观联系方式的区别。片面共犯有三种类型，即片面实行犯、片面教唆犯和片面帮助犯。所谓片面实行犯，即实行的一方没有认识到另一方的实行行为。例如，乙正欲对丙实施强奸行为时，甲在乙不知情的情况下，使用暴力将丙打伤，乙得以顺利实施奸淫行为。所谓片面教唆犯，即被教唆者没有意识到自己被教唆的情况。例如，甲将乙的妻子丙与他人通奸的照片和一支枪放在乙的桌子上，乙发现后立即产生杀人故意，将丙杀死。片面帮助犯，即实行的一方没有认识到另一方的帮助行为。例如，甲明知乙正在追杀丙，由于其与丙有仇，便暗中设置障碍物将丙绊倒，从而使乙顺利地杀害丙。

对于是否应当承认片面共犯以及在多大程度上承认片面共犯，刑法理论界存在较大争议。有人否认片面共犯的概念，认为片面共犯不成立共同犯罪；有人肯定片面共犯的概念，认为所有片面共犯都成立共同犯罪；有人仅承认片面教唆犯与片面帮助犯；有人仅承认片面帮助犯。法考观点承认片面帮助犯的存在，而对于片面教唆犯和片面实行犯语焉不详。但需注意，可以将片面实行犯降格理解成片面帮助犯。对于片面教唆犯的成立，虽存在争议，但这并不影响主观题以观点展示的方式予以考查。根据肯定说，钱某以暗中教唆李某犯罪的意识参与共同犯罪，其行为是片面教唆犯，应对李某的盗窃或诈骗行为负责，成立盗窃罪或者诈骗罪；而根据否定说，则应当对其单独考察。由于李某仅是抱怨，该行为不符合任何犯罪的构成要件。因此，根据否定说，李某的行为不构成犯罪。

> 3. 就事实二，关于李某的行为定性，主要有两种观点。第一种观点认为构成破坏生产经营罪，第二种观点认为构成诈骗罪。请说明两种观点的理由与不足（如果认为有）。你持什么观点（可以是两种观点以外的观点）？理由是什么？

答案： 观点一：认为构成破坏生产经营罪。理由是李某基于泄愤报复的目的，以故意损坏电表（机器设备）的方式破坏机械厂的生产经营，造成 10 万元的损失结果，应认定为破坏生产经营罪。

观点二：认为构成诈骗罪。有两种分析思路。其一，李某调快电表转速，使得电费征收员陷入了认识错误，误以为使用了这么多度电，因而产生了征收相应电费的意思，进而要求机械厂缴纳，机械厂缴纳后产生了财产损失。此时机械厂是被害人，征收员是被骗者（无论机械厂是否陷入认识错误）和有权处分者，电力公司是受益人。其二，机械厂是被骗者，陷入了应该缴纳那么多电费的认识错误，进而处分了电费，使得自己遭受了财产损失。

我认为，将电表转速调快的行为既触犯了破坏生产经营罪，也触犯了诈骗罪，成立想象竞合犯，应当择一重罪处罚。

难度： 难

考点： 破坏生产经营罪、诈骗罪

命题与解题思路： 本题考查了破坏生产经营罪与诈骗罪。其中，大家对诈骗罪相对更熟悉，而对破坏生产经营罪则较为陌生。本题借这一情节设计，帮助大家复习了这个较为生僻的罪名。另外，即使认为构成诈骗罪，也存在两种不同的认定思路。本题既兼顾了必考考点，也帮助同学们熟悉了一个不常见的考点，对考生的复习有一定帮助。

答案解析： 所谓破坏生产经营罪，是指由于泄愤报复或者其他个人目的，毁坏机器设备、残害耕畜或者以其他方法破坏生产经营的行为。该罪是广义的故意毁坏财物罪的类型，其侵犯的法益不是生产经营秩序，而是财产本身。因此，其行为必须表现为毁坏、残害等毁损行为，所毁损的对象必须是机器设备、耕畜等生产资料、生产工具等。需要注意的是，不能泛化本罪的理解。例如，将阻碍施工、预订机票后在起飞前取消，致使无法再销售的行为认定为本罪。因为，其中不存在通过毁坏生产工具、生产资料进而破坏生产经营活动的情况，不能构成破坏生产经营罪。而本题中，可以将电表理解为生产工具、生产资料的一部分，通过私下加快度数指针的转速，即破坏该电表的正常运作使得其无法发挥应有的功能作用，以此来破坏机械厂的生产经营，而多交的 10 万元电费，就是造成的损失结果。

实际上，拨快刻度的行为，同时也是诈骗的行为。例如，机械厂只使用了 5 度电，但电表却转到 10 度，这不能认为是盗窃了机械厂的电力本身。因为电力是在供电公司，多出来的5度本就不是由机械厂占有的，这和第一题中的拨慢电表刻度，使其使用了10度电却只显示转了5度电不同。第一题中的情况是排除了供电公司对暗中使用的5度电力的占有（供电公司并没有发现，即代表其管理电力的电表的刻度仍是5度，否则就会跳到应有的10度上，这并非使供电公司陷入认识错误后作出的处分行为所致），而建立起了机械厂对电力的占有和使用，因而属于盗窃。

本题中调快转速的行为有两种可能性，第一种情况是：李某调快电表转速，使得代表供电公司收费的有权处分人（基于供电合同和工作职能）电费征收员陷入了认识错误，误以为机械厂确实是使用了这么多度电，因而产生了征收相应电费的意思，进而要求机械厂缴纳，机械厂缴纳后产生了财产损失。此时机械厂是被害人，征收员是被骗者（无论机械厂是否陷入认识错误）和有权处分者，电力公司是受益人；第二种情况是：机械厂是被骗者，陷入了应该缴纳那么多电费的认识错误，进而处分了电费，使得自己遭受了财产损失。不管是哪种情况，都构成诈骗罪。诈骗罪与破坏生产经营罪之间是想象竞合关系，即一个行为触犯了数个罪名，按照重罪一罪处罚即可。

4. 就事实三，关于李某和王某的行为定性，可能存在哪些观点？各自的理由是什么？

答案：可能存在如下两种观点。

观点一：认为盗窃罪保护的法益是财产所有权。李某与王某偷车的行为没有侵犯盗窃罪所保护的法益，不构成盗窃罪；王某事后索赔的行为，成立诈骗罪。而李某并未予以阻止，其将车开回的行为对王某的诈骗起到了客观上的帮助作用，因而以不作为的方式成立诈骗罪的共犯。

观点二：根据《刑法》第91条第2款的规定，在国家机关、国有公司、企业、集体企业和人民团体管理、使用或者运输中的私人财产，以公共财产论。该货车被交警队扣留，根据该法律拟制，属于国家机关的公共财产，而非王某所有，盗窃该车存在非法占有的目的。应认定为盗窃罪，事后索赔行为侵犯了新的法益，也不缺乏期待可能性，不可认定为不可罚的事后行为，成立诈骗罪。两者认定为包括的一罪，更为合理。

难度：难

考点：盗窃罪

命题与解题思路：本题考查了刑法理论中的重点和难点问题，即财物所有权人窃回被他人合法占有的财物的行为究竟应当如何定性。本题源自真实案例，即《刑事审判参考》第339号案例"叶某言、叶某语等盗窃案"。根据该案例的裁判要旨，该行为应定性为盗窃罪，即刑法应当保护合法的占有权，这其实也是命题人的观点。

答案解析：关于本权者窃回自己所有但被他人合法占有的财物的认定。中外刑法曾有过争议，日本刑法对此有明确规定，其《刑法典》规定，窃取他人财物的，是盗窃罪；虽然是自己的财物，但由他人占有或者基于公务机关的命令由他人看守的，就本章犯罪，视为他人的财物。我国目前虽然没有此规定，但实际上，司法实践正是照此思路办理的。根据法考观点，盗窃罪的保护法益包括两类：第一类是财产所有权以及其他财产权。"财产所有权"可以根据民法确定，包括财物的占有权、使用权、收益权和处分权。而"其他财产权"则既包括合法占有财物的权利，也包括债权以及享有其他财产性利益的权利。第二类是对象需要通过法定程序改变现状的占有。例如，甲的手机被乙偷走，丙又将乙所占有的手机再次偷走，丙仍然构成盗窃罪，侵犯的法益即是需要通过法定程序改变现状的占有。当然，在相对于本权者的情况下，如果这种占有没有与本权者相对抗的合理理由，那么，对于本权者恢复或行使权利的行为而言，这不是财产犯的法益。同时，根据《刑法》第 91 条第 2 款的规定，在国家机关、国有公司、企业、集体企业和人民团体管理、使用或者运输中的私人财产，以公共财产论。因此，本题中，交警队对于货车的拟制所有是合法的，能够对抗本权者，如果本权者，也即王某指使李某将其偷回，那么，该行为成立盗窃罪，犯罪对象是该货车本身，盗窃数额可以根据犯罪情节、给合法占有人所造成的财产损失或者事后恶意索赔的数额来认定。事后索赔行为，由于侵犯了另外一个财产法益，且不缺乏期待可能性，即法律可以期待其不再去交警队行骗，因此，另外成立诈骗罪。就盗窃罪和诈骗罪而言，由于交警队只有一个损失，因此，可以当作包括的一罪，认定为诈骗罪更为合理。

5. 就事实四，关于李某的行为定性，可能存在哪些观点？各自的理由是什么？

答案：可能存在如下两种观点。

观点一：成立故意杀人未遂与过失致人死亡，实行数罪并罚。因为前行为并未造成死亡的结果，只能成立故意杀人罪未遂，而行为人对后行为只有过失，只能成立过失致人死亡，应予以数罪并罚。

观点二：应认定为故意杀人既遂一罪。因前行为具有导致死亡结果发生的重大危险，且介入的第二个行为，即埋"尸"的行为，也不异常，属于通常会发生的情况。因此，第一个行为与死亡结果之间的因果进程并未中断，死亡结果应归属于前行为。

难度：难

考点：事前的故意

命题与解题思路：本题考查了刑法主观题中几乎每年都会出现的事前的故意。事前的故意，是指行为人误认为第一个行为已经造成结果，出于其他的目的（如掩盖罪行等）而实施第二个行为，行为人预期的犯罪结果却是由第二个行为所导致。例如，甲以杀人故意对乙实施暴力，乙陷入昏迷后，甲以为乙已经死亡，甲基于掩盖罪行的目的将乙扔入深井中，其实乙是摔死的。对于事前的故意究竟如何处理，学界有多种意见。希望考生借这一题对事前的故意理论再复习一遍。

答案解析：对于事前的故意如何处理，大体上有以下两种观点。

观点一：未遂犯与过失犯并合说。第一个行为即砸酒瓶的行为成立故意杀人未遂，第二个行为即埋"尸"的行为成立过失致人死亡罪。

观点二：介入因果关系说。该理论认为如果第一个行为具有导致死亡结果发生的重大危险，介入行为人的第二个行为也不异常。应肯定第一个行为与结果之间的因果关系，能够将结果归属于第一个行为。而且，实施第一个行为时行为人确实具有杀人的故意，现实所发生的结果与行为人意欲实现的结果完全一致，所以应当以故意杀人罪既遂论处。其中，目前观点二属于主流观点。

> **6. 就事实五，关于李某的行为定性，可能存在哪些观点？各自的理由是什么？**

答案：李某将小王错认为男孩，进而将其出卖（7万元介绍费的实质是人身的对价款）给马某的行为，属于在拐卖妇女、儿童罪的范围内存在的对象认识错误。可能存在以下两种观点。

观点一：根据具体符合说和客观未遂论，无法对李某的行为进行处罚。因为李某对拐卖儿童成立不能犯，而对于拐卖妇女则是过失，均不成立犯罪。

观点二：根据法定符合说，成立拐卖妇女罪的既遂。对于拐卖妇女、儿童罪来说，从构成要件的角度看，妇女和儿童在价值上是等同的。此时，应当根据其实际拐卖的对象的性别来定。

难度：难

考点：特殊情况下对象认识错误的处理

命题与解题思路：本题考查了法考刑法主观题中经常考到的对象认识错误问题，考生习惯认为在对象认识错误中，不管是具体符合说还是法定符合说，结论都是一样的，此种认识错误不影响行为性质的认定。但实际上，在一些特殊的场合下，具体符合说与法定符合说的结论并不一样。对此，应当持法定符合说立场，才能得出合理的结论。

答案解析：本题希望考生注意的是，在对象认识错误中，并不意味着在任何对象错误的场合，具体符合说和法定符合说的结论都相同。

如果按照具体符合说，本案还不符合想拐卖眼前的"那个人"，事实上也拐卖了"那个人"。因为想拐卖的"那个人"是14岁男童，而事实上拐卖的是15岁少女。我国刑法中只有拐卖妇女、儿童罪，而不存在拐卖两人的共同上位概念——"拐卖人口罪"。因此，按照具体符合说，李某对拐卖儿童成立未遂犯或者不能犯（按照客观的未遂犯，这里不可能侵犯一个不存在的男童的法益），而对于拐卖妇女则属于过失，我国刑法中不存在过失拐卖妇女罪，因此，只能无罪。但这样的观点显然不利于保护法益。

而如果按照法定符合说，行为人所认识的事实与实际发生的事实，只要在构成要件的范围内是一致的，或者说二者在构成要件内是等价的，就成立故意的既遂犯。对于拐卖妇女、儿童罪来说，从构成要件的角度看，妇女和儿童在价值上是等同的，此时，应当根据其实际拐卖的对象的性别来定。因此，根据法定符合说，成立拐卖妇女罪的既遂。需要指出的是，在张明楷教授的《刑法学》第六版第352页，张老师赞同法定符合说立场。

评分细则（共31分）

1-6题满分为：4分、4分、5分、6分、6分、6分

1. 以非法占有为目的秘密窃取国家电能（1分），成立盗窃罪（1分）；骗取收费员免除电费债权（1分），构成诈骗罪（1分）。

2. 钱某构成教唆犯（1分）。片面教唆成立教唆（1分）；不构成犯罪（1分）。缺乏意思联络或者正犯缺乏参与意识（1分）。

3. 观点一：基于泄愤报复的目的破坏机械厂生产经营（1分）；观点二：使电费征收员陷入了认识错误进而要求机械厂缴纳（1分）；机械厂基于错误认识处分了电费遭受了损失（1分）。我的观点：破坏生产经营罪和诈骗罪想象竞合（1分），应当择一重罪处罚（1分）。

4. 盗窃罪保护的法益是财产所有权（1分），偷车没有侵犯所有权（1分），事后索赔成立诈骗罪（1分）；货车被扣属于公共财产（1分），偷车存在非法占有的目的构成盗窃（1分），事后索赔构成诈骗（1分）。

5. 故意杀人未遂与过失致人死亡（1分）。数罪并罚（1分），前行为未造成死亡后果（1分），后行为只有过失（1分）；故意杀人既遂一罪（1分），行为与死亡结果之间的因果进程并未中断（1分）。

6. 属于拐卖妇女、儿童罪的范围内存在的对象认识错误（1分）；不构成犯罪（1分），李某对拐卖儿童成立不能犯（1分），对于拐卖妇女则是过失（1分）；成立拐卖妇女罪的既遂（1分），妇女、儿童价值等同或者均属于构成要件范围（1分）。

第六题（本题31分）

一、试题

案情： 夏某、汪某与赵某找工作受阻，情急之下，三人准备用拍摄王某（女，汪某前同事）裸照再让其赎回的方法，达到非法占有其财物的目的。经过谋划，三人打算先由汪某去王某家（某小区7栋17楼2室，该信息由汪某提供）的楼梯口望风，夏某和赵某再假装检查燃气管道，进入王某家中将其捆绑并拍裸照。结果汪某走错了楼栋，蹲在旁边6栋17楼的楼梯口望风。而夏某和赵某也看错了房号，进入了7栋17楼3室李某家中。两人以为李某系王某，而李某以为两人真是燃气公司员工，便向两人指明燃气管道的位置后做起了家务。夏某趁李某不注意，偷偷拿起李某放在客厅桌上的手提包，后觉得财物已经到手，没必要再冒险，便向赵某使眼色，但赵某误以为是催其动手，遂强行将李某衣服脱光。夏某火不打一处来，直斥赵某多此一举。赵某不置可否，独自用李某的手机拍了其多张裸照，拍完后，李某穿好衣服，但赵某仍感意犹未尽，当着夏某的面强行与李某发生了性关系，夏某在旁边抽烟等待。

此时，夏某接到汪某的电话，通知有人过来了，夏某赶紧与赵某一同撤走。后李某报警。实际上，汪某错将住在6栋17楼2室准备回自己家的贾某当作王某的丈夫，趁其不备将其打晕（致轻伤），并赶紧给夏某打电话。

三人撤离后均分了钱包里的1万美元，但突然发现李某的手机有定位功能，因害怕被警方跟踪，便商议将该手机交给赵某处理（未拷贝照片），原定打电话取财计划取消。赵某意图嫁祸其仇人钱某，便悄悄将该手机扔到钱某家院中。钱某发现手机后将其放到抽屉里。后警察根据定位找到钱某家，一脚踹开院门，准备将其逮捕，钱某一边大喊"抓错人了"，一边推开警察意图逃跑，结果将一辅警推倒在地，致其受轻微伤。最终钱某被抓。

夏某逃回家后，其母张某发现夏某包中有美元，便质问夏某，夏某说："你不要再问了，不要自找麻烦，我要出趟远门"。张某此时预感到夏某干了坏事，但什么都没说，默默给他做了顿饭，帮夏某收拾好行李。

夏某逃到外地后，想到自己一事无成，心中懊恼，便连夜通过某APP联系上了跑腿小哥杜某，让其去王某家带话，说"那天拍的裸照已经拷贝下来了，如果想要销毁就支付

10 万元，打到某张卡上，否则就等着'出名'吧"。杜某觉得自己只是跑腿办事，客户做什么与自己无关，便第二天一早到王某家向其转告。王某莫名其妙，扇了杜某一耳光。杜某一气之下报警，后案发。

问题：

请全面评价本案中夏某、汪某、赵某、钱某、张某、杜某的行为（包括犯罪形态、共同犯罪、罪数等），如有争议的观点请展示，并阐述理由。

二、案例来源

《刑事审判参考》第 332 号案：夏某飞、汪某峰抢劫、敲诈勒索、盗窃案

三、总体命题思路

本题改编自《刑事审判参考》第 332 号案例和法考辅导用书中的相关案例，考查了刑法总论中的具体事实认识错误的处理、共犯实行过限这两个法考主观题中的"常客"和中立的帮助行为的定性这一重要的理论问题，以及刑法分论罪名中的敲诈勒索罪、诬告陷害罪、袭警罪、窝藏罪等重点罪名。本题考查的内容具有综合性，有一定难度。这些知识点都是常考的点，也是容易做错的点。例如，本题中三人存在对象认识错误，如果考生没有复习到位，可能会误认为实施犯罪时跑错了地方，是打击错误，进而可能会根据具体符合说得出错误的结论。再如，本题考查了窝藏罪和袭警罪的细节问题，如果对这两罪认定中的相关问题掌握不牢，凭感觉做题，大概率会做错。同时，本题设问由于采用了一句话式问法，涉及的犯罪主体数量较多，需要考生仔细甄别。

四、答案精讲

请全面评价本案中夏某、汪某、赵某、钱某、张某、杜某的行为（包括犯罪形态、共同犯罪、罪数等），如有争议的观点请展示，并阐述理由。

答案：（一）赵某的行为认定

1. 强迫李某拍裸照的行为，侵犯了李某性的自主决定权和性的羞耻心，成立强制猥亵罪。

2. 拍完后，当着夏某的面强行与李某发生了性关系，侵犯了李某性的自主决定权，成立强奸罪。由于是在强制猥亵罪完结后才产生的奸淫意图和行为，因此，两罪应数罪并罚。该行为系共犯实行过限。对此，夏某与汪某无需负责。

3. 赵某将手机扔到钱某家院中的行为，不构成诬告陷害罪，因为没有向公安机关或司法机关告发捏造的犯罪事实。

（二）汪某的行为认定

1. 汪某走错了楼栋，蹲在 6 栋 17 楼的楼梯口望风的行为，系对象认识错误，但与夏某和赵某是共犯，不影响强制猥亵罪的成立。

2. 汪某打晕贾某的行为，成立故意伤害罪，而不构成事后抢劫。因为汪某不对夏某的盗窃行为负责，三人的共犯行为并非盗窃、诈骗、抢夺行为，不符合事后抢劫的前提条件。

框架图

夏某、汪某、赵某"共同犯罪"

- 犯意：三人准备以拍摄王某裸照再让其赎回的方法，达到非法占有其财物的目的
  - 汪某：提供王某家住址，前往楼梯口望风
  - 夏某、赵某：进入王某家中将其捆绑并拍裸照
- 具体行为：
  - A.汪某放风但**找错放风地点**
  - B.夏某、赵某**看错房间号**，找错地址
    - 受害人：李某（对象错误）
    - 行为：
      - a.夏某偷拿起李某放在客厅桌上的手提包
        - 后觉得财物已经到手，**没必要再冒险**，便向赵某使眼色
      - b.赵某误以为夏某使眼色是催其动手，强行脱光李某衣服
        - ①该行为**遭到夏某斥责**
        - ②赵某**独自**用李某的手机拍了其多张裸照
      - c.赵某当着夏某的面强行与李某发生了性关系，夏某在旁边抽烟等待
      - d.汪某打电话通知夏某有人来，夏某、赵某一起撤离
      - e.汪某错将贾某当作王某的丈夫，趁其不备将其打晕（致轻伤）
    - 结果：
      - a.**三人撤离后均分了钱包里的1万美元**
      - b.发现李某的手机有定位功能，害怕被跟踪，**将该手机交给赵某处理（未拷贝照片）**，取消打电话勒索财物行为

赵某栽赃钱某

- 行为人：赵某
- 意图：意图嫁祸其仇人钱某
- 行为：
  - a.赵某悄将该手机扔到钱某家院中
  - b.钱某发现手机后将其放到抽屉里
- 后手机被警方定位查获：
  - 警方行为：根据定位找到钱某家，一脚踹开院门，准备将其逮捕
  - 钱某：一边大喊"抓错人了"，一边推开警察意图逃跑，结果将一辅警推倒在地，致其受轻微伤

夏某母亲张某行为

- 背景：
  - a.张某发现夏某包中有美元
  - b.张某此时预感到夏某干了坏事
  - c.什么都没说，帮夏某收拾好行李，后夏某逃至外地

夏某要求杜某跑腿办事

- 行为：
  - a.夏某让杜某去王某家带话，意图用手机中的裸照威胁王某
  - b.杜某到王某家向其转告
    - 杜某认为自己只是跑腿办事，客户做什么与自己无关
- 结果：
  - 王某莫名其妙，扇了杜某一耳光
  - 杜某报警

3. 汪某等三人发现手机有定位功能，取消打电话取财计划的行为，由于还未着手敲诈勒索取财，因此，仅构成敲诈勒索罪的预备。

（三）夏某的行为认定

1. 夏某和赵某看错了房号，进入了 7 栋 17 楼 3 室李某家中的行为，系对象认识错误，其虽未参与拍摄裸照，但与赵某是共犯，仅斥责赵某多此一举，并不成立共犯脱离，不影响强制猥亵罪的成立。

2. 夏某趁李某不注意偷拿手提包的行为，构成盗窃罪，且其是怀着非法进入的目的入户的，成立入户盗窃。

3. 夏某让杜某去王某家带话的行为，成立敲诈勒索罪，由于意志以外的原因未得逞，成立未遂。

（四）钱某的行为认定

钱某将辅警推倒在地导致其受轻微伤的行为，存在以下两种不同观点。

观点一：以行为时为基准判断职务行为的合法性，钱某成立袭警罪，因为警察抓捕行为符合《刑事诉讼法》中关于逮捕的条件。

观点二：以裁判时为基准判断职务行为的合法性，钱某不成立袭警罪，袭警罪的对象是依法执行职务的人民警察，而警察抓捕行为事后被证明不合法。由于没有造成轻伤结果，因此，也不成立故意伤害罪。

（五）张某的行为认定

张某默默给夏某做了顿饭，帮夏某收拾好行李的行为不构成窝藏罪。因为做饭、收拾行李的行为并不能直接产生帮助逃匿的效果，不会妨害司法机关对夏某的刑事侦查。

（六）杜某的行为认定

杜某到王某家向其转告夏某言论的行为，应以中立的帮助行为理论来解释，其性质存在三种观点。

观点一：主观说以行为人是否知道正犯要实施犯罪来确定行为人的性质，杜某明知夏某行为的性质。因此，成立敲诈勒索罪的帮助犯，但并未得逞，系未遂。

观点二：客观说认为，中立的或者职业范围内的行为，应当排除在帮助犯之外。杜某本身就是跑腿小哥，帮人带话是其职业行为，不构成犯罪。

观点三：综合考察说认为，杜某明知夏某的行为性质，且其传话对夏某的行为起到了重要的中介作用。因此，该行为是敲诈勒索罪的帮助犯，但正犯因意志以外的原因而未得逞，该行为成立未遂。

难度： 难

考点： 敲诈勒索罪、对象认识错误、强制猥亵罪、共犯、诬告陷害罪、袭警罪、窝藏罪、中立的帮助行为

答案解析： 赵某、汪某、夏某三人共谋以拍裸照的方式勒索王某的财物。根据该计划，赵某强行将被害人衣服脱光拍摄裸照，侵犯了被害人的性的自主决定权和羞耻心，成立强制猥亵罪。而汪某和夏某虽未直接实行，但汪某是以望风的形式参与（虽然蹲守错了地点，但其对夏某和赵某的犯罪行为仍具有心理上的帮助），而夏某并不成立共犯脱离，仍需要对该强制猥亵行为负责。

需要注意的是，本题中设置了三人对象认识错误的情节，其中汪某走错了楼栋，蹲在

旁边6栋17楼的楼梯口望风,而夏某和赵某也看错了房号,进入了7栋17楼3室李某家中,这两个情节考查了对象认识错误和打击错误的区别。所谓对象认识错误,是指在故意犯罪的过程中,行为人预想加害的对象与实际加害的对象不一致的情况。而打击错误,是指行为人对自己意图侵害的某一对象实施侵害行为,由于失误而导致其实际侵害的对象与其意图侵害的对象不一致的情况,打击错误只有在着手实行行为时才能成立。由于赵某和夏某在着手脱李某衣服时(强制猥亵罪的实行行为)所意图侵犯的对象与最终猥亵的对象都是李某。因此,二人并非打击错误,而是对象认识错误,即预想加害的对象(王某)与实际加害的对象(李某)由于两人走错了房间,而最终不一样的情况。根据共谋,汪某望风的对象应是小区7栋17楼2室,结果其走错了楼栋,蹲在6栋17楼的楼梯口望风,这也属于对象认识错误。根据法定符合说,三人的行为构成强制猥亵罪既遂。

另外,本题还考查了共犯实行过限。其中夏某偷拿手提包的行为、赵某奸淫的行为,都属于共犯实行过限行为,即都是不在共谋的计划范围之内的行为。其中,对于赵某的奸淫行为,由于强制猥亵行为已经完结,该奸淫行为是赵某另起犯意的行为。在其实施过程中,也没有借助夏某任何的帮助,因此夏某对此奸淫行为不负刑事责任。

本题还涉及一个刑法总论中的知识点,即中立的帮助行为。杜某到王某家向其转告夏某言论的行为,应以中立的帮助行为理论来解释。关于其性质的认定,存在三种观点。第一,主观说认为,如果行为人知道正犯要实施犯罪而仍然提供帮助,其帮助的行为就不具有日常行为的性质,应认定为帮助犯。按照主观说,杜某明知夏某行为的性质,成立敲诈勒索罪的帮助犯,但因为王某并未产生恐惧心理,只能成立未遂。第二,客观说认为,中立的或者职业范围内的行为,应当排除在帮助犯之外。按照客观说,杜某本身就是跑腿小哥,帮人带话是其职业行为,不构成犯罪。第三,综合考察说认为,应综合考虑正犯行为的紧迫性;行为人对法益的保护义务;行为对法益侵害所起作用的大小;职业行为、日常行为本身对行为人带来的利益的大小;行为人对正犯行为与结果的确实性的认识。前三点涉及法益保护,后两点涉及自由保障,要综合考虑法益保护与自由保障。本题中,由于杜某明知夏某的行为性质,且杜某的传话对夏某的行为起到重要的中介作用。因此,该行为是敲诈勒索罪的帮助犯(起支配作用的是夏某,因此不宜认为是共同正犯)。

除上述总论知识点外,汪某打晕贾某的行为可能有考生会认为成立事后抢劫。问题在于,夏某的盗窃行为并非共谋的认识内容,超出了汪某的主观罪责的范围,汪某不对该盗窃行为负责。如此,不符合事后抢劫罪中的前提条件,不能成立事后抢劫。

就张某的行为而言,张某默默给夏某做了顿饭,帮夏某收拾好行李的行为,也不构成窝藏罪。可能有考生认为帮忙做饭、收拾行李,夏某吃饱喝足了直接拿起行李就可以走了,这也存在帮助。问题在于,并非任何形式上的帮助都是窝藏罪中的帮助,而是要对其逃避司法机关的刑事侦查、审判、执行起到直接的积极作用才可以评价。做饭、收拾行李的行为,并不能直接产生帮助逃匿的效果,不会妨害到司法机关对夏某的刑事侦查。因此,张某的行为不能构成窝藏罪。

就夏某的盗窃行为而言,根据最高人民法院、最高人民检察院发布的《关于办理盗窃刑事案件适用法律若干问题的解释》第3条第2款的规定,非法进入供他人家庭生活,与外界相对隔离的住所盗窃的,应当认定为"入户盗窃"。本题中,夏某等人是怀着非法的意图进入李某住所的,其后夏某窃取了李某的手提包,理应构成入户盗窃。

就钱某的行为而言，涉及妨害公务罪和以此为基础的袭警罪中的"依法执行职务"的理解。就以何时为基准来判断此处职务行为的合法性，又存在两种不同观点。第一，以行为时为基准判断职务行为的合法性。第二，以裁判时为基准判断职务行为的合法性。如果按照第一种观点，钱某成立袭警罪，因为警察抓捕行为符合《刑事诉讼法》中关于逮捕的条件。如果根据第二种观点，钱某不成立袭警罪，袭警罪的对象是依法执行职务的人民警察，而警察抓捕行为事后被证明不合法。对此，如果考虑刑法的人权保障原则和期待可能性，应当以裁判时为基准来判断职务行为的合法性。否则，以职务行为进行时为时间点的话，会把很多在事后裁判时发现的，在实体和程序法上属于不合法的职务行为，当作合法的职务行为来对待。此种评价无视了被执行人的期待可能性，不利于对其的人权保障。

评分细则（共31分）

1-6部分满分为：5分、6分、6分、5分、3分、6分

1. 赵某：强迫李某拍裸照侵犯了性自主决定权和性的羞耻心（1分），成立强制猥亵罪（1分）；强行与李某发生了性关系（1分），成立强奸罪（1分）。强制猥亵和强奸数罪并罚（1分）。

2. 汪某：望风走错楼栋，属于对象认识错误（1分），不影响强制猥亵罪的成立（1分）；打晕贾某成立故意伤害罪（1分），汪某不对夏某的盗窃行为负责，不满足事后抢劫要件（1分）；取消打电话取财未着手（1分），构成敲诈勒索预备（1分）。

3. 夏某：进错房屋属于对象认识错误（1分），不影响强制猥亵罪的成立（1分）；偷拿手提包构成盗窃（1分）；怀着非法进入的目的入户是入户盗窃（1分）；让杜某带话成立敲诈勒索罪（1分），意志以外的原因未得逞，成立未遂（1分）。

4. 钱某：成立袭警罪（1分），以行为时为基准判断职务行为的合法性（1分）；不成立袭警罪（1分），以裁判时为基准判断职务行为的合法性（1分），警察抓捕行为事后被证明不合法（1分）。

5. 张某：做饭、收拾行李不能直接产生帮助逃匿的效果或者不会妨害司法机关侦查（2分），不构成窝藏罪（1分）。

6. 杜某：根据主观是否知情判断中立行为是否构成帮助犯（1分），明知夏某犯罪，成立敲诈勒索罪的帮助犯未遂（1分）；中立行为排除帮助犯，帮人带话是职业行为不构成犯罪（1分）；主观知情且客观起到了重要的中介作用（1分），构成敲诈勒索罪的帮助犯未遂（1分）。

刑事诉讼法

第一题（本题30分）

一、试题

案情： 大发公司董事长夏某希望通过某铁路局局长吕某承接部分工程。夏某找到郭某出面请托吕某来帮助中标，并表示事成后会按照中标价格的1.5%至2%的比例给予好处费。郭某同意，并要求给予吕某的好处费要通过他转给吕某。此后，郭某向吕某转达了大发公司想投标项目的意向，并表明大发公司会表示感谢。吕某接受请托后，利用职务之便，为大发公司在相关事项上提供帮助。事后，大发公司相关人员分多次交给郭某共计1200万元好处费，郭某将其中500万元送给吕某，剩余700万元据为己有。

一年后，吕某被调查并供认郭某曾向自己行贿500万元。根据郭某的供认，监察机关同时对夏某进行立案调查。检察院以涉嫌行贿罪对郭某和夏某并案起诉，并建议法院依法没收夏某承接工程获利的2200万元和郭某违法所得700万元。夏某不认可指控事实与罪名，认为自己没有谋取不正当利益。郭某对指控的事实和罪名没有意见，请求法院对其从宽处理。郭某的辩护人认为，郭某的行为构成单位行贿罪的共犯，其在共同犯罪中的作用较小，系从犯；其系自首，到案后认罪悔罪态度较好，且退还了其收取的不正当利益；其有重大立功表现，建议法院对其适用缓刑。

开庭审理前，郭某的哥哥对已被查封的郭某房屋提出异议，其表示该房屋系自己与郭某共同出资，以郭某个人名义购买。法庭调查过程中，控辩双方充分出示证据并质证。法院根据夏某辩护人的申请，通知吕某出庭作证。控辩双方就吕某是否帮助大发公司不公平竞标进行了发问，吕某与夏某就此争议事实进行了对质。法庭辩论过程中，公诉人当庭发表意见表示郭某构成受贿罪而非行贿罪。法庭辩论结束后，合议庭中一名陪审员有紧急事情离开，法院安排另一名审判员加入后继续审理。休庭后，法院认定大发公司应成立单位行贿罪，郭某与吕某系共同受贿。法院对郭某和夏某分案审理，并分别再次开庭，组织控辩双方围绕罪名和量刑进行辩论。

问题：

1. 本案的审理是否遵循直接言词原则？请简要说明。
2. 根据郭某的辩护人辩护的内容，分析其选择的辩护种类，并说明理由。
3. 法院应如何审理本案的涉案财物处理问题？
4. 法院应如何处理公诉人当庭表示郭某构成受贿罪这一情况？
5. 法院审理认定夏某构成单位行贿罪，应如何处理本案中单位刑事责任与自然人刑事责任的问题？
6. 法院审理认定郭某构成受贿罪、夏某构成单位行贿罪后，对郭某和夏某分案审理是否妥当？为什么？

二、总体命题思路

本题根据《刑事审判参考》第 1467 号案例改编，综合考查直接言词原则、辩护种类、涉案财物处理的审理方式、变更起诉的方式、单位犯罪案件的审理和分案审理的情形共计六个方面的知识点。解答本题，其一，应厘清本案中三位关键人物之间的关系，应注意法检视角下中间人郭某的角色（定性）变化，由此梳理出案情的整体脉络；其二，应正确把握直接言词原则和不同种类辩护的内涵，充分结合案例信息和相关原理，归纳要点并分点阐述理由；其三，根据问题迅速锁定法条，然后结合案例信息进行作答。本题有三个小问涉及 2021 年《最高人民法院关于适用〈中华人民共和国刑事诉讼法〉的解释》（《法院解释》）新增法条，其中有一个小问涉及两个法条的兼顾，有一个小问需依据案例信息准确分析法条的适用。

三、案例来源

《刑事审判参考》总第 1467 号案例：巴连孝受贿案

四、答案精讲

> 1. 本案的审理是否遵循直接言词原则？请简要说明。

答案：本案的审理遵循直接言词原则之处：（1）通知并保证重要有关人员吕某到庭参与法庭调查并与夏某对质，体现了言词原则；（2）控辩双方充分出示证据并质证，保证法官当庭直接听证和直接查证，体现了直接原则；（3）法院再次开庭组织控辩双方围绕罪名与量刑进行辩论，保证控辩双方有充分陈述和辩论的机会和时间，同时体现了直接原则和言词原则。

本案的审理违反直接言词原则之处：法院安排另一名审判员接替离场陪审员继续审理的做法，没有保证审判人员在庭参加庭审的全过程，违反了直接原则。

难度：难

考点：直接言词原则

命题与解题思路：本题考查直接言词原则的内涵与适用。解答本题，考生首先应厘清直接言词原则的概念及要点，其次应从案例信息中全面归纳与直接审理和言词审理相关的内容，最后分析本案中相关诉讼行为是否遵循了直接言词原则。

答案解析：直接言词原则，是指法官必须在法庭上亲自听取当事人、证人及其他诉讼参与人的口头陈述，案件事实和证据必须由控辩双方当庭口头提出并以口头辩论和质证的方式进行调查。直接言词原则包括直接原则和言词原则，因二者均以有关诉讼主体出席法庭为先决条件，紧密联系，理论上合称为直接言词原则。

所谓直接原则，是指法官必须与诉讼当事人和诉讼参与人直接接触，直接审查案件事实材料和证据。直接原则又可分为直接审理原则和直接采证原则。前者的含义是：法官审理案件时，公诉人、当事人及其他诉讼参与人应当在场，除法律另有特别规定外，如果上述人员不在场，不得进行法庭审理，否则，审判活动无效。在这一意义上，直接审理原则也称为在场原则。直接采证原则，是指法官对证据的调查必须亲自进行，不能由他人代为实施，而且必须当庭直接听证和直接查证，不得将未经当庭亲自听证和查证的证据加以采

框架图

A. 基本事实

行为人：
- 大发公司董事长夏某
- 铁路局局长吕某
- 郭某

行为：
- a. 夏某请郭某出面托吕某帮助中标，表示事成后按照中标价格的1.5%至2%的比例给予好处费
- b. 郭某同意帮忙
- c. 郭某向吕某转达夏某意向及好处费事宜
- d. 吕某接受请托，**利用职务之便**，为大发公司在相关事项上提供帮助
- e. 事后，大发公司相关人员分多次交给郭某共计1200万元好处费
- f. 郭某将其中500万元送给吕某，剩余700万元据为己有

B. 监察机关调查情况

吕某：被调查并供认
- a. 郭某向自己行贿500万元

C. 检察院起诉

1、检察院对郭某与夏某**并案起诉**
   - 建议法院依法没收夏某承接工程获利的2200万元和郭某违法所得700万元
2、夏某
   - a. 不认可指控事实与罪名，认为自己**没有谋取不正当利益**
3、郭某
   - a. 对指控的事实和罪名没有意见，**请求法院对其从宽处理**
   - b. 辩护人意见：
     - ①郭某的行为构成单位行贿罪的共犯，其在共同犯罪中的作用较小，**系从犯**
     - ②郭某系**自首**，到案后**认罪悔罪态度较好，且退还了其收取的不正当利益**
     - ③郭某有**重大立功**表现，建议法院对其**适用缓刑**

D. 开庭审理过程

1、案外人庭前异议：
   - 开庭审理前，郭某之兄对已被查封的郭某房屋提出异议，其表示该房屋系自己与郭某共同出资，以郭某个人名义购买
2、法庭调查：
   - a. 控辩双方充分出示证据并质证
   - b. 法院根据夏某辩护人的申请，通知吕某出庭作证
   - c. 控辩双方就吕某**是否帮助大发公司不公平竞标**进行了发问，**吕某与夏某就此争议事实进行了对质**
3、法庭辩论：
   - a. 公诉人**当庭发表意见**表示郭某**构成受贿罪而非行贿罪**
4、陪审员替换
   - a. 法庭辩论结束后，合议庭一名**陪审员**有紧急事情离开，法院安排**另一名审判员**加入后继续审理
5、法院意见：
   - a. 休庭后，法院认定大发公司应成立单位行贿罪，**郭某与吕某系共同受贿**
   - b. 法院对郭某和夏某**分案审理**，并**分别再次开庭**，组织控辩双方围绕罪名和量刑进行辩论

纳，不得以书面审查方式采信证据。

所谓言词原则，是指法庭审理须以口头陈述的方式进行。包括控辩双方要以口头进行陈述、举证和辩论，证人、鉴定人要口头作证或陈述，法官要以口头的形式进行询问调查。除非法律有特别规定，凡是未经口头调查之证据，不得作为定案的根据加以采纳。

在普通程序审理中，贯彻直接言词原则，法院应做到以下几点：(1) 及时通知并保证有关人员出庭。证人出庭作证应作为一般原则，不出庭只能是例外；(2) 开庭审理过程中，合议庭的审判人员必须始终在庭，参加庭审的全过程；(3) 所有证据包括法庭依当事人申请或依职权收集的证据，都必须当庭出示，当庭质证；(4) 保证控辩双方有充分的陈述和辩论的机会和时间。

> **2. 根据郭某的辩护人辩护的内容，分析其选择的辩护种类，并说明理由。**

答案：郭某的辩护人选择的是罪名（轻罪）辩护和量刑辩护。首先，郭某的辩护人对检察院指控郭某涉嫌行贿罪进行了反驳，认为郭某的行为构成单位行贿罪。由于单位行贿罪相较于行贿罪是一个较轻的罪名，故郭某的辩护人选择的是罪名（轻罪）辩护。其次，郭某的辩护人指出郭某具有从犯、自首、退赃、重大立功等情节，其目的是说服法院对郭某从宽处罚并适用缓刑，故郭某的辩护人也选择了量刑辩护。

难度：难

考点：辩护的内容与辩护的分类

命题与解题思路：本题主要根据辩护内容考查辩护的分类。解答本题，考生首先应厘清行贿罪与单位行贿罪的区别，需知同等情况下单位犯罪中个人的刑事责任一般低于非单位犯罪中个人的刑事责任。其次应注意归纳本案中各种法定的从轻、减轻的量刑情节。

答案解析：按照理论和司法实践的情况，根据对不同辩护内容的选择，可以将辩护分为无罪辩护、罪名（轻罪）辩护、罪数辩护、量刑辩护和程序性辩护共五类。在具体案件的辩护中，需要根据案件的具体情况选择最为适宜的辩护种类。

罪名辩护是指控方指控被告人实施了一个较重的罪名，而辩护人依据事实和法律进行反驳和辩解，认为犯罪嫌疑人、被告人只构成一个较轻的罪名，不构成指控的较重的罪名的一种辩护，也称为轻罪辩护。这种辩护方案同样指出控方所指控的犯罪不能成立，所以从某种意义上来说，也是一种无罪辩护方案。但与无罪辩护不同的是，其所辩护的犯罪嫌疑人、被告人的行为并非无需承担任何刑事责任，而只是承担较轻的刑事责任。例如，控方指控构成职务侵占罪，而辩护人认为其侵占行为并非利用职务便利，因而只构成普通侵占罪。

量刑辩护，是指在犯罪嫌疑人、被告人确已实施犯罪行为且控方指控的罪名无误的情况下，辩护人从最大限度地降低最终可能判处的刑罚的角度出发，针对如何量刑开展论辩的辩护。量刑辩护意义重大，也是辩护实践中运用最多的一种辩护方案。辩护人可以从以下几个方面开展量刑辩护：①从适用哪一个法定量刑幅度的角度进行量刑辩护；②通过指出各种法定的从轻、减轻或免除刑罚的量刑情节进行量刑辩护；③通过指出法律未予明确规定，但也可能影响量刑的各种酌定量刑情节进行量刑辩护。

本案中，郭某的辩护人对检察院指控郭某涉嫌行贿罪进行了反驳，认为郭某的行为构成单位行贿罪。判断一个罪名是否轻于另一个罪名，主要是依据同等情况下罪名变更后量刑是否更轻来判断。根据《刑法》第390条、393条规定和两高《关于办理贪污贿赂刑事案件适用法律若干问题的解释》第 9 条规定，如果郭某构成单位行贿罪，其法定刑幅度在有期徒刑十年以内；如果郭某构成行贿罪，其法定刑幅度在有期徒刑十年以上。显然，前者更轻，故郭某首先选择的是罪名（轻罪）辩护。本案中，郭某的辩护人提出的四个法定的从轻、减轻或免除刑罚的量刑情节，这是一种典型的量刑辩护。

3. 法院应如何审理本案的涉案财物处理问题？

答案： 法院应当在法庭审理过程中，对查封、扣押、冻结财物及其孳息的权属、来源等情况，是否属于违法所得或者依法应当追缴的其他涉案财物进行调查，由公诉人说明情况、出示证据、提出处理建议，并听取被告人、辩护人等诉讼参与人的意见。郭某的哥哥对已被查封的郭某房屋提出权属异议，法院应当听取郭某哥哥的意见，必要时可通知郭某哥哥出庭。在法庭辩论环节，控辩双方可就涉案财物处理的事实、证据、适用法律等问题进行辩论。

难度： 难

考点： 对涉案财物处理问题的审理

命题与解题思路： 本题考查对涉案财物处理问题的审理程序。解答本题，考生应注意除了违法所得没收程序，对涉案财物处理问题的审理程序不是完全独立的，通常是与定罪、量刑问题的审理一并进行的，但同样需要保证该程序的相对独立性。

答案解析： 2021 年《法院解释》第 279 条规定根据司法实践反映的问题对 2012 年《法院解释》第 364 条规定作出修改完善。随着经济社会发展，越来越多的刑事案件涉及财物处理问题，涉案财物的数额价值越来越大，利益关系也越来越复杂。为强化产权司法保护，《法院解释》充实了涉案财物的相关规定，要求对定罪量刑和涉案财物处理并重。根据第 279 条第 1 款和第 2 款的规定，法庭审理过程中，应当对查封、扣押、冻结财物及其孳息的权属、来源等情况，是否属于违法所得或者依法应当追缴的其他涉案财物进行调查，由公诉人说明情况、出示证据、提出处理建议，并听取被告人、辩护人等诉讼参与人的意见。案外人对查封、扣押、冻结的财物及其孳息提出权属异议的，人民法院应当听取案外人的意见；必要时，可以通知案外人出庭。根据第 280 条规定，合议庭认为案件事实已经调查清楚的，应当由审判长宣布法庭调查结束，开始就定罪、量刑、涉案财物处理的事实、证据、适用法律等问题进行法庭辩论。2021 年《法院解释》将涉案财物处理的审理程序规定调整至一审程序，旨在提醒审判人员和诉讼参与人在审判程序中应高度重视对涉案财物的处理问题。由检察机关对涉案财物的权属情况作出说明，提出处理意见，并提供相关证据材料，这符合刑事证据规则，也符合司法实际。涉案财物处理与定罪量刑实际上都是法院的职权事项，都需要遵循以事实为依据、以法律为准绳的原则，都应当充分听取控辩双方意见。既然可以就定罪量刑问题进行法庭辩论，自然可以就涉案财物处理问题进行法庭辩论。本案中，案外人对涉案财物提出权属异议，就应当保障其相关诉讼权利，实现涉案财物处理中的程序公正和实体公正。（参见《最高人民法院关于适用〈中华人民共和国刑事诉讼法〉的解释理解与适用》第 350-351 页）

4. 法院应如何处理公诉人当庭表示郭某构成受贿罪这一情况？

答案： 起诉书指控郭某涉嫌行贿罪，但公诉人当庭发表郭某构成受贿罪而非行贿罪的意见，属于变更起诉，法院应当要求检察院在指定时间内以书面方式提出。由于公诉人当庭发表的意见是将轻罪变重罪，法院可宣布休庭，给予郭某及其辩护人必要的准备时间。检察院在指定时间内未书面变更起诉的，法院应当根据法庭审理情况，就起诉书指控的犯罪事实依法作出判决。

难度：中

考点：变更起诉

命题与解题思路：本题考查法院对公诉人当庭发表变更起诉意见的处理。解答本题，考生需认识到对起诉书指控罪名的变更，属于对起诉书重要内容的变更，应以检察院的名义进行书面变更。

答案解析：实践中，个别案件存在公诉人当庭发表与起诉书不同意见的情形，甚至属于当庭变更、追加、补充或者撤回起诉的情形。《刑事诉讼法》规定的起诉主体是检察院，起诉书是加盖检察院印章的法律文书。我国《刑事诉讼法》《检察院组织法》《检察官法》均未赋予公诉人独立于检察院之外的主体地位，也没有允许公诉人变更起诉书的内容。对此，2021 年《法院解释》第 289 条规定新增法院处理变更起诉的内容。根据该条规定，公诉人当庭发表与起诉书不同的意见，属于变更、追加、补充或者撤回起诉的，人民法院应当要求人民检察院在指定时间内以书面方式提出；必要时，可以宣布休庭。人民检察院在指定时间内未提出的，人民法院应当根据法庭审理情况，就起诉书指控的犯罪事实依法作出判决、裁定。人民检察院变更、追加、补充起诉的，人民法院应当给予被告人及其辩护人必要的准备时间。

> 5. 法院审理认定夏某构成单位行贿罪，应如何处理本案中单位刑事责任与自然人刑事责任的问题？

答案：法院应建议检察院对大发公司追加起诉。如果检察院对大发公司追加起诉，法院应依法对大发公司判处罚金，并对大发公司犯单位行贿罪直接负责的夏某判处刑罚。如果检察院仍以自然人犯罪起诉，法院应依法审理，按照单位犯罪直接负责的主管人员或者其他直接责任人员追究夏某的刑事责任，并援引刑法分则关于追究单位行贿罪中直接负责的主管人员和其他直接责任人员刑事责任的条款。

难度：难

考点：单位犯罪案件的审理

命题与解题思路：本题考查法院对检察院以自然人犯罪起诉的单位犯罪案件的审理。解答本题，考生需注意法院审理案件应恪守控审分离、不告不理的基本准则，同时应充分保障被告人的合法权益，坚持以事实为依据、以法律为准绳的基本原则。

答案解析：我国《刑法》对单位犯罪采取双罚制，既对单位判处罚金，又对其直接负责的主管人员和其他直接责任人员判处刑罚。实践中不乏检察院对单位犯罪案件按自然人犯罪起诉的情况，法院在查明案件事实的基础上认为应当认定为单位犯罪案件的，显然不得自行决定追加单位为被告人直接追究犯罪单位的刑事责任，否则就违反了控审分离、不告不理的基本准则。根据以审判为中心的刑事诉讼制度改革要求，法院应当坚持裁判中立原则，不能成为控诉方。

根据《法院解释》第 297 条规定，审判期间，人民法院发现新的事实，可能影响定罪量刑的，或者需要补查补证的，应当通知人民检察院，由其决定是否补充、变更、追加起诉或者补充侦查。人民检察院不同意或者在指定时间内未回复书面意见的，人民法院应当就起诉指控的事实，依照本解释第 295 条的规定作出判决、裁定。根据《法院解释》第 340 条规定，对应当认定为单位犯罪的案件，人民检察院只作为自然人犯罪起诉的，人民法院应当建议人民检察院对犯罪单位追加起诉。人民检察院仍以自然人犯罪起诉的，人民法院应当依法审理，按照单位犯罪直接负责的主管人员或者其他直接责任人员追究刑事责任，并援引刑法分则关于追究单位犯罪中直接负责的主管人员和其他直接责任人员刑事责任的条款。

由此可见，法院一方面不得作为控诉方擅自追加单位为被告人，另一方面鉴于认定单位犯罪往往会对行为人有利，故法院也应当保护行为人的利益，不能因为检察院没有指控犯罪单位就对行为人严格按照自然人犯罪案件处理。据此，本案中如果检察院追加大发公司为被告人，必然会同时变更起诉的罪名，法院就可对大发公司与夏某以单位行贿罪定罪量刑。如果检察院不追加大发公司为被告人，从保障夏某的权益和公正裁判的角度出发，法院仍应按审理认定的单位行贿罪对夏某定罪量刑。

6. 法院审理认定郭某构成受贿罪、夏某构成单位行贿罪后，对郭某和夏某分案审理是否妥当？为什么？

答案： 不妥当。理由如下：其一，本案并非被告人人数众多、案情复杂的案件，分案审理不能提高庭审质量和效率。整体来看，分案审理反而降低了审判效率，应当谨慎适用；其二，虽然法院审理认为郭某与吕某构成共同受贿，郭某与夏某不构成共同行贿，但郭某与夏某仍然是一案起诉的关联犯罪案件的被告人，符合并案审理的条件。在已经由同一审判组织进行过一次法庭调查和法庭辩论的情况下，休庭后继续并案审理，可减少一次开庭，从而提高审判效率，节约司法资源；其三，郭某和夏某互相了解对方行受贿的情况，两人涉罪事实紧密关联，并案审理更有利于查明案件事实、保障诉讼权利和准确定罪量刑。

难度： 难

考点： 分案审理

命题与解题思路： 本案考查分案审理的适用。解答该题，考生应当准确理解 2021 年《法院解释》新增分案审理条文对于司法实践的规范目的。《法院解释》对分案审理作出规定，不是为了鼓励和推广分案审理的适用，而是通过尽量明确分案审理的标准，指引司法人员合理运用分案审理，防止审判实践中分案审理的滥用和错用。

答案解析： 根据《法院解释》第 220 条规定，对一案起诉的共同犯罪或者关联犯罪案件，被告人人数众多、案情复杂、人民法院经审查认为，分案审理更有利于保障庭审质量和效率的，可以分案审理。分案审理不得影响当事人质证权等诉讼权利的行使。对分案起诉的共同犯罪或者关联犯罪案件，人民法院经审查认为，合并审理更有利于查明案件事实、保障诉讼权利、准确定罪量刑的，可以并案审理。由此可见，《法院解释》第 220 条并未对分案审理和并案审理的适用划定一个明确的界分标准，主要通过列明重点考量因素的方式指引审判人员在实践中具体问题具体分析。正如最高法《关于〈法院解释〉的理解和适用》一书指出："经研究认为，相关问题可以在司法实践中裁量把握。"但结合本题材料来看，本案的分案是不妥当的。《关于〈法院解释〉的理解和适用》明确指出："同案同审是诉讼的一般原则。但从实践看，有的案件，同案被告人多达几十人甚至上百人，如作为一个案件审理，势必会大大加长诉讼周期既影响庭审质量和效率，也会大大增加当事人等诉讼参与人的诉累。对此类案件，分案审理，有其现实必要性。但分案审理不能随意为之，更不能通过分案审理的方式变相剥夺当事人质证权。"由此可见，《法院解释》第220条虽然是关于分案审理的规定，但其出发点是严格控制分案审理，同案同审是原则，分案审理是例外。法院不能因为审理认为检察院以共同犯罪起诉的案件被告人实际上构成不同罪名，就将不同罪名的被告人分案审理，从而忽视他们所犯之罪的高度关联性。在符合并案审理的条件下，就应该做到同案同审为原则，分案审理为例外，没有例外情形出现时，就应保持同案同审。

评分细则（共30分）

1-6题满分为：4分、6分、5分、5分、5分、5分

1. 遵循：通知并保证重要有关人员吕某到庭（1分）；控辩双方充分出示证据并质证（1分）；组织控辩双方围绕罪名与量刑进行辩论（1分）。

   违反：安排另一名审判员接替离场人员继续审理（1分）。

2. 罪名（轻罪）辩护（1分），单位行贿罪相较于行贿罪是一个较轻的罪名（2分）；量刑辩护（1分），指出具有从犯、自首、退赃、重大立功等情节（2分）（列举2项以上即可得满分）

3. 法院在对是否属于违法所得或者依法应当追缴的其他涉案财物进行法庭调查（1分），由公诉人举证（1分），听取被告人、辩护人等人意见（1分）；应当听取权属异议人的意见（1分），必要时通知其到庭（1分）；组织控辩双方对财物处理进行法庭辩论（1分）。（满分5分，答出任意五点即可满分）

4. 属于变更起诉（1分）。应当要求检察院书面提出（1分），将轻罪变重罪可宣布休庭（1分），给予被告人、辩护人必要准备时间（1分），检察院未书面变更起诉的就起诉书指控的犯罪事实判决（1分）。

5. 建议检察院追加起诉（1分），追加起诉的，对公司判处罚金（1分），并对直接负责人判处刑罚（1分）；未追加起诉的，按照单位犯罪直接负责人追究夏某的刑事责任（1分），援引刑法分则关于追究单位行贿罪中直接负责人责任的条款（1分）。

6. 不妥当（2分）。并非被告人人数众多、案情复杂（1分）；被告是一案起诉的关联犯罪案件的被告人（1分）；涉罪事实紧密关联，并案审理有利于查明案件事实（1分）

第二题（本题30分）

一、试题

案情：因拆迁安置补偿问题，某村村民与某矿业多次发生纠纷。某日，陆某甲带领几名村民到矿上阻止发货。矿业经营负责人杜某和管理人员董某见状，分别手持棒球棍、木棍冲过去，后击打陆某甲臀部，致其摔倒在旁边的油菜地里。赶到现场的民警唐某和陈某前来处理纠纷。此时，陆某甲的母亲何某正走在马路中间，杜某用棒球棍打中何某头部，致何某倒地。两日后，何某经抢救无效死亡。

经过侦查、审查起诉后，检察院指控杜某犯故意伤害罪，向法院提起公诉。经过开庭审理后，本案证据如下：

1. 棒球棍一根、辨认笔录：经杜某辨认，该棒球棍系其打伤被害人何某所持器械。

2. 陆某甲证言：我与其他人去矿山门口聚集，阻碍他们发货。大概过了十分钟，杜某手上拿了一根棒球棍和另一人冲出来，我往后退并转身，杜某一棒子打在我臀部，我没

站稳,就倒在马路边上的油菜地里了。约十分钟后,我回到马路上看见弟弟陆某乙抱着母亲何某,何某头部流了许多血。

3. 陆某乙庭前证言:哥哥陆某甲带我们去矿上,杜某拿着一根棍子追赶陆某甲,打到了陆某甲下半身,后又用棍子去打我母亲何某。

4. 陆某乙庭审证言:杜某等二人拿棍子从大门冲过来,打了陆某甲,陆某甲被打倒;何某在杜某后方经过,去看陆某甲,警察把杜某往西边拉,杜某在与警察挣扎过程中一棍子打到了何某。现在想来,杜某打陆某甲肯定是有意的,打母亲何某可能不是有意的。之前警察没有问我当时打的整个过程,加上何某出事不久,心里有怨恨,就简单地说是杜某打的母亲。

5. 目击证人王某庭审证言(与庭前证言一致):当时看到两个人出来后直接冲到人群打了陆某甲,陆某甲被打到坡下面去了。公安的人去拉了杜某。陆某甲的妈妈过来看陆某甲,杜某在挣扎过程中挥手打了陆某甲的妈妈一棍子。杜某是先打了陆某甲,再打到何某。

6. 目击证人张某的庭审证言:某村民组的村民在矿业门口聚集,后从磅房前冲出来一个人手上拿着一根白色棍子,一民警跟在后面追,那个人手中的棍子打中了何某头部,何某当即倒地不动,头部开始流血。

7. 唐某的庭审证言(与庭前证言一致):我和陈某先到了矿场,看到杜某拿了根棍子冲向陆某甲,朝何某站在公路上的方向跑的。杜某打了人,打的谁我没看清,我只知道在后面将杜某抱住了。

8. 陈某的庭前证言:唐某和我到达某矿业,看到杜某拿着一根棍子,我们追过去看见远处一个人从马路边跌倒在田里,紧接着听到一声闷响,看到何某倒在了地上。唐某抱住了杜某,我将杜某手中的棒球棍夺了下来。

9. 杜某的供述与辩解:我当时很生气,从办公室出来拿了一个棍子,想赶走陆某甲,没想过伤害他人。我跑过去拿棍子打向陆某甲的屁股,唐某从后面上来把我抱着,我不知道不小心把谁头部打到了,事后听说何某的头部被打破了,我不确定何某是不是被我的棍子打的。当时我没想过会打到别人。

10. 法医学鉴定意见:何某左顶部头皮挫裂伤、颅盖骨及颅底骨折、颅内出血,系被他人钝器击打头部致颅脑损伤死亡。陆某甲未见明显伤痕。

11. 勘验、检查、辨认笔录:对现场勘验检查情况以及证人对被告人杜某的辨认情况。

问题:

请根据以上证据材料和相关法律规定,分析检察院指控杜某犯故意伤害罪是否成立。

二、总体命题思路

本题根据真实案例改编,综合考查考生运用证据分析案件事实和适用法律作出裁判的能力。解答本题,考生应通过仔细阅读材料迅速确定案例的争议焦点,并准确判断本案中检察院的指控是否成立。考生只需回答检察院指控的故意伤害罪是否成立,无需考虑本案是否构成其他犯罪。

三、案例来源

安徽省青阳县人民法院(2015)青刑初字第00153号刑事判决书

四、答案精讲

1. 对于检察院指控杜某犯故意伤害罪，其伤害行为和结果的事实清楚，证据确实、充分，但杜某是否具有伤害何某的主观故意，则事实不清、证据不足，应当不予认定。故检察院指控杜某犯故意伤害罪不能成立。

2. 依据：根据《刑事诉讼法》200条第1项规定和《法院解释》第295条第1款第5项规定，案件事实清楚，证据确实、充分，依据法律认定被告人有罪的，应当作出有罪判决；案件部分事实清楚，证据确实、充分的，应当作出有罪或者无罪的判决；对事实不清、证据不足部分，不予认定。又根据《刑事诉讼法》第55条规定，认定有罪必须犯罪事实清楚，证据确实、充分，应当符合以下条件：即（一）定罪量刑的事实都有证据证明；（二）据以定案的证据均经法定程序查证属实；（三）综合全案证据，对所认定事实已排除合理怀疑。而根据本案现有证据来看，证明杜某故意伤害致人死亡的证据未达到证据确实、充分的程度。

3. 检察院指控杜某犯故意伤害罪不能成立的理由

其一，根据证据1、证据10、证据11，何某被杜某持棍击打头部致死的事实清楚。但根据证据9，杜某辩解自己持棍的目的是赶走陆某甲，未注意到击中他人。针对何某的死亡，杜某否认自己有伤人的主观故意，因此本案应重点围绕杜某辩解能否成立，即杜某是否具有伤害的故意来展开。

其二，根据证据2、证据3和证据10，可以证明杜某用棒球棍击打陆某甲的起因、部位和后果。可见杜某使用棒球棍主要是为了驱赶陆某甲，并未用力击打陆某甲，也未击打陆某甲的重要部位。这三个证据可以与杜某的辩解相互印证，即杜某无伤害他人的主观故意。

其三，根据证据4和证据3，陆某乙的庭审证言（证据4）较庭前证言（证据3）更详细地描述了其看到的案发经过，其当庭对庭前证言有片面性和倾向性的原因进行了解释，且庭审证言"杜某在与警察挣扎过程中一棍子打到了何某"与王某的证言（证据5）和杜某的辩解（证据9）相互印证。加之陆某乙系被害人何某的儿子，其当庭作出的有利于被告人的证言可信度较高。根据《法院解释》第91条第2款规定，证人当庭作出的证言与其庭前证言矛盾，证人能够作出合理解释，并有其他证据印证的，应当采信其庭审证言；不能作出合理解释，而其庭前证言有其他证据印证的，可以采信其庭前证言。

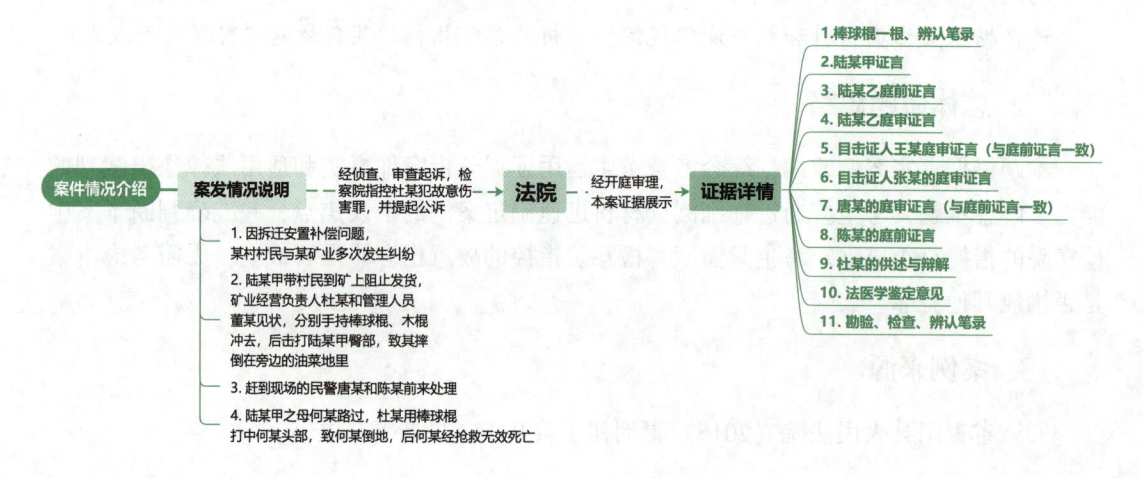

其四，根据证据5、证据6、证据7和证据8，其他证人的证言关于杜某手持的棒球棍如何打中何某头部的描述较为笼统，均无法证明杜某故意使用棒球棍击打他人头部。

综上，现有证据不能证明杜某系故意手持棒球棍击打他人重要部位，无法排除杜某系在挣脱警察劝服过程中无意间击中何某头部的合理怀疑。故检察院指控杜某犯故意伤害罪的主观故意部分事实不清，证据不足，杜某不构成故意伤害罪。

答案解析： 分析判断本案检察院指控杜某犯故意伤害罪是否成立，首先应明确本案主要事实中的争议焦点和无争议事项，其次围绕争议焦点展开分析。对于杜某持棍击打到何某头部的事实，在案证据足以证实，不存在争议。那么本案的争议焦点就在于杜某是否对持棍伤人存在故意，尤其是对伤害何某是否具有直接故意或间接故意。检察院指控故意伤害罪，当然是认为杜某至少具有伤害何某的间接故意，但杜某的辩解显然是否认自己具有伤人的主观故意。接下来，本案的分析可以围绕杜某的辩解是否成立展开。对此，可以从两个维度展开，一是关注反映杜某持棍心理状态的证据，通过分析其击打陆某甲的起因、部位和后果的相关证据，可以认为杜某不具有伤害他人的故意；二是聚焦描述杜某击打何某头部过程的证据，可以认为现有证据不足以证明杜某是故意击打何某头部，本案完全存在杜某无意间打到何某头部的可能。这里还要注意对陆某乙所作的不一致的庭前证言和庭审证言进行分析，从而确定采信其庭审证言。

另外，如果要进一步分析本案的判决结果，本案极大可能成立过失致人死亡罪（现实案例如此）。其一，现有证据可以证明案发现场比较混乱，案发时有数人出现在杜某周围。杜某应当预见其手持棒球棍在混乱中容易给他人造成伤害，但其一心想赶走陆某甲等人，未能预见可能发生的危害后果，未及时放下棒球棒。故杜某具有疏忽大意的过失；其二，现有证据可以证明杜某所持的棒球棍打到了何某的头部，导致何某颅脑损伤死亡。杜某的过失行为已经造成严重危害后果。所以，法院应对检察院指控中的事实不清、证据不足的故意伤害部分不予认定，应根据已查明的部分事实判决杜某构成过失致人死亡罪。当然，本题只需要回答检察院指控杜某犯故意伤害罪不能成立并说理即可。

评分细则（共30分）

1-4部分满分为：4分、8分、15分、3分

1. 结论：不能成立（2分）。杜某是否具有伤害何某的主观故意，事实不清、证据不足（2分）。

2. 证明标准：有罪判决应当达到案件事实清楚，证据确实、充分的证明标准（2分）。定罪量刑的事实都有证据证明（2分）；据以定案的证据均经法定程序查证属实（2分）；综合全案证据，对所认定事实已排除合理怀疑（2分）。

3. 分析：证据9杜某辩解不存在伤人的主观故意（2分），证据2、证据3和证据10证明杜某使用棒球棍主要是为了驱赶陆某甲，无伤害他人的主观故意（3分）；陆某乙庭审证言较庭前证言更为详细（2分），庭审证言与其他证据可以印证（2分），陆某乙系被害人何某的儿子，其当庭作出的有利于被告人的证言可信度较高（2分）。证据5、证据6、证据7和证据8中其他证人证言描述较为笼统无法证明故意（4分）。

4. 总结：现有证据不能证明杜某系故意伤害或者无法排除无意的合理怀疑（2分），不构成故意伤害罪（1分）。

第三题（本题 30 分）

一、试题

案情：2020 年 6 月，A 市 B 区区长陶某因涉嫌受贿罪被 A 市监察委员会立案调查并被采取留置措施。调查发现，陶某利用职务便利，在工程承接和企业经营发展等方面为顾某提供帮助。2018 年 5 月，陶某以明显高于市场价 500 万元将 A 市某洋房出售给顾某。由于未从陶某、顾某处收集到房屋买卖合同原件，监察委员会从不动产登记中心调取了与原件核对无误的房屋买卖合同复印件，同时调取了同小区其他部分房屋买卖合同复印件，作为同期市场价格认定的依据。监察委员会委托 A 市价格认定机构对涉案房屋进行价格认定，价格认定机构指派专业人员根据监察委员会提供的书面资料进行测算，针对涉案房屋出具了《价格认定书》，认定涉案房屋在交易日的市场价格为 390 万元。另调查发现，陶某与贺某等人共同投资成立某公司，陶某利用职务便利为贺某等人提供帮助，贺某等人在陶某出资 50 万元（占股 20%）的情况下，按占股 40% 的比例为陶某陆续分红共计 200 万元。除外，监察委员会调查认定陶某直接收受他人现金、手表等财物共计 380 万元。

移送审查起诉后，A 市检察院对陶某先行拘留，随后决定逮捕。A 市检察院审查认为：部分受贿款项可能是陶某的情人郑某利用陶某影响力收受他人财物，陶某并不知情，案发后陶某可能有意为郑某顶罪；陶某、贺某等人表示陶某实际出资 75 万元（实际占股 30%），但监察机关仅凭一张《出资说明》照片打印件的内容认定陶某出资为 50 万元。经过补查补证后，A 市检察院就陶某受贿案向 A 市中级法院提起公诉。

审理期间，A 市中级法院要求 A 市检察院补充提供并出示《出资说明》照片原图，并建议检察院继续补充收集《出资说明》纸质版原件，以便更好审查《出资说明》真伪。对于检察院出示的《价格认定书》，法院按照书证的相关规则进行了审查认定。A 市中级法院认定陶某受贿数额共计 520 万元，判决追缴从陶某、郑某处扣押在案的赃款共计 120 万、冻结在案的陶某价值 280 万元的房产和与案件无任何关联的陶某表哥何某代为退缴的 50 万元款项。

陶某以未以房屋交易形式收受贿赂为由提出上诉。二审期间，陶某病故，省高级法院裁定终止审理。A 市检察院向 A 市中级法院申请没收已扣押、冻结在案的陶某违法所得。陶某的妻子申请参加诉讼，其认为违法所得没收程序应坚持"事实清楚，证据确实、充分"标准，但现有证据对陶某以房屋交易形式收受贿赂的证明不能达到"事实清楚，证据确实、充分"的程度，因此不应以此为由没收扣押、冻结的财物。何某申请参加诉讼，其认为不应没收先前代为退缴的 50 万元。

问题：

1. 本案审查起诉期间，如检察院自行补充侦查，这种做法是否妥当？为什么？
2. A 市中级法院对于《价格认定结论书》的性质认定是否正确？为什么？
3. 本案运用书证复制件等传来证据，应遵守哪些特殊规则？
4. 陶某的妻子关于违法所得没收程序应坚持"事实清楚，证据确实、充分"标准的意见能否成立？为什么？

5. 法院能否在违法所得没收程序中裁定没收何某先前代为退缴的 50 万元？为什么？

二、总体命题思路

本题综合考查监察案件自行补充侦查的情形、专门性问题报告的性质、传来证据的运用、违法所得证明标准和违法所得没收程序的没收范围等知识点。解答本题，其一，应准确理解相关法条的涵义，全面梳理案例中的相关信息；其二，充分利用案例所给信息，为理论型问题归纳回答要点；其三，准确界定违法所得没收程序的性质，从而准确判断没收对象和没收标准。

三、案例来源

《刑事审判参考》第 1469 号案例（于立群受贿违法所得没收案）、1473 号案例（吴为兵受贿违法所得没收案）、第 1491 号案例（陶苏根受贿、滥用职权案）

四、答案精讲

> 1. 本案审查起诉期间，如检察院自行补充侦查，这种做法是否妥当？为什么？

答案：不妥当。检察院对于监察委员会移送的案件，认为需要补充调查的，应当退回监察机关补充调查。对个别言词证据的补充完善及物证、书证等证据材料的补充鉴定等由检察院查证更为便利、更有效率、更有利于查清案件事实的情形，检察院才可以进行补充侦查。本案审查起诉期间，检察院发现的问题是部分重要的事实未能查清、缺少证据，故应当退回监察机关补充调查。

难度：难

考点：监察案件的自行补充侦查

命题与解题思路：本题考查检察机关可以对监察案件自行补充侦查的情形。解答本题，考生首先应弄明白《检察规则》相关条文对监察案件补充调查（侦查）的位序安排，然后应结合法条对案例情形进行准确分析。

答案解析：根据《检察规则》第 343 条第 1 款规定，人民检察院对于监察机关移送起诉的案件，认为需要补充调查的，应当退回监察机关补充调查。必要时，可以自行补充侦查。根据本款规定，检察机关对监察案件的自行补充侦查相较于对公安机关案件的自行补充侦查，受到更多限制。退回补充调查，是检察机关对监察机关进行监督制约的重要体现和制度措施。需要注意的是，退回补充调查和自行补充侦查，是有先后顺序的，通常情况下，检察机关审查后认为需要补充证据的，应当先退回监察机关进行补充调查；必要时，才由检察机关自行补充侦查。一般而言，检察机关认为监察机关移送的案件定罪量刑的基本犯罪事实已经查清，根据《检察规则》第 344 条第 1 款规定，对于监察机关移送起诉的案件，具有下列情形之一的，人民检察院可以自行补充侦查：（一）证人证言、犯罪嫌疑人供述和辩解、被害人陈述的内容主要情节一致，个别情节不一致的；（二）书证、物证等证据材料需要补充鉴定的；（三）其他由人民检察院查证更为便利、更有效率、更有利于查清案件事实的情形。本案中，检察院审查认为，监察机关对于部分受贿款项是否由陶某实施或参与的事实未查清，认定陶某受贿数额的重要证据存疑，甚至存在遗漏犯罪嫌疑

案情脉络图

留置调查阶段

1. 2020年6月，A市B区区长陶某因涉嫌受贿罪被A市监委立案调查并被采取留置措施

2. 调查发现陶某利用职务便利，在工程承揽和企业经营发展等方面为顾某提供帮助。2018年5月，陶某以明显高于市场的价格以500万元将A市某闲置房出售给顾某

3. 因未从陶、顾处得到房屋买卖合同原件，监委从不动产登记中心调取了与原件核对无误的房屋买卖合同复印件，同时调取了同小区其他部分房屋买卖合同复印件，作为同期市场价格认定依据

4. 监委委托A市价格认定机构对涉案房屋进行价格认定，该机构指派专业人员根据监委提供的书面资料进行了测算，出具了《价格认定书》，认定涉案房屋在交易日时市场价为390万元

5. 另调查发现，陶某与贺某等人共同投资成立某公司，陶某利用职务便利提供帮助，贺某等人在陶某出资50万元（占股20%）的情况下，按占股40%为陶某陆续分红共计200万元

6. 监委调查认定陶某受贿收受他人现金、手表等财物共计380万元

审查起诉阶段

1. A市检察院对陶某将涉行贿罪，随后决定逮捕

2. A市检察院审查认为
   (1) 部分受贿款可能是陶某的情人郑某利用陶某影响力收受他人财物，陶某并不知情，案发后陶某可能有意为郑某顶罪
   (2) 陶、贺等人表示陶某实际出资75万元（实际占股30%），但监委仅凭打印件的认定陶某出资为50万元
   (3) 经补查补证，A市检察院就陶某受贿向A市中级法院提起公诉

一审审理期间（A市中院）

1. A市中级法院要求A市检察院补充提供并出示《出资说明》照片原图，并建议检察院继续补充收集《出资说明》纸质版原件，以便好审查《出资说明》真伪

2. 对检察院出示的《价格认定书》，法院按照书证相关规则进行了审查认定

3. A市中级法院认定陶某受贿数额共计520万元，判决追缴从陶某、郑某处扣押在案的相关财产和房产中价值280万元的房产和代为扣押在案的陶某表哥贿款共计120万。冻结在案的陶某代为退缴的50万元款项

以未以房屋交易形式收受贿赂为由提出上诉

二审审理期间（省高院）

1. 二审期间，陶某病故，法院裁定终止审理

2. A市检察院向A市中级法院申请没收已扣押、冻结在案的陶某违法所得

3. 陶某的妻子申请参加诉讼，其认为诉讼对陶某以房屋交易形式收受贿赂的证据不能达到"事实清楚、证据确实、充分"的程度，因此不应以此为由没收扣押、冻结的财物

4. 何某申请参加诉讼，其认为不应没收先前代为退缴的50万元

人的情况。在这种情况下，显然更应按照原则性的要求，退回监察委员会补充调查。

2. A 市中级法院对于《价格认定结论书》的性质认定是否正确？为什么？

答案：不正确。本案中《价格认定结论书》是监察委员会委托价格认定机构指派有专门知识的人对案件的专门性问题出具的报告，该报告虽是基于书证材料的测算和分析，但发挥着与鉴定意见同等重要的作用。根据《法院解释》第 100 条第 2 款规定，作为专门性问题报告的《价格认定结论书》的审查认定，适用鉴定意见的有关规定。

难度：难

考点：专门性问题报告的性质

命题与解题思路：本题考查专门性问题报告的审查认定。解答本题，考生应注意区分《价格认定结论书》与其所依据的书证材料。应注意对某段时间某房屋真实市场价格的认定，并非简单地根据参照资料进行计算，而是需要专业的分析测算。

答案解析：《刑事诉讼法》规定的有关专门性问题的证据种类仅指鉴定意见，但司法实践中由于司法鉴定的范围有限，大量的关于专门性问题的报告被用于证明案件事实，如广泛运用的价格认定报告等。为了解决实践中关于此类专门性问题报告的适用难题，《法院解释》第 100 条明确了专门性问题报告的证据资格，因无鉴定机构，或者根据法律、司法解释的规定，指派、聘请有专门知识的人就案件的专门性问题出具的报告，可以作为证据使用。对前款规定的报告的审查与认定，参照适用本节（鉴定意见的审查与认定）的有关规定。经法院通知，出具报告的人拒不出庭作证的，有关报告不得作为定案的根据。此外，实践中常见的"事故调查报告"也是另一种有关专门性问题的证据资料，如火灾事故调查报告、交通事故调查报告等。这种报告通常由相关部门制作，涉及的案件专门性问题往往是对案件事实认定至关重要的因素。同样，为了解决实践中的适用困境，《法院解释》第 101 条也规定了有关部门对事故调查形成的报告具有刑事诉讼证据资格，并明确其中涉及专门性问题的意见经法庭查证属实，且调查程序符合法律、有关规定的，可以作为定案的根据。综上，专门性问题报告和事故调查报告中有关专门性问题的意见实际上是类似并参照鉴定意见运用的证据形式。

3. 本案运用书证复制件等传来证据，除遵守一般的证明规律以外，还应遵守哪些特殊规则？

答案：应遵守的特殊规则：（1）来源不明的材料不能作为证据使用。（2）只有在原始证据不能取得或者确有困难时，才能用传来证据代替。（3）应采用距离原始证据最近的传来证据，即复制次数最少的原始证据。（4）如果案件只有传来证据，没有任何原始证据，不得认定有罪。

难度：难

考点：传来证据的运用

命题与解题思路：本题考查运用传来证据时应遵守的相应特殊规则。解答本题，考生应充分思考传来证据相比于原始证据存在的风险。基于风险的防范，运用传来证据相比于运用原始证据需注意更多事项。

答案解析：通常情况下原始证据的证明价值大于传来证据。在传来证据中，中间环节少的传来证据，其证明价值大于中间环节多的。因此，在查清案件事实的过程中，办案人员应当尽可能收集原始证据，对属于传来证据的材料，应当查明来源出处，并向亲自感知案件事实的人员了解情况，或取得物证、书证的原件。虽然原始证据具有较大的证明力，但传来证据在司法实践中也起到不可忽视的作用：可以根据传来证据发现原始证据，帮助审查原始证据是否真实，强化原始证据的证明作用；当原始证据灭失或无法获得时，只要传来证据查证属实，也可用以作为定案的根据。由于传来证据有时可以发挥认定案件事实的重要作用，但同时存在一定的失真风险。因此，在运用传来证据时，应特别注意传来证据的来源、与原始证据的距离、运用限度等事项。

> **4.** 陶某的妻子关于违法所得没收程序应坚持"事实清楚，证据确实、充分"标准的意见能否成立？为什么？

答：不能成立。其一，申请没收的财产具有高度可能属于违法所得及其他涉案财产的，应当认定申请没收的财产属于违法所得及其他涉案财产。"高度可能"是高度盖然性证明标准，而非"事实清楚，证据确实、充分"的证明标准；其二，违法所得没收程序仅针对财物进行审理，不涉及定罪量刑问题，证据审查的重点在于拟没收财物的权属性，故无需适用刑事诉讼"事实清楚，证据确实、充分"的定罪证明标准。

难度：难

考点：违法所得没收程序的证明标准

命题与解题思路：本题考查对违法所得没收程序证明标准的理解与适用。考生解答本题，应注意本题设问的用意不仅是让考生指出这种说法错在哪，还需进一步阐释为什么不适用"事实清楚，证据确实、充分"的标准。

答案解析：《法院解释》第621条规定吸收2016年《违法所得没收程序若干问题的规定》第16条和17条规定，去掉了"案件事实清楚，证据确实、充分"的要求，规定申请没收的财产属于违法所得及其他涉案财产的，除依法返还被害人的以外，应当裁定没收；申请没收的财产具有高度可能属于违法所得及其他涉案财产的，应当认定为前款规定的"申请没收的财产属于违法所得及其他涉案财产"。违法所得没收程序是《刑事诉讼法》规定的一个特别程序，与普通刑事诉讼程序存在较大区别。普通刑事诉讼程序旨在查明犯罪事实，对被告人定罪处罚，适用的是事实清楚、证据确实充分的证明标准。而违法所得没收程序的基本法理依据在于"不让犯罪分子通过犯罪获得任何收益"，旨在查明申请没收的财产与犯罪事实之间的关联性，确认申请没收的财产是否属于违法所得及其他涉案财产。两者最大的区别在于，在普通刑事诉讼程序中，被告人在场，不但可以获取其供述，而且可以根据其供述进一步获取客观性证据。而在违法所得没收程序中，犯罪嫌疑人、被告人不在案，既不能获取其供述，也不能收集根据其供述而可能产生的其他客观性证据。此种情况下，绝大多数案件都难以达到普通刑事诉讼程序排除合理怀疑的标准。如果坚持排除合理怀疑的标准，则绝大多数案件都只能裁定驳回申请。在没收违法所得申请案件中采用高度盖然性的证明标准，是基于立法原意和实践需要而作出的合理解释。违法所得没收程序本质上是对财产所有权的确认之诉，这一本质特征决定了其证明标准与普通刑事诉讼程序相比可以有所降低。（解析参考《〈关于犯罪嫌疑人、被告人逃匿、死亡案件适用

违法所得没收程序若干问题的规定〉的理解与适用》，载《人民司法》2017年第16期）

5. 法院能否在违法所得没收程序中裁定没收何某先前代为退缴的50万元？为什么？

答案：不能。裁定没收的财产应是违法所得及其他涉案财产，而与本案无任何关联的亲友何某代为退缴的款项明显不属于违法所得及其他涉案财产，不应予以没收。

难度：难

考点：违法所得没收程序的没收范围

命题与解题思路：本题考查违法所得没收程序的没收范围。解答本题，考生应注意违法所得没收程序不同于普通刑事诉讼程序对违法所得及涉案财物的追缴和责令退赔。

答案解析：普通刑事诉讼程序中，被告人亲友退缴退赔赃款、赃物的情况较为常见。但如果被告人在普通刑事诉讼程序中死亡，能否通过违法所得没收程序对亲友已经退缴退赔的财物进行追缴，能否没收不能一概而论。一般而言，配偶以外的亲友退缴退赔的合法财产不应没收，但是配偶退缴退赔的财产视情况予以没收。在违法所得没收程序中，法律明确规定仅没收违法所得及其他涉案财产，未规定责令退缴退赔，不同于刑法第64条的规定，犯罪分子违法所得的一切财物，应当予以追缴或者责令退赔。因此，无论涉案财产是特定物还是种类物，配偶以外的亲友在先前的普通刑事诉讼程序中以自己财产代为退缴退赔的，该钱款明显不属于违法所得，不应予以没收。对于配偶代为退缴退赔的情况，如果涉案财产是钱款等种类物，而且与家庭财产发生了混同，此时难以区分发生混同的财产哪部分是违法所得，哪部分是合法财产，结合配偶代为退缴退赔的行为，可推定其退缴退赔的财产属于违法所得或涉案财产，依法可予以没收。[解析参考《刑事审判参考》第1469号案例（于立群受贿违法所得没收案）的解读]

评分细则（共30分）

1-5题满分为：6分、5分、8分、6分、5分

1. 不妥当（2分）。原则上应当退回监察机关补充调查（1分），对个别证据材料检察院查证更为便利的才可以自行补充侦查（1分），本案检察院发现的问题是部分重要的事实未能查清，应当退回监察机关补充调查（2分）。

2. 不正确（2分）。作为专门性问题报告的的审查认定，适用鉴定意见的有关规定（3分）。

3. 来源不明的材料不能作为证据使用（2分）；原始证据不能取得或者确有困难时才能用传来证据（2分）；应采用距离原始证据最近的传来证据（2分）；只有传来证据不得认定有罪（2分）。

4. 不能成立（2分）。没收违法所得采高度盖然性证明标准（2分），不涉及定罪量刑问题不适用"事实清楚，证据确实、充分"的定罪证明标准（2分）。

5. 不能（2分）。何某代为退缴的款项不属于违法所得及其他涉案财产（3分）。

第四题（本题 30 分）

一、试题

案情：熊某等 20 余人为牟取非法利益，通过境外网站和服务器开设赌场，并先后在 A 市和 B 市开设"网络工作室"，用于在国内发展代理人员和进行赌资结算。居住在 C 市的赌客何某在使用该网络赌博软件参与赌博输掉大额资金后，向公安机关举报该赌博网站，同时提供向其发送赌博广告信息的线索。后经查实，广告信息系居住于 D 市的刘某到 E 市通过电信基站发出，刘某系受托为熊某等人的赌博软件提供广告推广。

A 市公安机关在对熊某等人开设赌场案立案侦查后，组织侦查专家对涉案网站及服务器进行远程勘验。侦查人员在取证实验室使用计算机操作系统对该赌博网站后台服务器中的数据进行了远程勘验，提取并固定该网站相关后台数据。公安机关从提取的数据中获取了该网站共计 50 余名代理人员的注册信息、代理充值明细、代理佣金明细和共计 600 余名下级赌客的注册信息、充值信息和提现信息。公安机关将到案的 40 余名代理人员与熊某等 20 余人并案侦查。由于查实所有赌客现实身份并逐一核实参赌情况存在一定困难，且将消耗大量办案资源，公安机关分别从每名代理人员各自发展的下级赌客中选取 1-2 名赌客作为证人进行询问。A 市公安机关将已陆续查清相应事实的 40 余名代理人员分案移送 A 市某检察院审查起诉，后将熊某等 20 余人一并移送审查起诉。A 市公安机关侦查期间，熊某等人因被在 F 市进行赌博的部分人员举报和交代，同时被 F 市公安机关立案侦查。F 市公安机关以本地代理人员和涉赌人员的涉案情况为主线，对熊某等人开设赌场的事实侦查后，将案件移送 A 市某检察院审查起诉。

A 市某检察院对熊某等 20 余人开设赌场案提起公诉后，熊某的辩护人对公安机关在线提取的电子数据的真实性提出异议。法院审理认为，现有证据足以认定熊某使用他人身份开设的 X 账户主要用于接收赌客购买筹码的资金，熊某等人通过该账户对代理人员的佣金和赌客的筹码进行结算。法院认为无法逐一核实 X 账户每笔入账资金的来源，但可以将该账户接收的资金数额认定为熊某等人开设赌场的赌资累计数额。熊某等人对此认定未提出异议。

问题：

1. 如刘某行为构成犯罪，本案中哪些公安机关可以对刘某案立案侦查？
2. A 市和 F 市两地公安机关同时对熊某等人开设赌场犯罪事实开展侦查的做法是否正确？为什么？
3. 在尚有 10 余名代理人员未到案的情况下，A 市公安机关陆续将已到案的代理人员分案移送审查起诉的做法是否妥当？为什么？
4. 公安机关按照一定数量选取并收集涉赌人员证言的做法是否妥当？为什么？对于公安机关收集的证言，法院应如何审查？
5. 对于本案在线提取的电子数据的真实性，法院应重点审查哪些内容？
6. 法院按照 X 银行账户接收的资金数额认定本案赌资数额的做法是否妥当？为什么？

二、案例来源

刘某某、曾某某等 11 人开设赌场案，吴某等 63 人开设赌场系列案，宋某某等 11 人开设赌场案，陈某某等 14 人开设赌场案[1]。

三、总体命题思路

本题结合两高一部于 2022 年 8 月联合出台的《关于办理信息网络犯罪案件适用刑事诉讼程序若干问题的意见》（以下简称《意见》），综合考查信息网络犯罪案件中的帮助犯管辖、合并处理、并案侦查后的分案处理、先行追诉、按比例或数量取证和账户资金推定规则共六个知识点，同时考查电子数据真实性的审查。解答本题，其一，应迅速锁定本案例题解题的主要依据，即《意见》，并找到相关法条；其二，应充分结合案例信息与相关法条，判断本案中公安机关和法院的相应诉讼行为是否正确或妥当。

四、答案精讲

> 1. 如刘某行为构成犯罪，本案中哪些公安机关可以对刘某案立案侦查？

答案：刘某犯罪地 E 市、C 市的公安机关，居住地 D 市的公安机关和被帮助对象熊某等人犯罪地 A 市、B 市、F 市的公安机关均可以对刘某案立案侦查。

难度：中

考点：立案管辖

命题与解题思路：本题考查信息网络犯罪案件的管辖。解答本题，考生应注意本题考查的是为信息网络犯罪提供帮助的犯罪嫌疑人的管辖机关。既要从帮助犯的角度归纳具有管辖权的办案机关，也要从实行犯的角度归纳具有管辖权的办案机关。

答案解析：本案中，刘某明知熊某等人利用信息网络实施开设赌场犯罪，仍为其提供广告推广帮助，情节严重，成立帮助信息网络犯罪活动罪。根据管辖的基本规则，其犯罪地公安机关可以管辖，其居住地公安机关在更为适宜时可以管辖。考虑到信息网络犯罪案件的多环节特点，特别是实行行为与帮助行为往往相对独立，实行犯与帮助犯常处异地，《意见》第 2 条第 3 款规定，涉及多个环节的信息网络犯罪案件，犯罪嫌疑人为信息网络犯罪提供帮助的，其犯罪地、居住地或者被帮助对象的犯罪地公安机关可以立案侦查。《意见》将"被帮助对象的犯罪地"新增为管辖连接点，本题还需进一步归纳总结被帮助对象的犯罪地。针对信息网络犯罪匿名性、远程性的特点，为方便及时查处犯罪，《意见》第 2 条第 2 款对管辖连接点采取了相对宽松的标准，信息网络犯罪案件的犯罪地包括用于实施犯罪行为的网络服务使用的服务器所在地，网络服务提供者所在地，被侵害的信息网络系统及其管理者所在地，犯罪过程中犯罪嫌疑人、被害人或者其他涉案人员使用的信息网络系统所在地，被害人被侵害时所在地以及被害人财产遭受损失地等。需要提及的是，实践中如网络赌博犯罪等案件，通常不存在被害人，并且相当比例的境外人员使用境外网

---

[1] 检察机关依法惩治开设赌场犯罪典型案例，载最高人民检察院网 https://www.spp.gov.cn/xwfbh/dxal/202111/t20211129_536924.shtml，最后访问日期：2024 年 5 月 31 日。

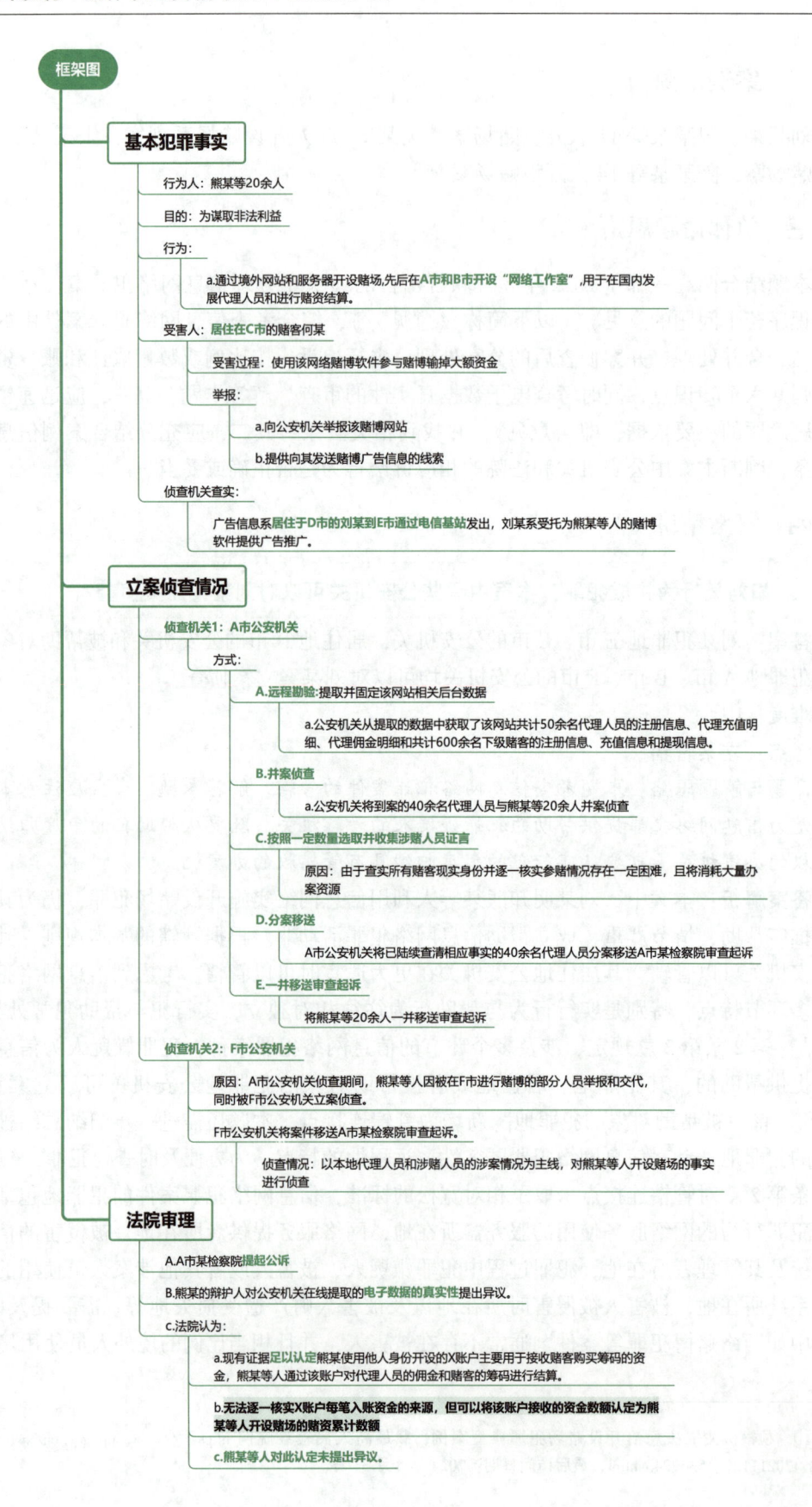

框架图

基本犯罪事实

- 行为人：熊某等20余人
- 目的：为谋取非法利益
- 行为：
  - a.通过境外网站和服务器开设赌场,先后在**A市和B市开设"网络工作室"**,用于在国内发展代理人员和进行赌资结算。
- 受害人：**居住在C市**的赌客何某
  - 受害过程：使用该网络赌博软件参与赌博输掉大额资金
  - 举报：
    - a.向公安机关举报该赌博网站
    - b.提供向其发送赌博广告信息的线索
- 侦查机关查实：
  - 广告信息系**居住于D市的刘某到E市通过电信基站**发出,刘某系受托为熊某等人的赌博软件提供广告推广。

立案侦查情况

- 侦查机关1：A市公安机关
  - 方式：
    - A.远程勘验：提取并固定该网站相关后台数据
      - a.公安机关从提取的数据中获取了该网站共计50余名代理人员的注册信息、代理充值明细、代理佣金明细和共计600余名下级赌客的注册信息、充值信息和提现信息。
    - B.并案侦查
      - a.公安机关将到案的40余名代理人员与熊某等20余人并案侦查
    - C.按照一定数量选取并收集涉赌人员证言
      - 原因：由于查实所有赌客现实身份并逐一核实参赌情况存在一定困难,且将消耗大量办案资源
    - D.分案移送
      - A市公安机关将已陆续查清相应事实的40余名代理人员分案移送A市某检察院审查起诉
    - E.一并移送审查起诉
      - 将熊某等20余人一并移送审查起诉
- 侦查机关2：F市公安机关
  - 原因：A市公安机关侦查期间,熊某等人因被在F市进行赌博的部分人员举报和交代,同时被F市公安机关立案侦查。
  - F市公安机关将案件移送A市某检察院审查起诉。
    - 侦查情况：以本地代理人员和涉赌人员的涉案情况为主线,对熊某等人开设赌场的事实进行侦查

法院审理

- A.A市某检察院**提起公诉**
- B.熊某的辩护人对公安机关在线提取的**电子数据的真实性**提出异议。
- c.法院认为：
  - a.现有证据**足以认定**熊某使用他人身份开设的X账户主要用于接收赌客购买筹码的资金,熊某等人通过该账户对代理人员的佣金和赌客的筹码进行结算。
  - b.**无法逐一核实X账户每笔入账资金的来源,但可以将该账户接收的资金数额认定为熊某等人开设赌场的赌资累计数额**
  - c.熊某等人对此认定未提出异议。

络平台、设备实施，案件管辖往往存在争议。考虑到境内参赌人员等涉案人员往往是侦查相关犯罪的重要线索来源，以其使用的信息网络系统所在地作为管辖连接点更有利于案件办理。基于此，《意见》第 2 条第 2 款将"犯罪过程中其他涉案人员使用的信息网络系统所在地"纳入信息网络犯罪案件的犯罪地范围，以满足及时侦办案件、惩治相关犯罪的实践需要。据此，熊某等人使用的信息网络系统所在的 A 市、B 市和案例中涉赌人员使用的信息网络系统所在的 C 市、F 市都属于熊某等人实施信息网络犯罪案件的犯罪地。C 市同时也是刘某实施帮助信息网络犯罪活动罪的犯罪结果发生地。

2. A 市和 F 市两地公安机关同时对熊某等人开设赌场犯罪事实开展侦查的做法是否正确？为什么？

答案：不正确。本案虽属于有多个犯罪地的信息网络犯罪案件，但应由最初受理的公安机关或主要犯罪地公安机关立案侦查。两地公安机关对同一批犯罪嫌疑人立案侦查，应当按照有利于查清犯罪事实、有利于诉讼的原则，协商解决管辖问题。经协商无法达成一致的，由共同上级公安机关指定有关公安机关立案侦查。

难度：中

考点：管辖争议的处理

命题与解题思路：本题考查信息网络犯罪案件的合并处理与管辖争议的处理。解答本题，考生应注意从查清事实、便于诉讼、保障效率等角度考量，办案机关应统一处理同一犯罪嫌疑人的同一犯罪事实。

答案解析：《意见》第 3 条规定，有多个犯罪地的信息网络犯罪案件，由最初受理的公安机关或者主要犯罪地公安机关立案侦查。有争议的，按照有利于查清犯罪事实、有利于诉讼的原则，协商解决；经协商无法达成一致的，由共同上级公安机关指定有关公安机关立案侦查。需要提请批准逮捕、移送审查起诉、提起公诉的，由立案侦查的公安机关所在地的人民检察院、人民法院受理。相较 2014 年两高一部《关于办理网络犯罪案件适用刑事诉讼程序若干问题的意见》，本条增加了协商程序的规定，以强化工作协调，及时解决管辖争议，提高办案效率。本案中，A 市公安机关不仅是最初受理熊某等人开设赌场案的公安机关，而且 A 市相对于 F 市是熊某等人的主要犯罪地。故两地公安机关存在管辖争议时，应当协商解决管辖问题，按照有利于查清犯罪事实、有利于诉讼的原则，由 A 市公安机关管辖本案更为合适。另外，从合并处理案件的角度来看，一般应对同一犯罪嫌疑人的案件并案处理。从当前的司法实践来看，由于各种原因，经常存在多地公安机关根据不同被害人的报案或发现不同涉案人员的情况分别立案侦查的情形。以被害人或涉案人员的事实为主线，对于同一犯罪嫌疑人的事实分案处理，会增加司法资源耗费，也难以对案件事实作出全面、准确的审查和认定，同时还可能不当加重犯罪嫌疑人的罪责。《意见》第 10 条对信息网络犯罪案件的合并处理进行了规定，犯罪嫌疑人被多个公安机关立案侦查的，有关公安机关一般应当协商并案处理，并依法移送案件。协商不成的，可以报请共同上级公安机关指定管辖。

3. 在尚有 10 余名代理人员未到案的情况下，A 市公安机关陆续将已到案的代理人员分案移送审查起诉的做法是否妥当？为什么？

答案：妥当。首先，该案虽是已并案侦查的共同犯罪及关联犯罪案件，但犯罪嫌疑人人数众多，各自的分工和参与环节不同，案情复杂。从有利于保障诉讼质量和效率的角度，公安机关可以对已查清相应事实的代理人员分案移送审查起诉。其次，本案代理人员各自为赌博网站发展下级赌客，相互之间的涉罪事实较为独立，部分代理人员未到案，不影响对已到案的代理人员的犯罪事实的认定，故可以将已到案代理人员的案件移送审查起诉。

难度：难

考点：分案处理

命题与解题思路：本题考查信息网络犯罪案件并案侦查后的分案处理和先行追诉两个知识点。解答本题，考生应仔细阅读题干，将问题分为两个要点分别进行分析，即分案移送审查起诉是否妥当、先行追诉到案嫌疑人是否妥当。

答案解析：同案同审是诉讼的一般原则。但从实践来看，相当数量的信息网络犯罪案件被告人众多，有的甚至可达上百人，作为一个案件审理，既影响诉讼质量和效率，也会增加当事人等诉讼参与人的诉累。对此类案件，分案移送审查起诉或提起公诉，有其现实必要性。基于此，《意见》第 5 条规定，并案侦查的共同犯罪或者关联犯罪案件，犯罪嫌疑人人数众多、案情复杂的，公安机关可以分案移送审查起诉。分案移送审查起诉的，应当对并案侦查的依据、分案移送审查起诉的理由作出说明。对于分案处理的，检察院可以分案提起公诉，法院可以分案审理。当然，上述分案处理应当以有利于保障诉讼质量和效率为前提，并不得影响当事人质证权等诉讼权利的行使。本案中，代理人员各自的犯罪事实相对独立，与熊某等 20 余人的犯罪事实明显不同。在本案人数众多、案情复杂的情况下，对已查清相应案件事实的代理人员分案处理，既可以提高诉讼效率，也可以保障诉讼质量。另外，信息网络犯罪由于跨地域实施且多存在分工合作，经常出现只抓获部分犯罪嫌疑人，而其他犯罪嫌疑人没有到案的情况。针对这一情况，《意见》第 7 条规定，对于共同犯罪或者已并案侦查的关联犯罪案件，部分犯罪嫌疑人未到案，但不影响对已到案共同犯罪或者关联犯罪的犯罪嫌疑人、被告人的犯罪事实认定的，可以先行追究已到案犯罪嫌疑人、被告人的刑事责任。本案中，代理人员的刑事责任依据其发展下线的赌客人数、涉案赌资或抽头渔利数额而定，各自的犯罪事实互不影响，故可以先行追究已到案代理人员的刑事责任。

4. 公安机关按照一定数量选取并收集涉赌人员证言的做法是否妥当？为什么？对于公安机关收集的证言，法院应如何审查？

答案：妥当。本案共有 600 余名涉赌人员，每名涉赌人员在同一赌博网站进行赌博，参赌情况类似，逐一收集每名涉赌人员的证言确实存在很大困难。对于这种数量特别众多且具有同类性质、特征或者功能的证据材料，确因客观条件限制无法逐一收集的，应当按照一定比例或者数量选取证据，并对选取情况作出说明和论证。

对于公安机关收集的证言，法院应从两个方面进行审查。首先，重点审查取证方法、过程是否科学。经审查认为取证不科学的，应当由原取证机关作出补充说明或者重新取证。其次，结合其他证据材料，以及被告人及其辩护人所提辩解、辩护意见，审查认定取得的证据。经审查，对相关事实不能排除合理怀疑的，应当作出有利于被告人的认定。

难度：难

考点：抽样取证

命题与解题思路：本题考查信息网络犯罪案件的按比例或者数量取证，即抽样取证。解答本题，考生应准确把握案例信息中交代的涉赌人员的规模情况，应认识到对大量类似的证据材料逐一取证和核实既无必要，也难实现。故采取科学的抽样取证措施即可。

答案解析：近年来，网络犯罪案件普遍具有被害人和涉案人员众多、海量银行交易记录、海量通话聊天记录等特点，犯罪分子专门利用侦查机关难以逐条逐笔追踪到人的困难，将获取公民个人信息、实施犯罪行为、转移犯罪资金等进行"碎片化"操作，分配给众多行为人实施、细化为众多犯罪环节、分散为海量"资金流水"，而这些被害人、涉案人员和海量的银行流水、信息通讯、计算机操作日志等证据难以逐人逐笔逐条对应查证。但这些海量证据材料往往具有同质性，这就为按比例或者数量取证创造了条件。《意见》第20条对按比例或者数量取证的规则作了专门规定。具体而言：（1）证据选取规则。办理信息网络犯罪案件，对于数量特别众多且具有同类性质、特征或者功能的物证、书证、证人证言、被害人陈述、视听资料、电子数据等证据材料，确因客观条件限制无法逐一收集的，应当按照一定比例或者数量选取证据，并对选取情况作出说明和论证。需要强调的是，为规范涉案财物处置，保护被害人利益，根据《意见》第22条第2款的规定，对于涉案财物需要返还被害人的信息网络犯罪案件，应当尽可能查明被害人损失情况。（2）证据审查规则。人民检察院、人民法院应当重点审查取证方法、过程是否科学。经审查认为取证不科学的，应当由原取证机关作出补充说明或者重新取证。（3）证据采信规则。检察院、法院应当结合其他证据材料，以及犯罪嫌疑人、被告人及其辩护人所提辩解、辩护意见，审查认定取得的证据。经审查，对相关事实不能排除合理怀疑的，应当作出有利于犯罪嫌疑人、被告人的认定。本案中，涉赌人员众多，潜在的同类特征、功能的证人证言很多，主要证明如何注册、如何购买筹码、如何参赌、如何提现等内容。其中有些证人身份不明，很难找到，加之本案不存在查明被害人损失的情况，故完全可对涉赌人员的证言进行抽样取证。

5. 对于本案在线提取的电子数据的真实性，法院应重点审查哪些内容？

答案：法院应重点审查以下内容：（1）是否说明未移送原始存储介质的原因，并注明提取电子数据的过程及电子数据的来源；（2）是否具有数字签名、数字证书等特殊标识；（3）提取的过程是否可以重现；（4）如有增加、删除、修改等情形的，是否附有说明；（5）完整性是否可以保证。

难度：难

考点：电子数据真实性的审查

命题与解题思路：本题考查电子数据真实性的审查。解答本题，考生除根据题干迅速锁定作为应用依据的法条外，还应结合案例信息中已经指明的在线提取电子数据方式，准确指明法院应重点审查的内容。

答案解析：《法院解释》第110条沿袭两高一部《关于办理刑事案件收集提取和审查判断电子数据若干问题的规定》第22条的规定，从五个方面规定了法院审查电子数据是否真实时的重点审查内容：（1）是否移送原始存储介质；在原始存储介质无法封存、不便移动时，有无说明原因，并注明收集、提取过程及原始存储介质的存放地点或者电子数据的来源等情况；（2）是否具有数字签名、数字证书等特殊标识；（3）收集、提取的过程是否可以重现；（4）如有增加、删除、修改等情形的，是否附有说明；（5）完整性是否可以保证。其中，对于第一项，由于本案大量电子数据的原始存储介质在境外，侦查人员系在远程勘验过程中在线提取电子数据，故无法移送原始存储介质，法院只需审查侦查机关是否说明未移送原始存储介质的原因，并注明提取电子数据的过程及电子数据的来源。对于第二项，法院可以通过对电子数据附带的数字签名或者数字证书进行认证，以验证电子数据的真实性。对于第三项，电子数据即使已经被提取，其提取过程仍然可以被完全、准确、一致地重现，法院审查电子数据时，可以充分利用该特性通过复现收集、提取过程进行审查。对于第四项，电子数据发生增加、删除、修改，其真实性一般会受到质疑，但并不必然导致其不真实，有时是为了正常播放视频文件或打开电子图片而附加某些信息或修改某些字节，因此需要根据附加的说明进一步审查这些修改是否对电子数据所承载的内容或者证明的事实产生影响。对于第五项，电子数据完整性是保证电子数据真实性的重要因素，如果电子数据完整性遭到破坏，则意味着电子数据可能被篡改或者破坏，其真实性也无法保证。将电子数据完整性纳入真实性范畴，在进行真实性审查时必须进行完整性审查。

6. 法院按照X银行账户接收的资金数额认定赌资数额的做法是否妥当？为什么？

答案：妥当。本案涉赌人数特别众多，逐一查实涉赌人员的信息和支付赌资情况存在很大困难。对于这种涉案人数特别众多的信息网络犯罪案件，确因客观条件限制无法收集证据逐一证明、逐人核实涉案账户的资金来源，但根据账户交易记录和其他证据材料足以认定有关账户主要用于接收、流转涉案资金，可以按照该账户接收的资金数额认定犯罪数额。

难度：难

考点：刑事推定

命题与解题思路：本题考查涉众型信息网络犯罪案件的账户资金推定规则。解答本题，考生应结合案例信息和题干迅速锁定解题法条。即使未注意到相应法条，也可充分运用刑事推定的知识来判断法院的做法是否妥当。

答案解析：信息网络犯罪的一个重要特点就是被害人、涉案人员分散在全国各地，对于以涉案资金数额等作为定罪量刑标准的案件，通常难以逐一对涉案资金进行取证。例如，网络赌博案件涉及的参赌人员动辄成千上万，不具备向所有参赌人员逐一取证认定参赌数额的可能性。为解决这一问题，《意见》第21条对涉众型信息网络犯罪案件的账户资金推定规则作出明确规定，对于涉案人数特别众多的信息网络犯罪案件，确因客观条件限制无法收集证据逐一证明、逐人核实涉案账户的资金来源，但根据银行账户、非银行支付账户等交易记录和其他证据材料，足以认定有关账户主要用于接收、流转涉案资金的，可以按照该账户接收的资金数额认定犯罪数额，但犯罪嫌疑人、被告人能够作出合理说明的除外。案外人提出异议的，应当依法审查。

据此，对于涉众型信息网络犯罪案件的账户资金推定规则需要注意以下几点：（1）适用范围为涉案人数特别众多的信息网络犯罪案件，对于一般的信息网络犯罪案件，不能适用。（2）有银行账户、非银行支付账户等交易记录和其他证据材料，即对于证明基本犯罪事实已经有相应的客观性证据。但是，由于客观条件的限制，无法收集证据逐一证明、逐人核实涉案账户的资金来源。（3）足以认定有关账户主要用于接收、流转涉案资金的，可以按照该账户接收的资金数额认定犯罪数额，但犯罪嫌疑人、被告人能够作出合理说明的除外。例如，犯罪嫌疑人提出涉嫌诈骗的账户里有合法收入并提供相应证据，经查证属实或者不能排除合理怀疑的，则不能认定该笔犯罪数额。此外，对于案外人就涉案账户资金的认定提出异议的，应当依法审查。本案中现有证据足以认定熊某使用他人身份开设的 X 账户主要用于接收赌客购买筹码的资金，且被告人未提出异议，即未作出合理说明，因此法院可以按照 X 银行账户接收的资金数额认定赌资数额。

评分细则（共 30 分）

1-6 题满分为：5 分、5 分、5 分、6 分、4 分、5 分。

1. 犯罪地 E 市、C 市的公安机关（2 分，每个 1 分），居住地 D 市的公安机关（1 分），被帮助对象熊某等人犯罪地 A 市、B 市、F 市的公安机关（2 分，答出任意两个即可得满分）

2. 不正确（2 分）。应由最初受理的公安机关或主要犯罪地公安机关立案侦查（2 分），无法协商一致，由共同上级公安机关指定（1 分）。

3. 妥当（2 分）。犯罪嫌疑人人数众多，案情复杂（1 分），相互之间的涉罪事实较为独立，部分嫌疑人不到案不影响案件事实查明（2 分）。

4. 妥当（1 分）。数量特别众多且具有同类性质、特征或者功能的证据材料（2 分），应当按照一定比例或者数量选取证据（1 分）。审查取证方法、过程是否科学（1 分），审查认定取得的证据可采信性（1 分）。

5. 是否说明未移送原始存储介质的原因（1 分），是否具有数字签名等标识（1 分），删除、修改等是否有说明（1 分），完整性是否可以保证（1 分）。

6. 妥当（2 分）。涉案人数特别众多的信息网络犯罪（1 分），有交易记录等证据材料（1 分），足以认定有关账户主要用于接收、流转涉案资金（1 分）。

第五题（本题 30 分）

一、试题

案情：2019 年 11 月 16 日 20 时 22 分，宋某驾车到 X 省 Y 市 Z 区某处，下车走到马路对面人行道上睡觉。这一过程被路人看到后报警，随后交警到达现场处理。经抽血检验，宋某血样酒精浓度为 213mg/100ml。同日 19 时 40 分许，张某驾驶电动车在 Z 区某路口处被一车辆碰撞，肇事车辆逃逸。经鉴定，事故现场的散落物系从宋某轿车的前车头右侧部位分离出来的，经确认该轿车前车头右侧部位碰撞到电动车的后尾部。张某的损伤程度评定为轻微伤。根据宋某所述的酒后驾车过程和事故现场的勘查报告，道路交通管理部门出具了《道路交通事故认定书》，认定宋某承担事故的全部责任。宋某因涉嫌危险驾驶罪被Y市公安局Z区分局决定取保候审。

审查起诉阶段，Z区检察院认为该案认定宋某危险驾驶的事实不清、证据不足，不符合起诉条件，对宋某作出不起诉决定。Y市检察院审查认为道路交通管理部门出具的《道路交通事故认定书》作为宋某供述的补强证据，可担保宋某供述的真实性，足以认定肇事车辆是由宋某驾驶。Y市检察院要求Z区检察院纠正错误的不起诉决定。2020年5月23日，Z区检察院撤销原不起诉决定，同月29日以危险驾驶罪对宋某提起公诉。

一审期间，宋某翻供，辩解自己当晚喝醉了，什么都不记得，车可能是由同行的朋友驾驶后停在路边。Z区法院审理认为根据现有证据不能认定宋某是肇事车辆驾驶人，指控宋某犯危险驾驶罪的事实不清、证据不足，遂判决宋某无罪。2020年10月9日，Z区检察院向Y市中级法院提出抗诉，Y市检察院支持抗诉。为充分说明抗诉意见和理由，检察机关在提出抗诉后，提取了案发路段的监控影像资料并委托A司法鉴定所进行图像鉴定，鉴定意见为："送检监控录像记录：2019年11月16日20时20分41秒，出现在某某路被监控路面的银灰色嫌疑小轿车驾驶员，与被鉴定人宋某是同一人。"Y市中级法院开庭审理后，裁定撤销原判，发回Z区法院重审。

在Z区法院重新审理过程中，被告人宋某对"A司法鉴定所图像鉴定意见"提出异议并申请重新鉴定，Z区法院分别委托B司法鉴定中心和C司法鉴定中心对上述视频监控图像中的人物与被告人宋某的同一性进行重新鉴定。2021年9月，B司法鉴定中心和C司法鉴定中心分别出具书面答复意见，认为检材人像颜面高度模糊，不具备视频人像鉴定条件。2021年12月4日，Z区法院审理认为指控宋某犯危险驾驶罪的证据不足，不能排除合理怀疑，再次判决宋某无罪。Z区检察院第二次提出抗诉，认为Z区法院未采纳"A司法鉴定所图像鉴定意见"不当，B司法鉴定中心和C司法鉴定中心所作的"不能对同一份检材进行鉴定"的意见，并不能否定"A司法鉴定所图像鉴定意见"的客观真实性。Y市中级法院审理认为，B司法鉴定中心和C司法鉴定中心均认定同样的检材不具备视频人像鉴定条件，而"A司法鉴定所图像鉴定意见"是依据同样检材所作出的同一性结论意见，比较论证后，"A司法鉴定所图像鉴定意见"缺乏可靠性。2022年3月2日，Y市中级法院裁定驳回抗诉，维持原判。

Y市检察院认为原判可能有误，指派检察官进行审查。检察官发现了离案发路段相隔两条街的监控抓拍的影像资料，遂委托D司法鉴定中心对该影像中出现的涉案小轿车驾驶员与原审被告人宋某进行同一性鉴定。鉴定意见认为案发当晚该车驾驶员所穿的上衣款式、颜色及驾驶员发际线和鼻部特征比对该车车主宋某当晚抽血时所穿的上衣款式、颜色及发际线和鼻部特征，二者具有相似或者相同特征。2022年7月1日，Y市检察院提请X省检察院按照审判监督程序抗诉，15日后，X省检察院向X省高级法院提出抗诉。

问题：

1. 请结合本案分析，对Z区检察院的不起诉决定，可以有哪些救济方式？
2. Y市检察院将《道路交通事故认定书》作为宋某供述的补强证据的做法是否正确？为什么？

3. 宋某是否应当提出证据证明其主张的"车可能是由同行的朋友驾驶后停在路边"？为什么？

4. 请分析 B 和 C 司法鉴定中心出具的书面答复意见在本案中的性质与作用。

5. X 省检察院提出抗诉的做法是否妥当？为什么？

6. 请结合本案中二审抗诉与再审抗诉的适用，阐述两种抗诉的区别。

二、案例来源

最高人民检察院指导案例第 182 号："宋某某危险驾驶二审、再审抗诉案"

三、总体命题思路

本题根据一起真实案例进行改编，综合考查对不起诉决定的救济、补强证据必须满足的条件、被告人证明责任的承担、鉴定意见、再审抗诉的理由和二审抗诉与再审抗诉的区别六个知识点。解答本题，其一，应迅速锁定本案的争议焦点，围绕该焦点厘清案例中三级检察院和法院各自针对本案提出上诉、抗诉和作出无罪判决的主要理由；其二，充分运用证据原理和证据规则分析本案证据的运用；其三，根据三级检察院的做法归纳二审抗诉和再审抗诉的区别。

四、答案精讲

1. 请结合本案分析，对 Z 区检察院的不起诉决定，可以有哪些救济方式？

答案：其一，Y 市公安局 Z 区分局认为 Z 区检察院的不起诉决定有错误的，可以要求复议，如果意见不被接受，可以向 Y 市检察院提请复核。其二，被害人张某如果对不起诉决定不服，可以自收到决定书后向 Y 市检察院申诉，请求提起公诉。对检察院维持不起诉决定的，张某可以向法院起诉。其三，张某可以不经申诉，直接向法院起诉。

难度：中

考点：对不起诉决定的救济

命题与解题思路：本题考查对不起诉决定的救济。解答本题，考生应全面掌握《刑事诉讼法》等相关法律规范对公安机关、监察机关、被害人和被不起诉人规定的针对不起诉决定的不同制约和救济措施。

答案解析：《刑事诉讼法》第 179 条规定，对于公安机关移送起诉的案件，检察院决定不起诉的，应当将不起诉决定书送达公安机关。公安机关认为不起诉的决定有错误的时候，可以要求复议，如果意见不被接受，可以向上一级检察院提请复核。《刑事诉讼法》第 180 条规定，对于有被害人的案件，决定不起诉的，检察院应当将不起诉决定书送达被害人。被害人如果不服，可以自收到决定书后 7 日以内向上一级检察院申诉，请求提起公诉。检察院应当将复查决定告知被害人。对检察院维持不起诉决定的，被害人可以向法院起诉。被害人也可以不经申诉，直接向法院起诉。《刑事诉讼法》第 181 条规定，对于检察院依照本法第 177 条第 2 款规定作出的不起诉决定（酌定不起诉），被不起诉人如果不服，可以自收到决定书后 7 日以内向检察院申诉。《监察法》第 47 条第 4 款规定，检察院对于有《刑事诉讼法》规定的不起诉的情形的，经上一级检察院批准，依法作出不起诉的

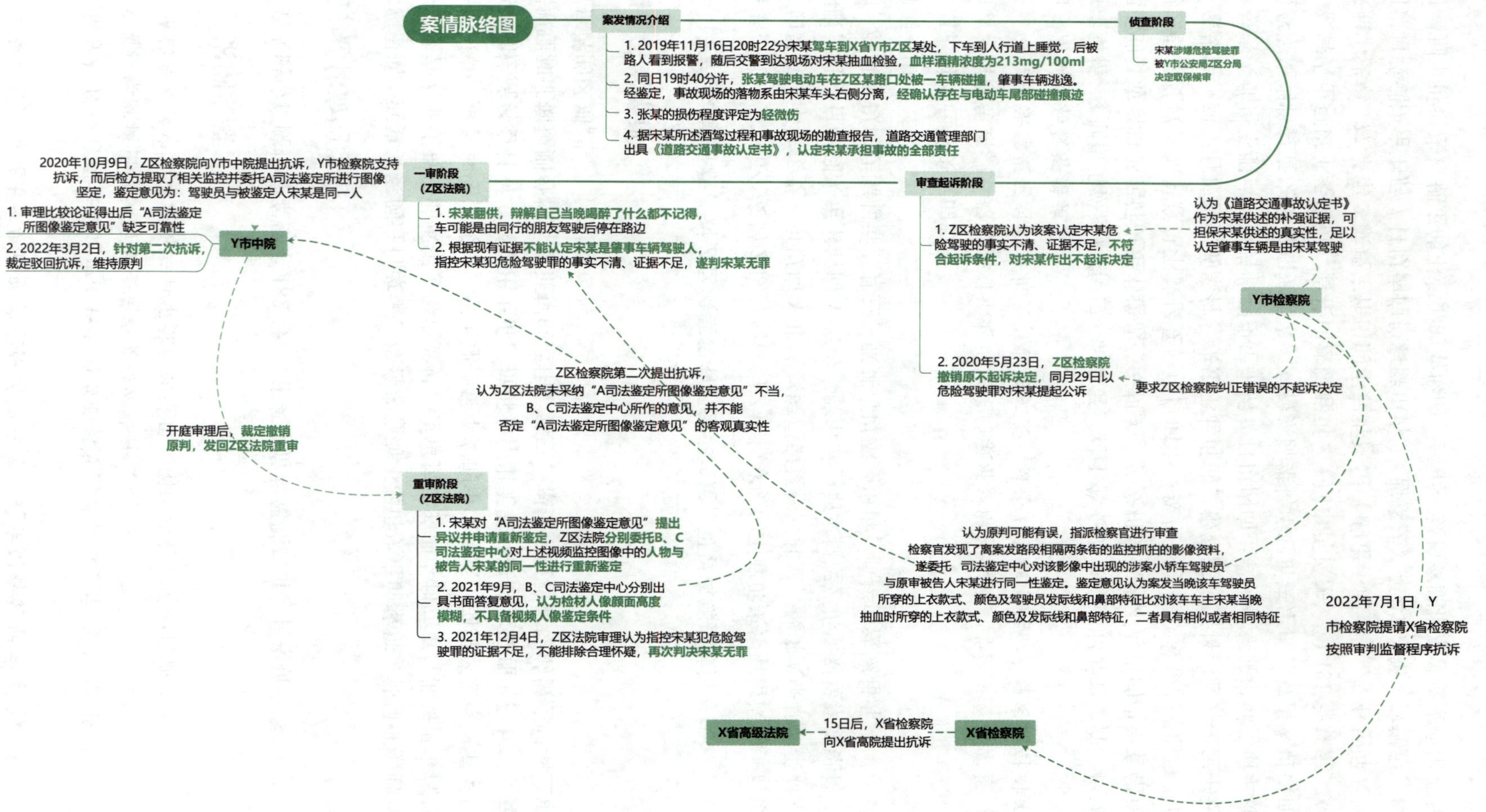

案情脉络图

案发情况介绍

1. 2019年11月16日20时22分宋某驾车经X省Y市Z区某处，下车到L人行道上晕倒，后被路人看到报警，随后交警赶到达现场对宋某某由血抽检。血样酒精浓度为213mg/100ml，经鉴定。宋某驾驶电动车在Z区某路口以较低一车辆距离，健驶中车辆逃逸，事故现场的落物物系由宋某某车头右侧分离，经鉴定存在与电动车辆相邻相适应
2. 同日19时40分许，宋某某所在医院抽血评定为轻微伤
3. 张某目击报告程度评定为轻微伤
4. 据宋某所在派出所出具《道路交通事故认定书》，认定宋某承担事故的全部责任

宋某被送往医院救治以认定书（作为宋某违法与酒后驾，足以担保宋某具体酒后驾车的真实性，决定其事故由宋某某驾驶

侦查阶段

宋某被送往所在派出所酒精鉴定书，对宋某作出不起诉决定

审查起诉阶段

1. Z区检察院认为本案认定宋某危险驾驶罪事实不清，证据不足，不符合起诉条件，对宋某作出不起诉决定
2. 2020年5月23日，Z区检察院撤销原不起诉决定，同月29日L危险驾驶罪对宋某提起公诉

Y市检察院

以为原判判决适用法律错误，指派检察官进行审查，检察官发现审定了两案关联路段相邻两条街的监控视频资料，与案中被告人宋某进行同一性鉴定，鉴定意见认为案中出现在比本案发生晚挂小轿车驾驶员，所穿的上衣款式，颜色及发型特征、发际线特征与中出现的比本案发生晚挂小轿车驾驶员抽血时所穿的上衣款式，颜色及发际线和鼻部特征，二者具有相似或者相同特征

2022年7月1日，Y市检察院提请X省检察院致X省高院提起抗诉

X省检察院
15日后，X省检察院向X省高院提起抗诉

X省高级法院

重审阶段
（Z区法院）

1. 宋某提供，辩解自己当地陪朋友了什么都不记得，车门被撞后自己当地的朋友驾驶宋车到停在路边
2. 根据现有证据不能认定宋某某事故车辆驾驶人，指控宋某犯危险驾驶罪的事实不清，证据不足，遂判决宋某无罪

认为Z区法院所采纳"A司法鉴定所图像鉴定意见"不当，B、C司法鉴定中心所作的意见，并不能否定"A司法鉴定所图像鉴定意见"的客观真实性

1. 2021年申请重新鉴定，Z区法院委托B、C司法鉴定中心对上述视频监控图像中B、C被告宋某的同一性进行重新鉴定
2. 2021年9月，B、C司法鉴定中心作出分别具书面答复的，认为视频监控画面高度模糊，不具备鉴定条件
3. 2021年12月4日，Z区法院审理认为宋某某犯危险驾驶罪的证据不足，不能排除合理怀疑，再次判决宋某某无罪

Y市中院

开庭审理后，裁定撤销原判，发回Z区法院重审

2020年10月9日，Z区检察院向Y市中院提出抗诉，Y市检察院支持抗诉，而后检方提取了相关监控并委托A司法鉴定所进行图像鉴定，鉴定意见为："驾驶员与被鉴定人宋某某是同一人"
2022年3月2日，针对第二次抗诉，裁定驳回抗诉，维持原判

1. 审理比较论证后得出：A司法鉴定所图像鉴定意见缺乏可靠性
2. 2022年3月2日，针对第二次抗诉，裁定驳回抗诉，维持原判

决定。监察机关认为不起诉决定有错误的，可以向上一级检察院提请复议。综上，除检察系统内部的监督审查之外，现有四类针对不起诉决定进行制约和救济的途径，即公安机关的要求复议与提请复核、被害人的申诉或提起自诉、（酌定不起诉）被不起诉人的申诉和监察机关的提请复议。本案中，宋某最初是被 Z 区检察院作出（存疑）不起诉决定，Z 区公安分局和被害人张某可依法寻求救济。

2. Y 市检察院将《道路交通事故认定书》作为宋某供述的补强证据的做法是否正确？为什么？

答案：不正确。补强证据必须具有独立的来源，补强证据与补强对象之间不能重叠，否则就无法担保补强对象的真实性。本案中，《道路交通事故认定书》依据宋某所述的酒后驾车过程认定宋某是肇事车辆驾驶人。就"宋某是肇事车辆驾驶人"这一待证事实而言，《道路交通事故认定书》的相关认定实际上来源于宋某的供述，不具有独立来源。故《道路交通事故认定书》不能作为宋某供述的补强证据。

难度：难

考点：补强证据的条件

命题与解题思路：本题考查补强证据的成立条件，即某一证据用于补强另一证据时，必须满足的条件。解答本题，考生应准确把握本案中主证据（宋某关于驾车肇事的供述）与 Y 市检察院认为的补强证据（《道路交通事故认定书》）之间的关系。

答案解析：补强证据是指用以增强另一证据证明力的证据。一开始收集到的对证实案情有重要意义的证据，称为"主证据"，而用以印证该证据真实性的其他证据，就称为"补强证据"。补强证据规则，是指为了防止误认事实或发生其他危险性，而在运用某些证明力薄弱的证据认定案情时，必须有其他证据补强其证明力，才能被法庭采信为定案根据。一般来说，在刑事诉讼中需要补强的不仅包括被追诉人的供述，而且还包括证人证言、被害人陈述等特定证据。补强证据必须满足以下条件：（1）补强证据必须具有证据能力。（2）补强证据本身必须具有担保补强对象真实的能力。设立补强证据的重要目的就在于确保特定证据的真实性，从而降低错误风险，如果补强证据没有证明价值，就不可能具有支持特定证据的证明力。当然，补强证据的作用仅仅在于担保特定补强对象的真实性，而非对整个待证事实或案件事实具有补强作用。（3）补强证据必须具有独立的来源。补强证据与补强对象之间不能重叠，而必须独立于补强对象，具有独立的来源，否则就无法担保补强对象的真实性。本案中，《道路交通事故认定书》关于宋某系肇事者的认定与宋某关于自己是肇事者的供述，实际上是重叠的。

3. 宋某是否应当提出证据证明其主张的"车可能是由同行的朋友驾驶后停在路边"？为什么？

答案：宋某可以提出证据，但不是"应当"提出。一方面，证明被告人有罪的责任由检察院承担，检察院有义务排除由被告人作无罪辩解所形成的合理怀疑；另一方面，除了少数持有类的特定案件，被告人不负证明自己无罪的责任，被告人没有义务提出证据证明自己辩解无罪所主张的事实。

难度：难

考点：证明责任的分配

命题与解题思路：本题考查被告人证明责任的承担。解答本题，考生应牢记刑事诉讼中证明责任的承担主体首先是控诉机关（自诉人）；其次应牢记极少数情况下被告人承担证明责任的情形。

答案解析：在我国，刑事诉讼中证明责任的承担主体首先是控诉机关和负有证明责任的当事人，即公诉案件中的公诉人和自诉案件中的自诉人，只有他们才应依照法定程序承担证明犯罪事实是否发生和犯罪嫌疑人或被告人有罪、无罪以及犯罪情节轻重的责任，这是证明责任理论中"谁主张，谁举证"的古老法则在刑事诉讼中的直接体现。《刑事诉讼法》第51条规定，公诉案件中被告人有罪的举证责任由人民检察院承担，自诉案件中被告人有罪的举证责任由自诉人承担。此外，根据"否认者不负证明责任"的古老法则和现代无罪推定原则的要求，犯罪嫌疑人、被告人不负证明自己无罪的责任。这表明，从整体上看，刑事诉讼中的证明责任是一个专属于控诉方的概念。但是，对于少数持有类的特定案件，如巨额财产来源不明案件及非法持有属于国家绝密、机密文件、资料、物品案件中，被告人也负有提出证据的责任。在例外情况下，被告人应当承担提出证据的责任。例如，根据《刑法》第395条的规定，国家工作人员的财产、支出明显超过合法收入，差额巨大的，可以责令该国家工作人员说明来源，不能说明来源的，差额部分以非法所得论。财产的差额部分予以追缴。即对于巨额财产来源不明罪，被告人负有说明明显超过合法收入的该部分财产、支出的来源的责任，如果不能说明来源的，则以巨额财产来源不明罪论处。但是，证明财产、支出明显超过合法收入并差额巨大这一事实存在的责任，仍然由公诉机关承担。

4. 请分析B和C司法鉴定中心出具的书面答复意见在本案中的性质与作用。

答：两司法鉴定中心出具的"检材人像颜面高度模糊，不具备视频人像鉴定条件"的书面答复意见未能按照法院委托鉴定事项解决本案所涉及的"监控图像人物与被告人宋某的同一性"这一专门性问题，故不属于可作为定案根据的鉴定意见，宜界定为对无法进行鉴定的"情况说明"。两份书面答复意见类似于有专门知识的人对"A司法鉴定所图像鉴定意见"的科学性提出的意见，可供办案人员参考。作为辩护性意见，其对"A司法鉴定所图像鉴定意见"可靠性的质疑，导致"A司法鉴定所图像鉴定意见"未能作为法院定案的根据。

难度：难

考点：鉴定意见的基本要求

命题与解题思路：本题考查鉴定意见的基本要求。解答本题，考生应注意充分结合鉴定意见和有专门知识的人对鉴定意见提出的意见，对本案中两司法鉴定中心出具的书面答复意见的性质和作用进行准确分析。

答案解析：鉴定意见是指公安司法机关为了解决案件中某些专门性问题，指派或聘请具有专门知识和技能的人，进行鉴定后所作的书面意见。鉴定意见是鉴定人对专门性问题从科学、技术或者专门知识的角度提出的鉴别判断意见。实践中，鉴定意见一般是对鉴定问题提出肯定性意见，少数在材料不充分或鉴定条件不能满足等情况下给出倾向性意见。

本案中，两司法鉴定中心未针对委托事项"视频监控图像与被告人宋某的同一性"作出鉴别判断意见，而是给出不具备鉴定条件的答复，故不能认为两司法鉴定中心的书面答复意见是鉴定意见，可将其视为办案参考的"情况说明"。由于书面答复意见是经专业技术人员审查检材后给出的专业性意见，可参考有专门知识的人对鉴定意见提出意见，将其用于审查"A 司法鉴定所图像鉴定意见"的可靠性与科学性。

5. X 省检察院提出抗诉的做法是否妥当？为什么？

答案： 妥当。Y 市检察院检察官发现的影像资料与 D 司法鉴定中心出具的同一性鉴定意见是在原判决生效后新发现的证据。X 省检察院作为 Y 市中级法院的上级检察院，认为有新的证据证明原判决认定的事实确有错误，可能影响定罪量刑的，应当按照审判监督程序向 X 省高级法院提出抗诉。

难度： 难

考点： 再审抗诉的情形

命题与解题思路： 本题考查再审抗诉的情形。解答本题，考生应合理把握案例信息中再审新证据的证明力，从而准确判断本案是否出现足以推翻原判的新证据。

答案解析： 再审抗诉要充分考虑抗诉的法律效果和社会效果，注意维护刑事裁判的稳定性和刑事抗诉的权威性。《检察规则》总结司法实践经验，将检察院提出抗诉的情形细化为十项。《检察规则》第 591 条规定，检察院认为法院已经发生法律效力的判决、裁定确有错误，具有下列情形之一的，应当按照审判监督程序向法院提出抗诉：（1）有新的证据证明原判决、裁定认定的事实确有错误，可能影响定罪量刑的；（2）据以定罪量刑的证据不确实、不充分的；（3）据以定罪量刑的证据依法应当予以排除的；（4）据以定罪量刑的主要证据之间存在矛盾的；（5）原判决、裁定的主要事实依据被依法变更或者撤销的；（6）认定罪名错误且明显影响量刑的；（7）违反法律关于追诉时效期限的规定的；（8）量刑明显不当的；（9）违反法律规定的诉讼程序，可能影响公正审判的；（10）审判人员在审理案件的时候有贪污受贿，徇私舞弊，枉法裁判行为的。对于同级法院已经发生法律效力的判决、裁定，检察院认为可能有错误的，应当另行指派检察官或者检察官办案组进行审查。经审查，认为有前述情形之一的，应当提请上一级检察院提出抗诉。

《法院解释》第 458 条规定，具有下列情形之一，可能改变原判决、裁定据以定罪量刑的事实的证据，应当认定为刑事诉讼法第 253 条第 1 项规定的（再审情形）"新的证据"：（1）原判决、裁定生效后新发现的证据；（2）原判决、裁定生效前已经发现，但未予收集的证据；（3）原判决、裁定生效前已经收集，但未经质证的证据；（4）原判决、裁定所依据的鉴定意见，勘验、检查等笔录被改变或者否定的；（5）原判决、裁定所依据的被告人供述、证人证言等证据发生变化，影响定罪量刑，且有合理理由的。

本案中，根据新发现的影像资料，D 司法鉴定中心鉴定认为案发当晚肇事车辆驾驶员所穿的上衣款式、颜色及驾驶员发际线和鼻部特征比对该车车主宋某当晚抽血时所穿的上衣款式、颜色及发际线和鼻部特征，二者具有相似或者相同特征。该鉴定意见显然属于可能改变原判据以定罪量刑的事实的证据。

> 6. 请结合本案中二审抗诉与再审抗诉的适用，阐述两种抗诉的区别。

答：（1）抗诉的对象和效力不同。被抗诉的 Z 区法院的判决并未生效，抗诉将阻止该判决生效；被抗诉的 Y 市中级法院的裁定已经生效，抗诉暂不导致原裁定的执行停止。可见，二审抗诉的对象是尚未生效的裁判；再审抗诉的对象是已经生效的裁判。

（2）抗诉的权限和接受抗诉的法院不同。Z 区检察院可对 Z 区法院的未生效判决向 Y 市中级法院进行抗诉，但 Y 市检察院不能对 Y 市中级法院的生效裁定向 X 省高级法院进行抗诉，只能报请上级 X 省检察院向 X 省高级法院进行抗诉。可见，各级检察院有权对同级法院尚未生效的一审裁判提出二审抗诉，由提出抗诉的检察院的上级法院接受抗诉；除最高检察院外，各级检察院只能对下级法院的生效裁判提出再审抗诉，由提出抗诉的检察院的同级法院接受抗诉。

（3）抗诉的期限不同。X 省检察院提出再审抗诉是在二审裁判生效数月后，Z 区检察院提出二审抗诉，应在一审判决宣告后的 10 日以内。可见，二审抗诉必须在法定期限内提出，而法律未明确规定再审抗诉的期限。

难度：难

考点：二审抗诉与再审抗诉

命题与解题思路：本题考查二审抗诉与再审抗诉的区别。由于二审抗诉与再审抗诉的抗诉主体、抗诉对象和接受抗诉的机关之间不具有对应性，考生容易混淆。解答本题，考生应充分利用从二审抗诉到再审抗诉的案例，根据案例信息梳理程序脉络，厘清二审抗诉与再审抗诉的不同思路。

答案解析：检察院依据审判监督程序提起的抗诉，亦称再审抗诉。其与检察院依照第二审程序提出的二审抗诉，都是检察院对法院的审判活动实施法律监督的重要方式。两种抗诉主要有以下区别：其一，抗诉的对象不同。二审抗诉的对象是地方各级法院尚未发生法律效力的一审判决和裁定；而再审抗诉的对象是已经发生法律效力的判决和裁定。其二，抗诉的权限不同。除最高检察院外，任何一级检察院都有权对同级法院的一审判决、裁定提出二审抗诉；而除最高检察院有权对同级的最高法院发生法律效力的判决、裁定提出再审抗诉外，其他各级检察院只能对其下级法院发生法律效力的判决、裁定提出再审抗诉。可见，基层检察院只能提出二审抗诉，无权提出再审抗诉；而最高检察院只能提出再审抗诉，无权提出二审抗诉。其三，接受抗诉的审判机关不同。接受二审抗诉的是提出抗诉的检察院的上一级法院；而接受再审抗诉的是提出抗诉的检察院的同级法院。其四，抗诉的期限不同。二审抗诉必须在法定期限内提出；而法律对再审抗诉的提起没有规定期限。其五，抗诉的效力不同。二审抗诉将阻止第一审判决、裁定发生法律效力；而再审抗诉并不导致原判决、裁定在法院按照审判监督程序重新审判期间执行的停止。

评分细则（共30分）

1-6题满分为：5分、6分、4分、5分、4分、6分

1. 公安机关可以要求复议（1分），意见不被接受可以向上一级检察院提请复核（1分）；被害人可以向上一级检察院申诉（1分），检察院维持的可以向法院起诉（1分），也可以直接向法院起诉（1分）。

2. 不正确（2分）。补强证据必须具有独立的来源（2分），就"宋某是肇事车辆驾驶人"事故认定书认定来自于宋某供述（2分）。答出事故认定书不具有独立来源得1分。

3. 不是"应当"提出（2分）。证明被告人有罪的责任由检察院承担或者被告人不负证明自己无罪的责任（2分）。

4. 不属于可作为定案根据的鉴定意见（2分）。构成对无法进行鉴定的"情况说明"（1分），属于专业人员对鉴定意见的科学性提出的意见，可供办案人员参考（2分）。

5. 妥当（2分）。原判决生效后新发现证据可能影响定罪量刑的（2分）。

6. 抗诉的对象不同：二审抗诉的对象是尚未生效的裁判（1分）；再审抗诉的对象是已经生效的裁判（1分）。

抗诉的权限和接受抗诉的法院不同：二审检察院对同级法院判决抗诉（1分），由提出抗诉的检察院的上级法院接受抗诉（1分）；再审抗诉除最高检察院外，各级检察院只能对下级法院的生效裁判提出（1分），由提出抗诉的检察院的同级法院接受抗诉（1分）。

抗诉期限不同：二审抗诉应在一审判决宣告后的10日以内（1分）；再审抗诉没有明确期限限制（1分）。

（满分6分，答出任意6点即可）

第六题（本题30分）

一、试题

案情：赵某和钱某两人共同出资经营一家足浴店，聘请孙某负责管理。经营期间，三人为了吸引更多客人到店消费，明知有工作人员利用足浴店的经营场所从事卖淫活动而默许。2022年3月23日晚，民警在现场当场抓获完成性交易的卖淫嫖娼人员。公安机关以三人涉嫌容留卖淫罪立案侦查，赵某和钱某到案后如实供述了涉嫌犯罪的事实，主动表示认罪认罚。孙某则一直表示足浴店内没有卖淫发生。经进一步侦查，公安机关查实三人容留他人卖淫共计四人次。

审查起诉期间，检察院审查全案证据后认为，赵某和钱某的供述、嫖娼卖淫人员的证言、涉案足浴店其他工作人员证言和嫖娼卖淫人员的微信支付、收款记录等证据相互印证，足以证明赵某等人容留卖淫的事实。同时，检察院认为赵某有自首情节，但公安机关未予认定，因而未移送相关材料；钱某有立功情节，但公安机关未收集相关材料。赵某和钱某签署认罪认罚具结书前，检察官听取了二人意见。检察官在向尚未认罪的孙某宣读赵某、钱某的供述和部分证人的证言后，孙某明确表示认罪认罚。检察院向法院提起公诉，建议判处赵某有期徒刑一年二个月，缓刑一年六个月，并处罚金；建议判处钱某有期徒刑一年，并处罚金；建议判处孙某有期徒刑一年，并处罚金。检察院同时建议法院适用速裁程序审理本案。

法院适用速裁程序开庭审理本案，审判长当庭询问三位被告人对指控事实、证据、量刑建议以及适用速裁程序的意见，三人均表示无异议，庭审未进行法庭调查和法庭辩论。审判长认为不应对主犯赵某判处缓刑，但其未建议公诉人调整量刑建议，也未询问赵某意见，便当庭判处赵某有期徒刑一年，不予缓刑。赵某以量刑过重为由提出上诉，检察院以法院违反法定诉讼程序为由提出抗诉。

    问题：

    1. 对于发现的赵某的自首情节和钱某的立功情节，检察院应如何处理？

    2. 检察院拟对赵某提出判处缓刑的量刑建议，主要通过何种方式了解赵某的社会危险性？

    3. 结合本案具体情况，阐述检察院听取赵某意见时应当告知的事项。

    4. 检察官听取孙某意见时，向其宣读赵某、钱某供述和部分证人证言的做法是否妥当？为什么？

    5. 有观点认为，实践中法院适用速裁程序审理案件会省略质证环节。请结合本案评析这种说法。

    6. 检察院以法院违反法定诉讼程序为由提出抗诉是否妥当？为什么？

二、案例来源

《刑事审判参考》（总第 127 辑）：认罪认罚从宽系列案例

三、总体命题思路

    本题主要以最高人民检察院于 2021 年 12 月发布并施行的《人民检察院办理认罪认罚案件开展量刑建议工作的指导意见》（以下简称《量刑建议工作意见》）的相关规定为出题依据，考查认罪认罚案件中量刑证据审查、调查评估意见、听取意见、证据开示、速裁程序中的质证、对不采纳量刑建议径行判决的抗诉六个知识点。解答本题，首先，考生应注意《量刑建议工作意见》相比于两高三部《关于适用认罪认罚从宽制度的指导意见》对检察院办理认罪认罚案件提出了更多、更高的要求；其次，应准确判断法院适用速裁程序未采纳量刑建议而径行裁判是否违反法定诉讼程序。

四、答案精讲

> **1. 对于发现的赵某的自首情节和钱某的立功情节，检察院应如何处理？**

    答案： 对于赵某的自首情节，由于公安机关未移送相关证据材料，检察院应当通知公安机关在指定时间内移送。对于钱某的立功情节，由于公安机关未收集相关证据材料，检察院可以通知公安机关补充相关证据或者退回侦查机关补充侦查，也可以自行补充侦查。

    难度： 中

    考点： 量刑证据的收集与移送

    命题和解题思路： 本题考查量刑证据的收集与移送。解答本题，考生应注意区分公安机关移送案件中量刑证据的不同处理情况，从而对检察机关的做法作出准确判断。

    答案解析：《量刑建议工作意见》以专章对量刑证据的审查作出规定，强调对量刑情节的证据裁判。针对部分检察官对量刑证据不够重视，根据不完备的量刑证据开展协商、提出量刑建议，导致量刑建议未被法院采纳的问题，《量刑建议工作意见》从证据裁判原则出发，对量刑证据的补充收集、审查、移送等作出全面规范，结合办案实践探索性地规定了量刑证据认定规则。《量刑建议工作意见》第 6 条要求影响量刑的基本事实和各量刑情

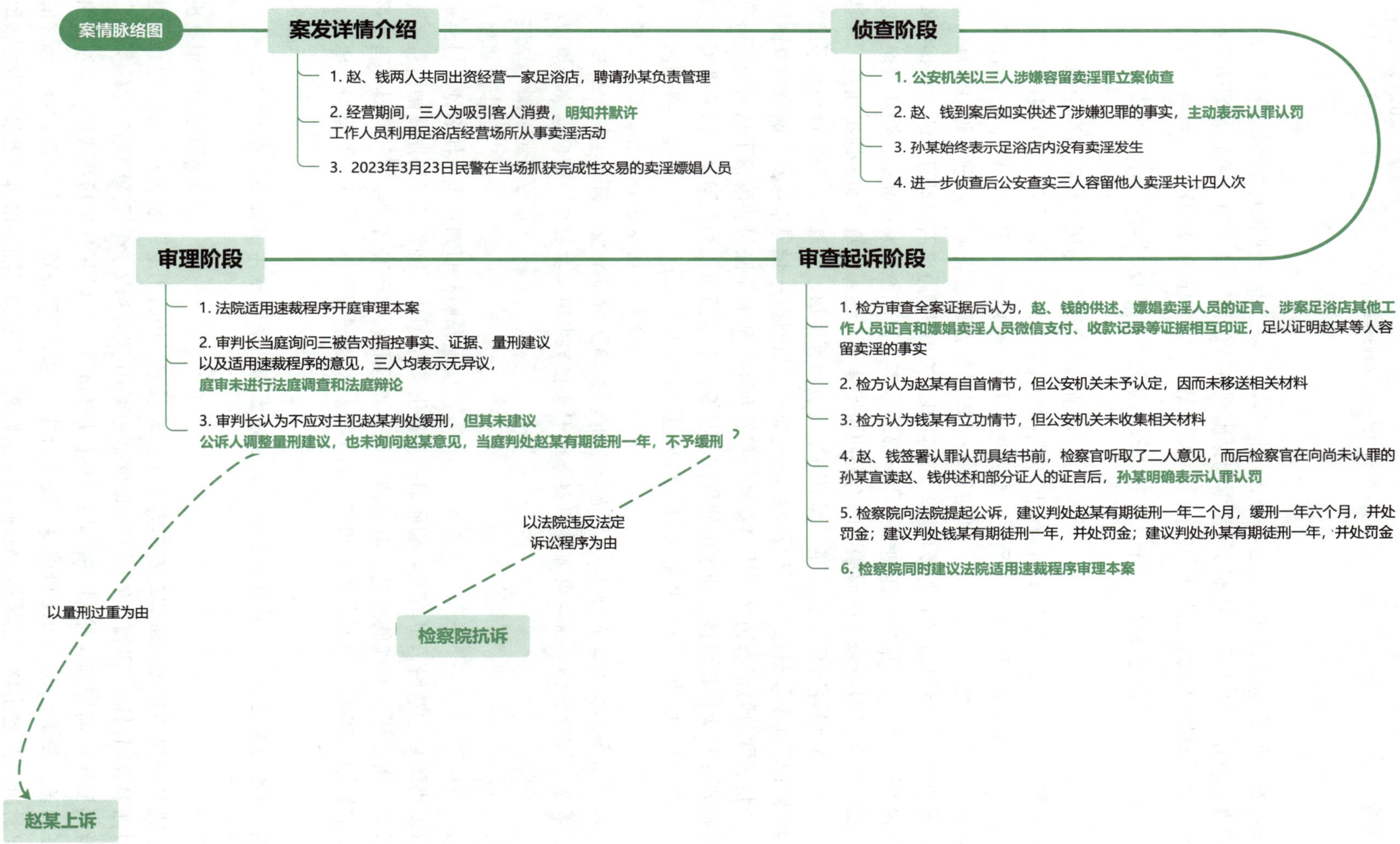

刑事诉讼法

案情脉络图

案发详情介绍
1. 赵、钱两人共同出资经营一家足浴店，聘请孙某负责管理
2. 经营期间，三人为吸引客人消费，**明知并默许**工作人员利用足浴店经营场所从事卖淫活动
3. 2023年3月23日民警在当场抓获完成性交易的卖淫嫖娼人员

侦查阶段
1. 公安机关以三人涉嫌容留卖淫罪立案侦查
2. 赵、钱到案后如实供述了涉嫌犯罪的事实，**主动表示认罪认罚**
3. 孙某始终表示足浴店内没有卖淫发生
4. 进一步侦查后公安查实三人容留他人卖淫共计四人次

审查起诉阶段
1. 检方审查全案证据后认为，赵、钱的供述，嫖娼卖淫人员的证言，嫖娼卖淫人员微信支付、作为人员证言和嫖娼卖淫人员微信支付、收款记录等证据相互印证，足以证明赵某等他工留卖淫的事实
2. 检方认为赵某有自首情节，但公安机关未予认定，因而未移送相关材料
3. 检方认为钱某有立功情节，但公安机关未予认定，因而未移送相关材料
4. 赵、钱签署认罪认罚具结书后，检察官听取了二人意见，孙某明确表示不认罪
5. 检察院向法院提起公诉，建议判处赵某有期徒刑一年二个月，缓刑一年六个月，并处罚金；建议判处钱某有期徒刑一年，并处罚金；**建议判处孙某有期徒刑一年，并处罚金**
6. **检察院向法院建议适用速裁程序审理本案**

审理阶段
1. 法院适用速裁程序开庭审理本案
2. 审判长当庭询问三被告对指控的事实、证据、量刑建议以及适用速裁程序的意见，三人均表示无异议，庭审未进行法庭调查和法庭辩论
3. 审判长认为不应对主犯赵某判处缓刑，**公诉人调整量刑建议，也未询问赵某意见，当庭判处赵某有期徒刑一年，不予缓刑**

检察院抗诉
以法院违反法定诉讼程序为由

赵某上诉
以量刑过重为由

节均应有相应的证据加以证明，强调了对量刑情节的证据裁判意识。对于量刑证据移送不全的，应当要求侦查机关予以移送；对于尚未收集的，检察机关可以通知侦查机关补充相关证据或者退回侦查机关补充侦查，也可以自行补充侦查，体现了原则性与灵活性相结合。《量刑建议工作意见》第7条至第10条分别对自首、立功、累犯、惯犯以及认罪认罚等重要量刑情节的审查重点作出指引，还特别对个人品格情节的把握和社会调查评估意见的审查作出创新性规定。

> **2. 检察院拟对赵某提出判处缓刑的量刑建议，主要通过何种方式了解赵某的社会危险性？**

答案：检察院主要通过对赵某的调查评估了解赵某的社会危险性。检察院应当认真审查公安机关移送的关于赵某社会危险性和案件对所居住社区影响的调查评估意见。如公安机关未委托调查评估，检察院一般应当委托赵某居住地的社区矫正机构或者有关组织进行调查评估，必要时，也可以自行调查评估。

难度：中

考点：调查评估意见

命题和解题思路：本题考查认罪认罚案件调查评估意见的运用。解答本题，考生应注意两高三部《关于适用认罪认罚从宽制度的指导意见》和《量刑建议工作意见》对检察机关推进调查评估工作提出的不同要求。

答案解析：两高三部《关于适用认罪认罚从宽制度的指导意见》第36条规定，犯罪嫌疑人认罪认罚，人民检察院拟提出缓刑或者管制量刑建议的，可以及时委托犯罪嫌疑人居住地的社区矫正机构进行调查评估，也可以自行调查评估。人民检察院提起公诉时，已收到调查材料的，应当将材料一并移送，未收到调查材料的，应当将委托文书随案移送；在提起公诉后收到调查材料的，应当及时移送人民法院。调查评估意见是检察机关提出判处管制、缓刑量刑建议的重要参考。为增强量刑建议的准确性和可执行性，考虑到部分社会调查评估衔接、协调难等客观因素，结合需要一定工作周期的特点，检察机关立足于尽早委托调查评估，自我加压。《量刑建议工作意见》第10条第1款明确规定，人民检察院拟提出判处管制、适用缓刑量刑建议的，由法律规定的"可以"委托调查评估，严格为"一般应当"委托调查评估，必要时可以自行调查评估。这一规定对检察机关提出了更高、更明确的工作要求，要求检察机关主动发挥职能作用，尽早决定委托评估事项，为法院判处管制、适用缓刑提供更为坚实、充分的基础。[1]

> **3. 结合本案具体情况，阐述检察院听取赵某意见时应当告知的事项。**

答案：检察院听取赵某意见时，应当告知以下事项：（1）赵某享有的诉讼权利和认罪认罚从宽的法律规定；（2）拟认定的赵某涉嫌容留卖淫的犯罪事实及罪名、自首等量刑情节；（3）拟提出的有期徒刑一年二个月，缓刑一年六个月，并处罚金的量刑建议及法律依据。

---

[1] 解析参考罗庆东、刘辰：《〈人民检察院办理认罪认罚案件开展量刑建议工作的指导意见〉的理解与适用》，载《人民检察》2022年第5期。

难度：难

考点：认罪认罚案件听取意见

命题和解题思路：本题考查认罪认罚案件听取意见时的告知事项。解答本题，无论是锁定法条，还是基于对办理认罪认罚从宽案件的理解，应注意认罪认罚案件中犯罪嫌疑人签署具结书前，应当保障其全面了解认罪认罚的法律后果。

答案解析：为了提高量刑建议的说服力，《量刑建议工作意见》就量刑建议说理的形式、内容等提出了具体要求，旨在把量刑建议说清楚、讲明白。《量刑建议工作意见》第24条第1款要求，人民检察机关在听取意见时，应当向犯罪嫌疑人及其辩护人或者值班律师告知犯罪嫌疑人享有的诉讼权利和认罪认罚从宽的法律规定，拟认定的犯罪事实、涉嫌罪名、量刑情节，拟提出的量刑建议及法律依据。如此，犯罪嫌疑人才可在充分掌握案件情况和理解法律规定的基础上自愿认罪认罚。

4. 检察官听取孙某意见时，向其宣读赵某、钱某供述和部分证人证言的做法是否妥当？为什么？

答案：妥当。本案中，作为涉案场所管理人员的孙某一直否认卖淫事实的发生，让其了解在案证据，可使其知悉案件情况，作出合理的选择。因此，检察院在听取意见过程中，必要时可通过出示、宣读等方式向尚未认罪的孙某开示或部分开示影响定罪量刑的主要证据材料，说明证据证明的内容，促使孙某认罪认罚。

难度：难

考点：认罪认罚案件证据开示

命题和解题思路：本题考查认罪认罚案件证据开示。解答本题，考生应将认罪认罚听取意见与证据开示有机结合，分析证据开示对于犯罪嫌疑人全面了解案件进展，进而合理决策的重要意义。

答案解析：根据两高三部《关于适用认罪认罚从宽制度的指导意见》第29条规定，人民检察院可以针对案件具体情况，探索证据开示制度，保障犯罪嫌疑人的知情权和认罪认罚的真实性及自愿性。《量刑建议工作意见》第26条规定，人民检察院必要时可以向犯罪嫌疑人开示或部分开示影响定罪量刑的主要证据材料，并要求加强释法说理。这些规定均旨在保障犯罪嫌疑人及其辩护人、值班律师对案件情况的全面知悉，充分了解认罪认罚的犯罪事实、量刑建议及法律后果，增强对审判结果的预判，避免信息不对称造成片面认罪认罚，增强了对犯罪嫌疑人认罪认罚实质自愿性和真实性的保障。结合本案案情，检察院通过宣读赵某、钱某供述和部分证人证言的方式向孙某开示证据并无不当。注意不要擅自理解并推断为检察院通过这种方式强迫犯罪嫌疑人认罪认罚。如是这样，案例信息中会有较为明确的情节描述。[1]

---

[1] 解析参考罗庆东、刘辰：《〈人民检察院办理认罪认罚案件开展量刑建议工作的指导意见〉的理解与适用》，载《人民检察》2022年第5期。

5. 有观点认为，实践中法院适用速裁程序审理案件会省略质证环节。请结合本案评析这种说法。

答案：这种说法不正确。速裁程序审理案件仍需进行质证。以本案为例，庭审虽无法庭调查和法庭辩论环节，但审判人员仍应当庭询问被告人对指控的证据的意见。被告人对该问题的答复，实际就是对证据发表质证意见，"无异议"也属于质证意见的内容。故速裁案件中作为定案根据的证据，实际上也经过了庭审质证程序。

难度：难

考点：速裁案件的质证

命题和解题思路：本题考查速裁程序的质证。解答本题，考生应注意质证权是被告人的基本诉讼权利，在简化型程序中，可以简化质证权的行使，但不能直接认为被告人因此放弃质证权的行使。

答案解析：《刑事诉讼法》第61条规定，证人证言必须在法庭上经过公诉人、被害人和被告人、辩护人双方质证并且查实以后，才能作为定案的根据。两高三部《关于推进以审判为中心的刑事诉讼制度改革的意见》第11条规定，证明被告人有罪或者无罪、罪轻或者罪重的证据，都应当在法庭上出示，依法保障控辩双方的质证权利。《法院解释》第372条规定，适用速裁程序审理案件，公诉人简要宣读起诉书后，审判人员应当当庭询问被告人对指控事实、证据、量刑建议以及适用速裁程序的意见，核实具结书签署的自愿性、真实性、合法性，并核实附带民事诉讼赔偿等情况。据此可知，质证权利需要保障，质证方式可以简化，被告人可当庭表示放弃质证机会，但质证环节不能直接跳过。

6. 检察院以法院违反法定诉讼程序为由提出抗诉是否妥当？为什么？

答案：妥当。其一，法院经审理如认为量刑建议明显不当，应当告知检察院，检察院如不调整量刑建议或者调整后仍然明显不当，法院应当依法作出判决。如法院未告知检察院调整量刑建议而直接作出判决，则违反了法定程序，检察院一般应当以此为由依法提出抗诉。其二，法院适用速裁程序审理本案的前提之一是被告人认罪认罚。法院既未告知检察院调整建议，也未询问赵某意见。在未确定赵某是否继续认罚的情况下适用速裁程序作出判决，不仅违反法定程序，而且还剥夺了赵某的诉讼权利。

难度：难

考点：对不采纳量刑建议径行判决的法律监督

命题和解题思路：本题考查检察院对不采纳量刑建议径行判决的法律监督。解答本题，考生应根据相关规定准确判断本案中法院不采纳量刑建议而径行判决的做法，是否违反法定程序，是否剥夺或限制当事人的法定诉讼权利，是否可能影响公正审判。

答案解析：《刑事诉讼法》第201条第2款对量刑建议的调整作出规定。从法律规定看，在法院认为量刑建议明显不当或者被告人、辩护人对量刑建议提出异议的情形下，检察机关有一个前置的调整程序，法院不得未经检察机关调整而径行作出判决。两高三部《关于适用认罪认罚从宽制度的指导意见》延续此法律精神，明确了前置调整程序。前置调整程序既是认罪认罚从宽制度的应有之义，也是保障制度稳定适用的基础，更能体现出对认罪认罚制度的应有尊重，有利于达成和谐顺畅的司法审判效果。为落实好该法律精神、深化司法共识，《量刑建议工作意见》第 37 条对违反刑事诉讼法规定，未告知检察机关调整量刑建议而直接作出判决的情形如何处理予以明确，要求检察机关一般应当以违反法定程序为由依法提出抗诉，从而更好保障被告人的合法权益，保障法律统一正确实施。"一般应当"意味着也有例外，比如法院在量刑建议基础上对被告人进一步从宽量刑，且检察院认为法院判处的刑罚无误的，检察院可不提出抗诉。但本案中，法院不采纳量刑建议而径行判决的做法明显侵犯了当事人的诉讼权利，可能造成审判程序类型适用错误的严重程序违法情形，故检察院应提出抗诉。[1]

评分细则（共 30 分）

1-6 题满分为：5 分、5 分、5 分、4 分、6 分、5 分

1. 自首：检察院应当通知公安机关在指定时间内移送（2 分）；立功：检察院可以通知公安机关补充相关证据（1 分）或者退回侦查机关补充侦查（1 分），也可以自行补充侦查（1 分）。

2. 审查公安机关移送的调查评估意见（2 分）；公安机关没有委托评估检察院应当委托赵某居住地的社区矫正机构或者有关组织进行调查评估（2 分），必要时也可以自行调查评估（1 分）。

3. 赵某享有的诉讼权利和认罪认罚从宽的法律规定（2 分）；拟认定的赵某涉嫌罪事实及罪名、自首等量刑情节（2 分）；拟提出的量刑建议（1 分）。

4. 妥当（2 分）。让其了解在案证据可以促使孙某认罪认罚（2 分）。

5. 不正确（2 分）。速裁程序审理案件仍需进行质证（2 分），本案审判人员仍应当庭询问被告人对指控的证据的意见，被告人对该问题的答复实质上就是经过了庭审质证程序（2 分）。

6. 妥当（1 分）。法院未告知检察院调整量刑建议而直接作出判决违反了法定程序（2 分），未确定赵某是否继续认罚的情况下适用速裁程序作出判决违反程序（2 分）。

---

[1] 解析参考罗庆东、刘辰：《〈人民检察院办理认罪认罚案件开展量刑建议工作的指导意见〉的理解与适用》，载《人民检察》2022 年第 5 期。

行政法与行政诉讼法

第一题（本题28分）

一、试题

案情： 1985年11月，梁某与黄某登记结婚。2007年3月27日，黄某取得新加坡国籍。2015年8月10日，梁某、黄某以感情破裂为由持中国居民身份证、户口簿等至X市Y区民政局婚姻登记处办理离婚登记。二人就离婚、子女抚养、财产分割等签订了离婚协议书，同时签署了申请离婚登记声明书，声明书中的国籍部分打印为"中华人民共和国"，二人填写的常住户口所在地均为"Y区解放路321号1号楼3单元202室"。经审查，Y区民政局婚姻登记处当日为二人办理离婚登记并颁发了离婚证。

2019年8月27日，梁某与李某到Y区民政局办理结婚登记，被工作人员告知其与黄某办理的离婚登记已于2018年3月5日被Y区民政局以《关于黄某隐瞒国籍与梁某办理离婚登记的情况说明》（以下简称《说明》）宣告无效，民政局不能为梁某办理结婚登记手续。28日，梁某在X市某区档案馆复印获取了《说明》。《说明》内文如下："梁某，国籍中国，黄某，国籍新加坡。2015年8月10日，黄某隐瞒新加坡国籍，持有未注销的中国内地户口簿、身份证，与梁某在Y区民政局婚姻登记处办理了离婚登记，离婚证字号：L320303-2015-000689。根据《婚姻登记条例》第二条、《婚姻登记工作规范》（民政部民发〔2015〕230号）第五条第二款规定、省民政厅《婚姻登记工作事项通知》第四部分规定，Y区民政局婚姻登记处无权办理涉外婚姻登记，双方当事人于上述时间办理的离婚登记应为无效登记，双方如未在指定的涉外婚姻登记机关或法院办理离婚登记手续，仍系夫妻关系，由此产生的相关法律责任应由当事人承担。"

2019年9月2日，梁某向法院提起行政诉讼，请求撤销Y区民政局于2018年3月5日作出的《说明》，并请求对作为该说明依据的省民政厅《婚姻登记工作事项通知》的合法性进行审查。

一审法院审理认为，Y区民政局依据的省民政厅《婚姻登记工作事项通知》合法，《说明》认定事实清楚，法律适用正确，判决驳回梁某的诉讼请求。

梁某不服提起上诉，请求撤销一审判决，撤销Y区民政局2018年3月5日作出的《说明》，责令Y区民政局赔偿上诉人财产和精神损失费20万元。二审法院经审查得出以下结论：《婚姻法》《婚姻登记条例》针对结婚规定了无效婚姻和可撤销婚姻情形，但对离婚没有规定无效离婚或可撤销离婚情形，亦没有法律规范授权婚姻登记机关可以对已完成的离婚登记被解除的婚姻关系确认无效或予以撤销。同时，Y区民政局在作出《说明》过程中没有告知梁某、黄某和听取两人的陈述申辩意见。

资料：

《婚姻登记条例》第 2 条　内地居民办理婚姻登记的机关是县级人民政府民政部门或者乡（镇）人民政府，省、自治区、直辖市人民政府可以按照便民原则确定农村居民办理婚姻登记的具体机关。

中国公民同外国人，内地居民同香港特别行政区居民（以下简称香港居民）、澳门特别行政区居民（以下简称澳门居民）、台湾地区居民（以下简称台湾居民）、华侨办理婚姻登记的机关是省、自治区、直辖市人民政府民政部门或者省、自治区、直辖市人民政府民政部门确定的机关。

《婚姻登记条例》第 11 条　办理离婚登记的内地居民应当出具下列证件和证明材料：

（一）本人的户口簿、身份证；

（二）本人的结婚证；

（三）双方当事人共同签署的离婚协议书。

办理离婚登记的香港居民、澳门居民、台湾居民、华侨、外国人除应当出具前款第（二）项、第（三）项规定的证件、证明材料外，香港居民、澳门居民、台湾居民还应当出具本人的有效通行证、身份证，华侨、外国人还应当出具本人的有效护照或者其他有效国际旅行证件。

离婚协议书应当载明双方当事人自愿离婚的意思表示以及对子女抚养、财产及债务处理等事项协商一致的意见。

《婚姻登记工作规范》（民政部民发〔2015〕230 号）第 5 条　婚姻登记管辖按照行政区域划分。

（一）县、不设区的市、市辖区人民政府民政部门办理双方或者一方常住户口在本行政区域内的内地居民之间的婚姻登记。

省级人民政府可以根据实际情况，规定乡（镇）人民政府办理双方或者一方常住户口在本乡（镇）的内地居民之间的婚姻登记。

（二）省级人民政府民政部门或者其确定的民政部门，办理一方常住户口在辖区内的涉外和涉香港、澳门、台湾居民以及华侨的婚姻登记。

办理经济技术开发区、高新技术开发区等特别区域内居民婚姻登记的机关由省级人民政府民政部门提出意见报同级人民政府确定。

（三）现役军人由部队驻地、入伍前常住户口所在地或另一方当事人常住户口所在地婚姻登记机关办理婚姻登记。

婚姻登记机关不得违反上述规定办理婚姻登记。

问题：

1. 《说明》是否可诉？为什么？
2. 梁某针对《说明》的起诉期限如何确定？为什么？
3. 法院如认为省民政厅的《婚姻登记工作事项通知》违法，应如何处理？为什么？
4. 对于梁某二审期间提出的赔偿请求，法院应如何处理？为什么？
5. 二审法院对《说明》应如何作出判决？为什么？

二、总体命题思路

本题考查的知识点涉及行政诉讼受案范围、行政诉讼起诉期限、规范性文件一并审查、二审程序以及行政诉讼判决方式等。其中，行政诉讼受案范围、起诉期限、规范性文件一并审查以及对被诉行政行为的裁判具有一定难度，考生需要对相关知识有较好的把握，尤其是对如何处理无效确认判决与原告撤销诉讼请求之间的关系要有较好的理解。通过本案的问题设计，旨在提升考生对具体行政行为的效力与行政诉讼程序的理解和运用能力。

三、案例来源

最高人民法院公报案例：梁某某诉徐州市云龙区民政局离婚登记行政确认案

四、答案精讲

> 1. 《说明》是否可诉？为什么？

答案：可诉。因为 Y 区民政局作出的《说明》是对梁某、黄某权利义务产生直接影响的行政确认行为。依照《行政诉讼法》第 2 条和第 12 条的规定，属于可诉的行政行为。

难度：难

考点：行政诉讼受案范围

命题和解题思路：本题考查考生对行政诉讼受案范围相关规定的理解。根据《行政诉讼法》原则，对相对人合法权益产生影响的行政行为，属于行政诉讼受案范围。具体哪些行政行为属于可诉的行政行为，该法第 2 条和第 12 条做出了相应规定。本题涉及对可诉行为范围的理解，实质是考查哪些行政行为会影响相对人的合法权益。由于离婚登记及其纠错的决定涉及对当事人之间婚姻关系状况的认定，客观上会影响当事人的人身权利，属于可诉行政行为。考生只需回答出涉案行为的性质及其对当事人权益的影响，即可得分。

答案解析：离婚登记是婚姻登记机关依当事人的申请，对当事人之间自愿解除婚姻关系及子女抚养、财产等问题所达成的协议予以认可，并以颁发离婚证的形式确认当事人之间婚姻关系解除的行政行为，该行为的实质是对当事人婚姻关系状况的确认。据此，当民政部门认为先前办理的离婚登记存在错误，出于纠错的目的作出宣告此前离婚登记行为无效的声明，同样属于对当事人之间婚姻关系状况恢复的一种确认行为，该行为必然影响当事人的人身权。依照《行政诉讼法》第 2 条第 1 款规定，公民、法人或者其他组织认为行政机关和行政机关工作人员的行政行为侵犯其合法权益，有权依照本法向人民法院提起诉讼。该法第 12 条第 12 项规定，认为行政机关侵犯其他人身权、财产权等合法权益的。据此，《说明》属于可诉行政行为。

> 2. 梁某针对《说明》的起诉期限是否超期？为什么？

答案：未超期。因为依照《行政诉讼法》第 46 条和《行诉法解释》第 65 条规定，梁某的起诉期限为从被诉行政行为作出之日起不超过 5 年。

难度：中

考点：行政诉讼起诉期限

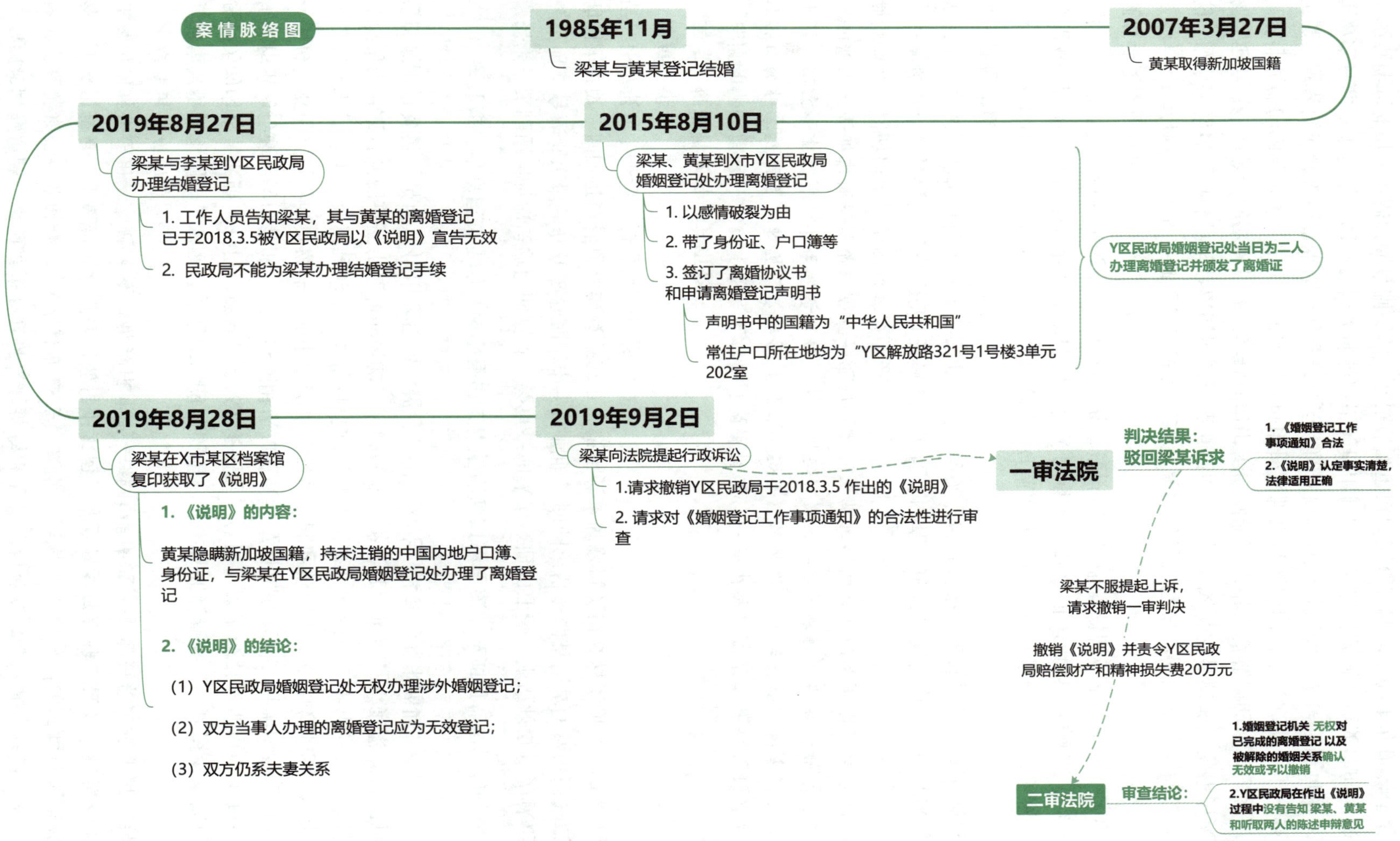

案情脉络绘图

1985年11月
梁某与黄某登记结婚

2007年3月27日
黄某取得新加坡国籍

2015年8月10日
梁某、黄某到X市Y区民政局婚姻登记处办理离婚登记
1. 以感情破裂为由
2. 带了身份证、户口簿等
3. 签订了离婚协议书和离婚登记声明书

声明书中的国籍为"中华人民共和国"，常住户口所在地均为"Y区解放路321号1号楼3单元202室"

Y区民政局离婚登记处当日为二人办理离婚登记并颁发了离婚证

2019年8月27日
梁某与李某到Y区民政局办理结婚登记
1. 工作人员告知梁某，其与黄某的离婚登记已于2018.3.5被Y区民政局以《说明》宣告无效
2. 民政局不能为梁某办理结婚登记手续

2019年8月28日
梁某在X市某区档案馆复印获取了《说明》

1. 《说明》的内容：
黄某隐瞒新加坡国籍，持未注销的中国国内地户口簿、身份证，与梁某在Y区民政局婚姻登记处办理了离婚登记

2. 《说明》的结论：
(1) Y区民政局婚姻登记处无权办理涉外婚姻登记；
(2) 双方当事人的离婚登记应为无效登记；
(3) 双方仍系夫妻关系

2019年9月2日
梁某向法院提起行政诉讼
1. 请求撤销Y区民政局于2018.3.5作出的《说明》
2. 请求对《婚姻登记工作事项通知》的合法性进行审查

一审法院
判决结果：驳回梁某诉讼请求
1. 《婚姻登记工作事项通知》合法
2. 《说明》认定事实清楚，法律适用正确

二审法院
梁某不服提起上诉，请求：
撤销《说明》并责令Y区民政局赔偿财产和精神损失费20万元

审查结论：
1. 根据婚姻登记机关无权对已完成的离婚登记确认以及撤销的规定，婚姻登记关系确认以及撤销的规定，无效登记予以撤销
2. Y区民政局在作出《说明》过程中没有告知梁某、黄某和听取双方当事人的陈述申辩意见

命题和解题思路：本题考查行政诉讼起诉期限尤其是相对人不知道具体行政行为内容的情况下起诉期限计算的规定。《行政诉讼法》及其司法解释就不同情况下起诉期限的计算作出了不同规定。上述规定各自适用的情形不同，考生需要仔细作出区分并根据个案作出正确的判断和适用。本题考查起诉期限中的一种特殊情况，考生如果比较了解此种情况，不难作出正确回答。

答案解析：本题中，Y区民政局作出的《说明》并未告知梁某本人，其根本不知道该行政行为的内容。依照《行诉法解释》第65条规定，公民、法人或者其他组织不知道行政机关作出的行政行为内容的，其起诉期限从知道或者应当知道该行政行为内容之日起计算，但最长不得超过行政诉讼法第四十六条第二款规定的起诉期限。《行政诉讼法》第46条第2款规定，因不动产提起诉讼的案件自行政行为作出之日起超过二十年，其他案件自行政行为作出之日起超过五年提起诉讼的，人民法院不予受理。据此，本案梁某提起行政诉讼的期限自被诉《说明》作出之日起不超过5年。因此，其起诉并未超期。

> 3. 法院如认为省民政厅的《婚姻登记工作事项通知》违法，应如何处理？为什么？

答案：法院应当听取民政厅的意见。经审查如认为该通知违法，不应将其作为认定被诉《说明》合法的依据，并在裁判理由中予以阐明，向制定机关即省民政厅提出修改或废止的司法建议，同时可以抄送本级政府或上一级机关、监察机关以及备案机关。在裁判生效后，还应报送上一级人民法院进行备案。

难度：难

考点：规范性文件一并审查

命题和解题思路：本题考查考生对行政规范性文件一并审查制度尤其是认定违法后的处理的理解和掌握程度。本题主要结合《行政诉讼法》以及相关司法解释的规定设计，难度不大，但答全不容易。考生需要结合《行政诉讼法》《行诉法解释》的相关规定综合回答。如果没有全面掌握相关规定而有一定的遗漏则不能拿到满分。回答本题，考生需要检索到全部涉及到的法条，否则极可能丢分。

答案解析：《行政诉讼法》第64条规定，人民法院在审理行政案件中，经审查认为本法第五十三条规定的规范性文件不合法的，不作为认定行政行为合法的依据，并向制定机关提出处理建议。

《行诉法解释》第147条规定，人民法院在对规范性文件审查过程中，发现规范性文件可能不合法的，应当听取规范性文件制定机关的意见。制定机关申请出庭陈述意见的，人民法院应当准许。行政机关未陈述意见或者未提供相关证明材料的，不能阻止人民法院对规范性文件进行审查。

《行诉法解释》第149条规定，人民法院经审查认为行政行为所依据的规范性文件合法的，应当作为认定行政行为合法的依据；经审查认为规范性文件不合法的，不作为人民法院认定行政行为合法的依据，并在裁判理由中予以阐明。作出生效裁判的人民法院应当向规范性文件的制定机关提出处理建议，并可以抄送制定机关的同级人民政府、上一级行政机关、监察机关以及规范性文件的备案机关。规范性文件不合法的，人民法院可以在裁判生效之日起三个月内，向规范性文件制定机关提出修改或者废止该规范性文件的司法建议。规范性文件由多个部门联合制定的，人民法院可以向该规范性文件的主办机关或者共同上一级行政机关发送司法建议。接收司法建议的行政机关应当在收到司法建议之日起六十日内予以书面答复。情况紧急的，人民法院可以建议制定机关或者其上一级行政机关立即停止执行该规范性文件。

《行诉法解释》第 150 条规定，人民法院认为规范性文件不合法的，应当在裁判生效后报送上一级人民法院进行备案。涉及国务院部门、省级行政机关制定的规范性文件，司法建议还应当分别层报最高人民法院、高级人民法院备案。

根据上述规定，可得出本题答案。

4. 对于梁某二审期间提出的赔偿请求，法院应如何处理？为什么？

答案：法院可以进行调解；如调解不成，告知梁某另行起诉。因为梁某在二审期间提出了新的赔偿请求，依照《行诉法解释》第 109 条，该赔偿请求能调解的可以调解，调解不成的，需要告知梁某另行起诉。

难度：中

考点：二审程序

命题和解题思路：本题考查考生对行政诉讼二审程序问题的处理尤其是对新增赔偿请求如何处理的理解和掌握程度。考生多数不太注意二审期间相关程序事项的处理，新增行政赔偿请求如何处理是其中经常被忽略的问题。本题通过设计问题，旨在加深考生对上述程序事项相关规定的理解。

答案解析：《行诉法解释》第 109 条第 6 款规定，当事人在第二审期间提出行政赔偿请求的，第二审人民法院可以进行调解；调解不成的，应当告知当事人另行起诉。据此，本题法院可以依法进行调解，如调解不成，应当告知梁某另行起诉。

5. 二审法院对《说明》应如何作出判决？为什么？

答案：法院应当判决确认《说明》无效。因为《行政诉讼法》第 75 条明确规定了被诉行政行为的作出没有依据的，原告申请确认行政行为无效的，法院可以判决确认无效。依照《行诉法解释》第 94 条第 1 款规定，相对人请求撤销行政行为，人民法院经审查认为行政行为无效的，应当作出确认无效的判决。

难度：难

考点：行政诉讼判决方式

命题和解题思路：本题考查考生对行政诉讼判决尤其是确认无效判决的适用条件的理解和掌握程度。本题涉及两个问题：（1）被诉行政行为是否构成无效行政行为；（2）针对原告提出的撤销被诉行政行为，法院能否直接作出确认无效判决。对于上述问题，考生需要结合《行政诉讼法》和《行诉法解释》的规定作出回答。

答案解析：《行政诉讼法》第 75 条规定，行政行为有实施主体不具有行政主体资格或者没有依据等重大且明显违法情形，原告申请确认行政行为无效的，人民法院判决确认无效。《行诉法解释》第 94 条规定，公民、法人或者其他组织起诉请求撤销行政行为，人民法院经审查认为行政行为无效的，应当作出确认无效的判决。公民、法人或者其他组织起诉请求确认行政行为无效，人民法院审查认为行政行为不属于无效情形，经释明，原告请求撤销行政行为的，应当继续审理并依法作出相应判决；原告请求撤销行政行为但超过法定起诉期限的，裁定驳回起诉；原告拒绝变更诉讼请求的，判决驳回其诉讼请求。

本题中，Y区民政局作出的《说明》一没有法律法规授权依据，实体严重违法；二没有告知和听取当事人梁某、黄某的陈述申辩意见，程序也存在严重违法，符合《行政诉讼法》第75条确认无效判决的适用条件。此外，虽然梁某提起的是撤销《说明》的诉讼请求，但依照《行诉法解释》第94条规定，法院如果认定被诉行政行为无效的，有权直接作出确认无效判决。

评分细则（共28分）

1-5题满分为：4分、6分、6分、6分、6分

1. 可诉（2分）。属于行政确认行为（2分）（答具体行政行为得1分）。
2. 未超期（2分）。未告知相对人内容（2分），起诉期限为从被诉行政行为作出之日起不超过5年（2分）。
3. 听取民政厅的意见（1分）。认为违法不能将其作为认定被诉行为合法的依据（1分），在裁判理由中予以阐明（1分），向制定机构提出司法建议（1分），可以抄送本级政府或上一级机关、监察机关以及备案机关（1分，答出任一机构即可得分），裁判生效后报送上一级法院备案（1分）。
4. 可以调解（2分）。调解不成告知另诉（2分），在二审期间提出了新的赔偿请求可以调解，调解不成告知另诉（2分）。
5. 判决确认说明无效（2分）。被诉行政行为的作出没有依据（2分），相对人请求撤销法院审查无效的应当确认无效（2分）。

第二题（本题28分）

一、试题

材料一：2018年7月20日，董某向省会城市J市城市公共客运管理服务中心（以下简称J市客管中心）提交了《网络预约出租汽车经营申请表》，申请在J市从事网约车经营服务。8月2日，J市客管中心作出《行政许可申请不予受理通知书》（以下简称《通知书》），内容为：董某车辆初次登记日期为2016年1月25日，转移登记日期为2018年7月1日，车龄已超过1年；车辆的轴距为2600mm，低于2700mm。董某的申请不符合《J市网络预约出租汽车经营服务管理实施细则（试行）》（以下简称《网约车细则》）第11条规定。同时，董某的申请程序不符合《网约车细则》第12条关于个人所有车辆应当通过网约车平台公司申请的规定。因此，决定不予受理董某提出的行政许可申请。

董某不服，以J市客管中心为被告向法院提起行政诉讼。其理由为，交通运输部等七部委联合发布的《网络预约出租汽车经营服务管理暂行办法》（以下简称《网约车办法》）在运输证许可条件中并未对车龄、轴距以及申请前置程序作出规定，《网约车细则》上述条款违反《网约车办法》的规定。据此请求：（1）依法撤销被告于2018年8月2日作出的《通知书》，责令其重新作出行政行为；（2）附带对《网约车细则》进行

审查。

一审期间，法院向《网约车细则》制定机关J市政府发函征询意见并通知其参加庭审，J市政府未到庭陈述意见。一审法院经审理作出以下判决：一、撤销被告于2018年8月2日作出的《通知书》；二、被告在判决生效之日起15日内对原告的《运输证》申请重新作出是否受理的决定。

董某以一审法院未对许可申请作出实体裁判、未对其附带审查《网约车细则》的请求作出回应为由，提起上诉。J市客管中心以一审法院适用法律错误为由，同时提起上诉。二审期间，董某申请撤回上诉，法院裁定准许。对于J市客管中心提出的上诉，二审法院经审理后判决驳回上诉，维持原判。

材料二：《网络预约出租汽车经营服务管理暂行办法》（交通运输部等七部门2016年第60号令）

第十二条第一款　拟从事网约车经营的车辆，应当符合以下条件：

（一）7座及以下乘用车；

（二）安装具有行驶记录功能的车辆卫星定位装置、应急报警装置；

（三）车辆技术性能符合运营安全相关标准要求。

第十三条第一款　服务所在地出租汽车行政主管部门依车辆所有人或者网约车平台公司申请，按第十二条规定的条件审核后，对符合条件并登记为预约出租客运的车辆，发放《网络预约出租汽车运输证》。

《J市网络预约出租汽车经营服务管理实施细则（试行）》（J市政府J政发〔2017〕22号文）

第十一条　申请从事网约车经营的车辆，应当符合以下条件：

……

（二）符合营运车辆环保、安全技术标准，且车龄从初次注册登记取得机动车行驶证之日至申请日未满1年；

（三）新能源汽车轴距大于2600毫米，综合工况续航里程大于250千米；非新能源汽车轴距大于2700毫米且不得与在运普通巡游车车型相同；

……

第十二条　申请《网络预约出租汽车运输证》的，先由申请加入并已取得经营许可资格的网约车平台公司按规定条件初检合格后，再向市道路运输管理机构提出申请，并提交以下资料……

问题：

1. 《网约车细则》和《网约车办法》分别是何种性质的文件？请说明理由。

2. J市客管中心如认为董某提出的许可申请材料不全，应当如何处理？

3. J市客管中心作出的《行政许可申请不予受理通知书》是否属于具体行政行为？为什么？

4. 董某申请附带审查《网约车细则》需要满足哪些条件？

5. 一审法院能否适用简易程序审理本案？为什么？

6. 如二审法院判定《网约车细则》违法，应当如何处理？

二、案例来源

1. 山东省济南市市中区人民法院（2018）鲁0103行初248号行政判决书：董某民诉某市城市公共客运管理服务中心行政许可案
2. 山东济南市中级人民法院（2019）鲁01行终350号行政判决书：董某民与某市城市公共客运管理服务中心行政许可上诉案

三、总体命题思路

本题重点考查以下知识点：不同规范性文件的性质与效力等级、行政许可的实施程序、具体行政行为的界定、规范性文件一并审查及其审查后的处理，行政诉讼简易程序等。其中，有关规范性文件性质的认定、具体行政行为判断以及简易程序适用情形的考查内容具有一定难度，需要考生结合立法规定和交代的案情提出自己的分析意见，对考生的行政法学理论水平要求较高。本题的设计提醒考生要正确理解相关法律规定的含义，同时还要注意灵活适用，并对主观题交代的案情进行深入的分析。

四、答案精讲

1. 《网约车细则》和《网约车办法》分别是何种性质的文件？请说明理由。

答案：《网约车细则》属于行政规范性文件，《网约车办法》属于部门行政规章。理由：虽然两种文件的制定机关分别享有部门规章制定权和地方政府规章制定权，但因两种文件的公布形式、发文字号存在差别，所以法律性质有别。《网约车细则》是以文件形式下发，发文字号为J政发〔2017〕22号文，而非以政府令的形式发布，因此属于行政规范性文件。《网约车办法》则以国务院部门令的形式公布，符合部门规章制定程序的公布形式要求，因此属于部门行政规章。

难度：中

考点：行政诉讼法律适用

命题和解题思路：本题形式上考查考生对行政规范性文件和部门规章的区别，但因上述文件出现在行政诉讼案件审理期间，且作为原告的董某申请对《网约车细则》进行附带审查，因此本题实质考查考生有关行政诉讼法律适用的相关知识，具体涉及不同性质和效力层级的规范性文件如何区别的问题，对文件的识别有助于后续的法律规范适用。正确回答本题需要考生熟悉部门规章和普通规范性文件在公布程序、公布形式上的差别。

答案解析：在我国，部门规章和行政规范性文件在公布程序和形式上存在差别，依照《规章制定程序条例》第29条、第30条的规定，法制机构应当根据有关会议审议意见对规章草案进行修改，形成草案修改稿，报请本部门首长或者省长、自治区主席、市长、自治州州长签署命令予以公布。公布规章的命令应当载明该规章的制定机关、序号、规章名称、通过日期、施行日期、部门首长或者省长、自治区主席、市长、自治州州长署名以及公布日期。部门联合规章由联合制定的部门首长共同署名公布，使用主办机关的命令序号。因此，凡属部门规章，必然应以部门命令的形式公布。本题中，《网约车办法》以交通运输部等七部门命令的形式公布，因此属于部门规章。相对而言，行政规范性文件并不

时间轴

2018年7月20日：董某提交申请表

董某向省会城市J市客管中心提交了《网络预约出租汽车经营申请表》，申请在J市从事网约车经营服务。

8月2日：J市客管中心作出《行政许可申请不予受理通知书》

内容为：

董某车辆初次登记日期为2016年1月25日，转移登记日期为2018年7月1日，车龄已超过1年；车辆的轴距为2600mm，低于2700mm。

董某的申请不符合《J市网络预约出租汽车经营服务管理实施细则（试行）》（《网约车细则》）第十一条规定。

同时，董某的申请程序不符合《网约车细则》第十二条关于个人所有车辆应当通过网约车平台公司申请的规定。

> 《J市网络预约出租汽车经营服务管理实施细则（试行）》（J政发〔2020〕22号文）
> 第十一条 申请从事网约车经营的车辆，应当符合以下条件：
>   （二）符合营运车辆环保、安全技术标准，且车龄从初次注册登记取得机动车行驶证之日起至申请日未满1年；
>   （三）新能源汽车轴距大于2600毫米，综合工况续航里程大于250千米；非新能源汽车轴距大于2700毫米且不得与在运普通巡游车车型相同；
> 第十二条 申请《网络预约出租汽车运输证》的，先由申请加入并已取得经营许可资格的网约车平台公司按规定条件初检合格后，向市道路运输管理机构提出申请，并提交以下资料……

处理结果：决定不予受理董某提出的行政许可申请。

董某不服《行政许可申请不予受理通知书》，以J市客管中心为被告向法院提起行政诉讼

理由：

交通运输部等七部委联合发布的《网络预约出租汽车经营服务管理暂行办法》（以下简称《网约车办法》）在运输证许可条件中并未对车龄、轴距以及申请前置程序作出规定，《网约车细则》上述条款违反《网约车办法》的规定。

> 《网络预约出租汽车经营服务管理暂行办法》（交通运输部等七部门 2016年第60号令）
> 第十二条第一款 拟从事网约车经营的车辆，应当符合以下条件：
>   （一）7座以下乘用车；
>   （二）安装具有行驶记录功能的车辆卫星定位装置、应急报警装置；
>   （三）车辆技术性能符合运营安全相关标准要求。
> 第十三条第一款 服务所在地出租汽车行政主管部门依车辆所有人或者网约车平台公司申请，按第十二条规定的条件审核后，对符合条件并登记为预约出租客运的车辆，发放《网络预约出租汽车运输证》。

请求：（1）依法撤销被告于2018年8月2日作出的《通知书》，责令其重新作出行政行为；（2）附带对《网约车细则》进行审查。

一审法院处理情况：

法院向《网约车细则》制定机关J市政府发函征询意见并通知其参加庭审，J市政府未到庭陈述意见。

判决：一、撤销被告于2018年8月2日作出的《通知书》；二、被告在判决生效之日起15日内对原告的《运输证》申请重新作出是否受理的决定。

当事人不服提出上诉

董某上诉理由：

董某以一审法院未对许可申请作出实体裁判、未对其附带审查《网约车细则》的请求作出回应为由，提起上诉。

撤诉：二审期间，董某申请撤回上诉，法院裁定准许。

J市客管中心上诉理由：

J市客管中心以一审法院适用法律错误为由，同时提起上诉。

处理结果：对于J市客管中心提出的上诉，二审法院经审理后判决驳回上诉，维持原判。

采用政府令的形式向社会公布，而是采用文件字号的形式由行政机关发布。本题中，《网约车细则》即采用上述形式发布，因此不属于行政规章。

2. J市客管中心如认为董某提出的许可申请材料不全，应当如何处理？

答案：应当依法当场告知，或者在5日内一次性告知董某需要补正的所有材料。

难度：中

考点：行政许可实施程序

命题和解题思路：本题考查考生对行政许可实施程序相关规定的掌握程度，重点考查行政许可受理环节的便民规定。按照《行政许可法》规定的便民原则，该法在行政许可办理的若干环节规定了便民措施，如许可事项不全时的一次性全部告知、许可听证不收费等。本题考查的知识点在于一次性全部告知需要补正的内容，难度适中，考生如果对《行政许可法》相关规定内容掌握较好，即能作出正确回答。

答案解析：《行政许可法》第32条规定："行政机关对申请人提出的行政许可申请，应当根据下列情况分别作出处理：（一）申请事项依法不需要取得行政许可的，应当即时告知申请人不受理；（二）申请事项依法不属于本行政机关职权范围的，应当即时作出不予受理的决定，并告知申请人向有关行政机关申请；（三）申请材料存在可以当场更正的错误的，应当允许申请人当场更正；（四）申请材料不齐全或者不符合法定形式的，应当当场或者在五日内一次告知申请人需要补正的全部内容，逾期不告知的，自收到申请材料之日起即为受理；（五）申请事项属于本行政机关职权范围，申请材料齐全、符合法定形式，或者申请人按照本行政机关的要求提交全部补正申请材料的，应当受理行政许可申请。行政机关受理或者不予受理行政许可申请，应当出具加盖本行政机关专用印章和注明日期的书面凭证。"依据上述第1款第4项规定可知，本题中，当J市客管中心认为董某提出的许可申请材料不全时，依法应当当场或者在5日内一次性告知其需要补正的全部内容。

3. J市客管中心作出的《行政许可申请不予受理通知书》是否属于具体行政行为？为什么？

答案：属于具体行政行为。理由：J市客管中心作出《行政许可申请不予受理通知书》虽然在形式上是不予受理通知，理由中也包含了申请程序的内容，似乎属于程序性决定，但从通知内容、其他理由和实际效果来看，J市客管中心实质上拒绝了董某的许可申请，对董某许可申请权利的实体处置符合产生实体法律效果的具体行政行为特征，应当属于具体行政行为。

难度：难

考点：具体行政行为的界定

命题和解题思路：本题重点考查考生对具体行政行为"法律效果"特征的理解程度。理论上讲，具体行政行为意味着行政机关对当事人实体权利义务的处分，突出体现在"法律效果"这一特征上。本题的设计即基于此种考虑。回答本题的难度在于，J市客管中心的《通知书》中既包含了实体权利的处置，也包含了程序事项的处置。考生可能对此存在判断上的困难。正确回答本题，需要考生结合对具体行政行为"法律效果"特征的理解，并深入分析涉案行政机关作出《通知书》的实质意图。

答案解析：理论上，具体行政行为的界定需要考虑以下因素：主体的行政主体属性；职权的行使特性；特定事件的处理；单方面性；法律效果；外部性。就本题而言，J市客管中心对董某送达的《行政许可申请不予受理通知书》既包含了程序事项的处理，即以董某申请的程序存在问题来支持其不予受理通知，也包含了对董某的许可申请是否符合许可证实质要件的判断，即认为其不符合申请网约车经营的条件，而后者是引发本案争议的关键，也是董某直接起诉的根本原因。因此，对本题中涉及的《行政许可申请不予受理通知书》是否属于具体行政行为的理解，需要从该行为的实质"法律效果"角度来进行理解。当J市客管中心以不符合许可条件为由拒绝董某申请时，实质上构成对董某许可申请权利的处置，该处置具有终局性，也影响到了董某权利的实现。因此，符合具体行政行为"法律效果"的特征，应当认为属于具体行政行为。

> **4. 董某申请附带审查《网约车细则》需要满足哪些条件？**

答案：需要满足以下条件：（1）《网约车细则》属于行政规范性文件；（2）该细则直接作为J市客管中心作出拒绝许可决定的依据；（3）董某应当在第一审开庭审理之前提出附带审查申请，有正当理由的，可在法庭调查阶段提出附带审查申请。

难度：难

考点：规范性文件一并审查

命题和解题思路：本题考查考生对行政规范性文件一并审查申请程序的掌握程度。《行政诉讼法》增加了行政规范性文件一并审查制度，但对于当事人提出一并审查申请又进行了必要的限制。比如规范性文件不包括规章、作为行政行为的直接依据以及在特定时间点提出等。本题的设计在于考查考生对上述规定的整体把握程度，需要考生综合分析相关立法和司法解释规定，尽量作出完整全面的回答。

答案解析：《行政诉讼法》第53条规定："公民、法人或者其他组织认为行政行为所依据的国务院部门和地方人民政府及其部门制定的规范性文件不合法，在对行政行为提起诉讼时，可以一并请求对该规范性文件进行审查。前款规定的规范性文件不含规章。"《行诉法解释》第146条规定："公民、法人或者其他组织请求人民法院一并审查行政诉讼法第五十三条规定的规范性文件，应当在第一审开庭审理前提出；有正当理由的，也可以在法庭调查中提出。"依据上述规定，当董某提出对《网约车细则》的附带审查时，需要依法满足以下条件：（1）《网约车细则》需被认定为行政规范性文件；（2）《网约车细则》必须是J市客管中心作出拒绝许可决定的直接依据；（3）董某提出附带审查申请的时间有两种情形，一是在第一审开庭审理之前；二是有正当理由时，也可在法庭调查阶段提出。

> **5. 一审法院能否适用简易程序审理本案？为什么？**

答案：不能。理由：依照《行政诉讼法》第82条规定，适用简易程序审理的案件应当事实清楚、权利义务关系明确、争议不大。鉴于本案涉及审理对象的性质界定、原告是否符合许可条件双方争议较大，且涉及规范性文件一并审查问题，不符合《行政诉讼法》第82条的上述规定，一审法院不能适用简易程序审理本案。

难度：中

考点：行政诉讼审理程序（简易程序）

命题和解题思路：本题考查考生对行政诉讼简易适用情形的理解和掌握程度。《行政诉讼法》对行政诉讼案件适用简易程序审理的情形作出了规定，其核心是针对事实清楚、权利义务关系明确、争议不大的行政案件。对于如何理解事实清楚、权利义务关系明确、争议不大，需要考生根据法律规定并结合具体案件进行判断。

答案解析：《行政诉讼法》第82条规定："人民法院审理下列第一审行政案件，认为事实清楚、权利义务关系明确、争议不大的，可以适用简易程序：（一）被诉行政行为是依法当场作出的；（二）案件涉及款额二千元以下的；（三）属于政府信息公开案件的。除前款规定以外的第一审行政案件，当事人各方同意适用简易程序的，可以适用简易程序。发回重审、按照审判监督程序再审的案件不适用简易程序。"结合上述规定可知，适用简易程序审理的案件存在两种情况：一是案件本身简单，如被诉行政行为当场作出、涉及款额较小等；二是虽然不属于第一种情况，但当事人双方同意适用简易程序。不过，适用简易程序审理的案件都需要具备一个基本前提，即案件事实清楚、权利义务关系明确、争议不大。本题中，被诉行政行为本身是否属于具体行政行为尚不清楚，原告是否符合颁发许可证的条件也不明确，且双方围绕着《网约车细则》与《网约车办法》之间的关系还有不同意见，整体而言，未达到《行政诉讼法》规定的适用简易程序的条件。因此，本案一审法院不能适用简易程序进行审理。

6. 如二审法院判定《网约车细则》违法，应当如何处理？

答案：应作以下处理：（1）不将《网约车细则》作为认定J市客管中心被诉行政行为合法性的依据，且在裁判理由中对此加以说明；（2）向该细则制定机关J市政府提出修改或废止该规范性文件的司法建议，同时抄送上一级人民政府、监察机关以及规范性文件的备案机关；（3）在裁判生效后报送上一级人民法院进行备案。

难度：难

考点：规范性文件一并审查

命题和解题思路：本题考查考生对行政规范性文件一并审查制度的理解和掌握程度，重点考查规范性文件被法院认定为违法之后的处理规则。对此，《行政诉讼法》和《行诉法解释》有较为详细的规定。需要注意的是，本题是一道综合题，答案涉及较多内容，需要考生综合前述立法和司法解释的规定全面回答。如果有所遗漏，即会影响得分。

《行政诉讼法》第64条规定："人民法院在审理行政案件中，经审查认为本法第五十三条规定的规范性文件不合法的，不作为认定行政行为合法的依据，并向制定机关提出处理建议。"根据《行诉法解释》第149条第1、2款规定，经审查认为规范性文件不合法的，不作为人民法院认定行政行为合法的依据，并在裁判理由中予以阐明。作出生效裁判的人民法院应当向规范性文件的制定机关提出处理建议，并可以抄送制定机关的同级人民政府、上一级行政机关、监察机关以及规范性文件的备案机关。规范性文件不合法的，人民法院可以在裁判生效之日起 3 个月内，向规范性文件制定机关提出修改或者废止该规范性文件的司法建议。该解释第 150 条规定："人民法院认为规范性文件不合法的，应当在裁判生效后报送上一级人民法院进行备案。涉及国务院部门、省级行政机关制定的规范性文件，司法建议还应当分别层报最高人民法院、高级人民法院备案。"依照上述规定，当二审法院认定《网约车细则》违法时，应不作为认定被诉不予许可决定合法的依据，并在裁判理由中说明；同时，应向 J 市政府提出修改或废止的建议，并抄送上一级人民政府、监察机关以及该文件的备案机关；此外，还要向上一级人民法院履行报备程序。

评分细则（共 28 分）

1-6 题满分为：4 分、5 分、4 分、4 分、6 分、5 分

1. 《网约车细则》属于行政规范性文件（1 分），以文件形式下发，而非以政府令的形式发布（1 分）。《网约车办法》属于部门行政规章（1 分），以国务院部门令的形式公布，符合部门规章制定程序的公布形式要求（1 分）。

2. 当场告知（2 分），或者在 5 日内（1 分）一次性（1 分）告知董某需要补正的所有材料（1 分）。

3. 属于具体行政行为（2 分）。《通知书》对董某的许可申请作出了拒绝的决定（1 分），可认定为对董某许可申请权利的实体处置（1 分）。

4. 属于行政规范性文件（1 分）；直接作为具体行政行为的依据（1 分）；在一审开庭审理之前提出申请（1 分），有正当理由的可以在法庭调查阶段提出（1 分）。

5. 不能（2 分）。适用简易程序应当事实清楚、权利义务关系明确、争议不大（2 分），本案双方争议较大（1 分），且涉及规范性文件一并审查问题（1 分）。

6. 不将《网约车细则》作为认定行政行为合法的依据（1 分），且在裁判文书中对此加以说明（1 分）；向该细则制定机关提出修改或废止该规范性文件的司法建议（1 分），同时抄送上一级行政机关、监察机关以及规范性文件的备案机关（1 分）；裁判生效后报送上一级法院备案（1 分）。

第三题（本题 28 分）

一、试题

案情：2017 年 10 月 18 日，C 市 H 区政府作出《房屋征收决定书》，同日发布了《房屋征收决定公告》。韩某的房屋在被征收范围内。

2017 年 11 月 17 日，在 C 市公证处的见证下，H 区房屋征收管理办公室召开了住宅房屋征收公开选定评估机构选择会，投票选择本省恒仁房地产土地资产评估有限公司（以下简称恒仁公司）为韩某房屋被征收所在地段的评估机构。同日，H 区房屋征收管理办公室与恒仁公司签订了《房地产评估委托合同》。

2018 年 2 月 15 日，经现场查勘，恒仁公司出具了《房屋征收估价报告》，该报告于 2018 年 3 月 12 日向韩某送达，韩某没有提出任何异议。

2018 年 4 月 2 日，H 区政府征收工作组与韩某经过协商达成了补偿协议。4 月 30 日，

韩某又以协议内容显失公平为由，向法院提起诉讼，请求撤销该补偿协议。7月8日，法院以被告签订协议的行为事实不清为由，判决撤销了该补偿协议。双方均未上诉。

在随后的协商过程中，H区政府征收工作组与韩某再未达成协议。2019年4月12日，H区政府作出《房屋征收补偿决定书》，基本内容为：鉴于韩某与征收工作组始终未就房屋征收补偿问题达成协议，为及时完成房屋征收工作，现就韩某房屋征收补偿问题作出以下决定：1. 依照《国有土地上房屋征收与补偿条例》第26条第1款、《C市国有土地上房屋征收与补偿实施办法》（C政发〔2016〕29号，下称"29号文"）第19条规定，决定对韩某的被征收房屋给予货币补偿或产权调换，货币补偿额为房屋及附属物补偿566173.00元，搬迁费1000元。产权调换按照补偿方案结算；2. 限被征收人韩某自接到补偿决定之日起15日内到C市D区办事处选择补偿方式，签订补偿协议，并完成搬迁，交付被征收房屋；逾期不签订补偿协议或不交付房屋的，视为选择货币补偿方式。该补偿决定书于当年4月16日向韩某送达。

2019年6月3日，韩某向C市中级法院提起行政诉讼，请求撤销《房屋征收补偿决定书》。一审法院判决驳回了韩某的诉讼请求。韩某不服提起上诉。二审期间，韩某请求法院对29号文是否合法进行审查。

2019年7月4日，为了解周围居民被征收房屋的补偿标准和补偿数额，韩某通过电子信箱向H区政府提出政府信息公开申请。7月5日，H区政府工作人员与韩某联系确认已收到申请。8月30日，H区政府作出《不予公开答复书》，以韩某申请公开的信息涉及相关人员的个人隐私为由，答复韩某不予公开。韩某不服，向C市政府申请复议，C市政府作出维持决定。韩某向法院提起行政诉讼。法院审理认为，虽然韩某申请公开的信息涉及部分人员的隐私，但可作区分处理。

资料：

1. 《国有土地上房屋征收与补偿条例》第26条第1款：房屋征收部门与被征收人在征收补偿方案确定的签约期限内达不成补偿协议，或者被征收房屋所有权人不明确的，由房屋征收部门报请作出房屋征收决定的市、县级人民政府依照本条例的规定，按照征收补偿方案作出补偿决定，并在房屋征收范围内予以公告。

2. 《C市国有土地上房屋征收与补偿实施办法》（C政发〔2016〕29号）第19条：征收个人房屋，房屋登记面积以外的已建建筑按其重新建造的成本价值折旧评估补偿。

问题：

1. 韩某不服H区政府的征收行为，应起诉房屋征收决定还是房屋征收公告？为什么？
2. 韩某应当在多长时间内向法院起诉请求撤销补偿协议？为什么？
3. 二审法院应如何处理韩某对29号文提出的一并审查申请？为什么？
4. 如果法院生效裁判认定29号文违法，应当如何处理？
5. 在韩某提起的政府信息公开诉讼中，举证责任如何确定？
6. 对于H区政府作出的《不予公开答复书》，法院应当如何判决？为什么？

二、总体命题思路

本题重点考查考生对以下知识点的掌握程度：具体行政行为的界定、行政诉讼受案范围、行政协议案件的申请司法救济期限、规范性文件一并审查申请制度、政府信息公开行政案件的审理与裁判。通过本题的设计，考生可以就上述重要的知识点进行系统掌握，有助于正确回答法考主观题中的类似题目。

三、案例来源

内蒙古自治区高级人民法院（2020）内行终283号行政判决书

四、答案精讲

1. 韩某不服H区政府的征收行为，应起诉房屋征收决定还是房屋征收公告？为什么？

答案：应当起诉房屋征收决定。因为真正影响韩某权益的是房屋征收决定而非房屋征收公告。征收决定是实质意义上的具体行政行为，而公告只是征收决定为公众知晓的一种方式。

难度：中

考点：具体行政行为成立

命题和解题思路：本题考查考生对具体行政行为成立的理解和掌握程度。具体行政行为成立需要具备一定的条件，如行政主体作出、行使职权、处分相对人权益的内容以及外化的形式。本题中征收决定是实质意义上的具体行政行为，而公告只是征收决定为公众知晓的一种方式。

答案解析：具体行政行为的成立要件包括：（1）行为主体具有行政主体资格；（2）行政主体事实上行使了行政管理职权；（3）行政主体处分了相对人的权利义务；（4）行政主体处分相对人权益的意思表示通过某种方式表示于外，为相对人知晓。本题中，H区政府的房屋征收决定实质上处分了韩某的财产权利，属于具体行政行为。而房屋征收公告只是将房屋征收决定的内容公之于众的方式，其相当于具体行政行为的第四个成立要件，本身不属于具体行政行为。韩某起诉的对象应当是征收决定本身，而非公告这一告知行为。

2. 韩某应当在多长时间内向法院起诉请求撤销补偿协议？为什么？

答案：应在知道撤销事由1年内诉请撤销。根据《最高人民法院关于审理行政协议案件若干问题的规定》以及相关民事法律规范，撤销补偿协议的行为属于行使撤销权的行为，应适用《民法典》中1年除斥期间的规定。

难度：难

考点：行政协议诉讼

命题和解题思路：本题考查考生对行政协议案件法律适用的理解。行政协议案件纳入行政诉讼受案范围后，最高法院为指导此类案件的审理，颁布了《行政协议司法解释》。在该司法解释中，区分不同争议情况分别设定了民事和行政两种不同的法律规范作为审理依据。即如果相对人起诉撤销被告作出的具体行政行为，则适用《行政诉讼法》有关起诉期限的规定，如果行使合同撤销权，则需要适用民事法律规范有关合同撤销的除斥期间制度。考生对此问题掌握不清楚，即可能作出错误回答。

答案解析：《行政协议司法解释》第25条规定，公民、法人或者其他组织对行政机关不依法履行、未按照约定履行行政协议提起诉讼的，诉讼时效参照民事法律规范确定；对行政机关变更、解除行政协议等行政行为提起诉讼的，起诉期限依照行政诉讼法及其司法解释确定。据此，如果相对人起诉的是行政机关单方变更、解除协议等特权行为，适用起诉期限制度。如果相对人通过法院向被告请求履行协议，则适用民法中的诉讼时效制度。但需注意，《行政协议司法解释》并未就合同撤销行为适用何种期限制度作出规定。根据《行政协议司法解释》第 27 条第 2 款的规定，人民法院审理行政协议案件，可以参照适用民事法律规范关于民事合同的相关规定。据此，当行政法律规范对行政协议撤销权行使的期限没有规定时，需要参照适用民事法律规范关于民事合同撤销的相关规定。因合同撤销权属于形成权，其权利行使适用除斥期间制度，超过该期限，撤销权即告消灭。对此，《民法典》第 151 条规定，一方利用对方处于危困状态、缺乏判断能力等情形，致使民事法律行为成立时显失公平的，受损害方有权请求人民法院或者仲裁机构予以撤销。第 152 条规定，有下列情形之一的，撤销权消灭：（一）当事人自知道或者应当知道撤销事由之日起一年内、重大误解的当事人自知道或者应当知道撤销事由之日起九十日内没有行使撤销权；（二）当事人受胁迫，自胁迫行为终止之日起一年内没有行使撤销权；（三）当事人知道撤销事由后明确表示或者以自己的行为表明放弃撤销权。当事人自民事法律行为发生之日起五年内没有行使撤销权的，撤销权消灭。本题中，韩某认为征收补偿协议显失公平的，应当在知道撤销事由之日起一年内行使撤销权。

3. 二审法院如何处理韩某对 29 号文提出的一并审查申请？为什么？

答案：法院应告知韩某对其申请不予处理。根据《行诉法解释》的规定，相对人对规范性文件提出一并审查申请的时间为第一审开庭审理前，特殊情况下在一审法庭调查期间。韩某在二审期间才提出一并审查申请，法院应告知不予处理。

难度：中

考点：规范性文件一并审查

命题和解题思路：本题考查考生对规范性文件一并审查申请提出时间的理解和掌握程度。总体难度适中。《行诉法解释》就当事人提出规范性文件一并审查申请的时间作出了规定。原则上限定于一审程序。对于二审程序中提出一并审查申请的，应当不再处理。对此知识点，考生只要结合最高法院司法解释的规定作出适当推论，即可作出准确回答。

答案解析：《行政诉讼法》第 53 条第 1 款规定，公民、法人或者其他组织认为行政行为所依据的国务院部门和地方人民政府及其部门制定的规范性文件不合法，在对行政行为提起诉讼时，可以一并请求对该规范性文件进行审查。据此，规范性文件一并审查申请制度得以确立。但本条并未规定提出一并审查的时间。《行诉法解释》第 146 条规定，公民、法人或者其他组织请求人民法院一并审查行政诉讼法第五十三条规定的规范性文件，应当在第一审开庭审理前提出；有正当理由的，也可以在法庭调查中提出。据此，相对人对规范性文件提出一并审查申请，应当在一审期间提出。本题中，韩某在二审期间请求审查 29 号文件的合法性，不符合前述司法解释规定。人民法院对该请求应不予处理。

4. 如果法院生效裁判认定 29 号文违法，应当如何处理？

答案：法院认定 29 号文违法时，不将其作为认定被诉补偿决定合法的依据，在裁判理由中作出阐明。在裁判生效之日起 3 个月内，向 C 市政府提出修改或废止的司法建议，同时可抄送 C 市政府上一级政府、监察机关以及备案机关。此外，在裁判生效后还应当报送上一级法院备案。

难度：难

考点：行政诉讼判决

命题和解题思路：本题考查考生对规范性文件一并审查之后的处理规则的理解和掌握程度。规范性文件一并审查后，法院对被认定为违法的规范性文件如何进一步处理问题。《行政诉讼法》和《行诉法解释》均作出了较为详细的规定，考生需要结合上述规定作出全面回答。本题旨在考查考生对法律和司法解释规定的系统掌握情况，考生回答本题容易出现的问题是回答内容不完整，有必要通过本题的训练，提高综合查找和系统掌握法条的能力和素质。

答案解析：《行诉法解释》第 149 条规定，人民法院经审查认为行政行为所依据的规范性文件合法的，应当作为认定行政行为合法的依据；经审查认为规范性文件不合法的，不作为人民法院认定行政行为合法的依据，并在裁判理由中予以阐明。作出生效裁判的人民法院应当向规范性文件的制定机关提出处理建议，并可以抄送制定机关的同级人民政府、上一级行政机关、监察机关以及规范性文件的备案机关。规范性文件不合法的，人民法院可以在裁判生效之日起三个月内，向规范性文件制定机关提出修改或者废止该规范性文件的司法建议。规范性文件由多个部门联合制定的，人民法院可以向该规范性文件的主办机关或者共同上一级行政机关发送司法建议。接收司法建议的行政机关应当在收到司法建议之日起六十日内予以书面答复。情况紧急的，人民法院可以建议制定机关或者其上一级行政机关立即停止执行该规范性文件。第 150 条规定，人民法院认为规范性文件不合法的，应当在裁判生效后报送上一级人民法院进行备案。涉及国务院部门、省级行政机关制定的规范性文件，司法建议还应当分别层报最高人民法院、高级人民法院备案。据此，当法院认定 29 号文违法时，一方面依法不将其作为认定被诉补偿决定合法的依据，并在裁判理由中对其违法问题作出阐明。另一方面，需要在裁判生效之日起 3 个月内，向制定机关 C 市政府提出修改或废止的司法建议，同时抄送 C 市政府上一级机关、监察机关以及备案机关。此外，在裁判生效后还应当报送上一级法院备案。

5. 在韩某提起的政府信息公开诉讼中，举证责任如何确定？

答案：H 区政府和 C 市政府应当就不予公开答复的根据以及履行法定告知和说明理由义务的情况举证，其中包括向第三人书面征求意见和第三人反馈的证据。C 市政府应当对其复议决定的合法性承担举证责任。

难度：难

考点：政府信息公开诉讼

命题和解题思路：本题考查考生对政府信息公开诉讼举证责任的理解和掌握程度。考生需要根据《最高人民法院关于审理政府信息公开行政案件若干问题的规定》规定结合具体案件回答举证责任的具体内容。同时，鉴于本案属于复议维持案件，依照行政诉讼法及其司法解释的规定，应当适用特殊的举证责任。考生如果对相关内容掌握不清楚，或者没有结合案件情况作出回答，即可能作出不准确回答。

答案解析：《最高人民法院关于审理政府信息公开行政案件若干问题的规定》第 5 条第 1 款规定，被告拒绝向原告提供政府信息的，应当对拒绝的根据以及履行法定告知和说明理由义务的情况举证。本案属于复议维持案件，被告为 H 区政府和 C 市政府。《行诉法解释》第 135 条第 2 款规定，作出原行政行为的行政机关和复议机关对原行政行为合法性共同承担举证责任，可以由其中一个机关实施举证行为。复议机关对复议决定的合法性承担举证责任。结合上述规定可知，据此，H 区政府和 C 市政府共同对不予公开答复的根据以及履行法定告知和说明理由义务的情况举证。C 市政府对其作出复议维持决定的合法性承担举证责任。

《政府信息公开条例》第 32 条规定，依申请公开的政府信息公开会损害第三方合法权益的，行政机关应当书面征求第三方的意见。第三方应当自收到征求意见书之日起 15 个工作日内提出意见。第三方逾期未提出意见的，由行政机关依照本条例的规定决定是否公开。第三方不同意公开且有合理理由的，行政机关不予公开。行政机关认为不公开可能对公共利益造成重大影响的，可以决定予以公开，并将决定公开的政府信息内容和理由书面告知第三方。据此，在 H 区政府和 C 市政府就不予公开答复的根据进行的举证中，应当包括向相关人员书面征询意见以及相关人员不同意公开涉及其隐私信息的证据。

6. 对于 H 区政府作出的《不予公开答复书》，法院应当如何判决？为什么？

答案： 法院应当判决撤销 H 区政府的《不予公开答复书》和 C 市政府的复议维持决定，判决 H 区政府在对相关信息作出区分处理后在一定期限内公开可以公开的信息。因为韩某申请公开的信息虽包含有个人隐私内容，但作区分处理后，依然可以向韩某公开相关内容，H 区政府的答复实体违法；同时该答复行为在时限上也违反了规定，构成程序违法，依法应当撤销。

难度： 难

考点： 政府信息公开诉讼

命题和解题思路： 本题考查考生对政府信息公开诉讼判决方式的理解和掌握程度，同时兼顾考查复议维持案件的特殊裁判方式。作出正确回答的前提是考生能够结合案情判断被诉的不予公开答复行为构成违法。在认定其行为程序和实体均违法的前提下，才能决定适用撤销判决。同时，由于涉及政府信息的区分处理，需要法院根据最高法院司法解释规定，判决被告限期公开可以公开的内容。

答案解析：《政府信息公开条例》第 33 条规定，行政机关收到政府信息公开申请，能够当场答复的，应当当场予以答复。行政机关不能当场答复的，应当自收到申请之日起 20 个工作日内予以答复；需要延长答复期限的，应当经政府信息公开工作机构负责人同意并告知申请人，延长的期限最长不得超过 20 个工作日，行政机关征求第三方和其他机关意见所需时间不计算在前款规定的期限内。据此，行政机关作出信息公开答复的时间最长不超过 40 个工作日。本题中，H 区政府于 7 月 5 日确认收到韩某的信息公开申请，8 月 30

日,作出《不予公开答复书》,显然已经超过40个工作日的最长答复期限。因此,构成程序违法。

《政府信息公开条例》第37条规定,申请公开的信息中含有不应当公开或者不属于政府信息的内容,但是能够作区分处理的,行政机关应当向申请人提供可以公开的政府信息内容,并对不予公开的内容说明理由。据此,本题中,法院已经认定韩某申请公开的信息是可以作区分处理的,H区政府以相关信息涉及个人隐私为由决定不予公开,不符合前述规定,实体处理违法。

《最高人民法院关于审理政府信息公开行政案件若干问题的规定》第9条第1款规定,被告对依法应当公开的政府信息拒绝或者部分拒绝公开的,人民法院应当撤销或者部分撤销被诉不予公开决定,并判决被告在一定期限内公开。尚需被告调查、裁量的,判决其在一定期限内重新答复。第3款规定,人民法院经审理认为被告不予公开的政府信息内容可以作区分处理的,应当判决被告限期公开可以公开的内容。据此,在H区政府拒绝公开行为违法的情况下,法院首先应当判决撤销该决定,同时判决其一定期限内公开可以公开的内容。

《行诉法解释》第136条第1款规定,人民法院对原行政行为作出判决的同时,应当对复议决定一并作出相应判决。鉴于H区政府的决定被认定为违法,C市政府的复议维持决定也属于违法,因此,法院在判决撤销H区政府的答复同时,还应当同时判决撤销C市政府的复议决定。

评分细则(共28分)

1-6题满分为:4分、5分、4分、6分、5分、4分

1. 应当起诉房屋征收决定(2分)。征收决定是实质意义上的具体行政行为或者真正影响相对人权益(2分)。

2. 知道撤销事由1年内(2分)。撤销补偿协议的行为属于行使撤销权的行为(1分),适用民法除斥期间(2分)。

3. 应告知对其申请不予处理(2分)。相对人对规范性文件提出一并审查申请的时间最晚不超过一审法庭调查期间或者二审中不可以对规范性文件提出一并审查申请(2分)。

4. 不将其作为认定行为合法的依据(1分)。在裁判理由中作出阐明(1分),向C市政府提出司法建议(1分),可抄送C市政府上一级政府、监察机关以及备案机关(2分,答出2个对象即可),裁判生效后还应当报送上一级法院备案(1分)。

5. H区政府和C市政府证明不予公开答复的根据(1分)以及履行法定告知和说明理由义务的情况(1分),包括向第三人书面征求意见(1分)和第三人反馈的证据(1分)。C市政府应当对其复议决定的合法性承担举证责任(1分)。

6. 撤销答复书和复议维持决定(1分)。判决H区政府在对相关信息作出区分处理后在一定期限内公开可以公开的信息(1分),申请公开的信息包含隐私但可以区分处理(1分),答复行为超过法定期限或者程序违法(1分)。

第四题（本题28分）

一、试题

案情：黄甲是B直辖市A区体育村12号房屋所有权人。黄乙是黄甲的父亲，在12号房屋内实际居住。2021年3月10日，A区城管执法大队在执法检查中，发现黄甲正在组织施工人员在12号房屋屋顶从事建设活动。同日，城管执法大队向区规划和自然资源局发出《关于A区体育村12号房屋屋顶设施建筑行为是否属于违法建设的函》。3月12日，该局回复：该建设行为没有经过规划许可程序，属于违章建设。3月14日，城管执法大队遂向黄甲送达《责令停止违法建设通知书》，责令其立即停止违法建设，限期自行拆除在建违法建筑，并告知如未停止违法行为或者逾期未拆除，将提请区政府责成街道办事处强制拆除违法建筑。黄甲接到该通知书后，既没有申请行政复议或提起行政诉讼，也没有履行该通知书，而是组织施工人员继续建设直至完成。

2021年6月30日晚上8点，街道办事处执法人员在未经区政府作出拆除违法建筑公告的情况下，强行将黄乙从屋内架出，对12号房屋屋顶已完成的设施进行了强制拆除。在拆除行为实施过程中，执法人员并未告知黄乙自行搬出室内物品，也未就室内物品进行清点造册。拆除活动结束后，未清理现场及实施屋顶防水处理，相关建筑残渣等均堆放在拆除现场。几天后，A区连续出现暴雨天气，造成12号房屋室内物品出现水蚀损毁情况。

2021年12月2日，黄甲、黄乙向法院提起行政诉讼，请求确认强拆行为违法。法院在审理过程中，告知黄乙可以提出行政赔偿请求。据此，黄乙要求被告赔偿其因强拆行为实施造成的财物损失，包括衣物损失、桌椅损失以及其珍藏的某名人字画损失。法院经审理认为，被告实施的强制拆除行为程序违法。

材料：

1.《B市城乡规划条例》第75条第2项：对在建违法建筑，负有查处职责的主管部门应当责令停止建设并限期自行拆除违法建筑，由乡（镇）人民政府、街道办事处对建设现场实施监管。对拒不停工或者逾期未自行拆除的，可以采取以下措施：……（二）区县（自治县）人民政府作出拆除在建违法建筑的公告，并责成乡（镇）人民政府、街道办事处或者综合执法机构实施强行制止直至拆除在建违法建筑。

2.《B市查处违法建筑若干规定》第15条第2项：行政主管部门在实施强制拆除行为时，应当妥善保管当事人的室内物品，并在拆除后及时依法交付当事人。

问题：

1.《责令停止违法建设通知书》属于何种性质的行政行为？为什么？
2. 本案的被告如何确定？为什么？
3. 黄乙的起诉是否超过起诉期限？为什么？
4. 法院告知黄乙可以提出行政赔偿诉讼是否违背"不告不理原则"？为什么？
5. 如果黄乙提出了行政赔偿请求，如何划分举证责任？
6. 针对被告实施的违法强拆行为，法院应当如何作出判决？

框架图

背景：

- 标的：B直辖市A区体育村12号房屋
  - 所有权人：黄甲
  - 实际居住人：黄乙（黄甲之父）
- 引发行为：A区城管执法大队在执法检查中，发现黄甲正在组织施工人员在12号房屋屋顶从事建设活动。
- 城管大队向区规划和自然资源局**发函请示**：《关于A区体育村12号房屋屋顶设施建筑行为是否属于违法建设的函》
  - 回复：该建设行为没有经过规划许可程序，**属于违章建设。**

具体行政行为

- A、城管执法大队遂向黄甲**送达《责令停止违法建设通知书》**
  - 时间：3月14日
  - 责令黄甲：
    1、立即停止违法建设
    2、限期自行拆除在建违法建筑
    3、告知如未停止违法行为或者逾期未拆除，将提请区政府责成街道办事处强制拆除违法建筑。
  - 黄甲后续行为：接到该通知书后，没有申请行政复议或提起行政诉讼，也没有履行该通知书，而是组织施工人员继续建设直至完成。

- B、街道办事处执法人员对12号房屋屋顶设施进行强制拆除
  - 时间：2021年6月30日晚上8点
  - 背景：
    - A、实施拆除行为前：未经区政府作出拆除违法建筑公告的情况下拆除。
    - B、实施拆除行为过程中：执法人员并未告知黄乙自行搬出室内物品，也未就室内物品进行清点造册。
    - C、实施拆除行为后：未清理现场及实施屋顶防水处理，相关建筑残渣等均堆放在拆除现场。
  - 后果：几天后，A区连续出现暴雨天气，**造成12号房屋室内物品出现水蚀损毁情况。**

黄甲、黄乙对上述具体行政行为提起行政诉讼

- 时间：2021年12月2日
- **法院告知：黄乙可以提出行政赔偿请求**
- 请求内容：确认强拆行为违法
  - 黄乙要求被告：赔偿其因强拆行为实施造成的财物损失，包括衣物损失、桌椅损失以及其珍藏的某名人字画损失。
- 法院审理认为：被告实施的强制拆除行为程序违法。

相关材料

1、《B市城乡规划条例》第75条第2项：对在建违法建筑，负有查处职责的主管部门应当责令停止建设并限期自行拆除违法建筑，由**乡（镇）人民政府、街道办事处**对建设现场实施监管。对**拒不停工或者逾期未自行拆除**的，可以采取以下措施：……（二）**区县（自治县）人民政府作出拆除在建违法建筑的公告**，并责成乡（镇）人民政府、街道办事处或者综合执法机构实施强行制止直至拆除在建违法建筑。

2、《B市查处违法建筑若干规定》第15条第2项：行政主管部门在实施强制拆除行为时，**应当妥善保管当事人的室内物品**，并在拆除后及时依法交付当事人。

二、总体命题思路

本题考查责令行为的法律性质、行政诉讼被告的确定、起诉期限、行政赔偿案件的审理、确认违法及补救判决的适用等知识点，综合了行政法原理、行政诉讼制度相关内容，尤其是判决方式的适用，具有一定难度。

三、答案精讲

> 1. 《责令停止违法建设通知书》属于何种性质的行政行为？为什么？

答案：属于行政强制措施。理由：责令停止违法建设通知书属于对违法行为的制止，是在行政执法过程中，基于行政相对人违法事实持续存在的事实，在紧急情况下采取的强行制止违法行为的措施，具有暂时性、强制性、非制裁性等特征，符合《行政强制法》对行政强制措施的定义。

难度：难

考点：行政强制措施

命题和解题思路：本题考查考生对不同情况下责令行为法律属性的理解程度。责令行为在不同的语境下具有不同的法律性质，这是历年法考重点关注的内容。如何区分行政强制措施与行政命令、行政处罚、行政强制执行等行为，考生需要进一步加深理解。本题的设计旨在考查考生对责令行为在不同情况下的性质认识与理解。正确回答本题，考生需要较好地把握行政强制措施、行政命令、行政处罚等行为的核心特征。

答案解析：A区城管执法大队作出的《责令停止违法建设通知书》符合行政强制措施的定义与特征。《行政强制法》第2条第2款规定，行政强制措施，是指行政机关在行政管理过程中，为制止违法行为、防止证据损毁、避免危害发生、控制危险扩大等情形，依法对公民的人身自由实施暂时性限制，或者对公民、法人或者其他组织的财物实施暂时性控制的行为。基于该定义可知，行政强制措施具有行政性、强制性、过程性、暂时性和非制裁性特征。本题中的《责令停止违法建设通知书》发生在黄甲违法建设活动的持续期间，是为及时制止违法行为而作出，后续还有其他进一步的处理措施，符合过程性、暂时性、非制裁性等行政强制措施的特征，应归属于行政强制措施。

> 2. 本案的被告如何确定？为什么？

答案：被告是街道办事处。理由：本案涉及城乡规划领域实施强拆活动过程中如何确定行政诉讼被告的问题。对此，依照《最高人民法院关于正确确定县级以上地方人民政府行政诉讼被告资格若干问题的规定》，应当以是否存在强制拆除决定书作为判断标准。本题并无行政机关作出的强制拆除决定书，应当以实际实施强拆行为的街道办事处作为被告。

难度：难

考点：行政诉讼被告

命题和解题思路：本题考查考生对城乡规划领域的强拆行为起诉如何确定被告的掌握程度。对此，最高法院专门出台司法解释予以回应。由于是较新的司法解释规定，考生需要对此知识有较好的理解和掌握。如果考生对此没有过多关注，即可能作出错误回答。因此，考生需要在复习行政诉讼被告知识的过程中，注意综合整理相关知识点，不要遗漏特殊情形。

答案解析：对于城乡规划领域的强制拆除行为被提起行政诉讼时，究竟如何确定案件被告的问题，长期以来存在较大争议。基于此问题，《最高人民法院关于正确确定县级以上地方人民政府行政诉讼被告资格若干问题的规定》第2条专门作出了规定：县级以上地方人民政府根据城乡规划法的规定，责成有关职能部门对违法建筑实施强制拆除，公民、法人或者其他组织不服强制拆除行为提起诉讼，人民法院应当根据《行政诉讼法》第26条第1款的规定，以作出强制拆除决定的行政机关为被告；没有强制拆除决定书的，以具体实施强制拆除行为的职能部门为被告。本题中，A区人民政府并未作出强制拆除决定，依照前述司法解释规定，应当以具体实施拆除行为的街道办事处为被告。

3. 黄乙的起诉是否超过起诉期限？为什么？

答案：没有超过。因为被告作出的强拆行为并未告知相对人起诉期限，依照《行诉法解释》的规定，起诉期限应从原告黄乙知道或应当知道之日起计算，最长不超过1年。黄乙的起诉并未超过1年，起诉不超期。

难度：中

考点：行政诉讼起诉期限

命题和解题思路：本题考查考生对行政机关作出行政行为时未告知起诉期限情况下的起诉期限计算问题的理解和掌握程度。对于此种情况，最高法院司法解释有明确规定，只是将当事人最长的权利保护期限由2年减为1年。本题中，被告实施强拆行为并未告知原告起诉期限，因此，可以适用上述最长权利保护期限。

答案解析：《行诉法解释》第64条规定，行政机关作出行政行为时，未告知公民、法人或者其他组织起诉期限的，起诉期限从公民、法人或者其他组织知道或者应当知道起诉期限之日起计算，但从知道或者应当知道行政行为内容之日起最长不得超过1年。复议决定未告知公民、法人或者其他组织起诉期限的，适用前款规定。据此，街道办事处在作出强拆行为时，并未告知起诉期限，因此，黄乙的起诉期限适用最长1年的规定。结合案情可知，自强拆行为实施至黄乙起诉，并未超过1年时间，其起诉并未超期。

4. 法院告知黄乙可以提出行政赔偿诉讼是否违背"不告不理原则"？为什么？

答案：不违背。因为依照《最高人民法院关于审理行政赔偿案件若干问题的规定》，为彻底解决行政争议，人民法院在受理相对人对行政行为起诉时，如果认为案件涉及行政赔偿问题，应当告知原告可以一并提起行政赔偿诉讼。此种告知并不违背不告不理原则。

难度：难

考点：行政赔偿诉讼

命题和解题思路：本题考查考生对最高法院审理行政赔偿案件司法解释有关起诉与受理条款的理解和掌握程度。从诉讼原理出发，人民法院应当遵循不告不理原则，当事人没有提出的诉讼请求，法院不应主动告知主动进行审理。但行政赔偿案件比较特殊，依照最高法院司法解释，人民法院对相对人仅起诉行政行为的案件，如果认为存在赔偿问题，应当通知原告可以一并提出赔偿申请。考生如对上述规定不了解，即可能作出错误回答。

答案解析：《最高人民法院关于审理行政赔偿案件若干问题的规定》第14条规定："原告提起行政诉讼时未一并提起行政赔偿诉讼，人民法院审查认为可能存在行政赔偿的，应当告知原告可以一并提起行政赔偿诉讼。原告在第一审庭审终结前提起行政赔偿诉讼，符合起诉条件的，人民法院应当依法受理；原告在第一审庭审终结后、宣判前提起行政赔偿诉讼的，是否准许由人民法院决定。原告在第二审程序或者再审程序中提出行政赔偿请求的，人民法院可以组织各方调解；调解不成的，告知其另行起诉。"据此，在行政行为违法涉及行政赔偿问题时，如果相对人仅对行政行为提起行政诉讼，而没有提出行政赔偿诉讼申请，法院经审查认为可能存在赔偿的，应当告知原告可以一并提出行政赔偿诉讼。因此，此种告知并不能被认定为违背不告不理原则。

5. 如果黄乙提出了行政赔偿请求，如何划分举证责任？

答案：本案首先由黄乙就其损失承担举证责任，但因被告在实施强拆过程中并未清点屋内物品而导致原告对其损害情况无法充分举证时，则应当由被告承担举证责任。

难度：难

考点：行政诉讼举证责任

命题和解题思路：本题考查考生对行政赔偿案件举证责任分配相关规定的理解和掌握程度。在行政赔偿案件的审理期间，举证责任是一个非常重要的问题。由于实际执法过程中，行政机关可能因行政执法程序违法，比如本题中的未清点屋内财产，导致原告事后举证而被告不认可的情况发生，在此情况下需要由被告承担举证责任，证明原告损失程度，否则即应承担举证不力的后果。考生如果对上述规定不了解，即可能出现回答错误。

答案解析：《最高人民法院关于审理行政赔偿案件若干问题的规定》第11条规定："行政赔偿诉讼中，原告应当对行政行为造成的损害提供证据；因被告的原因导致原告无法举证的，由被告承担举证责任。人民法院对于原告主张的生产和生活所必需物品的合理损失，应当予以支持；对于原告提出的超出生产和生活所必需的其他贵重物品、现金损失，可以结合案件相关证据予以认定。"据此，原告黄乙应当对其室内物品的损害情况承担举证责任，但因被告在实施强拆行为时未清点黄乙室内物品，由此造成黄乙对其损害情况无法举证时，应当由被告承担举证责任。

6. 针对被告实施的违法强拆行为，法院应当如何作出判决？

答案：法院应当确认街道办事处实施的强拆行为违法，并责令其及时采取清理现场、实施防水处理等补救措施。

难度：难

考点：行政诉讼判决

命题和解题思路：本题考查考生对行政诉讼确认违法判决及其补救判决的理解和掌握程度。《行政诉讼法》在规定法院对不具有可撤销内容的事实行为作出确认违法判决的同时，还应当判决被告采取相应补救措施。本题符合判令采取补救措施的规定，因为现场尚未清理，且被拆除违建的房屋也没有采取防水措施。因此，法院需要作出补救判决。考生对此如果没有过多关注，即可能作出不完整回答。

答案解析：《行政诉讼法》第74条第2款规定："行政行为有下列情形之一，不需要撤销或者判决履行的，人民法院判决确认违法：（一）行政行为违法，但不具有可撤销内容的；（二）被告改变原违法行政行为，原告仍要求确认原行政行为违法的；（三）被告不履行或者拖延履行法定职责，判决履行没有意义的。"本题中，街道办事处实施的强拆行为违反了《B市城乡规划条例》第75条第2款规定的法定程序，也违反了《B市查处违法建筑若干规定》第15条规定，对室内物品未尽到妥善保管及依法交付的义务。基于此，对上述行为应当认定违法，但因强拆行为属于事实行为，不具有可撤销内容，法院应当依照《行政诉讼法》的前述规定，判决确认该行为违法。《行政诉讼法》第76条规定，人民法院判决确认违法或者无效的，可以同时判决责令被告采取补救措施；给原告造成损失的，依法判决被告承担赔偿责任。据此，法院还应当判决街道办事处采取相应补救措施，如及时清理现场、实施防水处理等。

评分细则（共28分）

1-6题满分为：4分、5分、5分、5分、5分、4分

1. 行政强制措施（1分）。属于对违法行为的制止（1分），具有暂时性、强制性、非制裁性等特征（2分，答出2个特征即可）。

2. 街道办事处（2分）。无行政机关作出的强制拆除决定书，应当以实际实施强拆行为的主体为被告（3分）。

3. 没有超过（2分）。并未告知相对人起诉期限，起诉期限应从原告知道或应当知道之日起计算（3分）。

4. 不违背（2分）。案件涉及行政赔偿，应当告知原告可以一并提起行政赔偿诉讼（3分）。

5. 黄乙就损失承担举证责任（2分）。因被告未清点屋内物品导致原告难以举证的，应当由被告承担举证责任（3分）。

6. 确认街道办事处实施的强拆行为违法（2分）。责令采取补救措施（2分）。

第五题（本题28分）

一、试题

案情：Y供销合作社设有生猪定点屠宰场，H市政府于2002年向该社颁发了生猪定点屠宰场标志牌，陈某承包了该屠宰场，从事生猪屠宰业务。2003年4月，Y供销合作社将屠宰场房屋出售给陈某，陈某在此房屋内继续从事生猪屠宰业务。2006年6月，H市政府对定点屠宰场进行清理整顿，对符合条件的屠宰场统一颁发《达标标志牌》《达标证书》，Y供销合作社屠宰场未在其列。2008年8月1日，修改后的《生猪屠宰管理条例》正式实施，同年12月H市换发了生猪定点屠宰证书，Y供销合作社屠宰场未在换发之列。2013年以来，陈某多次向H市农业农村局、生态环境局等部门申请办理生猪定点屠宰证

书，均被拒发。

2017年11月27日，陈某以H市政府为被告向法院提起行政诉讼，请求判令市政府履行法定职责，为其颁发生猪定点屠宰证书。2018年5月14日，法院以不符合办证程序为由判决驳回陈某的诉讼请求。陈某不服提起上诉。二审法院以适用法律错误为由，判决撤销一审判决，H市政府在判决生效后10日内对陈某的申请作出回复。

H市政府收到判决书后，向陈某送达了《行政许可补正告知书》，告知其在15个工作日内补正行政许可申请的相关资料。陈某向H市政府邮寄了《关于行政许可补正告知书的复函》，并补充了相关材料。

2019年3月12日，H市政府作出《不予行政许可决定书》，认为陈某提供的材料不符合办理生猪定点屠宰证书和生猪定点屠宰标志牌的法定条件，决定不予许可。陈某不服该决定，向省政府申请行政复议。2019年7月11日，省政府变更H市政府不予许可决定的法律依据后，作出维持的复议决定。

陈某不服，向法院提起行政诉讼，请求判令被告履行法定职责，为其颁发生猪定点屠宰证书。法院经审理认定，陈某的申请符合颁发屠宰证书的条件。

资料：

《生猪屠宰管理条例》第9条第1款：生猪定点屠宰厂（场）由设区的市级人民政府根据生猪屠宰行业发展规划，组织农业农村、生态环境主管部门以及其他有关部门，依照本条例规定的条件进行审查，经征求省、自治区、直辖市人民政府农业农村主管部门的意见确定，并颁发生猪定点屠宰证书和生猪定点屠宰标志牌。

第11条：生猪定点屠宰厂（场）应当具备下列条件：

（一）有与屠宰规模相适应、水质符合国家规定标准的水源条件；

（二）有符合国家规定要求的待宰间、屠宰间、急宰间、检验室以及生猪屠宰设备和运载工具；

（三）有依法取得健康证明的屠宰技术人员；

（四）有经考核合格的兽医卫生检验人员；

（五）有符合国家规定要求的检验设备、消毒设施以及符合环境保护要求的污染防治设施；

（六）有病害生猪及生猪产品无害化处理设施或者无害化处理委托协议；

（七）依法取得动物防疫条件合格证。

问题：

1. 生猪定点屠宰证书是何种类型的行政许可？为什么？
2. 陈某能否针对H市农业农村局提起履行颁发生猪定点屠宰证书的诉讼？为什么？
3. 陈某提起第一次诉讼时，二审法院的判决是否正确？为什么？
4. 陈某能否对H市政府的《行政许可补正告知书》提起行政诉讼？为什么？
5. 陈某提起第二次诉讼时，管辖法院如何确定？为什么？
6. 对于陈某提起的第二次诉讼，法院应如何判决？

二、总体命题思路

本题集中考查以下知识点：行政许可的种类、行政参加人、行政案件审理对象的确定、

行政法与行政诉讼法

框架图

背景

A. 2002年H市政府向Y供销合作社屠宰场颁发了生猪定点屠宰场标志牌，陈某**承包**了该屠宰场。

B. 2003年4月，Y供销合作社将屠宰场房屋**出售**给陈某，陈某继续从事生猪屠宰业务。

C. 2006年6月，H市政府对定点屠宰场清理整顿，对符合条件的屠宰场统一颁发《达标标志牌》《达标证书》，Y供销合作社屠宰场未在其列。

D. 2008年8月1日，修改后的《生猪屠宰管理条例》正式实施，同年12月H市换发了生猪定点屠宰证书，Y供销合作社屠宰场未在换发之列。

具体行政行为

申请人：陈某

相关行政机关：H市农业农村局、生态环境局等部门

申请事项：申请办理生猪定点屠宰证书

结果：均拒发

陈某提起行政诉讼

时间：2017年11月27日

被告：H市政府

请求：判令市政府履行法定职责，为其颁发生猪定点屠宰证书。

法院裁决结果：判决驳回陈某的诉讼请求

　　时间：2018年5月14日

　　理由：不符合办证程序

陈某不服，提起上诉。

　　二审裁判结果：判决撤销一审判决，H市政府在判决生效后10日内对陈某的申请作出回复

　　理由：一审适用法律错误

二审判决后，H市政府的行为

A. H市政府向陈某送达了《行政许可补正告知书》

　　告知内容：在15个工作日内补正行政许可申请的相关资料。

　　陈某行为：向H市政府邮寄了《关于行政许可补正告知书的复函》，并补充了相关材料。

B. H市政府作出《不予行政许可决定书》

　　时间：2019年3月12日

　　理由：陈某提供的材料不符合办理生猪定点屠宰证书和生猪定点屠宰标志牌的法定条件，决定不予许可。

　　陈某提出行政复议：

　　　　复议机关：省政府

　　　　复议结果：省政府变更H市政府不予许可决定的法律依据后，作出维持的复议决定。

　　陈某提起行政诉讼

　　　　请求：判令被告履行法定职责，为其颁发生猪定点屠宰证书。

　　　　法院认为：陈某的申请符合颁发屠宰证书的条件。

· 341 ·

行政诉讼受案范围、复议维持案件的管辖法院以及判决方式。上述知识点都是法考常考的知识点，考生需要反复练习，加深理解。此外，回答本题考生还需要注意结合案件给定的资料，如果不结合相关资料即无法对有些题目作出完整准确的回答。

三、案例来源

四川省广安市中级人民法院（2019）川 16 行初 29 号判决书：陈某某诉某市人民政府行政许可案

四、答案精讲

1. 生猪定点屠宰证书是何种类型的行政许可？为什么？

答案：普通行政许可。理由：根据《生猪屠宰管理条例》第 11 条规定，生猪屠宰场必须满足法定条件，才能颁发定点屠宰证书，该条件属于《行政许可法》第 12 条第 1 项普通行政许可针对的对象，因此属于普通行政许可。

难度：中

考点：行政许可的种类

命题和解题思路：本题考查考生对行政许可种类的理解和掌握程度。《行政许可法》虽然没有直接规定行政许可的种类，但通过可以设定行政许可事项的规定间接认可了该法所规定的行政许可种类，即普通许可、特许、认可、核准和登记。本题即考查考生对上述不同种类行政许可的区别，难度适中，考生只要根据《行政许可法》规定的设定许可事项内容回答，即可得分。

答案解析：《行政许可法》第 12 条规定："下列事项可以设定行政许可：（一）直接涉及国家安全、公共安全、经济宏观调控、生态环境保护以及直接关系人身健康、生命财产安全等特定活动，需要按照法定条件予以批准的事项；（二）有限自然资源开发利用、公共资源配置以及直接关系公共利益的特定行业的市场准入等，需要赋予特定权利的事项；（三）提供公众服务并且直接关系公共利益的职业、行业，需要确定具备特殊信誉、特殊条件或者特殊技能等资格、资质的事项；（四）直接关系公共安全、人身健康、生命财产安全的重要设备、设施、产品、物品，需要按照技术标准、技术规范，通过检验、检测、检疫等方式进行审定的事项；（五）企业或者其他组织的设立等，需要确定主体资格的事项；（六）法律、行政法规规定可以设定行政许可的其他事项。"该条依次规定了行政许可的五种主要类型，即普通行政许可、特许、认可、核准和登记，其分别适用于不同的事项。

根据《生猪屠宰管理条例》第 11 条规定："生猪定点屠宰厂（场）应当具备下列条件：（一）有与屠宰规模相适应、水质符合国家规定标准的水源条件；（二）有符合国家规定要求的待宰间、屠宰间、急宰间、检验室以及生猪屠宰设备和运载工具；（三）有依法取得健康证明的屠宰技术人员；（四）有经考核合格的兽医卫生检验人员；（五）有符合国家规定要求的检验设备、消毒设施以及符合环境保护要求的污染防治设施；（六）有病害生猪及生猪产品无害化处理设施或者无害化处理委托协议；（七）依法取得动物防疫条件合格证。"据此，生猪定点屠宰厂（场）的设置需要符合水源、屠宰技术人员、兽医卫生检验人员、污染防治设施等条件，可归入《行政许可法》第 12 条第 1 项规定的事项范围，即关系生态环境保护以及直接关系人身健康、生命财产安全的特定活动，需要按照法定条件予以批准的事项，即普通行政许可。

2. 陈某能否针对 H 市农业农村局提起履行颁发生猪定点屠宰证书的诉讼？为什么？

答案：不能。理由：根据《生猪屠宰管理条例》第 9 条第 1 款规定，H 市农业农村局对陈某申请发证的行为属于 H 市政府发证过程中的一个阶段性行为，最终承担发证职责的是 H 市政府。故陈某在其颁证申请被拒绝的情况下，应当以 H 市政府为被告提起行政诉讼。

难度：难

考点：行政诉讼被告

命题和解题思路：本题考查考生对行政诉讼被告资格确定相关知识的理解和掌握程度。虽然《行政诉讼法》明确规定，以作出被诉行政行为的行政机关为被告，但在实际生活中，往往会出现各种复杂的情况。本题中，依照《生猪屠宰管理条例》的规定，定点屠宰证书的发放需要经过 H 市农业农村局等部门的审查，且需要听取省级农业农村部门的意见，在此情况下究竟谁作为颁发证书的责任主体，需要作出判断。考生要结合《生猪屠宰条例》以及行政诉讼被告资格的规定回答本题。

答案解析：根据《行政诉讼法》第 26 条第 1 款规定，公民、法人或者其他组织直接向人民法院提起诉讼的，作出行政行为的行政机关是被告。因此，确定作出行政行为的行政机关即是常规案件的必做功课。本题中，依照《生猪屠宰管理条例》第 9 条第 1 款规定，生猪定点屠宰厂（场）由设区的市级人民政府根据生猪屠宰行业发展规划，组织农业农村、生态环境主管部门以及其他有关部门，依照本条例规定的条件进行审查，经征求省、自治区、直辖市人民政府农业农村主管部门的意见确定，并颁发生猪定点屠宰证书和生猪定点屠宰标志牌。据此，H 市农业农村局对陈某颁证申请的审查是在 H 市政府的组织下进行，该审查活动只是 H 市政府颁证行为实施过程中的一个阶段性行为，有权以自己名义颁发生猪定点屠宰证书的主体应当是设区的市政府。因此，在陈某对拒绝发放该证书行为提起行政诉讼时，应当以具有法定发证职责的 H 市政府为被告提起诉讼。

3. 陈某提起第一次诉讼时，二审法院的判决是否正确？为什么？

答案：正确。理由：根据《行政诉讼法》规定，二审法院要对一审法院判决和被诉行政行为进行全面审查，并作出裁判。当二审法院认为一审法院适用法律错误时，其有权判决撤销一审判决，并判决 H 市政府对陈某的申请作出答复。由于陈某的申请是否符合颁证条件还需要进一步调查，二审法院应当根据《行诉法解释》的规定，判令 H 市政府对陈某的申请作出回复。

难度：难

考点：行政诉讼审理对象、二审判决、履行判决

命题和解题思路：本题考查考生对行政诉讼审理对象、二审判决、履行判决相关内容的理解和掌握程度。依照《行政诉讼法》规定，二审法院的审理对象有二：一审未生效裁判和被诉行政行为。且二审法院认为一审适用法律错误时，有权依法改判。在改判时，既

要对一审判决表态，也要对被诉行政行为作出判断。同时，对于法院能否直接作出被告履行法定职责的判决，还需要考虑案件事实是否清楚以及被告是否有裁量权等因素。

答案解析：根据《行政诉讼法》第87条规定，人民法院审理上诉案件，应当对原审人民法院的判决、裁定和被诉行政行为进行全面审查。据此，二审法院的审理对象有二：一审未生效裁判、一审被诉行政行为。《行政诉讼法》第89条规定："人民法院审理上诉案件，按照下列情形，分别处理：（一）原判决、裁定认定事实清楚，适用法律、法规正确的，判决或者裁定驳回上诉，维持原判决、裁定；（二）原判决、裁定认定事实错误或者适用法律、法规错误的，依法改判、撤销或者变更；（三）原判决认定基本事实不清、证据不足的，发回原审人民法院重审，或者查清事实后改判；（四）原判决遗漏当事人或者违法缺席判决等严重违反法定程序的，裁定撤销原判决，发回原审人民法院重审。原审人民法院对发回重审的案件作出判决后，当事人提起上诉的，第二审人民法院不得再次发回重审。人民法院审理上诉案件，需要改变原审判决的，应当同时对被诉行政行为作出判决。"本题中，二审法院审理认为一审法院适用法律错误，应按照前述第2项规定，作出改判。改判时既要撤销一审判决，同时也要对H市政府是否应当履行颁证职责作出判决。

《行诉法解释》第91条规定："原告请求被告履行法定职责的理由成立，被告违法拒绝履行或者无正当理由逾期不予答复的，人民法院可以根据行政诉讼法第七十二条的规定，判决被告在一定期限内依法履行原告请求的法定职责；尚需被告调查或者裁量的，应当判决被告针对原告的请求重新作出处理。"本题中，由于陈某是否具备颁证条件还需要H市政府进行调查，所以二审法院判令H市政府对陈某的申请作出回复符合司法解释规定。

4. 陈某能否对H市政府的《行政许可补正告知书》提起行政诉讼？为什么？

答：不能。理由：《行政许可补正告知书》属于程序性行为，不具有单独提起诉讼的必要性。陈某如认为其违法，可以在以后针对行政机关拒绝颁发定点屠宰证书的行为提起行政诉讼时一并提出。

难度：难

考点：行政诉讼受案范围

命题和解题思路：本题考查考生对程序性行为是否属于行政诉讼受案范围的理解和掌握程度。程序性行为原则上不具有可诉性，理由在于其对当事人的实体权利没有造成实质不利影响，法院不宜过早介入。除非该程序性行为事实上终止了行政执法流程，导致相对人实体权利不能实现。

答案解析：《行政许可补正告知书》属于行政机关在办理许可过程中为了更好地完成审查工作而要求申请人继续补充申请材料的程序性行为，其本身并未对申请人的申请权利造成实质影响。即使存在违法之处，也不具有单独提起诉讼的必要性，除非该程序告知行为事实上终止了相对人的申请程序，导致其申请权利无法实现。对此，《最高人民法院关于审理行政许可案件若干问题的规定》第3条规定："公民、法人或者其他组织仅就行政许可过程中的告知补正申请材料、听证等通知行为提起行政诉讼的，人民法院不予受理，但导致许可程序对上述主体事实上终止的除外。"本题中，陈某不能直接针对《行政许可补正告知书》提起行政诉讼，其可以在针对H市政府不予许可行为提起诉讼时，一并主张该告知行为的违法性。

> 5. 陈某提起第二次诉讼时，管辖法院如何确定？为什么？

答案：管辖法院为 H 市政府所在地的中级人民法院和省政府所在地的中级人民法院。理由：就地域管辖法院而言，依照《行政诉讼法》规定，经过复议的案件，复议机关和原行为作出机关的所在地法院均有管辖权。就级别管辖法院而言，本题属于复议维持案件，依照《行诉法解释》规定，以作出原行为的 H 市政府的级别确定管辖法院，即由中级人民法院作为管辖法院。

难度：难

考点：行政诉讼管辖

命题和解题思路：本题考查考生对行政诉讼管辖制度的理解和掌握程度。本题的难点在于经过复议的案件地域管辖法院的认定以及复议维持案件级别管辖法院的认定。前者适用原行政行为作出机关和复议机关所在地的法院均有管辖权规定；后者适用以原行为作出机关的级别确定管辖法院级别的规定。

答案解析：根据《行诉法解释》第 22 条第 1 款规定，《行政诉讼法》第 26 条第 2 款规定的复议机关改变原行政行为，是指复议机关改变原行政行为的处理结果。复议机关改变原行政行为所认定的主要事实和证据、改变原行政行为所适用的规范依据，但未改变原行政行为处理结果的，视为复议机关维持原行政行为。据此，本题属于复议维持案件。

《行政诉讼法》第 18 条第 1 款规定，行政案件由最初作出行政行为的行政机关所在地人民法院管辖。经复议的案件，也可以由复议机关所在地人民法院管辖。据此，本题经过复议程序，复议机关省政府和原行为作出机关 H 市政府所在地的法院均有管辖权。

《行诉法解释》第 134 条第 3 款规定，复议机关作共同被告的案件，以作出原行政行为的行政机关确定案件的级别管辖。据此，级别管辖法院以 H 市政府的级别来确定，应为中级人民法院。

综上，本题中，管辖法院应为 H 市政府所在地的中级人民法院和省政府所在地的中级人民法院。

> 6. 对于陈某提起的第二次诉讼，法院应如何判决？

答案：法院应当判决 H 市政府在一定期限内为陈某颁发生猪定点屠宰证书，并判决撤销省政府的复议维持决定。

难度：中

考点：行政诉讼判决

命题和解题思路：本题考查考生对复议维持案件裁判方式的理解和掌握程度。复议维持案件包含两个审理对象，法院应当分别作出裁判。本题的特殊之处在于下级机关拒绝颁证违法，且法院认定当事人申请完全符合颁证条件。此时，就不宜再判决下级行政机关重新作出处理，而应当直接判决履行许可职责发证即可。当然，对复议决定也要同时作出评价。

答案解析：本题属于复议维持案件，法院需要就 H 市政府的不予许可行为和省政府的维持复议决定进行审查和裁判。《行诉法解释》第 136 条规定："人民法院对原行政行为作出判决的同时，应当对复议决定一并作出相应判决。人民法院依职权追加作出原行政行为的行政机关或者复议机关为共同被告的，对原行政行为或者复议决定可以作出相应判决。人民法院判决撤销原行政行为和复议决定的，可以判决作出原行政行为的行政机关重新作出行政行为。人民法院判决作出原行政行为的行政机关履行法定职责或者给付义务的，应当同时判决撤销复议决定。原行政行为合法、复议决定违法的，人民法院可以判决撤销复议决定或者确认复议决定违法，同时判决驳回原告针对原行政行为的诉讼请求。原行政行为被撤销、确认违法或者无效，给原告造成损失的，应当由作出原行政行为的行政机关承担赔偿责任；因复议决定加重损害的，由复议机关对加重部分承担赔偿责任。原行政行为不符合复议或者诉讼受案范围等受理条件，复议机关作出维持决定的，人民法院应当裁定一并驳回对原行政行为和复议决定的起诉。"本题中，当法院认为陈某符合申请条件，H市政府不予许可决定违法时，即应当判决其履行法定职责。同时由于陈某符合申请条件，H市政府已没有是否颁证的裁量权。

根据《行诉法解释》第91条规定，原告请求被告履行法定职责的理由成立，被告违法拒绝履行或者无正当理由逾期不予答复的，人民法院可以根据《行政诉讼法》第72条的规定，判决被告在一定期限内依法履行原告请求的法定职责；尚需被告调查或者裁量的，应当判决被告针对原告的请求重新作出处理。法院应当直接判决H市政府在一定期限内履行颁证职责。省政府的复议决定违法，法院应当判决撤销该复议决定。

评分细则（共28分）

1-6题满分为：5分、4分、5分、4分、6分、4分

1. 普通行政许可（2分）。必须满足法定条件才能颁发许可证（3分）。
2. 不能（2分）。H市农业农村局的行为只是阶段性行为（2分）。
3. 正确（2分）。二审法院认为一审法院适用法律错误时，其有权判决撤销一审判决（2分），并判决H市政府对陈某的申请作出答复（1分）。
4. 不能（2分）。属于程序性行为或者阶段性行为（2分）。
5. H市政府所在地的中级人民法院（1分）和省政府所在地的中级人民法院（1分）。经过复议的案件，复议机关和原行为作出机关所在地的法院均有管辖权（2分），复议维持案件根据原行为主体确定级别管辖（2分）。
6. 判决在一定期限内颁发证书（2分）。判决撤销省政府的复议维持决定（2分）。

第六题（本题28分）

一、试题

案情：罗某购买了贵BB1619油罐车，欲从事危险货物运输经营，但其不具备资质，遂以其母名义（乙方）与K公司（甲方）签订《货物车辆代管协议》《危险货物运输车辆承包经营合同》等协议，约定：乙方每年向甲方交纳管理费12000元，由甲方办理贵BB1619油罐车的所有权年审及其他事务；油罐车使用甲方营运资质，以甲方名义对外

运营。

后罗某聘请周某为贵 BB1619 油罐车驾驶员。2019 年 11 月 19 日，周某驾车行至 M 路 B 村独木冲砂场路段处时，因操作不当，致使车辆冲下路坎侧翻，造成燃油泄漏的交通事故，周某当场死亡。其妻项某于 2019 年 12 月 16 日向 L 市人社局提交周某的工伤认定申请。该局受理后，先后分三次要求项某补充提交申请工伤认定的材料。在项某按要求补充完整申请材料后，2020 年 1 月 10 日，L 市人社局作出 100036 号工伤决定书，以罗某私人车辆挂靠在 K 公司运营，其聘用的驾驶员周某与 K 公司形成事实劳动关系，周某是在工作时间工作场所内因工作原因受到事故伤害为由，认定周某所受伤害构成工伤。K 公司不服该决定，以周某是罗某自己找的驾驶员、公司不参与双方运输事务、责任不能全部由公司承担为由，于 2020 年 2 月 6 日向 L 市政府申请行政复议。2020 年 3 月 1 日，L 市政府以 L 市人社局的决定违反法定程序为由，撤销该局决定并责令其重新作出行政行为。

2020 年 3 月 20 日，L 市人社局作出 100037 号工伤认定书，再次认定周某所受伤害构成工伤。K 公司不服该决定，以与第一次申请复议相同的理由，于 2020 年 4 月 1 日向 L 市政府申请行政复议。2020 年 5 月 20 日，L 市政府以周某与 K 公司不存在劳动关系为由，撤销了 L 市人社局的 100037 号决定，并要求 L 市人社局重新作出行政行为。项某不服该复议决定，于 2020 年 6 月 2 日向法院提起行政诉讼。

案件审理期间，被告未在法定举证期限内移交作出行政行为的相关证据和依据。法院经审理认为，L 市政府作出的复议决定违法，L 市人社局认定周某所受伤害构成工伤的决定合法。

材料：

1.《最高人民法院关于审理工伤保险行政案件若干问题的规定》第 3 条 社会保险行政部门认定下列单位为承担工伤保险责任单位的，人民法院应予支持：

（一）职工与两个或两个以上单位建立劳动关系，工伤事故发生时，职工为之工作的单位为承担工伤保险责任的单位；

（二）劳务派遣单位派遣的职工在用工单位工作期间因工伤亡的，派遣单位为承担工伤保险责任的单位；

（三）单位指派到其他单位工作的职工因工伤亡的，指派单位为承担工伤保险责任的单位；

（四）用工单位违反法律、法规规定将承包业务转包给不具备用工主体资格的组织或者自然人，该组织或者自然人聘用的职工从事承包业务时因工伤亡的，用工单位为承担工伤保险责任的单位；

（五）个人挂靠其他单位对外经营，其聘用的人员因工伤亡的，被挂靠单位为承担工伤保险责任的单位。

前款第（四）、（五）项明确的承担工伤保险责任的单位承担赔偿责任或者社会保险经办机构从工伤保险基金支付工伤保险待遇后，有权向相关组织、单位和个人追偿。

2.《工伤保险条例》第 18 条 提出工伤认定申请应当提交下列材料：

（一）工伤认定申请表；

（二）与用人单位存在劳动关系（包括事实劳动关系）的证明材料；

（三）医疗诊断证明或者职业病诊断证明书（或者职业病诊断鉴定书）。

工伤认定申请表应当包括事故发生的时间、地点、原因以及职工伤害程度等基本情况。

工伤认定申请人提供材料不完整的，社会保险行政部门应当一次性书面告知工伤认定申请人需要补正的全部材料。申请人按照书面告知要求补正材料后，社会保险行政部门应当受理。

问题：
1. 请分析 L 市人社局作出的工伤认定行为的性质，并说明理由。
2. L 市政府能否以 L 市人社局分三次告知项某补正申请材料为由撤销该局的工伤认定行为？为什么？
3. L 市人社局作出的 100037 号工伤认定与 100036 号决定内容相同是否违法？为什么？
4. 请分析本案的级别管辖法院，并说明理由。
5. 被告未在法定期限内举证的情况下，K 公司为维护自身权益应该如何做？为什么？
6. 一审法院如何作出裁判更有利于实质性解决行政争议？为什么？

二、总体命题思路

本题考查的知识点涉及具体行政行为的性质、法律规范适用、行政行为程序违法的处理、行政诉讼管辖制度、行政诉讼举证责任、行政复议案件裁判方式等实体和程序问题。其中，法律规范适用、程序违法后行政机关作出行为的限制以及复议案件裁判方式具有一定难度，考生需要对法律规范的适用、程序违法与实体违法的关系以及行诉法司法解释的规定背后的考量有较为清晰的认识。通过各种问题设计，本题旨在提升考生对上述实体和程序知识的理解和运用能力。

三、案例来源

《最高人民法院公报》2022 年第 11 期：项红敏诉六盘水市人民政府改变原行政行为行政复议决定案

四、答案精讲

> 1. 请分析 L 市人社局作出的工伤认定行为的性质，并说明理由。

答案：L 市人社局作出的工伤认定属于行政确认行为。理由：行政确认是行政机关行使行政职权，针对相对人的法律地位、法律关系和法律事实进行甄别，给予确定、认可、证明并加以宣告的具体行政行为。本题中，L 市人社局作出的工伤认定是对周某是否属于工伤这一法律事实的官方认可和证明，符合行政确认行为的上述定义。

难度：中

考点：具体行政行为的性质

命题和解题思路：本题考查考生对具体行政行为性质尤其是行政确认行为的理解。行政确认行为具有特殊性，该行为只是行政机关依法对相对人享有的权利义务状态进行官方的确定、认可和证明，本身并不直接引起权利义务的得丧变更，与行政处罚、强制、许可等行为具有较大差别，考生需要对该行为有更加深入的认识。本题总体难度适中，关键是

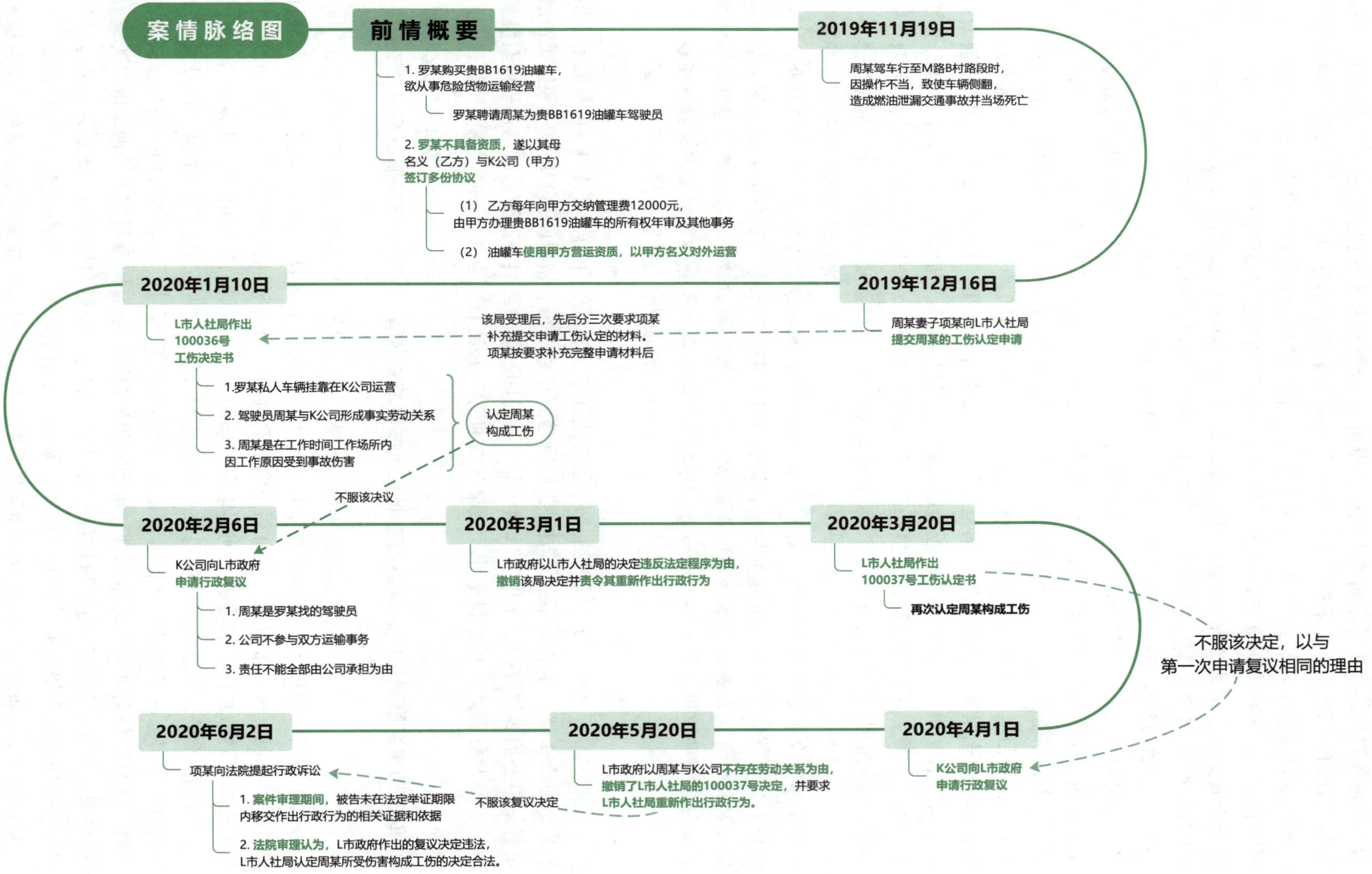

行政法与行政诉讼法

案情脉络图

前情概要

2019年11月19日
周某驾车行至M项某B村路段时，因操作不当，致使车辆侧翻，造成燃油泄漏交通事故并当场死亡

2019年12月16日
周某妻子向L市人社局提交周某的工伤认定申请

2020年1月10日
L市人社局作出100036号工伤决定书

认定周某构成工伤
{
1. 罗某某私人车辆挂靠在K公司运营
2. 驾驶员周某与K公司形成事实劳动关系
3. 周某是在工作时间工作场所内因工作原因受到事故伤害
}

该局受理后，先后分三次要求周某补充提交申请材料。观某按要求补充完整申请材料后

1. 罗某购买某BB1619油罐车，欲从事危险货物运输经营
2. 罗某不具备资质，遂以其父名义（乙方）与K公司（甲方）签订多份协议
   (1) 乙方每年向甲方交纳管理费12000元，由甲方办理该车BB1619油罐车的所有权年审及其他事务
   (2) 油罐车使用甲方营运资质，以甲方名义对外运营

2020年2月6日
K公司向L市政府申请行政复议
1. 周某是罗某某的雇驶员
2. 公司不参与双方运输事务
3. 责任不能全部由公司承担

不服该决议

2020年3月1日
L市政府以L市人社局的认定违反法定程序为由，撤销该局决定并责令其重新作出行政行为

2020年3月20日
L市人社局作出100037号工伤决定书

再次认定周某构成工伤

2020年4月1日
K公司向L市政府申请行政复议

不服该决定，以与第一次申请复议相同的理由

2020年5月20日
L市政府以周某与K公司不存在劳动关系为由，撤销了L市人社局100037号决定，并要求L市人社局重新作出行政行为

2020年6月2日
周某向法院提起行政诉讼
1. 案件诉讼期间，被告未在法定举证期限内移交作出行政行为的相关证据材料
2. 法院审理认为，L市政府作出的复议决定，不服认定周某所受伤害构成工伤的决定违法。
L市人社局认定周某所受伤害构成工伤的决定合法。

· 349 ·

说明理由。如果考生不能准确掌握行政确认行为的定义和特点，就难以进行充分的说理。

答案解析：本题考查的行政确认行为与常规的处罚、许可、强制措施等典型具体行政行为存在一定差别。按照通行理解，行政确认行为是行政机关依法对相对人的法律地位、法律关系和法律事实进行甄别判断，进行认可、证明并向社会宣告的具体行政行为。该行为的主要特征：(1) 间接性。行为的作出不会直接引起相对人权利义务的变化，只是对相对人享有的权利义务进行官方确认，为后续的具体行政行为的作出提供条件和根据。(2) 羁束性。行政机关对相对人权利义务状态的确认并无任何裁量余地，只有确认或者不予确认。在此意义上，行政确认行为不同于行政处罚等典型具体行政行为，是一种特殊的具体行政行为。本题中，L 市人社局作出的工伤认定是对周某是否属于工伤这一法律事实的官方认可和证明，具备行政确认行为的特征，属于行政确认行为。

2. L 市政府能否以 L 市人社局分三次通知项某补正申请材料为由撤销该局的工伤认定行为？为什么？

答案：不能。理由：L 市人社局分三次通知项某补正申请材料虽然属于程序违法，但该程序违法仅影响项某工伤认定申请权的行使，并不影响 L 市人社局对周某所受伤害是否构成工伤这一实质决定的作出，也不会直接影响到工伤认定行为的效力。对于受理环节的违法告知行为，L 市人社局可以追究相关工作人员的内部行政责任。

难度：难

考点：具体行政行为程序违法的法律后果

命题和解题思路：本题考查对依申请决定作出过程中告知程序环节出现的违法行为是否影响到具体行政行为效力的理解程度，具有一定难度，考生需要正确理解具体行政行为程序违法的不同法律后果。有的程序违法直接导致具体行政行为的撤销，而有的程序违法却未必导致该后果，只需要追究行政执法人员的内部责任。正确回答本题，考生需要区分行政程序违法的不同法律后果。

答案解析：《工伤保险条例》第 18 条第 3 款规定，工伤认定申请人提供材料不完整的，社会保险行政部门应当一次性书面告知工伤认定申请人需要补正的全部材料。申请人按照书面告知要求补正材料后，社会保险行政部门应当受理。本题中，L 市人社局先后分三次通知项某补正申请材料，违反了上述规定，构成程序违法。但是，该程序违法并未对项某就周某死亡问题提出的工伤认定申请产生实质影响，客观上仅影响项某行使工伤认定申请权。对于该程序违法行为，《行政许可法》第 72 条规定："行政机关及其工作人员违反本法的规定，有下列情形之一的，由其上级行政机关或者监察机关责令改正；情节严重的，对直接负责的主管人员和其他直接责任人员依法给予行政处分：（一）对符合法定条件的行政许可申请不予受理的；（二）不在办公场所公示依法应当公示的材料的；（三）在受理、审查、决定行政许可过程中，未向申请人、利害关系人履行法定告知义务的；（四）申请人提交的申请材料不齐全、不符合法定形式，不一次告知申请人必须补正的全部内容的；（五）违法披露申请人提交的商业秘密、未披露信息或者保密商务信息的；（六）以转让技术作为取得行政许可的条件，或者在实施行政许可的过程中直接或者间接地要求转让技术的；（七）未依法说明不受理行政许可申请或者不予行政许可的理由的；（八）依法应当举行听证而不举行听证的。"根据该条第 4 项规定，市政府可以对相关人员给予行政处分，但不构成撤销工伤认定的理由。

> 3. L市人社局作出的100037号工伤认定与100036号工伤认定内容相同是否违法？为什么？

答案：不违法。理由：100036号工伤认定被市政府以违反法定程序为由撤销，该行为失去效力。L市人社局在完善执法程序后，有权根据项某提出的工伤认定申请材料，依照《工伤保险条例》的规定重新作出周某所受损害构成工伤的认定。此点与该局的行为被以实体违法为由被市政府撤销之后，再以同一事实和同一理由作出与原具体行政行为内容相同的工伤认定这一违法行为存在本质差别。

难度：难

考点：行政复议决定及其约束力

命题和解题思路：本题考查考生对行政复议决定及其约束力的理解和掌握程度。《行政诉讼法》规定，行政机关的行政行为被法院判决撤销后，行政机关不得以同一事实和理由作出与原行政行为基本相同的行政行为。该规定旨在强调撤销判决对行政机关的约束力。但上述限制存在一个例外，即如果被诉行政行为是因为程序违法被撤销的，行政机关则不受前面规定的限制。原因在于行政机关程序违法未必导致实体违法，如果行政机关重新作出行政行为时规范了行政程序，不排除作出与原行政行为内容相同行为的可能。《行政复议法》虽然没有上述规定，但基本原理相同。准确回答本题，考生需要正确理解行政行为程序违法与实体违法的区别。

答案解析：《行政诉讼法》第71条规定："人民法院判决被告重新作出行政行为的，被告不得以同一的事实和理由作出与原行政行为基本相同的行政行为。"《行诉法解释》第90条第3款规定："行政机关以同一事实和理由重新作出与原行政行为基本相同的行政行为，人民法院应当根据行政诉讼法第七十条、第七十一条的规定判决撤销或者部分撤销，并根据行政诉讼法第九十六条的规定处理。"据此，当行政机关的行政行为被撤销后，原则上不得再以同一事实和理由作出与原行政行为基本相同的行政行为，否则要被追究法律责任。但是，《行诉法解释》第90条第2款规定了例外情况："人民法院以违反法定程序为由，判决撤销被诉行政行为的，行政机关重新作出行政行为不受行政诉讼法第七十一条规定的限制。"据此，当行政机关的行政行为因违反法定程序被撤销的，其可以在完善程序后作出与原行为基本相同的行政行为。本题虽然不是发生在行政诉讼中，但基本原理类似，可以适用前述规定。市政府在行政复议程序中，以违反法定程序为由撤销了L市人社局的100036号工伤认定。该局在完善程序后，仍可依据《工伤保险条例》等相关规定作出周某所受伤害属于工伤的认定结论，故100037号工伤认定不违法。

> 4. 请分析本案的级别管辖法院，并说明理由。

答案：本案的级别管辖法院是中级人民法院。理由：L市政府作为复议机关，变更了L市人社局的工伤认定行为。依照《行政诉讼法》的规定，其应当作为行政诉讼被告。依照《行政诉讼法》关于中级人民法院一审管辖案件的规定，受理本案的应为中级人民法院。

难度：中

考点：行政诉讼被告、行政诉讼级别管辖

命题和解题思路：本题考查考生对行政复议案件被告的确定以及县级以上人民政府作为被告的级别管辖法院相关规定的理解和掌握程度，总体难度适中。考生需要准确掌握复议改变情况下由复议机关做被告的规定以及县级以上人民政府做被告的由中级法院管辖的规定。

答案解析：《行政诉讼法》第26条第2款规定："经复议的案件，复议机关决定维持原行政行为的，作出原行政行为的行政机关和复议机关是共同被告；复议机关改变原行政行为的，复议机关是被告。"本题中，市政府复议撤销了L市人社局的工伤认定引起诉讼。据此，市政府作为复议机关应当是行政诉讼被告。《行政诉讼法》第15条规定："中级人民法院管辖下列第一审行政案件：（一）对国务院部门或者县级以上地方人民政府所作的行政行为提起诉讼的案件；（二）海关处理的案件；（三）本辖区内重大、复杂的案件；（四）其他法律规定由中级人民法院管辖的案件。"据此，市政府做被告时应由中级人民法院管辖。

5. 被告未在法定期限内举证的情况下，K公司为维护自身权益应该如何做？为什么？

答案：K公司有权向法院提供被告市政府复议决定合法性的证据。理由：依照《行政诉讼法》规定，当被告消极履行举证责任有可能导致行政诉讼的第三人权益受损的情况下，第三人有权举出证明被诉行政行为合法性的证据。

难度：中

考点：行政诉讼第三人、行政诉讼举证责任

命题和解题思路：本题考查考生对行政诉讼第三人、行政诉讼举证责任相关规定的理解和掌握程度，整体难度不高。正确回答本题，考生需要明确K公司在本案中的法律地位，即与案件审理结果有利害关系的第三人。此外，考生需要明确行政诉讼被告消极举证威胁第三人合法权益的情况下第三人享有的举证权利。

答案解析：《行政诉讼法》第29条第1款规定："公民、法人或者其他组织同被诉行政行为有利害关系但没有提起诉讼，或者同案件处理结果有利害关系的，可以作为第三人申请参加诉讼，或者由人民法院通知参加诉讼。"本题中，当项某针对市政府的复议决定提起行政诉讼时，K公司即与案件的审理结果存在利害关系，其有权作为第三人参加诉讼。《行政诉讼法》第34条规定："被告对作出的行政行为负有举证责任，应当提供作出该行政行为的证据和所依据的规范性文件。被告不提供或者无正当理由逾期提供证据，视为没有相应证据。但是，被诉行政行为涉及第三人合法权益，第三人提供证据的除外。"本题中，市政府并未按照《行政诉讼法》的规定积极履行举证义务，受案法院将会以其行为没有证据为由作出撤销判决，此结果会对K公司不利。为维护自身的合法权益，K公司作为与案件结果有利害关系的第三人有权参加诉讼并向法院举证被诉行政行为合法。

6. 法院如何作出裁判更有利于实质性解决行政争议？为什么？

答案：法院应当判决撤销市政府的复议决定，直接恢复 L 市人社局第 100037 号工伤认定行为的效力。理由：依照《行诉法解释》规定，本案法院在认定 L 市人社局原先作出的工伤认定行为合法而复议决定违法的情况下，为了尽快解决纠纷，实质性化解行政争议，有权在撤销违法复议决定的情况下，直接判决恢复原行政行为的效力。

难度：难

考点：行政复议案件的判决方式

命题和解题思路：本题考查考生对行政诉讼判决尤其是复议改变原行政行为案件的判决方式的理解和掌握程度。实务中经常出现原行政行为合法而被复议机关撤销的情况，如果法院经过审查，判决撤销被诉行政复议决定，并不意味着原行政行为的效力当然恢复。复议机关重新作出复议决定，有时也会出现相对人不满意复议结果而再次引发行政诉讼的情况。案件反复出现会增加当事人的救济成本，也不利于争议的实质性解决。据此，《行诉法解释》专门规定，法院有权在撤销违法复议决定的情况下，直接判决恢复原行政行为的效力。如果考生对此规定不了解，可能会作出错误回答。

答案解析：《行诉法解释》第89条规定："复议决定改变原行政行为错误，人民法院判决撤销复议决定时，可以一并责令复议机关重新作出复议决定或者判决恢复原行政行为的法律效力。"本题中，法院经审理认为，L 市人社局作出的工伤认定行为合法，而市政府的复议决定违法。在此情况下，为实质性解决行政争议，减少循环诉讼，法院可以直接依照前述司法解释规定，判决撤销市政府的复议决定，同时判决恢复 L 市人社局工伤认定行为的效力。事实上，本题涉及的行政行为属于行政确认行为，该行为具有羁束性，法院完全可以判决恢复原工伤认定行为的效力。

评分细则（共 28 分）

1-6 题满分为：4 分、4 分、4 分、6 分、4 分、6 分

1. 行政确认（2分）。属于是否构成工伤这一法律事实的官方认可和证明（2分）。

2. 不能（2分）。该程序违法不影响所受伤害是否构成工伤这一实质决定（2分）。

3. 不违法（2分）。100036 号工伤认定被以违反法定程序为由撤销（1分），完善程序后可以作出相同决定（1分）。

4. 中级人民法院（2分）。L 市政府变更了行政行为（2分），县级以上政府为被告，管辖法院为中院（2分）。

5. 有权向法院提供复议决定合法性的证据（2分）。被告消极履行举证责任有可能损害第三人权益（2分）。

6. 判决撤销市政府的复议决定（2分）。恢复人社局工伤认定行为的效力（2分），原行为合法而复议决定违法（2分）。

桑磊法考

2025 主观题网络辅导

咨询电话:400-839-3366　报名通道:扫描下方二维码

以上内容由桑磊法考提供,为广大考生提供服务,有效期截至 2025 年 12 月 31 日。